경제학자의 시대

The Economists' Hour

경제학자의 시대

그들은 성공한 혁명가인가, 거짓 예언자인가

빈야민 애펠바움 지음 | 김진원 옮김

지은이 **빈야민 애펠바움**Binyamin Appelbaum

《뉴욕타임스》편집위원으로 경제 및 비즈니스 분야 주필이다. 펜실베이니아 대학에서 역사학을 전공했으며 대학 시절부터 학생 신문 《데일리펜실베이니언》의 편집국장으로 활동했다. 졸업 후 《플로리다타임스유니온》, 《샬롯옵서버》, 《보스턴글로브》, 《워싱턴포스트》에서 일했다. 2008년에는 노스캐롤라이나주 서브프라임 대출 위기를 취재한 시리즈 기사로 심층 보도에 주는 조지 폴크상을 받았으며 퓰리처상 최종 후보에도 올랐다. 이후 2010년부터 2019년까지 《더 타임스》 워싱턴 특파원으로 일하며 벤 버냉키와 재닛 옐런이 이끌던 연방준비제도이사회(FRB)의 취재를 주도했다. 2019년 《뉴욕타임스》 편집위원회에 합류했으며 경제 정책의 진화, 경제학자의 활동과 그들이 정책에 미치는 영향력 등 오랫동안 탐구해 온 주제를 바탕으로 첫 저서 《경제학자의 시대》를 출간했다. 현재 워싱턴 DC에서 아내와 아이들과 함께 살고 있다. www.binyaminappelbaum.com

옮긴이 **김진원**

이화여자대학교를 졸업했다. 사보 편집기자로 일했으며 '한겨레 어린이 청소년 책 번역가 그룹'에서 활동했다. 《폴 크루그먼, 좀비와 싸우다》, 《보노보 핸드셰이크》, 《책을 읽을 때 우리가 보는 것들》, 《경제학의 모험》, 《노인을 위한 시장은 없다》, 《협상가를 위한 감정 수업》, 《예일은 여자가 필요해》 등을 우리말로 옮겼다.

경제학자의 시대

2022년 11월 4일 초판 1쇄 발행
2023년 1월 9일 초판 2쇄 발행

지은이 빈야민 애펠바움
옮긴이 김진원
펴낸곳 부키(주)
펴낸이 박윤우
등록일 2012년 9월 27일 | 등록번호 제312-2012-000045호
주소 03785 서울 서대문구 신촌로3길 15 산성빌딩 6층
전화 02) 325-0846 팩스 02) 3141-4066
홈페이지 www.bookie.co.kr | 이메일 webmaster@bookie.co.kr
제작대행 올인피앤비 bobys1@nate.com
ISBN 978-89-6051-950-3 03320

부모님과
아내와
아이들에게
바친다

이 책에 대한 찬사

놀라울 정도로 쉽게 읽히는 역사서다. 여러 일화를 이어 가며 명쾌한 설명을 풍부하게 곁들여 숨 돌릴 틈 없이 이야기를 펼쳐 나가면서도 최근 역사학자와 사회학자와 다른 학자들이 일구어 놓은 학문적 연구 성과에 탄탄한 토대를 두고 있다는 점이 인상 깊다. 이 책에서 다루는 영역은 대부분 내게 익숙했다. 그럼에도 예기치 않은 반전과 미묘한 어감을 거듭해서 새로 배웠다.
— 《뉴욕타임스북리뷰New York Times Book Review》 저스틴 폭스Justin Fox

지난 반세기 미국 정치 역사를 지배한 보수주의의 회귀를 새로운 시각으로 통찰한 책.
— 《워싱턴포스트Washington Post》 제임스 곽James Kwak

공공 정책을 수립할 때 경제학자가 중심 역할을 맡은 경우 어떤 파괴적인 영향을 끼쳤는지 밝히고 있다. 우리에게 경제학자나 경제 이론이 필요하지 않다는 말이 아니다. 다만 《경제학자의 시대》는 끈기 있게 다양한 방식으로 경제학자가 중차대한 시기에 얼마나 막강한 영향력을 휘둘렀는지, 우리를 어떻게 잘못된 방향으로 이끌었는지를 밝혀내고 있다. 대단히 흥미로운 분석이다.
— 《시카고트리뷴Chicago Tribune》 존 워너John Warner

경제학자는 1960년대 말까지 뒷방이나 차지한 통계학자 신세에 불과했다. … 애펠바움은 경제학자가 누리던 전성기가 2008년 10월 13일에 막을 내렸다고 주장한다. 그날 미국의 대형 은행 최고 경영자가 줄줄이 열을 지어 미 재무부로 들어가 위기 대책 회의에 참석했다. 애펠바움의 주장은 분명 옳다. 모성애가 지극한 어머니처럼 월스트리트에 아낌없이 퍼부은 구제 금융으로 경제학은 지난 40년 동안 쌓아 올린 명성이 산산이 부서져 내렸다. 그런데도 경제학자가 부리는 자만은 여전히 하늘 높은 줄 모른다.
— 《파이낸셜타임스Financial Times》 에드워드 루스Edward Luce

《경제학자의 시대》는 논쟁보다는 오히려 기자 정신의 산물이다. 당돌한 경제학자들이 미국과 유럽과 여러 신흥 시장 전반에 걸쳐 어떻게 정책을 다시 쓰도록 거들었는지 그 과정의 역사를 정확하게 전달할 뿐 아니라 면밀하게 연구해 냈다.

— 《이코노미스트The Economist》

애펠바움은 설득력 있는 조언을 잇달아 건넨다. … 정책 입안자는 일반 미국인이 자유 무역의 편익을 인정하길 바란다면 일자리를 잃은 노동자가 직업 훈련이나 건강 보험의 혜택을 받을 수 있도록 반드시 보장해야 한다. 일부 이익 집단은 다른 이익 집단에 비해 힘이 약하다. 그러므로 정부가 나서서 노동조합이 내보이는 힘에는 반감을 드러내는 반면에 기업 독과점이 휘두르는 힘에는 관용을 베푸는 이중 잣대를 바로잡아야 한다. 이를테면 불운한 주택 매도자한테서 6퍼센트에 달하는 수수료를 챙기는 부동산중개업협회 같은 부유한 전문 카르텔에 의혹의 눈길을 거두어서는 안 된다. 진보주의자라면 경쟁에는 찬성하고 불평등에는 반대하는 길을 찾아내야 한다.

— 《애틀랜틱The Atlantic》 세바스찬 맬러비Sebastian Mallaby

애펠바움이 쓴 이 책은 경제학자가 정부 정책에 드리운 한 편의 드라마 같은 영향력을 보여 주며 그리하여 경제학은 관념적이고 이해를 초월한 학문이 아니라 그 자체로 도덕적이고 정치적인 학문임을 드러낸다.

— 《뉴리퍼블릭New Republic》 로빈 카이저 샤츠라인Robin Kaiser-Schatzlein

애펠바움은 세심한 기자이자 정중한 저자이고 탁월한 작가다. … 전기를 간결하게 써내는 데 특출한 재능을 지니고 있다. … 세상이 깜짝 놀랄 만한 등단이다.

— 《이코노믹프린시플Economic Principle》 데이비드 워시David Warsh

애펠바움의 글은 통화 정책과 변동 환율과 현대 국제 무역에 참신하고 명확한 진단을 내린다.

— 《시애틀타임스Seattle Times》 케빈 해밀턴Kevin Hamilton

한마디 하자면 (게다가 이렇게 말하는 이가 《마켓플레이스》 터줏대감인 나뿐만이 아닌데) 이 책은 정말 흥미진진하다. 한순간도, 단 한순간도 눈을 뗄 수 없을 정도다.

— 《마켓플레이스Marketplace》 카이 리스달Kai Ryssdal

지난 반세기 동안 지배해 온 경제 철학을 철저하게 연구하여 종합적이고 비판적인 시각으로 이어 나가는 설명은 저들을 옴짝달싹 못 하게 고발한다.

— 《퍼브리셔위클리Publishers Weekly》 (별점 받은 서평)

골치 아픈 재정 문제를 이해하기 쉬운 언어로 풀어 쓴 작가는 기이한 매혹을 풍기며 최근 경제 역사를 구석구석 탐험한다. … 정부 관료들이 왜 래퍼 곡선을 여전히 진지하게 받아들일까 의문이 드는 사람이라면 이보다 명쾌하게 설명한 책은 찾을 수 없다.
– 《커커스리뷰Kirkus Reviews》

설득력 넘치게 역사를 해석하며 경제학자가 자기 잇속만 차리려고 지어낸 신화의 기원과 결말을 모두 밝힌다. … 어느 누구도 애펠바움만큼 다양한 경제 하위 분야를 아우르는 담론 전체를 이처럼 훌륭하게 전하지 못했다.
– 《보스턴리뷰Boston Review》 마셜 스타인바움Marshall Steinbaum

애펠바움이 쓴 이 책은 흥미로울 뿐 아니라 중요하다. 우리를 괴롭히는 현 병폐를 보다 깊이 이해하고 싶으면 … 이 책은 유용한 시각과 즐거운 독서 경험을 읽는 내내 제공한다.
– 《데모크라시저널Democracy Journal》 이사벨 소휠Isabel Sawhill

애펠바움의 책에서 내 마음에 쏙 드는 부분은 (물론 거의 다 그렇지만) 경제 사상의 진화를 흥미진진하게 서술하는 내용이다. 여기서 정부의 올바른 역할을 두고 벌어지는 수많은 논쟁과 의견 충돌을 집중해서 다룬다.
– 《쿼츠Quartz》 앨리슨 슈레거Allison Schrager

미국 정부와 공공 정책 논쟁에서 경제학자의 역할이 어떻게 바뀌어 왔는지 그 역사를 사려 깊은 시각으로 들여다보며 … 현 시대를 지배하는 자유 시장 사상과 그에 따른 여러 정책을 지적인 태도로 평가한다.
– 《라이브러리저널Library Journal》

애펠바움이 쓴 뛰어난 이 책은 경제 정책의 역사 대부분을 다루고 있다. 하지만 그 바탕을 이루는 주제는 정치와 이념이다.
– 《아메리칸프로스펙트American Prospect》 라이언 쿠퍼Ryan Cooper

애펠바움은 경제학자가 최근 수십 년 동안 공공 정책에 어떤 기여를 해 왔는지 비판적으로 탐색한다.
– 《복스Vox》 재러드 번스타인Jared Bernstein

자유 시장 이념의 진화를 헤쳐 나가는 놀라운 질주.
– 《아이리시타임스Irish Times》 크리스 존스Chris Johns

애펠바움이 단체 초상화를 화려한 필치로 그려 놓았다.
- 《반즈앤노블리뷰Barnes and Nobles Review》 해밀턴 케인Hamilton Cain

경제학계 거물들을 그린 일대기로 정말 읽어 볼 만한 책이다.
- 《악시오스Axios》 브라이언 월시Bryan Walsh

인물과 이념과 사건을 생생하게 묘사한 설명으로 가득하다.
- 로이터Reuter 에드워드 하다스Edward Hadas

경탄을 부르는 새로운 책.
- CNBC 존 하우드John Harwood

견문을 넓혀 주는 지식과 지성을 자극하는 시각과 누구라도 압도당하는 열의로 가득 차 있다.
- 캐스 선스타인Cass Sunstein

빈야민 애펠바움은 경제학의 위신을 다시 높이는 일에, 특히 정책 입안을 담당하는 집단에 관심을 두는 이들이라면 반드시 읽어야 하는 탁월한 책을 써냈다. 경제학자가 지닌 영향력이 어떻게 커지고 퍼졌는지 흥미로운 논의를 펼쳐 나가며 자유 시장 경제학이 지나치게 낙관적인 '확신의 종교'로 발달해 나가는 과정을, 그 결과 수많은 추종자에게 실망을 안기고 다른 이들이 길을 잃도록 이끈 과정을 조목조목 살핀다. 그뿐 아니라 통찰이 번득이는 분석은 시장 경제가 '인류의 가장 놀라운 발명품'으로 남도록 지켜 나가려면 우리에게 무엇이 필요한지 찾아낼 수 있게 돕는다.
- 모하마드 A. 엘 에리언Mohamed A. El-Erian, 《새로운 부의 탄생When Markets Collide》과 《마을의 하나뿐인 경기The Only Game in Town》의 저자

무척 즐겁게 《경제학자의 시대》를 읽었다. 시장 지향적인 이념이 어떻게 학계에서 생겨나고 어떻게 여러 국가를 바꿔 놓았는지 흥미롭고 세세하게 살피며 쓴 책이다. 모든 관점 하나하나에 의견을 같이하지는 않지만 이 책은 유익하며 적극 권할 만하다. 나는 앉은 자리에서 단숨에 읽어 치웠다.
- 타일러 코웬Tyler Cowen, 《거대한 침체The Great Stagnation》의 저자

보수파 경제학자들 전성시대의 태동과 확산, 그 결과

이준구 (서울대학교 경제학부 명예교수)

경제학자들이 경제 정책의 수립과 실행에 활발하게 참여해 온 대표적 사례가 바로 미국입니다. 우리가 알고 있는 대부분의 유명 경제학자들은 이런저런 형식으로 현실에 깊숙이 간여해 왔습니다. 미국 사회에서는 '폴리페서'라는 말이 거의 쓰이지 않습니다. 경제학 분야가 특히 그렇지만 교수가 현실에 참여하는 일이 일상화되어 있기 때문이지요.

그런데 이 책의 저자 애펠바움의 말에 따르면 미국의 경우에도 1950년대까지는 경제학자들의 현실 참여가 지극히 제한적이었습니다. 고위 경제 정책 담당자들의 면면을 보면 경제학자가 아주 적었고 변호사 출신이 압도적으로 많았습니다.

이 책 첫머리에는 연방준비제도(연준) 이사회 의장이었던 폴 볼커가 젊은 시절 뉴욕 연방준비은행에서 얼마나 푸대접을 받으면서 일했는지 그 일화를 소개하고 있습니다. 볼커는 1970년대 말에서 1980년대에 이르는 시기 연준 의장으로서 당시 미국 경제의 최대 문제였던 인플레이션을 제압한 거의 전설에 가까운 인물입니다. 그런 볼커가 연준에서 승진의 기대도 없이 윗사람을 위한 데이터 정리나 해 주고 있었습니다.

그때 경제학을 전공한 사람들은 대부분 볼커처럼 연준의 하위직에 몰려 있었고, 고위직은 거의 다른 전공의 사람들로 채워져 있었습니다. 은행가, 변호사, 심지어 아이오와의 돼지 축산업자들이 고위직을 차지했고 경제학자는 단 한 명도 없었던 겁니다. 최장수 연준 의장의 기록을 갖고 있는 윌리엄 맥체스니 마틴은 대놓고 연준이 고용한 경제학 전공자들을 무시했다고 합니다.

루스벨트 대통령과 아이젠하워 대통령도 경제학자들을 무시했다는 말이 있습니다. 의회는 경제학자들을 불러 청문회를 열기도 했지만 그들의 의견을 그리 중요하게 생각하지 않았지요. 경제학자들은 현실 감각이 매우 떨어지는 사람들이라는 견해가 지배적이었기 때문입니다.

이런 분위기가 1960년대에 들어오면서 갑자기 변화하기 시작합니다. 이 변화의 바람을 몰고 온 사람이 바로 그 유명한 밀턴 프리드먼입니다. 이 책은 그의 활약상을 그리는 데 상당 부분을 할애합니다. 징병제를 모병제로 바꾸는 일부터 시작해 세금을 깎고 정부 지출을 줄이는 일, 규제를 줄이는 일 등 수많은 보수적 어젠다에서 그의 끈질긴 노력이 얼마나 큰 성과를 거두었는지 생생하게 그려 냅니다.

이 책을 읽으면서 새삼 깨닫게 된 것은 미국 정치에서 프리드먼이 미친 영향력의 심대함입니다. 그는 닉슨, 레이건, 부시 같은 역대 공화당 출신 대통령들의 개인 교사 역할을 했습니다. 그들이 펼친 신자유주의적 정책은 거의 전부가 프리드먼의 머리에서 나온 것이라 해도 과언이 아닐 정도입니다.

1960년대까지만 해도 미국 정치는 진보의 독무대였습니다. 보수 세력은 거의 존재감이 없을 정도로 미미했지요. 이와 같은 진보 일변도의 정치 풍토가 갑자기 보수의 헤게모니로 바뀌고 드디어 '레이건 혁명'에까지 이르는 지각 변동이 일어났습니다. 이 혁명적 변화의 근저에 프리드먼과 그가 길러 낸 보수파 이념 전사들의 활약이 있었던 것입니다.

경제학자로서의 프리드먼은 두말할 나위 없이 훌륭한 사람입니다. 그런데 그의 정치 활동에서 더욱 중요한 역할을 한 것은 상대를 설득하는 능력이었습니다. 프리드먼의 언변은 듣는 사람을 바로 내 편으로 만들 수 있을 정도로 훌륭했습니다. 학문적으로만 보면 그보다 훨씬 더 뛰어나다고 할 만한 폴 새뮤얼슨조차 그와의 논쟁에서는 수세에 몰릴 수밖에 없었습니다.

이 책에는 비단 프리드먼뿐 아니라 조지 스티글러, 조지 슐츠, 아론 디렉터 같은 보수파의 거두들 이야기가 중요하게 등장합니다. 모두 프리드먼의 시카고 대학 동료 경제학자인데, 이들이야말로 미국 보수주의 이념의 기초를 닦은 핵심 인물들입니다. 오늘날 우리가 미국 사회에서 보는 감세 정책, 지출 축소, 규제 철폐 등의 신자유주의 정책의 확립에 이들이 얼마나 지대한 영향을 끼쳤는지 자세하게 설명해 주고 있습니다.

이 책의 원제는 "경제학자들의 시간"입니다. 경제학자들이 경제 정책의 수립과 실행에 깊숙이 참여해 국민의 삶에 큰 영향을 미친 시기라는 의미에서 이 표현을 쓴 것입니다. 좀 더 구체적으로 말해 애펠바움은 1969년에서 2008년에 이르는 기간을 바로 그 경제학자들의 시간이라고 규정하고 있습니다.

사실 이 기간은 보수파 경제학자들의 전성시대라고 할 수 있는데, 엄밀하게 말하면 '보수파 경제학자들의 시간'이라고 표현해야 맞는 말입니다. 이 책은 그 기간 동안 과연 미국 경제와 사회에 어떤 변화가 일어났는지를 평가하는 데 주안점을 두고 있습니다. 말하자면 프리드먼을 필두로 한 보수 경제학자들이 미국민들의 삶에 어떤 영향을 주었는지를 평가해 보고자 한 것입니다.

시장의 자율이 무엇보다 중요하다는 그들의 '시장 만능' 이데올로기가 미국 사회 전반에 번영을 가져온 점에 대해서는 저자도 흔쾌하게 인정합니다. 그러나 효율만을 중시한 나머지 공평한 분배를 홀대한 결과 대다수 서민이 번영의 과실을 누리지 못했다는 것은 큰 과오라고 지적합니다. 장기간 이어져 온 신자유주의 정책의 결과 미국 사회는 선진국들 중 가장 분배가 불평등한 나라로 전락하고 말았습니다.

현재 시카고학파를 이끌고 있는 로버트 루카스는 성장만이 중요하며 분배를 강조하는 것은 아주 위험한 일이라는 발언까지 서슴지 않았습니다. 그들은 부자를 더욱 부유하게 만들어 주면 가난한 사람도 덕을 본다는 설교를 늘어놓았습니다. 그러나 미국의 신자유주의 정책 실험의 결과 이 설교는 한낱 거짓에 지나지 않는다는 것이 명백하게 드러났습니다.

2008년의 글로벌 금융 위기로 인해 그들의 시간은 이제 그 끝을 맞았습니다. 시장이 만능이며 정부가 불필요하게 간섭하지 않으면 시장이 모든 일을 다 알아서 처리하게 되어 있다는 그들의 설교가 명백히 틀린 것이라는 사실을 만천하에 알린 셈이 되었기 때문입니다. 시장이 만능이라는 그들의 말을 믿고 규제를 줄줄이 풀어 버린 결과 전 세계 금융 부문의 멜트다운을 가져올 수도 있는 심각한 위기를 맞은 것 아닙니까?

이 책의 원래 부제는 "거짓 예언자들, 자유 시장, 그리고 사회의 균열 False Prophets, Free Markets, and the Fracture of Society"입니다. 경제학자들의 시간을 주도한 보수 경제학자들에 대한 저자의 평가를 아주 간결하게 잘 정리해서 표현하고 있다고 생각합니다. 그들은 자유로운 시장이 우리에게 유토피아를 가져다줄 것이라고 예언했지만, 그 결과는 그 예언과 판이하게 다르다는 것이 드러났으니까요.

그동안 읽은 경제학 관련 책들 중 이것처럼 재미있게 읽은 것이 거의 없을 정도입니다. 그러나 일반 독자에게는 한 가지 애로 사항이 있습니다. 이 책을 흥미롭게 읽을 수 있으려면 1960년대와 1970년대 미국의 정치 지형에 대한 사전 지식이 필요하다는 것입니다. 이 점이 조금 마음에 걸립니다만, 설사 그런 지식이 없는 사람이라 할지라도 이 책을 좋아하게 되리라고 믿습니다.

이 책은 신자유주의 이념의 태동과 확산, 그리고 그것이 가져다준 귀결에 대해 친절하게 그리고 흥미롭게 설명해 주고 있습니다. 《뉴욕타임스》의 경제 관련 사설 주필 등 언론인으로서 오랜 기간 활약해 온 저자의 다방면에 걸친 해박한 지식에 접하는 것도 또 하나의 큰 즐거움입니다. 언론인이 아니면 도저히 알 수 없는 수많은 에피소드가 책 읽는 즐거움을 더해 줍니다.

(*2019년 서울대 이준구 교수 홈페이지에 실린 글을 저자 동의하에 수록한다.)

경제학자들의 반란이 일으켰던 세계 혁명사

홍기빈 (글로벌정치경제연구소 소장)

이 책은 무색의 경제 이론을 지루하게 늘어놓는 경제학설사가 아니다. 오히려 《러시아 혁명사》에 더 가까운, 논쟁과 모험과 행동과 사회의 대변혁으로 이어지는 거대한 활극 같은 책이다. 러시아 마르크스주의자들이 스스로를 '과학적 사회주의자'로 자처하면서 자신들의 신념과 교조에 따라 정치 권력을 장악하고, 사회 곳곳을 장악하고, 마침내 코민테른을 통해 세계 혁명 운동을 장악해 나갔듯이, 60년대까지만 해도 '치과의사' 중에서도 별쭝난 괴짜로 치부되던 한 무리의 경제학자들이 '과학으로서의 실증 경제학'을 내세우며 미국과 영국의 정치 권력을 장악하는 것으로 시작하여 각종 사회 정책 전반을, 그리고 전 세계의 시장 경제 전체를 장악해 나가던 과정을 흥미진진하게 묘사하고 있다.

1930년대의 존 메이너드 케인스는 경제학자들이란 그저 사회와 공공의 필요에 순종하여 정해진 교범대로 일상의 수치를 다루고 문제를 조정하는 정도의 존재일 뿐이며, 그런 면에서 그들의 역할과 지위는 국가 지도자나 정치가들과는 거리가 먼 '치과의사' 정도에 머물러야 한다고 보았다. 하지만 이 책에 나오는 경제학자들은 치과의사는커녕 볼셰비키 혁명가들에 훨씬 더 가깝다. 이들은 자신들의 경제 이론을 '이론'이 아니라

'과학적 진리'라고 확신했을 뿐 아니라 거기에 맞추어 온 세계를 변혁해야 한다는 사명감과 열성을 품고 있었다. 그 결과는 이 책에서 펼쳐지는 전 지구적인 파노라마였다. 난마亂麻처럼 복잡하게 꼬여 있었던 1970년대와 1980년대 세계 경제의 모든 문제에 대해 이들은 '시장과 기업의 자유'라는 칼 하나로 단번에 끊어 내어 버렸고, 이에 우리에게 너무나 익숙한 2000년대의 시장 자본주의의 제도적 질서를 확립했다.

경제학 몇백 년 아니 몇천 년의 역사에서 경제학자들이 이렇게 중요한 정치적 사회적 지위를 누린 적은 없었다. 19세기 후반의 독일 역사학파 경제학자들을 빼면, 대학의 (정치)경제학자들은 그저 추상적이고 관념적인 이론을 다루는 이들이었을 뿐이며 그들이 실제 정책에 직접 개입하는 일 자체가 적었다. 그런데 이 책에 나오는 경제학자들은 대통령이나 총리와 같은 정치가들뿐 아니라 의회나 정당을 넘어 심지어 오랜 시간 확고하게 자리 잡은 제도와 관행까지 과감하게 도전하여 확실하게 바꾸어 버렸다. 호세 오르테가 이 가세트는 20세기의 대중 사회의 출현을 일컬어 '대중들의 반란'이라고 부른 바 있다. 그런 면에서 이 책은 인류 역사에서 미미한 그림자와 같은 존재들이 나서서 세상을 자기들의 상상대로 바꾸어 버린 '경제학자들의 반란'이라고도 볼 수 있다.

지난 40년간의 지구적 시장 자본주의의 제도적 질서를 이해하기 위해서 이 책을 읽어야 할 이유가 여기에 있다. 공산주의 이론을 공부한다고 해서, 레닌과 스탈린의 원저를 읽는다고 해서 공산주의 사회의 실제 모습을 이해할 수는 없다. 이를 위해서는 그러한 신념으로 무장한 볼셰비키 혁명가들이 어떻게 작전을 짜고 어떻게 움직여서 어떻게 전 세계를 장악해 들어갔는가의 실제 과정을 보아야 하며, 이에《러시아 혁명사》와《공산주의 운동사》를 반드시 읽어야 한다. 마찬가지로 현재의 세계가 어떻게 형성되었는지를 이해하는 데에서도 이 책은 중요한 실마리가 된다. 래퍼 곡선처럼 냅킨 조각에나 끄적거릴 단순한 이론들이 도대체 어떻게 단박에 온 세계를 장악하는 '과학적 진리'이자 '부동의 현실'이 되었던 것인가? 이를 알기 위해서는 당시의 세계와 당시의 정치 및 사회가 어떤 문제를 안고 있었고, 이 문제의 틈새를 이들이 어떻게 비집고 들어가서 자신들의 영역을 팽창시켜 갔는지의 흥미진진한 구체적 과정을 볼 필요가 있다. 2009년 세계 경제 위기로 이들의 경제학이 내세웠던 '과학성'이 근본으로부터 잠식되면서 이러한 구체적 과정을 연구한 책들이 이어지고 있는 것은 반가운 일이면서도 큰 의미가 있는 일이다.

이들 경제학자 중 저명한 대표자인 로버트 루카스는 지난 2003년 전미경제학회의 회장 취임 연설에서 자신들의 경제학은 이제 완전한 과학이 되었고 그 덕분에 경기 순환과 경기 침체 등의 전통적인 거시경제학의 문제를 완전히 해결해 버렸다고 선언한 바 있다. 경제학 최악의 흑역사가 될 만한 연설이다. 이 글을 쓰고 있는 지금 전 세계는 인플레이션과 장기 침체의 먹구름 속으로 들어가고 있으며, 달러화와 미국 금리의 폭주로 파운드화 폭락을 필두로 전 세계 금융 시장은 아무런 투자론도 경제 이론도 먹히지 않는 폭풍우 속으로 들어가고 있다. 극심한 불평등과 전 지구적 생태 위기의 위협은 말할 필요도 없다. 이제 경제학은 과학을 참칭하며 온 세상을 주무르는 거만한 태도를 버리고 인간과 사회와 자연의 좋은 삶에 복무하는 본래 자리로 돌아와야 한다. '경제학자들의 반란'을 종식시키기 위해서라도 이 반란이 어떻게 시작되어 어떻게 성공하였는지를 돌아보아야 하며, 이 책을 읽어야 한다. 지난 40년간 인류가 저지른 어리석음을 반복하지 않기 위해서는 꼭 필요한 일이라고 믿는다.

새로운 경제학이 발전할 수 있기를 희망하며

이강국 (리츠메이칸대 경제학부 교수)

경제학은 과연 언제부터 우리의 현실을 설명하고 정책을 결정하는 데 가장 중요한 학문이 되었을까. 이 책은 1969년 이후 글로벌 금융 위기까지 정부의 역할을 축소하고 시장의 확대를 주장했던 자유 시장 경제학이 어떻게 미국을 지배하게 되었는지 분석한다.

저자는 밀턴 프리드먼, 아서 래퍼, 조지 스티글러, 토머스 셸링 등 많은 경제학자가 그들의 보수적인 아이디어를 정책으로 실현하는 과정을 생생하게 그려 낸다. 징병제 폐지, 인플레이션 통제, 감세, 반독점 정책의 철폐, 규제 완화 그리고 비용 편익 분석 등과 같은 흥미로운 사례들이 그것이다. 그러나 이 '경제학자의 시대'는 성공적이지 못했다. 경제 성장은 촉진되지 않았고 성장의 과실은 골고루 분배되지 못했으며 금융 시장의 불안정은 심화되었고 민주주의는 위협을 받았다. 이러한 문제들은 결국 2008년 글로벌 금융 위기로 폭발했고 경제학자의 시대는 막을 내렸다.

최근에는 경제학도 많이 변하고 있다. 불평등과 긴축, 그리고 독점이 경제에 나쁘다는 합의가 나타났고, 코로나19 팬데믹 이후에는 재정 확장과 함께 큰 정부가 귀환했다. 이제 각국은 시장 대 국가라는 잘못된 이분법을 넘어 시장과 국가의 적절한 결합을 통해 평등한 성장과 새로운 번영의 길을 모색하는 중이다. 그러나 팬데믹으로부터 회복 이후 나타난 현재의 인플레이션과 경기 둔화 가능성은 경제학에 다시 어려운 과제를 던지고 있다.

이러한 현실에서 지난 40여 년간 득세했던 자유 시장 경제학의 주장과 실패를 돌아보는 것은 의미가 클 것이다. 저자의 말처럼 역사에 대한 반성에 기초하여 시장을 적절히 제어하고 규칙을 만들어 내는 새로운 경제학이 발전될 수 있기를 희망해 본다. 무엇보다 이 책은 최근 정부가 감세와 규제 완화, 그리고 재정 긴축과 같은 낡은 경제 정책으로 회귀하고 있는 한국의 독자들에게 커다란 시사점을 줄 것이다.

차례

근대 과학이 등장했을 때 중세 기독교는 인간과 우주를 모두 설명하는 완벽하고 종합적인 체계였다. 그뿐 아니라 통치 기반이었으며 지식과 예술에 영감을 불어넣는 원천이었고 평화의 중재자이자 전쟁의 주재자였으며 부의 생산과 분배를 배후에서 조종하는 권력이었다. 하지만 어느 것도 몰락을 막는 데는 소용없었다.

— 미셸 우엘벡Michel Houellebecq, 《소립자The Elementary Particles》(1998)[1]

나는 천체의 움직임은 계산할 수 있지만 인간의 광기는 그럴 수 없다.

— 아이작 뉴턴Isaac Newton(1720)

들어가는 말

1950년대 초 폴 볼커Paul Volcker라는 한 젊은 경제학자가 뉴욕 연방준
비은행 건물 안 깊숙이 박힌 사무실에서 인간 계산기처럼 일했다. 결
정권자에게 필요한 수치들을 하나하나 면밀히 분석해 냈지만 아내에
게 털어놓았다시피 출세할 가망이 영 보이지 않았다.[2] 미국의 중앙은
행 수뇌부에는 은행가와 변호사, 하물며 아이오와주 양돈업자도 한
자리 차지하고 있었다. 하지만 경제학자는 단 한 명도 없었다.[3] 윌리엄
맥체스니 마틴William McChesney Martin 연준 의장은 증권 중개인이었는
데 경제학자라는 부류를 무척 낮잡아 보았다. 언젠가 한 방문객에게
말했다. "연준에는 계량 경제학자 50명이 우리 밑에서 일하고 있습니
다. 그런데 모두 건물 지하에 있죠. 거기에는 다 그럴 만한 이유가 있
습니다." 그러고는 이들 경제학자가 이 건물에 있는 이유는 쓸 만한 질
문을 던지기 때문이며 그럼에도 저 지하에 있는 이유는 "스스로의 한
계를 모를 뿐 아니라 자신들이 내놓은 분석에 터무니없을 정도로 자

신감을 드러내지만 내가 판단하기에 그 근거가 빈약하기" 때문이라고 덧붙였다.[4]

마틴이 경제학자에게 보이는 이런 혐오는 20세기 중반 미국 지도층 사이에 널리 퍼져 있었다. 프랭클린 델라노 루스벨트Franklin Delano Roosevelt 대통령은 당대 가장 중요한 경제학자 존 메이너드 케인스John Maynard Keynes를 현실에 둔감한 '수학자'에 불과하다고 은근히 무시했다.[5] 드와이트 D. 아이젠하워Dwight D. Eisenhower 대통령은 이임사에서 기술 관료가 권력을 잡지 못하도록 해야 한다고 강조하며 '공공 정책' 자체가 과학 기술 엘리트층의 전유물이 될 수 있다고 경고했다. 의회는 경제학자에게 증언을 들었지만 대개는 진지하게 받아들이지 않았다. 위스콘신주 상원 의원으로 민주당의 국내 정책을 주도한 윌리엄 프록스마이어William Proxmire의 보좌관은 1960년대에 "경제학은 대개 고위 정책 입안자 사이에서, 특히 의회에서 특정 사안을 다룰 때 도무지 그 간극을 메울 수 없는 매우 난해한 분야로 통했다"라고 썼다.[6]

C. 더글러스 딜런C. Douglas Dillon 미 재무장관이 1963년에 국제통화제도의 개선 가능성을 주제로 두 가지 연구를 의뢰했을 때에도 학계의 경제학자에게는 자문을 구하지 않겠다고 단호히 거부 의사를 밝혔다. 다른 고위 관료는 경제학자가 내놓는 조언은 "정책 결정을 책임진 사람에게 실질적으로 쓸모가 없었다"라고 말했다.[7]

같은 해 연방 대법원은 필라델피아 은행 둘을 합병하면 경제적으로 이익이라는 증거가 있음에도 합병하지 못하도록 막는 정부 결정을 승인했다. 법원은 경제적 증거가 관련성이 없다고 설명했다.[8]

하지만 바야흐로 변혁의 순간이 다가오고 있었다. 시장의 힘과 영광을 믿는 경제학자가 영향력을 발휘하여 정부 사업과 운영 방침에 변화를 꾀하고 그 결과 일상생활도 모습을 바꾸는 전환점에 곧 서게 되었다.

2차 세계대전 이후 25년 동안 이어지던 성장이 1970년대에 들어서 삐걱거리더니 멈춰 서 버렸다. 이때 이들 경제학자는 경제에서 정부가 담당한 역할을 줄이라고, 다시 말해 시장이 관료보다 더 나은 결과를 낳는다고 정치 지도자들을 설득했다.

경제학은 종종 '우울한 과학dismal science'이라고 불린다. 자원이 한정되어 있어서 선택을 강요할 수밖에 없다고 주장하기 때문이다. 하지만 경제학이 진정으로 전하고자 하는 메시지는 비록 감질만 나게 할 뿐이더라도 인류가 희소성이라는 저 고약한 굴레를 벗게 할 수 있다는 약속이다. 이것은 경제학이 인기를 끄는 이유이기도 하다. 연금술사가 납으로 금을 만들겠다고 단언했다면 경제학자는 보다 나은 정책을 입안하여 무에서 금을 만들어 낼 수 있다고 호언했다.

1969년부터 2008년까지 40년에 걸친 이 시기를 나는 역사가 토머스 K. 맥크로Thomas K. McCraw의 글에서 한 구절을 빌려 와 '경제학자의 시대Economists' Hour'라고 부른다. 이 시기에 경제학자는 과세와 공공 지출을 제한하고, 규모가 큰 경제 부문에서 규제를 완화하고, 세계화를 향한 길을 마련해 나가는 데 중심 역할을 했다.[9] 또 리처드 닉슨Richard Nixon 대통령을 설득하여 징병제를 폐지했다. 연방 법원을 설득해 독점금지법을 적극 집행하지 못하도록 막았고, 나아가 정부를 설득해 규제가 그만 한 가치가 있는지 없는지 알아내기 위해 인간 생명을 달러 가치로 환산했다. 그 가치가 2019년에는 약 1000만 달러였다.

경제학자는 또한 정책 입안자가 되었다. 1970년 경제학자 아서 F. 번스Arthur F. Burns가 마틴에 이어 연준 의장이 되면서 볼커를 비롯한 경제학자가 중앙은행을 이끄는 시대가 열렸다.[10] 2년 뒤인 1972년 조지 슐츠George Shultz가 경제학자로는 최초로 재무장관이 되었다. 한때 딜런이 앉았던 바로 그 자리였다.[11] 미국 정부가 임용한 경제학자 수가 1950년대 중반 2000여 명에서 1970년대 말 6000여 명 이상으로 크게 늘어났다.[12]

미국은 지적 소요가 들끓는 진원지이자 발상을 정책으로 전환하기에 적합한 주요 실험장이었다. 하지만 경기 침체의 치유책으로 시장을 받아들이는 태도는 전 세계적인 현상이었다. 영국과 칠레와 인도네시아를 비롯한 여러 나라에서 정치인의 상상력을 사로잡았다. 미국은 1970년대 중반에 정부의 가격 통제 정책을 없애기 시작했다. 1970년대 말 즈음 프랑스에서는 프랑스 역사상 처음으로 빵집 주인이 바게트 값을 정했다.[13]

지구상에서 가장 큰 공산주의 국가도 이 변혁에 합류했다. 1985년 9월 자오쯔양趙紫陽 부주석은 뛰어난 서구 경제학자 8명을 일주일 간 양쯔강 유람선 여행에 초대했다. 이 유람선에는 중국에서 경제 정책을 입안하는 지도층이 상당수 타고 있었다. 마오쩌둥毛澤東은 생전에 경제는 항상 정치적 고려에 종속되어야 한다고 설파했다. 하지만 저 일주일 동안 거듭된 토론은 중국의 새로운 정치 지도자 세대가 시장에 더욱 굳건한 믿음을 갖도록 했다. 그뿐 아니라 중국이 시장에 기반한 자신들만의 경제 체제를 구축해 나가는 데 촉매 작용을 했다.[14]

이 책은 이 같은 변혁이 걸어온 일대기다. 주요 인물 몇몇은 상대적으로 잘 알려져 있다. 당대 다른 어떤 경제학자보다 미국인의 삶에 지대한 영향을 미친 밀턴 프리드먼Milton Friedman이나 1974년 칵테일 냅킨에 곡선 하나를 그려 감세를 공화당 경제 정책의 기본 방침으로 정하는 데 일조한 아서 래퍼Arthur Laffer처럼 말이다. 그에 비해 다른 인물들은 덜 친숙할지도 모른다. 시각 장애인 경제학자로 아내와 조교에게 계산을 받아쓰게 하여 닉슨이 징병제를 폐지하도록 이끈 월터 오이Walter Oi나 항공 여행 규제를 완화하여 상업 비행기의 비좁고 빽빽한 객실을 성공의 증거라며 기뻐한 알프레드 칸Alfred Kahn이나 게임 이론가로 케네디 행정부가 크렘린과 긴급 직통 전화를 개설하도록 설득했을 뿐 아니라 인간 생명을 달러 가치로 환산하는 방법을 고안한 토머스 셸링Thomas Schelling 같은 경우가 그렇다.

이 책에서는 그 결과에 대한 평가도 살핀다.

시장을 받아들이면서 전 세계 수십만 명이 비참한 가난에서 벗어났다. 상품과 돈과 사상이 흐르면서 여러 나라가 긴밀하게 묶였다. 지구상 77억 명 인구 대다수의 삶이 더욱 풍요롭고 건강하고 행복해졌다. 중국 사업가가 칠레산 연어를 먹고 인도 아이들이 이스라엘에서 제조한 의약품으로 치료를 받고 카메룬 국민이 NBA에서 농구 선수로 뛰는 동포의 모습을 지켜본다. 영아 사망률이 오늘날 지구상 모든 나라에서 1950년에 비해 뚜렷하게 낮아졌다.

시장 덕분에 사람들은 저마다 원하는 바가 다름에도 자신이 원하는 것을 더 쉽게 얻는다. 이는 다양성과 선택의 자유를 소중하게 여기는 다원주의 사회에서 특히 중요한 미덕이다. 무엇보다 경제학자는 시장을 이용하여 산성비를 줄이거나 이식용 신장 공급을 늘리는 일과 같은 긴요한 문제에 우아한 해결책을 내놓는다.

하지만 시장 혁명은 아직 갈 길이 멀다. 미국과 다른 여러 선진국에서는 경제적 평등과 건전한 자유 민주주의와 미래 세대를 희생하는 대가를 치렀다.

경제학자는 정책 입안자에게 수익 분배는 무시하고 성장 극대화에 집중하라고 촉구했다. 밥그릇 크기가 아니라 밥상 크기에 초점을 맞추라고 요구한 것이다. 지미 카터Jimmy Carter 대통령 경제자문위원회 위원장인 찰스 L. 슐츠Charles L. Schultze는 "거의 항상 그렇지만 그 결과가 특정 집단에 심각한 소득 손실을 안길 때조차" 경제학자는 효율적인 정책을 위해 싸움도 불사해야 한다고 주장했다.[15] 마거릿 대처 Margaret Thatcher 영국 총리의 핵심 고문인 키스 조지프Keith Joseph는 영국에는 백만장자도 파산도 더 필요하다고 언명했다. "이 나라에서 가난을 몰아내고 우리 생활수준을 높이려면 불평등이 지금보다 더 필요합니다."[16]

이 처방약은 듣지 않았다. 미국에서는 이 책에서 다루는 반세기 동안 10년마다 성장 속도가 계속 느려졌다. 1960년대에는 연평균 3.13퍼센트였던 수치가 2000년대에는 인플레이션과 인구 조정을 거치면 0.94퍼센트로 떨어졌다.[17]

소수는 크리서스Croesus 왕이 꾸는 허황한 꿈을 넘어설 만큼 엄청난 부자가 되었다. 하지만 중산층한테는 현재 자신의 자녀들이 더 번영된 삶을 누리지 못할 것이라고 예측할 만한 근거가 있다.* 우리 아버지는 1951년에 태어났다. 이 해에 출생한 미국 남성 가운데 75퍼센트가 30세 때에 아버지 세대가 그 나이 때 번 돈보다 더 벌었다. 나는 1978년에 태어났다. 이 해에 출생한 미국 남성은 45퍼센트만이 30세 때에 아버지 세대보다 더 벌었다. 내 자녀 세대는 전망이 훨씬 암울하다.[18]

정책 입안자는 효율성을 추구하면서 생산자로서 미국인의 이익을 소비자로서 미국인의 이익에 종속시키며 고임금 일자리를 저가 전자제품과 맞바꾸었다. 그 결과 사회의 구조가 흔들리고 지방 정부의 생존력이 약화되었다. 지역 사회는 개인의 실직이 미치는 여파를 잠재운다. 따라서 대량 해고가 특히 고통스러운 이유는 종종 지역 사회도 무너뜨리기 때문이다. 손실이 부분의 총합보다 커지는 셈이다.

더구나 지금 우리는 성장에 역점을 두면서 그 대가로 미래를 내주었다. 감세로 잠깐 달콤한 번영을 작은 폭죽처럼 한바탕 터뜨리면서 교육과 사회 기반 시설에 지출을 줄였다. 환경 규제에 제한을 두어 기업 수익을 지켰지만 환경은 그렇게 하지 못했다.

하지만 경제 정책의 실패를 드러내는 가장 섬뜩한 척도는 부의 불평등이 건강의 불평등으로 차츰 이어지면서 미국인의 평균 기대 수명이 낮아지고 있다는 점이 아닐까. 1980년에서 2010년 사이 미국인 부유층의 상위 20퍼센트에서는 기대 수명이 올라갔다. 같은 기간 미

---

* 불평등은 모든 선진국에서 심화해 왔다. 여러 가지 요소가 작용하겠지만 꾸준히 발전을 거듭해 온 기술 진보와 세계화도 그 가운데 하나다. 이 책에서는 경제 정책이, 특히 미국의 정책이 주된 역할을 했다고 주장한다. 그 같은 추세를 부추겼기 때문이기도 하거니와 그 결과를 개선해 나가지도 못했기 때문이다. 내 관점은 정부의 중요한 역할은 변화 속도를 제한하는 데 있다는 경제사학자 칼 폴라니Karl Polanyi와 같다.

국인 빈곤층 하위 20퍼센트에서는 내려갔다. 특히 같은 기간 부유한 미국인 여성과 빈곤한 미국인 여성 사이에 기대 수명의 차이가 3.9년에서 13.6년으로 벌어졌다는 사실은 가히 충격적이지 않을 수 없다.[19]

학문으로서 경제학의 기원은 자유 민주주의의 발흥과 매우 밀접한 관련이 있다. 국민의, 국민에 의한, 국민을 위한 통치는 강제에서 벗어나 설득으로 나아가기 시작했다. 사이먼 샤마Simon Schama는 17세기 네덜란드 공화국 문화사를 다루며 국가 의례가 "폐쇄적이 아니라 대중적으로, 마술적이 아니라 과장적으로, 환상적이 아니라 교훈적으로" 놀랄 만큼 변화했다고 지적했다. 카를 마르크스Karl Marx가 '정치 경제학의 창시자'라고 일컬은 영국 경제학자 윌리엄 페티William Petty는 국가가 조세 의존도를 점점 높여야 한다고 밝히며 이에 대한 타당한 근거를 제시하기 위해 사유 재산 규모를 측정했다. 이 연구로 그는 먼저 영연방에, 그다음에는 찰스 2세 왕에게 스스로 유능한 존재임을 증명했다.[20]

열혈 신봉자들은 경제학 언어를 사용하여 자신의 견해에 대중적 지지를 끌어 모으고 정부 정책에 변화를 꾀하기 시작했다. 경제학 분야에서 첫 위대한 역작이 1776년에 출간되었으니 《국부론Wealth of Nations》이었다. 이런 제목을 붙인 이유는 애덤 스미스Adam Smith가 국부를 늘리는 비결을 설명했기 때문인데 바로 자유 시장과 자유 무역이었다. 몇 십 년 뒤인 1817년 경제학자 데이비드 리카도David Ricardo가 그 이론을 보다 날카롭게 다듬으며 국가는 일부 상품의 생산을 포기하고 '비교 우위'에 있는 분야에 집중하면 더 부강해질 수 있다고 주장했다. 생산을 포기한 상품은 수입하면 되었다. 이 통찰에 곡물 수입을 제한한 영국 곡물법Corn Law 반대자들이 열광했다.* 그리고 리카도 이론을 복음인 양 퍼뜨렸다. 당시로서는 신기술인 우표를 이용해 새로 발간한 잡지 《이코노미스트》를 배포하기도 훨씬 수월했다.[21] 1846년 로버트 필Robert Peel 영국 총리가 곡물법을 폐지하겠다는 결정을 내렸다. 이는 경제학자가 공공 정책을 바꾼 의미심장한 첫 사례일지도 모른다.

경제학자가 발휘하는 영향력은 자료 이용도가 높아지면서 함께 커 갔다. 마치 콩 넝쿨이 옥수숫대를 휘감는 모습과 같았다. 근대 초기에 정부는 자신이 운영하는 국가에 대해 거의 알지 못했다. 인구가 얼마인지, 소득이 얼마인지, 자산이 얼마인지 어림만 잡고 있을 뿐이었다.[22] 알렉시스 드 토크빌Alexis de Tocqueville은 《미국의 민주주의Democracy in America》(1835)에서 한 장에 걸쳐 인상 깊은 이견을 쏟아내며 미국의 부를 수량화할 수 있다는 생각에 조소를 보냈다. 어찌 되었든 토크빌에 따르면 여러 유럽 국가가 그런 유형의 자료를 활용한 예는 한 번도 없었다. 하지만 여러 나라에서 차츰 통계를 내기 시작했다. 통계statistic라는 이 단어는 원래 국가state에 대한 자료를 가리켰다. 1853년 미국 정부는 사상 처음으로 제임스 D. B. 드 보우James D. B. De Bow라는 경제학 교수를 임용하여 10년마다 실시하는 인구 조사 결과를 분석하도록 맡겼다.[23] 이 인구 조사에서는 과거 여러 차례 실시하

---

* 영국 영어에서 'corn'은 곡물을 총칭하는 말이다. 영국인에게 주식은 밀이었지 옥수수가 아니었다.

던 조사 때보다 풍부한 자료를 모아서 처음으로 꼼꼼하게 측정한 경작지 면적 수치도 들어 있었다.

드 보우가 분석한 통계 연구 때문에 노예제에 대한 정치 논쟁이 완전히 바뀌었다. 힌턴 헬퍼Hinton Helper라는 한 젊은 남부인이 쓴《다가오는 남부의 위기The Impending Crisis of the South》라는 책이 날개 돋친 듯 팔려 나가며 1857년 격론에 막강한 영향력을 미쳤다. 이 책에서 헬퍼는 인구 조사 자료를 활용하여 노예제가 남부에 해롭다는 주장을 폈다. 그 관점에 따르면 노예를 재산으로 여기는 제도의 가장 치명적인 결점은 비도덕성이 아니라 비효율성이었다.[24]

이후 75년 동안 정책 입안자는 시장을 신뢰했다. 정부는 서서히 경제 체제 내에서 역할을 확대해 나갔다. 국가 통화를 발행하고 이어서 중앙은행을 설립했다. 그리고 처음에는 철도 때문에 다음에는 규모가 커 가는 다른 산업 때문에 연방 규제 기관을 창설했다. 또 독점을 견제하는 법을 제정했다. 하지만 정부는 여전히 주변에 머무르는 힘없는 행위자였다. 온 나라가 대공황으로 빠져들 때에도 의회에는 경제와 관련한 기본 정보가 턱없이 부족했다. 1932년 의회는 경제 활동이 얼마나 위축되었는지 추산하도록 의뢰했다. 이에 경제학자 사이먼 쿠즈네츠Simon Kuznets가 1934년 1월 보고서를 제출했는데 국민소득이 1929년에서 1932년 사이 절반이나 떨어졌다. 이 자료는 2년이나 지났지만 여전히 귀중했다. 정부는 이 보고서를 4500부나 인쇄했지만 금방 동이 났다.[25]

　　　　　　*　　*　　*

20세기 전반기부터 정부가 20세기 후반기에는 경제 운영에 더욱 큰 역할을 맡아야 한다는 정치적 합의가 이루어지기 시작했다. 과잉과 불평등이 만연한 초기 수십 년에 이어 대재앙을 방불케 한 1930년대와 1940년대를 겪으며 사람들은 시장에 대한 신뢰를 거의 잃었다. 사람들은 경제가 흔들의자와 비슷하다고 여겨 왔었다. 앞으로 혹은 뒤로 움직일 수 있지만 반드시 같은 자리로 되돌아온다고 믿었다. 케인스는 경제가 바퀴 달린 의자와 더 비슷하다고 주장하면서 명성을 얻었다. 불가피하게 혼란에 빠질 경우 정부의 손을 빌려야 제자리로 되돌려 놓을 수 있다는 것이다. 경제는 주의 깊게 경영해야 했다. 경기가 좋을 때에는 번영이 불공평하게 분배되는 일이 없어야 했고, 경기가 나쁠 때에는 고통을 줄여야 했다. 이 시절 보수주의자는 정부 규제를 강화하고 사회 복지 지출을 증가하되 그 폭을 낮춰야 한다고 주장했다.

　　미국 정부는 경제 활동 영역 전반으로 규제를 확장해 나갔다. 화물차 운전자는 주간州間통상위원회가 발급하는 노광 필름 운반 면허증이 있어도 미노광 필름을 운반하려면 따로 면허증을 취득해야 했다. 반독점 규제 기관은 중간 규모 기업이 서로 합병하지 못하도록 막았고, 알코아 같은 독점 기업을 분산시키려고 애썼다. AT&T 같은 기술 기업은 발견한 내용을 경쟁사와 나누어야 했다. 금융업계는 대공황을 일으킨 주범으로 지목되어 보호 관찰에 들어갔다.

　　정책 입안자는 의식적으로 경제 불평등을 막는 방안을 강구했다. 1946년 의회는 정부에게 실업을 최대한으로 줄일 것을 요구하는 법을 통과시켰다. 그뿐 아니라 높은 누진 소득세와 다른 추가 부담금을 부과하여 고소득자 소득에서 절반 이상을 거두어들였다. 대공황 동안 정부가 합법으로 인정한 노동 운동이 부상하면서 노동자도 주주와 나란히 번영을 누리도록 하는 데 일조했다. 1950년대에는 미국인 임금 노동자의 4분의 1 이상이 노조에 가입해 있었다. 이 가운데에는 영화배우 로널드 레이건Ronald Reagan도 있었다. 당시 그는 미국배우조합 조합장을 맡고 있었다.

정부는 또 불평등이 미치는 영향을 줄이려고 노력했다. 사람들에게 계층 상승의 기회를 보장하고 낙오자를 구제했다. 연방 정부 지출이 미국 경제 전체 산출량에서 차지하는 비중이 1948년부터 1968년 사이 약 10퍼센트에서 20퍼센트로 2배가량 늘었다. 미국은 주간州間 고속도로망을 확충하고 상업 항공 확충에 보조금을 지원했으며 인터넷 상용화를 위한 기반을 구축했다. 정부는 공공 교육과 공공 보건과 공공 연금에 투자를 크게 늘렸다. 미국은 서민이 경쟁 관계에 있는 공산주의 국가보다 윤택한 삶을 누릴 수 있다고 과시하고 싶었다.

약 25년 동안 미국인은 실찬 번영의 시기를 누렸다. 여성과 아프리카계 미국인의 법적, 사회적, 경제적 차별을 비롯하여 여러 문제가 산적해 있었지만 경제에서 일구어 낸 결실은 골고루 나누었다. 외국인들은 경영자와 노동자가 비슷한 차를 몰고 비슷한 옷을 입고 같은 좌석에 앉는 미국 사회의 평등주의에 대해 언급했다. 미국은 공장 도시였고 월스트리트는 다른 이의 돈을 관리하는 대가로 적당한 보수를 받는 공장 도시의 일부였다. 매년 미국 인구의 약 5분의 1이 보금자리를 새로 옮겼다. 미국인 대다수는 경제 사다리를 한 단 한 단 올라가는 삶을 영위해 나갔다. 디트로이트에서는 자동차를 생산하여 노동자 한 세대가 중산층으로 올라섰다. 그리고 이 자동차를 타고 교외로 퍼져 나갔다.

많은 경제학자가 뉴딜 정책과 2차 세계대전을 거치며 공직으로 진출하기 시작했다. 덕분에 어디에 도로를 닦고 다리를 세워야 하는지 계산해 낼 수 있었다. 또 어느 도로를 없애고 어느 다리를 무너뜨려려 하는지도 계산할 수 있었다. 경제학자 아놀드 하버거Arnold Harberger는 한 친구가 전쟁 기간 동안 워싱턴을 방문하던 때를 떠올렸다. 이 친구는 반원형 막사가 꽉 들어찬 내셔널몰National Mall을 보고는 물었다. "저게 다 뭔가?" 그러자 대답이 돌아왔다. "아, 경제학자들이 있는 곳이라네."[26]

정책 입안자와 관료는 빠르게 확장하는 연방 정부를 운영하려고 고군분투했다. 이때 경제학자의 손을 빌려 공공 정책의 집행 체계를 합리화했다. 차츰 경제학자가 공공 정책의 목표에도 영향력을 가하기 시작했다. 케인스의 제자들은 정부가 경제에서 보다 큰 역할을 맡으면 더욱더 번영을 증진할 수 있다고 정책 입안자를 설득해 나갔다. 이 '행동주의자 경제학activist economics'*이 미국에서 정점에 이른

---

* 경제에서 정부의 적극적 역할을 강조하는 케인스주의자들을 행동주의자에 빗대어 저자가 만든 조어다. 인간을 합리적 존재로 가정하는 경제학 이론의 허점을 지적하며 실제로 이루어지는 인간의 행동 양식을 연구하여 경제학에 반영하려는 대니얼 카너먼, 허버트 사이먼, 로버트 실러 등의 행동 경제학behavioral economics과는 전혀 다른 의미다.─편집자주

때가 1960년대 중반 존 F. 케네디John F. Kennedy와 린든 B. 존슨Lyndon B. Johnson 대통령 집권 시절이었다. 두 대통령은 세금을 감면하고 세출을 증가시키는 적극적인 노력을 펼치며 경제 성장을 북돋고 가난을 몰아내려 했다.

몇 년 동안 이 노력은 거의 마법을 부리는 듯했다. 하지만 곧 실업과 인플레이션이 함께 상승했다. 1970년대 초가 되자 미국 경제가 흔들렸다. 반면에 일본과 서독은 되살아났다. 닉슨 대통령은 "미국은 자동차나 철강이나 비행기 생산에서 경쟁이 안 된다. 그러면 앞으로 두루마리 휴지와 치약이나 만들어야 할까?"라며 조바심쳤다.[27] 닉슨과 그 후임자인 제럴드 포드Gerald Ford와 지미 카터는 계속 케인스주의의 개입주의 처방전을 고수했다. 급기야 일부 케인스주의자가 두 손을 다 들어 버렸다. 카터 집권 시절 상무장관을 지낸 경제학자 주아니타 크렙스Juanita Kreps는 1979년 장관직에서 물러나며 《워싱턴포스트》에 케인스 경제학에 대한 확신이 몹시 흔들렸기 때문에 듀크 대학 종신 교수직으로 돌아갈 생각이 없다고 말했다. "무엇을 가르쳐야 할지 모르겠어요. 교리서를 더 이상 믿지 못하게 되었습니다."[28]

케인스 경제학을 거부하며 반反혁명을 이끈 경제학자는 1960년대 말 '우리가 믿는 시장 안에서In Market We Trust'를 선명하게 새긴 기치 아래 진군해 나아갔다. 그들은 가격 변동이 자유로운 시장 경제가 관료 체제보다 더 나은 결과를 낳는다고 정책 입안자를 설득했다. 또 행동주의자 경제학 지지자가 정부의 영향력과 역량을 과장하고 있다고 지적했다. 지상의 삶을 향상하기 위해 자본주의를 길들이면 상황이 더 악화되는 결말을 맺을 뿐이라고 경고했다.

더 나은 방법으로 현실을 헤쳐 나갈 수 있다고 선언하는 데에는 어느 정도 오만이 필요했다. 하지만 겸손이란 놀라운 요소도 들어 있었다. 새로 등장한 경제학자는 해답이 있다고 주장하지 않았다. 실은 해답이 없다고 주장했다. 이들 주장에 따르면 정책 입안자는 좋은 선택을 하려 들지 말고 방해만 하지 않으면 그만이었다. 정부는 지출과 세금을 최대한 낮추고 규제를 줄여 상품과 돈이 국경을 더욱 자유롭게 넘나들도록 해야 한다는 것이었다. 정책이 필요한 곳이라고는 예를 들어 오염 비용을 배분하는 일에나 필요할 뿐이며 정부는 시장의 작용을 가능한 한 정확하게 계산해 내기만 하면 되었다. 일찍이 오염을 줄이는 데 시장을 활용하는 방법을 지지한 J. H. 데일스J. H. Dales는 1968년에 이렇게 썼다. "시장을 도입하여 정책을 시행하는 일이 가능해진다면 어느 정책 입안자도 시장 없이는 아무 일도 해낼 수 없다."[29]

시장 신앙을 옹호하는 이 주장은 20세기 미국인의 삶에서 한 축을 이루던 또 다른 보수주의 계열한테서 중요한 지지를 끌어냈다.[30] 특히 '근육질 우파muscular right'를 깊이 사로잡았다. 이들은 스스로를 반공주의자라고 규정하며 국방비를 제외한 모든 정부 지출을 줄이는 일에 찬성했다. 20세기 중반 진보주의자liberals는 보수주의의 부활을 주목하며 사회 주변부를 갉아먹는 병리 징후라고 썼다. 하지만 역사학자 리사 맥기어Lisa McGirr의 지적에 따르면 경제적 보수주의의 온상은 캘리포니아주의 오렌지카운티, 콜로라도주의 콜로라도스프링스, 조지아주의 코브카운티를 비롯해 연방 정부 방위비로 살찌운 선벨트Sun Belt 교외 지역이었다. 이들 지지자는 교육 수준과 소득 수준이 높은 부류로 스스로를 '철두철미하게 현대적'이라고 여겼다.[31] 현실은 꽤 잘 돌아가고 있으며 정부가 마음대로 주무르지 않는 한 앞으로도 그럴 것이라는 견해를 폈다. (오렌지카운티의 치과 의사들은 일 년에 두 번 청소하러 오는 협력 업체에 정부한테서 받는 돈으로 요금을 지불하지만 이를 인정하지 않았다.)

경제학은 명증한 종교였다. 초기 신앙은 부를 곱게 보지 않았다. 누군가의 기쁨은 다른 누군가의 고통을 대가로 얻는다는 생각이 지배적이었기 때문이다. 이런 생각은 시간이 흘러도 생산성이 제자리걸음인 사회에서는 옳았다. 중세 길드 체제는 숙련된 기술자의 진입에 제한을 두었다. 루앙에서 빵에 대한 수요가 딱 그만큼이었기 때문이다.[32] 하지만 애덤 스미스는 산업 혁명으로 이런 현실이 바뀌었음을 깨달았다. 생산성이 높아지며 경제 규모가 커지자 부를 축적할 수 있었다. 이기적으로 행동하면 모두에게 이로울 수 있었다. 그런데 여기서 짚고 넘어가야 할 점은 스미스가 이기심이 항상 사회에 이롭다고 여기지 않았다는 것이다. 하지만 경제학이 이 최초의 경전과 맺는 관계는 다른 위대한 세계 종교가 자신의 최초 경전과 맺는 관계와 크게 다르지 않았다. 미묘한 어감 차이가 있음에도 스미스가 내놓은 계산은 "탐욕은 선이다"가 되어 버렸다. 알다시피 이 구절은 온 세계를 휩쓴 신조가 되었다. 부유하거나 부유하고 싶은 열망으로 가득 찬 사람들 사이에서 금과옥조가 되었다.

시장 신앙을 주창하는 사람들은 기업 엘리트와의 관계도 돈독하게 발전시켰다. 돌이켜 보면 생각만큼 꼭 그런 유대를 맺어야 했던 건 아니었다. 프리드먼이나 가까운 친구인 조지 스티글러George Stigler 같은 보수주의 경제학자는 처음엔 기업이 지닌 힘에 두려움을 드러내며 기업 집중을 억제하는 일이 몇 안 되는 정부의 정당한 기능 가운데 하나라고 주장했다. 일부 보수주의 경제학자는 여전히 그렇게 주장한다. 하지만 다수의 보수주의 경제학자는 기업과 손을 잡고 정부 권력에 맞서기로 했다. 경제학자가 이론을 제시하고 기업이 자금을 제공했다. 연구 비용을 부담하고 대학 교수에게 기금을 기부하고 전미경제연구소National Bureau of Economic Research나 미국기업연구소American Enterprise Institute나 스탠퍼드 대학 후버연구소Hoover Institution at Standford University 같은 싱크탱크에 자금을 지원했다.

1972년에 발표한 유명한 논문에서 UCLA의 두 경제학자 아르멘 알치안Armen Alchian과 해럴드 뎀세츠Harold Demsetz는 기업을 자본주의의 진수眞髓라고 표현했다. 효율적인 고용과 공정한 보상을 보장할 수 있는 가장 최상의 체제라는 것이다. 그리고 각주에서 두 교수는 이 같은 결론에 이르기까지 대기업 제약사인 일라이릴리한테서 자금을 지원 받았다고 독자에게 밝혔다.[33] 기업 경영진과 여러 부유한 미국인은 자신들의 신앙과 이익이 과학적 언술로 표현된 내용을 보고 그저 크게 흐뭇해했다.

경제적 보수주의자가 '독실한 우파'인 사회적 보수주의나 소수 집단의 민권을 반대하는 부류와 맺은 관계는 보다 복잡했다. 일찍이 시장 신앙을 지지한 중요 인사들 가운데 일부는, 특히 학자로서 경력을 쌓아 가는 동안 반유대주의 차별의 피해를 톡톡히 본 프리드먼은 시장으로의 전환을 소수 집단이 다수의 핍박에 맞서는 가장 유용한 방어책으로 받아들여야 한다고 주장했다.[34] 시장은 다양한 요구와 선호를 수용하기가 더 수월하며 지불 능력 이외에 어떤 이유로도 차별하지 못하도록 했다. 프리드먼과 다른 주요 경제학자들은 이민의 찬성과 마약의 합법화와 동성애자의 권리를 비롯해 사회적 보수주의가 질색하는 견해를 드러냈다. 많은 사회적 보수주의자가 1964년 자유지상주의자libertarian인 배리 골드워터Barry Goldwater의 대통령 선거 운동에 어떤 입장을 취해야 할지 망설였다. 한편 많은 경제적 보수주의자는 1968년 조지 월리스George Wallace가 대통령 선거 운동에서 인종주의적 공약을 내세우자 몹시 불쾌해했다.

그런데 1970년대 두 진영은 손바닥만 하지만 그것만으로도 충분한 일치점을 찾아냈다. 도덕 가치가 훼손될까 두려운 사회적 보수주의자와 자산 가치가 하락할까 두려운 경제적 보수주의자는 모두 정부 역할이 확장하자 심한 위협감을 느꼈다. 오렌지카운티의 가든그로브 지역 교회 목사인 로버트 슐러Robert Schuller를 위시해 종교 지도자들은 부의 추구를 도덕적 기업 정신으로 특징지으며 보수주의의 두 흐름을 통합했다. 슐러는 자신의 교회를 '신을 위한 쇼핑센터'라고 말하며 "여러분에게는 하나님의 명에 따라 부자가 될 권리가 있다"라고 신도들에게 설파했다. 한 신도가 맥기어에게 전임前任 목사는 "세자르 차베스Cesar Chavez나 포도 불매 운동에 대해 설교하셨습니다. 복음이 아닌 그런 소리나 듣자고 교회에 가고 싶은 사람은 아마 없을 것입니다"[35]라고 털어놓았다.

보수주의는 권력자와 연합하여 실제의 그리고 가상의 위협에 맞서며 현 상황을 유지했다. 이 동맹은 시장 지향의 정책을 실시할 수 있도록 충분한 정치적 지지를 이끌어 내는 데 중요했다. 하지만 사회적 보수주의자는 그 결과를 두고 의견이 분분했다. 시장으로 전환하면서 미국은 더 다양하고 자유로운 사회가 되었지만 저들이 잠식해들어가는 규모와 속도를 제한하는 데 도움이 되기도 했다.

효율성과 경제 성장을 우선시하는 태도는 가치 중립적인 명분을 내세우며 재분배 정책과 복지 제도에 반대했다. 나아가 경제적 차별을 묵인할 뿐 아니라 조장하기도 했다. 이는 그 자체로 또 다른 형태의 차별을 강하고 끈질기게 대리하는 행위였다. 역사학자 대니얼 T. 로저스Daniel T. Rodgers가 지적했듯이 경제학자가 처음으로 공적 담론을 집단 간 경쟁에서 개인 간 거래로 바꾸어 놓았다.[36]

경제학자는 사회를 예를 들어 기업과 노동자가 대등한 입장에서 소통하는 평등한 2차원 공간으로 그렸다. 그리고 인간을 완전한 지식과 온전한 자격을 갖춘, 자기 운명의 주인으로 다시 상상해 냈다. 경제학에서 가장 상징적인 도표는 공급과 수요 사이의 관계를 보여 주는 것이다. 곡선 2개가 교점 X에서 만나는데 이 평면에는 역사도 맥락도 결여되어 있다. 늘 이목이 집중되는 주식 시장은 어쩌면 교과서에 나오는 시장과 현실적으로 가장 가까운 예일지도 모른다. 하지만 시장은 잔인하지만 공정하다는 대중적인 시각을 단단히 굳혀 버렸고, 이 고정관념은 현실 세계를 조금이나마 공정하게 가꾸려는 노력에 맞서 작동해 왔다. 흑인 가정이 비우량 주택 담보 대출을 받았다면 시장의 관점은 부를 일구어 낼 수 없었던 부모와 조부모, 대출을 거절한 인근 주요 대출 기관, 임금이 괜찮은 일자리를 찾고 유지하기가 얼마나 힘든 일인지를 고려하지 않았다. 시장은 채무자와 채권자가 서로 이익을 볼 것이라고 기대하기 때문에 거래가 이루어진다고 여겼다.

경제학자라는 집단에는 다양한 인물이 모여 있다. 모름지기 경제학자 명단이라면 어떤 것이나 밀턴 프리드먼과 카를 마르크스가 함께 들어 있다. 말하자면 어느 특정 정책을 지지하느냐에 따라 구성원을 정할 수 없다. 경제학자가 공공 정책에 미치는 영향을 설명하는 데에서도 일부 경제학자는 이 책에서 다루는 변화가 일어날 때마다 거세게 반대했다는 점을 나는 잘 알고 있다. 사실 이 책에서 언급하는 변화에 전부 지지를 보내는 경제학자는 아마 없을 것이고 있더라도 아주 소수일 것이다.

하지만 내가 보기에 경제학자, 특히 20세기 후반부 미국의 경제학자는 같은 부류로 묶을 수 있다. 대다수 미국 경제학자 특히 공공 정책 논쟁에 참여하여 영향력을 떨치는 경제학자는 이념의 영역에서 좁은 부분을 차지했다.

미국 경제학자는 때때로 두 진영으로 나뉜다. 하나는 시카고에 본거지를 두고 매사 시장 편에 선다고들 말한다. 반면에 다른 하나는 매사추세츠주 케임브리지에 본거지를 두고 정부의 강력한 개입을 선호한다고들 말한다. 이 두 진영은 '민물파'와 '짠물파'*로도 불리곤 한다.

이런 차이를 낳는 요소는 무수하다. 하지만 두 진영을 이끄는 주

---

* 시장주의 경제학의 산실인 시카고 대학이 내륙의 미시간호 인근에 위치하고, 케인스주의의 영향력이 강했던 MIT가 미국 동부 해안 연안인 매사추세츠주의 대학 도시 케임브리지에 자리 잡고 있기 때문에 각각 이러한 별칭이 붙었다.—편집자주

요 인물들은 이 책에 나오는 여러 중요한 변화를 반겼다. 자연은 점점 엔트로피로 나아가는 경향을 보일지라도 두 진영 모두 경제는 균형으로 나아간다고 확신했다. 또 경제 정책의 주된 목적은 국가 경제 산출량에서 달러 가치를 높이는 것이라는 데 의견 일치를 보았다. 그리고 두 진영 다 불평등을 줄이기 위한 노력에는 인내심을 발휘하지 않았다. 1979년 전미경제학회American Economic Association 회원을 대상으로 실시한 설문 조사에 따르면 98퍼센트가 임대료 규제에 반대했고 97퍼센트가 관세에 반대했고 95퍼센트가 변동 환율제에 찬성했고 90퍼센트가 최저 임금법에 반대했다.[37]

두 진영의 차이는 정도의 문제일 뿐이었다. 차이가 있더라도 이 책에서 설명하겠지만 결과로 일어난 일이며 합의의 정도 역시 결과에 따른 일이었다. 자본주의 비판은 유럽에서는 주류 논쟁의 중요한 주제로 남았지만 미국에서는 거의 등장하지 않았다. 그 차이를 정치학자 조너선 슈레퍼Jonathan Schlefer가 깔끔하게 한 문장으로 정리했다. "영국의 케임브리지는 자본주의를 태생적으로 골치 아픈 문제라고 바라본 반면에 매사추세츠의 케임브리지는 자본주의를 '미세 조정'이 필요한 문제일 뿐이라고 바라보았다."**[38]

시간이 흐르면서 미국 경제학자의 합의는 다른 나라에서도 논쟁의 경계를 바꾸어 놓았다.

진보주의자와 보수주의자 사이에는 경제 정책 문제에 대해 실제

**   전자는 영국 케임브리지 대학을 말하고 후자는 대학 도시인 케임브리지의 대학들로 하버드, MIT 등을 말한다.—편집자주

로는 차이가 존재했다. 그런데 이 차이로 인해 민주당이나 다른 선진국의 주요 중도좌파 정당이 경제적 효율성을 우선시하는 입장에 어느 정도 지지를 보내는지 정확히 가늠하기 어려웠다. 보수주의자가 종종 가장 유능한 개혁자이기도 했다. 추진력이 강한 벤저민 디즈레일리Benjamin Disraeli가 '토리당의 인재와 휘그당의 정책'으로 압축한 구호는 유명하다. 한편 최근 수십 년 동안 개혁이 보수주의 방향으로 흐르면서 진보주의자들은 종종 보수주의 혼자 힘만으로는 다다를 수 없는 목표를 향해 진군해 나아갔다. 미국에서는 세금 감면이 케네디 행정부 시절부터 시작되었고 규제 완화가 카터 행정부 시절부터 시작되었다. 영국에서는 제임스 캘러헌James Callaghan 노동당 총리가 1976년에 케인스 사상은 죽었다고 선언했다. 프랑스에서는 사회주의자인 프랑수아 미테랑François Mitterrand 대통령이 독일과 통화 동맹을 맺을 준비를 한다며 긴축 재정을 실시했다.

소련이 붕괴하자 이런 정치적 합의는 더욱 굳어졌다. 공산주의 사회와 자본주의 사회로 크게 양분했던 세계는 역사의 거대한 자연 실험장이었다. 그리고 그 결과는 명백해 보였다. "냉전은 끝났고 시카고 대학이 승리를 거머쥐었다"라고 1991년 보수주의 논객 조지 윌George Will이 의기양양하게 떠들었다.[39] 미국의 빌 클린턴Bill Clinton이나 영국의 토니 블레어Tony Blair처럼 1990년대에 집권한 중도좌파 정당 지도자는 전임 보수주의 대통령이 세운 경제 정책을 대체로 답습했다. 자본주의는 이념 시장에서 득의만만한 독점자가 되었다. 결과는 뻔했다. 대안이 부재한 상황에서 자본주의가 지닌 분명한 결함을 다룰 의지조차 모으기 힘들었다.

20세기를 떠나 보내는 마지막 몇 년 동안 그리고 21세기를 맞이하는 첫 10년 동안 시장 신뢰가 주도한 변혁은 정점에 올랐다. 시장의 역할에 제한을 가하는 정치적 사회적 노력은 배제되었다. 정부는 시장을 규제하거나 미래의 번영에 투자하거나 불평등을 해소하려는 노력에서 뒤로 물러났다. 경제 성장은 미국인다운 기백을 가장 잘 표현하는 중요한 가치가 되었다. 조지 W. 부시George W. Bush 대통령은 9.11테러 사건이 터진 뒤 온 국민 앞에서 말했다. "우리는 다시 일터로 돌아가 테러에 맞서야 합니다."

자유 시장 경제학이 거둔 승리는 밤에 촬영한 한반도 위성사진으로 종종 설명되곤 한다. 남쪽 절반은 전깃불로 대낮처럼 밝지만 북쪽 절반은 주변 바다처럼 칠흑 같은 어둠에 잠겨 있다. 인상 깊은 모습이지만 그 의미가 종종 잘못 해석된다. 다른 부유한 나라와 마찬가지로 한국은 경제를 신중하게 조종하면서 번영을 일구어 냈다. 이 이야기는 국가가 운전대에서 두 손을 모두 떼기로 결정하면 어떤 일이 벌어지는지 보여 준다.

1장

시장은 어디에나 존재한다

물고기를 오랜 시간 운반해야 할 때 선장은 물고기가 펄떡펄떡 살아 있게 하려고 장어를 한 마리 통에 풀어 놓곤 했다. 경제학계에서는 그 장어가 바로 밀턴 프리드먼이다.

— 폴 새뮤얼슨Paul Samuelson(1969)[1]

1966년 말 자유지상주의 성향을 지닌 젊은 콜롬비아 대학 경제학 교수 마틴 앤더슨Martin Anderson이 한 만찬회에서 리처드 닉슨 법률 회사에서 온 어떤 변호사 옆자리에 앉아 있었다. 닉슨은 첫 번째 정계 은퇴를 선언한 뒤 뉴욕의 법률 회사에 들어가며 기자들에게 "더 이상 동네북인 닉슨은 없다"라고 말했다. 이 변호사는 닉슨을 좋아하지 않았다. 그리고 만찬이 끝날 무렵이 되자 앤더슨도 마음에 들어하지 않았다. 변호사는 앤더슨에게 "그런 관점을 지녔다면 내 상관과 일해야지, 나와는 아닐세"라고 말했다. 며칠이 지나서 앤더슨은 닉슨의 법률 회사 동업자이자 측근인 레너드 가먼트Leonard Garment에게 전화를 한 통 받았다. 가먼트는 요상한 소리를 하는 콜롬비아 대학 교수가 있다고 들었다면서 한번 만나자고 앤더슨을 초대했다. 앤더슨은 곧 1968년 대통령 선거에서 닉슨의 정치적 재기를 모의하는 소모임과 정기적으로 회합을 가졌다.[2]

1967년 3월 회합에서 닉슨의 소모임은 징병제로 관심을 돌렸다. 미국은 징집으로 주요 전쟁에 보낼 군인을 뽑아 왔다. 하지만 2차 세계대전이 끝난 뒤에야 의회는 처음으로 시행 중인 징병제를 승인했다. 미국이 세계를 지키는 책임을 짊어지고 있었기 때문이다. 하지만 냉전에 맞서 싸우려면 군인이 얼마나 필요한지 아무도 정확하게 가늠하지 못했다. 이후 25년 동안 정부는 해마다 수만 명을 징집했다.

징병에 대한 대중적 지지는 1960년대에 이르러 시들해지기 시작했다. 병역을 보편적 의무로 여겼지만 미국 남성 가운데 군 복무를 한 사람은 그 수가 절반에도 크게 못 미쳤다. 베트남에서 전투가 치열해지자 군에 입대하는, 아니 어쩌면 죽으러 가는 남성을 뽑는 데 근본적으로 불공정하다는 항의 역시 거세졌다. 여러 개혁자는 지역 징병위원회를 국가 추첨 방식으로 대체하자거나 남성이면 모두 군사 훈련을 받게 하자는 등과 같은 의견을 내놓았다. 하지만 이런 안으로는 불공정한 근본 요소를 해소하지 못했다.

"제게 생각이 있습니다." 앤더슨이 닉슨 보좌진에게 말했다. 시카고 대학 경제학자 밀턴 프리드먼이 쓴 글을 막 읽고 난 뒤였다. 프리드먼은 정부가 징병제를 폐지하고 대신에 완전 지원병제인 모병제를 실시하여 경쟁력 있는 임금을 제공해야 한다고 주장했다. 앤더슨은 소모임에서 물었다. "징병제를 없애면서 동시에 군사력도 늘릴 수 있는 방안을 제시하면 어떻습니까? 이 주제로 논문을 써 보겠습니다."[3]

세상은 변화한다. 하지만 그 이유를 딱 꼬집어 말하기는 어렵다. 미국이 1973년에 징병제를 폐지한 이유를 열거하자면 다음과 같다. 미국인이 1950년대에 아이를 많이 가졌기 때문이고, 린든 B. 존슨이라는 미덥지 못한 사람이 승산 없는 싸움을 밀어붙였기 때문이고, 새로운 군사 기술 작동법을 신병에게 가르치기가 점점 어려워졌기 때문이고, 투표 연령이 18세로 낮아졌기 때문이고, 점점 번영하는 나라에서 젊은이가 참전을 기피했기 때문이다. 이 요인들 모두 큰 영향을 미쳤다. 하지만 미국이 징병제를 없앤 이유는 밀턴 프리드먼이 앤더슨을 설득하고 앤더슨이 닉슨을 설득하고 닉슨이 1968년 대선에서 이겼기 때문이라는 것 또한 사실이다.

프리드먼은 매우 독보적인 학자로 1976년 노벨 경제학상 수상이라는 영예를 안았다. 하지만 그는 20세기에 가장 영향력이 큰 이데올로그로, 미국인뿐 아니라 전 세계인의 삶을 바꾸어 놓은 보수주의적 반혁명의 강고한 선지자로 기억될 만하다.

프리드먼은 1998년 회고록에서 경제학자는 "위기가 닥쳐와 무언가를 해야 할 때 유용한 선택지를 계속 마련해 놓아야" 한다고 썼다. 다시 말해 정책 입안자가 냉장고 문을 열 때 확실하게 속을 꽉 채워 놓아야 영향력을 발휘할 수 있다는 것이다.[4] 징병제를 폐지하는 과정에서 프리드먼은 제 역할을 톡톡히 해내며 처음으로 자신의 신념이 좇는 방향으로 정책을 바꾸었다. 더 빛나는 승리가 이어졌지만 프리드먼은 삶의 막바지에 이르러 이 첫 경험이 가장 자랑스럽게 기억에 남는다고 고백했다. "내가 참여했던 어떤 공공 정책 활동도 이만큼 만족감을 주지 못했습니다."[5]

보수주의적 반혁명의 선지자, 프리드먼

밀턴 프리드먼은 궤도에서 풀려난 전자처럼 20세기를 종횡무진 누비고 다니며 세상을 자신의 생각에 맞춰 바꾸어 놓았다. 그는 작은 체구에 커다란 안경을 쓰고 소년 같은 열정을 뿜어내는 타고난 영업가였다. 위대한 과학자는 종종 다른 사람과 소통하는 데 무척 서투르게 그려진다. 이런 모습이 그 명석함을 드러내는 특징이라고 여긴다. 위대한 경제학자는 이와 대조적으로 자신의 이론을 대중화하는 데 적극적이고 이런 수완에서 프리드먼은 타의 추종을 불허했다. 프리드먼의 호쾌한 이론은 단순하면서도 어디에나 통했다. 열린 시장은 인간의 통치 방식에서 가능한 최고의 시스템이었다. 분명히 전통적인 정부 형태보다 훨씬 더 나았고, 따라서 정부는 절대 최소한도로 유지되어야 한다고 주장했다. 그는 정부 관료가 사하라 사막을 통치하게 된다면 머지않아 모래가 부족한 사태가 일어난다는 농담도 곁들였다.

1980년 PBS는 〈선택할 자유Free to Choose〉라는 다큐멘터리를 10회에 걸쳐 내보내며 프리드먼의 이론을 소개했다. 이때 이 경제학자는 흔히 보는 노란색 연필을 한 자루 들고 열정에 넘쳐 생산 과정을 설명했다. "말 그대로 수천 명에 달하는 사람이 서로 협력하여 이 연필을 만듭니다"라고 시청자를 향해 말했다. 그러고는 나무와 흑연, 노란색과 검은색 페인트, 고무지우개, 금속 띠를 생산한 노동자를 죽 열거했다. "말하는 언어도 다르고 믿는 종교도 다르고 마주쳤다면 서로 원수가 되었을지도 모르는 사람들입니다." 그다음 뾰족한 연필 끝을 톡톡 두드리며 질문을 했다. "무엇이 이들을 한데 묶었을까요? 가격 체계가 부린 마법입니다."

프리드먼은 또한 매서운 토론자였다. 한 동료는 "프리드먼이 방에 없어야 그와 논쟁을 벌이기 가장 좋다"라고 털어놓기까지 했다.[6] 프리드먼은 체셔 고양이 같은 미소를 띤 채 상대방이 하는 말을 가만히 귀담아듣다가 말을 멈추기를 기다려 상대방이 왜 틀렸는지 조목조목 이해시켰다.

프리드먼은 경제학자로 경력을 쌓아 나가던 전반기에 특별히 의미 있는 학술 연구 대부분을 내놓았고, 후반기에는 "당대 가장 창의력이 뛰어난 사회 정치 사상가"로 두각을 나타냈다. 이는 사회 참여 지식인이자 뉴욕주 상원 의원인 대니얼 패트릭 모이니한Daniel Patrick Moynihan의 말로, 그들은 같은 노선을 걸으며 일했기 때문에 프리드먼을 평가하기에는 제격이다.[7] 프리드먼과 의견이 다른 이들조차 프리드먼의 예봉을 피할 수 없었다. 1960년대에 진보주의 경제학자 로버트 솔로Robert Solow는 이렇게 말했다. "경제학계에서 프리드먼의 견해에 혹하는 사람은 극히 소수입니다. 하지만 학술적인 대화가 오가는 점심 식탁에서 화제의 주인공은 다른 어느 경제학자보다 단연 밀턴 프리드먼입니다."[8]

반세기가 지난 뒤에도 경제학자들 사이에서 여전히 프리드먼이 입에 오르내렸다. 하지만 달라진 점은 이제 이들 가운데 상당수가 그 이론에 동의한다는 것이었다. 하버드 대학 경제학자로 클린턴 행정부와 오바마 행정부에서 고위 관리를 지낸 로렌스 서머스Lawrence H. Summers는 2006년에 자신이 젊었을 때에는 프리드먼이 "악마 같은 인물"이나 다름없었지만 그래도 크나큰 존경심으로 우러러보았다고 쓰

며 이렇게 덧붙였다. "프리드먼은 오늘날 전 세계에서 시행하는 경제
정책에 어느 현대 인물보다 막강한 영향력을 미쳤다."[9] 하버드 대학 동
료인 안드레이 슐라이퍼Andrei Shleifer는 2009년에 1980년에서 2005년
사이 이 시기는 "밀턴 프리드먼의 시대"였다고 썼다.[10]

지적 정치적 동반자, 로즈 디렉터

밀턴 프리드먼의 부모는 둘 다 오스트리아 헝가리의 작은 도시 베렉
사스Beregszász 출신이었지만 브루클린에서 만났다. 프리드먼은 이곳 브
루클린에서 1912년 7월 31일 태어났다. 자란 곳은 뉴저지주 로웨이
Rahway였는데 여기서 가족이 자그마한 사업체를 운영했다. 의류 공장
도 했다가 직물점도 했다가 아이스크림 가게도 했다. 프리드먼은 열여
섯 살이 되자 집을 떠나 럿거스 대학에 입학했고 여기서 그는 생애 유
일한 군 복무를 경험했다. 당시 럿거스 대학 학생은 학생군사교육단
Reserve Officers' Training Corps, ROTC에 가입해야 했다. 프리드먼은 필수 이
수 기간인 2년만 마치고 훈련 과정에서 빠졌다.* 몇 년 뒤 프리드먼은

---

*   1862년에 제정된 모릴법Morrill Act은 각 주에 있는 대학에 연방 토지에 대한 권
리를 양도하면서 군사 전략을 가르칠 훈련 기관을 운영하라고 요구했다. 1916년 이런
활동을 체계화하며 ROTC 과정을 창설했다. 무상으로 토지를 불하 받은 많은 대학에
서 1960년대까지 군사 훈련은 의무였다. 이는 병역을 책임으로 보는 보다 오랜 시각과
궤를 같이한다. 1960년 럿거스 대학은 군사 훈련 참가를 자율에 맡긴 최초의 대학이
었다.

"ROTC가 나 자신을 위해서나 국가를 위해서나 어떤 이익도 없이 감내해야 할 짐으로 다가왔다"라고 썼다.[11]

프리드먼은 처음에 보험계리사가 될 작정으로 수학을 연구했다. 하지만 대공황이 한창이던 시절 경제학이 더 흥미롭겠다고 마음을 바꾸고, 한 교수의 도움을 받아 시카고 대학 박사 과정에 들어갔다.[12] 1932년 서부로 향했을 때 주머니에는 돈이 조금밖에 없었다. 대학생 시절 프리드먼은 럿거스 대학 학장에게 허가를 받고 과 친구와 둘이서 신입생들에게 하얀 양말과 초록색 넥타이를 팔았다. 당시 신입생은 반드시 하얀 양말을 신고 초록색 넥타이를 매야 했다.[13] 두 사람은 곧 판매 품목을 중고 교과서로도 확대했는데 구내 서점으로부터 항의가 들어왔다. 다행스럽게도 프리드먼이 학장에게 받은 허가서에는 판매할 수 있는 품목을 낱낱이 명시해 놓지 않았다.

하지만 대학원을 마치기에 돈이 부족했다. 프리드먼은 1935년 시카고 대학 경제학과 대학원 동기이자 나중에 부부의 연을 맺는 로즈 디렉터Rose Director라는 여성과 워싱턴 DC로 옮겨 갔다. 워싱턴에서는 연방 정부가 뉴딜 정책을 시행하기 위해 경제학자를 대거 뽑고 있었다. 두 사람은 빠르게 늘어나는 이 경제학자 집단에 들어갔다. 프리드먼은 이렇게 썼다. "역설적이지만 뉴딜 정책이 개인적으로 우리에게 구세주나 다름없었다. 이 새로운 정부 정책은 경제학자가 불티나게 팔리는 시장을 창출했는데, 워싱턴에서 특히 그랬다. 뉴딜 정책이 없었다면 우리가 경제학자로서 직업을 찾을 수 있었을지 미지수다."[14]

로즈는 1910년이나 1911년에 러시아에서 태어나 1차 세계대전이 발발하기 직전에 가족과 함께 미국으로 건너왔다. 오리건주 포틀랜드

1937년에 찍은 밀턴 프리드먼과 로즈 디렉터. 두 사람은 1938년에 결혼하여 2006년 밀턴 프리드먼이 세상을 떠날 때까지 70년 가까이 해로했다. 로즈 디렉터는 프리드먼의 공동 연구자로 특히 공공 정책 문제를 함께 연구했으며 프리드먼의 주요 저작 대부분을 편집하였다. 무엇보다 로즈는 프리드먼이 의지하던 지적 정치적 동반자였다. (후버연구소)

에서 자랐으며 리드 대학에 입학했다가 시카고 대학으로 옮겨 오빠인 아론 디렉터Aaron Director와 함께 학교를 다녔다. 당시 아론 디렉터는 경제학을 전공하는 대학원생이었는데 그는 당대 가장 유력하고 강경한 자유지상주의자가 되었다. 로즈는 제이콥 바이너Jacob Viner 교수의 경제 이론 강좌에서 프리드먼을 만났다. 둘은 옆자리에 앉았는데 바이너가 성姓에 따라 학생을 앉혔기 때문이다. 두 사람은 1938년에 결혼했다. 로즈가 오빠에게 편지를 써서 이 소식을 알렸을 때 아론은 이렇게 답장을 보냈다. "프리드먼이 뉴딜 정책에 적극 찬성하는 성향을 지녔다고 해서, 거칠게 표현해서 독재자라고 해서 반대할 마음은 없다고 전해라."[15]

이는 경제학자와 경제학자의 결혼이었다. 프리드먼은 "나는 지금도 타닥타닥 타들어가는 모닥불을 앞에 놓고 소비 자료와 이론을 주제로 즐겁게 토론하던 수많은 여름밤을 떠올릴 수 있습니다"라고 말하곤 했다. 프리드먼 부부는 잦은 논쟁에 번호를 붙였는데 그렇게 하면 훨씬 효율적이기 때문이었다. 삶을 마감하는 날까지 두 사람은 "내가 틀렸고 당신이 옳았다"라고 말하지 않고 "2번"이라고 말했다.[16] 로즈는 논문을 완성하지 못했지만 프리드먼의 공동 연구자로 특히 공공 정책 문제를 함께 연구했고, 프리드먼의 편집자로 유독 주목 받은 저작물을 정리했으며, 프리드먼의 지적 버팀목이 되었다. 결혼을 하고 50년이 흐른 뒤에도 로즈는 재무부 공무원으로 일하던 1940년대 초 젊은 시절의 남편 프리드먼을 절대 용서할 수 없다고 말했다. 이때 프리드먼이 고용주가 봉급에서 세금을 의무적으로 원천징수하는 요건을 마련하여 정부가 확대되는 데 일조했기 때문이다.[17]

정부가 걸림돌이다

전쟁 기간 동안 프리드먼은 또 정부가 지원하는 싱크탱크에서 일하며 수학을 군사 문제에 적용했다. 예를 들면 전투기에 작은 기관총 8대를 싣는 게 나을까, 큰 기관총 4대를 싣는 게 나을까 같은 문제였다.[18] 프리드먼이 맡은 업무에는 제트 엔진 터빈 날개에 쓸 합금을 시험하는 일도 있었다. 프리드먼은 지름길을 찾아냈는데, 자료를 샅샅이 훑고는 새로운 합금 방식을 내놓은 다음 매사추세츠 공과 대학MIT의 한 연구실에 합금 시험을 의뢰하는 것이었다. 프리드먼의 계산에 따르면 날개는 200시간을 가야 했는데 고작 2시간밖에 못 갔기 때문이다.[19] 훗날 프리드먼은 그 경험으로 평생 복잡한 수식과 예측에 회의적인 태도를 갖게 되었노라고 털어놓았다. 사실 프리드먼이 공공 정책에 내놓은 처방전은 그 기본 논지가 정부는 음지에서 움직여야 하며 문제가 생기면 거의 아무 일도 하지 않거나 하더라도 천천히 그리고 꾸준히 대응해 나가야 적절하다는 것이었다. 패기만만하게 개입을 했다가는 상황만 더 악화할 뿐이라고 주장했다.[20]

프리드먼은 미래는 회의적인 태도로 보았지만 이와 달리 과거는 매우 낭만적인 시각으로 바라보았다. 그는 현대 사회의 추락한 상태를 사람들이 스스로를 돌보고 능력껏 번영을 구가했다고 상상하던 앞선 시대와 끊임없이 비교했다. 능력주의Meritocracy는 재능이 출중한 아웃사이더들에게 깊은 호소력을 발휘했고, 프리드먼은 공적 지원이란 맥락이 아니라 개인적 진취성이란 역할에 주목하기로 했다. 운전자는 추켜세우면서 도로는 대수롭지 않게 여겼던 셈이다.

경력을 쌓아 가는 내내 프리드먼은 부유한 후원자들로부터 지원을 흔쾌히 받아들였다. 이들 후원자는 작은 정부에 대한 명분을 옹호할 학자를 열렬히 찾고 있었다. 프리드먼의 박사 학위 논문을 출판했을 뿐 아니라 훗날 가장 커다란 영향력을 떨친 통화 정책 연구를 지원한 전미경제연구소는 가장 중요한 첫 조력자였다. 전미경제연구소는 1920년에 창립되어 경제 자료를 수집하고 발표했다. 정부가 이 역할을 아직 포괄하기 전이어서 록펠러가家와 다른 석유 재벌이 재정을 지원하고 있었다. 프리드먼은 논문에서 의사 면허 자격 요건을 비판했다. 정부가 환자를 희생양으로 삼아 경쟁을 제한한 탓에 의사에게만 이롭다고 주장했다. 연구소 입장에서는 좀 지나친 표현이었다. 면허는 일반적으로 자격 관리에 꼭 필요한 형태로 여겼기 때문이다. 연구소는 프리드먼이 표현을 완곡하게 다듬을 때까지 이 연구를 발표하려 들지 않았다. 마침내 1945년에 논문이 발표되면서 프리드먼은 박사 학위를 취득할 수 있었다.[21]

같은 해에 프리드먼은 잠깐 미네소타 대학에서 교수로 재직했는데 이때 조지 스티글러라는 젊은 교수와 한방을 썼다. 시카고 대학 대학원 시절 처음 만났던 두 사람은 자유방임주의 성향의 경제교육재단Foundation for Economic Education을 위해 "지붕이냐 천장이냐"라는 제목으로 장난기를 섞어 임대료 규제를 공격하는 글을 함께 썼다. 프리드먼과 스티글러는 1906년 도시를 거의 파괴한 지진이 일어난 뒤 샌프란시스코가 빠르게 재건해 나가는 모습을 묘사하며 글머리를 열었다. 그러고는 40년 뒤로 훌쩍 넘어와 늘어나는 인구가 살아갈 집을 마련하려면 샌프란시스코에 다시 한 번 새로운 건축의 물결이 일어나야 한다고 썼다. 그런데 이번에는 정부가 걸림돌이 되고 있다는 것이었다. 이들 주장에 따르면 임대료 규제는 새로운 아파트를 건설하거나 기존 아파트를 개보수하려는 의지를 꺾는 일이었다. 정부가 임대인의 수익을 억제하면서 임차인에게도 피해를 입히고 있었다.[22]

경제교육재단은 프리드먼과 스티글러가 경제 불평등 완화가 공공 정책의 정당한 목표라고 쓴 구절에 이의를 제기했다. 두 사람이 임대료 규제가 저 목표를 추구하는 방식으로 바람직하지 않다고 덧붙였음에도 그랬다. 재단은 두 저자에게 허락도 받지 않고 주를 추가했다. 프리드먼이나 스티글러처럼 동정심이 넘치는 사람조차 임대료 규제에 반대한다는 것을 보여 주며 더욱 설득력 있는 근거로 소논문을 언급했다. 부동산 중개인 단체가 이 논문 50만 부를 배포했다.[23]

자유 시장을 부르짖는 외로운 사도들

1946년 가을 소논문이 나올 무렵 프리드먼은 이미 미네소타 대학을 떠나 시카고 대학 경제학과 교수로 와 있었다. 도착하고 나서 얼마 지나지 않은 1947년 봄 프리드먼은 아론 디렉터와 스티글러와 함께 스위스로 날아가 몽펠르랭소사이어티Mont Pelerin Society 회합에 처음 참석했다. 이 학회는 자유방임주의 경제학자 프리드리히 하이에크Friedrich Hayek가 창립했는데 자유 시장을 부르짖는 외로운 사도들을 결집했다. 당시 이 이론은 대개 위험하고 구태의연하다고 받아들여졌고 따라서 이들은 끊임없이 적대시하는 환경 속에서 고군분투하고 있었다. "유럽에서는 어느 누구도 미국적인 생활 방식 예컨대 사기업을 믿지 않는다. 아니 오히려 믿는 사람이라면 1688년 이후 영국의 재커바이트Jacobite보다 미래가 더 캄캄한 패배자다"라고 영국 정치 논객인 A. J. P. 테일러A. J. P. Taylor가 1945년 BBC 라디오 방송에 나와 말했다.[24] 2차 세계대전이 발발하고 몇 년 동안 그런 미국적인 생활 방식을 믿는 미국인 역시 드물었다.

하이에크는 1899년 오스트리아에서 태어났다. 대공황이 터지기 전에 경제학자로서 뿌리를 내리며 자유 시장 신앙을 키워 나갔고 한번도 저버리지 않았다. 가장 유명세를 탄 저서인 《노예의 길The Road to Serfdom》이 1944년에 출간되었다. 이 책에서 하이에크는 존 메이너드 케인스와 관련된 개입주의 성향의 경제학을 공격했다. 사회주의는 해악이며 경제 운영에서 정부 역할의 확대는 사회주의로 귀결되는 미끄러운 비탈길이라고 주장했다.

하이에크가 사회주의의 논리에 가한 공격은 강력하면서도 집요했다. 그는 열린 시장에서 가격은 어느 관료 체제보다 훨씬 다양한 정보를 수집하고 전달하며 이 가격에 기반한 거래는 어떤 관료 체제보다 자원을 효율적으로 분배한다고 주장했다. 이런 주장과 달리 하이에크의 미끄러운 비탈길 이론은 결함을 지닌 기우였다. 케인스가 신랄하게 반박하며 지적했듯이 하이에크는 정부 기능 가운데 일부는 꼭 필요하다고 인정했다. 하지만 자신이 바라는 개입의 형태와 사회주의로 치닫는 개입의 유형 사이에 놓인 경계선에 대해서는 거의 설명하지 않았다. 케인스는 사회가 시장과 운영 사이에 균형을 잡는 일이 가능할 뿐 아니라 꼭 필요하다고 판단했다.*

프리드먼은 몽펠르랭소사이어티 회합에서 친구를 만나 한숨 돌릴 여유를 찾았고, 이 회합은 연례행사가 되었다. "회합이 열리는 일주일 동안 사람들은 누군가 등 뒤에 칼을 꽂지 않을까 하는 걱정에서 놓여나 서로 흉금을 터놓으며 어울렸다"라고 회상했다.[25]

1951년 한 소론에서 프리드먼은 자신이 '서구 세계의 집산주의 collectivism로의 전환'이라고 부르는 현상에 대중도 곧 인내심이 바닥날 것이라고 예측했다. 그는 진보주의liberalism를 향한 잠재된 욕구를 감지했고, 이 진보주의는 옛 의미로 풀이하자면 자유 시장과 최소 정부에 대한 약속이었다. "이 시대의 입법자들에게는 별 영향이 없겠지만, 다음 세대에 지침이 될 철학을 제공하고 낡은 것을 대체하는 새로운 주장의 성장 무대가 마련되었다. 파고가 거셀 때는 사상이 꺾이지 않고 성큼 진전하기 어렵다. 기회는 강한 파고가 흐름을 멈추었을 때, 하지만 아직 방향을 바꾸지 않았을 때 찾아온다. 내 판단이 맞는다면 지금이 바로 그때다."[26]

병역은 직업이다

프리드먼은 1956년 6월 아이오와주 서부의 워배시 대학에서 행한

---

* 　서구 민주주의 국가들은 세계대전 이후 사회 복지 지출을 대대적으로 확대함으로써 이론적인 논쟁을 매듭지었다. 스웨덴조차 노예의 길로 빠져들지 않았다. 그럼에도 다음번 정부 개입은 한걸음 너무 나갔다고 판명되고야 말 거라고 우려하는 사람들이 여전히 하이에크를 인용한다.

강연에서 처음으로 징병제를 규탄했다. 윌리엄볼커 재단William Volker Foundation이 젊은 경제학 교수를 대상으로 개최한 여름 캠프에서 프리드먼은 인기 강연자였다. 윌리엄볼커 재단은 캔자스시티의 한 블라인드 생산 업체에서 기부를 받았는데, 이 기업은 20세기 중반 미국에서 자유 시장 이론을 보급하는 데 가장 중요한 자금원이었다. 강연은 정부를 다방면으로 공격하는 것이었다. 국립공원 제도, 우편 제도, 공공주택 제도를 비롯해 잘못된 공공 정책 14가지를 뽑아 목록으로 제시했다. 이 가운데 징병제 비판은 11번째 항목이었다. 프리드먼은 정부가 "젊은 남성이 스스로의 삶을 가꾸어 나갈 자유를 훼방 놓았다"라고 주장했다.[27]

로즈 프리드먼은 이 연설과 다른 몇몇 연설을 기록하여 밀턴 프리드먼의 첫 번째 저서 《자본주의와 자유Capitalism and Freedom》로 엮어 펴냈다. 1962년에 출간한 이 책으로 프리드먼은 공적 지식인으로 뚜렷하게 부상했다. 이 책이 20세기 가장 중요한 저서가 된 데에는 로널드 레이건이 열렬히 탐독한 이유도 크게 한몫했다. 프리드먼은 이 책의 인세로 버몬트주에 여름 별장을 짓고 '캐피타프Capitaf'라는 이름을 붙였다. 하지만 그보다 앞서 이 《자본주의와 자유》로 프리드먼은 배리 골드워터 상원 의원과 가까워졌다.

1964년 공화당 대통령 후보가 되는 골드워터는 레이건의 시제품 격이었다. 그는 정부 정책에 반대하며 에너지와 전화와 항공 산업에 대해 연방 정부의 관리 감독을 철회할 것, 세금을 감면할 것, 미국 남동부 여러 지역에 싼 값으로 전기를 공급하는 테네시강유역개발공사를 민영화할 것 등을 제안했다.

골드워터가 프리드먼의 저서를 극찬하면서 책은 날개 돋친 듯 팔려 나갔다. 프리드먼은 골드워터가 1964년 9월 3일 총선 운동을 공식 선언할 때 발표한 연설문 일부를 썼다. 골드워터는 "공화당은 가능한 한 빠른 시일 내에 징병제를 폐지하겠습니다. 이것만은 분명히 약속합니다"라며[28] 병역은 다른 것과 마찬가지로 직업이 되어야 한다고 주장했다.

몇 주 뒤에 프리드먼은 이 주제를 정교하게 다듬어 《뉴욕타임스 매거진》에 "경제학에서 본 골드워터의 시각"이란 제목으로 글을 실었다.[29] 이 글에서 프리드먼은 징병제를 세금에 빗대었다. 정부는 사람들의 시간을 빼앗고는 분명 부당하게 보상하고 있다며 사람들이 자원하지 않았다는 사실을 그 증거로 제시했다. 프리드먼이 보기에 이는 이집트의 파라오가 피라미드를 짓기 위해 동원하고 대영 제국이 바다를 지배하기 위해 이용한 강제 노동과 똑같은 체제였다. 더구나 부도덕했다. 프리드먼의 아들 데이비드가 1964년 19세가 되자 아버지로서의 분노에 신랄함이 더해졌다. "기꺼이 청춘을 바쳐 복무하지만 그 보상이 턱없이 부족한데 어떻게 정당화할 수 있는가? 다시 말해 긴급한 비상시국인 때를 제외하고 강제 노동과 다름없는데 어떻게 정당화할 수 있는가? 문명이 진보하면서 우리가 얻은 위대한 결실은 귀족이나 국왕이 강제 노동을 강요할 수 있는 권리를 없앤 것이다"라며 프리드먼은 몇 년 뒤 소론에 썼다.[30] 이 글은 앤더슨에게, 그다음에는 닉슨에게 전해졌다.

프리드먼이 펴는 주장을 듣는다면 미국 건국의 아버지들은 아마 고개를 갸우뚱할 것이다. 토머스 제퍼슨Thomas Jefferson은 "모든 시민은 병역의 의무를 반드시 져야 한다. 그리스인과 로마인도 그랬으며 모든 자유 국가에서는 마땅히 그래야 한다"라고 썼다.[31] 조지 워싱턴George Washington은 용병 군대가 징병 군대보다 민주주의에 더 위험하다고 보았다. 하지만 징병제 반대 역시 오랜 전통을 지녔다. 17세기 영국 내전이 벌어지는 동안 도시 중산층에 뿌리를 두고 공화 정치를 지지한 정치 운동인 과격한 평등파Leveller는 대표적인 개혁 과제의 하나로 징병제 폐지를 내세웠다. 어느 누구도 "자신의 삶을 위태롭게 하거나 타인의 삶을 파괴하는 명분이 정당하다고 동의하지 않는 한" 강제로 싸우라고 요구해선 안 된다고 주장했다.[32]

2차 세계대전의 여파를 직접 겪는 동안에도 징병을 찬성하는 목소리는 결코 하나가 아니었다. 로버트 A. 태프트Robert A. Taft 오하이오주 공화당 상원 의원은 1946년 게티스버그 국립묘지에서 행한 전몰장병 기념일 연설에서 아직도 실시하는 징병제를 "그 본질은 전체주의"라고 비난했다.[33] 진보주의 경제학자 존 케네스 갤브레이스John Kenneth Galbraith는 1956년 민주당 대통령 후보인 애들레이 스티븐슨Adlai Stevenson을 설득하여 징병제 폐지 가능성이 높아졌다는 연설을 하게 했다.[34] 프리드먼이 워배시 대학에서 연설을 하고 나서 고작 몇 달 뒤의 일이었다. 호사가들 말에 따르면 이 문제는 프리드먼과 갤브레이스가 의견 일치를 본 유일한 것이었다.[*]

---

[*]   프리드먼과 갤브레이스는 사실 다양한 정책 문제에서 일치된 의견을 냈다. 두 사람 사이에 차이점이 작았지만 대중의 눈에는 매우 커 보였다. 언젠가 갤브레이스는 프리드먼을 가리켜 통화 정책을 제외하고 아주 잘못된 주장은 하지 않은 사람이라고 말했다.

1964년에 징병제 반대자는 여전히 소수였지만 굳게 단결해 있었다. 대다수가 징병제에 변화를 꾀하려고 운동을 벌였지만 폐지하려는 사람은 거의 없었다. 공산주의가 눈앞에 어른거렸고 군대는 민주주의를 지키는 방벽이었다. 전문가들도 군인을 모집할 뾰족한 수가 달리 없다는 데 대체로 동의했다. 골드워터가 연설을 한 뒤 존슨 대통령은 그의 참모진이 공화당 대통령 후보가 유권자에게 베푸는 또 다른 선심 정책의 사례로만 이 문제를 바라보는 것을 보완하려고 연구 그룹을 만들었다. 결론은 분명했다. "지원병을 끌어들일 만큼 충분히 병역 보상을 늘리는 일은 정당화될 수 없다."[35]

하지만 같은 해에 밥 딜런Bob Dylan이 노래했듯이 시대가 바뀌고 있었다. 케네디 대통령이 1961년 취임 연설에서 한 저 유명한 간청, "조국이 여러분을 위해 무엇을 할 수 있는지 묻지 말고 여러분이 조국을 위해 무엇을 할 수 있을지 물어보십시오"라는 말이 울려 퍼졌다. 이는 반대되는 흐름이 세력을 키워 가고 있었기 때문이다.

사람들은 공동체의 요구보다는 개인의 권리를 점점 우선시했다. 새로운 분위기는 지역에서 사소하게 저항하는 행동으로 처음 징후를 드러냈다. 댈러스 교외에 위치한 리처드슨에서는 1960년대 초에 학교 구내식당 우유 값을 투표에 부쳐 연방 정부 지원을 받아 2센트를 내는 대신에 7센트를 냈다. 플로리다주 레이크랜드 시장은 시 급수 시설을 재정비하는데 연방 정부 자금을 거절하며 이렇게 사유를 밝혔다. "연방 정부 자금은 무관심을 키우고 진취성을 죽이고 개인 권리를 침해할 기회를 준다."[36] 여론 조사 요원 새뮤얼 루벨Samuel Lubell은 이 같은 추세를 처음 알아차린 사람이었다. 그는 미국인의 우선순위가 '얼는 것'에서 '지키는 것'으로 옮겨 가고 있었다고 썼다.[37] 이런 흐름을 처음 감지한 정치인이 닉슨이었다. 닉슨은 1973년 취임 연설에서 케네디가 촉구했던 말을 바꾸었다. "우리 각자에게 이렇게 물읍시다. 정부가 나를 위해 무엇을 할 것인가가 아니라 내가 나 자신을 위해 무엇을 할 것인가라고."

다른 변화 역시 꿈틀대고 있었다. 2차 세계대전 이후 미국은 출산율이 크게 오르기 시작했다. 1964년은 베이비붐이 일어난 지 19년이 된 해로, 징집 연령을 맞은 젊은 남성 수가 급격히 증가했다. 1938년에 태어난 미국인 남성은 120만 명이었고, 이 가운데 42퍼센트가 군에 입대했다. 그런데 1947년에 태어난 미국인 남성은 190만 명이었고, 이 가운데 27퍼센트만이 군에 입대했다. 베트남 전쟁이 확대일로로 치닫고 있었음에도 그랬다.[38] 징병제를 연구하기 위해 조직된 한 그룹에서 "아무도 군 복무를 하지 않는다면 누가 할 것인가?"라는 노골적인 제목으로 보고서를 내며 질문을 던졌다.

그 대답을 1964년 지역 징집위원회가 내놓았다. 위스콘신주 징집위원회는 종종 농기계 전문 정비공의 징집을 거부했다. 알래스카주 징집위원회는 안과 의사를 징집 대상에서 제외했다. "공교롭게도 눈병을 많이 앓았기 때문이었다."[39] 미 병무청은 이런 예외적인 조치를 환영하며 예를 들어 교직에 있는 남성에게 징병 유예를 제의하면 학교 교실을 맡길 수 있다고 장담했다.[40] 하지만 이들 남성 가운데 일부는 교직에 남아 있고 싶어 하지 않았다. 징집위원회는 또 소수 인종을 전쟁에 보내려는 기미를 보였는데, 그건 어쩌면 미시시피주 지역 징병위원회에는 아프리카계 미국인 위원이 한 명도 없었다는 사실과 관련 있었을 것이다.

기술도 육체노동에 대한 필요를 줄였다. 공장에서 그랬듯 전쟁터에서도 그랬다. 정교한 기계 작동과 관련한 일만 남게 되어서 군대는 2년 뒤에 빠져나갈 징집병이 아니라 제대로 훈련 받고 경험이 풍부한 일손이 필요했다.

게다가 베트남 전쟁을 치르고 있었다. 1965년 3월 8일 아침 미 해병대 3500여 명이 다낭 북쪽에 위치한 해변에 상륙했다. 베트남 여성들이 화환과 "용맹스러운 해병대 여러분! 환영합니다!"라고 쓰인 커다란 팻말을 들고 이들 군인을 맞았다. 존슨 대통령은 치열해지는 전쟁에 지상군을 투입하기로 결정했고, 결국 미국인 270만 명 이상이 베트남으로 건너갔다. 징병제와 전쟁을 향한 대중의 분노가 서로 얽혀 들며 거세지자 닉슨은 이 둘을 다 끝내기 위해 움직였다.

월터 오이의 전쟁

1966년 5월 11일 저녁이었다. 시카고 대학 학생 수백 명이 본관 건물을 점령하고 출입구를 봉쇄했다. 기자와 관리인, 대학 전화 교환대에서 일하는 여성을 제외하고 출입을 금했는데 이 전화 교환대가 마침 건물 지하에 있었기 때문이다. 이 학생들을 진지하게 다루기가 영 탐탁지 않았던 《뉴욕타임스》는 학생들이 음식과 침낭과 "적어도 밴조 하나"를 들고 왔다고 보도했다. 신문은 보도 내용을 확인시키려는 듯한 여성이 꼼지락거리는 아이를 무릎에 앉힌 사진도 실었다. 사진 설명은 이랬다. "시위자 아들도 시위하다."[41] 시카고 대학에 다니지 않더라도 학생이면 징병제 규정 변경에 반대했다. 1940년 설립된 때부터 병무청을 이끌어 온 72세의 노장 루이스 허시Lewis Hershey가 대학생 대다수를 대상으로 한 전면적인 징병 면제를 끝내기로 결정했기 때문이다. 가장 유능하고 영특한 사람들은 여전히 학업을 이어갈 수 있었다. 나머지는 국가에 복무하는 일이 국가에 더 봉사하는 길이 될 수도 있었다.

시위가 일어나자 시카고 대학 교수 이사회는 징병제에 관한 학술회의를 열겠다고 선언했다. 1966년 12월 초 사흘 동안 열린 이 행사에 유명 인사들이 대거 참석했다. 허시 장군과 양심적병역거부자 중앙위원회Central Committee for Conscientious Objector 사무국장, 적에게 포위된 군인을 그려 유명세를 탄 만화가 빌 몰딘Bill Mauldin, 가장 오랜 역사를 지닌 지원 부대를 대표해 나왔다고 말하며 기쁨을 감추지 못한 수녀, 그리고 의회의 가장 젊은 의원인 에드워드 케네디Edward Kennedy 매사추세츠주 민주당 상원 의원과 도널드 럼스펠드Donald Rumsfeld 일리노이주 공화당 하원 의원 등이었다.

논문 발표가 있었지만 주로 잇따르는 질문을 둘러싸고 자유로운 토론이 이어졌다. 징병제는 어떤 점이 좋을까? 어떤 부분을 개선할 수 있을까? 무엇으로 대체할 수 있을까? 학술회의를 시작할 무렵에는 참가자 120명 대다수가 징병제에 대한 대안을 찾을 수 있으리라고 보지 않았다. 하지만 끝날 무렵 프리드먼과 그 지지자들의 설득으로 참가자 절반이 완전 지원병제를 촉구하는 청원서에 서명했다.[42]

청중을 설득할 막중한 책임을 맡은 이는 월터 오이였다. 4학년 때

1985년경 로체스터 대학 경제학자 월터 오이와 안내견. 오이는 대학원을 마칠 무렵 시력을 잃었
다. 아내와 연구 조교에게 계산의 일부를 받아쓰게 하여 닉슨 대통령이 징병제를 폐지하도록 설득
했다. (엘리노어 오이의 승낙 하에 게재함)

눈이 멀기 시작한 오이는 시카고 대학 학술회의의 연설에 나설 무렵에는 밤과 낮을 거의 구분할 수 없었다. 오이는 1929년 로스앤젤레스에서 일본 이민자의 아들로 태어났다.[43] 2차 세계대전 동안 가족은 콜로라도주 남서부에 위치한 그라나다 포로수용소에 갇혀 있었다. 이때 겪은 경험 때문에 오이는 평생 정부의 지나친 개입에 우려를 보내게 되었다. 그는 차츰 시력을 잃는 와중에도 UCLA에서 학사와 석사 학위를 받았고 이어 1962년에 시카고 대학에서 노동 경제학 박사 학위를 취득했다. 1964년에는 국방부 특별 연구원으로 뽑혀 존슨이 골드워터에 대한 대응으로 지시한 신병 소집 문제를 연구했다.

오이는 시력 상실에 전혀 굴하지 않았다. 조수가 논문들을 녹음하면 오이는 처음에는 릴로, 이어 카세트테이프로, 나중에는 디지털 기기로 들었다. 연구 조교와 아내에게 계산을 받아쓰게 했고, 회귀 분석을 비롯해 여러 통계 기법을 다룰 수 있도록 그들을 가르쳤다. 오로지 기억에 의존해 연설을 하면서도 원고를 보고 읽는 듯 사실과 수치를 술술 풀어냈다. 어쩌면 머릿속에 원고가 들어 있었는지도 모른다. 오이는 재미로 자동차 경주 대회 관중석에 앉아 자동차가 굉음을 지르며 지나가는 순간 내뿜는 열기와 소음에 온몸을 고스란히 맡기곤 했다. 그는 애틀랜타 모터 스피드웨이에서 선도차에 타 보기도 했기 때문에 자동차가 트랙을 질주할 때 기분이 어떤지 알 수 있었다.

몇 년 뒤 오이는 연구실에 틀어박혀 실험하는 분야에서 진로를 찾지 않을 생각이라고 딸에게 털어놓았다. 자신이 뭔가를 폭파시키지 않을까 불안하기 때문이라고 이유를 밝혔다. 하지만 정작 본인은 작은 혼돈을 일으키길 좋아했다. 그가 즐겨 하는 농담 가운데 열병식을 지켜보는 두 고위 관리가 등장하는 이야기가 있다. 열병식이 끝나갈 무렵 탱크며 미사일이며 행진하는 군인이 다 지나간 뒤에 사륜 무개차가 한 대 뒤따랐다. 안에는 추레한 일반인 두어 명이 타고 있었다. "저들이 누군가요?" 한 사람이 옆사람에게 물었다. "아, 경제학자들입니다. 저들의 어마무시한 파괴력을 아마 못 믿으실 겁니다." 오이는 터무니없는 의견을 제시해서 방문객을 불안에 빠뜨리고는 조수에게 손님이 어떤 표정을 짓는지 묘사하도록 시키기도 했다. 이런 싸움꾼 기질은 경제학자에게, 그리고 마초 성향 지식인이 상당수인 학과에 잘 어울렸다. 여러 해 동안 시카고 대학 경제학과에서는 가장 우스꽝스러운 질문을 한 대학원생에게 오이의 이름으로 매년 상을 수여했다.

오이는 시카고 대학 학술회의 때 발표를 하면서 자신이 국방부에서 맡았던 연구를 조목조목 공격했다. 국방부는 지원병 군대에 드는 추가 비용으로 최소 55억 달러로 책정해 놓았다. 이는 연간 국방비에서 약 10퍼센트가 오른 액수였다. 오이는 이 액수가 부풀려졌을 뿐 아니라 잘못되었다고 주장했다. 오이에 따르면 실제 비용은 40억 달러 이상이 들지 않았다. 그리고 국방부는 지원병이 더 오래 복무하여 신병 모집의 필요성이 낮아질 수 있다는 가능성을 고려하지 않았다. 그뿐 아니라 국방부 연구에서는 젊은이들이 다른 분야에서 일을 찾을 수 있는 경우 얻는 경제적 이익을 무시했다. 오이는 이 이익을 50억 달러 이상으로 추산했다. 다시 말해 완전 지원병제를 실시하는 것은 경제에 이롭다는 말이었다.[44]

시카고 대학 학술회의를 준비한 인류학과 교수 솔 택스Sol Tax는 오이가 "징병제의 포기가 그렇게 이상한 대안이 아닐 수도 있다"라고

경제학자의 시대

청중을 설득했다고 썼다.[45] 다른 이들도 비슷한 찬사를 보냈다. 평화 봉사단 부단장인 해리스 워포드Harris Wofford는 "지난 며칠 동안 강의를 듣고 논문을 읽고 토론을 거치면서 지원병제 실시로 입장을 바꾸었고 징병제 폐지를 진정한 목표로 삼겠다는 생각을 하게 됐습니다"라고 말했다. 럼스펠드 하원 의원은 워싱턴으로 돌아와 징병제 폐지 법안을 제출하며 연방 의회 의사록에 오이의 발표문을 실었다.

하지만 존슨 행정부는 별 관심을 보이지 않았다. 1967년 3월 징병제를 4년 더 연장할 것을 요청하며 현실적인 대안이 없다고 주장했다. 법안은 곧 큰 표 차이로 상하원을 모두 통과했다. 하원에서 9명, 상원에서 2명만이 반대표를 던졌다. "당시 하원에서 상당수 의원이 군 복무 경험이 있는 참전 용사였습니다"라고 당시 하원 군사위원회 부위원장이던 존 J. 포드John J. Ford가 회상했다.*

이들은 성인이 된 뒤 사실상 거의 징병법Selective Service law과 더불어 살아왔다고 해도 과언이 아니었다. 이를테면 국가에 봉사한다는, 적어도 이런 봉사를 할 의무가 있다는 도덕적 정의감이 있었다.[46]

---

* 1967년과 1969년 하원 의원 가운데 참전 군인이 75.1퍼센트였다. 이는 현대에 들어 가장 높은 비율이었다. 그때부터 오랫동안 하향세를 그려 2015년에는 하원 의원 가운데 참전 군인이 고작 17퍼센트였다.

징병제 폐지의 경제학

징병제 폐지 운동에서 두드러진 역할을 한 경제학자 가운데 군 복무 경험이 있는 사람은 마틴 앤더슨뿐이었다. 앤더슨은 다트머스 대학에서 ROTC로 복무하며 1958년부터 1959년까지 육군 정보 부대에서 소위를 지냈다.[47] 학교로 돌아온 뒤 MIT에서 경제학 박사 학위를 받고 콜롬비아 대학 경영대학원 교수가 되어 재정학을 가르쳤다. 앤더슨은 두뇌 회전이 빠르고 사교적인 사람으로 반골 기질이 있었다. 1964년에《불도저 연방 정부Federal Bulldozer》를 펴냈는데, 그는 이 책에서 당시 대표적인 혁신 도시 정책으로 널리 여겨지던 도시 재개발 사업의 중단을 요구했다. 앤더슨은 정부가 주택 공급을 확대하기는커녕 오히려 축소하고 있다고 주장하며 빈민 가구가 더 나은 보금자리를 찾을 수 있다는 전제를 비웃었다. 그런 주택이 있다면 "허물어뜨리려 애쓰지 말고 사람들에게 이 값싼 매물을 알리는 편이 더 간단하고 비용도 줄일 수 있지 않겠는가?"라고 썼다.[48] 또 기득권에 직접 들이박기도 좋아했다. 그해 가을 앤더슨은 미래에 아내가 될 아넬리스Annelise 와 함께 맨해튼의 어퍼웨스트사이드를 집집마다 돌며 골드워터 지지를 호소하는 선거 운동을 벌였다.

같은 해 가을 밀턴 프리드먼이 객원 교수로 1년을 지내기 위해 콜롬비아 대학에 도착했고, 앤더슨은 관계를 쌓아 나갔다. 어느 날 밤 프리드먼의 자택에서 두 사람은 밤 11시경 토론을 시작했고, 3시간 뒤 앤더슨이 너무 피곤해서 더는 못 하겠다고 두 손을 들었다. 그러자 프리드먼이 환하게 미소 지으며 "좋소. 그렇다면 내가 이긴 셈이지"라고 응수했다고 한다.[49] 앤더슨은 또 소설가 아인 랜드Ayn Rand가 주축을 이룬 느슨한 자유지상주의자 모임에 들어갔다. 이 모임에는 앨런 그린스펀Alan Greenspan이라는 사치스러운 경제학자도 있었다. 그는 당시 학계에 몸담고 있지 않고 사업을 하고 있었기 때문에 호화로운 아파트에 살며 파란색 캐딜락 엘도라도 컨버터블을 타고 다녔다.

1967년 봄 앤더슨은 글을 한 편 읽었다. 프리드먼과 오이가 시카고 대학 학술회의에서 징병제에 반대하며 벌인 토론을 인쇄해 놓은 글이었다. 앤더슨은 닉슨의 자문위원에게 그 견해를 전했다. 그리고 그린스펀을 설득하여 닉슨에게 보낼 보고서 초안을 작성하는 데 도움을 받았다. 두 사람은 4월에는 7쪽짜리 보고서를, 독립기념일인 7월 4일까지는 다시 30쪽짜리 보고서를 내놓았다. 보고서는 아무도 징병제를 바라지 않는다는 주장으로 시작했다. "징병제를 마지못해 묵인하고 있을 뿐이다. 미국 국가 안보를 유지하고 보호하려면 꼭 필요하다고 여기기 때문이다." 그리고는 오이의 연구를 언급했다. 징집병한테는 실질적으로 세금을 부과하고 대신 비교적 적당한 비용을 들여 지원병을 모집한다는 내용이었다. 앤더슨과 그린스펀은 이렇게 결론을 맺었다. "도덕적이고 공정하기 때문에, 국가 안보를 강화하기 때문에, 경제적으로 실현 가능하기 때문에 우리는 정당하고 온당한 임금을 받는 지원병 군사력 확립이라는 목표를 최우선 당면 과제로 삼아야 한다. 이런 임금은 우리나라 젊은이에게 존엄과 명예를 지키며 자유로운 인간으로 국방에 참여할 기회를 제공한다."[50]

닉슨은 이 보고서가 "매우 흥미롭다"라고 평가하며 참모진에게 복사본을 돌렸다. 일부는 이 의견을 반겼다. 하지만 다른 일부는 우려스럽다는 반응을 보이며 보수주의 투표자는 닉슨에게 분노할 것이라고 경고했다. 그 관심이 가장 고조된 때가 1967년 9월 말이었다. 노벨상 수상자 라이너스 폴링Linus Pauling, 시인 로버트 로웰Robert Lowell, 당대를 대표하는 육아서의 저자 벤저민 스포크Benjamin Spock 박사 등 유력한 진보적 인사 320명이 "불법적인 권력에 저항하는 우리의 요구"에 서명하고 군 복무를 거부하는 젊은이를 지지했다. 이어 10월 중순 징병 반대 전국 시위가 일주일 동안 이어지다가 워싱턴에서 막을 내렸다. 닉슨의 수석 참모인 패트릭 부캐넌Patrick Buchanan은 징병제 폐지 지지는 시위대 편에 서는 것이나 마찬가지라고 경고했다. 그리고 "RN 리처드 닉슨이 젊은이들에게 병역 기피 수단을 마련해 주는 셈이라고 말들 하지 않을까?"라고 썼다. 닉슨은 보고서 하단에 이렇게 휘갈겨 썼다. "아이크Ike, 드와이트 아이젠하워도 같은 생각이다."[51] 드와이트 아이젠하워는 보류했지만 닉슨은 단행하기로 결정했다. 1967년 11월 17일 위스콘신 대학에서 한 학생이 징병제에 대해 질문했다. 닉슨은 신병 모집 문제를 "완전히 새롭게 접근할" 필요가 있다고 대답했다. 국가는 "지원병 군대로 나아가야 합니다. 민간 부문 고용자와 비교할 만한 수준으로 군 입대자에게 보상해야 합니다"라고 덧붙였다.[52] 중요한 통고도 잊지 않았다. 베트남 전쟁을 종결짓고 나서 징병제를 폐지하겠다고 밝힌 것이었다. 아직 닉슨이 징병제 폐지로 입장을 정하기에는 위험했다. 의회는 표결로 징병제를 막 재가했으며 징병제는 여전히 일반 대중 사이에서 인기가 높았다. 여론 조사도 이후 3년 동안 닉슨의 입장에 지지하는 쪽으로 돌아서지 않았다.[53]

1978년 회고록에서 닉슨은 이 결정이 경제 이념에 뿌리를 둔 것

경제학자의 시대

인 양 표현했다. "내가 취임했을 때 자유 시장에서 가장 심각하고 부당한 규제가 징병제였다. 자발적으로 군 복무를 지원한 이들 가운데 군인을 뽑는 방식이 아니라 모든 이들에게 강제하는 복무 방식이었다. 따라서 1973년 1월 징병제 폐지와 지원병제 도입은 또한 경제적 자유를 향한 유의미하고 중요한 진보였다."[54]

1968년 8월 공화당이 닉슨을 대통령 후보로 지명했을 때 징병제 폐지는 당 선거 공약에서 주요 강령이 되었다.[55]

민주당 대선 후보 허버트 험프리Hubert Humphrey는 이 입장을 "매우 무책임하다"라고 비난했다. 그리고 아이젠하워가 1956년에, 존슨이 1964년에 썼던 말을 그대로 되풀이했다. 험프리는 비용이 엄청나게 높기도 하거니와 닉슨이 미국 젊은이를 '희망 고문'한다고 지탄했다.[56] 닉슨은 국영 라디오 연설에서 징병제를 폐지하겠다고 더욱 강력하게 선언하며 대응했고, 1968년 10월 17일에 이렇게 피력했다. "이는 제 신념입니다. 베트남 전쟁 국면이 진정되면 우리는 완전 지원병제로 나아가는 정책을 추진할 것입니다."[57]

3주 뒤 닉슨은 미국의 37대 대통령으로 당선되었다.

"나는 저 방향으로 가고 싶소"

닉슨이 백악관으로 부른 고문단은 선거 운동 참모진보다 나이가 많았다. 그만큼 정치적 기득권층과 이해관계가 더 깊었고 징병제 폐지를 덜 달가워했다. 헨리 키신저Henrry Kissinger 국가 안보 담당 보좌관과 군사 참모인 알렉산더 헤이그Alexander Haig 대령은 이 견해를 강력하게 반대했다. 헤이그는 키신저에게 보낸 보고서에서 "이 선거 공약을 크게 우려하지 않는 단 한 가지 이유는 베트남 전쟁이 당장 내일 끝난다 해도 공화당 예산으로는 그와 같은 군사력을 유지할 수 없음을 잘 알기 때문이다"라며 징병제 폐지는 "군과 사회의 전통에 전혀 들어맞지 않는다"라고 썼다.[58]

앤더슨은 닉슨의 수석 경제 고문인 아서 F. 번스의 보좌관이 되자 대통령 공약에 귀 기울일 사람들이 그 내용을 떠올리도록 바로 일에 착수했다. 나아가 이 대의에 사람들을 결집했다. 1968년 12월 중순 닉슨이 취임하기도 전에 번스는 W. 앨런 월리스W. Allen Wallis 로체스터 대학 총장에게서 전화를 한 통 받았다. 월리스는 경제학 영재로 재능이 출중하여 박사 학위조차 없었다. 1946년 시카고 대학에서 논문을 끝내기 직전 아직 학업을 다 마치지도 않았는데 대학 측에서 교수직을 제안했다. 시카고 대학은 동교 출신 교수진에게는 학위를 수여하지 않았기 때문이다. 2차 세계대전이 진행되는 동안 월리스는 콜롬비아 대학에서 프리드먼의 상관으로 있었고, 두 사람은 친구이자 동지 관계를 유지했다. 로체스터 대학에서 월리스는 시장 지향 경제학의 새 중심지를 확립해 나갔다. 신입생 가운데 월터 오이가 있었고 그는 1967년에 교수진에 합류했다. 월리스는 징병제가 "만고불변의 비도덕성"과 비효율성을 지녔다고 여기며 번스에게 징병제에 대한 최근 연구 결과를 요약해서 보내겠다고 제안했다. 번스는 이 보고서를 닉슨과 함께 살펴보겠다는 데에는 동의했지만 한 쪽 분량에 맞추어야 하고 비용도 1년에 10억 달러가 들지 않음을 밝혀야 하며 연말까지 제출해야 한다고 윌리스에게 요구했다.

오이는 이미 로체스터를 떠나 캘리포니아로 향하고 있었다. 예비 아내를 아버지에게 인사시키기 위해서였다. 하지만 두 사람은 수소문 끝에 표를 구해 다음 비행기로 다시 로체스터로 돌아와야 했다. 오이와 몇몇 동료가 모여 크리스마스이브에 보고서를 완성했고, 대학원생 한 명에게 심부름 값을 주고 뉴욕시에 있는 번스에게 보고서를 전달하도록 시켰다. 보고서를 한 쪽 분량에 맞추기는 영 불가능했다. 이들 경제학자는 25쪽을 꽉 채웠다. 하지만 맨 앞에 한 쪽짜리 요약본을 붙이고 나머지를 부록이라 이름 붙이는 것으로 만족했다.[59]

닉슨은 취임하고 나서 바로 이 제안을 행동으로 옮겼다. 1969년 2월 2일 새 대통령이 된 닉슨은 멜빈 레어드Melvin Laird 국방장관에게 "책임지고 시행할 수 있는 자리에 오르자마자 징병제를 폐지하는 것이 바람직하다고 결론 내렸다"라고 설명하며 전문가로 위원회를 구성하라고 지시했다.[60] 1960년대 대통령 자문위원회는 음악 축제나 대마초처럼 대유행을 탔다. 존슨 대통령은 거의 24개에 달하는 자문위원회를 구성했다. 1969년 3월 27일 닉슨은 첫 자문위원회를 발족했다. 위원장인 토머스 S. 게이츠 주니어Thomas S. Gates Jr.의 이름을 따서 게이츠위원회라고도 불린 완전 지원병제 추진 대통령 자문위원회였다. 게이츠는 아이젠하워 행정부의 마지막 국방장관이었다. 백악관은 신중하게 다양한 관점을 포용했지만 결과는 이미 정해져 있었다. 대통령 집무실에서 닉슨은 게이츠와 독대한 자리에서 말했다. "나는 저 방향으로 가고 싶소."[61] 위원회가 원활한 활동을 펴 나갈 수 있도록 오이를 비롯하여 많은 인원이 학계 반징병제의 온상인 로체스터 대학에서 파견을 나왔다.

노예 부대 용병 교수

하지만 여전히 진지한 논쟁을 벌였다. 퇴역 공군 장군이자 전前 유럽 연합군 최고 사령관인 로리스 노스태드Lauris Norstad는 꼭 고쳐야 하는 문제를 보지 못했다. 군에 오래 복무했고 군이 자신에게 명백한 해를 입히지 않았기 때문이다. 또한 유인책으로 돈을 쓴다면 자질이 부족한 사람을 군대로 끌어들일 수 있다는 점도 우려했다. 종합화학기업 듀폰의 전前 최고 경영자인 크로포드 그린월트Crawford Greenwalt는 첫 모임에서 징병제 폐지를 반드시 지지하지 않아도 된다는 보장을 요구하고는 마지막 모임까지 우유부단한 태도로 일관했다. 그린월트도 프리드먼처럼 하이에크의 몽펠르랭소사이어티 회원이었다. 하지만 사회적 책무에 대한 최소주의적인 개념에는 군 복무가 들어 있었다. 그린월트는 징병제를 그대로 유지하고 군 복무자에게 세금을 부과하지 않으면서 군 급여를 올려야 한다고 제안했다.

프리드먼과 연구 위원들은 모든 우려에 답을 내놓았다. 평균 임금을 지급하더라도 민간인으로 살면서 돈을 더 잘 벌 수 있는 사람에게는, 예컨대 이등병 윌리 메이스Willie Mays*나 병장 엘비스 프레슬리

---

* 뉴욕 자이언츠, 뉴욕 메츠 등에서 활약한 프로야구 선수다. 1950년대와 1960년대의 대표적인 타자로 꼽히며 1954년과 1965년에 내셔널리그 MVP를 수상했

같은 부류가 속한 집단에게는 아직 충분한 보상이 될 수 없다고 지적했다.

프리드먼은 논쟁에 인간미를 담으려고 했다. 어떤 모임에서 연구위원에게 한 젊은 징집병이 보낸 편지를 배포하도록 요청했는데, 이 젊은이는 편지에 이렇게 썼다. "새로 배치 받은 부대는 분위기가 정말 침울하다. 여기서는 단 한 명도 군대에 대해 따스한 말이나 생각을 하지 않는다. 다들 자신이 맡은 임무와 장교와 매일 아침 기상해야 하는 의무를 싫어한다."[62]

그런데 결정적인 순간이 1969년 12월 일요일 아침에 찾아왔다. 게이츠가 군의 각 부문 책임자를 초대하여 자문위원회와 모임을 열었을 때였다. 육군 참모총장인 윌리엄 웨스트모어랜드William Westmoreland 장군은 자문위원회 활동이 육군에 대한 공격이라고 여겼다. 육군은 병력 모집을 징병제에 의지하는 유일한 군대였기 때문이다.

"용병 군대를 지휘해야 한다는 전망이 달갑지 않소이다"라고 웨스트모어랜드가 자문위원들에게 말했다.

프리드먼이 약점을 잡았다고 판단하고 물었다. "그럼 장군님, 노예 부대를 지휘하시겠습니까?"

"애국심으로 무장한 징집병을 노예라고 부르다니 그런 소리는 듣고 싶지 않소."

웨스트모어랜드가 대답하자 프리드먼이 응수했다. "애국심이 투철한 지원병을 용병이라고 부르는 소리를 저도 듣고 싶지 않습니다.

다.—편집자주

어찌 되었든 같은 의미에서 저도 용병 교수입니다. 머리가 길면 용병 이발사가 깎고 몸이 아프면 용병 의사가 치료하고 법적 문제가 일어나면 용병 변호사가 다룹니다. 외람된 말씀이지만 장군님, 당신도 용병 장군입니다."[63]

두 달 뒤 자문위원회는 징병제 폐지에 만장일치로 찬성했고, 1970년 2월 21일 대통령에게 보고서를 제출했다. 회의는 30분으로 예정되었지만 닉슨이 각별한 관심을 보이며 이들을 90분이나 붙잡아 놓았다.[64] 오이의 안내견인 제니는 낯선 사람을 보면 으르렁거리는 버릇이 있었지만 대통령이 머리를 쓰다듬을 때에는 가만히 있었다.

보고서는 프리드먼이 초안을 잡고 리처드 J. 월렌Richard J. Whalen이 세련되게 다듬었다. 월렌은 그런 역할로 고용한 보수주의 성향의 작가였다. 보고서는 징병제를 격렬하게 비판했으며 행정부는 10만 부를 인쇄할 채비를 마쳤다.[65] 특히 불만을 열거할 때에는 미국 독립선언서 같은 어조를 띠었다. "징병제는 군사력 확보를 위한 신병 모집에서 비용도 막대할 뿐 아니라 분열을 조장하는 불공정한 절차다. 징병제는 소수의 젊은이에게는 무거운 짐을 지우는 한편 나머지 우리에게는 세금 부담만 약간 경감할 뿐이다. 징병제는 우리 젊은이의 삶에 불필요한 불확실성을 낳는다. 징병제는 누구를 입대시켜야 하고 누구를 연기시켜야 하는지 골치 아픈 결정을 징병위원회에 부담시키고 있다. 징병제는 우리 사회의 정치 구조를 약화시키고 자유로운 사회가 스스로 존립할 수 있게 하는 공유 가치의 섬세한 망을 훼손한다. 징병제 때문에 발생하는 이 같은 비용이 평화와 안보를 지키기 위해 불가피하게 치러야 하는 대가라면 마땅히 감내해야 할 것이다. 하지만 우리

경제학자의 시대

의 근본적인 국가 가치와 일치하는 대안이 있다면 이 비용을 용인할 이유가 없다."[66]

물론 그 대안은 지원병 제도였다. 군인이 되고 싶은 사람이 군인이 되도록 보장하는 제도, 그리고 나머지 다른 이들은 각자 자신의 꿈을 좇을 수 있는 제도.

'누가 싸울 것인가'에서 '누가 신경 쓸 것인가'로

지원병제를 향한 행진은 의회에 도착하면서 처음 저항다운 저항에 부딪혔다. 루이지애나주 하원 의원이자 하원 군사위원회 위원장인 F. 에드워드 허버트F. Edward Hébert가 분위기를 돋웠다. 그는 청문회를 열면서 "완전 지원병제를 수립하기 위한 유일한 방도는 징집입니다"라고 피력했다.[67] 베트남이 막후에서 불타오르고 있었고, 두 가지 쟁점인 징집제와 전쟁이 많은 반대자의 머릿속에 강렬한 분노를 지피고 있었다. 하지만 의회에서 바라보는 일반적인 시각은 이와 달랐다. 징병제 폐지에 가장 앞장선 정치인들은 전쟁을 지지하는 성향이 있었다. 실제로 일부는 징병제 폐지로 전쟁에 대한 비판을 누그러뜨릴 수 있다고 보았다. 반면에 전쟁에 반대하는 많은 이들은 여전히 징병제를 중요한 시민 제도라고 여겼다. 토머스 F. 이글턴Thomas F. Eagleton 미주리주 민주당 의원은 말했다. "징병제를 폐지한다고 해서 이 전쟁이 끝나지 않습니다. 그리고 미래의 전쟁도 막지 못합니다. 징병제 폐지로 이번 전쟁뿐 아니라 미래의 전쟁 또한 가난한 자의 몫으로 떨어질 뿐입니다. 우리가 징병제를 폐지하면 베트남은 더욱 암울한 비극이 됩니다."[68]

행정부가 1969년 11월 지역 징병위원회의 심사 업무를 국가 추첨 방식으로 바꾸자고 의회를 설득하면서 그 추진 과제가 더욱 복잡한 양상을 띠게 되었다. 12월 1일 첫 추첨이 전국으로 방송되었다. 뉴욕주 하원 의원이자 퇴역 대령인 알렉산더 퍼니Alexander Pirnie가 유리통에서 파란 공을 꺼냈다. 공에는 '9월 14일'이라고 적혀 있었다. 이는 이날 태어난 젊은이가 베트남으로 가는 대열에서 맨 앞에 선다는 의미였다.[69] 하지만 징병 순번이 앞자리인 사람만 위험에 처했다. 그래서 추첨제는 즉시 미국의 젊은 성인 남성 대다수에게 자신은 전쟁터에 나가지 않을 수도 있다고 안심시키는 효과가 있었다.

앤더슨은 추첨제로 인해 징병제가 지닌 경제적 혹은 이념적 결함을 해결하지 않은 채 징병제 폐지에 대한 정치적 압박이 느슨해질까 봐 조바심을 냈다. 하지만 닉슨은 징병제 폐지에 여전히 적극적이었고 행정부는 의회와 두 가지 타협점을 찾았다. 첫 번째 타협점은 징병제를 2년 동안 연장하고 점차 봉급을 올려 의회가 돌아가는 추이를 관찰할 수 있도록 한다는 것이었다. 또 미국이 베트남에서 철수하면 군인 봉급이 오를 것이기 때문에 총지출의 증가를 제한했다. '평화 배당금peace dividend'으로 지원병제를 지원할 수 있을 터였다.[70]

두 번째 타협점은 허버트와 한 '내약'이었다. 행정부가 군의관 양성 시설인 F. 에드워드 허버트 의과 대학 건립에 동의했다.[71]

의회가 찬찬히 검토하는 사이 여론은 징병제를 반대하는 방향으로 움직였다. 윌리엄 캘리William Calley 소위는 1971년 봄 미라이 마

경제학자의 시대

을에서 베트남 민간인 22명을 살해하여 유죄 선고를 받았다. 몇 달 뒤 《뉴욕타임스》는 국방부 기밀문서를 싣기 시작했다. 미 정부의 내부 기록에서 발췌한 내용이었는데 베트남 전쟁을 확대할 때 케네디 행정부와 존슨 행정부가 드러낸 이중성을 기록하고 있었다. 그리고 1971년 7월 1일 26번째 헌법 수정안이 통과되었다. 이로써 18세에서 21세 사이 미국인은 다음 총선거에서 투표를 할 수 있게 되었다.[72]

하원은 8월 4일 표결에 부쳐 징병제 폐지를 결정했다. 하지만 상원에서는 표차가 적었다. 9월 10일 윈스턴 프로티Winston Prouty 버몬트주 상원 의원이 세상을 뜨면서 행정부에는 한 표가 모자랐다. 버몬트 주지사는 그 자리에 급히 로버트 스태포드Robert Stafford 하원 의원을 임명했다. 스태포드는 오래전부터 완전 지원병제를 지지해 왔으며 이미 하원에서 이 입법에 찬성표를 던진 인물이었다. 백악관이 보낸 비행기를 타고 워싱턴으로 돌아와 이번에는 상원에서 이 법안에 다시 찬성표를 던졌다. 닉슨은 1971년 9월 28일 이 법안에 서명했다.

미군에 마지막으로 징집된 군인은 드와이트 엘리엇 스톤Dwight Elliott Stone이었다. 캘리포니아주 새크라멘토 출신의 스물두 살 배관공 견습생이었던 그는 1973년 6월 30일까지도 루이지애나주 포트 폴크 기지에 기초 군사 훈련을 받겠다는 신고를 하지 않았다. 이날은 미국에서 징병제가 합법적이었던 마지막 날이다. 스톤은 군에 입대하고 싶지 않았다. 그는 정부가 기소할 때까지 입영 명령과 소집 날짜를 어겼다. 정부는 스톤에게 제복 두 종류 가운데 하나를 선택하라고 했다. 스톤은 마지못해 녹색 군복을 선택하고 주로 라디오를 수리하면서 16개월 15일을 군에서 보냈다. 나중에 스톤은 기자에게 이렇게 털어놓았다. "저는 입대하고 싶지 않았습니다. 어느 누구에게도 권하고 싶지 않았어요. 싫었습니다."[73]

병역 의무가 사라지면

오이나 프리드먼이나 다른 경제학자는 신병이 합리적인 판단을 내린다고 보았지만 미군은 이 관점에 동의하지 않았다. 대신에 군대를 생활 방식의 한 유형으로 팔았다. 윌리엄 K. 브렘William K. Brehm 인력 담당 차관보는 1960년대 말 상관에게 "군을 홍보합시다. 군이 이제껏 성공적으로 수행해 온 일이 이 사업과 딱 맞는다는 점을요"라고 말했다. 이즈음 군은 징병제 폐지를 대비하기 시작했다.[74] 초반에 기울인 노력은 교묘하지 않았다. "군에서 떠나는 16개월간 유럽 여행을 놓치지 마세요"라고 호소한 어느 광고에서는 한 남성이 카페에 앉아 있는 모습이 나왔다. 이 카페에는 입술에 립스틱을 바르는 금발 여성도 앉아 있었다.* 군의 홍보 작전은 가장 유명한 광고 문구에도 영감을 주었다. 해병대가 다음과 같은 구호를 내세워 홍보를 시작했다. "고작 애송이나 되고 싶다면 애송이들 곁에 있어라. 해병대는 소수 정예 진짜 사나이를 찾고 있다."[75]

---

* 시카고 대학 경제학자 개리 베커Gary Becker와 조지 스티글러는 1977년에 발표한 "취향은 논쟁 대상이 아니다"라는 저 유명한 논문에서 홍보의 목적은 합리적인 소비자에게 정보를 전달하는 것임을 입증해 내고는 스스로 만족감을 드러냈다. 하지만 군 홍보물을 제작한 회사는 분명 이와 다른 인간 행동 이론을 지닌 듯 보였다.

비판자들은 군이 선택의 여지가 없는 미국인으로 대열을 채우고 있다고 경고했다. 노동부 관계자인 J. 티모시 맥긴리J. Timothy McGinley 는 1966년 시카고 대학 학술회의에서 "누구나 군이 스스로 폐쇄적인 체제를 구축하려고 공모한다는 비난을 보낼 수 있었다"라고 밝혔다.[76] 하지만 군은 까다로운 고용주가 되었다. 기술 발전과 냉전 종식으로 신병에 대한 필요성이 낮아졌다. 동시에 인구가 늘고 여성이 대거 입대하기 시작했다.[77] 또 생산직 일자리는 더욱 찾기 힘들어졌다. 오늘날 군 신병은 인구 조사 표준 지역 중산층 출신이 과도하게 많다. 군은 적성 검사에서 인구의 하위 3분의 1에 속한 사람은 탈락시킨다. 1989년 드와이트 엘리엇 스톤의 맏아들이 해병대에 입대했다.[78]

미국이 처음 징병제를 폐지했을 때 헬무트 슈미트Helmut Schmidt 서독 총리는 미국이 나쁜 본보기를 보이고 있다며 불평했다.[79] 하지만 냉전이 끝난 이후에는 유럽의 대다수 국가 역시 더 이상 징병제가 필요 없다고 결정을 내렸다. 독일은 2011년에 징병제를 폐지했다.

병역 의무가 없어지면서 몇 가지 영향을 남겼다.

1970년 국군의 날 노스캐롤라이나주 페이어트빌의 로완 공원으로 수천 명이 몰려들어 베트남 전쟁 반대 시위를 벌였다. 이 시위에는 영화배우이자 반전 활동가인 제인 폰다Jane Fonda와 브래그 기지에 주둔하고 있는 군인 수백 명이 참가했다. 브래그 기지는 이 도시 인근에 위치한 대규모 군 기지였다. 사실 일부 군인은 시위를 계획할 때부터 참여했다. 그래서 5월의 저 토요일 전국에 걸쳐 여러 기지에서 시위가 일어났다. 군 장병이 제복을 갖춰 입고 자신들이 책임지며 싸우고 있는 전쟁에 반대하는 시위를 벌였다. 1971년 군에서 의뢰한 한 연구에

따르면 놀랍게도 입대 장병 가운데 37퍼센트가 일부 반대 행동에 참여했다.[80]

30년 이상이 흐른 2005년 3월에 수천 명이 페이어트빌의 바로 그 공원에 모여 이라크 전쟁에 반대하는 시위를 벌였다. 판지로 만든 관에 미국 국기를 덮고 브래그 기지에서 파병된 병사의 죽음을 애도했다. 사람들이 외친 말은 과거 베트남 전쟁에 반대하던 시위자가 외치던 말과 거의 다르지 않았다. 하지만 이번 시위에는 제복을 갖춰 입은 군인이 단 한 명도 없었다.[81] 군 복무가 자발적인 탓에 군 내부에서 반대도 거의 일어나지 않는다.

점점 시장 가치를 지닌 병사가 시장 가치가 있는 도급자와 더불어 군 복무를 하고 전투에 임한다. 미군이 최근에 배치한 주요 주둔지인 발칸 반도와 이라크와 아프가니스탄에서 미국이 고용한 장병과 도급자는 수가 거의 비슷했다.[82]

게이츠위원회는 시장 가치를 지닌 군이 분쟁을 막는다고 주장했다. 위원회는 "최근 역사를 살펴보면 세금이 인상될 때가 징집영장 발부가 늘어날 때보다 공적 토론에 불이 더 붙는다"라고 보고했다.[83] 하지만 전쟁이 보다 효율성을 추구하는 방향으로 바뀌고 미국인 대다수의 삶과 더욱 유리되면서 징병제 폐지는 전쟁이 일어날 가능성을 더 높였다. 우리는 지금 심각성은 낮지만 끝나지 않는 분쟁의 시대에 살고 있다. 아프가니스탄 침공은 미국 역사상 가장 오래 치르는 전쟁이다. 하지만 대중은 거의 관심을 기울이지 않는다. 전쟁은 한때 국가가 비정상적으로 목적을 이루는 행위였지만 이제는 일상적인 업무가 되어 버렸다.

2장

프리드먼 vs 케인스

변화를 대하는 상식적인 태도는 그 결과가 무엇이든 경제 발전이 낳은 사회적 결과를 기꺼이 감수하겠다는 불가해한 의지에 떠밀려 내팽개 쳐졌다. 정치학과 경세지책에 담긴 근본적인 진실은 먼저 불신을 당한 뒤 망각되었다.

— 칼 폴라니,《거대한 전환The Great Transformation》(1944)[1]

1933년을 보내는 마지막 날, 영국 경제학자 존 메이너드 케인스는《뉴욕타임스》에 공개서한을 신고 프랭클린 델라노 루스벨트 대통령에게 지출을 아낌없이 늘려야 한다고 간청했다. 그는 철도를 더 놓으라고, 아니 무엇이든 하라고 권유했다. 케인스가 훗날 말했듯이 정부는 폐광에 돈을 묻어 두고 그 채굴권을 팔 수도 있었다.[2]

1933년 3월 루스벨트가 취임하며 3년에 걸친 긴 불황 끝에 활력이 살아났고, 같은 해 12월 초 금주법 폐지도 마찬가지 역할을 했다. 새해 전야에 맨해튼 중심가 타임스 빌딩 밖 광장에는 1차 세계대전 종전일 이래 가장 많은 인파가 운집했다. 하지만 경제 상황은 여전히 암울했다. 노동자 4명 가운데 1명은 1933년 내내 실직 상태였고, 미국 현대사에서 실업률이 가장 높았다.

미국인 대다수는, 특히 정치 지도층 대다수는 연방 정부에 책임을 지우지 않았다. 정부가 개인에게 돈을 빌려 공공사업에 쓴다고 성장을 끌어올릴 수 있다고 생각하지 않았다. 대개는 같은 바지의 왼쪽 주머니에서 오른쪽 주머니로 돈을 옮겨 놓는 것이나 매한가지라고 여겼다.

케인스는 서한에서 이 같은 시장 신앙을 공격한 셈이었다. 케인스가 보기에 시장이 자율적으로 작동하도록 보장한다는 보이지 않는 손은 가장 유익한 결과물을 낳지 않았다. 미래가 불확실하면 사업가는 투자를 꺼리고 사람들은 실업자로 전락한다. 케인스는 '야성적 충동animal spirits'이 되살아날 때까지 정부가 돈을 빌려서라도 써야 한다고 주장했다.[3]

케인스는 루스벨트가 자신의 권고를 따르면 세계 경제 회복에 불을 붙일 수 있다고도 썼다. "우리가 성공하면 보다 대담하고 새로운 방법들이 세계 도처에서 시도될 것이고, 새 경제 시대를 여는 첫 장이 당신의 취임식 날부터 시작될 수 있다."

1936년 케인스는 이 새로운 경제학을 《고용, 이자 및 화폐의 일반 이론The General Theory of Employment, Interest and Money》에서 상세하게 설명했다. 이 책의 영향력은 단지 독자층에 국한하지 않고 널리 퍼져 나갔다. "《일반 이론》 때문에 35세 이하 경제학자 대다수는 예기치 않게 남양 제도에 사는 외딴 부족민을 처음 공격하여 떼죽음에 이르게 한 악성 전염병에 걸려 버렸다"라며 가장 심각한 중증 환자 가운데 하나인 미국 경제학자 폴 새뮤얼슨이 말했다.[4] 인간은 자연을 더 나은 방향으로 개발할 수 있다는 주장은 시대와 잘 조응했다. 인류가 경기 후퇴를 극복하고 번영을 도모할 역량이 있다면 어느 누가 그렇게 해야 할 도덕적 책무를 부정할 수 있겠는가?

하지만 새 시대는 서서히 시작되었다. 루스벨트는 적자 지출을 경계했다. 케인스가 《뉴욕타임스》에 서한을 실은 뒤 루스벨트는 자신도 케인스도 잘 아는 친구 펠릭스 프랭크퍼터Felix Frankfurter에게 대통령도 경제에는 도움이 절실히 필요하다는 충고에 동의하지만 "정부가 돈을 빌릴 수 있는 데에는 현실적인 한계가 있다"라는 말을 "그 교수"에게 꼭 전해 달라고 부탁했다.[5] 프랭크퍼터의 주선으로 두 사람은 몇 달 뒤인 1934년 5월 백악관에서 만났다. 이 만남으로 루스벨트는 첫인상이 더 확고해졌다. 그는 노동부 장관이던 프랜시스 퍼킨스Frances Perkins에게 털어놓았다. "당신 친구 케인스를 만났습니다. 길고 복잡한 수치를 한아름 남겨 놓았어요. 정치경제학자가 아니라 영락없는 수학자예요."[6]

2차 세계대전이 발발할 때 미국의 실업률은 여전히 17퍼센트였다.[7]

경제학자의 쓸모

1946년 세상을 떠난 케인스는 자신의 연구를 공산주의에 대한 실현 가능한 대안으로서 자본주의를 구출하기 위한 노력으로 여겼다. 즉 시장 경제는 도움의 손길을 필요로 하지만 꼭 다른 체제로 대체하지 않아도 됨을 밝히려 했다. 더구나 2차 세계대전 이후 소련이 부상하는 상황에 직면하자 이 연구에는 서구 민주주의를 위한 절박감이 새로이 더해졌다.

영국에서는 두 주요 정당이 전쟁이 끝난 뒤 완전 고용을 공약에 포함시켰다. 보수당은 1950년 성명서를 내고 선언했다. "완전 고용 유지를 보수당 내각의 첫 번째 목표로 삼는다."[8] 미국에서는 민주당이 1946년 의회에서 획기적인 법안을 밀어붙였다. 연방 정책 입안자가 "고용과 생산과 구매력을 최대한으로 끌어올려야 한다"라고 명시하는 내용이었다. 이 법 때문에 경제학자에게 딱 맞는 특별한 역할이 생겼다. 바로 대통령 경제자문위원회가 그것으로 경제학자 3명이 대통령 가까이에 포진해 있다는 의미였다.[9] 하지만 당시 양당에서 상당수를 차지하던 보수주의자는 이를 전적으로 승인하지는 않았다. 대다수가 케인스주의는 공산주의의 먼 친척이라고 노골적으로 매도했다. 이렇게 비난을 퍼붓는 사람 가운데 로즈 와일더 레인Rose Wilder Lane이 있었다. 열렬한 자유지상주의자로 자신의 어머니인 로라 잉걸스 와일더Laura Ingalls Wilder의 회고록을 엮고 다듬어 어린이 책인 《초원의 집》 연작으로 펴낸 장본인이었다.[10] 개척자 가족은 정부가 지원한 철도를 이용하고 공유지에 소유권을 주장하고 군의 보호에 안전을 의지했다. 그러면서 책은 자급자족을 찬양했다. 1947년 레인은 최초의 케인스주의 경제학 교과서에 대한 서평에서 이 책이 마르크스주의 선전물에 불과하다며 험악한 혹평을 쏟아냈다. 특히 정부 지출을 열렬히 환영하는 태도에 몹시 분노했다. "결코 경제학 교과서라고 할 수 없다. 이교적인 정치 책자나 다름없다. 비이성적인 믿음을 불어넣고 정치적인 행동으로 옮기도록 부추긴다. 처음부터 끝까지 제안하는 조치마다 정치적이지 않은 내용이 없다. 다시 말해 연방 정부 홍보 책자나 다름없다."[11] 편지 쓰기 운동이 일어나 교과서로 채택되지 못하도록 막았고,

결국 폴 새뮤얼슨이 교과서 집필을 맡아서 이듬해 보다 중도적인 경제학 교과서가 출간되었다.

처음에는 케인스주의의 조언이 크게 필요하지 않았다. 제한된 개혁이지만 그 물결을 타고 전쟁 후 경제가 빠른 성장을 이루었고 번영의 결실이 골고루 돌아갔기 때문이다. 기계가 공장 일자리를 줄이는 것보다 더 빠른 속도로 여성을 집안일에서 해방시켰다. 경제학자는 메이텍 세탁기 수리공만큼만 쓸모 있어 보였다. 1952년 공화당이 경제자문위원회를 해체하려 했다. 결국 경제자문위원회가 존속되었지만 열의는 한풀 꺾였다.

1950년대 경제학자는 정책 입안자의 무관심에도 아랑곳하지 않고 계속 이론을 정교하게 다듬으며 점점 대담한 주장을 펴 나갔다. 1950년대 말 케인스주의 경제학자는 자존감이 하늘을 찔렀다. 내로라하는 경제학자들이 온도 조절 장치로 온도를 맞추듯 정부가 경제 조건을 조정할 수 있다고 주장했다. 경제학자 A. W. 필립스A. W. Phillips 가 지난 100년 동안 영국의 실업과 임금 사이의 관계를 살피다가 실업률이 낮으면 임금이 오르는 경향이 있다는 점을 찾아냈다. 경제학자들은 그 연관 관계와 인과 관계를 열심히 규명했다. 그리고 실업과 인플레이션의 역의 상관관계를 보여 주는 '필립스 곡선' 위아래로 정부가 유연하게 움직일 수 있다고 결론 내렸다.

1960년에 발표한 중요한 논문에서 전후 가장 유력한 두 경제학자 새뮤얼슨과 로버트 솔로는 미국 정부가 실업률과 인플레이션율을 짝지어 놓은 '차림표'에서 선택할 수 있다고 주장했다. 고를 수 있는 선택 사항에는 실업률 5~6퍼센트에 인플레이션이 없거나 혹은 원한다

면 실업률 3퍼센트에 인플레이션율 4~5퍼센트가 있었다.[12] 영국에서
한 경제학자가 1960년대 초 실업률을 1.25퍼센트로 묶고 싶어 하는
측과 1.75퍼센트로 정하고 싶은 측이 서로 감정이 격앙되는 대치 상
태로까지 치달았던 한 회의를 회상했다. "프랭크 페이시Frank Paish 교수
라는 사람이 있었습니다. 2.5퍼센트를 제안했다가 마치 나치나 다름
없는 취급을 받았지요."[13]

"다 가져가지 않는 걸 고맙게 여겨야 해"

워싱턴에서 경제학을 처음 받아들인 곳은 정부의 수뇌부였다. 정책
입안자와 관료는 미국인의 삶에서 정부의 역할이 빠르게 확장하는
상황을 제어하려고 고군분투하면서 경제학자에게 점점 의지했다. 과
세와 같은 복잡한 분야에서는 특히 그랬다. 미국의 세법을 작성하는
책임을 진 하원 세입위원회 소속 한 위원은 이렇게 말했다. "뭔 소린지
감도 못 잡겠더라고요." 또 다른 위원은 "이건 미적분학이었어요. 저는
아직 산수도 다 떼지 못했는데 말이죠"라고 털어놓았다.[14] 이런 추세
때문에 아이젠하워는 이임사에서 기술 관료가 정책 결정을 내리지 못
하게 하라는 경고까지 날렸다. 하지만 다른 정치인은 기회를 보았다.
1950년대 말부터 1970년대 중반까지 하원 세입위원회 위원장을 지낸
윌버 밀스Wilbur Mills는 경제학이 입법자에게 명확하고 확실한 사실을
제공하면서 당파적 차이를 초월하는 데 일조할 수 있다고 여겼다.
　　1909년 아칸소주 작은 마을에서 가장 막강한 힘을 휘두르던 권

력자의 아들로 태어난 밀스는 이제 워싱턴에서 가장 막강한 힘을 휘두르는 인물이라는 소리를 때때로 들었다. 이런 평이 아주 농담만은 아니었다. 밀스는 하버드 대학에서 법을 공부했고 1939년 스물아홉이라는 어린 나이에 의회에 입성했다. 몇 년 뒤인 1942년에는 누구나 부러워하는 하원 세입위원회 위원이 되었다. 현대의 연방 소득 과세가 막 잉태하던 시기였다. 정부는 1913년 부유층 소득에 과세하기 시작했지만 2차 세계대전이 끝날 때까지 미국 가구의 약 6퍼센트만이 얼마간이라도 세금을 냈다.[15] 광범위한 소득 과세는 전쟁 자금을 충당하기 위해 시작되었다. 전쟁이 끝난 뒤에는 소련에 대항하는 군비 경쟁에 자금을 지원할 뿐 아니라 전후 사회 복지 지출을 확충하기 위해 지속되었다. 밀스는 복잡다단한 법에 몰두했다. 경제학 교육도 받았다. 책상에서 전화를 받을 때면 말투에 남부 억양이 고스란히 살아나서 가르치는 교수를 여럿 웃음 짓게 했다. 밀스는 남부 민주당원 사이에서 떠오르는 별이었다. 의회 내에서도 커다란 영향력을 발휘했다. 그리고 1957년 겨우 마흔여덟 나이에 전임 위원장이 심장 마비로 사망하자 뒤를 이어 하원 세입위원회 의사봉을 물려받았다.

밀스가 이어 받은 세법은 엉망진창이었다. 연방 정부는 개인 소득에 과세했는데 세율을 90퍼센트 이상 유지하고 있었다. 1957년에는 20만 달러 이상 과세 대상 소득에서 한 푼도 빠짐없이 정부가 91퍼센트를 떼어 가고 납세자는 9퍼센트를 손에 쥐었다.* 하지만 핵심 단어는 '과세 대상 소득'이었다. 법은 탈세 구멍으로 벌집이나 다름없

---

* 1957년 20만 달러의 소득은 2019년 180만 달러의 소득과 맞먹는다.

었다. 개인 소득에서 약 40퍼센트만이 연방 과세 대상이었다.[16] 상황은 다른 선진국도 마찬가지였다. 영국에서는 최고 세율 때문에 비틀즈가 몹시 기분이 상해 소득에서 95퍼센트를 떼어 가고 싶어 하는 탐욕스러운 '세리稅吏'에 관한 노래를 썼다. 세금 징수원이 말하길, "5퍼센트면 너무 작은 거 아니냐고? 다 가져가지 않은 걸 고맙게 여겨야 해." 하지만 비틀즈도 다른 부유층처럼 합법적으로 그 짐을 상당히 덜어 냈다.[17]

밀스는 노먼 B. 투레이Norman B. Ture라는 경제학자를 임용했는데, 그는 밀턴 프리드먼이 시카고 대학에서 가르친 첫 대학원생 가운데 하나였다. 밀스는 이렇게 세금 제도에 보다 공정성과 효율성을 높이도록 방안을 마련하는 데 돌입했다. 그는 세금 제도를 삼각형에 비유했다. 정부가 높고 좁은 삼각형을 세워 놓아서 세율은 높지만 과세 기반이 좁다고 지적했다. 그래서 정부가 보다 낮고 넓은 삼각형을 세우면, 다시 말해 세율을 낮추고 과세 대상 소득의 비율을 늘리면 세금을 똑같이 거두어들일 수 있다고 주장했다. 그리고 세율이 낮아지면 경제 활동을 북돋는다고 강조했다. 바로 '공급중시 경제학supply-side economics'이라고 불리게 되는 이론의 맹아였다.

상아탑 대통령

1957년 소련이 인공위성 스푸트니크를 발사했다. 이 인공위성이 미국 상공을 지날 때면 저녁 하늘에서 너무나 선명하게 보여 경제 경쟁에서 소련이 미국보다 앞서 나가고 있다는 우려가 높아졌다. 당시 경제 경쟁은 경쟁 상대의 정치 체제의 장점에 대한 국민투표라는 생각이 지배적이었다. 케네디는 1960년 대통령 선거전에서 이 불안한 심리를 파악하고는 경제 성장률을 연간 5퍼센트로 높이겠다고 공약했다. 1950년대 후반기 평균 성장률의 약 2배에 이르는 수치였다.

하지만 케네디에게는 이 공약을 실현할 방안이 뚜렷하게 서 있지 않았다. 그는 상원 의원일 때 명망 있는 합동경제위원회 자리를 놓고 한바탕 설전을 벌이고는 이후 거의 모든 회의에 불참했다.[18] 선거운동을 치르는 동안에 대학 시절 유일하게 들은 경제학 수업에서 C를 받았다고 자문위원에게 털어놓았고, 자문위원은 기초부터 시작해 하나에서 열까지 다 설명해야 했다.[19] 그런데 케네디는 교수에 대해서 확고한 방침이 있었다. 교수들을 불러모아 존경을 표하고 때때로 귀를 기울였다. 그는 최고의 인재를 임용하여 방향을 물었다. 예일 대학 경제학자 제임스 토빈James Tobin이 자신은 '상아탑 경제학자'라는 이유를 들며 제의를 받아들이지 않고 망설이자 케네디는 이렇게 말했다. "좋습니다, 교수님. 그렇다면 저도 이른바 상아탑 대통령입니다."[20] 비공식 자문위원인 새뮤얼슨은 대통령 보좌관에게 케네디가 자신을 "교수님"이라고 부르지 않도록 설득해 달라고 거의 애원하다시피 부탁했다.[21]

케네디 행정부의 정책을 수립할 가장 막중한 책임은 경제학자 월터 W. 헬러Walter W. Heller가 짊어졌다. 월터는 훤칠하게 생긴 중서부 사람이었다. 1960년 당시 45세였는데 미네소타 대학 종신 교수로 널리 인정받는 세금 전문가였다. 하지만 미국 내 손꼽히는 경제학자 명단에는 어디에도 이름이 올라 있지 않았다. 동료들 사이에서 '케인스주의 군대의 대령'이라는 평을 받았지만 명망천하에 오르는 기차를 아슬 아슬하게 놓친 상태였다. 케네디가 1960년 10월 미니애폴리스 전역을 돌며 대통령 선거 운동을 이어갈 때였다. 헬러는 유세가 막바지에 이를 무렵 정장을 차려 입고 시내로 향했다. 유서 깊은 리밍턴 호텔 로비에서 헬러는 허버트 험프리와 우연히 마주쳤다. 당시 주 원로 상원 의원이던 험프리는 헬러를 데리고 대통령 후보를 만나러 갔다.

케네디가 셔츠를 갈아입을 때 두 사람이 방으로 들어섰다. 험프리는 헬러를 소개시키며 미시시피강 서쪽에도 꽤 똑똑한 사람들이 산다는 농담을 던졌다. 케네디는 질문을 퍼붓기 시작했다.[22] 5퍼센트 성장률 공약은 현실성이 있는가? 재정 정책에 작은 변화를 주는 경우 경제에 어떤 영향을 미치는가? 서독은 이자율이 높은 데에도 왜 번영하는가? "케네디가 가슴을 긁으며 서 있는 동안 우리는 대화를 나누었습니다. 다른 사람은 모두 슬금슬금 자리를 피했지요"라고 헬러가 회상했다.[23]

몇 달 뒤 케네디는 헬러에게 경제자문위원회를 이끌어 달라고 부탁했다. 날카롭게 번득이는 재치가 있는 이 경제학자의 대화 방식이 마음에 들었고, 중서부인이라는 헬러의 뿌리가 케네디 백악관에 다양성을 더해 준다고 여겼다. 하지만 헬러가 특별히 중요한 역할을 맡을지는 분명치 않았다. 경제학자들 역시 그랬다. 한 지인이 무심히 헬러에게 물었다. "미네소타에서 이 일을 봅니까? 아니면 워싱턴으로 가야 합니까?"[24]

경제학자의 시대

1962년 케네디 대통령 수석 경제자문위원 시절 월터 헬러. 헬러의 설득으로 케네디와 린든 B. 존슨 대통령은 케인스주의에 따른 대규모 경제 정책 실험에 착수했다. (로버트 크누센Robert Knudsen / 화이트하우스포토그래프 / 존 F. 케네디 대통령 도서관&박물관)

헬러의 감세 정책

헬러는 독일 이민자의 아들로 1915년 버펄로에서 태어났지만 자란 곳
은 위스콘신주였다. 기술자였던 아버지가 일자리를 찾아서 가족이 모
두 이사를 했기 때문이다. 1941년 위스콘신 대학에서 박사 과정을 마
쳤는데 이때 논문 주제가 주州 소득 과세 행정이었다. 헬러는 시력이
나빠 군에서 불합격 판정을 받고 재무부에 들어갔다. 여기서 맡은 업
무가 밀턴 프리드먼이 했던 바로 그 일, 연방 소득 과세와 관련한 행정
이었다. 전쟁이 끝나자 헬러는 미네소타주에 정착하여 가정을 꾸리고
명쾌한 해설자로 명성을 쌓았다. 한번은 존슨 대통령이 헬러가 쓴 보
고서를 흔들며 나머지 자문위원에게 외쳤다. "저는 여러분이 모두 보
고서를 이렇게 썼으면 합니다."[25] 헬러는 언변 또한 예리했다. 레이건
대통령이 나중에 말했듯이 "마법을 부리듯 마음의 빗장을 열면서도
때로는 두려움이 일게 합니다."[26]

　워싱턴에서 헬러는 일자리를 늘리려면 정부가 세금을 내려야 한
다고 가차 없이 주장했다. 경제가 성장하고 있지만 정부 정책으로 사
람들이 쓸 돈이 더 많아지면 경제는 더 빠르게 성장한다는 것이었다.
그리고 실질 경제 성장과 성장 가능성 한계 사이의 차이를 '아웃풋
갭'으로 표현하며, 이 차이가 대략 이탈리아 경제 규모만 하다고 설명
하여 케네디에게 깊은 인상을 심었다.

　헬러의 이론은 정부 지출 확대를 강조하는 기존 케인스주의와 전
략적인 면에서 결별했다는 점이 달랐다. 전통적인 관점에서 보면 정
부는 민간 부문에서 돈을 빌린 다음 그 돈을 쓰면서 경제를 활성화할

수 있었다.[27] 헬러는 민간 부문에서 돈을 빌린 다음 민간 부문에 그 돈을 쓰도록 다시 돌려주자고 제안했다. 두 경우 모두 재무부 증권을 투자자에게 팔아 저축에서 돈을 끌어온 다음 다시 이 돈을 유통시킨 다는 생각이었다. 헬러는 자신의 방안이 케인스주의자가 지금까지 내 세운 기본 접근법보다 덜 직접적이고 덜 효과적이라고 인정했다. 하지 만 케네디는 이미 지출을 크게 늘리는 정책을 정치적으로 옹호할 수 없다고 배제했고, 헬러는 보수주의자가 세금을 내리는 정책에 더욱 적극적으로 나설 것이라고 파악했다. 보수주의자는 정부가 할 수 있 는 최선이 보다 작은 정부라는 이 생각을 반겼다.[28] 헬러는 또 경기 부 양책이 매우 효율적이어서 제 몫을 톡톡히 할 것이라는 예측을 내놓 으며 자신의 제안을 더욱 솔깃하도록 포장했다. 경제가 성장하기 때 문에 세율을 더 낮추어도 세수가 오른다는 주장이다. 실제로 경제는 전체 규모가 더 커지지만 정부가 챙기는 몫은 더 작아진다. 하지만 선 례가 있었다. 1920년대 금권 정치를 추구한 재무장관 앤드루 W. 멜 론Andrew W. Mellon이 소득 세율을 인하하는 일련의 조치를 꾀했고, 성 장이 빨랐기 때문에 연방 세수가 늘어났다.[29]

케네디는 처음엔 거부했다. 대통령에 취임하면서 그는 미국인 에게 공동체의 이익을 위해 희생을 감내해 달라고 요청했다. 더구나 감세는 불협화음을 일으킬 소지가 있었다. 하지만 실업률이 여전히 5.5퍼센트 대에 머물러 있었다. 다음 대선이 가시권에 들어왔을 때 케 네디는 경제가 그 잠재력을 다 발휘하지 않고 있다는 전제로 마음이 기울어졌다.[30] 케네디는 1962년 12월 뉴욕 재계 지도자들 앞에서 연 설하며 감세에 찬성하는 입장을 내놓았다. "민간 지출을 가로막는 속박을 잘라 내겠다"라고 약속했다.[31] 청중은 열렬한 환호를 보냈다. 나중에 케네디는 헬러를 불러 열띤 표정으로 말했다. "제가 케인스와 헬러의 견해를 있는 그대로 전했는데에도 엄청 좋아들 하더군요."[32]

감세, 지출 확대, 재분배

윌버 밀스는 타협할 각오가 되어 있었다. 과세 효율성을 높일 수 있는 기회를 보았고 세율을 더 낮추는 대가로 적자가 더 커지는 현실을 기꺼이 받아들였다. 결국 케네디 행정부는 적자폭이 늘어나는 대가를 감수하며 세율을 영구히 내리는 데 동의했다. 역사학자와 열혈 지지자는 그 이후 줄곧 케네디 안이 지닌 성격을 두고 격한 논쟁을 벌였다. 어떤 이들은 이 안을 케인스주의의 절정이라고 평가하는 반면에 다른 이들은 공급중시 경제학의 탄생이라고 평가한다. 둘 다 맞는 말이었다. 더글러스 딜런 재무장관은 개인적으로 이를 "얄궂은 우연"이라고 일컬었다.[33]

하지만 대다수 정치 기득권층은 예산 적자가 커지면 경제에 이로울 수 있다는 전제에서 뒷걸음쳤다. 예산 균형은, 다시 말해 세수와 세출을 일치시키는 일은 여전히 국정 운영의 책임감을 가늠하는 표준 척도였다. 아이젠하워는 하원 공화당 지도부에게 이 안이 "무모한 재정 정책"이라는 서한을 보냈다. 해리 트루먼Harry Truman 전 대통령은 기자들에게 말했다. "저는 옛날 사람입니다. 그래도 제 생각에는 쓰는 것보다 버는 것이 더 많아야 합니다."[34] 버지니아주 민주당 상원 의원이자 상원 재정위원회 위원장인 해리 버드Harry Byrd는 루스벨트가 케인스라는 친구한테 넘어가기 전까지 꽤 괜찮은 대통령이었다고 여기는 사람이었는데 이 안의 추진을 거부했다. 한 동료 의원은 "버드가 공채公債를 증오하는 열정은 거룩하다시피 했습니다"라고 말했다.[35]

이 안이 법으로 제정되기까지 케네디 암살 사건과 린든 B. 존슨의 입법 역량이 필요했다. 존슨은 적자 규모를 줄이는 지출 삭감 종합 대책에 합의하여 버드를 진정시켰다. 밀스가 동료 보수주의자에게 한 말에 따르면 감세로 지출이 더욱 감소될 수밖에 없다는 것이었다. 훗날 '야수 굶기기'라고 불리는 전략의 맹아였다.[36]

헬러는 존슨 행정부에 계속 남았지만 낙담에 빠졌다. 정부 지출이 삭감되는 것을 바라지 않았기 때문이다. 헬러의 관점에서 보면 적자가 늘어난다는 점이 이 안의 핵심이었다. 하지만 존슨은 표결이 끝나면 지출을 늘리기가 쉬울 것이라고 사석에서 헬러에게 장담했다. "일단 감세가 이루어지면 당신이 하고 싶은 일을 할 수 있습니다."[37]

존슨은 해냈다. 감세를 추진하는 동안에도 연방 정부 지출은 급격히 늘어났다. 행정부가 베트남에서 전쟁을 치르면서 이른바 "빈곤과의 무조건적인 전쟁"도 밀고 나갔기 때문이다.

당시 미국 인구 가운데 약 5분의 1인 3000만 명 정도가 더 나아진다는 가망도 없이 극심한 빈곤에 허덕였다. 진보주의 행정부도 보수주의 행정부도 빈곤 문제는 광범위한 경제 성장을 이루어 나가야 가장 효과적으로 대처할 수 있다고 보았다.[38] 하지만 1960년대 초반 즈음 학자와 기자는 대중의 관심을 이 전략이 지닌 결함으로 돌렸다. 빈곤이 소수 인종 사회에서 주로 발생하기 때문에 이 계획이 부상하는 민권 운동과 얽혀 있다는 것이었다.

헬러는 재분배 정책이 불평등을 해결하는 데 꼭 필요하다고 믿는, 당대 경제학자들 사이에서 독특한 인물이었다.[39] 존슨과 처음 만난 자리에서 헬러는 자신의 상관도 같은 생각임을 알아차렸다. 가난한 환경에서 자란 존슨은 빈곤 퇴치 사업의 착수금으로 예산에 5억 달러를 더 편성했다. 심지어 1964년 겨울 휴가 때는 헬러를 자신의 텍사스 목장에 데려가 다른 자문위원과 함께 오두막집에 들이몰고는 계획을 말하라고 다그쳤다. 존슨은 회고록에서 이렇게 술회했다. "나는 독창적이고 고무적인 발상을 바랐다."[40] 세 사람이 애쓴 노력이 마침내 결실을 맺었다. 메디케어Medicare와 메디케이드Madicaid 건강 보험 제도, 저소득층 식비 지원 제도인 푸드 스템프, 빈곤 지역 학교 보조금 제도가 그것이었다.

어느 빛나는 순간 이후

헬러는 그 전제로 감세를 실시했다. 미국인이 뜻밖의 소득을 지출하면서 성장이 치솟았다. 실업률은 크게 떨어져 1960년대 말에는 약 3.5퍼센트 선에서 새롭게 머물렀는데, 1960년대 초에 비하면 2퍼센트나 낮아진 수치였다. 이 차이는 미국인 약 160만 명 이상이 유급 일자리를 찾을 수 있었다는 의미였다. 경제 성장이 오래 지속되면서 낙관론이 뚜렷이 대두되었다. '현대 경제학'으로 성장이 영속하리라, 언제까지나, 아멘. 존슨은 1965년 1월 의회에서 언명했다. "저는 경기 후퇴가 불가피한 일이라고 보지 않습니다." 그해가 저물 무렵 《타임》은 케인스를 표지에 싣고는 "역사상 가장 크고 가장 길고 가장 넓게 나눈 번영"이 케인스의 이론을 채택한 덕이라며 그 공을 인정했다.[41]

새로운 사회 복지 제도 또한 결실을 거두어 빈곤이 빠르게 줄어들었다.[42]

이젠 아무도 헬러의 뒤를 이어 대통령 자문위원이 된 경제학자에게 워싱턴에서 일할 계획인지 묻지 않았다.[43] 존슨은 1966년 대통령 경제자문위원에 제임스 듀젠베리James Duesenberry를 임명하며 선서식에서 말했다. "듀젠베리 박사는 우리 모두가 알다시피 이 나라를 대표하는 경제학자입니다. 제가 자랄 때에는 별 의미가 없는 듯했지만 어른이 되고 나서 우리는 우리 방식에 오류가 있음을 깨닫게 되었습니다."[44]

하지만 케인스주의의 승리는 오래가지 않았다. 1965년 말 즈음 경제가 과열 양상을 띠기 시작하더니 인플레이션이 치솟았다. 존슨 행정부는 경제 성장을 북돋기 위해 적극적인 노력을 기울인 동시에 베트남에 전쟁 비용을 쏟아부었다. 그 때문에 인류의 가장 오랜 깨달음을 되풀이하고 있었다. 모닥불에 장작을 더 넣으면 불길이 활활 타오르지만 장작을 지나치게 많이 넣으면 불길이 걷잡을 수 없이 번진다는 것 말이다.

인플레이션은 구매력을 잃는다는 의미다. 연간 인플레이션율이 2퍼센트라고 하자. 이는 새해 첫날에 햄버거 100개를 살 수 있었던 사람이 크리스마스 때에는 그 돈으로 햄버거 98개를 살 여유밖에 되지 못한다는 뜻이다. 소비자는 주머니에 든 돈이 가치를 잃는다는 이 상황을 반기지 않는다. 대출 기관 역시 인플레이션을 좋아하지 않는다. 빌려줄 때보다 돌려받을 때 돈의 가치가 줄어든다는 의미이기 때문이다. 그리고 경제학자도 인플레이션을 싫어한다. 시장 가격이 지닌 정보 가치가 작아지기 때문이다.

케인스주의자는 정부가 세금을 올려 인플레이션을 낮춰야 한다고 주장했다. 그런데 그 이론은 케인스주의 지지자가 인간 행동을 보다 현실적으로 평가한다고 일컫는 내용에 뿌리를 두고 있음에도 이상하게 정치 현실을 꿰뚫어 보지 못했다. 존슨은 세금을 올리고 싶어 하지 않았다. 그리고 1967년까지 세금을 인상하려는 노력에 찬성하지 않았다.

연방준비제도Federal Reserve System, 이하 연준 이사회 의장을 오래 지낸 윌리엄 맥체스니 마틴은 독설을 일삼는 중앙은행장계의 셰익스피어였다. 그는 여전히 중앙은행을 국가가 임명한 어른이라고 묘사한 표현으로 기억되고 있었다. 마틴에 따르면 연준의 임무는 잔치가 막 무르익을 때 술동이를 치우는 것이었다.[45] 1965년 6월 마틴은 그 순간이 왔다고 신호를 보냈다. 콜롬비아 대학에서 연설할 때 1960년대를 휩쓴 낙관론을 대공황이 닥치기 전 몇 년과 비교했다. "그때도 지금처럼 다수 공무원과 학자와 기업가가 새로운 경제 시대가 열린다고 확신에 차 있었습니다. 경기 변동은 과거지사가 되는 그런 시대 말입니다."[46] 연준이 이자율을 올리기 시작했다. 이 일로 존슨은 격분했다. 1965년 12월 연준 의장을 텍사스 목장으로 불러 방 안에서 이리저리 몰아대며 소리쳤다. "젊은이들이 베트남에서 죽어 나가고 있는데 마틴이란 작자는 나 몰라라 하고 있다고요!" 마틴은 진의를 알아차렸다. 연준은

이자율을 약간 더 올리고 나서 바로 멈추었다.[47]

인플레이션을 통제할 수 있다고 존슨을 설득한 유일한 방법은 '이상한 나라의 앨리스' 계획이었다. 정부가 낮지도 않고 높지도 않게 가격을 얼마로 하겠다고 지시할 수 있다는 내용이었다. 세금을 올리거나 연준이 이자율을 올리거나 하지 않고 대통령이 직접 나서서 인플레이션을 억제했다. "신발 가격이 올랐습니다. 그러면 존슨은 가죽 수출을 규제하여 가죽 공급을 늘렸습니다. 국내 양고기 가격이 오르면 존슨은 [국방장관인 로버트] 맥나마라Robert McNamara에게 베트남 주둔 미군을 먹일 뉴질랜드 산 값싼 양고기를 사라고 지시했습니다"라고 조지프 A. 캘리파노 주니어Joseph A. Califano Jr. 선임 보좌관이 회상했다.[48] 목재 가격이 오르면 존슨은 연방 정부 사무실에 철제 가구를 들이라고 명령했다. 1966년 봄 계란 가격이 오르자 존슨은 보건총감에게 콜레스테롤 섭취가 건강에 해롭다는 경고를 내리라고 지시했다.

하지만 베트남 전쟁이 그랬듯이 인플레이션과의 싸움에서 존슨은 이길 수가 없었다. 1968년 말 즈음 인플레이션이 4.7퍼센트에 달했다. 한국전쟁 이후 가장 빠른 연간 상승률이었다.

아무것도 하지 말고 그대로 있어라

밀턴 프리드먼은 존 메이너드 케인스와 단 한 번도 만나지 않았다. 유일한 교류라면 1935년 프리드먼이 케인스가 편집진으로 있는 영국 학술지에 첫 학술 논문을 제출했는데 케인스가 발표를 거절했을 때였다.[49] 하지만 정부가 적극적으로 경제 상황을 관리하는 책임을 받아들이자, 구체적으로 실업률을 최소화하는 책임을 받아들이자 프리드먼은 반혁명을 옹호하는 주장을 폈다. 정부가 경제 성장을 활성화할 수 없을 뿐 아니라 그렇게 해서도 안 된다는 케인스 이전 합의로 되돌아가고 싶어 한 것이었다. 그런데 자신의 주장을 밀어붙인 방식이 의외였다. 한 정부 기관의 권한을 강화하는 구상이었는데 이 기관이 바로 연방준비제도이사회였다.

연준은 미국의 중앙은행으로 금융 체제를 보호하는 후방 방어벽이다. 금융 위기가 주기적으로 경제를 침체에 빠뜨리자 이를 막기 위해 1913년에 의회가 설립했다. 연준의 특별한 권한은 통화를 발행하거나 통화 유통을 억제할 수 있다는 것이다. 모든 달러 지폐에는 상단에 이 말이 인쇄되어 있다. '연방준비은행권Federal Reserve Note'.

케인스와 그 추종자가 보기에 연준은 큰 시험에 실패했다. 대공황을 끝내려고 경제에 돈을 쏟아부었지만 별 소용이 없었다. 케인스는 통화 정책에 기대어 경제 성장을 되살리려는 노력은 "살을 찌울 작정으로 헐렁한 혁대를 사는 꼴"이라고 결론 내렸다. 정말 중요한 요소는 연준이 유통에 투입한 달러의 양이 아니라 거래의 수라고 주장했다. 1달러 지폐는 도자기 돼지 저금통에서 몇 년 동안 잠을 잘 수도 있고 단 하루만에도 여러 번 쓰여 잇달아 소유자가 바뀔 수도 있다. 이는 연준이 경제 상황에 발휘하는 영향력이 꽤 제한되어 있으며 재정 당국이 돈을 빌리고 쓰면서 성장을 북돋을 수 있다는 의미였다. 트루먼의 수석 경제자문위원 레온 카이절링Leon Keyserling은 연준의 통화 공급 통제를 "경제 안정을 추구하는 수많은 도구들 가운데 순순한

한 가지 도구일 뿐"이라고 무시했다.[50]

프리드먼은 경제학을 연구하며 발표한 가장 유명한 저서에서 대공황의 역사를 다루었다. 경제학자 안나 제이콥슨 슈워츠Anna Jacobson Schwartz와 함께 쓴 이 책에서 두 사람은 케인스주의가 사실을 잘못 알고 있고 따라서 결론도 잘못 냈다고 주장했다. 연준은 1929년 8월에서 1933년 3월 사이 통화 공급을 3분의 1 이상 떨어뜨렸다. 이렇게 축소한 원인은 연준이 무능력해서가 아니었다. 업무상 과실일 뿐이었다. 두 저자는 이렇게 썼다. "공급 축소는 사실 통화가 지닌 위력이 얼마나 중요한지 드러내는 비극의 증거다."[51]

연준의 권한을 옹호하면서 프리드먼은 통화를 발행한 뒤 이 통화에 벌어지는 일은 사실 중요하지 않음을 의식적으로 밝히려 애썼다. 케인스주의자는 의회와 대통령이 돈을 지출하면서 경제를 침체에서 회복하고 사람들을 실업에서 구제할 수 있다고 주장했다. 프리드먼은 이는 가능하지 않다고 반박했다. 프리드먼에 따르면 거시경제 정책에서 유일하게 효과적인 것은 적절한 통화 공급뿐이었다.

영국의 경제학자 A. A. 월터스A. A. Walters는 마거릿 대처의 고문으로 프리드먼의 이론을 공공 정책으로 실행한 인물이었다. 이 이론은 프리드먼에게 "분명 매력적으로" 다가갔다면서 그 이유가 개입을 최소한으로 줄이는 거시경제 정책이었기 때문이라고 훗날 술회했다.[52]

문제는 통화량

프리드먼은 1940년대 말 케인스의 유령과 티격태격 싸우기 시작했다. 처음에는 미국 경제가 탄탄하게 성장해 나가고 있었기 때문에 논쟁 주제가 성장을 높이는 가장 효과적인 방안은 무엇인가가 아니었다. 이때의 논쟁 주제는 같은 동전의 다른 면 즉 인플레이션을 줄이는 방안이었다.

케인스주의자는 인플레이션이 많은 잠재적 원인과 숱한 잠재적 해결책을 지닌 복잡한 현상이라고 보았다. 정부 지출이 지나쳤기 때문일 수도 있고 석유 공급이 급작스럽게 감소했기 때문일 수도 있고 노조가 임금을 더 인상하라고 압박했기 때문일 수도 있다. 그리고 각 원인마다 그 나름의 해결책이 있었다.

이와 달리 프리드먼이 바라보는 관점은 아주 단순했다. 정부가 통화를 지나치게 많이 발행하여 인플레이션을 일으켰다는 것이다. 다시 말해 유통되는 통화량 증가 속도가 경제 성장 속도보다 빨랐기 때문이다. 따라서 정부는 통화 발행을 줄여 인플레이션을 낮출 수 있다.* 1948년 프리드먼은 시카고 대학의 다른 경제학 교수 7명과 함께

---

* 　프리드먼과 동시대에 활동한 케인스주의 경제학자는 현실 세계의 복잡성을 포착하는 경제 모델을 세우는 데 집중했다. 프리드먼의 통화주의는 매우 다른 접근 방식에 뿌리를 두었다. 그 주장에 따르면 경제 이론에 대한 시험은 가정의 신빙성이 아니라 예측의 정확성에 있다. 이렇게 결과를 강조하는 태도는 현대 경제학을 규정하는 특징이다. 그리고 이는 인간을 합리적 행위자로 다루며 점점 추상화하는 모델의 부상을 정당화했다. 누구나 인간은 합리적이라고 생각했기 때문이 아니라 그 주장이 더 나은 결과를 낳는다고들 말했기 때문이다. 밀턴 프리드먼의 《실증 경제학 시론Essays

밀턴 프리드먼과 돈. 사진은 텔레비전 연속 방송물 〈선택할 자유〉의 한 장면이다.

《뉴욕타임스》에 서한을 싣고 물가 상승의 "주된 원인"은 미국 내에서 유통되는 통화량이 1939년에서 1948년 사이 약 3배가 늘었기 때문이라고 주장했다. 이 관점은 통화주의monetarism라고 알려졌다.[53] 프리드먼은 훗날 이 이론을 다음과 같은 유명한 표현으로 요약했다. "인플레이션은 언제 어디서나 통화 현상이다."[54]

그해 말 프리드먼은 자신의 주장을 증명할 귀중한 초대를 받아들였다. 전임 교수이던 아서 F. 번스가 전미경제연구소를 이어 받았다. 이 연구소는 경제 부침에 대한 연구를 지원했는데 록펠러 재단이 이

---

in Positive Economics》(시카고: 시카고 대학 출판부, 1953)에 나온 "실증 경제학 방법론The Methodology of Positive Economics" 참조.

연구소 기금 가운데 상당 부분을 제공했다. 록펠러 재단은 경기 순환에서 은행 대출이 하는 역할을 자세히 연구하여 고찰하기를 바랐다. 이는 통화의 양이 아니라 통화의 이동이 중요하다는 케인스주의 시각을 반영한 것이었다. 번스는 프리드먼에게 당시 콜롬비아 대학 대학원생으로 자료 수집 기술이 신기에 가깝다는 평판을 얻고 있던 안나 슈워츠와 함께 이 연구 계획에 어깃장을 놓아 달라고 부탁했다.

프리드먼은 그 제안을 받아들였지만 출사표를 다시 썼다. 1949년 1월 록펠러 재단 이사장에게 보낸 편지에서 양이 속도보다 더 중요하고 따라서 통화 정책이 막중하다는 자신의 견해를 설명했다. 반면에 케인스주의식 재정 정책은 그렇지 않다고 덧붙였다. 프리드먼은 연준이 경제에 통화를 충분히 투입하지 않아서 일반적인 경기 둔화가 대공황으로 확대된다는 이론에 대해 처음으로 밑그림을 그렸다. 그는 연구가 여덟 달 정도 걸릴 것이라고 예측했지만 실제로는 14년이 걸렸다.[55]

프리드먼은 증거를 찾는 한편으로 계속해서 자신의 결론을 널리 알려 나갔다. 1952년 3월 의회에서 "통화 기관의 주요 임무는 통화 비축량을 조정하여 경제 안정을 도모하는 것"이라고 언명했다.[56] 이듬해 프리드먼은 1940년대 초에 썼던 인플레이션에 대한 소론을 수정하여 다시 발표했다. 첫 소론에서는 인플레이션을 케인스주의 용어를 써서 지나친 정부 지출의 결과라고 표현했다. 그런데 새롭게 수정한 소론에서는 인플레이션의 근본 원인은 통화 공급이 과도하게 늘어난 데 있다고 강조했다. 그리고 변명처럼 주석을 달았다. "새로운 논거가 명백하다고 믿기 때문에 앞선 소론에서 통화 효과를 누락한 점은 심각한 실수라고 본다. 변명의 여지가 없지만 어쩌면 당시 만연하던 케인스주의의 풍조 탓이라고 설명할 수 있다."[57]

프리드먼이 지닌 전문가로서의 위상은 통화 정책에 대한 자신의 견해에 기꺼이 지지를 보낼 청중을 끌어모으기에 충분했다. 하지만 처음에는 전향하는 자가 많지 않았다.* 케인스 경제학이 대세였기 때문이다. 퍼 제이콥슨Per Jacobsson 국제통화기금International Monetary Fund, IMF 총재는 케인스 경제학의 역학에 대해 당시 넘치던 자신감을 구현한 인물이었다. 그는 자신이 몸담고 있던 스위스 바젤의 연구소에 프리드먼을 강연자로 초대했다. 이 방문은 끝내 학계판 막싸움으로 번졌다. 두 사람은 "자리에서 일어나 고함을 지르고 삿대질을 해대며 의자를 바닥에 쾅쾅 내리찧었다."[58]

영국에서는 상황이 훨씬 더 적대적이었다. 케인스의 공식 전기 작가이자 해럴드 맥밀란Harold Macmillan 보수당 총리의 수석 경제자문위원인 로이 해러드Roy Harrod는 1957년 통화주의에 관해 총리에게 이렇게 보고했다. "어떤 정부 대변인도 정부가 그처럼 고루한 이론을 지지한다고 암시하는 표현조차 쓰지 않기를 진심으로 바랍니다." 이듬해

---

* 1951년 프리드먼은 존 베이츠 클라크 메달John Bates Clark Medal 세 번째 수상자로 지명되었다. 이는 가장 중요한 40세 이하 미국 경제학자에게 수여하는 영예로운 상이었다. 프리드먼에게는 공적인 경력이 거의 없었다. 하지만 경제학자 사이에서 분명 떠오르는 별로 두각을 나타냈다. 통계학과 수학을 넘나드는 초기 연구로 상을 받았는데 이 공로는 통화 정책에 관한 연구와 아무런 관련이 없었다. 실은 프리드먼이 과연 수학적이고 통계학적인 정교한 기술을 사용했는지 점점 의심이 늘어났다. 존 베이츠 클라크 메달을 수상한 첫 20명 가운데 11명이 노벨 경제학상을 받았다. 프리드먼은 관련 없는 연구 결과물로 상 두 개를 받았으니 저 집단 가운데 독특하다고 할 수 있다.

맥밀란은 재무부 공무원 3명의 사임을 받아들였다. 통화 공급 규제를 제안한 이들이었다.[59] 그 이듬해인 1959년 정부 위원회는 보고서를 발표했다. "통화 정책은 인플레이션과 거의 관련이 없으며 수요 관리 도구로서 효과가 크게 없다"라는 내용이었다.[60]

프리드먼은 같은 시대를 사는 사람들을 설득시키려 애쓰면서 차세대 경제학자를 교육해 나가기 시작했다. 시카고 대학에서 통화와 금융을 주제로 '연수회'를 개최했는데, 프리드먼 지도 아래 통화 문제를 연구하고자 하는 학생들이 참여했다. 곧 다른 경제학 교수진도 채택한 이 아이디어는 실험실 모델이 과학적 연구를 위해 제공한 형식을 따라 하려는 시도였다. 프리드먼은 25년 동안 연수회를 운영하며 통화주의자 군대를 양성했다.[61]

어둠을 헤치고 나아가는 법

1963년에 프리드먼과 안나 슈워츠는 거듭해 온 연구를 마침내 대중에게 선보였다. 바로 《미국 화폐사 1867~1960A Monetary History of the United States, 1867-1960》가 출간된 것이다. 이 책을 선뜻 받아들이는 독자층이 있었는데, 1960년대 초 연준의 평판이 나아지고 있었던 데에도 일부 이유가 있었다. 중앙은행의 무능력은 2차 세계대전을 치르는 내내 연방 정책이 지닌 문제였다. 연준은 재무부 감독 아래 운영되며 통화를 발행하는 권한을 지니고 있어서 정부가 낮은 이자율로 돈을 빌릴 수 있었다. 그런데 1951년 연준은 의회의 지지로 운영의 독립성을 확보했다.[62] 그 사이 10년 동안 연준은 경제 상황을 조율하는 능력을 입증하기 시작했다. 케인스주의자는 이런 역학에 대한 프리드먼의 설명을 받아들이지 않았다. 자신들이 보기에 연준은 통화 공급을 조정해서가 아니라 이자율을 낮추거나 높여 경제 활동을 북돋거나 가라앉혔다. 하지만 통화 정책이 중요하다는 점은 기꺼이 인정했다. "최근 들어 주도적인 경제 이론이, 특히 프리드먼 교수가 촉구하는 경제 이론이 통화 현상은 별 중요하지 않다는 관점에서 어쩌면 중요할 수도 있다는 관점으로 돌려놓았다"라고 케인스주의 경제학자 로버트 솔로가 허심탄회하게 《미국 화폐사》 서평에 썼다.[63]

하지만 프리드먼이 쟁취한 승리는 완전하지 않았다. 두 가지 중요한 차이가 남아 있었다. 첫 번째는 케인스주의자는 통화 정책의 중요성을 차츰 인정했지만 재정 정책의 무력성은 받아들이지 않았다. "우리 모두 통화가 중요하다고 생각한다. 하지만 문제는 통화가 중요한가 아닌가가 아니라 통화만이 중요한가 아닌가다"라고 월터 헬러가 지적했다.[64] 닉슨의 경제자문위원회 초대 위원장인 폴 W. 매크레켄Paul W. McCracken은 거시경제 정책에 대한 자신의 관점을 "프리드먼계系"라고 표현했다. 통화량도 중요하지만 그것만이 전부는 아니라는 입장이었다.

연준 역시 마지못해 거시경제 정책에 대한 책임을 홀로 짊어졌다. 1966년 프리드먼과 폴 새뮤얼슨은 번갈아 《뉴스위크Newsweek》에 논평을 실었다. 이는 프리드먼의 견해를 보다 폭넓은 독자층에게 소개하는 계기가 되었다.[65] 일부 의원이 곧 통화주의에 대해 질문하기 시작했다. 연준 관계자는 이에 답변하며 통화 정책만이 인플레이션 속도를 늦출 수 있다는 견해를 대수롭지 않게 넘겨 버리며 나머지 정부 기관이 여전히 도와야 한다고 주장했다. 나중에 한 연준 관계자는 통화주의가 책임을 의회에서 연준으로 옮겨 놓았기 때문에 의회가 통화주의에 자연스럽게 끌리게 되었다고 신랄하게 조소했다.[66]

두 번째 논쟁 주제는 통화 정책이 지닌 한계였다. 프리드먼과 슈워츠의 저서는 대체로 진화鎭火 작업 설명서로 여겨졌다. 연준이 통화를 넉넉하게 발행하지 못한 탓에 대공황을 일으켰다고 결론을 내렸기 때문이다. 이는 연준이 통화를 더 발행하면 경제 성장을 북돋울 수 있음을 가리켰다. 케인스주의자는 경제를 운용할 때 사용할 수 있는 또 다른 도구로 통화 정책을 거론하기 시작했다.

프리드먼에게는 이런 반응이 무시당하는 것보다 더 불쾌했다. 행동주의자 경제 정책에 맞서 논쟁을 벌이려고 의도했기 때문이다. 대신에 프리드먼은 통화 발행이 일자리를 창출하는 또 다른 방안이라는 점을 정책 입안자에게 설득해 나갔다. 1963년 《월스트리트저널》이 보수주의 성향을 띤 믿을 만한 사설에서 이 저서를 칭찬했을 때 프리드먼은 화를 터뜨렸다. 사설 편집국장이었던 버몬트 코네티컷 로이스터 Vermont Connecticut Royster에게 "당신네 언론사에는 우리 책이 진정 무엇을 다루는지 이해할 만큼 통찰력 있는 사람이 하나도 없단 말이오?" 라고 서한을 보냈다.* 프리드먼 주장에 따르면 대공황에서 배울 교훈

---

* 　버몬트 코네티컷 로이스터는 집안의 오랜 전통에 따라 지어진 이름이다. 남자 친척으로는 아이오와 미시간 로이스터, 아칸소 델라웨어 로이스터, 위스콘신 일리노이 로이스터가 있고 여자 친척으로는 버지니아 캐롤라이나 로이스터, 인디애나 조지아 로이스터가 있다.

은 중앙은행이 통화 공급을 경제 성장률과 비슷한 속도로 꾸준히 늘리면 위기를 피할 수 있다는 것이었다.[67] 그는 몇 년 뒤 한 연설에서 연준의 임무는 "통화 자체가 경제 장애를 일으키는 주요 원인이 되지 않도록 막는 것"이라고 강조했다.[68] 그러면 시장은 안정된 경제 성장을 보장하며 이때 정부는 방해가 되지 않도록 비켜서면 제 역할을 다하는 셈이라고 주장했다. 프리드먼은 연준을 재무부 한편에 사무실을 마련하여 공무원 3명을 배치하는 것으로 대체해야 한다고 제안했다. 만년에는 그 비유를 새롭게 고쳐 연준을 컴퓨터로 대체해야 한다고 청중에게 역설했다. 그러고는 "경제 안정은 무척 심각한 문제라서 중앙은행장에 맡겨 놓으면 안 된다"라고 덧붙였다.[69]

이 주장에는 결함이 있었고 프리드먼도 그 점을 알고 있었다. 누구나 위기는 닥치지 않아야 한다는 데 동의할 수 있지만 위기는 늘 일어났다. 프리드먼은 위기가 몰아치는 시기에 정부가 왜 소극적인 태도를 취해야 하는지, 아니 사실 경제 성장이 뒷걸음칠 때 그 해결책으로 정부가 왜 통화 발행 증가를 삼가야 하는지 설명하지 않았다.

1967년 12월 프리드먼은 저 유명한 전미경제학회 연설에서 자신의 주장 가운데 빠진 부분을 설명했다. 권위 있는 프리드먼 비판자인 제임스 토빈은 지면으로 발표한 프리드먼의 이 연설이 "지금까지 경제학 학술지에 발표된 어떤 글보다 막강한 영향력을 미쳤을 가능성이 컸다"라며 훗날 한탄했다.[70] 프리드먼이 전미경제학회 회장으로 연설하던 자리는 워싱턴 DC에서 열리는 학회 연례행사였다. 재정 정책의 본거지인 의회에서, 그리고 통화 정책의 근거지인 연준에서 몇 킬로미터 떨어지지 않은 곳에 당당히 서서 프리드먼은 두 경제 정책을 같은 시각에서 바라보아야 한다는 자신을 향한 비판에 동의했다. 그리고 두 정책 전부 미국의 경제 환경을 손보는 데 별 쓸모가 없다고 천명했다.

프리드먼은 통화 정책에 초점을 맞추었다. 통화 발행이 고용과 성장을 북돋을 수 있다 해도 경제가 성장하고 있다고 여기게끔 사람들을 속일 때에만 그럴 수 있음을 인정했다. 사람들은 곧 어떤 일이 일어났는지 깨달을 것이라며 성장을 더 빠르게 유지해 나가는 유일한 길은 통화를 더 발행하여 다시 사람들을 속이는 것뿐이라고 피력했다. 성장과 고용의 증가는 오래 가지 못한다고 설파한 셈이었다. 그리고 물가는 인플레이션으로 이어질 뿐 아니라 인플레이션 속도를 더욱 높인다고 주장했다.[71]

정부가 내일 모든 미국인에게 1000달러씩 나눠 준다고 가정해 보자. 갑자기 돈이 더 생기니 사람들이 물건을 사러 나간다. 인근 서점에서 책이 날개 돋친 듯 팔려 나가자 서점 주인은 책을 더 주문하고 고등학생을 고용해 빈 책꽂이를 채운다. 서점 주인이 꽤 타당한 근거로 이 바람이 자신에게 유리하게 분다고 결론을 내리기 때문이다. 하지만 이 행운은 환상이다. 재화와 서비스의 공급은 변하지 않기 때문이다. 서점에 책이 동나기 시작하면서 서점 주인은 책값을 올린다. 잘한 일이다. 식료품점에 들르니 우유 값 역시 올랐기 때문이다. 정부가 찍어 낸 돈은 경제 성장이 아니라 오히려 인플레이션을 일으켰다. 서점 주인이 오른 가격으로 똑같은 권수의 책을 팔면 우유도 똑같은 양을 살 수 있을 뿐이다. 서점 주인은 고등학생을 내보낸다. 모두에게 돈이 더 생겼지만 제자리걸음하는 꼴이나 다름없다.[72]

경제학자의 시대

프리드먼은 혼란함에서 출발하여 명료함으로 나아가는 여정이, 그래서 통화 발행으로 인한 편익이 몇 년 동안 지속될 수 있다는 점을 인정했다. 하지만 그 이점을 취하려 들지 말라고 경고했다. 그는 역사 기록을 보면 통화 정책이 미치는 영향은 예측할 수 없는 속도로 퍼졌다고 말했다. 정부는 자신들의 분투를 정확히 측정하려 애썼지만 결과는 모자라거나 넘쳤다.[73]

프리드먼과 케인스주의자는 어둠을 헤치고 나아가는 최선의 방도를 두고 논쟁을 거듭했다. 프리드먼은 불확실성 앞에서 최선은 방향을 정해 가능한 한 똑바로 나아가는 것이라고 주장했다. 케인스주의자는 여정을 이루는 굽이굽이마다 그 나름의 방식을 찾아 탐색하는 태도가 더 낫다고 강조했다. 1969년에 프리드먼과 논쟁을 펼치면서 헬러는 경제를 적극적으로 운영하는 일이 완벽할 수 없다고 인정했다. 하지만 1960년대 역사가 스스로 말해 준다고 역설했다. "재정 정책이나 통화 정책이 적극성을 띠고 정보를 갖추고 자의식이 강해질수록 그 영향을 받은 경제는 대체로 완전 고용을 이루고 안정을 찾았다."[74] 헬러는 프리드먼의 접근법이 가까운 시일 안에 복지를 증진하는 확실한 기회를 제물로 삼는다고 지적했다. 그리고 헬러가 옳았다. 헬러는 또 통화주의가 지닌 역학적인 문제를 지목했다. 그리고 다시 헬러가 옳았다. 중앙은행은 곧 통화 공급의 증가를 통제하기는 고사하고 그 양을 측정하기도 어렵다는 점을 깨달았다.

하지만 경제 상황이 악화하면서 헬러의 '행동주의자 경제학'에 대한 믿음도 약화했다.

프리드먼의 유산

1967년 프리드먼의 회장 연설을 듣고 워싱턴에 모인 많은 경제학자가 충격에 휩싸였다. 경제학자 로버트 홀Robert Hall은 "곧 분명해졌다시피 엄청난 사건이었습니다"라고 회상했다. 홀에 따르면 사람들이 학술회의가 열린 호텔 복도를 지나며 시비를 논의하고 함의를 분석하느라 대화가 요동쳤다.[75]

프리드먼의 쇼맨십은 논쟁에 기름을 부었다. 공공연하게 케인스주의자 예측에 통화주의자 예상으로 맞붙었다. 예를 들어 1967년 프리드먼은 통화 공급이 늘어나고 있기 때문에 연준이 경제에 활기를 불어넣고 있다고 주장했다. 반면에 연준 관계자는 이자율이 오르고 있기 때문에 급제동을 걸고 있다고 단언했다. 프리드먼이 옳았고 경제가 급상승세를 탔다.[76] 1968년 프리드먼은 통화 공급이 계속 늘어나고 있기 때문에 일시적으로 세수를 증가해도 성장을 저해하지 않는다고 예측했다. 프리드먼이 다시 옳았음이 드러났다. 한 재담꾼이 이렇게 말했다. "우연의 일치를 케인스주의자가 설명하기 점점 어려워지고 있습니다."[77]

소문은 대서양도 건넜다. A. A. 월터스가 1969년 프리드먼을 강연자로 영국에 초대했다. "알다시피 영국에서 당신을 모르는 사람이 없습니다."[78] 이듬해에도 프리드먼은 영국으로 강연 여행을 떠났다. 케인스가 자신의 사상을 미국으로 들여온 데 대해 프리드먼이 그 보답을 하고 있는 셈이었다. 프리드먼은 청중 앞에서 이렇게 말했다. 케인스가 아직 살아 있어서 《미국 화폐사》를 읽는다면 "틀림없이 반혁명

경제학자의 시대

의 선두에 서 있었을 것입니다."[79]

1969년 12월 프리드먼은《타임》표지를 장식했다. 케인스가 표지에 실린 지 4년 뒤의 일이었다.

1960년대 말 연방 경제 정책은 여전히 인플레이션을 기꺼이 감수하더라도 미국인의 일자리 보장에 초점을 뚜렷이 맞추었다. 1980년대 초 즈음 연방 경제 정책은 일자리를 희생해 가면서까지 인플레이션 억제에 초점을 뚜렷이 맞추었다.

온 세계를 휩쓴 이 변화는 프리드먼이 남긴 가장 중요한 유산이었다.

3장

인플레이션과의 전쟁

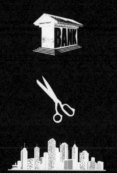

높은 실업률은 자원의 낭비를 의미한다. 이 낭비는 너무 엄청나서 진정으로 효율성에 주목하는 사람이라면 아무도 달갑게 여길 수 없다. 경제적 효율성을 증진하는 방안을 강구해 나가면서 그 방안의 비효율성은 무시하는 태도는 모순이면서 비극이다.

— 앨런 블라인더Alan Blinder, 《차가운 머리 따뜻한 가슴Hard Heads, Soft Hearts(1987)》[1]

리처드 닉슨은 1966년 공화당 의원 후보들을 지지하는 선거 운동을 벌이며 '존슨의 고비용' 정책을 질타했고, 공화당은 인플레이션의 위험이 도사리고 있다고 강조하기 위해 '위대한 사회 돈값 못하는 돈Great Society Funny Money'이란 구호를 퍼뜨렸다. 1968년 대통령 선거 운동을 펼치는 동안 닉슨은 다시 집중포화를 퍼부으며 '헤픈 민주당'과 '알뜰한 공화당'이라는 고정관념을 들먹였다. 하지만 애초부터 그럴 의도는 아니었다. 경제학을 잘 알지 못했지만 그 세대 미국인 대다수가 그렇듯이 판단 기준의 기본 뼈대는 케인스주의였다. 닉슨은 정부가 인플레이션과 실업 사이에서 한 가지를 선택해야 하는 상황에 부딪혔다고 여겼으며 저 차림표에서 자신이 무엇을 주문하고 싶은지도 알았다. 보좌진에게 아무도 인플레이션 때문에 선거에서 지지 않았다고 설명하며 단언했다. "실업이 항상 더 뜨거운 감자였습니다."[2]

1971년 경제가 불안해지자 닉슨은 적자 지출이란 표지가 붙은 레버를 당겼다. 1972년 1월 대통령은 가능한 한 빨리 돈을 풀라고 내각 각 부처에 지시했다. 선거를 치르는 해 경제 성장을 북돋기 위해서였다. 각 기관은 매주 회의를 열고 얼마나 헤프게 써 댔는지 서류로 입증해야 했다.[3] 닉슨은 몇 달 뒤 한 기자에게 말했다. "이는 행동주의 행정입니다. 제가 보기에 저 정책에서 경제를 부양하기 위해 받아들일 부분이 있다면 우리는 그렇게 할 것입니다."[4]

유럽에서도 거의 케인스주의가 대세를 이루었다. 당시 서독 재무 장관이던 헬무트 슈미트는 독일은 실업률 5퍼센트보다 인플레이션율 5퍼센트를 더 잘 견뎌낼 수 있다고 말했다. 어찌 되었든 대공황은 바이마르의 초인플레이션보다 최근에 생긴 상처였다.

성장을 추구해 나가며 닉슨은 윌리엄 맥체스니 마틴 연준 의장 후임으로 아끼는 경제학자 아서 번스를 임명했다. 번스는 닉슨이 공공연히 싫다고 말하는 그런 유형의 사람들을 묘하게 합쳐 놓은 인물이었다. 바로 점잖고 영락없이 교수 같은 유대인 말이다. 그는 누구나 가르치려 들었으며 대통령도 예외는 아니었다. "아서는 청산유수 다변가였습니다. 그저 말 잘하는 사람이라고만 할 수 없었어요"라고 한 동료는 비꼬듯 말했다.[5] 보좌진이 놀랄 일은 그것으로 끝나지 않았다. 대통령 닉슨이 번스의 말에 귀 기울여 들었다는 것이다. 번스는 "말은 느리지만 생각이 빠릅니다"라고 닉슨이 프랑스 대통령에게 말했다.[6] 번스는 정치계에 매료되어 있었다. 밀턴 프리드먼은 언젠가 "번스가 정치에 관심을 두지 않았다면 위대한 경제학자가 되었을 것입니다"라고 밝혔다. 닉슨은 번스를 가장 진지하게 대한 정치인이었다.[7] 두 사람의 관계는 1960년 대통령 선거 운동을 치르면서 더욱 돈독해졌다. 번

경제학자의 시대

스는 경제가 위축되고 있으니 세금을 인하하라고 경고했지만 아이젠하워는 무시했고 경기 후퇴가 뒤따랐다. 닉슨은 케네디에게 아슬아슬하게 패배했다. 아이젠하워를 결코 용서하지 못하는 닉슨에게 번스는 "훌륭한 예언자"로 각인되었다.[8]

프리드먼은 닉슨이 번스를 선택하자 크게 기뻐했다. 워싱턴의 얼굴 대신에 번스의 얼굴을 새긴 가짜 달러 지폐를 찍어 축하했다.[9] 번스는 연준을 이끈 첫 경제학자였다. 게다가 통화주의를 잘 알았다. 프리드먼은 논문을 발표하기 전에 번스에게 보내 옛 스승의 의견을 구하곤 했다.[10]

하지만 번스는 케인스주의도 통화주의도 믿지 않았다. 그는 경제를 고정된 공식으로 환원할 수 없는 복잡한 유기체로 바라본 보다 오랜 전통에 그 뿌리를 두었다. 번스의 경제학은 생물학 시대의 경제학으로, 번스는 물리학 시대를 진보로 여기지 않았다. 그는 1969년에 이렇게 썼다. "경제적 변화에 대한 세심한 이해는 역사와 대형 사건에 대한 지식에서 나오지 통계나 통계 과정에서만 나오지는 않는다. 그런데 우리가 사는 불안정한 시대는 확실성을 열렬히 추구해 나가면서 후자에 의지해 왔다."[11] 세상은 미묘한 차이가 있고 어지러웠지만 중앙은행장은 반드시 판단을 내려야 하는 자리였다. 번스는 자료를 모으는 일은 좋아했다. 하지만 그 미로 속에서 특별한 문제에 대한 해결책을 보았을 뿐 영원한 진리는 찾지 못했다. 그는 1970년대에 한 친구에게 이렇게 털어놓았다. "프리드먼학파와 케인스학파 사이의 논쟁은 거짓 논쟁이라네. 이쪽 학파 혹은 저쪽 학파 경제학자가 미래를 얼마나 잘 예측할 수 있느냐에 대한 논쟁이지. 그런데 둘 다 그렇게 할 수 없어. 다행스럽게도 그렇게 할 수 없다네."[12]

번스는 의회에서 연준이 인플레이션을 통제할 능력이 있는지 미심쩍다고 밝히고 나서[13] 인플레이션을 노동조합의 과도한 임금 인상 요구 탓으로 돌렸다. 그는 자신이 무리하게 애쓰지 않기를 닉슨이 바란다는 점도 알았다. 닉슨은 통화 발행이 일자리 증가를 북돋는 또 다른 방안이라는 케인스주의식 통화주의를 받아들였다. 그는 조폐기를 계속 돌리라고 번스를 집요하게 압박했는데 1972년 대통령 선거전에서 특히 심했다.[14] 한번은 대통령 집무실 면담에서 닉슨은 "인플레이션이라는 죄를 범하세요"라고 번스에게 지시하기도 했다.[15] 닉슨의 국내 문제 고문인 존 에를리크만John Ehrlichman은 연준의 두 이사를 불러 말했다. "두 분은 아침에 일어나 거울을 보며 면도를 하는 동안 한 가지만 주의 깊게 고심하며 스스로에게 이렇게 물어보시기 바랍니다. '통화 공급을 늘리려면 오늘 나는 무엇을 해야 하는가?'"[16]

이자율을 올리거나 통화 공급 증가율을 낮추지 않고 인플레이션을 통제하기 위해 번스와 닉슨은 정부가 직접 가격을 억제해야 한다는 데 의견 일치를 보았다. 1971년 8월 닉슨은 미국 역사상 처음으로 평시 임금과 가격 통제를 발표했다.[17] 이 조치에 프리드먼이 격노하리라고 알았기 때문에 닉슨은 전 시카고 대학 경제학 교수이자 당시 예산관리국 국장이던 조지 슐츠를 파견하여 민주당 의원이 더 해로운 일을 하지 못하도록 행정부가 선수를 치고 있다는 말을 프리드먼에게 전했다. 하지만 프리드먼이 보기에는 이보다 더 해로운 일은 없었다. 닉슨은 프리드먼이 다음달 방문했을 때 가볍게 넘기려고 애썼다. 닉슨이 슐츠를 가리키며 "슐츠를 비난하지 마세요"라고 하자 프리드먼은 이렇게 대꾸했다. "저는 슐츠를 비난하지 않습니다. 대통령 각하, 당신을 비난합니다." 이때를 마지막으로 프리드먼은 닉슨의 백악관을 다시는 방문하지 않았다.[18]

가격 통제는 대중적인 정책이면서 일시적이지만 효과가 있었다. 하지만 그 왜곡된 본성이 곧 눈앞에 드러났다. 1973년 6월 저녁 뉴스에 텍사스 동부의 한 양계 농장 노동자들이 병아리 4만 3000마리를 물이 가득 찬 커다란 드럼통에 쏟아부어 죽여 버리는 장면이 나왔다. 닭 모이 값이 닭 값보다 크게 올랐기 때문이다. 농장주는 이렇게 설명했다. "죽이는 편이 더 쌉니다."[19]

인플레이션에서 통화 정책

1960년대 중반 영국이 기는 성장과 뛰는 인플레이션에 시달릴 때 영국 정치인 이언 매클라우드Iain Macleod가 이 골치 아픈 현실을 나타내는 신조어를 만들어 냈다. 그는 하원에서 말했다. "우리는 지금 두 현상이 뒤얽혀 있는 최악의 상황에 직면했습니다. 한 편에서는 인플레이션이, 다른 편에서는 스태그네이션이 일어나는 상황뿐 아니라 이 두 가지가 합친 상황까지 닥쳤습니다. 일종의 '스태그플레이션stagflation'에 처했습니다."[20]

1970년대 중반 미국인도 스태그플레이션과 처음 맞닥뜨렸다. 1973년 아랍 국가들이 이스라엘 동맹국에 내린 석유 금수 조치의 충격으로 미국 경제는 대공황 이후 가장 깊은 침체에 들어섰다. 케인스주의 경제학자들에게는 매우 놀랍게도 실업과 인플레이션이 동반 상승했다. 양팔 저울에서 양쪽이 동시에 위로 올라가는 형국이었다. 닉슨의 가격 통제 정책은 폐기되었지만 인플레이션을 타일러 무릎 꿇릴 수 있다는 견해는 여전히 정치인에게 거부할 수 없는 유혹으로 다가왔다. 1974년 10월 제럴드 포드 대통령이 의회에서 이 정책을 다시 시도하면서 국민을 설득했다. "우리는 당장 인플레이션을 끌어내려야 합니다." 포드의 정책안은 머리글자를 따면 'WIN'이라는 단어를 이루었다. 이 'WIN'을 빨간 단추 수백만 개에 새기고는 사람들에게 정원에 채소를 심고 스웨터를 껴입고 승용차 함께 타기 운동을 벌이라고 촉구했다. 하지만 어느 것도 효과를 보지 못했다. 빨간 단추조차 반응이 시큰둥했다. 1975년 5월 실업률이 9퍼센트까지 치솟았다. 그때까지 인플레이션이 1년 넘게 10퍼센트 이상을 기록했다.

프리드먼에게는 원인이 명확했다. 실업률이 오른 이유는 경기가 하락했기 때문이며 인플레이션이 오른 이유는 정부가 통화를 남발했기 때문이다. 미국의 통화 공급률은 1950년대에 23퍼센트, 1960년대에 44퍼센트, 1970년대에는 78퍼센트가 올랐다.[21]

케인스 경제학의 와해가 뚜렷해지면서 프리드먼의 이론에 관심이 높아지기 시작했다.[22] 1974년 서독의 중앙은행인 분데스방크 Bundesbank는 미국의 중앙은행보다 정치적 영향력에서 더 자유로웠다. 분데스방크는 통화주의 역학을 최초로 시도한 기관이었는데 1975년에 통화 공급을 8퍼센트 더 늘리는 것이 목표라고 발표했다.[23] 1976년 프리드먼은 "인플레이션에서 통화 역할의 부흥을 이끌었으며 그 결과 통화 정책이란 도구를 새롭게 이해하는 데 이바지한 공로로" 노벨 경

제학상을 수상했다.[24]

미국의 이론과 서독의 경험이 결합되면서 이는 영국의 보수주의 정치인인 키스 조지프에게 막강한 영향을 미쳤다. 조지프는 마거릿 대처의 집권 과정에서 세례 요한 같은 역할을 한 인물이었다. 1974년 저 유명한 연설에서 인플레이션이 실업보다 더 중차대한 문제라고 선언했고, 2년 뒤인 1976년 4월에는 처음으로 영국은 서독의 접근법을 채택해야 한다고 제안했다. 그의 주장에 따르면 서독의 접근법은 이미 인플레이션을 낮추는 데 진가를 증명하고 있었다.[25]

놀랍게도 이 견해는 빠르게 양당 합의에 이르렀다. 새 노동당 총리인 제임스 캘러헌은 1976년 9월 쇠락하는 휴양 도시 블랙풀에서 열린 전당 대회에서 케인스주의를 기리는 추도사를 했다. "우리는 세금을 내리고 정부 지출을 늘려 경기 후퇴에서 벗어나고 고용을 확대할 수 있다고 생각하던 때가 있었습니다." 자신들이 여전히 믿는 신념을 왜 과거 시제로 표현할까 의아해하는 당 지도부를 향해 캘러헌은 설파했다. "허심탄회하게 말합니다. 저 선택은 더는 존재하지 않습니다. 존재했다 하더라도 전쟁 이후 저 선택을 할 때마다 경제에 더 많은 양의 인플레이션을 주입해야 효과를 보았고 그때마다 다음 단계인 양 어김없이 더 높은 수준의 실업이 뒤따랐습니다." 캘러헌의 정부는 통화주의로 기울었고 처음으로 영란은행Bank of England에 통화 공급 증가를 규제하도록 지시했다.[26]

하지만 프리드먼은 자신의 나라 지도자들을 아직 설득하지 못했다. 포드 대통령은 1974년 인플레이션을 주제로 열린 백악관 회의에 프리드먼을 초청했다. 그는 TV에서 길게 늘어놓던 불평을 여기서도 토로했다. 인플레이션에 대해 "이 질병을 저지하지 않으면, 제가 보기에는 개인적, 정치적, 경제적 자유가 파괴될 가능성을 비롯해 막대한 피해를 안길 것입니다"라고 강조했다. 그리고 "이 질병을 치료하는 데에는 한 가지, 오직 한 가지 방법뿐"이라며 바로 통화 발행을 줄이는 것이라고 역설했다.[27] 하지만 그 회의에서 인플레이션을 낮추는 일에 초점을 맞춘 경제학자는 프리드먼이 유일했다. 경기 후퇴가 깊어지던 와중에 대다수는 일자리 창출이 더 중요하다고 판단했던 것이다.[28]

프리드먼은 특히 번스를 설득하지 못해서 좌절감이 컸다. 점점 전임 교수이던 번스와 사이가 멀어지자 프리드먼은 때때로 친구에게 편지를 쓰고 이 편지의 사본을 번스에게 보내는 꾀를 쓰기도 했다. 긴 편지에는 처방에 대한 지시와 끓어오르는 분노가 구구절절 담겨 있었다. 그는 "똑같은 말을 하고 또 하는 상상력이 모자란 바보가 된 기분이라네"라고 쓰기도 했다. 프리드먼은 연준이 통화 공급에 집중해야 한다고 촉구했다. "알다시피 나는 1년 전에도, 2년 전에도, 훨씬 오래 전에도 이 견해를 고수해 왔다네." 프리드먼은 번스의 견해가 왜 자신과 다른지 도무지 이해할 수 없었다. "해명 한 마디 없었고 지금도 그렇다네."[29]

케인스주의 시대의 몰락

지미 카터는 1976년 대선 운동을 하는 동안 자신은 통화주의에 전혀 관심이 없다고 분명히 밝히면서 9월에는 이렇게 말했다. "저는 인플레이션을 조정하는 가장 바람직한 방법은 돈이 부족하지 않도록 하는 것이라고 믿습니다." 그러고는 인플레이션 치료법으로 경제 성장을 옹호했다.[30] 다음 달 선거를 몇 주 앞두고 카터는 새뮤얼슨-솔로 차림표를 보고 주문을 하며 첫 분기까지 실업률은 4퍼센트로, 인플레이션율은 4퍼센트 이하로 낮추겠다고 공약했다.[31]

그는 집권하고 나서 실업에 대한 공약을 지키려는 듯 번스 후임 연준 의장에 잘생기고 유쾌한 제조업 경영진 출신인 G. 윌리엄 밀러G. William Miller를 임명했다. 밀러는 자신이 던진 농담에도 박장대소하며 때때로 핵심을 놓쳤고 일자리 창출에, 특히 소수 집단을 위한 일자리 창출을 부양하는 일에 투지를 불살랐다.[32]

민주당 역시 1978년 완전 고용과 균형 성장을 위한 법인 험프리 호킨스 완전 고용법Humphrey-Hawkins Full Employment Act을 통과시키며 케인스 경제학을 보다 확고하게 법제화했다. 이 법은 '완전 고용'과 '합리적인 가격 안정'을 재정 정책과 통화 정책의 소중한 목표로 삼았다. 행동주의자 경제학 지지자에게 이 법은 두 번째 여명으로 다가왔고, 그들은 확신에 차서 경제 부흥을 예측했다.

하지만 이는 케인스주의 시대의 대미를 장식하는 법이었다. 인플레이션은 카터가 재임하던 첫 2년 동안 거침없이 올라갔다. 당시 이란 혁명으로 두 번째 석유 위기가 닥치며 물가가 더 빠르게 치솟았다. 1979년 여름 무렵이 되자 인플레이션이 다시 한 번 10퍼센트를 넘어선 데 비해 실업률은 끈질기게 6퍼센트 언저리를 맴돌았다. 석유 가격 폭등에 분노한 화물차 운전자가 파업을 일으켜 마비 상태가 되었다. 펜실베이니아주 레빗타운의 시위자들은 대표적인 전후 교외 주택 지

역 한복판에서 자동차와 타이어를 쌓아 놓고 거대한 불무더기를 만들었다.[33]

정책 입안자는 고치는 것이 앓는 것보다 더 고통스럽다고 여겼기 때문에 인플레이션을 감내했다. 1970년대에는 임금이 거의 물가만큼 빠르게 오른 터라 일반 가정의 구매력은 유지되었다.[34] 미국인 대다수가 채권자이기보다는 채무자였고 인플레이션이 이 부채 부담을 줄였다. 30년 상환 주택 담보 대출인 경우 소득에서 갚아 나가야 하는 액수가 매년 점점 줄어들었기 때문이다. 자택 소유가 1970년대에는 늘어났다. 실제로 1978년 자택 소유자 비율이 2018년 보다 더 높았다.[35] 아무도 인플레이션을 반기지는 않았지만 그것이 경제를 침체로 몰아넣는다는 생각은 쓸데없는 독한 처방처럼 여겼다. 이는 "손거스러미를 없애겠다고 손을 잘라 버리는 일이나 다름없다"라고 케인스주의 경제학자 조지프 미나릭Joseph Minarik이 말했다.[36]

하지만 미국인은 인플레이션에 참을성을 잃어 가고 있었다. 사람들은 더 높은 임금은 정당한 보상이고 더 높은 물가는 도둑질이라고 여겼다. 물가가 그대로였더라면 오른 임금으로 살 수 있었던 것들을 꿈꾸었던 것이다. 노스캐롤라이나주 롤리의 빵 판매상인 테리 맥램Terry McLamb은 1978년에 자신은 집을 사는 꿈을 이미 포기했다고 기자에게 말했다. 그는 자신의 소득이 지난 5년 동안 인플레이션을 14퍼센트나 앞질렀다는 사실을 모르는 듯했다.[37]

다수의 미국인은 또 빠른 변화가 안기는 감각을 좋아하지 않았다. 보수주의자는 인플레이션을 도덕적 타락의 징후이자 원인이라고 말했다. 1977년에 쓴 한 소론에서 보수주의 경제학자 제임스 M. 부캐

경제학자의 시대

넌James M. Buchanan과 리처드 E. 와그너Richard E. Wagner는 인플레이션을 여러 질병 탓으로 돌렸다. 이 질병은 "공적인 풍속과 사적인 풍습의 전반적인 퇴락, 성적 방탕을 용인하는 진보주의적 태도의 확산, 청교도적 노동 윤리가 지닌 활력의 쇠퇴, 민간과 정부 부문에 퍼지는 부패" 등이었다.[38]

게다가 정책 입안자가 내세우는 약속에 사람들의 피로감이 점점 쌓여 갔다. 대공황과 대인플레이션은 전자는 돈이 모자라서 후자는 돈이 넘쳐나서 정부의 실패로 끝난다는 프리드먼의 간명한 서술은 많은 이에게 명확한 진단으로 다가왔다.

카터는 정치적으로 위험한 상황임을 깨닫고 일자리 창출을 우선순위에 두겠다는 애초의 공약을 포기하고 인플레이션이 미국의 주요 국내 문제라고 선언했다. 하지만 어디로 향해야 할지는 몰랐다. 카터가 재임하는 동안 그의 수석 경제자문위원이던 헨리 토마센Henry Thomassen 조지아주 주지사는 기업과 노조를 설득하여 가격과 임금을 억제하려는 행정부의 노력은 효과가 없다고 조언했다. 이에 카터가 물었다. "헨리, 이것으로 무엇이 효과가 없는지는 알겠소. 그렇다면 효과가 있는 건 무엇이오?"[39] 1979년 7월 사면초가에 몰린 카터는 며칠 동안 캠프 데이비드Camp David에 칩거했다. 그러고 나서 7월 15일 일요일에 모습을 드러내고 국민 앞에서 나라가 신뢰의 위기를 겪고 있다고 피력했다. 미국인은 긴축을 받아들여 인플레이션과 다른 난제를 헤쳐 나가야 한다고 토로했다. "우리는 무언가를 소유하고 무언가를 소비하는 일이 우리가 갈망하는 의미를 채워 주지 못함을 잘 압니다"라고 카터는 교인들에게 전했다. 이는 종교의 옷을 걸친 케인스주의 처방전이었다. 카터는 사람들이 덜 사면 인플레이션의 속도를 늦출 수 있다고 주장했다.

카터는 또 연준 의장에 밀러의 후임으로 투자자에게 보다 자신감을 불러일으킬 인물을 임명하기로 결심했다.[40] 그는 폴 볼커를 낙점했다. 볼커는 1975년 이후 중앙은행에서 두 번째로 권한이 막강한 뉴욕 연방준비은행 총재로 일해 오고 있었다. 카터는 이 선택이 그다지 내키지 않았다. 볼커가 인플레이션 강경책을 선호하는 인물로 알려져 있었기 때문이다. 볼커는 지난 4년 동안 뜨거운 난로에 올린 찻주전자 그 자체였다. 연준이 일관성 없는 행보로 인플레이션을 억제하려 한 탓에 점차 분노가 차올라 급기야 뚜껑 밖으로 쉭쉭 소리를 내며 김이 펄펄 나고 있었다. 1978년 7월 연준의 정책위원회 회의에서 볼커는 동료 위원들에게 연준 정책은 "한바탕 소극"이 되어 버렸다고 일갈했다.[41] 카터의 보좌진 일부는 재선 전망이 볼커의 손에 놓였다고 카터에게 경고했다. 연준 의장 자리를 받아들이기 전에 볼커 또한 분명히 하려고 애썼다. 볼커는 손에 시가를 쥐고 대통령 집무실 소파에 털썩 앉았다. 그러고는 당시 방에 있던 밀러를 손으로 가리키며 말했다. "카터, 당신은 꼭 알고 있어야 합니다. 저를 임명하면 전 저 사람보다 훨씬 강력한 정책을 선호할 것입니다."[42] 카터는 알고 있다고 대답했다. 그리고 훗날 이렇게 썼다. "나는 사실 볼커에게 내게는 경제를 돌볼 누군가가, 그래서 내가 마음 놓고 정치를 돌볼 수 있게 할 누군가가 절실히 필요하다고 말했다."[43]

케인스주의는 헛소리

폴 아돌프 볼커 주니어Paul Adolph Volcker Jr.는 신발을 벗고도 2미터 넘는 키가 꼭 가로등 기둥 같았고 전등이 달려 있을 자리에는 무뚝뚝한 얼굴이 놓여 있었다. 또 무엇보다 지적인 풍모가 깊은 인상을 남겼다.

볼커는 1927년 9월에 태어나 뉴저지주 티넥에서 자랐다. 볼커의 아버지가 금융 위기를 맞고 난 뒤 티넥에서 단체장으로 일했기 때문이다. 1945년 고등학교를 졸업했을 때 키가 너무 크다는 이유로 군대에서 거부당하자 프린스턴 대학에 진학했다. 아버지는 다른 학생들이 엄청 똑똑할 것이라고 주의를 주며 더 낮은 대학을 택하라고 충고했다. 젊은 볼커는 나중에 이렇게 말했다. "학생들이 아버지가 생각하시는 것만큼 똑똑하지는 않았습니다."[44]

볼커는 프린스턴 대학 경제학과에서 지적 보금자리를 찾았다. 당시 이 경제학과는 1차 세계대전에 뒤이은 초인플레이션에 상처 입은 오스트리아학파 망명자가 장악하고 있었다. 이들은 통화 공급의 중요성에 대한 믿음을 한시도 저버린 적이 없었고 존 메이너드 케인스를 싫어했다. 4년 동안 경제학 수업을 들으면서 볼커는 저 이름을 거의 듣지 못했다. 1949년 제출한 졸업 논문은 2차 세계대전의 여파에 따른 연준 정책을 장장 256쪽에 걸쳐 분석하면서 연준은 더 강력한 대책을 강구하여 인플레이션을 통제해야 한다고 주장했다. 젊은 볼커도 30년 뒤 연준 의장이 된 볼커와 꽤 비슷한 목소리를 냈다. 한 구절에서 당당하게 "팽창한 통화 공급은 경제에 심각한 인플레이션 위협을 안겼다. 가파른 물가 상승이란 참담한 결과를 피하려면 이 통화 공급

을 통제 아래 둘 필요가 있었다"라고 썼다.[45]

볼커는 또 프린스턴 재학 시절 인플레이션이 얼마나 위험한지를 개인적인 경험에서 교훈을 얻었다. 누나인 루스Ruth가 1930년대에 시몬스 대학에 다닐 때 부모님이 한 달에 25달러를 용돈으로 주었다. 10년 뒤 볼커가 프린스턴 대학에 들어갔을 때 부모님은 똑같이 용돈으로 25달러를 제안했다. 볼커는 이의를 제기했다. 달러가 그 사이에 구매력의 40퍼센트를 잃었기 때문이다. 하지만 부모님은 완강했다. 훗날 루스는 동생을 두고 이렇게 농담했다. "볼커는 단돈 25달러로 중앙은행 제도를 배웠죠."[46]

볼커는 하버드 대학원으로 진학했고 여기서 케인스주의를 온전히 접했다. 하지만 볼커의 사고 체계에는 별 영향을 미치지 않았다. "하버드 대학에서 수업을 듣고 있었죠. 아서 스미디스Arthur Smithies [교수]가 하는 말을 귀담아 듣고 있었습니다. 교수님은 '약간의 인플레이션은 경제에 이롭다'고 말씀하셨어요. 그 순간부터 노란색 경고 표시처럼 한 단어만이 머릿속에서 번쩍였다는 것만 기억에 남았습니다. '헛소리'"라고 볼커는 전기 작가에게 말했다.[47] 그 뒤 수년 동안 볼커는 케인스주의 이론을 '헛소리'라고 말했는데 어찌나 자주 입에 담았던지 공식 입장이 될 정도였다.

볼커는 박사 논문을 쓸 작정으로 런던에 갔지만 유럽 여행을 하는 셈이 되어 버렸다. 1952년 미국으로 돌아와 뉴욕 연준의 연구 부서에 취직하고 영국을 담당했다. 이후 5년 동안 연준 내부에서 일한 다음 미래가 불투명하다고 결론을 내리고 체이스맨해튼 은행Chase Manhattan Bank으로 자리를 옮겼다.

경제학자의 시대

존 F. 케네디의 선거 때문에 볼커는 다시 공직에 발을 들였다. 뉴욕 연준의 전 상관이 재무부에서 일하고 있었는데 함께 일하자고 볼커를 설득해서였다. 볼커가 워싱턴에 도착한 해는 1962년으로, 전후 미국이 쥐고 있던 패권이 허물어지기 시작하던 때였다. 볼커는 이후 50년 동안 손실이 더 이상 늘어나지 않도록 노력을 기울였다. "외국인 친구 하나가 한번은 제게 이렇게 말했어요. 뼈가 있는 칭찬이었는데, 제가 하는 일이 마치 미국이 존경 받으며 질서정연하게 세계에서 물러나려고 기나긴 무용담을 펼치는 것 같다고 하더군요."[48]

볼커는 냉혹하고 험악한 인상을 풍겼다. 하지만 볼커를 아는 이들은 그가 소심한 사람이라고 말했다. 첫 번째 아내는 볼커가 청혼하기를 하염없이 기다리다 결국엔 먼저 볼커에게 결혼하자고 말했다. 볼커는 또 짠돌이로 유명했다. 값싼 양복을 즐겨 입고 약국에서 파는 시가를 좋아했다.[49] 운전석 의자가 내려앉지 말라고 다른 의자를 밀어 넣어 뒤를 받친 낡은 나시 램블러를 몇 년이나 몰았다. 이따금 오랜 친구인 로버트 캐버시Robert Kavesh와 중국 포장 음식을 나누어 먹었는데 그는 이렇게 회상했다. "돈은 내가 내고 음식은 볼커가 먹었죠."[50]

볼커는 1974년 워싱턴을 떠날 때까지 케네디, 존슨, 닉슨 세 대통령 아래에서 재무부 공무원으로 일했다.

볼커는 금융계로 다시 돌아갈 작정이었지만 아서 번스가 뉴욕 연방준비은행 총재가 되어 달라고 부탁했다. 캐나다에서 연어 낚시를 하며 심사숙고를 하고 난 뒤 번스에게 수신자 부담으로 전화를 걸어 제안을 받아들이겠다고 말했다.

1달러는 39센트

1970년 12월 《타임》은 워싱턴의 뺨에 눈물 한 방울이 흘러내리는 1달러 지폐 사진을 표지에 실었다. 지폐에는 빨간 글씨가 휘갈겨 쓰여 있었다. "74센트 가치". 볼커가 1979년 8월 연준 의장으로 취임 선서를 했던 무렵에는 1달러 가치가 고작 39센트였다. 인플레이션이 나머지 61퍼센트를 잡아먹어 버렸고 미국인은 여론 조사원에게 미국이 당면한 가장 시급한 문제는 인플레이션이라고 말했다.

볼커는 뉴욕 연방준비은행 총재로 재임하는 동안 연준이 인플레이션과 맞서 싸울 강력한 해결책을 찾으면서 프리드먼의 통화주의를 과감하게 시도해 보기 시작했다. 그는 자신이 컴퓨터로 대체되길 바라지 않았지만 오래전부터 통화량이 중요한 요소라고 여겨 왔다. 1976년 연설에서 볼커는 '실용 통화주의practical monetarism'를 주장했다. 정책 입안자가 통화 공급 증가 목표를 정하며 경제 조건의 변화에 대처할 수 있는 재량권을 갖는다는 내용이었다.[51] 볼커가 보기에 물가가 오르는 이유는 미국인이 물가가 계속 오르리라고 기대하고 있기 때문이기도 했다. 통화주의에 전념하겠다는 공공연한 태도는 그런 기대감을 다시 제자리에 돌려 놓을지도 모른다며, 볼커는 이런 태도가 "새로우며 여러 면에서 분별 있고 이해하기 쉬운 책임 정책의 상징"이라고 강조했다.[52] 더불어 비판을 받아들일 각오도 단단히 다졌다. 1979년 7월 볼커의 인사 청문회가 열렸을 때 위스콘신주의 오랜 전통에 젖어 있던 포퓰리스트 윌리엄 프록스마이어 상원 의원은 볼커가 "영세 사업자, 농부, 노동자 계층을 매우 힘겹게 할" 수준까지 이자율을 올리

연준 의장 폴 볼커가 1987년 의회 청문회에서 싸구려 시가를 피우고 있다. 볼커의 인플레이션 억제 정책은 통화 정책에 대한 프리드먼의 이론을 실현한 것이었다. (테리 애시Terry Ashe / 라이프이미지 콜렉션 / 게티이미지)

지 않을 것이라는 확언을 해달라고 요구하며 포문을 열었다. 볼커는 싸구려 시가를 우적우적 씹으며 약간 위안이 되는 말을 했다. "우리 문제에 대한 해법을 찾으려고 노력을 기울이겠지만 통화 규율monetary discipline이라는 맥락에서 어떤 대안을 찾을 수 있다고는 보지 않습니다."

1979년 9월 말 볼커가 취임 선서를 하고 나서 몇 주 뒤 아서 번스는 베오그라드에서 열린 국제 학술회의에서 인플레이션을 통제하지 못한 실패에 대해 변명을 늘어놓았다. 그는 그 잘못을 나머지 모든 사람들 탓으로 돌렸는데, 그 가운데에는 스스로 판단하기에 자신이 인플레이션을 통제하지 못하기를 바라는 미국 대중도 들어 있었다.[53] 볼커는 늦게 도착하여 뒷벽을 따라 놓인 바닥 자리에서 앉을 곳을 한 군데 찾았다. 나중에 전기 작가인 윌리엄 실버william Silber에게 슬픈 마음으로 번스가 하는 말을 들었다고 털어놓았다. 볼커의 기억은 1970년대 초 캠프 데이비드에서 보낸 어느 주말로 되돌아가 거닐고 있었다. 그때 번스는 닉슨에게 경기 부양 종합 대책에 세금 우대 정책을 더 넣어야 한다고 주장했다. 닉슨은 미소를 띠며 말했다. "번스, 당신은 은행가가 되기엔 마음이 너무 무르군요."[54]

볼커의 수석 보좌진 2명은 미국에 남아 인플레이션을 엄중 단속할 방안을 마련하느라 머리를 짜내고 있었다. 번스가 연설을 마치자 볼커는 "지루하고 좀이 쑤셔서" 베오그라드를 떠나 미국으로 날아와서 세부 사항을 마무리 지었다.[55] 10월 5일 금요일 아침 볼커는 연준의 12곳 지역 총재에게 내일 워싱턴으로 와서 회의에 참석하라고 전했다. 총재들은 각각 다른 호텔에 예약을 잡아야 했다. 볼커는 누군가 물어보면, 설사 직원이 물어보더라도 갑작스럽게 잡힌 여행의 목적에 대해 거짓말로 둘러대라고 종용했다.[56]

다음 날인 10월 6일 볼커는 연방준비은행 총재들에게 통화주의를 받아들일 때가 되었다고 선언했다.

기술적인 측면에서 보면 이는 비교적 작은 변화였다. 통화주의 이전에 연준은 단기 이자율 수준을 조정하여 경제 상황에 영향을 미치려 했다. 예를 들어 1979년 전반기 동안 연준이 목표로 삼은 기준 금리, 즉 연방 기금 금리federal funds rate는 9.75퍼센트에서 10.5퍼센트 사이였다.* 이자율을 조정하면서 연준은 통화 공급도 조정했지만 통화 공급의 증가를 안정시키려고 노력하지는 않았다. 연준은 아이 손을

경제학자의 시대

잡고 있는 아빠처럼 기금 금리를 조정했다. 줄에 묶인 개처럼 이쪽저쪽으로 자유롭게 돌아다니더라도 결국 통화 공급이 뒤따라왔다.

볼커의 책임 아래 연준은 저 개와 손을 잡으려 애썼다. 통화 공급 증가를 안정화할 방도를 모색하는 동안 연방 기금 금리는 오르락내리락했다. 연준은 프리드먼의 조언을 받아들여 통화량에 초점을 맞추고 시장이 가격을 결정하도록 했다.

볼커의 관점에서 보면 역학보다 메시지가 더 중요했다. 연준은 1965년과 1969년, 1973년과 1975년에 반反인플레이션 운동을 벌였다. 이자율을 높이고 두 손으로 경제의 목을 조르고는 경제가 숨이 막히기 시작하면 그때마다 곧바로 손을 풀어 숨이 통하게 했다. 볼커는 이번에는 다르다고 대중을 납득시켜야 했다.

볼커는 사실 프리드먼이 받는 신뢰를 빌리고 싶어 했다.[57]

---

* 연준이 단기 이자율을 조정하는 수단은 협소했다. 시중 은행은 고객이 맡긴 저축에 비례하여 일정 금액을 예비비로 남겨 두어야 했다. 매일 은행 업무를 마감할 때마다 예비비가 더 필요한 은행은 여유 자금이 있는 은행에서 빌릴 수 있었다. 이 대출에 붙는 일반 이자율은 예비비의 효용성으로 결정되는데 이 이자율을 '연방 기금 금리'라고 불렀다. 연준은 예비비의 효용성을 통제했고 이를 통해 연방 기금 금리를 조정했다. 욕조에 채울 물의 수위를 결정하는 욕조 주인처럼 말이다. 예비비 공급을 늘리기 위해 연준은 재무부 증권을 은행에서 사고 그 값을 치르는 방식으로 예비비를 마련했다. 예비비의 효용성은 기금 금리를 낮추고 은행이 대출을 늘리도록 부추겼다. 은행은 낮은 이자율을 내세우며 고객을 찾고 경제 성장 속도를 높였다. 반대로 예비비 공급을 줄이기 위해 연준은 재무부 증권을 은행에 팔았다. 이에 연방 기금 금리가 오르고 그 결과 은행이 대출을 줄이도록 부추겼다. 이는 경제 성장을 둔화시켰다.

볼커 혁명

볼커가 연방준비은행 총재들과 회의를 마치고 난 뒤 연준 대변인인 조지프 코인Joseph Coyne은 저녁 기자 회견에 기자들을 부르기 위해 걸음을 재촉했다. 하지만 CBS 워싱턴 지국에 있는 프로듀서를 만나자 한 가지 문제에 부딪혔다. 프로듀서가 지국에는 카메라 직원이 한 명 근무하는데 지금 요한 바오로 2세 교황이 백악관을 방문하고 있다고 코엔에게 정중히 말했다. 코엔은 물러서지 않았다. "그 직원을 우리한 테 보내십시오. 교황이 돌아간 뒤에도 오래도록 이 일을 기억하게 될 것입니다."[58]

약속 시간이 다 되어 가자 20명 남짓 되는 뿔난 기자들이 대리석으로 지은 연준 본부의 2층 회의실에 모습을 드러냈다. 볼커가 들어와서 걸걸한 목소리로 쩌렁하게 자신이 죽은 것도 아니고 물러나는 것도 아니라며 농담을 던졌다.[59] 그러고는 인플레이션과의 전쟁을 선포했다. 훗날 볼커는 이렇게 말했다. "우리가 기본적으로 전하고자 했던 메시지는 매우 단순했습니다. 우리는 인플레이션이라는 용을 죽이려 했던 것입니다."[60]

과정은 고통스러웠다. 연준이 통화 공급의 고삐를 바짝 조이자 이자율이 가파르게 상승했다. 은행이 우수 고객에게 부과하는 이율인 우대 금리가 20퍼센트 이상까지 오르더니 그 수준을 맴돌았다. 다른 이자율은 훨씬 높았다. 소비자는 더 이상 자동차와 식기 세척기를 사지 않았다. 노동자 수백만 명이 일자리를 잃었다. 일자리를 잃자 많은 이들이 집을 잃고, 편안한 은퇴 생활을 꿈꾸던 희망을 잃었다.[61]

경제학자의 시대

공장 노동자가 가장 고통스러웠다. 자동차 산업에서 실업률이 23퍼센트에 이르렀다. 철강 노동자 사이에서는 29퍼센트에 다다랐다. 그 피해는 오래갔다. 대량 해고로 일자리를 잃은 펜실베이니아주 노동자에 대한 연구에 따르면 6년 뒤에도 경기 후퇴 전에 비해 여전히 소득이 25퍼센트나 줄어든 상태였다.[62]

1980년 7월 연준의 정책위원회 회의에서 연준 이사 가운데 가장 진보주의적 성향이 강한 낸시 티터스Nancy Teeters가 통화 공급을 얼마나 더 바싹 조여야 하는지를 물었다.

그러자 에밋 라이스Emmett Rice 이사가 대답했다. "우리도 모릅니다. 계속 조이다 보면 알게 되겠지요."

"우리도 모른다"라고 티터스는 되씹었다. 역사는 그 목소리가 빈정대는 투였는지 고심하는 투였는지 기록하지 않는다.

"이제까지 우리가 해 왔던 것보다는 분명 더 줄일 겁니다."

볼커가 대답하자 또 다른 이사가 덧붙였다. "아니면 더 오랜 기간 동안 그렇게 해야겠지요."[63]

볼커는 인플레이션을 낮추면 그 값어치를 한다고 끈질기게 주장했다. "이 상황을 바로잡는 일은 어찌 되었든 국민한테도 이롭지만 국가에는 더 큰 이바지를 한다고 스스로에게 분명히 못 박아야 합니다"라고 윌리엄 그레이더william Greider 기자에게 피력했다.[64] 케인스주의 주장을 뒤집으며 낮은 인플레이션이 실업률을 낮추는 가장 바람직한 방안이라고 강조했다. "확신하건대 시간이 지나면서 인플레이션과 인플레이션 기대치가 사라지면 그렇게 하지 않았을 때보다 실업률을 더 줄일 수 있습니다."[65] 하지만 더 이상의 고통이 없을지는 장담하지 못했다. 몇 년 뒤 볼커는 인플레이션이 언제쯤 오르기를 멈출까 고심하며 사무실 양탄자에 길이 날 정도로 왔다 갔다 했다고 털어놓았다.[66]

미국인은 고통에 신음하면서 새로운 유형의 조종사가 경제를 이끌고 있음을 깨달았다. 자동차 판매업자들은 더 이상 팔 수 없는 자동차 열쇠를 볼커에게 보냈다. 주택 건설업자들은 2×4인치 목재 기둥 더미를 보냈다. 한 업자는 옹이진 목재에 이렇게 썼다. "친애하는 볼커 귀하, 저는 이 옹이구멍만큼이나 쓸모없는 존재라고 느끼고 있습니다. 우리 아이들은 이제 어디서 살게 될까요?"[67] 켄터키주 주택 건설업자 협회는 볼커 수배 전단을 인쇄했다. 죄명은 '미국인의 꿈 살해범'이었다.

1981년 12월 20일 민주당 상원 의원은 고금리의 영향을 주제로 공개 토론회를 열었다. 〈CBS 이브닝 뉴스〉가 청문회 장면을 몇 분 내보냈는데 매니 뎀스Manny Dembs라는 주택 건설업자가 쉽사리 꺼지지 않는 분노를 터뜨리는 모습이 거의 방송 내내 나갔다. 뎀스는 상원 의원들에게 볼커 때문에 사업이 망할 지경이라며 불만을 토로했다. "우리에게는 행정부와 입법부와 사법부가 있습니다. 연방준비제도 이사회는 우리의 네 번째 통치 기관이 아닙니다." 그러고는 외쳤다. "저는 이 사람들을 전혀 알지 못합니다. 밀턴 프리드먼이나 그리고 저 … 볼커 일당! 이런 사람들에 대해서는 지면을 통해서나 압니다. 정말 겁이 덜컥 납니다! 나라가 걱정되고 이러다 쪽박 찰까 불안합니다."[68]

경제학자의 시대

인플레이션과의 전쟁

1981년 1월 20일 로널드 레이건이 첫 취임 연설을 했을 때 미국인 800만 명 이상이 실직 상태였지만 새 대통령은 다른 문제에 집중하고 있었다. "우리는 미국 역사상 가장 길고 가장 지독하게 이어지는 인플레이션에 시달리고 있습니다. 인플레이션은 경제 결정을 왜곡하고 절약을 수포로 돌리고 고군분투하는 청년층과 고정 수입이 있는 노년층을 모두 좌절시킵니다. 수백만 명에 이르는 우리 국민의 삶을 산산이 부서뜨리려 위협하고 있습니다." 레이건은 높은 세금 부담을 보태기 전에 이렇게 늘어놓으며 모두를 위해 저 유명한 처방전을 내놓았다. "정부는 우리 문제를 풀 수 있는 해결책이 아닙니다. 정부는 문제 자체입니다."

카터는 인플레이션이 미국 국민이 낭비한 탓이라고 비난한 반면에 레이건은 인플레이션이 정부가 낭비한 탓이라고 지탄했다. 통화주의가 백악관까지 그 손길을 뻗쳤던 것이다. 새로 재무장관에 임명된 도널드 리건Donald Regan은 통화 업무를 관장하는 재무장관실에서 일할 최고의 통화주의자를 물색 중이라고 밝혔다. 그 결과 낙점 받은 사람이 베릴 스프링클Beryl Sprinkel이었다. 그는 시카고 대학에서 수학한 경제학자이자 신념이 투철한 통화주의자였다. 스프링클이 프랑스의 정책 입안자와 경제학자들 앞에서 자신의 시각은 간단히 이렇게 요약할 수 있다고 농담을 한 적이 있었다. "오로지 통화만이 중요하다. 통화 공급을 통제하라, 그러면 다른 것은 모두 제자리를 찾아 들어갈 것이다. 고맙습니다. 편안한 밤 되십시오."[69] 새 행정부의 통화 정책에 대한 견해를 의회 위원회에 설명하는 자리에서 스프링클은 통화 발행이 더 낙낙한 혁대를 사는 일이나 마찬가지라는 케인스의 비유를 바꾸었다. 그러면서 통화 발행이 어린아이를 먹이는 일과 비슷하다고 말했다. "아이에게 음식을 지나치게 많이 먹인다고 해서 더 빨리 자라지는 않습니다. 오히려 병만 날 뿐입니다."[70]

일부 보수주의자는 레이건이 금본위제gold standard를 채택하여 인플레이션에 맞서길 바랐다. 이는 미국이 고정 환율로 금과 달러를 교환하겠다고 약속한다는 의미였다. 1970년대 대부분의 기간을《월스트리트저널》에서 경제 문제를 다룬 수석 논설위원 주드 와니스키Jude Wanniski가 1981년에 레이건에게 보내는 한 서한에서 금본위제로 고통 없이 인플레이션을 끝낼 수 있다고 조언했다. 단, 정부가 달러 가치를 유지해 나가겠다고 대중을 설득해야 했다. 레이건에게는 닉슨이 1973년에 이미 폐지한 금본위제에 향수가 있었다. 하지만 레이건은 와니스키에게 답장을 보내 "친애하는 밀턴 프리드먼이 반대하는" 의견은 받아들일 수 없다고 밝혔다.

레이건은 1970년대 초반부터 친분을 쌓아 왔던 프리드먼에게서 직접 통화주의를 배웠고, 캘리포니아주지사로 연임한 뒤 1970년대 중반에 자신이 쓰고 전한 라디오 논평에서 프리드먼의 이론을 자신의 말로 표현해 냈다.[71] 레이건 행정부 초기에 비공식 고문으로 일했고 닉슨의 오른팔이었던 브라이스 할로Bryce Harlow는 대통령과 프리드먼 두 사람만 있도록 하지 말라고 백악관 동료에게 주의를 주었다. "프리드먼이 말솜씨가 현란하여 안 넘어가는 사람이 없다"라는 이유 때문이었다.[72] 하지만 통화 정책에 관한 한 때를 놓쳐 버렸으니 대통령이 이미 설득당한 뒤였다. 레이건은 위원회를 구성하면서 금본위제 지지자에게 살점 붙은 뼈다귀를 던져 주었다. 하지만 프리드먼의 공동 연구자인 안나 슈워츠를 위원장으로 임명하면서 결론을 이미 정해 놓은 셈이었다. 와니스키는 부르르 화를 터뜨렸다. 1982년 한 친구에게 쓴 편지에서 이렇게 토로했다. "밀턴 프리드먼은 내 논적이야. 이따금 끓어오르는 혐오감이 크렘린에 대한 혐오감 못지않게 커."[73]

무엇보다 레이건은 통화주의로 접근할 때 반드시 감내해야 하는 고통을 기꺼이 받아들였다. 그는 1976년 대통령 선거가 끝나고 미국이 통화 팽창 과잉에 대한 벌로 지독한 '복통'에 시달리고 있다고 경고했다. 1978년 중반에는 캘리포니아 남부에 있는 자신의 집에 방문한 기자에게 말했다. "솔직히 말해서 유감스럽지만 미국은 이삼 년 힘겨운 시기를 겪어야 하지 않을까요. 그동안 우리가 흥청망청 쓴 대가를 치르는 거지요."[74] 레이건의 측근들이 1980년 대선 유세 기간 동안 '당신은 햇살 같은 후보다, 그러니 복통은 카터가 말하게 하자'라며 그와 한바탕 전투를 치르며 대중 연설의 수위를 낮추는 데에는 성공했다. 그렇지만 그의 마음까지 바꾸지는 못했다.[75] 볼커는 레이건이 과연 통화주의를 세세하게 이해했는지 의심스러웠지만 레이건의 결심만큼은 믿어 의심치 않았다. 볼커는 "레이건이 제게 직접 말했습니다. 자신이 다녔던 작은 대학에서 배웠다면서 인플레이션은 세상의 종말이라고 경제학 교수가 가르쳤다고 하더군요."[76]

훗날 볼커는 레이건이 인플레이션과의 전쟁에서 가장 지대하게 이바지한 일은 파업 중인 항공교통 관제사 수백 명을 해고해 버린 결단이었다고 말했다. 흔들리던 노동운동에 강력한 한 방을 먹였기 때문이다. "중요한 점은, 마침내 누군가가 공격적이고 조직적인 노동조합과 싸움도 불사하며 '안 돼'라고 말했다는 것입니다."[77] 프리드먼은 통화주의의 일인자로서 임금 인상 요구가 인플레이션을 일으키지는 않는다고 오래전부터 설파해 왔다. 하지만 볼커가 보기에 이런 견해는 상식에 어긋났다. 볼커는 주머니에 카드를 넣고 다니며 여기에 노동조합 임금 협상을 계속 기록했다.

정치적 신조가 어느 쪽이든 다수의 경제학자처럼 볼커도 노동조합을 시장 원리를 훼방하여 경제 효율과 성장을 저해하는 협박의 달인으로 여겼다. 그리고 자유 시장이야말로 모두에게 이롭다고 생각했다. 1981년 9월에 볼커는 "경제 성장의 지속과 전 미국인의 실질 임금 상승에 대한 전망은 우리가 생산성을 더 향상하고 명목 임금 인상 요구를 조율해 나가면서 밝아진다"라고 말했다.[78] 사실 미국 노동자는 볼커 충격에서 헤어나지 못했다. 1978년 정규직 남성 노동자의 중위 소득은 인플레이션을 감안할 때 5만 4392달러였으나 이후 40년 동안 단 한 차례도 이 수치를 넘은 적은 물론이고 다다른 적도 없었다. 믿을 만한 가장 최근 자료에 따르면 2017년 현재 정규직 남성 노동자의 중위 소득은 5만 2146달러였다.[79]

미국의 연간 경제 산출량은 인플레이션을 감안하면 저 40년 동안 어림잡아 3배가 뛰었다. 하지만 중위 남성 노동자는 소득이 오히려 줄었다.

경제 영역의 반대편에서는 볼커 경기 후퇴로 금융 산업에 어마어마한 이득을 주었다. 볼커가 이자율을 하늘 높은 줄 모르게 끌어올리자 4퍼센트 이익에도 반색하던 은행은 무려 9퍼센트까지 수익을

경제학자의 시대

올릴 수 있었다. 금융업계는 경기 후퇴 기간 동안 수익이 4분의 1이나 늘어난 반면에 다른 업계는 수익성이 3분의 1로 줄었다.[80] 이런 황금기가 죽 이어지지 않았지만 인플레이션이 낮은 시대에 대출 기관은 계속 번영을 누렸고 금융 산업은 새로운 경제 시대의 동력이 되었다.

인플레이션으로부터 자유

볼커는 1982년 여름 반反인플레이션 운동의 고삐를 늦추며 상원위원회에서 이렇게 보고했다. "인플레이션이 일으킨 조수가 근본적으로 바뀌었다는 증거가 이제 제게는 또렷하게 보입니다."[81] 연준이 이자율을 인하하자 경제가 반등했다. 레이건은 축배를 들었다. 대통령은 1983년 1월 "고삐 풀린 인플레이션이라는 오랜 악몽이 이제 끝났습니다"라고 선언하며 곧이어 "미국의 아침"을 외쳤다.

하지만 통화주의는 이 축배를 들고 쓰러졌다. 연준이 소리 없이 통화 목표 관리monetary target를 포기하고 다시 이자율을 겨냥하는 정책으로 돌아섰기 때문이다. 프리드먼이 내리는 지시가 간단하더라도 밝혀졌다시피 따르기가 어려웠다. 게다가 가장 기본적인 주장 가운데 한 가지가 틀렸다. 프리드먼에 따르면 정책 입안자는 통화 유통 속도velocity of money의 안정성을 확신할 수 있었다. 돈이 이용되는 빈도를 가리키는 이 속도는 사실 1948년에서 1981년 사이에는 안정적이었다.[82] 하지만 연준이 통화 공급을 정책 대상으로 삼자 이 속도가 껑충 오르기 시작했다. 얄궂게도 프리드먼이 당연히 여기던 안정성이 토대부터 흔들린 이유는 자신이 불필요하다고 본 규정이 풀렸기 때문이다. 금융 규제 완화로 통화 사용 형태가 바뀌고 있었던 것이다. 불안정성은 곧 중앙은행이 경제 상황에 미치는 영향력을 프리드먼이 과대평가했다는 의미였다. 또 프리드먼이 재정 정책이 경제 상황에 영향을 미칠 수 있는 잠재력이 있음에도 이를 무시하는 잘못을 저질렀다는 뜻이었다.

다른 중앙은행도 똑같은 돌부리에 걸려 넘어졌다. 캐나다은행은 1975년 채택한 통화 목표 관리를 1982년 11월에 폐기하면서 제럴드 보위Gerald Bouey 중앙은행 총재가 말했다. "우리가 통화 유통량monetary aggregate을 포기한 게 아닙니다. 통화 유통량이 우리를 버린 겁니다."

영국에서는 마거릿 대처가 통화주의에 매진하도록 더욱 강력한 정책을 펼쳤다. "우리는 밀턴 프리드먼의 슬하에서 배웠습니다. 인플레이션은 통화 현상이라는 것을, 인플레이션은 통화 공급을 서서히 옥죄면서 조정하고 완화할 수 있다는 것을 말이죠."[83] 미국에서 그랬듯이 그 결과는 경기 후퇴였다. 인플레이션은 낮추었지만 실업률이 치솟는 대가를 치렀던 것이다. 1980년 즈음 대처를 향해 긴축을 풀라는 정치적 압력이 거세어지고 있었다.* 그해 10월 보수당 전당대회에서 대처는 통화주의가 선택 가능한 유일한 해결책이라고 선언했다. "원한다면 여러분은 되돌아가도 좋습니다만 저는 절대 돌아가지 않을 것

---

* 1980년 2월 프리드먼이 대처와 잠깐 만났는데 그 뒤 제임스 캘러헌 노동당 대표는 의회에서 자신은 "어제 총리가 밀턴 프리드먼 교수와 아주 잠깐 만날 수 있었다는 사실에 그저 감사할 따름입니다"라고 말했다.

입니다."[84] 하지만 영국은 곧 통화 목표 관리를 통한 성장 정책에서 물러나기 시작했다. 분데스방크만 1999년 유로화가 탄생할 때까지 통화 목표 관리를 견지하는 입장을 고수했다.[85]

프리드먼에게 험악한 언사를 듣던 일부 인사는 이제 그 모욕을 되갚았다. J. 찰스 파티J. Charles Partee 연준 이사가 말했다. "유감스럽기 그지없습니다. 프리드먼은 이제 늙었어요. 평생을 이 이론에 바쳤지만 지금 다 무너지고 말았습니다."[86] 이에 프리드먼은 실행을 잘못한 탓이라고 응수했다. "통화주의에 일부러 오명을 씌우려 들었다 하더라도" 통화 정책 시행은 "달라지지 않았을 것이다"라며 신랄하게 비꼬았다.[87] 또 통화 목표 관리를 포기하면 인플레이션이 부활한다고 내다보면서 이런 실수는 자신의 비판자들을 더욱 기고만장하게 만든다고 일갈했다.

하지만 프리드먼은 축배를 들 정도까지는 아닌 듯했지만 이 전쟁에서 승리했다. 중앙은행이 거시경제 정책에서 핵심 역할을 맡아야 하며 실업률이 높아지는 대가를 치르더라도 인플레이션을 통제하는 데 주력해야 한다고 정책 입안자를 설득했다. 1982년에 레이건이 이 문제를 언급했다. "실업자에게 연민을 금치 못합니다. 누구나 다 그러리라고 봅니다. … 하지만 현재는 처음보다 이자율이 더 내려갔습니다. 인플레이션율도 상당히 낮아졌고요." 영국에서는 노먼 라몽Norman Lamont 재무장관이 10년 뒤인 1991년에 의회에서 같은 상충 관계trade-off를 치켜세웠다. "실업률 상승과 경기 후퇴는 인플레이션을 가라앉히는 데 지불해야 하는 대가입니다. 그 대가는 치를 만한 가치가 있습니다."[88]

프리드먼이 거둔 승리는 개정판을 계속 내며 날개 돋친 듯 팔린 새뮤얼슨의 경제학 교과서에 명확하게 기록되어 있다. 1955년 판에서 새뮤얼슨은 통화 정책이 부차적인 일이라는 케인스주의 시각을 강하게 피력했다. 1973년에 이르러서는 "재정 정책도 통화 정책도 모두 중요하다"라고 인정했다. 1995년 판에서는 이 전향을 마무리 지으며 독자에게 전했다. "재정 정책은 미국에서 더 이상 경제 안정 정책의 주된 도구가 아니다. 가까운 미래에 경제 안정 정책은 연준의 통화 정책으로 이루어질 것이다."[89]

(무)절제

통화주의 체제로 전환은 예기치 못한 곳에서 나타났다. 바로 뉴질랜드였다. 이 섬나라는 양고기와 양모와 버터를 영국으로 수출하여 성장과 번영을 누렸다. 하지만 영국이 1973년 유럽공동체European Community에 가입한 뒤로는 영국 시장에 대한 접근성이 예전만 못하게 되었다. 경제가 휘청거리자 보수적인 뉴질랜드 정부는 케인스형 부양책이란 약을 투여하고 임금과 가격을 동결하여 인플레이션을 가라앉히려 했다. 하지만 아무 소용이 없었다. 노동당이 1984년 선거에서 압승을 거두면서 새로 임명된 재무장관 로저 더글러스Roger Douglas는 자유 시장 정책을 추진했다. 이 정책은 당연히 '로저노믹스Rogernomics'라고 불렸다. 그는 뉴질랜드달러를 변동 환율로 바꾸고 농업 보조금을 깎았으며, 1985년 최고 15퍼센트까지 오른 인플레이션을 내리려고 세계 곳곳에 보좌관을 파견하여 통화 정책에 대한 더 나은 접근 방안을 모색했다. 이들은 차세대 혁신 정책을 들고 돌아왔다. 어느 나라에서도 시도해 본 적이 없는 아주 새로운 정책이었다. 바로 물가 안정 목표제inflation targeting였다.[90]

이 아이디어는 단순했다. 중앙은행이 이자율이나 통화 공급량에 목표를 정해 놓고 인플레이션을 통제하려 하지 말고 인플레이션 그 자체에 목표를 정해 놓아야 한다는 것이었다. 현대 건축처럼 장식을 다 없애고 그 기능으로 정의된 정책의 형태만 남기라는 뜻이었다. 경제학자는 인플레이션에 대한 대중의 기대에 자기 충족적 예언의 속성이 있다고 점점 확신했다. 대출자들은 대출 발생 기간 동안 이자율이 인플레이션을 충분히 상쇄하기를 바랐다. 한 나라의 연간 인플레이션율이 2퍼센트라고 하자. 이 인플레이션율이 계속 2퍼센트를 유지하리라고 대출자들을 확신시키지 못하면 온전한 이익을 거둘 수 없다. 독일과 프랑스는 1980년대 말에 비슷한 인플레이션을 겪었지만 이자율은 프랑스 정부 부채가 훨씬 더 높았다. 카를 오토 폴Karl Otto Pöhl 분데스방크 총재가 뉴질랜드 정찰대에게 건넨 설명은 간단했다. "저축자들이 저 프랑스 놈들을 믿을 수 있을지는 아직 모른다."[91]

1989년 12월 뉴질랜드는 물가 안정을 중앙은행의 유일한 책무라고 명시한 법을 통과시키며 1964년에 제정한 법을 폐지했다. 당시 특징이 잘 드러난 이 법은 중앙은행이 경제 성장, 고용, 사회 복지, 무역 증진을 비롯해 기나긴 목록을 채운 여러 목표를 추구하도록 명시하고 있었다. 뉴질랜드의 실험을 이끌 인물로 뽑힌 사람은 돈 브래시Don Brash라는 경제학자였다. 그는 뉴질랜드에서 가장 큰 은행 가운데 하나와 가장 큰 무역 단체 가운데 하나인 키위프루트 공사Kiwifruit Authority를 이끌었다.[92] 브래시의 직무 설명은 간단했다. 인플레이션을 0퍼센트에서 2퍼센트 사이로 묶을 것. 그렇게 하지 못할 경우 파면당할 수 있다는 것.[93]

브래시는 물가 안정을 믿었다. 밀턴 프리드먼과 로즈 프리드먼이 1980년에 펴낸 저서《선택할 자유Free to Choose》를 읽고 나서 이 책이 자신의 관점을 형성하는 데 "어마어마한 영향을 미쳤다"라고 평가했다. 나중에 프리드먼 부부를 뉴질랜드로 초청해 순회강연을 열고 두 사람을 수행하며 전국을 누비기도 했다.[94]

브래시 자신도 새 임무를 맡고서 순회강연을 다녔다. 그는 자기 말에 기꺼이 귀 기울이는 단체라면 어디든 마다하지 않았다. 순회강연을 떠난 한 짧은 여행에서는 2주 동안 무려 스물한 번이나 강연을 했다. 브래시는 청중에게 삼촌 이야기를 하곤 했는데 삼촌은 사과 농부였다가 1971년에 과수원을 팔아 그 돈으로 국채를 매입해 5.4퍼센트 이자를 받았다. 그런데 안타깝게도 이후 20년 동안 인플레이션이 1년에 12퍼센트 가까이 오르면서 삼촌의 은퇴 자금을 야금야금 축냈다.[95]

브래시는 이자율을 올리기 시작했고 경제는 예상대로 경련을 일으켰다. 실업률이 11퍼센트로 치솟았는데 이는 대공황 이후 가장 높은 수치였다. 한 농민 단체는 경기 침체가 최악으로 치닫던 해 농민 52명이 경제적 고통을 이기지 못하고 자살했다고 보고했다.[96] 한 부동산 개발업자는 무너지지 않을 교수대를 만들 목적으로 브래시의 몸무게가 얼마인지 묻는 편지를 보내기도 했다. 하지만 브래시는 자

경제학자의 시대

신의 임무를 계속해 나갔다. 인플레이션은 1991년 말 목표 범위 내로 하락하고 나서 그 수치를 유지했다. 뉴질랜드는 더 낮은 이자율이란 형태로 그 혜택을 거두어들였는데 이자율은 1987년에서 1997년 사이 절반으로 뚝 떨어졌다.

중앙은행 총재들은 소규모 친목 단체의 구성원이다. 그들은 두 달에 한 번 스위스에 위치한 국제결제은행Bank for International Settlement의 호화로운 사무실에 모였다.[97] 다른 나라도 곧 생각을 바꾸어 뉴질랜드를 따라 했다. 똑같이 중앙은행에 독자적인 운영권과 인플레이션 목표치를 함께 부여했다. 1994년 즈음이 되자 오스트레일리아, 캐나다, 칠레, 이스라엘, 스페인, 스웨덴이 이 정책을 실시했다. 브래시는 1997년 통화 정책 제도의 개편에 대해 영국에 조언을 건넬 때 말할 수 없이 흐뭇해했다. 1998년 유럽중앙은행European Central Bank, ECB이 문을 열었을 때 역시 인플레이션 목표를 2퍼센트로 잡았다.

인플레이션을 뿌리 뽑으려는 노력은 종교적 현상이 되었다. 프리드먼의 우아한 이론은 시험을 거치며 결함을 드러냈지만 그 결함은 중요해 보이지 않았다. 전 세계 중앙은행 총재들은 하나같이 감탄해 마지않으며 인플레이션이 실업보다 더 나쁘다고 결론 내렸다.

제로 인플레이션을 향한 공세

앨런 그린스펀은 경제학자로, 1987년 볼커의 뒤를 이어 연준 의장이 되었다. 그는 인플레이션 목표 채택에는 반대했지만 이런 거부는 어디까지나 전술이었다. 그린스펀은 인플레이션을 완전히 굴복시키려 온 힘을 기울였지만 말이 지닌 힘에 의구심을 품었다. 1989년 연준의 정책위원회 회의에서 인플레이션 목표를 채택하라는 제안을 묵살했다. 그린스펀의 믿음직한 수하로서 당시 연준의 통화 부서를 책임지던 돈 콘Don Kohn은 세금을 올리지 않겠다는 조지 H. W. 부시George H. W. Bush의 1988년 선거 공약과 입장 차를 드러내며 연준 이사들에게 말했다. "말보다 실천이 더 앞서야 합니다. 입술이 아니라 행동을 읽으세요."[98]

그린스펀은 인플레이션을 몰아내려고 노력을 기울였다. 1990년대 인플레이션이 3퍼센트 아래로 떨어지자 이 수치가 더 낮아지면 우리가 누릴 번영도 더 커진다고 주장했다. 1994년 의회에서 "인플레이션이 낮을수록 생산성 증가율은 더욱 높아집니다"라고 언명했다.[99] 그의 이론에 따르면 낮은 인플레이션이 가격 상승을 더 어렵게 만들어서 기업이 더 효율성을 갖춰 나가며 수익 증대를 추구하도록 압박한다는 것이다. 그린스펀이 사석에서는 거리낌 없이 인정했듯이 어려운 점이라면 자신에게 아무런 증거가 없다는 사실이었다. 동료에게는 이 이론이 "아마 결국엔 옳다고 밝혀질 것"이라고 말했다.[100] 반면에 공개 석상에서는 어떠한 불확실성도 인정하지 않았다. 의회에서 "인플레이션율을 10퍼센트에서 5퍼센트로 낮추는 일이 중요합니다. 이뿐만이 아닙니다. 5퍼센트 아래로 더 낮출수록 경제가 보다 안정세를 이루며 성장해 나간다는 점이 한층 분명해지고 있습니다"라고 말했다. 인플레이션을 3퍼센트에서 2퍼센트로 낮추면 경제 성장 속도가 빨라지고 다시 2퍼센트에서 1퍼센트로 낮추면 그 속도가 더욱 빨라진다고 주장했다. 이 성전의 대가는 수백만 명의 미국인이 치렀다. 한 추산에 따르면 연준이 낮은 인플레이션을 추구해 가는 동안 1979년에서 1996년 사이 한 달 평균 100만 명 이상이 별 이유 없이 실업자가 되었다.[101]

빌 클린턴이 1992년 대통령 후보로 출마했을 때 비공식 구호가 '문제는 경제야, 이 바보야!'였다. 1993년 1월 그가 대통령에 취임하던 날 실업률이 7.3퍼센트였다. 클린턴은 열의를 불태우며 자금을 투입해 일자리를 늘리려는 부양책을 쓰려 했다. 하지만 중도파 핵심 자문위원단이 새로 대통령에 당선된 클린턴에게 케인스주의 본성을 버리고 통화 정책을 믿어 보라고 설득했다. 대표적인 인물이 로버트 루빈Robert Rubin이었다. 전 골드만삭스 경영진으로 클린턴이 국가경제위원회라는 새로운 정책 전문점 수장으로 임명한 인물이었다.[102] 루빈은 클린턴이 세금을 올리고 지출을 억제해 연방의 연간 적자를 줄이는 데 힘써야 한다고 주장했다. 돈을 덜 빌리면 정부가 가용 자금에 대한 경쟁을 줄여 일반 대중과 기업이 더 낮은 이자율로 돈을 빌릴 수 있다. 또 정부가 인플레이션 압력을 완화하여 연준이 이자율을 더 낮게 유지할 수 있다. 처음에 클린턴은 회의적이었다. "그 정책의 성공과 나의 재선 승리가 연준과 저 망할 채권 중개인들 손에 달렸다고 말하는 겁니까?"[103] 하지만 클린턴은 빨리 배웠고 곧 거시경제 미니멀리즘의 제단 아래 머리를 조아렸다.

클린턴은 연준이 실업자의 고통에 더 관심을 기울이도록 애쓰며 1994년 6월 유력한 케인스주의자인 앨런 블라인더를 연준 부의장에 임명했다. 프린스턴 대학 교수인 블라인더는 연준이 인간의 고통에 무심하다고 신랄하게 공격한 저자였다. 그는 1987년 저서에서 볼커가 내놓은 인플레이션 치료법이 병보다 더 지독하다고 주장했다. 인플레이션이 미치는 영향은 "정말 사소하다. 사회가 암에 걸렸다기보다는 감기를 호되게 앓는 것과 더 비슷하다"라고 묘사했다. 반면에 실업은 마틴 루서 킹 주니어Martin Luther King Jr.가 썼던 표현을 인용하며 "심리적 살인이나 마찬가지다"라고 강조했다. 그러고는 덧붙였다. "연준은 경제를 인플레이션에서 구한답시고 오히려 죽여 버렸다." 또 경제학자다운 표현을 써서 이견을 제시했다. 정부가 효율성을 목표로 삼았다면 분명 최우선 과제는 일자리여야 한다며 실업은 "어느 것보다 가장 비효율적이기" 때문이라고 지적했다.[104]

그린스펀은 물러나는 데이비드 W. 멀린스 주니어David W. Mullins Jr. 부의장에게 블라인더의 저서를 주의 깊게 살펴달라고 부탁했다. 멀린스는 상세한 보고서를 들고 다시 찾아와 그린스펀에게 "공산주의자나뭐 그런 건 아닙니다"라고 말했다. 밥 우드워드Bob Woodward 기자의 보도에 따르면 그린스펀은 이렇게 대꾸했다고 한다. "차라리 공산주의자였으면 더 좋았을 텐데."[105]

하지만 블라인더는 총알을 프린스턴 대학에 남겨 두고 왔다. 그는새 연준 동료를 심리적 살인자라고 비난하지 않았다. 그 대신에 중앙은행이 사용하는 피도 눈물도 없는 언어를 받아들였다.[106] 사실 블라인더가 어떤 생각을 했는지는 중요하지 않았다. 그린스펀이 연준을 이끌고 있었고 클린턴은 그린스펀을 교체할 수 있었지만 그렇게 하지 않았다. 클린턴은 1996년 2월 그린스펀이 세 번째 임기를 맞이하도록 다시지명하면서 자신의 최우선 과제가 무엇인지 분명히 밝힌 셈이었다.[107]

경제학자의 시대

제로 인플레이션을 향한 공세를 더 성공적으로 다지려는 노력은 클린턴이 연준 이사에 버클리 대학 경제학 교수 재닛 옐런Janet Yellen이라는 또 다른 인물을 지명한 것으로 시작되었다.

1996년 7월 그린스펀은 꼬박꼬박 열리는 연준의 정례 회의까지 잠시 미루고 인플레이션 최적 수준에 대해 논의하며 합의를 이끌어 내려고 애썼다. 이 자리에서 그린스펀은 옐런에게 약한 인플레이션이 왜 경제에 이로운지 동료들에게 설명하라고 요청했다.

옐런의 설명은 그 뿌리가 1980년대 초 아들 때문에 보모를 고용하던 자신의 경험에 닿아 있었다. 옐런과 남편인 경제학자 조지 A. 애커로프George A. Akerlof는 보모에게 현행 급료보다 더 주기로 했다. 보모가 더 행복하면 그 보살핌도 더 나으리라고 판단했기 때문이다. 이 경험을 일반화하여 옐런과 애커로프는 자신들의 학문 연구에 증거로 제시했다. 기업이 대체 비용보다 높은 보수를 노동자에게 지급하여 사기를 진작하고 생산성을 향상할 수 있다는 주장이었다.[*] 마찬가지로 경기 후퇴기 동안에 고용주는 임금 삭감을 자제한다. 사기가 떨어지면 생산성도 낮아지기 때문이다. 그래서 임금을 인하하기보다는 노동자를 해고하는 편을 더 선호한다. 생산성이 떨어지면 돈을 아낄 수 없

---

[*] 1990년대 초 예일 대학 경제학자 트루먼 뷸리Truman Bewley는 여러 사람과 이야기를 나누는 매우 독특한 연구 방식을 취했는데, 급격한 지역적인 경기 후퇴를 겪고 있는 뉴잉글랜드를 돌며 기업 경영진과 노동자를 인터뷰했다. 뷸리는 애커로프와 옐런이 예측한 그대로임을 밝혀냈다. 뷸리에 따르면 "임금 경직성wage rigidity은 충성심을 고취하려는 욕망에서 비롯된다." 트루먼 뷸리, 《왜 임금은 경기가 후퇴해도 떨어지지 않는가》(케임브리지: 하버드대학 출판부, 1999), 1쪽 참조.

1996년 클린턴 대통령 경제자문위원회 위원장으로 재임하던 시절의 재닛 옐런. 옐런은 1990년대와 2010년대 두 차례 연준 이사로 활동하는 동안 중앙은행이 실업 문제에 재집중하는 데 주도적 역할을 했다. (마크 라인슈타인Mark Reinstein / 코비스뉴스 / 게티이미지)

기 때문이다. 경제 모델에서는 사람들이 더 낮은 임금을 받아들이겠다고 제안하면 늘 일자리를 찾을 수 있다. 고용주는 항상 가장 낮은 임금을 주고 싶어 하기 때문이다. 하지만 이 논리는 고용주가 임금을 깎을 의향이 없으면 무너지고 만다. 이때 약한 인플레이션이 등장한다. 이 때문에 고용주가 집으로 들고 가는 달러 액수를 줄이지 않고도 인건비를 차츰 줄여 나갈 수 있다. 예를 들어 알래스카주 앵커리지 교육위원회는 2013년부터 2018년까지 한 해도 거르지 않고 매년 1퍼센트씩 교사 봉급을 올리는 데 합의했다. 이 기간 동안 연간 인플레이션율이 평균 1.25퍼센트였다. 달러 액수 또는 명목 임금은 올랐지만 구매력 또는 실질 임금은 내려갔다.[108]

1996년에 옐런은 유용한 연구를 제시하며 연준은 인플레이션을 2퍼센트 아래로 낮추려 해서는 안 된다고 주장했다. 실제로 인플레이션을 1퍼센트대로 낮춘 캐나다가 이미 부작용에 시달리고 있다고 지적했다. 다른 연준 이사들이 보기에 옐런의 주장은 설득력이 있었다. "옐런은 인플레이션이 지나치게 낮을 수 있다는 견해를 피력했는데 매우 논리 정연했습니다. 일단 말을 하면 명쾌하고 이치에 어긋남이 없었습니다"라고 로렌스 H. 메이어Laurence H. Meyer 연준 이사가 전했다.[109] 그린스펀은 인정하지 않았지만 그 주장을 반박할 수 없음을 깨닫고는, 연준은 인플레이션을 2퍼센트까지 내린 다음 이후 어떻게 할지 정해야 한다고 제안했다.[110]

때이른 축배

인정받지는 못했지만 악재 역시 1970년대 케인스주의 실패에 한몫했다. 베트남 전쟁과 두 차례의 석유 파동과 생산성 증가의 정체가 모두 원인이 되어 '행동주의자 경제학'은 자신감을 잃었다. 반대로 1990년대에는 순풍이 시장 신뢰 경제학trust-the-market economics의 등 뒤에서 영원히 불 듯했다. 냉전 종식에 따른 '평화 배당금'으로 연방 정부는 수월하게 지출을 줄였다. 세계화가 임금과 물가를 억눌렀다. 신기술 덕분에 생산성이 치솟고 번영을 누렸다. 21세기에 들어서고 처음 몇 년은 인플레이션을 상대로 확실한 승리를 거둔 듯 보였다. 선진국에서는 1980년에서 1984년 사이 인플레이션이 연간 평균 9퍼센트였지만 2000년에서 2006년 사이에는 2퍼센트로 떨어졌다. 개발도상국에서는 인플레이션이 같은 기간 동안 연간 평균 31퍼센트에서 7퍼센트로 낮아졌다.[111]

그레그 이프Greg Ip 기자는 2005년에 이제 중앙은행 총재는 인플레이션을 얼마나 허용하느냐가 아니라 인플레이션 예상 곡선을 얼마나 엇비슷하게 예측하느냐로 차별화된다고 언급했다.[112] 미국의 두 정당 사이의 차이도 거의 사라졌다. 민주당 대다수는 정부가 실업을 우선시해야 한다고 더 이상 주장하지 않았다. 나아가 인플레이션에 집중하기를 바랐다. 하버드 대학 경제학자로 클린턴 행정부에서 재무장관을 지낸 래리 서머스는 2006년에 이렇게 썼다. "솔직한 민주당원이라면 이제 누구나 프리드먼주의자라고 인정할 것입니다."[113]

벤 S. 버냉키Ben S. Bernanke가 2006년 그린스펀에 이어 연준 의장이 되었을 때 '대안정Great Moderation'에 들어섰다고 언명했다. 일정한 수준을 유지하는 인플레이션이 주축이 되어 보다 폭넓은 경제 안정을 이루는 새 시대를 일컬었다. 경제학자는 역사가 주는 교훈을 무시한 채 다시 한 번 경제학이 승리를 거두었다며 축배를 들었다. 새로운 미니멀리즘의 창시자이자 노벨 경제학상 수상자인 로버트 루카스Robert Lucas는 2003년 전미경제학회 회장 연설에서 거시경제학은 대공황이 다시는 일어나지 않도록 경험과 전문 지식을 쌓으려는 노력에서 출발했다고 지적하며 선언했다. "이런 본래 취지에서 보면 거시경제학은 성공을 거두었습니다. 불경기 예방이라는 핵심 난제는 사실상 풀었습니다."[114] 이듬해 루카스는 경제학이 번영을 낳는 데 성공했다고 축하하는 글을 썼다. 하지만 부의 분배에 초점을 맞춘 공공 정책으로

　　　　　　　　　　　　　　　　　　　　경제학자의 시대

되돌아가서는 안 된다는 경고도 잊지 않았다. "건전한 경제학에 해로운 성향 중에서 가장 매혹적이고, 내가 보기에는 가장 유독한 성향은 분배 문제에 초점을 맞추는 태도에 있다. 오늘날까지 200년 동안 산업혁명이 걸어온 도정에서 수억 명의 복지가 크게 향상되었다. 하지만 그 가운데 사실상 어느 것도 부자에게서 빈자로 자원을 직접 재분배해서 이루어진 것은 없다."[115]

당시에도 이런 축하는 다소 공허했다. 1992년에서 2007년 사이 선진국의 평균 실업률이 7퍼센트였다. 1959년에서 1975년 사이 평균 실업률 3퍼센트에 비하면 2배 이상 높았다.[116] 반면에 낮은 인플레이션이 가져온 이익은 주로 특권층 손아귀에 떨어졌다. 2007년 미국에서는 상위 10퍼센트 가구가 나라 전체 부의 71.6퍼센트를 소유했다.[117] 노동자에게는 채찍을 휘두르고 대출 기관에는 당근을 먹이면서 통화 정책은 경제적 불평등의 심화에 단단히 일조했다.

이 외에도 문제는 더 있었다. 인플레이션을 낮춰도 경제 안정을 이루지 못했다. 대안정이 대침체Great Recession에 곧 무릎을 꿇었다.

경제가 폭포 가장자리에서 뒤집혀 떨어질 때에도 일부 연준 이사는 여전히 인플레이션에 촉각을 세웠다. "인플레이션 억제야말로 제가 선원으로 승선한 이 배의 목적입니다"라고 리처드 피셔Richard Fisher 댈러스 연방준비은행 총재가 2008년 3월에 선언했다. 미국에서 경기 후퇴가 일어난 지 3개월이 지난 때였다. "일시적인 경기 하락은 저 목적을 이루는 동안 감내해야 합니다. 제 생각에는 이 정도 짐은 우리가 짊어져야 합니다."[118]

4장

감세, 효과 없어도 감세

이른바 정통 경제학은 빈번히 부유한 이들의 요구를 반영한다.

— 존 케네스 갤브레이스, 《돈, 어디서 와서 어디로 갔는가Money: Whence It Came, Where It Went》(1975)[1]

1971년 4월, 세계의 유수한 경제학자와 은행가가 스태그플레이션을 논의하기 위해 이탈리아 볼로냐로 모여들었다. 선진국은 진퇴양난에 빠져 있었다. 기존의 인플레이션 해결책은 실업률을 높일 가능성이 크다고 여겨지고, 기존의 실업 해결책은 인플레이션을 올릴 가능성이 크다고 여겨졌기 때문이다.

참석자들이 마음을 달랠 양으로 염주를 헤아리고 있을 때 시카고 대학 경제학자 로버트 먼델Robert Mundell이 두 문제를 한꺼번에 해결할 수 있다고 주장해 모두를 놀라게 했다. 먼델은 인플레이션과 실업률을 동시에 낮출 방법이 있다고 호언했다. 나아가 고통 없이 번영을 다시 누릴 수 있다고 장담했다.

먼델에 따르면 이 묘약의 주성분은 대대적인 감세였다.

먼델은 명석하고 거칠고 괴팍한 학자로, 그의 통찰력은 국제경제학이란 학문을 탈바꿈시켰다. 하지만 먼델이 볼로냐에서 내놓은 의견은 불신에 부딪혔다. 케인스주의자는 감세가 일자리 증가를 촉진한다는 점에는 동의하지만 인플레이션이라는 대가를 치른다고 주장했고, 통화주의자는 감세가 인플레이션과 아무런 관련이 없다고 생각했다. 하지만 양측은 먼델이 말도 안 되는 소리를 한다는 데에는 의견이 일치했다.

반응이 너무 냉담했던 터라 먼델은 불퉁거리며 자신을 로마 병사가 쏜 화살에 벌집이 되어 죽은 초기 기독교 순교자 성 세바스티아누스에 비유했다. 회의의 의장으로 신망 있는 윌러드 소프Willard Thorp는 마셜 플랜 작성에 참여했고, 열혈 케인스주의자 같은 저 행동을 유감스럽게 여길 만한 어떤 이유도 찾지 못했다. 회의를 마치기 전에 마지막 일제 사격을 몇 차례 허용하고서 소프는 결론을 맺었다. "이제 휴회할 시간입니다. 이 의장은 성 세바스티아누스가 더 이상 화살에 맞지 않도록 구해야겠습니다."[2]

하지만 먼델은 순교를 당할 운명이 아니었다. 불과 10년 만에 먼델이 내놓은 제안이 학계 변두리에서 미국 정계의 한복판으로 옮겨 갔다. 50년 뒤에는 감세를 옹호하는 먼델의 공급중시 이론이 공화당 경제 이념의 대들보가 되었다.

먼델의 감세론

먼델은 1932년 10월 24일 캐나다 온타리오에서 태어났으며, 브리티시 콜롬비아 대학에서 수학하는 동안 경제학에 흥미를 붙였다. 그는 워

경제학자의 시대

시카고 대학 교수 시절(1966~ 1971)의 로버트 먼델. 먼델의 연구는 공급주의 경제학과 유로화 탄생의 토대가 되었다. 이 두 가지는 경제 정책 수립 실험에서 참담하게 실패했다. (시카고 대학 사진 기록 보관소)

싱턴 대학 대학원에 진학하여 빠르게 학자의 길을 밟아 올라갔는데, MIT에서 박사 과정을 마치고 스탠퍼드 대학 교수가 되었다. 먼델은 "1958년 11월 일요일 오후 멘로 파크 아파트에서 첫 아들이 태어나기 딱 한 달 전" 자기 경력의 바탕이 될 영감이 솟아났다. 젊은 교수는 식탁에 몸을 숙이고 그래프를 몇 개 그렸다. 세계 경제를 다루는 새로운 모델의 핵심이 머릿속에 번쩍 떠올랐기 때문이다. 먼델은 훗날 이렇게 썼다. "나는 그 생각에 단단히 사로잡혔다. 득의만만했다는 말이 더 맞을지도 모른다. 나는 연필과 종이를 앞에 놓았다. 약간 더 손을 보면 어떤 내용이 펼쳐질까 헤아리며 전율에 휩싸여 기쁨을 느긋하게 즐겼다."[3]

당시 경제학자들은 국가 경제를 자급자족하는 체계인 것처럼, 각 나라를 섬인 것처럼 연구했다. 먼델의 모델이 내놓은 틀은 나라 사이의 상호 작용을 고찰하는 데 적합했다. 그가 내린 여러 결론 가운데 하나는 일부 나라가 통화를 공유하면 이익을 본다는 것이었다. 이 이론은 훗날 유로화 탄생에도 영향을 미쳤다.

또 다른 결론은 1962년 논문에서 제시했는데, 케네디 행정부가 미국 경제를 망쳤다는 것이다. 백악관은 인플레이션을 억제하는 재정 규율을 고수하는 동시에 이자율을 낮춰 경제 성장을 북돋우려고 했다. 먼델에 따르면 이 정책은 뒤바뀌어야 했다. 정부는 세금을 내려 경제를 부양하고 이자율을 올려 인플레이션을 통제해야 했다.[4] 먼델은 이 논문을 IMF에서 일하는 동안 썼는데 몇몇 동료가 이런 이단은 출판하지 말라고 말렸다. 동료가 보낸 우려는 옳았다. 논문은 널리 퍼져 나가 더글러스 딜런 재무장관이 주석이 달린 복사본 한 부를 대통령에게도 올렸다. 12월 케네디가 뉴욕에서 재계 지도자를 모아 놓고 감세를 제안하자 IMF의 먼델 상관은 잠시 그가 일하는 자리에 들러 이렇게 말했다. "흠, 하늘을 나는 기분이겠구먼."[5]

하지만 그 행복은 찰나처럼 스쳐갔다. 케네디와 케인스주의자는 감세 필요성에 대해 우연히 먼델과 의견이 일치했을 뿐이었다. 먼델이 케인스주의 논리에 제기한 근본적인 비판은 받아들이지 않았다. 먼델은 이자율을 낮추거나 세출을 늘리지 않고 세금을 내리기를 바랐다. 남은 1960년대가 지나는 동안 케인스주의 경제학자는 세 가지를 동시에 추진하도록 미국 정책 입안자를 설득하며 엄청난 충격을 부른 부양책을 제시했다.

1960년대 말 인플레이션이 오름세를 보였지만 아무도 먼델이 대안으로 내놓은 논리에 그다지 관심을 기울이지 않았다. 존슨 행정부가 1968년 인플레이션을 조정하기 위해 세금을 올렸을 때 먼델

경제학자의 시대

은 정부가 성장을 늦추는 데에만 성공할 뿐이라고 예측했다. 닉슨이 1968년 대선에서 승리하고 나서 먼델은 새 행정부가 증세를 뒤집고 대신 높은 이자율과 낮은 세율이라는 자신의 해결책을 채택해야 한다고 촉구했다. 하지만 프리드먼과 다른 보수주의 경제학자는 감세로 전환하는 것에는 무엇이든 반대했다. 먼델은 닉슨의 마음도 얻지 못했다.[6] 그는 좌절에 빠지기는 했지만 자신의 조언이 타당하다는 확신에 차서 1969년 이탈리아 시에나 외곽에 위치한 황폐한 성곽 저택 palazzo*을 1만 달러에 샀다. 인플레이션은 불가피하며 부동산은 훌륭한 대비책이라는 판단에 따른 것이었다.[7]

2년 뒤 볼로냐에서 회의가 열렸다. 먼델이 구매한 저택에서 150킬로미터 정도 떨어진 곳이었다. 이 회의는 먼델에게 다시 한 번 시도할 기회를 주었다. 이때 먼델이 겨냥한 주요 표적은 연준이 이자율을 내려 경제 성장을 북돋울 수 있다는 케인스주의 관점이었다. 요컨대 일자리 증가의 대가로 인플레이션 상승을 허용하자는 견해였다. 먼델은 프리드먼처럼 인플레이션이 "완전 고용에 꼭 필요하지도 않을 뿐더러 이롭지도 않다"라고 주장했다.[8] 실은 오히려 인플레이션이 실업을 늘릴 수 있다고 강조했다. 하지만 인플레이션 해결책이 통화 공급 증가를 급격히 제한하기 때문에 결국 경기를 후퇴시킨다는 통화주의자 시각에도 반대했다. 먼델은 통화주의자의 인플레이션 해결책이

---

* palazzo는 궁전, 전당을 뜻하기도 하지만 중세 이탈리아 귀족들의 대저택을 의미한다. 먼델이 구입한 부동산은 성곽을 포함한 대저택으로 알려져 있다. 먼델은 노벨상 상금을 이 저택 수리에 사용했고 학자들과 경제 전문가들을 이곳에 초청해 회의를 열곤 했다.—편집자주

옳았다면 미국인은 질병과 함께 살아가는 걸 상당히 좋아하는지도 모르겠다며 비꼬듯이 지적했다. 그러고 나서 제3의 길을 설명했다. 세금을 내려 경제 활동을 북돋고 동시에 이자율도 높이자는 내용이었다.

먼델의 주장에서 핵심은 감세 옹호론이었다. 먼델은 성장이 자연력이라면 세금은 코르크 마개라고 비유했다. 모두가 정부 지원금이 상품과 서비스에 대한 수요를 늘린다는 데에는 의견이 일치했다. 그런데 먼델은 공급도 늘린다고 주장했다. 기업이 낮은 과세율이 적용되는 수익을 쫓아 투자를 늘릴 것이기 때문이다.

감세로 연방 정부의 적자 역시 커진다. 그리고 적자는 정부가 통화를 발행하게 하여 인플레이션을 높이거나 민간 부문에서 돈을 빌려 오게 하여 이자율을 올린다는 게 일반적으로 갖는 두려움이다. 먼델은 미국이 다른 여러 나라에서 돈을 빌려 올 수 있으면 두 문제를 다 피할 수 있다고 주장했다. 그는 볼로냐 회의에서 말했다. "그것이 미국의 예산 적자를 의미한다고 가정해 봅시다. 누가 신경쓰겠습니까?"[9] 나중에 먼델은 이 쟁점을 거론한 한 친구에게 털어놓으면서 보다 핵심을 찌르는 표현으로 이 문제를 정리했다. "사우디가 자금을 댈 걸세."[10]

공급중시 운동의 나팔수

볼로냐 회의가 끝난 뒤 상처입은 먼델은 시카고 대학을 떠나 온타리오주에 있는 워털루 대학으로 향했다. 예전 동료들이 워털루가 나폴레옹을 진즉에 알아보았다며 농담을 던졌다. 먼델은 더 따뜻하게 환대하는 청중을 만났다. 소득세가 있는 대다수 나라와 마찬가지로 캐나다에도 과세 등급tax bracket이란 제도가 있어 소득 수준이 올라갈수록 세율 역시 높아지는 누진세를 적용했다. 이 제도 때문에 물가가 오르면 자동적으로 정부 세수가 늘어났다. 명목 소득이 높아지면서 과세 등급도 올라갔기 때문이다. 하지만 인플레이션으로 실질 소득 즉 살 수 있는 햄버거 개수는 늘지 않았다. 따라서 세율이 높아지면서 햄버거 구매력은 낮아졌다. 케인스주의자는 이 '브래킷 크리프bracket creep' 즉 과세 등급 상향 현상을 성장의 걸림돌로 보지 않았다. 정부가 돈을 쓸 수 있었기 때문이다. 하지만 먼델은 우대책도 중요하다고 주장했다. 세금을 올리면 노동 시간당 수익이 떨어지고 따라서 사람들이 일을 덜한다는 것이었다.

1973년 캐나다 의회는 인플레이션에 따라 자동적으로 과세 등급을 조정하는 안을 표결에 부쳤다. 이 입법안은 먼델의 연구를 그대로 적용하여 상정한 것이었다. 캐나다는 세금이 성장을 저해한다는 이유로 감세를 실시하고 있었다. 존 터너John Turner 재무장관은 의회에서 이 정책을 소개하며 말했다. "이 법안은 과세 철학과 시행에 일대 혁신을 이룰 것입니다. 그런데 국민과 정부가 이 법에 적응하려면 시간이 약간 필요합니다."[11]

1974년 먼델이 뉴욕의 콜롬비아 대학에 교수로 임용되어 미국으로 돌아올 즈음 미국 경제는 하향세를 그리더니 스태그플레이션으로 빠져들었다. 케인스주의자가 세부 사항을 조율하고 밀턴 프리드먼이 노발대발하는 사이 먼델은 감세 활동을 재개했다.

그해 봄 워싱턴에서 열린 회의에서 먼델은 정부가 150억 달러 감세를 실시해야 한다고 제안했다. 9월 즈음에는 300억 달러 감세를 주장했다. 한편 포드 대통령은 5퍼센트 증세를 제안하면서 케인스주의의 인플레이션 표준 해결책을 수용했다.

공급중시 경제학에는 다행히도 한 쌍의 성인 보스웰이 광휘를 두르고 등장해 먼델이 미국에서 자신의 이론을 납득시킬 수 있도록 도와주었다. 첫 번째가 아서 래퍼였다. 쾌활한 성격을 타고나기도 했지만 학계의 '한편으로는 이렇고 다른 한편으로는 저렇고' 하는 경향에 구애받지 않아 더 행복한 경제학자였다. 경제적 조언을 건넬 때 래퍼에게는 오로지 '자기' 편밖에 없었다.

래퍼는 1940년에 클리블랜드의 부유한 집안에서 태어나 저 강대한 공업 도시의 풍족한 교외에서 자랐으며 예일 대학과 스탠퍼드 대학에서 공부했다. 그는 자신이 찾아낸 그대로의 삶을 좋아했으며 정부의 간섭에 별 목적이 있다고 보지 않았다. 2008년에 내슈빌로 래퍼를 방문한 적이 있었다. 그는 골동품과 화석이 가득 들어찬 큰 집에서 내게 말했다. "나의 세계관은 세상의 경쟁 모델에서 온갖 결함을 찾는 게 아닙니다. 사람들에게는 서투르더라도 시스템을 만지작거리고 싶어 하는 엄청난 욕망이 있습니다. 그 냄새 나는 손을 경제에서 치워야 합니다!"

래퍼는 먼델이 걷던 길을 따라갔다. 스탠퍼드 대학에서 국제경제학을 연구하고 스물여덟 젊은 나이에 시카고 대학 종신 교수가 되었다. 인플레이션을 억제하겠다며 1968년에 의회가 세금을 올렸을 때 래퍼는 먼델과 한목소리로 그 결정을 비난했다.

2년 뒤 1970년에 래퍼는 워싱턴으로 가서 전 시카고 대학 경영대

경제학자의 시대

학원 학장 조지 슐츠 밑에서 일했다. 닉슨이 연방 관료 체제를 감독하는 새로운 기관인 백악관 예산관리국 수장으로 슐츠를 임명해 놓은 터였다.[12] 슐츠는 닉슨이 경기를 부양하려는 노력을 단념시키는 데 헛된 노력을 쏟고 있었다. 래퍼는 간단한 예측 모델을 고안하여 연방 정부가 어떤 도움을 더 주지 않더라도 경제가 이듬해에 급성장한다고 예측했다. 이 같은 결론 때문에 래퍼는 재정 부양책 지지자의 공격 목표가 되었다. 《뉴욕타임스》는 일요일 판 경제면에 이를 비웃는 시 한 편을 실었다. 첫 구절이 이랬다. "그들은 래퍼의 돈 토하는 기계를 비웃었다네/ 그토록 별난 계량경제학 모델을 이제껏 본 적이 없었다네." 폴 새뮤얼슨은 래퍼의 안마당인 시카고 대학에서 다음과 같은 제목으로 강연했다. "래퍼가 비웃음을 사는 까닭". 젊은 교수 래퍼의 고뇌는 비판자들이 그가 스탠퍼드 대학에서 박사 학위를 따지 못했다는 사실을 들추어내면서 더욱 깊어졌다. 래퍼는 1971년 재빨리 그 과정을 마치고 이듬해 시카고 대학으로 돌아왔다.[13]

예측을 둘러싸고 한바탕 소동이 벌어졌을 때 래퍼는 당시 젊은 기자이던 주드 와니스키와 인터뷰를 했다. 와니스키는 먼델을 고지식한 사람처럼 래퍼는 소심한 사람처럼 보이도록 했다. 와니스키는 1936년에 태어났다. 그는 사회주의 성향이 강한 펜실베이니아주 광부 혈통을 이어받았다. 라스베이거스에서 기자 경력을 시작하여 1962년 워싱턴에 입성했다. 와니스키는 반들거리는 양복을 입고 뷰익 컨버터블 조수석에는 라스베이거스 쇼걸을 태웠다.[14] 한번 물면 놓지 않고 남을 끄는 힘이 있으며 뭐든 빨리 배우는 그는 워싱턴 언론계에서 쭉쭉 뻗어 나갔다. 와니스키는 경제 쟁점을 주제로 글을 쓰기 시작했는데 1972년에《월스트리트저널》논설 면에 글을 싣지 않겠느냐는 근사한 제안이 들어왔다. 그는 평소와는 다르게 망설이며 새 상관에게 논설을 어떻게 쓰는지 모른다고 털어놓았다. 그러자 편집장이 말했다. "와니스키, 오만함만 있으면 되네."[15] 그것이라면 차고도 넘쳤다. 와니스키는 논설로, 또 정책 입안자에게 보내는 편지로 자신의 의견을 말했다. 포드 대통령 수석 보좌관에게 쓴 한 편지는 이렇게 시작했다. "우선 제가 미국에서 가장 똑똑한 사람일지 모른다는 생각에 익숙해지시길 바랍니다."[16]

와니스키는 경제학 공부를 더 해야겠다고 스스로 깨달을 만큼은 똑똑했다. 그래서 래퍼와 친분을 다졌다. 와니스키는 "래퍼는 어리석은 질문에도 대답해 줄 내가 아는 유일한 경제학자였다"라고 말했다. 한번은 래퍼에게 살아 있는 경제학자 가운데 누가 가장 위대하냐고 묻자 래퍼는 먼델이라고 대답했다.[17] 1974년 봄 래퍼는 워싱턴 회의에서 두 사람을 소개했다. 와니스키는 일을 어중간하게 하는 법이 없었다. 그날 오후 먼델을 호텔 방에 몇 시간이나 붙들어 앉히고는 질문을 퍼부었다고 나중에 글로 밝혔다. 그리고 바로 그날 목표를 찾았다고 덧붙였다. 와니스키는 공급중시 운동의 나팔수가 되었다.[18]

이제는 세금을 내릴 때

1974년 12월 와니스키는《월스트리트저널》에 공급중시 경제학을 일반 독자에게 소개하는 글을 실었다. 제목이 "이제는 세금을 내릴 때"

였다. 이론은 고스란히 먼델의 것이었는데, 먼델은 발표하기 전 한 단어 한 단어 주의 깊게 검토했다. 하지만 어조는 영락없이 와니스키의 것이었다. "국가 경제는 세금에 숨이 꽉 막혀 있다. 질식사하기 일보직 전이다."[19]

이후 5년 동안 와니스키는 《월스트리트저널》이라는 확성기를 이용하여 가능한 한 자주 주장을 펴 나갔다. 또 저서 《세상이 돌아가는 방식The Way the World Works》을 펴내며 이 주제를 정교하게 가다듬었다. 이 책은 엄청난 판매고를 올렸다. 래퍼는 경제학에 대해 쓴 책 가운데 단연 훌륭하다고 칭찬했다.

하지만 와니스키가 가장 효과적으로 수행한 선전 활동을 꼽으라면 냅킨에 영원불멸성을 부여한 일이었다. 1974년 11월 래퍼와 와니스키가 포드 대통령 비서실 부실장인 딕 체니Dick Cheney를 초청했다. 재무부 길 건너에 있는 투 컨티넌트 레스토랑에서 술 한잔을 하는 자리였다. 경제는 심한 경기 후퇴의 늪에 빠진 듯 보였다. 공화당은 닉슨 행정부가 저지른 범죄로 더럽혀질 대로 더럽혀진 데다 중간 선거에서 참패를 당한 뒤였다.

래퍼와 와니스키는 먼델이 중단했던 지점에서 다시 시작했다. 경제에는 감세가 필요하다고 체니를 설득했다. 래퍼는 세율을 내리면 경제 활동을 촉진하여 정부는 실제로 세수를 더 걷게 된다고 말했다. 이 점을 설명하려고 래퍼는 잔 아래 받치는 작은 냅킨을 집어 모양이 비행기 코와 닮은 곡선을 대충 그렸다. 와니스키가 여기에 '래퍼 곡선'이라는 이름을 붙였다. 이 곡선은 아주 유명해져서 래퍼가 곡선을 그린 냅킨의 복제품이 현재 스미소니언 박물관에 전시되어 있다. 이 곡

1981년 무렵 경제학자 아서 래퍼. 래퍼는 감세의 장점에 대해 먼델이 연구한 이론을 대중화했다. '래퍼 곡선'에 따르면 세율이 떨어지면 정부 세수가 늘어난다. (AP통신)

선에서 주장하는 내용은 분명하다. 높은 세율은 역효과를 낳는다는 것이다. 어느 지점까지는, 다시 말해 비행기 코의 뾰족한 지점에 다다를 때까지는 세율이 높을수록 세수도 늘어난다. 하지만 세율이 이 지점보다 더 오르면 세수는 줄어든다. 정부가 세율을 100퍼센트로 올리면 사람들은 일손을 놓게 되어 곧 정부는 세금을 한 푼도 거둘 수 없다. 래퍼 곡선 위에서 비행기 코의 뾰족한 이 지점에는 어떤 이름도 붙지 않았다. 래퍼는 과세가 역효과를 낳는 세율이 얼마인지 자기도 알지 못한다고 말했다. 하지만 미국의 세율은 그 수준보다 높다고, 따라서 세금을 내리면 세수가 는다고 확신했다. 래퍼는 스미소니언의 냅킨에 짤막한 시를 썼다. "생산물에 세금을 매기면 성과가 떨어진다/ 생산물에 보조금을 주면 성과가 오른다/ 우리는 노동과 산출량과 소득

경제학자의 시대

에 세금을 매겨 왔고 지금도 그렇다/ 우리는 무노동과 휴가와 실업에 보조금을 주어 왔고 지금도 그렇다/ 결과야 불 보듯 뻔하지 않은가.[20]

감세는 사람들이 돈을 더 벌도록 북돋는다고 래퍼가 강조한 이 이론은 먼델의 원래 이론을 단순화한 것이었다. 나아가 래퍼는 정부가 최고 세율을 낮추는 데 집중해야 한다고 내세우며 논지를 더욱 날카롭게 다듬었다. 이는 정부가 과세를 소득 재분배의 강력한 도구로 활용하는 태도에 대한 정면 공격이었다. 래퍼와 먼델은 정부가 도움이 가장 필요한 사람이 아니라 도움이 가장 불필요한 사람을 돕는 데 초점을 맞추어야 한다고 주장했다. 그래야 이익이 위에서 아래로 흐른다고 강조했다. 부자가 더 열심히 일하고 더 많이 투자하면 경제가 성장할 것이고 그 결과 모두가 번영을 누릴 테니까. 먼델은 이렇게 말했다. "공급중시 경제학에서 주장하는 바에 따르면 심한 누진 세율은 재분배할 몫의 크기도 줄인다. 작은 파이에서 큰 조각을 가져가는 것보다 큰 파이에서 작은 조각을 가져가는 것이 가난한 사람들에게 더 나을 수 있다."[21]

공급중시론자의 탄생

루이스 F. 파월Lewis F. Powell은 미국에서 가장 저명한 기업 변호사였다. 그는 1971년 8월 미국 상공회의소에 보낼 편지 초안을 잡고 있었다. 군격정이나 불러일으키는 이 편지에는 "사려 깊은 사람이라면 미국 경제 체제가 무차별 공격을 받고 있다는 의심을 품지 않을 수 없을 것입니다"라는 경고가 담겨 있었다. 그뿐 아니라 파월은 재앙 목록을 죽 늘어놓았다. 그에 따르면 자본주의는 랠프 네이더Ralph Nader같이 연방 정부가 소비자를 보호하길 바라는 과격분자들한테서 위협당하고 있었다. 또 환경주의자, 높은 세금을 지지하는 진보주의자, 급진주의 교수에게 정신이 오염된 대학생에게서도 협박당하고 있었다. 샌타바버라의 캘리포니아 대학 학생들이 1970년 2월 불타는 대형 쓰레기통을 지역 뱅크오브아메리카Bank of America로 밀어 넣어 은행을 완전히 불살라 버렸다. 한 학생이 "그 은행은 주변에서 가장 악명 높은 자본가였어요"라고 이유를 댔다.[22] 파월은 사유 재산을 존중하지 않는 이런 태도를 한탄했다. 기업은 막대한 자금을 쏟아부어 자신의 상표를 광고한다. 파월 역시 자본주의를 광고할 필요성을 깨달았다. 공공 정책을 재구성하려면 여론을 재조성해야 했다.[23]

맥주업계 거물 조지프 쿠어스Joseph Coors는 파월의 글에 영감을 받아 헤리티지 재단을 설립했다고 말했다.[24] 이듬해인 1972년 전미제조업자협회는 워싱턴으로 이전하며 이렇게 밝혔다. "우리는 20세기 전부터 뉴욕에 터를 잡고 있었습니다. 이 도시가 사업과 산업의 심장부라고 여겼기 때문입니다. 하지만 오늘날 사업에 가장 큰 영향을 미치는 존재는 정부입니다."[25]

파월과 그 후원자들은 특히 과세에 대해 당황해했는데, 이들에 따르면 세금은 경제 성장을 짓누르는 짐이었다. 생산량은 일반 노동자의 생산성으로 결정된다. 그런데 생산성 증가 속도가 1970년대 초에 느려졌고, 1974년에는 미국 일반 노동자의 생산성이 20년 만에 처음으로 떨어졌다. 표준 경제 이론에서는 생산성 증가를 투자의 직접적

경제학자의 시대

인 결과로 다루었다. 재계 지도자는 과세가 투자 의욕을 꺾는다고 입을 모았다. 그리고 법인세 감면 제안이 대개는 부자들에게 바치는 공물이라고 그려지지만 실제로는 모두에게 번영을 안긴다고 내세웠다. 상공회의소는 노먼 투레이를 고용했다. 투레이는 1960년대 초 월버 밀스가 케네디-존슨 감세안의 윤곽을 잡을 때 도움을 준 경제학자로 높은 세율로 억압받는 기업의 사례를 모았다.

감세로 투자를 진작하겠다는 시각은 근시안적이다. 노동자가 5명인 회사는 컴퓨터를 5대 구입하면 생산성을 높일 수 있을지 모른다. 하지만 컴퓨터를 더 구입한다고 해서 생산성이 계속 오르지는 않는다. 어느 시점에서는 성능이 더 좋은 컴퓨터를 구입해야 계속 수익을 늘릴 수 있다. 생산성 증가는 근본적으로 혁신이 추동하는 것이다. 그리고 이 혁신을 뒷받침하려면 교육과 연구와 사회기반시설에 공공 투자를 해야 한다. 그러려면 세금이 필요하다. 하지만 감세에 따른 대가를 치르는 것은 먼 미래의 일이고 기업은 발등에 떨어진 문제에만 집중한다.

시름이 깊어진 재계는 잭 켐프Jack Kemp라는 대변자를 찾아냈다. 켐프는 버펄로 빌스의 쿼터백으로 뛰며 이 팀을 아메리칸 풋볼 리그 결승전에 두 번이나 진출시켰고, 환호성이 잦아들기 전 하원에 한자리를 차지했다. 켐프는 대의를 추구하는 정치인이었다. 1974년 12월, 와니스키가 공급중시 경제학을 《월스트리트저널》에 소개한 바로 그 달에 법인세 감세 법안을 제출했다. 그리고 버펄로 신문에 광고를 실었다. "절단기 기사 모집합니다. 단, 자신의 절단기는 가져와야 합니다."[26] 법안은 열렬한 지지를 받지 못했지만 폴 크레이그 로버츠Paul

Craig Roberts를 끌어들였다. 로버츠는 버지니아 대학에서 박사 학위를 받은 경제학자로 다음해 켐프 보좌진에 합류했다. 이어서 켐프는 투레이를 불러들였다. 이들은 머리를 맞대고 보다 정교하게 법안을 마련했다. 켐프는 이 법안에 '일자리 창출법'이라는 제목을 붙였다. 그리고 경제 성장이 상승세를 타면 "세수가 더 늘기 때문에 초기의 세수 손실을 만회한다"라고 주장했다.*

와니스키는 개인 소득세에 집중했다. 처음에는 법안을 무시했는데, 1976년 1월 아무런 약속도 없이 켐프 사무실에 나타났다. 켐프가 거의 바로 모습을 드러냈다. "와니스키! 어떻게 당신을 만나야 할까 막 생각하던 참이었다네!" 두 사람은 오전 10시에 이야기를 시작했다. 그리고 퇴근할 시간이 되자 와니스키는 켐프와 함께 집으로 향했다. 두 사람은 집에서 치즈 마카로니를 먹으며 밤이 깊어 가는 줄도 모르고 이야기를 나눴다.[27]

경제학자 허버트 스타인Herbert Stein이 이 감세 정책 지지자를 '공급중시 재정주의자supply-side fiscalist'로 묘사한 시기도 1976년 초였다.

---

* 대중의 마음속에는 감세가 공짜 점심이라는 언명이 공급중시 경제학의 핵심 주장으로 박혀 버렸다. 하지만 공급중시론자는 100퍼센트 세수 만회를 감세의 보편적인 특성으로 바라보지 않았다. 래퍼 곡선은 오르다가 내려갔다. 일부 감세는 제값을 하지만 다른 감세는 그렇지 않다. 그리고 이 주장은 "정부는 세수를 더 모을 것이다"라는 말보다 대체로 더 복잡한 양상을 띤다. 그 말에는 실제로 세 가지 내용이 담겨 있다. 일부 세수는 보다 빠른 경제 성장으로 만회할 수 있다. 성장은 또한 정부의 안전망 제도에 대한 세출을 줄인다. 저축 증가는 이자율을 내려 정부의 대출 비용을 낮춘다. 폴 크레이그 로버츠, 《공급중시 혁명The Supply Side Revolution》(케임브리지: 하버드 대학 출판부, 1984), 31쪽 참조.

의회예산처 첫 책임자 시절 앨리스 리블린. 리블린은 상정된 법안을 경제학적으로 분석하기 위해 고용되었는데 감세의 가치를 둘러싼 전쟁 한복판에 휘말려 들었다. (다이애나 워커Diana Walker / 라이프이미지콜렉션 / 게티이미지)

스타인은 이 용어를 좋은 의미로 쓰지 않았다. 하지만 와니스키는 주목 받았다는 점에 기뻐하며 그 별명을 빌려 와서 자기 것으로 삼았다.[28] 지금은 '공급중시론자'로 불리는 와니스키와 동료들이 켐프 사무실에 모여들어 작당모의를 하며 개혁을 꾀했다.

리블린과 컴퓨터 프로그램은 케인스주의자

의회는 1974년에 의회예산처를 발족했다. 백악관으로부터 경제 분석의 주도권을 되찾으려는 목적이었다.[29] 민주당 상원 의원들은 브루킹스연구소의 진보주의 경제학자 앨리스 리블린Alice Rivlin을 첫 처장에 임명하고 싶어 했다. 하지만 앨 울먼Al Ullman 의회 예산위원회 위원장이 리블린을 인정할 수 없다며 반대했다. 이 교착 상태를 푼 사람이 월버 밀스였다. 1974년 10월 초 월요일 밤 워싱턴 DC 경찰이 속도 위반으로 차 한 대를 멈춰 세웠다. 차에는 술에 잔뜩 취한 밀스와 스트립 댄서인 밀스의 정부 팬 폭스Fann Foxe가 타고 있었고, 폭스는 차 밖으로 튕겨 나가 타이들 베이슨 호수에 처박혀 있었다. 밀스는 어쩔 수 없이 세입위원회 위원장직에서 물러나면서 울먼이 그 자리를 차지했다. 그리고 울먼의 예산위원회 위원장 후임자는 리블린을 임명하는데 동의했다.[30]

리블린은 아담한 체구에 힘과 에너지가 넘쳤지만 차분하고 간결한 태도 때문에 덜 알려졌을 뿐이다. 그녀는 1931년 필라델피아주에서 조지아나 앨리스 미첼Georgianna Alice Mitchell로 태어났다. 하지만 자란 곳은 인디애나주 블루밍턴이었는데 아버지가 이곳 주립대학 교수였기 때문이다. 리블린은 브린모어 대학에 입학했다. 역사를 공부할 작정이었지만 대학 기숙사에서 첫 여름을 보내는 동안 경제학 입문 과정을 듣고는 마음을 바꾸었다. "경제학에 마음이 끌린 이유라면 역사처럼 좀 더 회고적인 학문보다는 세계의 미래가 더 중요해 보였기 때문입니다"라고 이유를 말했다.[31] 리블린은 마셜 플랜을 연구하며 대학의 마지막 여름 방학을 보냈으며 졸업 논문은 유럽의 경제 통합이 주제였다. 이어서 래드클리프 대학에 진학하여 경제학 박사 과정을 밟았다. 보스턴에서 변호사인 루이스 A. 리블린Lewis A. Rivlin과 결혼한 뒤 남편을 따라 1957년 여름에 워싱턴으로 옮겨 왔다. "아직 완성하지 못한 박사 논문과 5개월 된 아기와 함께"였다. 하지만 경제학을 가르치는 자리는 찾을 수 없었다. 리블린은 "그 당시 대학은 '여성'을 고

경제학자의 시대

용하지 않는다고만 말할 뿐이었습니다"라고 회상했다. 그러다가 브루킹스연구소에서 일자리를 찾았다.[32]

그즈음 미국에서는 여성 3명 가운데 1명 정도가 겨우 유급 일자리를 얻었다. 더구나 세 아이를 키우면서도 경력을 계속 쌓아 나갔다는 점에서 리블린은 정말 드문 경우였다.

1950년대 경제학자는 경제에서 빠르게 확장하고 있는 정부의 역할을 연구하기 시작했다. 리블린은 그 최전선에서 일하며 사회 복지 제도에 지급하는 연방 정부의 세출을 분석했다. 1965년 존슨 대통령은 연방 기관에 자체 예산 분석을 시작하라고 지시했다. (이 이야기는 7장에서 다룬다.) 이에 연방 기관은 수백 명에 달하는 경제학자를 고용했는데 워싱턴의 싱크탱크를 싹 쓸어오다시피 했다. 리블린은 보건교육복지부에서 정책 기획 차관보가 되었다. 닉슨이 존슨 프로그램을 끝내자 리블린은 브루킹스연구소로 돌아왔다. 연구소에서 리블린은 예산 편성 계획 감독관인 경제학자 찰스 슐츠와 함께 비공식 예산실을 세웠다. 두 사람은 정부 내에서 그랬던 것처럼 연방 정부 세출을 분석한 연례 보고서를 발행했다.

의회가 자체 경제학자를 둘 필요가 있다고 결정했을 때 리블린은 기회를 잡았다. 《워싱턴스타Washington Star》에 말한 내용에 따르면 리블린은 매일 저녁 남편과 세 아이를 위해 저녁을 차렸다. 하지만 새로운 일을 맡으면서 네 식구는 앞으로 집밥을 먹기 힘들어질 거라고 일러두었다.[33]

리블린이 새로 맡은 일에서 가장 중요한 부분은 상정안이 경제에 미치는 영향을 평가하는 것이었다. 나날이 성능이 좋아지는 컴퓨터를 이용해 모의실험을 여러 차례 실시했다.[34] 리블린과 컴퓨터 프로그램은 확실히 케인스주의자였다. 감세로 인한 영향을 계산하면서 둘은 세금을 내리면 사람들이 더 열심히 일하고 경제 성장 속도는 더 오른다는 먼델의 이론을 전혀 신뢰하지 않았다. 비공식 예산실은 공급중시 경제학의 전제를 인정하지 않았기 때문에 감세는 세수를 줄인다고 결론지었다.

폴 크레이그 로버츠는 크게 불만스러워하며 자신과 통하는 캘리포니아 남부 출신 공화당 하원 의원 존 루슬로John Rousselot를 설득하여 리블린에게 편지를 쓰도록 했다. 서신에서는 예산실의 분석에서 공급중시 측면의 영향이 왜 빠졌는지 따져 물었다. 리블린은 그 영향이 너무 미미해서 결과를 크게 바꾸지 못한다고 답했다.[35] 그러자 로버츠는 이번엔 유타주 젊은 공화당 의원으로 1976년에 상원에 입성한 오린 해치Orrin Hatch 의원을 설득해 예산위원회가 예산실 모델에 대한 청문회를 열도록 요구하게 했다. 해치는 이 문제로 메인주 민주당 의원이자 위원장인 에드먼드 머스키Edmund Muskie를 압박했다. 하지만 머스키는 기꺼이 청문회를 열겠다고 하고는 차일피일 날짜를 미루었다. 이에 해치가 꿍꿍이속이 의심스럽다고 추궁하자 머스키는 해치에게 '편집증 환자'냐고 힐난했다. 얼마 안 있어 누군가가 해치에게 메모를 건넸다. 리블린이 머스키 보좌진에게 보낸 것이었다. 메모에는 공급중시론자를 "극우 박수 부대"라고 부르며 "말할 기회를 주어서는 안 된다"라고 쓰여 있었다. 예산위원회 다음 회의에서 해치는 이 매모를 의사록에 남겼다.[36]

이 진흙탕 싸움에는 불편한 진실이 담겨 있었다. 이 경제 모델에

경제학자의 시대

쓰인 가정이 결과를 결정했다는 점이다. 공급중시론자가 주장한 감세는 그 모델을 수정하기 전까지는 맛깔나게 보이지 않았다. 루이지애나주 민주당 상원 의원인 러셀 롱Russel Long은 감세를 바란다고 밝히며 말했다. "바라는 결과가 나오도록 컴퓨터에 해답을 입력하는 법을 알 만한 사람을 찾으려고 어떤 조치든 취해야 합니다."[37] 상원 재정위원회 위원장인 롱은 위원회가 사비로라도 공급중시 모형을 자체로 구축하겠다고 결정 내렸다.[38]

"난 분노로 미칠 지경이야"

밀턴 프리드먼은 공급중시론자가 감세를 주장하며 내세운 근거를 인정하지 않았지만 작은 정부에는 찬성했다. 그리고 그는 진보주의자가 재정 규율을 고수하는 보수주의자를 이용한다고 결론 내렸다. 진보주의자는 지출을 계속해서 늘려 나갔다. 그 결과 보수주의자를 세금을 올리느냐 적자를 받아들이느냐 하는 선택의 기로에 서게 했다. 프리드먼에게는 보수주의자가 반사 전략을 써야만 할 것 같았다. 세금을 내리자. 그러면 진보주의자가 지출을 줄이느냐 적자를 받아들이느냐 하는 선택의 기로에 서게 될 것이다. 프리드먼은 헤리티지 재단을 지지하는 광고 글에서 이렇게 썼다. "정부 총지출이라는 옳은 일이 아니라 적자라는 그른 일에 집중하면서 재정 보수주의자fiscal conservative는 자신도 모르는 사이에 낭비꾼의 시녀가 되어 버렸다."[39] 프리드먼은 새로운 결론에 다다랐다. "지금 외친다. '어떤 상황에서도 예외 없이 세금을 내리도록 하자."[40] 도시를 포위한 장군인 양 프리드먼은 협상을 시도해 왔다. 이제 기아 작전을 시도할 태세를 갖추었다. 그는 진보주의자가 곧 무릎을 꿇고 감세가 지출 감소로 이어지리라고 내다보았다.

1970년대 중반 프리드먼은 국세규제위원회 설립을 도우며 주州 차원에서 합헌적인 조세 규제를 요구했다. 1976년 10월 14일에는 재정 지출을 제한하는 주 헌법 개정안 운동에 하루 참여하기 위해 시카고에서 디트로이트로 날아갔다. 첫 일정으로 잡힌 기자 회견장에 도착했을 때 프리드먼은 평소와 달리 많은 기자가 모여 자신을 기다리고 있는 광경을 보고 깜짝 놀랐다.

한 기자가 말했다. "한 말씀 해 주세요. 수상한 소감이 어떻습니까?"

그렇게 프리드먼은 자신이 노벨 경제학상을 탔다는 사실을 알았다.[41]

이듬해 프리드먼은 65세가 되어 시카고 대학에서 퇴임하고 스탠퍼드 대학 후버연구소에서 처남인 아론 디렉터와 합류했다.

래퍼도 시카고 대학을 떠났는데, 비판자들을 피해 캘리포니아로 가서 1976년 서던캘리포니아 대학 교수가 되었다.[42] 학계 동료들은 여전히 래퍼의 이론이 설익었다고 평했다. 래퍼는 이 때문에 심란했지만 급성장하는 기업 자문 사업에서 위안을 찾았다. 그는 로스앤젤레스 외곽에 제멋대로 이어붙인 집을 한 채 사서 300종에 이르는 선인장을 기르고 야생 애완동물을 키웠다. 그 가운데는 몰리라고 이름 붙인 그린 앵무도 있었는데 래퍼의 어깨에 올라앉아 있곤 했다. 래퍼는 꽤 유명 인사가 되어 갔다. 《피플》지는 평소에 경제학자를 조명하는 잡지가 아니라 주로 인물이 실제보다 돋보이도록 그럴싸하게 포장하여 소개하는 글을 싣기는 하지만 래퍼의 아내가 자신이 오래 달리기를 좋아하는데 그 이유가 "괴짜와 결혼해서 살 수 있는 유일한 길"이기 때문이라고 한 말은 인용했다.[43]

1978년 캘리포니아 납세자 명단에 새로 오른 래퍼와 프리드먼은 재산세 과세를 제한하는 주 헌법 개정안인 주민발안13을 지지한다는 데 의견 일치를 보았다. 일부 인플레이션이 낳은 결과이기도 했지만 주택 가격이 가파르게 상승한 탓에 재산세가 크게 올랐기 때문이다. 개정안에서는 조세 부담을 주택 가격의 평균 2.67퍼센트에서 최대 1퍼센트로 내렸다.

호전적인 사업가 하워드 자비스Howard Jarvis가 이 운동을 진두지휘하며 목표가 공익을 희생해서라도 건물 소유주를 보호하는 것이라고 밝혔다. "미국에 가장 중요한 요소는 학교 교육도 경찰서도 소방서도 아닙니다. 이 나라에서 재산을 소유할 권리, 이 나라에서 집을 소유할 권리, 이것이 중요합니다." 자비스는 1976년 영화 〈네트워크〉에서 영감을 받았다며 영화에서 주연 배우가 외친 소리가 아직도 귓가에 쟁쟁하다고 말했다. "난 분노로 미칠 지경이야. 더 이상 이 상황을 좌시하지 않겠어."[44]

이 운동은 래퍼와 프리드먼에게서 꼭 필요한 만큼 진지함을 빌려왔다. 래퍼는 이 법안이 "캘리포니아 경제를 다시 활성화하는 데 이롭다"라고 말했다. 프리드먼은 이 법안을 "우리가 정부 지출을 통제할 수 있는 가장 유용한 기회"라고 일컬었다. 자비스는 캘리포니아에서 가장 중요한 경제학자 2명이 자기들 편에 서 있다고 비판자들에게 외치며 돌아다녔다. 새크라멘토 북쪽 작은 마을 메리스빌의 지역 신문인《어필데모크래트Appeal-Democrat》는 1978년 4월에 이렇게 지적했다. "밀턴 프리드먼 같은 지위의 경제학자가 자비스 그랜 재산세 주민발의에 지지를 표하자 캘리포니아 주 정부를 파산시킬 수 있는 얼빠진 생각이라고 경멸하듯 묵살한 사람들이 이제 어쩔 수 없이 이 주민발안을 보다 신중하게 살펴볼 수밖에 없을 것이다."[45] 이 법안은 2 대 1 표차로 통과되었다. 진보주의 경제학자인 존 케네스 갤브레이스는 자비스가 공공의 안전에 무관심한 태도를 보였다고 비난하고는《뉴스위크》에 소방서가 전화를 받지 않을 경우 프리드먼에게 전화하게 해야 한다고 제안하는 글을 썼다. "아무도 전화를 받지 않는다면 정말 불편이 이만저만이 아닐 것이다."[46]

주류로 진입한 공급중시론

지미 카터는 1976년 대선 유세에서 옛날식으로 경제 성장을 다시 일으키겠다고 약속했고, 민주당 의원들은 1977년 2월 발 빠르게 케인스형 경기 부양 종합 대책을 하원에 제출했다. 이 법안에는 연방 정부 지출을 살짝 늘리고 1년에 3만 달러 이하를 버는 납세자에게 50달러를 돌려준다는 내용이 들어 있었다. 앞서 리블린에게 따져 물은 캘리포니아 남부 출신 의원 루슬로가 최종 심의회를 진행하는 하원에 모습을 드러냈을 때 민주당은 낭비에 반대하는 주장을 하리라고 예상했다. 그런데 루슬로는 민주당 법안을 공급중시 부양책으로 대체하자고 제안했다. 바로 개인 소득 세율을 일률적으로 5퍼센트 내린다는 내용이었다.

깜짝 놀란 민주당은 이 제안을 '낙수 경제 이론trickle-down economic theory'이라고 무시했고 개정안은 수월하게 부결되었다. 하지만 공급중시론자들은 이제 시동을 걸었을 뿐이었다.

루슬로의 인기를 끌어내리려 한 켐프는 몇 달 뒤 윌리엄 로스William Roth 상원 의원과 함께 3년 동안 1년에 세율을 10퍼센트씩 내린다는 '10-10-10' 법안을 제출했다.[47] 1977년 9월 공화당 전국위원회는 이 법안을 지지했지만 재정 보수주의자는 썩 내키지 않았다. 그린스펀은 켐프와 함께한 점심을 떠올렸다. 이때 켐프는 그린스펀에게 물었다. "우리는 왜 스스로 좀 무책임해질 수 없을까요? 우리는 왜 저들이 손쓰기 전에 세금을 내리고 생색을 낼 수 없을까요?"[48] 이는 와니스키가 쓴 홍보 책자에 나온 문구였는데, 적자 반대론자인 그린스펀은 이 문구를 좋아하지 않았다. 다른 사람들 역시 우려를 보냈으며 그 가운데에는 1978년 하원에 출마한 딕 체니도 있었다. 체니는 선거 유세를 돌며 와니스키에게 이렇게 썼다. "내가 켐프 로스 법안에 대해 말을 퍼뜨렸습니다. 무슨 소리인지 더 잘 아실 겁니다."[49]

감세에 대한 정치적 지지는 1979년 두 번째 석유 위기를 맞아 스태그플레이션 징후가 뚜렷해지면서 늘어났다. 통화주의자와 공급중시론자는 자신들의 이론이 국가 경제의 고질적인 병폐를 해결할 대안이라고 보았다. 안달이 난 정치인은 약장에서 병 2개를 꺼냈는데, 통화 규율과 세금 감면을 다 받아들이는 것이었다.

돌파구 역할을 할 첫 법안은 투자 소득에 대한 자본이득세 감면 안이었다. 윌리엄 슈타이거William Steiger 위스콘신주 공화당 의원이 제안했는데 그는 미국 경제가 기업가 정신을 잃고 있다고 걱정했다. 슈타이거는 1969년 자본이득세 인상을 뒤집으며 기술 부문에 대한 투자가 촉진되기를 바랐다. 또 하버드 대학 경제학자로 보수주의 정치계에 떠오르는 샛별이었던 마틴 펠드스타인Martin Feldstein의 연구를 인용했다. 펠드스타인은 1969년 증세로 그러한 투자 의지가 꺾였다는 점을 밝혔다.[50] 슈타이거는 산업안전보건청 설립법을 작성한 야심차고 젊은 중도파였다. 그가 감세에 관심을 보인 것은 공급중시 이론이 주류로 진입하고 있다는 명백한 신호였다. 백악관은 프리드먼의 연구가 "근본적인 결함을 안고 있다"라고 공격했다. 카터는 "백만장자를 위한 세금 우발 이득"이라고 비난했다. 하지만 의회는 새로운 것을 시도해 보기로 했다. 1978년 11월 감세안이 통과되어 입법되었다.[51]

1980년 텍사스주 민주당 상원 의원 로이드 벤센Lloyd Bentsen이 이끄는 합동 경제위원회는 만장일치로 연례 보고서를 발표했다. 당파별로 보고서 2부를 내던 통상적인 관행을 깬 행보였다. 보고서는 이렇게 시작했다. "1980년 연례 보고서는 경제 사상에 새로운 시대가 열렸음을 알리는 신호탄이다. 과거를 지배하던 경제학자는 주로 경제의 수요 측면에만 초점을 맞추었다. 그 결과 실업과 인플레이션 사이에는 필연적으로 상충 관계가 있다는 믿음에 사로잡혔다." 이 보고서는 새로운 경제학은 "1980년대에 실업을 늘리지 않고도 인플레이션을 상당히 낮출 수 있다"라고 주장했다.

벤센은 오랫동안 기다려 오던 경제 모델에 대한 청문회를 소집했고, 고전적인 워싱턴 방식으로 리블린을 굴복시켰다. 다른 게 아니라 어떤 논쟁도 없었던 척하는 것이었다. 리블린은 결국 이렇게 말했다. "우리는 공급 측면에 지대한 관심이 있습니다."[52]

기상도가 변했다

로널드 레이건은 낙선한 1976년 대선 유세에서는 세금을 거의 언급하지 않았으며 1980년 대선 초기 몇 달 동안에도 마찬가지였다. 하지만 아이오와주 여러 이익단체가 조지 H. W. 부시에게 돌아선 뒤 자신이 1980년 2월 뉴햄프셔주 예비 선거에서 선두 주자가 되려면 꼭 승리해야 했다. 레이건은 유권자를 끌어모을 견인차를 찾아냈다. 바로 감세에 대한 약속과 엄청난 인기를 증명한 광고 시리즈에 데뷔하는 것이었다.

> 아나운서: 로널드 레이건은 무언가에 세금을 내면 그만큼 덜 받는다고 생각합니다. 우리는 과거와 달리 노동과 저축과 투자에 세금을 부과하고 있습니다. 그 결과 우리는 일을 덜하고 저축을 덜하고 투자도 덜하게 됩니다.
> 로널드 레이건: 저는 케네디 대통령과 늘 입장이 달랐습니다. 하지만 케네디의 연방세 30퍼센트 인하가 법으로 정해졌을 때 경제는 아주 잘 굴러갔고 미국 내 모든 집단이 이득을 보았습니다. 심지어 정부도 540억 달러의 예상치 못한 수익을 올리기조차 했습니다. 제가 대통령

이 되면 다시 그렇게 되도록 노력할 것입니다.[53]

레이건의 경쟁자들은 유권자가 레이건을 진지하게 받아들인 데 대해 짜증을 숨기지 않았다. 한물간 재정 규율을 지지하는 부시는 레이건이 내놓은 '미신 경제학voodoo economics'을 조롱했다. 일리노이주 공화당 하원 의원으로 온건파인 존 앤더슨John Anderson은 레이건을 사기꾼이라고 부르며 레이건이 세금을 내리고 국방비를 늘리고 예산 균형을 맞출 수 있는 유일한 길은 "간교한 속임수"뿐이라고 주장했다.

하지만 정치적 순간이 무르익었다. 정부가 국가 경제 산출량에서 거두어들이는 몫이 2차 세계대전 이후 가장 컸는데, 이는 사회보장 제도와 메디케어에 자금 지원을 확대할 목적으로 급여세 과세payroll taxation를 늘린 결과였다.[54] 한편으로 어느 정도는 인플레이션의 결과이기도 했으니 인플레이션이 소득세 과세 등급을 밀어 올렸기 때문이다. 그리고 1980년대까지 별 관심을 끌지 못했던 어떤 추세 덕분에 최고 세율 구간에 속하는 인구가 늘어났기 때문이기도 했다. 돈을 가장 잘 버는 미국인들 사이에서 특히나 금융 부문에서 훨씬 더 많은 돈을 벌어들이며 영향력뿐 아니라 불만도 커진 새로운 납세자 계층이 등장한 것이었다.

카터는 정치 기상도가 변한 것을 놓쳐 버렸다. 그는 감세는 무책임한 일이라고 유권자에게 말하며 1980년 6월 일기에 이렇게 썼다. "우리는 할 수 있는 한 최선을 다해 레이건의 목을 계속해서 켐프 로스안으로 꽁꽁 휘감을 것이다."[55]

유권자는 감세를 목에 휘감은 후보를 좋아했다. 그들은 따뜻하면

경제학자의 시대

서 근엄한 인상도 주는 레이건이 마음에 들었다. 그리고 1981년 1월 20일 미국인은 미국 최초의 공급중시 대통령이 내거는 공약에 귀를 기울였다. "앞으로 다가올 시대에 경제 성장을 늦추고 생산성을 떨어뜨리는 걸림돌을 제거하자고 제안할 것입니다." 실업률이 7.5퍼센트였고 인플레이션율은 11.4퍼센트였다. 스태그플레이션에 지친 대중은 우레와 같은 환호를 보냈다.

레이건이 말을 이어 나갔다. "이 산업 거인을 다시 일깨울 때입니다. 정부가 분수를 지키는 노선으로 돌아가야 할 때입니다. 가혹한 세금 부담을 덜어 내야 할 때입니다. 이 일은 우리의 최우선 과제가 될 것이며 이 원칙에는 어떠한 타협도 없을 것입니다."

레이건은 대통령이 의사당 동쪽에서 취임 선서를 하던 해묵은 전통을 깼다. 추운 1월 아침 의사당 서쪽에 서서 미국인이 나아갈 방향을 직시하며 번영의 귀환을 약속했다. 그러고 나서 물었다. "어찌되었든 왜 믿어선 안 됩니까? 우리는 미국인입니다."

그날 저녁 벌어진 축하 행사는 나라가 엄청난 곤경에 처해 있다는 대통령의 말과는 딴판이었다. 인디애나주 공화당 대표단이 한때 J. P. 모건J. P. Morgan이 소유했던 전용 열차를 타고 도착했다. 워싱턴 국립공항은 전용 비행기를 세워 놓을 공간이 부족할 정도였다.* 저 멀리 애틀랜타의 리무진 회사도 임대 자동차를 보냈다. 한 출장 연회업자는 "이 사람들은 정말 입맛이 까다로웠어요. 새우 샐러드가 아니라 새우만 원했거든요"라고 전했다.[56] 레이건 행정부는 개인 기부자가 모든

---

* 1998년 이 공항은 '로널드레이건워싱턴 국립공항'으로 이름이 바뀌었다.

비용을 다 지불했다고 말했다. 그러나 최종 청구 비용은 보고된 액수보다 2배 가까이 많았고 그 차액은 대부분 국방부가 처리한 것으로 2년 뒤 드러났다.[57]

요약하자면 딱 8년이었다. 번영을 부르짖고 낭비가 흘러넘치던 이 새로운 도금시대는. 레이건은 백악관 직원에게 캘빈 쿨리지Calvin Coolidge 대통령* 초상화를 각료 회의실 벽에 걸라고 요청했다.

레이거노믹스

레이건이 과세에 드러내는 혐오는 1970년대 공급중시 경제학의 부상보다 1960년대 먼델의 등장보다 1950년대 투레이의 연구보다 더 앞섰다. 레이건의 말에 따르면 보수가 매우 높던 할리우드 배우 시절 경험에 그 뿌리를 두고 있는데, 정부가 소득에 90퍼센트 이상의 세율을 매기던 때였다. 레이건은 "달러당 6센트만 벌려고" 일하려는 게 아니

---

* 미국 29대 부통령이자 30대 대통령이다. 매사추세츠 주지사 시절 노동자 파업을 주방위군을 동원해 강제 해산시키면서 공화당 내에서 인정을 받고 1920년 대통령 선거에서 부통령 후보로 선출되었다. 1923년 하딩 대통령이 사망하자 대통령직을 승계했고 이후 30대 대선에서 승리하여 1928년까지 재임했다. 재무장관에 재벌 출신인 앤드루 멀런을 기용하여 시장에 대한 정부의 개입을 줄이고 자유방임 경제 정책을 추진했다. 그가 퇴임한 후 7개월 만에 대공황이 발생했다. 노동운동에 대한 강경 대처, 시장 중시와 정부 개입 축소 정책은 레이건과 겹친다. 레이건은 재직 시 국무회의에서 수시로 졸았던 것으로 유명한데, 이 또한 쿨리지가 미국 역사상 가장 잠을 많이 잔 대통령, 임기 동안 하는 일 없이 잠만 잔 대통령 등의 비판을 받는 면과도 묘하게 일치한다.—편집자주

경제학자의 시대

었기 때문에 여러 역할을 포기했다고 말했다. 이 이야기는 사실이 아닌 것으로 드러났다. 무엇보다 최고 세율이 94퍼센트에 달하던 그 해에 레이건은 군 복무 중이었기 때문이다. 하지만 그 고통만은 분명 거짓이 아니었다.[58]

레이건은 1964년 미국 정치계에 혜성처럼 등장했다. 그는 배리 골드워터의 대선 유세가 마무리 될 즈음 공영 텔레비전에 출연하여 넘치는 열정으로 보수주의를 옹호하는 연설을 했다. "역사상 어느 나라도 국민소득의 3분의 1에 달하는 세부담을 짊어지고 살아남지 못했습니다"라고 언명했다. (이는 사실이 아니었다. 당시 프랑스는 국민소득의 약 3분의 1을 세금으로 거둬들였고, 2017년 선진국은 대부분 평균 세율이 34퍼센트였다.)[59] 2년 뒤 레이건은 캘리포니아 주지사 유세를 펼치는 동안 감세를 공약으로 내걸었다. 하지만 주지사에 당선된 레이건은 그 공약을 지키지 못했는데 어느 정도는 주 의회가 반대한 것도 이유였다. 1973년 두 번째 임기가 끝나갈 무렵에는 개인 소득에서 캘리포니아 주 정부가 세금으로 걷을 수 있는 비율에 상한을 정하는 주써 헌법 개정안을 특별 투표에 부치자고 요구했다. 프리드먼이 개정안의 초안을 잡는 데 도움을 주었고, 그는 레이건과 함께 비행기를 타고 캘리포니아 전역을 돌며 강연을 하면서 긴 하루를 보냈다. 두 사람이 짧으면 짧고 길면 긴 대화를 나누기는 이때가 처음이었다.

개정안은 1973년 11월 현저한 표 차이로 부결되었다. 하지만 레이건은 다시 시도하겠다고 공언했다. "이 생각은 현실이 될 것입니다. 반드시 이길 것입니다. 그렇게 되지 않으면 지난 200년 동안 우리가 알아 온 자유 사회가, 정부는 국민의 뜻을 섬긴다는 이상이 더는 존재할 수 없기 때문입니다."[60]

아서 래퍼가 1976년 캘리포니아 남부로 이사 오자 저스틴 다트 Justin Dart는 이 경제학자를 전 주지사인 레이건에게 소개했다. 다트는 약국업계 거물이자 레이건의 오랜 친구로 비공식 자문단인 '키친 캐비닛kitchen cabinet'의 일원이었다.[61] 래퍼는 레이건의 목장을 자주 방문했다. 1977년 가을 레이건은 라디오 연합 시사 해설 방송에서 감세를 옹호하며 공급중시 측면에서 그 근거를 제시했다. 이듬해 켐프 법안이 부결되자 레이건은 라디오 청취자에게 말했다. "켐프 로스 법안은 죽지 않았습니다. 그 계획은 아직 살아 있습니다. 의회 다수당이 받아들이도록 그저 국민의 현명한 판단을 기다리고 있을 뿐입니다."[62]

래퍼는 여전히 레이건이 공급 측면에 보이는 약속에 의심을 품었다. 래퍼는 켐프에게 1980년 공화당 예비 선거에 출마하라고 설득했다. 하지만 켐프는 레이건의 목장을 방문한 뒤 출마하는 대신에 레이건을 지지하겠다고 결정했다. 레이건이 공급중시 진영에 발을 90퍼센트 담갔다고 판단했기 때문이다.[63] 이 믿음은 보상을 받았다. 레이건이 백악관에 있을 때 월가의 경영진 출신으로 공급중시 경제학에 별 관심을 보이지 않았던 도널드 리건 재무장관이 재무부 내 핵심적인 세금 업무 보직을 켐프 측근 경제학자로 채웠다. 이 가운데는 노먼 투레이도 있었다.*"레이건 대통령이 유세 기간 동안 언급한 내용을 읽

---

* 투레이 임명을 다룬 기사에서 《뉴욕타임스》는 이 이름을 투-레이too-RAY로 읽는다고 독자에게 알려 주었다. 이는 틀렸다. 이 집안에서는 투-레이TOO-ray라고 말한다. 하지만 투레이 아내에 따르면 이 기사를 보고 투레이가 마음을 바꾸었다. 이후 그는 자기 이름을 《뉴욕타임스》에 나온 대로 읽기 시작했다. 어빈 모로츠키Irvin Molotsky,

어 보았습니다. 공급중시 감세라고 불리는 이론을 지지한다는 점이 분명했어요. 그래서 그 관점을 지닌 유능한 사람을 찾으려 애썼습니다."[64]

행정부는 재빠르게 일해 나갔다. 개인 소득세와 법인세 모두 크게 내린다고 제안하면서 골치 아픈 내부 논쟁을 피했다. 이 덕분에 공화당은 레이건의 후광에 편승하여 1981년 상원을 장악했다. 26년 만에 처음이었다. 민주당 하원 의원 사이에서 저항이 일었지만 3월에 레이건이 총에 맞는 사건이 일어난 뒤 가라앉았다.

하지만 일부 민주당 의원과 공화당 의원은 감세로 인해 예산 적자가 더 커진다고 끊임없이 우려를 제기했다. 이에 레이건은 래퍼나 다른 공급중시론자에게서 종종 듣던 주장을 펴며 반박했다. 감세가 촉매 작용을 하여 경제 성장을 이루기 때문에 그만큼 연방 세수 역시 늘어난다고 강조했다. 레이건의 최측근 보좌진 가운데 몇몇은, 특히 국내 정책 수석 보좌관인 경제학자 마틴 앤더슨은 훗날 레이건이 결코 1981년 감세가 제값을 해낸다고 내세운 적이 없다고 주장했다. 이는 뻔뻔한 말 바꾸기다. 레이건은 유세 기간에도 백악관에서도 분명히 주장했다. "사실 케네디 대통령이 그랬듯이 우리 같은 감세 정책이 경제를 부양하여 정부 세수가 실제로는 늘어나리라고 믿습니다." 레이건이 1981년 7월 7일 연설에서 한 말이었다. 입법 논의가 막바지 단계에 접어들던 무렵이었다.[65]

"1981년 감세의 설계자, 노먼 B. 투레이 74세 나이로 눈을 감다"《뉴욕타임스》, 1997년 8월 13일자) 참조.

레이건은 1981년 8월 13일 캘리포니아주에 있는 자신의 목장 마당에서 청바지를 입고 카우보이 부츠를 신은 채 기념품을 만들기에 충분하도록 만년필을 24개나 쓰면서 감세안에 서명했다. 레이건은 이 날 일기장에 이렇게 썼다. "반세기 내에 이보다 위대한 정치적 승리는 없었다."[66]

감세의 효과는 어디에?

레이건 감세 정책으로 공급중시 경제학은 명예가 실추되었어야 했다.[67] 실패의 증거는 감세가 법으로 제정되었을 때 이미 깊어 가던 볼커 경기 후퇴가 아니었다. 오히려 그 증거는 1982년이 저물 무렵 성장이 기지개를 켠 뒤에도 공급중시론자가 약속한 이득이 손에 잡히지 않았다는 사실에 있었다. 지원금이 경제 성장을 촉진할 것이라는 데에는 모두가 동의했다. 공급중시론자는 낮은 세율이 사람들이 더 열심히 일하고 더 투자하도록 부추긴다고 주장했다. 행정부는 미국인이 감세의 40퍼센트를 저축할 것이라고 구체적으로 예측하기도 했다. 다른 유형의 소득에 대한 저축률이 6퍼센트임을 감안하면 놀라운 수치였다. 하지만 평균 저축률은 꿈쩍도 하지 않았다.[68]

법안은 또 투자 촉진을 꾀하려 법인세를 대폭 인하했는데 특히 제조업 부문에서 그랬다. 1960년에서 1980년 사이 기계류에 대한 실효세율을 이미 59퍼센트에서 18퍼센트로 내린 상태였다. 1981년에 법이 시행되면서 실효세율은 마이너스 5.5퍼센트로 떨어졌다. 연

경제학자의 시대

방 정부가 실질적으로 기계류에 투자 보조금을 지급하는 셈이었다.[69] 250개 대기업을 대상으로 한 연구에 따르면 1981년에서 1983년 사이 적어도 1년 동안 이들 가운데 절반을 살짝 웃도는 수가 세금을 전혀 내지 않았다. 이 연구에서 비꼬듯이 "로널드 레이건의 전 고용주"라고 표현한 제너럴일렉트릭General Electric은 65억 달러를 벌었지만 세금을 한 푼도 내지 않았다.[70] 하지만 투자는 경제 전반에 걸쳐 하향세를 보였다. 그리고 결정적인 순간에 US스틸US Steel이 노후된 제철소를 보수하지 않고 마라톤오일Marathon Oil을 63억 달러에 매입하겠다고 발표했다. 1981년 11월이었다.

세금은 행동을 바꾼다. 뉴욕에서 소비되는 담배의 45퍼센트 정도가 다른 주에서 불법으로 들여온 것이다. 뉴욕이 미국 내에서 담배에 세금을 가장 세게 매겼기 때문이다.[71] 하지만 공급중시론자는 과세의 효과를 과대평가했다. 프리드먼 부부는 여름 별장인 캐피타프를 코네티컷강 버몬트주 쪽에 짓기는 했지만 "부부 모두 경제학자로서 뉴햄프셔주 쪽에서 땅을 찾아야" 했음을 인정했다. 바로 세금이 더 낮았기 때문이다.[72] 레이건이 당선된 뒤 클리블랜드주의 리퍼블릭스틸 Republic Steel 최고 경영자 윌리엄 J. 드란시William J. DeLancey는 "감세로 철강 산업의 생산성과 수익성이 치솟는 완전히 새로운 시대"가 열릴 것이라며 환영했다.[73] 그러나 리퍼블릭스틸은 레이건이 첫 임기를 끝낼 때까지 살아남지도 못했다.

지원금이란 직접적인 수혜를 받았지만 수요에 대한 감세 효과도 결과는 그저 그랬다. 1980년대가 끝나갈 무렵 소란이 진정되고 경기 후퇴와 경기 회복이 맞물리면서 1980년대 성장률이 연평균 2.2퍼센트를 기록했는데, 이는 1970년대 연평균 성장률보다 약간 낮은 수치였다.[74] 딕 체니는 1980년대 말에 한 친구에게 털어놓았다. "난 레이건의 감세 정책이 효과를 보았다는 확신이 들지 않는다네."[75]

공급중시론이 남긴 유산

레이건의 감세 정책이 경제 성장을 더 빠르게 끌어올리지 못하면서 정부는 어쩔 수 없이 2차 세계대전 이후 가장 큰 규모로 돈을 빌려야 했다. 프리드먼을 비롯해 일부 보수주의자는 정부가 겪는 고충에 놀라지 않았다. 이제까지 공급중시론자가 내놓은 예측을 비웃어 왔기 때문이다. 크게 실망하지도 않았다. 지금까지 감세를 지지해 온 이유가 연방 예산에 커다란 구멍을 낸 다음 지출 삭감으로 마무리되기를 바랐기 때문이다.[76]

레이건의 예산 책임자인 데이비드 스톡먼David Stockman은 레이건이 왜 감세를 바라는지 정확히 알고 있었다. 서른네 살 난 강단 있는 성격의 스톡먼은 머리는 이미 희끗희끗해지기 시작했지만 자신이 한때 일했던 의사당의 성실한 직원처럼 보였고 또 그렇게 차려 입었다. 그는 경제학자는 아니었어도 난해한 논평을 계속 발표하다가 정치 운동으로 변모한 시장 신뢰 경제학의 진화를 고스란히 보여 주는 본보기였다. 그의 행보는 누구든 걸어갈 수 있는 그런 길이었다.

미시간주 농장에서 자란 스톡먼은 1960년대 말 하버드 신학대학원에 들어갔고 이때 대니얼 패트릭 모이니한의 아이들을 봐 주었다.

이는 언론인인 데이비드 브로더David Broder가 가르치는 토론식 수업에 자리를 얻는 기회로까지 이어졌고, 브로더는 스톡먼에게 존 앤더슨 하원 의원을 소개했다. 공화당의 떠오르는 샛별 앤더슨에게는 마침 경제 문제에 집중할 보좌관이 필요했다. 스톡먼은 이 분야에 문외한 이었지만 책을 읽기 시작했고 1970년대 중반 하이에크와 프리드먼의 이론을 접했다. 스톡먼은 이렇게 회상했다. "자유 시장 경제학자가 일어난다고 말한 부족, 병목 현상, 투자 왜곡investment distortion, 낭비, 비합리성, 인플레이션 심화 등 모든 현상이 전부 바로 제 눈앞에서 일어났습니다."[77]

스톡먼은 1977년 미시간주 하원 의원이 되었다. 켐프와 친해지면서 서독의 전후 경제 개혁과 같은 주제로 밤늦도록 토론을 벌이며 친분을 쌓았다. 하지만 켐프의 최측근은 되지 못했다.[78] 공급중시론자는 적자를 신경 쓰지 않았다. 스톡먼은 자신을 "진정한 공급중시론자"라고 일컬으며 세금도 내리고 지출도 줄이기를 원했다.

스톡먼은 마음이 아팠다. 레이건과 대다수 하원 의원은 지출 감소보다 세금 인하를 더 좋아했기 때문이다. 레이건은 연방 복지 제도에 지원금을 줄이자는 스톡먼의 안건을 거부하는 한편 대대적인 군비 확충을 지지했다. 스톡먼에 이어 예산 책임자가 된 제임스 C. 밀러 3세James C. Miller III는 이렇게 말했다. "레이건이 여러 번 말하는 소리를 들었습니다. '국방비 삭감이냐 적자 발생이냐 기로에 선다면 차라리 적자를 발생시킬 겁니다."[79]

연방 정부 대출이 우후죽순처럼 늘어나자 공급중시론자는 인내심에 호소하면서 연간 적자는 더 이상 없을 것이며 중요하지도 않다고 주장했다. 레이건의 경제자문위원회 위원인 윌리엄 니스카넨william Niskanen은 먼델과 상의해서 1981년 12월 미국기업연구소에 출석하여 적자 증가는 인플레이션이나 이자율 상승과는 아무런 연관이 없다고 언명했다. 몇몇 공화당 상원 의원이 적자는 위험하다는 전통적인 관점을 고수하며 사임을 요구했다.[80]

니스카넨의 주장에는 일리가 있었다. 특히 일본인이 미국에 돈을 빌려주고 싶어 했다.[81] 레이건 행정부는 해외 구매자를 위해 새로운 미국 재무부 증권을 발행하도록 1984년에 의회를 설득하면서 사태 해결에 앞장섰다.[82] 놀랍게도 이 채권은 외국 정부를 상대로 세금 사기를 치기 쉽도록 고안되었다. 채권 소유자가 이자 지불금을 무기명으로 받을 수 있었기 때문이다. 다만 자신이 미국인이 아니라는 점만 인증하면 되었다. 이로 인해 미국은 보다 낮은 이자율로 지급할 수 있었다. 재무부는 고위 공무원을 일본과 유럽으로 파견하고 채권을 시장에 내놓았다. 레이건은 미국을 "세계의 투자 자본"이라고 불렀다. 하지만 미국인은 대가를 치렀다. 해외 자금에 막대하게 의존한 탓에 미국 산업은 기반이 약화되었다. 이 이야기는 8장에서 다룬다.

1981년 말 캔자스주 공화당 의원이자 상원 재정위원회 위원장을 맡고 있던 밥 돌Bob Dole은 한 저녁 만찬에서 프레더릭 슐츠Frederick Schultz를 만났다. 슐츠는 연준 부의장으로 행정부의 낭비를 공포로 여기고 있었다. 또 시티코프Citicorp의 최고 경영자이자 노골적으로 레이거노믹스Reaganomics를 지지하는 월터 리스턴Walter Wriston과도 인사를 나누었다. 며칠 뒤 승강기에서 슐츠와 마주친 돌은 이렇게 털어놓았다. "당신이 논쟁에서 이겼어요. 제 생각에 우리는 앞으로 재정적인 면에서 무언가 해야 합니다."[83] 그러고는 농담 목록에 새로운 내용을 추가했다. "기쁜 소식은 공급중시론자를 잔뜩 태운 버스가 어젯밤 절벽을 넘어갔다는 것이네. 슬픈 소식은 거기에 좌석이 3개 비어 있었다는 것이지."[84]

이후 거의 20년이 흐르고 나서야 정부는 재정 피해를 복구할 수 있었다.

최고 세율 인하로 깊어진 불평등

그럼에도 레이건과 공급중시론자는 오랫동안 정치적 승리를 구가했다. 가장 뚜렷한 변화라면 고소득자에 대한 영구적인 세율 인하였다. 1981년에 제정한 이 법으로 최고 세율이 50퍼센트로 떨어졌다. 1986년에는 의회가 최고 세율을 33퍼센트로 더 내렸다.[85] 1980년대 이후로는 민주당 대통령이 집권할 때에는 최고 세율이 오르다가 공화당 대통령이 집권할 때에는 내려가는 경향을 보였다. 하지만 계속 40퍼센트 아래에 머물러 있었다.

20세기 중반 동안 정부는 소득세 과세라는 수단을 이용하여 경제 불평등을 바로잡았다. 과세는 가장 높은 태산을 매우 낮게 밀어내고 가장 낮은 언덕을 약간 높게 쌓아 올리는 불도저였다. 1979년에 카터가 집권할 때에는 세후 소득 분배 불평등이 세전 소득 분배 불평등보다 10.2퍼센트 낮았다. 레이건 감세 정책 때문에 불도저는 훨씬 작은 것으로 교체되었다. 1986년 무렵 세후 소득 분배 불평등은 세전

소득 분배 불평등보다 고작 5.1퍼센트 낮아졌다.[86]

미국에서 세후 소득 불평등은 전후 시대 어느 시기보다 1980년 중반 더 빠르게 심화되었다.[87] 부유층과 나머지 계층 사이의 격차가 훨씬 더 벌어졌던 것이다. 더구나 연방 정부는 더 이상 반격을 하지 않았다.

다른 여러 선진국이 미국을 따라 했지만 이토록 멀리 나아가지는 않았다. 영국의 보수주의 이론가인 키스 조지프는 1976년 연설에서 최고 세율 인하의 필요성을 전폭적으로 지지했다. "통화주의는 아직 배고프다"라는 연설 제목이 그 의지를 고스란히 드러냈다.

> 과세로, 인플레이션으로, 가차 없이 쇄도하는 규제와 입법으로, 통제로, 독단적이고 부단한 당국의 개입으로 전쟁 이후 연이어 집권한 정부는 한때 그만 한 위험을 감수할 만하다고 여기던 가치인 행복과 보상을 점점 앗아갔다.[88]

마거릿 대처 총리가 집권하는 동안 영국은 개인 소득 최고 과세율을 80퍼센트에서 40퍼센트로 내렸다. 일본의 최고 세율은 75퍼센트에서 50퍼센트로 떨어졌다. 25개 선진국 사이에서 평균 최고 세율이 1979년에는 66퍼센트였지만 10년 후에는 50퍼센트로 낮아졌다.[89] 먼델은 2011년 이임사에서 이렇게 말했다. "요점은 1970년대 말 세율로 되돌아가기를 아무도 지지하지 않는다는 것입니다. 제 생각에 이는 승리나 마찬가지입니다."[90]

증세안 통과

레이건의 감세 정책은 연방 정부가 경제에서 맡은 역할이 꾸준히 늘어나던 시대가 이제 끝났음을 의미했다. 국가의 경제 산출량에서 연방 정부 지출이 차지하던 비중이 대공황 이전 10퍼센트 이하에서 1983년에는 22.8퍼센트로 올랐다. 이 수치가 정점이었다. 이후 20년이 지나면서 민주당과 공화당은 정부 재정을 뜯어 고치겠다며 논의에 논의를 거쳐 여러 법안을 내놓았고, 이 법안에 묶여 연방 정부는 경제적 입지가 상당히 줄어들었다.[91]

돌과 다른 공화당 의원들은 1982년 민주당과 손잡고 채 1년도 안 지난 감세 정책을 되돌려 놓으라고 레이건 행정부에 압박을 가했다. 의회의 압력은 행정부 내 공급중시론자들 사이에 존재하던 차이를 밖으로 드러냈다. 투레이처럼 일부는 법인세 인하를 현행대로 유지하기를 바랐다. 투레이는 법인세 인하가 장기적으로 경제 성장을 북돋을 수 있다는 보다 뚜렷한 증거를 찾아내면서 개인 소득세 인하를 강조한 래퍼 주장을 비웃었다. 투레이는 경멸하듯 이렇게 말했다. "냅킨 나부랭이는 공급중시 경제학과 아무런 관련이 없습니다."[92]

하지만 공급중시 경제학에 대한 래퍼의 견해는 정치적으로 보다 매력 있었다. 레이건은 11개월 전에 제정한 법인세와 투자세 인하 법안을 절반 정도 되돌리는 데 동의했다. 그리고 이 법안을 통과시키기 위해 찬성표를 던지는 민주당 하원 의원에게 1982년 중간 선거에서 유권자의 분노를 막기 위한 방패막이로 홍보할 수 있도록 감사 편지를 보내겠다고 약속했다.[93]

법인세 감면을 행정부와 의회가 그토록 열렬히 옹호하며 받아들였지만 갑자기 감당하기에 버거운 일이 되어 버린 듯했다. "우리가 내놓은 제안의 근본적인 장점은 논의조차 되지 않았습니다"라고 말하며 한 기업 로비스트는 격분을 터뜨렸다.[94]

1984년 공화당 의원 대다수는 다시 한 번 민주당과 손잡고 이번에도 레이건이 지지하는 법안에 찬성표를 던졌다. 대체로 세금을 올려 적자를 줄이는 법안이었다.[95]

하지만 1987년 공화당 의원 다수는 세 번째 세금 인상 안에는 반대했다.* 레이건의 뒤를 이어 조지 H. W. 부시 부통령이 대통령에 출마할 때는 바뀐 당 분위기에 신경 쓰며 1988년 공화당 전당대회에서 성난 군중에게 이렇게 외쳤다. "제 말을 잘 들으세요. 새로운, 세금은, 없습니다."

하지만 부시는 여전히 고루한 공화당원이었다. 그는 세금보다 적자를 더 걱정했다. 그리고 1990년 세금 인상과 세출 감소에 대한 새로운 종합 정책에서 민주당과 타협했다. 세금 인상에서 나오는 돈은 3분의 1에 불과했지만 대다수 공화당 의원은 이 정책에 반대했다. 부시는 이 법안을 의회에서 통과시키는 데 필요한 지지를 거의 모으지 못했

---

* 1986년 세제안은 최고 세율을 33퍼센트로 내리는 내용이었으며 세수가 늘어나지 않도록 설계되었다. 그래서 적자가 늘어나지도 줄어들지도 않았다. 이는 1950년대 윌버 밀스가 처음으로 분명히 밝힌 목표를 실현한 셈이었는데, 바로 세율은 내리는 반면에 과세 기반은 넓힌다는 것이다. 이 입법은 아직도 초당파적 정신의 승리이자 경제 정책의 승리로 여겨진다. 하지만 연방 정부 세출과 세수 사이의 기본적인 불균형은 전혀 해결하지 못했다.

다. 1990년 10월 토요일 오후에 실시한 마지막 표결은 역사책에 남을 만한 사건이 되었다. 피트 도메니치Pete Domenici 상원 의원이 서기가 쳐다보자 상원 의석에서 대화를 그만두고는 오른손을 들어 찬성한다는 신호를 보냈다. 이후 25년이 넘도록 공화당 의원은 단 한 명도 소득세 인상에 찬성표를 던지지 않았다. 이때가 마지막이었다.[**]

클린턴 행정부의 긴축 정책

1993년 클린턴 대통령이 의회에서 세금 인상을 밀어붙였을 때 공화당 의원 표는 단 하나도 없었다. 공급중시론자는 세율을 높인다고 해서 연방 정부 세수가 늘지 않는다고 주장했다. 잭 켐프는 보수주의 활동가에게 클린턴의 증세 정책은 역효과를 낳을 것이라고 장담했다. "세금을 올리면 적자가 줄까요? 아닙니다. 우리 경제를 흔들고 적자를 늘릴 뿐입니다."[96] 이는 한결같은 논리였지만 또한 잘못된 논리이기도 했다. 클린턴이 집권하는 동안 경제는 호황을 누렸고 적자는 사라졌다.

공화당은 일부 지출 삭감을 이끌어 냈다. 전직 경제학 교수이자 텍사스주 하원 의원인 리처드 아메이Richard Armey가 앞장섰다. 아메이는 1940년 노스다코다주 캔두Cando라는 마을에서 태어났다. (마을 이

[**] 이 표결에서 공화당 의원 173명 가운데 찬성한 의원은 10명뿐이었다. 그러나 민주당의 협조로 부시는 증세안을 통과시킬 수 있었다.—편집자주

름은 자유지상주의자libertarian의 염원대로 읽힌다.) 아메이의 아버지는 시장이었지만 어머니는 가족이 운영하는 곡물 창고에서 회계 장부를 정리하며 정부는 쓸모없다고 역설하곤 했다. 아메이는 어머니를 따랐다. "시장은 똑똑한 반면에 정부는 멍청하다"라고 틈만 나면 말했다. 아메이는 오클라호마 대학에서 경제학 박사 학위를 받고 교직 생활을 시작했는데, 그는 자신의 경력이 최고에 올라 봤자 노스텍사스주립대학 학과장 자리가 고작이어서 스스로를 "이류 대학 이류 교수"라고 말했다. 그러는 과정에서 아메이는 1969년 여름을 시카고 대학에서 보내게 되었고, 이 대학에서 "경제학이라는 학문의 세계를 처음으로 맛보았다"라고 털어놓았다.[97] 1980년대 초 공화당 거물 후원자이자 노스텍사스 주립대학 이사인 에디 칠레스Eddie Chiles가 대학 관계자에게 교수진에 "자유 시장 경제학자 같은 사람"이 있는지 물었다.[98] 칠레스는 아메이가 정계에 진출하도록 도왔다.

1985년 워싱턴에 막 발을 들였을 때 아메이는 의회 체육관에 간이침대를 놓고 잠을 청했다. 몸을 편하게 두고 싶지 않았기 때문이었다. 그는 1990년 당 지도부를 따르지 않고 부시 대통령의 증세 계획에 반대하는 세력을 결집하면서 이름을 날리기 시작했다. 3년 뒤 당 지도부의 일원으로 참여하며 공화당 하원 의원이 단 한 명도 클린턴 대통령의 증세안에 찬성표를 던지지 않도록 하는 데 일조했다.

아메이는 지출 삭감 문제에 진지했는데 농업 보조금 인하와 냉전 종식에 따른 군 기지 폐쇄를 지지했다. 자신의 소중한 재산 목록에 밀턴 프리드먼이 보낸 편지를 넣을 정도인 아메이는 의회가 지출 삭감에 불굴의 용기를 발휘하지 않는다는 프리드먼과 의견을 같이했다. 아

경제학자의 시대

메이와 지지자들은 계약 두 건으로 이 문제를 해결하려 했다. 하나는 그로버 노퀴스트Grover Norquist가 생각해 냈다. 조세 반대 활동가인 노퀴스트는 정부 규모를 욕조 안에 잠길 만큼 작게 줄이는 것이 소원이라고 말하곤 했다. 그리고 1980년대 중반부터 공화당 후보를 압박하여 증인 2명 앞에서 '납세자 보호 서약'에 서명하도록 했다. 어떤 경우에도 어떤 유형이든 증세 지지에 표를 던지지 않겠다고 약속하는 내용이었다. 1994년 중간 선거 운동 동안 노퀴스트는 공화당 의원 후보 거의 대부분에게서 서명이 든 서약서를 받아 내서 내화耐火 금고에 잘 보관해 놓고 있다고 밝혔다.[99]

다른 계약은 아메이와 뉴트 깅리치Newt Gingrich가 1994년 중간 선거 운동 공약으로 정교하게 마련해 놓은 것으로 '미국과의 계약Contract with America'이라고 불렀다. 균형 예산을 명시하는 헌법 개정안을 포함한 것으로 상당한 지출 삭감이 이루어지리라 기대했다. 유권자의 선택으로 공화당이 40년 만에 처음으로 하원 다수당이 되자 아메이는 균형 예산 개정안을 의회 승인 직전까지 밀어붙였지만 1995년 3월 2일 상원에서 단 한 표 차이로 수포로 돌아갔다. 그런데 클린턴 대통령이 이 족쇄를 피할 수 있었던 이유는 지출 감소를 약속했기 때문이기도 했다. 클린턴은 1996년 연두교서에서 언명했다. "큰 정부 시대는 끝났습니다." 연방 정부 지출이 국가의 경제 활동에서 1990년에는 21.2퍼센트를 차지했지만 2000년에는 17.6퍼센트로 떨어졌다.[100]

클린턴이 집권하는 동안 정부가 실시한 긴축 정책은 경제 호황을 부른 여러 이유 가운데 하나로 꼽히곤 한다. 이자율을 낮추는 데 도움이 되었기 때문이다. 하지만 1990년대 경제 성장에 정부가 더 크게 이바지한 점은 앞서 10년 동안 교육과 연구와 사회 기반 시설에 지원한 것이었다. 1990년대 한창 일할 시기에 들어선 미국인은 다른 선진국 성인에 비해 대학 학위자일 가능성이 훨씬 높았다. 실리콘밸리의 부상은 정부의 연구 지원과 사회 기반 시설 투자와 인적 자원 개발이 올린 개가였다.

반면에 클린턴 행정부의 긴축 정책은 정부가 미래 성장을 위한 투자를 줄였음을 의미했다.

우선 연방 정부의 연구 지원이 감소했다. 새뮤얼 브로더Samuel Broder 국립암연구소 소장은 1995년에 민간 부문으로 옮겨 가며 《워싱턴포스트》와 인터뷰에서 이렇게 밝혔다. "22년 전 제가 처음 이곳에 발을 디뎠을 때만 해도 사람들은 대체로 정부 업무를 높이 평가했습니다. 그리고 제 생각에는 몇 걸음 뒤로 물러나 정부를 보다 효율적으로 운용해야 하고 재정 현실을 직시해야 한다고 하더라도 … 정부가 수행하는 핵심 기능이 있다는 점을, 특히 중요한 기능이 있다는 점을 기억하는 게 좋을 듯합니다. 예컨대 고통 경감을 위한 과학 연구 지원처럼 말이지요."[101]

연방 정부의 사회 기반 시설 투자도 감소했다. 연방 유류세는 대중교통 개선에 주요 자금원이었지만 1933년 이후 오르지 않았다. 인플레이션을 감안하면 이 기간에 연방 유류세를 물리는 강도는 40퍼센트나 약해졌다. 도로와 교량에 대한 지출이 폭넓은 지지를 받아도, 기업 집단 사이에서 증세를 지지하고 나서도 이념을 앞세운 과세 반대로 인해 오늘날까지 어떤 변화도 일어나지 못하도록 막고 있다.

연방 정부의 인도적인 복지 지원도 감소했다. 정부가 경제에서 담당하는 역할이 전반적으로 축소되면서 실제로 사회적 약자를 돕는 지원이 훨씬 크게 줄어들었다는 점은 잘 알려지지 않았다. 정책 입안자가 방향을 바꿔 복지 지원을 고령층과 중산층에 집중했기 때문이다. 이 같은 변화에 이정표가 된 것이 "우리가 아는 복지 정책을 끝내겠다"라는 클린턴의 공약이었다. 연방 정부가 빈민 가구에 직접 지원하지 않고 매년 165억 달러를 주 정부에 분배하기 시작한 것이었다. 20년 이상이 흘렀지만 이 총액은 변하지 않았으니 인플레이션을 감안하면 그 사이 3분의 1 이상 가치가 떨어진 셈이다.

무엇보다 미국은 교육에서 강점을 잃어버렸다. 미국의 대학 교육 비용은 현재 선진국 가운데 가장 높다. 2010년대 한창 일할 시기에 접어든 미국인이 다른 11개 선진국 시민에 비해 대학 학위자일 가능성이 더 낮아진 상황은 결코 우연이 아니다. 와니스키가 세금 때문에 미국 경제가 질식할 지경이라고 경고한 지 40년이 흘렀다. 하지만 드러났다시피 보다 큰 손실을 안긴 건 부실한 세금이다.

처음에 성공하지 못하면

이따금 생각이 닻을 잃고 풀려나온다. 공급중시 경제학은 1950년대 말 경제 침체에서 벗어날 돌파구로 발전했고, 1970년대 말 스태그플레이션을 이겨 낼 해결책으로 부활했다. 3세대 공급중시 추종자는 1990년대 말 이 맥락에서 벗어났다. 이들이 보기에 감세는 언제든 불에 던져 넣을 수 있는 장작이나 마찬가지였다.

1999년 12월 조지 W. 부시가 공화당 대통령 예비 선거의 후보로서 대대적인 감세를 처음으로 제안했을 때 경제는 거의 10년 동안 성장세를 보이고 있었다. 인플레이션과 실업이 모두 낮았고 최상위층이 이득에서 자기 몫을 지나치게 챙겨 가는 동안 노동자도 임금이 오르고 있었다.

부시는 감세가 호황을 계속 이어 가는 데 꼭 필요하다고 주장했다. 텍사스주 주지사였던 부시는 아이오와주 지지자에게 이렇게 말했다. "부의 소득자와 창출자 손에 보다 많은 부를 쥐어 주면, 문제가 생기기 전인 지금 그렇게 하면 현재의 신장세는 때 맞춰 두 번째 바람을 타게 될 것입니다."[102] 부시에게는 이런 주장을 펴야 할 강력한 정치적 동기가 있었다. 자신은 제2의 레이건이지 제2의 부시가 아니라고 공화당 유권자를 설득해야 했던 것이다. 그는 2000년 1월 토론에서 말했다. "'새로운 세금은 없습니다'에 그치지 않습니다. '세금을 내리겠습니다. 하나님께 맹세코 정말입니다.'

더구나 2000년 대통령 당선에 논란이 많았기 때문에 부시는 더욱 결의를 다졌다. 새로이 대통령이 된 부시와 고문들은 정통성 문제에서 빨리 벗어나려면 가장 효과가 좋은 방법이 공약을 밀어붙이는 것이라고 결정했다. 2001년 취임식 날 실업률이 4.2퍼센트, 인플레이션율이 2.6퍼센트였으며 투자가 늘고 있었고 생산성도 오르고 있었다. 그럼에도 부시는 감세를 추진하겠다고 선언했다. "경제의 추진력을 되찾고 일하는 미국인의 노력과 모험심에 보답하기 위해서."

다음 달 부시는 명분을 하나 더 내세웠다. 연방 정부는 2001년 미국 경제 산출량 가운데 20퍼센트를 거두어들였는데 이는 2차 세계 대전 이후 최대 비율이었다. 반면에 지출은 17.6퍼센트였다. 부시는 이렇게 말했다. "미국 국민에게 세금이 과다 청구되었습니다. 국민을 대신하여 환불을 요구하는 바입니다."

이는 말도 안 되는 헛소리였다. 경제에는 도움이 필요 없었다. 레이건이 이미 감세가 하등의 도움이 안 된다는 점을 증명했다. 적어도 공급 측면에서는 아니었다. 그리고 미국인에게는 세금이 과다 청구되지 않았다. 정부가 2001년에 더 지출했어야 하는가라는 질문은 차치하고 정부가 베이비붐 세대에게 약속한 연금을 다 지원하려면 돈이 더 필요했다.

부시 행정부의 재무장관으로 재정 보수주의자인 폴 오닐Paul O'Neill은 감세가 지속적인 예산 흑자에 따라 정해져야 한다고 주장하며 앨런 그린스펀 연준 의장의 지지를 구했다. 그린스펀의 반대는 1999년의 공화당 감세 계획을 부결시키는 데 도움이 되었다. 당시 감세 규모는 2001년 감세안의 절반 정도밖에 되지 않았다. 그린스펀과 포드 행정부 시절부터 우정을 다져 온 오닐은 더 큰 폭의 감세는 훨씬 더 무책임한 일이라고 그린스펀을 설득하려 애썼다.[103] 하지만 역시 그린스펀과 친구이자 포드 행정부에서 같이 일한 체니 부통령이 흑자는 의회가 그 돈을 쓸 것이기 때문에 위험하다고 응수했다.[104]

그린스펀은 두 사람 모두와 의견이 같다고 말했다. 2001년 1월 25일 의회에서 그린스펀은 정부의 재정 건전성을 조건부로 대규모 감세에 찬성했다. 들리는 소리라고는 그린스펀이 감세에 대한 생각을 바꾸었다는 것뿐이었다. 웨스트버지니아주 민주당 상원 의원인 80대의 로버트 버드Robert Byrd는 이렇게 말했다. "저는 침례교도입니다. 우리에게는 찬송가집이 있습니다. 이 찬송가집에는 '닻을 내리다'라는 찬송가가 있습니다. 나는 우리가 빚을 갚아 나가야 하며 이는 기본 의무라는 당신 말에 지난 몇 년 동안 귀 기울여 왔습니다. 그땐 당신이 옳았다고 봅니다. 하지만 닻이 흔들리고 있는 것 같은 사실에 좀 당황스럽습니다."[105]

2001년 봄 경제가 완만한 경기 후퇴mild recession에 들어섰을 때 부시는 징세에 케인스식 이유를 보태면서도 정치적 지지를 넓히려 600달러 환불용 수표도 덧붙였다. 이것으로 감세안이 의회를 통과하기에 충분했다.

효과가 없어도 다시 한 번

2001년 정부의 재정 건전성이 빠르게 약화되며 1981년 감세 결과를 되풀이했다. 하지만 정치 상황은 전혀 딴판이었다. 부시는 레이건처럼 한 발 물러서는 모습을 보이지 않았다. 2002년 1월 부시는 환호하는 군중을 향해 말했다. "내 눈에 흙이 들어가기 전에는 저들이 세금을 못 올릴 것입니다." 민주당 지도부는 격분을 토해 냈다. 상원 다수당 지도자 톰 대슐Tom Daschle은 자신도 세금을 올리고 싶지 않다고 주장했다.

이번에는 지출을 줄이는 데 별 노력을 기울이지 않았다. 부시는 계속 돈을 흥청망청 써 댔다. 아시아에서 이길 수 없는 싸움에 뛰어든

린든 존슨Lyndon Johnson을 놀라우리만치 충실하게 따라 하며 이번에는 이라크에서 싸움에 휘말렸다. 그리고 고령층에 제공되는 건강 보험인 존슨의 메디케어 제도에 처방약 혜택 추가를 지지했다.

그러고 나서 부시는 경제에 감세가 더 필요하다고 발표했다.

딕 체니가 앞장서서 투자를 북돋는 데 초점을 맞춘 공급중시 감세안을 마련했다. 세자르 콘다Cesar Conda 수석 경제 보좌관은 이렇게 말했다. "부시는 아서 래퍼의 자본이득세 인하에서 이 생각을 빌려 왔습니다. 그리고 그 일에 열중했습니다."[106] 체니는 공급중시 이론에 대한 경계심을 잃어버렸지만 공급중시론은 더 이상 공화당이 실행할 수 있는 상태가 아니었다. 체니는 훗날 이렇게 썼다. "우리는 세금을 가능한 한 내려야 한다고 믿었다. 저축과 투자, 경제 성장, 일자리 창출에 영향을 미치는 세법의 저 요소들에 관해서라면 더 그랬다."[107] 사실 체니는 부시보다 강력한 감세 정책을 실시하고 싶어 했다. 부시는 행정부가 의회로 보낸 과세 종합 대책에서 자본이득세 감면 항목을 뺐지만 체니는 자본이득세 감면을 통과시키자고 공화당 하원 의원을 설득했다. 상원에서 부시 감세안이 통과된 뒤 체니와 부시는 단 둘이 대통령 집무실에서 만나서 체니 감세안을 지지하기로 결정했다.[108]

오닐은 개인적으로 감세 두 번째 판에서는 더 힘껏 싸우기로 각오를 다졌다. 2002년 9월 오닐이 부시에게 감세안은 "무책임"하다고 말해서 잠시 답보 상태에 놓였지만 공화당이 중간 선거에서 승리를 거두자 백악관은 좀 더 대담해져서 감세안을 밀고 나아갔다. 미국 내 마지막 결전은 2002년 11월 15일에 벌어졌다. 체니가 소집한 회의에 서였다. 오닐은 나라가 "재정 위기를 향해 나아가고 있다"라고 강력하게 주장했다. 정부가 5년 만에 처음으로 연간 적자를 기록했다고 막 발표한 터였다. 체니는 이렇게 대응했다. "레이건은 적자가 문제가 되지 않음을 증명해 주었습니다."[109]

감세안을 찬성하든 반대하든 모두 경제학이 자신들의 견해를 입증한다고 입을 모았다. 경제학자 450명이 이름을 내걸고 감세 반대 성명서를 《뉴욕타임스》에 전면 광고로 실었다. 감세는 연방 정부 부채를 확대하겠지만 미국 경제는 그렇게 되지 않는다는 내용도 들어 있었다. 이에 경제학자 250명이 감세 찬성 성명서로 맞대응했다. 경제는 확대하겠지만 부채는 그렇게 되지 않는다는 반대 입장을 취했다.

일반 대중은 이런 골육상잔 같은 싸움을 판단할 때 필요한 정보를 어느 때보다 많이 갖고 있었다. 그 가운데에는 레이건 감세 정책에 대한 기록도 있었다. 하지만 역사학자 마이클 번스타인Michael Burnstein이 정확히 지적했듯이 최근 수십 년간 자료가 폭발적으로 늘어났어도 명확해지기는커녕 혼란해지는 경향을 보였다. 압도적인 양의 정보를 이용 가능하게 되자 사람들은 스스로 내린 판단을 믿지 못하게 되었다.[110]

그린스펀은 감세 두 번째 판에서 공개적으로 반대를 표명한 경제학자 편에 섰다. 특유의 말끝을 흐리는 어투였지만 말이다.[111] 사석에서는 더 열심히 싸웠다. 체니에게 적자가 커지면 이자율이 올라가고 성장이 내려간다고 결론을 내린 분석을 건넸다.[112]

체니는 콘다에게 그린스펀이 양치기 소년이라고 주장하는 비판의 글을 준비하라고 지시했다.[113] 이 글은 백악관을 한 차례 돌았는데 1981년 니스카넨의 주장을 되풀이한 것이었다. 이에 따르면 다양한 요소가 이자율이나 성장률의 수준을 결정했다. 적자가 유독 중요하다는 증거는 거의 없었다. 2003년 5월 감세안은 아주 근소한 표차로 통과되었다. 체니가 결정표를 던졌다. 훗날 자신은 투표를 자주 하지는 않았지만 일단 하면 늘 이겼다고 농담했다. 오랫동안 과세 반대 활동을 해 온 스티븐 무어Stephen Moore는 의기양양해하며 떠들어 댔다. "공화당은 이제 공급중시당입니다. 감세당이라고요. 지난 40년 동안 아이젠하워식 균형 예산을 지지하는 공화당원의 당에서 레이건식 친성장을 옹호하는 지지자의 당으로 진화했습니다."[114]

경제는 무너져도 정치적 승리

감세는 다시 한 번 정치적으로는 승리를 거두었지만 경제적으로는 패배를 맛보았다. 부시는 2004년 재선에 성공했다. 하지만 성장은 불투명하고 투자는 하락세에다 미국인 특히 장년층은 노동 시장에서 계속 낙오했다. 2003년과 2004년 부시의 경제자문위원회의 수석 경제학자였던 앤드루 샘윅Andrew Samwick은 나중에 사후 토의에서 이렇게 결론 내렸다. "한 마디로 집계된 자료상으로는 이번 감세가 성장으로 이어졌다는 1차 증거가 어디에도 없습니다."[115]

연방 정부 대출이 치솟으면서 미국은 다시 한 번 준비된 대출자를 찾았다. 이번에는 일본 대신에 중국이 주도 역할을 했다. 하지만 결과는 똑같았다. 중국과의 상호 의존 관계로 미국 제조업 지반이 흔들리고 일자리 수백만 개가 사라졌다.

부시의 감세 정책은 과세 분배에 있어서도 부자와 빈자 사이의 차이를 계속 없앴다. 1961년 미국인 고소득자 약 11만 2000명은 지방세, 주세, 연방세로 소득의 평균 51.5퍼센트를 냈다. 다시 말해 소득으로 번 1달러당 정부가 절반 정도를 떼어 갔다. 반면에 소득 하위 90퍼센트에 속하는 미국인 대다수는 소득에서 평균 22.3퍼센트를 냈다. 소득으로 번 1달러당 정부가 4분의 1에 못 미치는 액수를 떼어 갔다. 그런데 50년 뒤에는 이 차이가 훨씬 줄었다. 순전히 부유층 과세가 대폭 줄어들었기 때문이다.* 2011년 초고소득자는 세금으로 소득의 33.2퍼센트를 낸 반면에 하위 90퍼센트는 세금으로 소득의 26퍼센트를 냈다.[116]

중요한 사실을 짚자면 부유하지 못한 다수 미국인이 이러한 세금 부담의 이동을 지지했다는 점이다. 공급중시 운동이 정치적 승리를 거두었음을 의미하는 지표인 것이다. 고소득자가 세금을 너무 적게 낸다고 말하는 미국인은 그 비율이 1992년 77퍼센트에서 2012년 62퍼센트로 떨어졌다. 이와 동시에 불평등 수준은 대공황 이후 가장 높아졌다.[117]

래퍼의 지인들은 2006년 래퍼가 오랫동안 정 붙이며 살던 캘리포니아를 떠나 테네시주 내슈빌로 옮긴다고 했을 때 깜짝 놀랐다. 래퍼는 자신과 세금에 대한 관점이 같은 주를 찾고 싶다고 말했다. 그러

---

* 경제 사다리 꼭대기에서 소득이 빠르게 늘어났기 때문에 가장 부유한 미국인이 내는 세금은 늘어났지만 소득에서 세금으로 내는 비율은 줄어들었다. "대폭 줄어들었다"는 의미는 부유층이 1960년이나 1980년 법을 적용했더라면 세금을 훨씬 더 냈어야 했다는 것이다.

경제학자의 시대

고는 테네시주의 별칭인 볼런티어주보다 주민에게 세금을 덜 요구하는 주는 거의 없다고 덧붙였다. 알래스카주, 사우스다코타주, 와이오밍주 정도가 소득에서 주세나 지방세로 떼어 가는 몫이 테네시주보다 더 적었다.[118] 래퍼는 첫 해에 낼 세금을 저축하면 호화로운 벨 미드에 155만 달러 저택을 구입할 수 있다고 즐겨 말했다. 이웃에 앨 고어Al Gore도 살았다. 래퍼는 내게 말했다. "정말 명언 아닌가요? 진실에 매우 가깝기도 하고요." 하지만 래퍼는 이사를 하고 나서 곧 우려스러운 점을 발견했다. 테네시주에는 아직 상속세가 있었던 것이다. "살기 좋은 곳이에요. 하지만 죽기 좋은 곳은 아닙니다." 그래서 래퍼는 테네시 입법부가 상속세를 폐지하도록 설득하는 운동을 시작했다. 래퍼는 내게 말했다. "이제 테네시주는 죽기에도 좋은 곳이 되었어요."

5장

우리가 믿는 기업 품 안에서

경제학자가 총알을 만들고 변호사가 그 총알로 서로 쏘아 댄다는 말
이 있다.

— 머턴 J. 펙(1978)[1]

1952년 4월 몇몇 세계적인 대기업과 아직 제품 하나 생산하지 않는 신생 기업 소속 공학자 수십 명이 뉴욕시에서 버스에 올라 허드슨 강변으로 향했다. 이들은 AT&T가 초대한 손님이었다. 몇 달 전 트랜지스터라는 새로운 전자 장치에 특허권을 획득한 AT&T가 예비 경쟁자를 초대해 9일 동안 트랜지스터 제작 방법을 정확히 배우도록 연수회를 열었다. 또 펜실베이니아주 앨런타운에 있는 최첨단 생산 시설을 이틀 동안 견학하는 일정도 마련했다. 이 외에도 2권으로 된 나무랄 데 없는 설명서도 펴냈다. 전기 공학자의 한 세대에게는 '마더 벨의 요리책Mother Bell's Cookbook'이라고 알려진 바로 그 참고 도서였다.[2]

AT&T 연수회에는 텍사스인스트루먼트Texas Instruments 공학자 팀도 참석했다. 이 회사는 석유업에서 전자업으로 막 전환한 작은 기업이었는데, 2년 뒤인 1954년에 첫 실리콘 트랜지스터를 생산했다. 이는 마이크로프로세서의 발전으로 이어졌고 그 덕분에 개인용 컴퓨터가 탄생했다. 일본 기업인 도쿄쓰신코교Tokyo Tsushin Kogyo는 AT&T 연수회에 공학자를 파견하지 못했다. 참가자를 나토 회원국 기업으로 제한했기 때문이다. 하지만 1953년 이 기술에 대한 사용 승인을 받아 곧 가전제품 시대에 첫 성공 신화를 쓴 제품을 생산하기 시작했다. 바로 소니 트랜지스터라디오였다.

사실 트랜지스터는 거의 모든 현대 전자 장치의 기본 구성 요소다. 하지만 AT&T가 거두어들인 수확물은 소박했다. 기업들이 기술 사용료로 2만 5000달러만 냈기 때문이다.

AT&T가 관대한 태도를 보인 이유는 단순했다. 연방 정부가 거대하고 강력한 기업들이 혁신 기술을 축적하지 못하도록 적극적이면서도 대단히 신중하고 광범위하게 캠페인을 펼치며 AT&T의 혁신 기술을 나누라고 강제했기 때문이다.[3]

"전자제품 분야를 확장하기 위해" 규제 기관은 1941년에서 1959년 사이 100개 이상 기업한테 특허 기술 이용을 승인하라고 요구했다.[4] 제너럴일렉트릭은 백열전구 비밀 기술을 나누었고, IBM은 대형 컴퓨터 제작법을 책자로 펴냈다.[5] 한 세대가 흐른 뒤 연방 정부는 다시 개입해서 다른 기업도 IBM 컴퓨터 소프트웨어를 개발할 수 있도록 허가하라고 IBM에 강제했다. 새로운 기업이 속속 문을 열었고 이 가운데에는 1975년 4월 빌 게이츠와 폴 앨런이 세운 마이크로소프트Microsoft도 있었다.

컴퓨터 혁명의 신화나 실리콘밸리 창고에서 사상을 키운 자유지상주의의 신화에서는 대개 정부가 해낸 역할을 언급하지 않는다. 하지만 새로운 시장을 개척하고 여러 발상을 꽃 피울 수 있었던 건 반독점 규제 덕분이었다.

미국의 첫 반독점법

대기업의 시장 지배력을 제한하는 정책은 분명 미국의 전통이었다.

19세기 미국인은 스스로를 자작농과 숙련공과 상공인의 나라 국민이라고 여겼다. 모두가 스스로의 주인이었던 것이다. 아니면 언젠가 그렇게 되리라고 믿을 만한 근거가 있었다. 허황한 공상이 아니었다. 경제적 자치권이라는 이 이상에는 흑인과 여성과 상당수 백인 남성을 배제했지만 미국 안에서, 특히 북동부와 중서부에서 토지와 자본 소유권은 유럽에 비해 훨씬 광범위하고 고르게 배분되었다.

19세기 후반 철도와 여타 대기업이 부상하면서 미국인들 다수는 이러한 삶의 방식이 직접적인 위협으로 다가왔다. 규모 그 자체가 문제였다. 거대 기업이 더 작은 경쟁자를 집어삼키고 공급업자를 쥐어짜고 소비자에게 바가지를 씌웠기 때문이다. 한 줌도 안 되는 사람들이 막대한 수익을 긁어 가고 막강한 정치적 영향력을 떨쳐서 나머지 사람들에게는 경제적 독립이라는 꿈이 차츰 사라지는 듯했다. 미국은 불평등한 사회가 되어 갔다. 19세기 말에 이르자 생산 제품의 3분의 2를 대기업에서 생산했으며 임금 노동자의 3분의 2가 대기업에서 일했다.[6]

정치적 반발은 1890년에 셔먼 독점금지법Sherman Antiturst Act을 낳았다. 이는 미국의 첫 반독점법으로 시장 지배력의 남용을 법률로 금한 것이었다. 이 법안을 발의한 존 셔먼John Sherman 오하이오주 공화당 의원은 "우리가 왕을 정치권력으로 허용하지 않는다면 의식주에 필요한 일용품의 생산과 운송과 판매 위에 군림하는 왕도 인정해서는 안 됩니다"라고 말했다.[7]

머지않아 이 법은 미국 경제의 효율성을 극대화하려는 때 이른, 나아가 그릇된 시도로 그려진다. 하지만 이것은 사실대로 쓰인 역사가 아니었다. 이 법은 경제적 효율성을 정치 아래에 두려는 의식적인 노력이었다. 소규모 자영업자의 자립권을 지키려는 의도였다. 아니 그보다는 민주 정부의 생존력을 보호하려는 조처였다.[8]

20년 뒤인 1911년 연방 정부는 권력을 이용해 존 D. 록펠러John D. Rockefeller의 스탠더드오일Standard Oil을 34개 회사로 쪼개었다.[9] 록펠러는 한때 미국인의 삶에 새롭게 깃드는 꿈을 구현했으며 이를 찬양했다. 1882년에 이렇게 썼다. "통합의 시대가 여기 미국에 곧 도래한다. 개인주의는 사라졌고 다시는 돌아오지 않을 것이다." 연방 대법원은 록펠러 기업의 해체를 지지하면서 정부가 그 점을 용인할 준비가 안 되었다고 분명히 밝혔다. 3년 뒤인 1914년에 의회는 광범위한 반경쟁 행위anticompetitive practice를 금지했는데 이 가운데에는 경쟁을 실질적으로 줄이는 상대 회사와의 합병도 포함되었다.

경제적 효율성이 우선이 아니다

기업 집중에 대한 우려는 대공황으로 다시 높아졌다. 반독점 선전 활동의 일환으로 1904년에 개발된 모노폴리 보드 게임이 1930년대 새롭게 단장하고 일반 대중 앞에 선보이고 나서 큰 인기를 끌었다.[10] 프랭클린 루스벨트 대통령이 미국인은 "시장에서 동등한 기회를 가져야 한다"라고 큰 소리로 외치며 법무부 내에 반독점 전담 인원을 18명에서 500명 가까이로 늘렸다.

2차 세계대전 후 반독점 시행은 또한 파시즘과 공산주의를 막는 대책으로 활용되었다. 수없이 인용되는 1947년 연설에서 에스테스 키포버Estes Kefauver 테네시주 민주당 하원 의원은 기업 집중이 더 큰 정부를 지지하는 포퓰리즘적 요구를 부채질할 것이라고 경고하며, 그 요구는 자본주의가 와해하고 자유가 파괴될 때까지 멈추지 않을 것이라고 일침을 가했다. 키포버는 자신의 경고를 글로 옮겨 놓았는데 1940년대 이후 거의 10년마다 닥친 상황과 놀라우리만치 닮아 보였다.

> 미국 재계는 그 지배력을 지역 사회에서 중앙 관리자가 있는 몇몇 대도시로 꾸준히 옮겨 가고 있다. 이들은 정책뿐 아니라 자신들이 통제하는 광대한 기업의 운명까지 결정한다. 수백만 명이 속수무책으로 그들의 판단에 좌우된다. 독점적인 합병 때문에 사람들은 자신의 경제적 복지를 결정하는 힘을 잃어 가고 있다. 사람들이 경제적 복지를 결정하는 힘을 잃으면 정치적 미래를 결정하는 수단도 잃는다.[11]

트루먼 행정부는 독일 독점 기업이 히틀러가 권력을 장악하는 데 핵심 역할을 했다고 결론짓고 독일의 거대기업 일부를 해체했다. 가장 중요한 I.G.파르벤I.G.Faraben은 9개로 분할되었으며 여기에는 바스프BASF와 바이엘Bayer도 포함되었다. 하지만 서독이 기업 권력을 제한하기 위해 발전시켜 나간 접근법은 미국과 달랐다. 서독 정부는 '질서자유주의Ordoliberal*'라는 경제 사상에 영향을 받았는데, 이 사상은 정부가 시장을 규제하여 최상의 결과를 보장해야 한다고 주장했다. 그래서 서독 정부는 국가가 승인하는 기업 연합인 카르텔을 형성하여 중소기업을 보호하는 정책을 폈다. 또 국가가 강성한 노동조합을 지원하여 기업 권력을 견제하고자 했다.

미국은 일본에도 반독점법을 제정하라고 요구했지만 별 효과는 없었다.

이 시기에 미국 정책 입안자들은 경제학자들의 견해에 거의 관심을 보이지 않았다. 1920년에 정부가 US스틸을 상대로 한 반독점 소송에서 한 경제학자를 증인으로 세우고 새롭게 안을 제시했을 때 연방대법원은 그 경제학자의 '철학적 추론'이 증거 등급이 낮다고 무시했다.[12] 1963년 필라델피아의 은행 두 곳이 합병하지 못하도록 막는 결정을 내릴 때에는 법원이 반감을 보다 완곡한 표현으로 설명하며 판사에게는 경제적 증거를 판단할 역량이 부족하다고 이유를 들었다. 법리학적인 "네 탓이 아니라 내 탓이오"였다.

한편 정부는 계속해서 규모 그 자체를 미국답지 않다고 여겼다. 시장을 지배한 기업이 가장 저렴한 가격에 가장 질 좋은 서비스를 제공할 수 있겠지만 경제적 효율성은 공공 정책의 목표가 아니었다.

---

* 자유 시장을 중시하지만 시장이 해결하지 못하는 영역에 대해 국가가 역할을 맡아야 한다는 사상―편집자주

경제학자의 시대

1962년 연방 대법원은 브라운슈Brown Shoe사가 G. R. 키니G. R. Kinney 사를 매입할 수 없다는 판결을 내렸다. 이 거래로 합병된 회사는 보다 낮은 가격으로 신발을 팔 수 있겠지만 규모가 더 작은 경쟁사에는 불리했기 때문이다. 얼 워런Earl Warren 대법원 수석판사는 판결문에 이렇게 썼다. "우리는 지역에 기반을 둔 자립적인 소규모 기업을 보호하여 경쟁을 촉진하고자 하는 의회의 염원을 존중하지 않을 수 없다. 의회는 산업과 시장을 계속 분산해 놓으면 때때로 비용과 가격이 더 오를 수 있다는 점을 인식했다. 하지만 대립되는 사항에 대해서 표결을 거쳐 분권화를 지지했다."[13]

경제학자는 기술자

경제학이 부상함에 따라 미국인의 삶에서 반독점법이 맡은 역할도 바뀌었다. 20세기 후반기 동안 경제학자는 연방 법원과 사법부가 반독점법의 본래 목적은 제쳐 놓고 대신에 가능한 한 가장 낮은 가격으로 소비자에게 상품과 서비스를 제공하자는 단 한 가지 목적에만 집중하도록 차츰 설득해 나갔다.

다른 공공 정책 분야에서 그랬듯이 1960년대 초 경제학자는 반독점법 시행을 정당화하는 데 경제 원리를 이용할 수 있다고 주장하면서 영향력을 키우기 시작했다. 이 주장이 일각에서 열렬한 지지를 받은 까닭은 정책 입안자들 사이에서 정부가 집행을 결정할 때 기준을 명확하게 적용하지 않는다는 우려가 커지고 있었기 때문이다. 포터 스튜어트Potter Stewart 연방 대법원 판사는 로스앤젤레스의 중간 규모 식품 체인점 둘의 합병을 막은 1966년 판결과 의견을 달리했다. 그리고 제기된 합병을 상대로 연방 정부가 낸 소송에서 "유일하게 고수한 일관성"은 "정부가 항상 이긴다"는 것이었다고 힐난했다.[14]

이런 불만을 해소하려고 존슨 행정부는 도널드 터너Donald Turner 를 임용하여 사법부 내 반독점 부서를 맡겼는데 터너도 전임자들처럼 변호사였다. 하지만 그는 전임자들과 달리 정규 교육을 받은 경제학자였다. 터너는 예일 법학대학원에 입학하기 전 하버드 대학에서 박사 학위를 받았다. 존슨 대통령 보좌관의 관심을 사로잡은 1959년 저서에서 터너는 정부가 일관된 반독점 기준을 마련하여 시장 개입에 규율을 세워야 한다고 주장했다. 그리고 법무부에서 3년 동안 자신의 변호사 부원들과 싸우면서 법무부의 첫 반독점 지침을 정했다. 여기에는 경제 분석이 기업 행위가 적법한지 판단할 수 있는 적합한 방법이라는 내용이 담겼다. 결과가 당장 나타나지는 않았다. 터너의 관점에서 보면 경제 이론은 기업 행위에 대한 폭넓은 제약을 정당화했다. 법무부는 경제학자를 고용하기 시작했고 이때부터 결정을 설명하면서 더 경제학 용어를 사용하기 시작했다. 하지만 대체로 결론은 달라지지 않았다. 정부는 계속 광범위한 부문에 걸쳐 합병을 막았다.

경제학자의 역할은 1972년 보고서에 다음과 같이 실려 있었다.

법무부에는 또 다른 유형의 전문가가 있는데 바로 경제학자다. 이들은 이류 시민이다. 소송이 제기될 때에나 법률 이론을 적용할 때에나 구제를 모색할 때에나 발언권이 거의 없거나 아예 없다. 대개 장기적

경제학자의 시대

인 연구를 수행하지도 않으며 정책 입안 직원과 긴밀히 협력하여 일하지도 않는다. 대체로 변호사를 도와 재판에 제출할 통계 자료를 준비하거나 이따금 증인석에 앉는다. 이들은 기술자다. 그리고 그렇게 행동한다. 변호사는 거의 모두 이들을 '통계 전문가'라고 한다. 한 경제학자가 우리와 인터뷰를 하다가 갑자기 중단했다. 변호사와 협의하러 서둘러 자리를 떠나면서 설명하기를 "윗사람이 부르시기" 때문이라는 이유를 댔다.[15]

하지만 터너가 마련한 지침은 기업 집중을 학문적으로 이해하는 데 여러 변화를 불러오는 길을 선명하게 닦았다. 이는 반독점법 시행에도 변화를 불러왔다. 그리고 1970년대에 시장 신뢰 경제학자는 기회를 잡았다.

시장이 최상의 결과를 내놓는다

전후 기업 집중에 대한 시각을 뒤집는 데 가장 책임이 무거운 경제학자 조지 스티글러George Stigler는 천성이 무척 보수적이었다. 스티글러 곁을 오랫동안 지킨 조교에 따르면 시카고 대학 교정에서 산책을 나갈 때 마지막까지 중절모를 꼭 챙겨 쓰고 다닌 사람이었다고 한다.[16]

스티글러 세대의 걸출한 지성 가운데 일부는 경제학이 인간 조건을 향상시킬 도구였기 때문에 끌렸다. 하지만 스티글러에게 경제학이 지닌 간결한 아름다움은 그런 노력이 다 부질없음을 확인시켜 준

시카고 대학 경제학자 조지 스티글러. 밀턴 프리드먼이 가까이 지낸 친구 가운데 한 명이다. 또 프리드먼 못지않게 공공 정책에 지대한 영향을 미친 몇 안 되는 경제학자 가운데 한 명이다. (시카고 대학)

다는 데 있었다. 경제학자의 임무는 사회 진보를 향한 제도에 대해 "경제 논리에 따라 가혹한 평결을 선언하는 것"이었다.[17] 스티글러는 시장이 최상의 결과를 내놓는다고 믿었고, 정치인도 자선가도 오지랖 넓게 개입하려는 사람도 상황을 더 악화시킬 뿐이라고 보았다.

이런 믿음은 스티글러의 '생존 원리survival principle'라는 표현에서 본연의 의미를 그대로 드러냈다. 이는 일반적으로 말해서 수익을 낳는 사업 행위가 최선이라는 주장이었다. 기업이 살아남으려면 시장 조건에 적응해야 했다.[18] 비유에 진화를 끌어온 의미는 분명했다. 거대 기업은 오리너구리처럼 심미적 감수성에는 거슬릴지 모르나 그 존재에는 타당한 이유가 있다는 것이었다. 따라서 정부는 멀쩡한 것을 고치려 들어선 안 되었다.

경제학자의 시대

시장의 부패를 우려한 스티글러

스티글러는 1911년 시애틀 인근에 있는 작은 도시에서 태어났다. 정부가 스탠더드오일을 깍둑썰기 하듯 해체한 바로 그해였다. 아버지는 독일 이민자로 금주법 때문에 사업을 접은 양조업자였다. 이후 부동산 투자자로 조그맣게 성공을 거두었지만 스티글러가 열여섯 살이 될 때까지 가족은 16번이나 이사를 해야 했다. 스티글러는 1931년 워싱턴 대학을 졸업했다. 하지만 일자리를 찾기에 순탄한 시절이 아니어서 동부로 향해 노스웨스턴 대학 경영대학원에 진학했다. 여기서 경제학을 알게 되어 학업을 이어 나갔고 시카고 대학에서 1938년 박사 학위를 받았다.[19]

스티글러는 프리드먼과 시카고 대학에서 처음 만났지만 2차 세계대전이 일어나는 동안 콜롬비아 대학에서 함께 일하며 가까운 사이가 되었다. 두 사람은 1945년 미네소타 대학에 같이 자리 잡았고 이곳에서 임대료 규제에 대한 소논문을 공동 집필했다. 이듬해 두 사람은 시카고 대학의 똑같은 자리에 지원해 면접을 보았다. 프리드먼은 붙었지만 스티글러는 브라운 대학으로, 다시 콜롬비아 대학으로 떠도는 신세가 되었다. 두 사람이 다시 공동으로 논문을 쓰지는 않았지만 자주 서신을 주고받았고 서로에게 편집자이자 자문역을 하며 가깝게 지냈다. 때때로 스티글러는 사람들 입방아에 오르지 않도록 하라며 프리드먼에게 잔소리를 했다. 나중에는 차를 함께 타고 체육관 사물함도 함께 썼다.

조지 슐츠는 두 사람을 잘 알았다. 슐츠에 따르면 프리드먼이 누군가가 펴는 주장의 논리를 공격한다면 스티글러는 "그 누군가를 모두가 비웃도록 유도했다."[20] 진보주의 경제학자 로버트 솔로는 우연히 두 사람과 함께 스탠퍼드 대학에서 안식년을 보냈다. 솔로가 보기에 프리드먼은 도저히 구원 받을 수 없는 이론가였다. 솔로는 한 친구에게 보낸 편지에 이렇게 썼다. "프리드먼에게는 유머를 약에 쓰려도 찾을 수가 없다네." 하지만 스티글러에게는 호감을 갖지 않을 수 없어서 "스티글러는 진정 유머 감각이 넘치는 사람이지"라고 말하기도 했다. 하지만 그에 대해 "한순간도 자신의 자유방임주의를 정말 진지하게 받아들이지는 않는다네"라고 시인했다.[21] 한 기자가 경제학자인 해리 존슨Harry Johnson이 500편 가까운 논문을 쓰는 동안 스티글러는 100편을 썼다고 지적하자 스티글러는 "제 논문은 하나하나 다 다릅니다"라고 대답했다.[22] 키가 큰 스티글러는 역시 키가 큰 진보주의 경제학자 존 케네스 갤브레이스와 그렇지 못한 프리드먼을 일러 이렇게 말했다. "위대한 경제학자는 모두 키가 큽니다. 예외가 2명 있지요. 존 케네스 갤브레이스와 밀턴 프리드먼입니다."

스티글러는 학계 경제학자의 연구가 공공 정책에 거의 영향을 미치지 못한다고 즐겨 주장했다. 그리고 프리드먼이 일반 대중에게 경제학을 가르치느라 애쓰는 통에 시간을 낭비하고 있다고 언급하곤 했다. "프리드먼은 세상을 바꾸고 싶어 합니다. 하지만 저는 그저 이해하고 싶을 뿐입니다"라고 스티글러는 말했다.[23] 하지만 스티글러를 아는 사람들은 그가 지닌 야심의 크기를 알아차렸다. 오랜 동료인 로널드 코스Ronald Coase는 "스티글러는 자신이 세상을 바꿀 것이라고 생각했습니다"라고 말했다.[24] 하지만 실제는 그렇지 않았다. 스티글러는 동료 경제학자를 이기는 데 집중했다. 계속 중요한 연구를 내놓았고 프리드먼이 공적 지식인으로서의 삶을 살게 된 뒤로도 오랫동안 학계 반대자들과 열정적으로 논쟁을 벌였다. 스티글러는 회고록에 이렇게 썼다. "학자는 전도사다. 배움 깊은 신도를 개종시켜 자신이 설파하는 새로운 깨달음으로 인도하려 애쓴다. 새롭더라도 성의 없이 되는 대로 제안한 이론은 잊히기 십상이다."[25]

그에 걸맞게 스티글러는 1948년 시장 옹호론을 펴기 시작했는데, 런던정경대학에서 잇따라 강의하며 한 동료 경제학자에게 통렬한 공격을 퍼부었다. 상대는 에드워드 체임벌린Edward Chamberlin 하버드 대학 교수였다. 체임벌린은 독점력이 경제계에 만연한 특성이라고 주장하여 1930년대에 명성을 얻었다. 대기업이 장악한 산업계는 비교적 적었지만 경쟁적으로 보이는 산업계에도 기업들에게 어느 정도 독점력이 있다고, 다시 말해 공급업자와 경쟁자와 소비자를 쥐어짜는 어떤 능력이 있다고 주장했다. 해변 산책로에 아이스크림 가게와 얼린 요구르트 매점과 빙수 노점상이 있다고 가정해 보자. 이 사업자 가운데 어느 누구도 얼린 간식을 파는 사업을 독점하지 않는다. 아이스크림 가게가 가격을 2배로 올리면 사람들은 얼린 요구르트나 빙수를 더 사 먹는다. 하지만 체임벌린의 말에 따르면 아이스크림 가게는 가격을 다소 더 올릴 수 있다. 일부 소비자가 아이스크림을 더 좋아하기 때문이다. 또 아이스크림 가게는 예를 들어 광고를 하거나 열 번째 아이스크림은 무료로 주는 적립 카드를 만들어 이들 기호를 공략할 수 있다. 이는 시장을 나누어 이른바 체임벌린이 말하는 '독점적 경쟁monopolistic competition'을 낳는 효과가 있다. 체임벌린은 경제가 독점을 강화하고 경쟁을 약화하는 방향으로 나아간다고 경고했다.

시장은 매우 파편화하고 불완전하게 경쟁하는 곳이라는 체임벌린의 시각은 스티글러의 심미적 감각과 정치적 성향에 거슬렸다. 스티글러가 내놓은 첫 주요 반론은 체임벌린의 시장관이 쓸모없다는 것이었다. 체임벌린의 모델은 표면적으로 현실 세계와 닮았을지 모른다. 현실 세계에서는 인근 주유소가 서로 가격을 다르게 매기곤 하니까 말이다. 하지만 스티글러는 문학에서나 그렇게 한다고 주장했다. 스티글러도 프리드먼처럼 얼마나 정확하게 예측하는가로 경제 모델을 판단하고 싶어 했다. 스티글러의 관점에서 보면 경제학에는 일반 이론에서 증류해 뽑은 정수精髓가 필요한 것이지 고유한 현실을 세밀하게 표현한 묘사는 필요하지 않았다. 시장은 완전하게 경쟁하는 곳이 아니었지만 스티글러는 경제학자나 정책 입안자나 시장 대부분을 완전 경쟁하는 곳으로 가정해야 보다 나은 결과를 낳을 수 있다고 강조했다.[26]

경력을 막 쌓아 나가기 시작한 이 초창기에 스티글러는 아직까지 비교적 드문 실제 독점 사례를 경제에 위험하다고 여겼다. 1952년 《포춘》지에 실은 글에서 스티글러는 정부가 이런 기업을 조각조각 흩어 놓아야 한다고 요구했다.[27]

하지만 스티글러가 지닌 동기는 반독점 시행을 지지한 전통적인 이유와는 거리가 멀었다. 그는 정부와 사회의 부패가 아니라 시장의 부패를 우려했으며 대기업의 부상이 노동조합의 득세와 규제의 강화를 정당화하는 데 이용되고 있다고 경고했다. 스티글러는 이렇게 썼다. "대기업은 점점 '사회적 이해'에 따라 행동하도록 요구 받고 있고 정부는 점점 대기업의 일상 활동에까지 개입하고 있다."

경쟁은 강인한 잡초

스티글러와 프리드먼은 1957년에 재회했다. 스탠퍼드 대학에서 함께 안식년을 보내기로 미리 계획을 세워 놓았기 때문이다. 두 사람은 300달러를 분담하여 1950년형 뷰익을 사서 주로 주중에 테니스를 치러 다녔다.[28]

이듬해 스티글러는 시카고 대학 교수가 되면서 2만 5000달러라는 파격적인 보수* 외에 막대한 연구 기금을 받았다.[29] 이 연구 기금은 찰스 월그린Charles Walgreen이 지원했는데 그는 지역 약국업계의 거물로 금주법을 시행하는 동안 약용 위스키를 팔아서 한 재산을 모았다. 월그린은 1935년 조카에게 시카고 대학을 그만두게 하고는 공산주의와 자유연애를 가르쳤다고 시카고 대학을 고소했다. 일리노이주 입법부는 적법한 절차에 따라 조사를 벌였지만 시카고 대학에서 공산주의와 자유연애를 가르쳤다는 증거를 찾지 못했다. 2년 뒤 월그린은 관계를 회복할 목적으로 "시카고 대학 학생이 미국인의 삶과 가치에 대한 인식을 더욱 올바르게 정립하도록" 55만 달러를 기부했다.[30]

---

* 1960년 인구 조사에 따르면 1957년 남성 대학 교수가 받는 보수의 중간값은 7971달러였다. 게다가 경제학 교수는 아직 인정받지 못하던 때였다. 콜롬비아 대학 경제학자 존 M. 클라크John M. Clark는 1950년대 중반 숙련된 목수와 비교해 보수에 별 차이가 없다고 불평을 토했다.

시카고 대학이란 온실로 옮겨 뿌리를 내리자 스티글러의 반독점 시행을 향한 비판은 활짝 꽃을 피웠다. 체임벌린을 반박할 때 그는 가격 차이에 대해서는 논거를 내놓지 않았었다. 한 도시에서 똑같은 치약을 팔지만 왜 약국마다 가격이 다른 걸까? 합리적인 소비자라면 가장 싼 가격을 찾아내지 않을까? 1961년에 스티글러는 스스로 "경제 이론에 가장 혁혁한 기여를 했다고" 평가한 한 논문에서 이에 대한 답변을 내놓았다.[31] 논문은 이렇게 글머리를 열었다. "정보가 귀중한 자원임을 학술 회원에게 언급할 필요는 없다. 지식은 힘이다. 하지만 이 지식이 경제학이란 도시에서는 아직 빈민가에 살고 있다. 그리고 대개는 무시당한다."[32] 스티글러에 따르면 사람들이 불완전한 결정을 내리는 까닭은 다른 것과 마찬가지로 정보에도 가격이 있기 때문이다. 사람들이 필요한 시간과 힘을 투자하여 치약 비용을 철저하게 연구할 가능성은 매우 낮았다.

스티글러는 1964년 논문에서 한 가지 시사할 점을 꼽으며 정부가 기업 집중을 덜 우려해야 한다고 주장했다. 이 논문은 성전聖典이나 다름없는 애덤 스미스의 《국부론》을 전면 반박하는 내용이었다. 《국부론》에서 스미스는 다음과 같은 유명한 말을 했다. "같은 업계에 속한 사람들은 좀처럼 만나는 일이 없다. 설사 유흥이나 오락을 위해 만나더라도 대화는 대중을 속이기 위한 음모와 가격을 올리려는 책략으로 끝난다." 1960년대까지 시장에 만연한 불신에 공감하는 학자들이 이 견해를 공식화했으며 연방 정부가 정책으로 삼았다. 연방 정부는 경쟁이 줄어들면 담합 가능성이 높아진다고 보았다. 1963년 필라델피아 두 은행의 합병을 막는 결정을 내릴 때 연방 대법원은 시장 점유율이 30퍼센트 이상으로 오르면 반(反)경쟁적이라고 추정했다. 이때 스티글러가 등장했다. 스티글러는 사실 비교적 집중된 산업계에서 기업은 독점을 가장하여, 다시 말해 생산량을 제한하고 가격을 인상하기로 합의하여 수익을 올릴 수 있다고 썼다. 그런데 어떤 특정 기업이 그런 카르텔 형성에 참여하고는 소리 없이 가격을 인하해 상대방을 속이면 수익을 더 낼 수 있었다. 앞서 발표한 연구를 토대로 스티글러는 그런 속임수를 막는 일에는 비용이 만만찮게 든다고 주장했다. 다른 기업의 영업 정보를 입수해야 했기 때문이다. 따라서 기업은 그런 카르텔에 참여하지 않으면서 처음부터 속임수를 피해 간다. 카르텔이 시장을 파괴한다는 두려움이 반대 방향으로 향해 오히려 시장이 카르텔을 파괴했다. 스티글러는 이렇게 썼다. "경쟁은 강인한 잡초다. 섬약한 화초가 아니다."[33]

법률 사상가가 된 경제학자 아론 디렉터

시장 신뢰 이론을 법률 이론으로 탈바꿈시킨 초창기 인물 가운데 가장 중요한 이가 아론 디렉터다. 프리드먼의 손위 처남으로 1946년에 시카고 대학 교수가 되면서 경제학자로는 최초로 미국 법학대학원에서 학생을 가르쳤다.

디렉터는 1901년에 동유럽에서 태어났다. 1913년 가족을 따라 오리건주 포틀랜드에 도착했을 때 영어는 거의 한 마디도 하지 못했다. 그는 8년 뒤 장학금을 받고 예일 대학에 입학했다.[34] 디렉터는 마

(앉아 있는 사람 중에 콧수염을 기른 사람이) 아론 디렉터. 자유지상주의 경제학자로 시카고 대학 법학대학원에서 학생을 가르쳤다. 법학자 한 세대에 커다란 영향을 미쳤다. 1953년 학회에 학생들과 함께 참석했는데 이들 학생 가운데에는 로버트 보크(왼쪽에서 두 번째)도 있었다. 보크는 디렉터가 내세운 이론을 대중화하는 데 일조했다. (시카고 대학)

크 로스코비츠Mark Rothkowitz라는 친구와 함께 동부로 향했다. 로스코비츠는 곧 대학을 중퇴하고 성에서 마지막 네 글자를 떼어낸 이름으로 예술의 길을 걸었는데 훗날 유명한 예술가가 되었다. 디렉터는 대학을 졸업하고 몇 년 동안 재미 삼아 사회주의에 발을 담갔다가 1927년 시카고 대학 경제학과 대학원에 진학했다. 박사 과정을 다 마치지는 못했지만 자유 시장 경제학의 대의를 열렬하게 믿는 개종자가 되어 1934년에 시카고 대학을 떠났다. 2차 세계대전 동안 디렉터는 시카고 대학 출판부를 설득하여 하이에크의 저서 《노예의 길》영문판을 출간했다. 1946년에 하이에크는 보답하는 뜻으로 자유지상주의

경제학자의 시대

이상에 헌신하는 캔자스시티 비영리단체 볼커 재단에 있는 지인을 설득해 시카고 대학 법학대학원의 디렉터 자리에 비용을 대도록 했다.[35]

이렇게 해서 디렉터는 색다르게 학자로서의 길을 시작했다. 그는 시카고 대학 교수로 20년을 재직하는 동안 발표한 연구가 거의 없었다. 하지만 시카고 대학에서 변호사 과정을 밟은 세대에게 큰 영향을 남긴 덕분에 당대 가장 중요한 법률 사상가로 자리매김했다. 수년 동안 법학대학원에서 훗날 포드 행정부의 법무장관을 지내는 에드워드 H. 레비Edward H. Levi와 함께 반독점 과정을 가르쳤는데, 레비가 네 번 강의한 다음 디렉터가 한 번 강의했다. 한 학생은 "디렉터 교수님은 레비 교수님이 앞서 4일 동안 가르친 내용이 전부 헛소리라고 일축하곤 했습니다"라고 회상했다. 일부 학생에게는 종교적인 체험이나 다름없었다. "우리는 예니체리Janissary가 되었습니다"라고 로버트 보크Robert Bork가 말했다.* 보크는 디렉터의 이론을 대중화하는 데 가장 지대한 영향력을 발휘한 초창기 학생 가운데 하나였다. 훗날 경제학을 법률 이론과 통합한 연구로 노벨 경제학상을 받은 동료인 로널드 코스는 스스로 디렉터의 사도라고 여기면서 이렇게 말했다. "아론 디렉터가 예수 역할을 했다면 저는 성 바울 역할을 했습니다. 디렉터가 교리를 정립해 나갔고 제 임무는 그 교리를 이교도에게 전하는 것이었습니다."[36]

디렉터의 특징은 한마디로 기업 행위가 반경쟁적이라는 견해에

---

* 예니체리는 오스만 제국에 포로로 잡혀 이슬람교로 개종한 뒤 전쟁터로 나간 기독교인들이다.

대한 회의주의였다. 디렉터는 시장이 효율적이라는 가정을 세우고 기업 행위를 옹호하는 이론을 추론해 나갔다. 일반적인 관점에서 보면 대기업은 시장을 어슬렁거리며 보다 약한 경쟁사와 공급업자와 소비자를 먹잇감으로 삼았다. 하지만 디렉터의 시각에서 보면 기업은 살아남기 위해 애썼을 뿐이었다. 분명 경쟁에 맞닥뜨린 적이 없던 AT&T나 알코아Alcoa 같은 거대 기업조차 비효율성이 새로운 경쟁자를 끌어들일까 봐 두려워 선뜻 나서지 못했다.

대표적인 사례로 스탠더드오일의 경우를 살펴보자. 정부는 스탠더드오일이 경쟁에 부딪힌 도시마다 석유를 손해 보고 파는 방식으로 독점을 형성해 나가면서 소기업 경쟁사를 폐업에 이르게 했다고 비난했다. 디렉터의 주장에 따르면 이는 전혀 논리에 맞지 않았다. 독점을 꾀하는 기업은 합의를 통해 경쟁사를 인수할 수 있었다. 독점 행위로 벌어들일 수 있는 추가 수익을 나누자고 경쟁사에 제안하면 될 일이었다. 스탠더드오일이 실제로 가격을 낮춘 형태로 어떤 이점을 누렸다면 낮은 가격으로 석유를 파는 일은 사리에 맞는다고 주장했다. 1953년에 존 맥기John McGee라는 시카고 대학 경제학과 대학원생에게 스탠더드오일을 상대로 정부가 내놓은 증거를 면밀히 살펴보라고 권했다. 맥기는 회의적이었다. "다른 사람들과 마찬가지로 저도 스탠더드오일이 실제로 자행한 만행을 아주 잘 알고 있었습니다." 하지만 기록 보관소를 샅샅이 파헤친 뒤 맥기는 디렉터가 옳았다고 결론 내렸다. 1958년 맥기는 스탠더드오일이 무고하다고 주장하는 유명한 논문을 발표했다. 맥기에 따르면 스탠더드오일이 더 싼 가격으로 석유를 판 이유는 더 낮은 비용으로 석유를 생산했기 때문이다. 이 논문은

경제학자의 시대

《법과 경제학 저널Journal of Law and Economics》창간호에 실렸다. 이 학술지는 디렉터가 자신의 이론을 전파할 목적으로 발행했다.[37] 시카고 대학은 록펠러에게서 기부금을 받았는데 이제 그 신세를 갚을 방법을 찾아낸 셈이었다.

디렉터와 조교들은 자신들을 함부로 무시하는 변호사들에게 무차별 공격을 감행하며 1960년대를 보냈다. 특히 1967년 연방 대법원이 유타파이사Utah Pie Company 구조에 나섰을 때 격분을 금치 못했다. 1950년대 미국인은 냉동실이 딸린 냉장고를 막 구입하기 시작했다. 이에 집에서 굽기만 하면 되는 냉동 파이 판매가 급증했다. 유타파이는 갓 구운 파이의 판매량이 그만큼 급감하자 1958년 공장을 짓고 사과, 체리, 보이젠베리, 복숭아, 호박, 다진 고기를 넣은 냉동 파이를 생산했다. 이들 파이는 꽤 잘 팔려 나갔다.

유타파이는 지역 슈퍼마켓에서 파이를 12개씩 묶어 4달러 15센트에 팔았는데 이는 카네이션Carnation이나 펫밀크Pet Milk 등 전국 브랜드가 공급하는 가격보다 낮았다. 그러자 전국구 상품들이 맞대응을 하며 가격을 내렸고 자본주의가 뒤따랐다. 이후 4년 동안 솔트레이크 시티 지역에서 팔린 파이 판매량이 4배 이상 늘었다. 반면에 평균 가격은 3분의 1이 떨어졌다. 유타파이의 판매와 수익은 매년 늘었지만 수익률은 줄었다. 1961년 유타파이는 경쟁사를 약탈 가격으로 고소했다. 규모가 큰 회사가 유타파이를 문 닫게 하려고 파이 가격을 터무니없이 내렸다는 혐의를 제기했다.

이 소송은 한 가지 분명한 선택지를 내놓았다. 경쟁은 파이 가격을 낮추지만 경쟁자 수를 줄이는 위험도 감수해야 한다는 것이다.

연방 대법원은 유타파이 편에 서서 다시 한 번 법은 기업을 보호하기 위해 있다고 강조했다.[38] 실제로 1936년 의회는 로빈슨 패트먼법 Robinson-Patman Act을 통과시키면서 셔먼 독점금지법을 강화했는데, 로빈슨 패트먼법은 특히 대기업이 가격을 낮춰 지역 경쟁사를 위태롭게 하는 행위를 금했다.

로버트 보크는 이 판결이 경제학 법칙에 위배된다고 지적했다. 보크는 피고가 "경쟁을 해쳐서가 아니라 단지 경쟁을 더 벌여서 유죄 선고를 받았다"라고 썼다.[39] 스티글러는 의사당에서 증언하며 의회가 미국 법을 다시 제정해야 한다고 촉구했다. "로빈슨 패트먼법을 지지하는 저명한 경제학자가 모두 폭스바겐 한 대에 오른다 해도 우람한 운전기사가 앉을 공간은 여전히 남아 있어야 한다는 사실을 소위원회가 반영하기를 바랍니다."[40]

'정의' 대신 '효율'

디렉터는 1965년 시카고 대학에서 퇴임한 뒤 캘리포니아로 이주하여 스탠퍼드 대학에 자리를 그대로 유지했다. 1968년 가을 리처드 포스너Richard Posner가 스탠퍼드 대학 법학대학원 교수로 새로 임명 받아 왔다. 포스너는 한 교수실 문에서 낯익은 이름을 보고 자신을 소개할 기회를 놓치지 않았다. 연방 대법원 판사 윌리엄 브레넌William Brennan의 사무원으로 일할 때 포스너는 1963년 필라델피아내셔널뱅크 소송에서 다수 의견의 초안을 잡은 적이 있었다. 이 소송에서 법원은 경제 분석을 평가할 능력이 부족하다고 선언했는데 이 사건은 기억에 남을 만한 일이었다. 포스너는 연방거래위원회와, 이어 연방 대법원이 생기기 이전 정부를 대변하던 법무차관실에서 일하면서 이 주제에 관심을 키웠다. 스물아홉 살 젊은 나이에 스탠퍼드 대학에 입성하는 데 성공한 포스너는 디렉터에게 열렬한 지도 편달을 구했다. 나이든 경제학자가 나어린 변호사인 포스너의 교수실에서 긴 시간을 보냈다. 디렉터가 서류 보관함에 올라 앉아 열변을 토하는 동안 포스너는 타자기 앞에 앉아 그 내용을 기록했다.[41]

그해 겨울 스티글러가 객원 교수로 스탠퍼드 대학에 왔다. 둘은 셋이 되었다. 스티글러와 디렉터는 포스너가 반독점법을 주제로 여는 토론 수업에 매주 모습을 드러냈다. 나중에 포스너는 학생을 들들 볶길 즐기는 무시무시한 교수로 명성을 얻었다. 하지만 저 첫해에는 학생들이 별 상처 없이 무사히 빠져 나갔으니 주로 교수들끼리 이야기를 주고받았기 때문이다.[42]

봄이 올 무렵 디렉터와 스티글러는 포스너와 시카고 대학 사이에 다리를 놓았다. 포스너는 워싱턴에서 캘리포니아로 미국을 횡단하여 옮겨 오고 나서 1년 뒤 그 길을 거의 그대로 되돌아갔다.

몇 년이 지나 1973년에 포스너는 《법 경제학Economic Analysis of Law》을 펴냈다. 한 비평가는 이 책을 《허클베리 핀의 모험》에 비유했는데 인상적인 지적이었다. 이 비평가에 따르면 포스너는 책에서 경제학이라는 영웅이 각 장마다 새로운 문제와 마주치고 영리한 방법으로 승리를 거머쥐는 모험을 잇달아 그려 냈다.[43] 포스너는 관습법엔 뼛속까지 경제학이 스며들어 있다고 주장했다. 수백 년 동안 이어 온 영국계 미국인의 법학은 대체로 경제학보다 앞선 사고 체계였다. 그 형성에 경제학자는 어떤 영향도 미치지 못했다. 하지만 포스너가 보기에 차곡차곡 쌓아 온 다수의 선례는 경제학자에게 검은 법복을 입혔더라도 별 다를 바 없는 결과였다. 포스너는 초판에서 이 견해를 다소 조심스럽게 표현했다. 하지만 1977년 출간된 재판에서는 경제적 효율성이 정의의 "어쩌면 가장 일반적인" 의미일 수 있다고 썼다.

> 우리가 다른 여러 사례에서 보듯이 누군가에게 재판 없이 유죄 선고를 내리거나 정당한 보상 없이 재산을 빼앗거나 부주의한 운전기사가 그 부주의로 희생자가 입은 피해에 책임을 지지 않는 일을 두고 '부당'하다고 말할 때 이런 일들은 문제의 행위가 자원 낭비라는 의미로 충분히 해석될 수 있다.[44]

그뿐 아니라 포스너는 법이 효율적이지 않을 경우에는 바꾸어야 한다고 주장했다.

1976년에 출간한 두 번째 저서 《반독점법Antitrust Law》에서 포스너는 이 교훈을 적용하며 경제적 효율성이 반독점 정책에서 유일한 기준이 되어야 한다고 강조했다. 디렉터의 말을 앵무새처럼 되풀이하는 것이지만 포스너의 관점에서 이는 정부가 기업이 하고 싶은 대로 하도록 놔두어야 한다는 의미였다.

훌륭한 법 이론을 정립하고 연구하는 여러 법학 교수는 대체로 격분을 참지 못했다. 포스너가 미국의 법원 청사 정면에서 '정의'란 말을 도려내고 그 자리에 '효율'을 새겨 넣으려 한다고 질타했다. 많은 이들이 정의는 곧 공정이라고 해석하는 한 이론에 공감을 표했다. 이 이론은 철학자 존 롤스John Rawls가 1971년에 출간한 《정의론A theory of Justice》에서 기품 있게 발전시켰다. 롤스는 황금률Golden Rule로 사고의 전환을 모색했다. 공정성에 대해 시험하려면 자신이 처한 상황을 알지 못한 채 정책을 어떻게 생각하느냐고 물어야 한다고 제안했다. 롤스가 '무지의 베일'이라고 한 견해다. 또한 롤스는 한 사람의 이익이 다른 사람의 손실을 정당화할 수 있다는 생각을 거부하며 이렇게 썼다. 정의는 "소수에게 지우는 희생이 다수가 누리는 더 큰 혜택 때문에 경시되는 일을 용납해서는 안 된다."

이런 격분은 포스너가 꾀한 목적에 이바지했다. 이후 일어난 일을 되짚어 보면 다음과 같다. 오랫동안 시카고 대학 법학대학원에서 교수를 지낸 더글러스 베어드Douglas Baird는 포스너와 지지자들이 어떤 법률 쟁점에 적용되는 보편 개념이 100퍼센트 틀리다고 주장하는 논문을, 예를 들어 파산 소송을 판결하는 법원이 오늘의 1달러가 내일의 1달러보다 가치가 더 크다는 개념을 설명해야 한다고 주장하는 논문을 쓰고는 여러 반박에 부딪히면 전통적인 접근법은 80퍼센트 틀렸다고 주장할 것이라고 말했다. 베어드는 이렇게 덧붙였다. "포스너는 현실을 결코 정확하고 올바르게 파악하지 못했습니다. 하지만 언제나 모든 것을 뒤집어 놓았고 사람들은 이제 법을 다르게 말하고 있습니다."[45]

반독점 규제 완화의 목소리

반독점법 시행에 대한 지지가 1970년대에 차츰 시들해지기 시작했다. 이 법은 어느 정도는 스스로 자초한 실패의 희생양이었다. 합병을 막는다고 해서 대기업의 부상을 저지할 수 없는 현실을 점점 무시하기 힘들었기 때문이다. 맥주를 예로 들어 보자. 20세기 중반 미국에는 중소기업 수백 군데에서 맥주를 양조했다. 정부는 이 기업들의 합병을 막으려 애썼다. 1959년에 앤호이저 부시Anheuser-Busch가 플로리다 맥주 공장을 사들이지 못하도록 막았다. 같은 해 연방 대법원은 밀워키의 두 중견 양조 회사인 팝스트Pabst와 블라츠Blatz의 합병을 뒤집었다. 법원은 판결문에 이렇게 썼다. "저지하지 않으면 독자적인 경쟁자의 수가 줄어들고 보다 큰 규모의 맥주 제조업체가 차지하는 시장 점유율이 늘어날 것이다. 이는 맥주업계 합병을 더욱 가속화하고 결국 맥주업계는 점점 소수의 손아귀에 들어갈 것이다."[46] 하지만 정부가 기울인 노력은 부질없었다. 맥주 양조업계는 합병이란 절차 없이도 통합했다. 이후 20년 동안 앤호이저 부시는 단 한 건의 인수도 없이 맥주 양조업계를 묶는 전국적인 조직망을 구축했다. 한편 블라츠를 비롯한 다른 많은 소규모 양조업체는 폐업 수순을 밟았다. 1960년에는 상위 4개 기업이 전체 맥주의 27퍼센트를 생산했다. 하지만 1980년에는 상위 4개 기업이 67퍼센트를 생산했다.[47] 그리고 경제학자는 맥주 가격이 꾸준히 내렸다고 지적했다.

랠프 네이더 같은 소비자 보호 운동가는 대기업의 존재를 당연하게 받아들이며 기업을 해체하려고 하는 대신에 연방 규제를 강화하려 애썼다.

일본 경제의 부상 역시 공개 토론의 방향을 바꾸기 시작했다. 일본은 산업 재벌을 사회나 국가의 위협이 아니라 힘의 원천으로 여겼다. 미국 기업은 합병이 경쟁에 꼭 필요하다고 주장했고 일부 정치인도 동조하는 목소리를 내기 시작했다. "세상이 변하고 있습니다. 우리도 세상을 따라 변해야 합니다." 닉슨 대통령의 경제 고문이었던 존 코널리John Connally가 1973년 연설에서 한 말이다. 반독점 규제 완화를 주창한 이 연설은 미국의 경제 전망에 대한 비관론이 두드러졌다. 코널리는 청중에게 질문을 던졌다. "다른 나라는 우리만큼 구속받지 않는데 이런 나라와 경쟁해서 우리가 계속 살아남을 수 있을까요?"

"왜 살아남을 수 없을까요?" 누군가 외쳤다.

"왜 살아남을 수 없을까요?" 질문을 한 번 더 반복한 다음 코널리는 이렇게 말했다.

"왜 살아남을 수 없는지 이유를 말하자면 살아남을 수 없기 때문입니다."[48]

사법부의 반독점법 무력화

하지만 의회는 반독점법을 개정하지 않았지만 사법부가 무용지물로 만들어 버렸다. 친기업 성향을 띤 보수주의자 4명이 닉슨의 첫 임기 때 연방 대법원 판사가 되었는데 이 가운데 한 명이 루이스 파월이었다. 유명한 기업 변호사인 그는 1971년 상공회의소에 쓸데없는 걱정만 부풀려서 자본주의가 공격받고 있다고 경고하는 편지를 쓴 장본인이었다.

1976년 파월은 동료들을 설득하여 샌프란시스코 소매업체인 콘티넨탈TVContinental TV가 제기한 소송 심리를 갖도록 했다. 처음에 법원은 그 소송을 맡는 데 반대했지만 파월이 주장을 굽히지 않았다. 반독점법을 무너뜨릴 기회라고 여겼기 때문이다. 텔레비전 제조사인 GTE실바니아GET Sylvania는 전국을 나눠 영업 구역을 정하고 중간 판매상 사이에 경쟁을 제한하기로 이미 결정을 내려놓고 있었다. 콘티넨탈TV가 새크라멘토에서 텔레비전 판매 허가를 받고자 했을 때 GTE실바니아가 거절했다. 이에 콘티넨탈TV 측이 반독점 소송을 냈다. 하급 법원은 GTE실바니아에 불리한 판결을 내리며 연방 대법원이 10년 전 비슷한 소송에서 자전거 제조업체인 슈윈Schwinn에 패소 판결을 내린 일을 언급했다. 당시 법원은 제조업체가 판매업체에 제약을 가할 수 없다고 판결했다. 콘티넨탈TV가 새크라멘토의 다른 판매업체보다 싼 가격으로 텔레비전을 팔고 싶어 했다면 그것은 틀림없이 경쟁을 의미했다.

1950년대 말 디렉터의 격려에 힘 입어 학생 가운데 한 명인 레스터 G. 텔서Lester G. Telser가 왜 제조업체가 판매업체에 그런 제약을 가하려고 하는지 이유를 고찰했다. 텔서는 이 이론을 1960년에 디렉터가 발행하는 학술지에 발표했다. 이 이론에 따르면 제조업체는 판매업체가 광고비와 수리 시설비를 감당하기를 바랐다. 그래서 할인업체가 무임승차하여 "소비자를 설득시키면서 제품을 사도록 한 제조업체가 희생되는 일을" 막으려 했다.[49] 포스너는 1976년 자신의 저서에서 텔

서의 추론을 언급하며 슈윈 판결이 "지성적으로 실패한 이정표"라고 덧붙였다.[50]

파월은 포스너와 의견이 같았다. 그는 법원 서기에게 "슈윈 소송에서 드러나는 경제적 무지를 입증하는 일이 중요하다"라고 말했다.[51] 주요 견해를 피력해 나가며 파월은 영업 구역의 합법화라는 문제 너머로까지 범주를 확대했다. 콘티넨탈TV가 스스로 적법하게 행동하고 있음을 입증하도록 한 일은 잘못이라고 썼다. 파월에 따르면 그 짐은 정부가 져야 했다.[52] 세세한 사항만 중요한 게 아니라 세세한 사항까지 고려하는 의지도 중요하다는 것이었다. 파월이 시장은 불확실성이라는 편익도 도모해야 한다고 보았던 스티글러의 관점을 그대로 받아들였다. 이 소송은 새로운 시대를 열었다. 이제 법원은 사례별 심사에 유리하도록 반경쟁적 행위에 대한 전면적인 금지를 한쪽으로 치워 버렸다. 판사는 경제학자에게 귀 기울일 준비를 마친 셈이었다.

이 같은 추세를 강화하기 위해 디렉터의 또 다른 제자인 헨리 맨 Henry Manne이 1971년 로체스터 대학에 법학 교수를 대상으로 하는 일종의 '신병 교육대'를 세웠다. 맨은 유수한 법학대학원에서 온 교수들이 경제학 강의에 참석하면 1000달러를 지급했는데 이 돈은 엑슨, 제너럴일렉트릭, IBM을 비롯한 여러 기업에서 나왔다. 맨은 "이 기업들 다수에 속한 법무 자문위원들이 그때 '시카고학파 경제학'이 반독점 소송에서 얼마나 도움이 될지 깨달았습니다"라고 설명했다.[53] 맨은 시장에 대한 설명의 의무를 지고 싶다고 말하며 오래 가는 기증품보다는 매년 기부를 해달라고 강조했다. 그리고 곧 보다 매력적인 목적지가 될 마이애미 대학으로 이 과정을 옮겨서 1976년에는 연방 판사를 대상으로 하는 2주 과정을 더 개설했다.

맨은 미국에서 가장 유명한 경제학자들을 강사로 채용했다. 1972년 기업을 자본주의의 진수라고 표현한 논문의 공동 저자인 아르멘 알치안이 주로 첫 3일 동안 가르쳤다. 한 객원 기자가 알치안의 강의를 이렇게 전했다. "넋을 잃은 판사들 앞에서 이리저리 뛰어다니며 알치안이 외쳤다. '저는 여러분의 세계관을 바꿀 것입니다. 여러분이 부당하다고 여기는 일이 실은 그렇지 않을 수 있음을 여러분 앞에 증명해 보일 것입니다.'"[54] 1976년 밀턴 프리드먼이 노벨 경제학상을 수상한 뒤 이 판사들에게 연설했다. 폴 새뮤얼슨도 자주 강사로 연단에 섰는데, 한번은 새뮤얼슨이 강의를 마치고 나자 판사들 몇몇이 맨에게 진보주의 경제학자와 보수주의 경제학자 사이의 차이를 설명해달라고 요청했다. "폴 새뮤얼슨이 가르치는 경제학이나 아르멘 알치안이 가르치는 경제학이나 별반 다르지 않아 보였기 때문입니다."[55]

1980년까지 연방 판사 가운데 거의 20퍼센트가 맨의 과정을 들었고, 1990년에는 이 수치가 40퍼센트에 이르렀다. 이 과정에 참석하기 전과 후 판사들이 내린 판결을 비교 검토해 보면 시장 신뢰 판결 쪽으로 상당히 기울었음을 알 수 있었다.[56] 캘리포니아주 미 지방 법원 판사 A. 앤드루 호크A. Andrew Hauk는 마이애미 대학에서 배운 교훈 때문에 연방 정부가 소수 집단 판매업체와의 계약에 실시하는 할당제를 폐지하도록 판결했다고 《워싱턴포스트》에 말했다. "점점 더 삶을 설명하는 틀이 종교도 아니고 법도 아니고 경제학이 되어 갔습니다."[57]

친독점

경제학이 반독점법에 개입하는 일을 정당화하기 위해 로버트 보크는 역사를 다시 썼다. 시카고 대학을 졸업한 뒤 보크는 예일 대학 법학 대학원 교수가 되었는데 학생들은 보크의 반독점법 강의에 '친독점' 이라는 별명을 붙였다. 이어서 보크는 닉슨 행정부에서 법무차관으로 일했다.[58] 다시 예일대로 돌아온 뒤에는 《반독점의 역설The Antitrust Paradox》을 썼다. 보크는 1978년 출간해 크게 인기를 끈 이 책에서 셔면 독점금지법은 원래 목적이 소비자 복지를 최대한으로 보장하는 것이라고 주장했다. 의회 의원이 소비자에게 보다 높은 가격을 부과하여 소기업을 보호하거나 정치권력의 집중을 막기를 바랐다는 내용은 연방 의회 의사록 어디에도 없다고 강조했다.[59]

이것은 비열한 학식이었다. 1890년 최종 투표를 코앞에 두고 셔면 독점금지법을 앞장서서 지지한 일리노이주 하원 의원 윌리엄 메이슨William Mason이 한 말을 예로 살펴보자. "누군가는 독점으로 제품을 더 싸게 생산한다고 말합니다. 가격을 낮춘다고도 말합니다. 하지만 예를 들어 석유 가격이 1배럴당 1센트로 떨어지더라도 이 나라 국민에게 저지른 잘못을 바로잡을 수 없습니다. 독점은 합법적인 경쟁을 파괴하고 정직한 사람을 합법적인 기업 활동에서 몰아내기 때문입니다."[60]

하지만 정치적 성향을 막론하고 정책 입안자는 보크가 옳다고 믿고 싶어 했다. 미국인은 처음에는 농부의 나라 국민으로, 그다음에는 노동자의 나라 국민으로 스스로를 정의했지만 점점 소비자의 나라 국민으로 스스로를 규정했다. 미국인이 노동이 아니라 소비를 정체성의 핵심으로 삼으면서 생산자의 복지를 보호하고자 하는 공공 정책에 차츰 편협해졌다.

판사들 역시 보크를 믿고 싶어 했다. 더욱 복잡해지는 반독점 소송을 다루는 데 애를 먹었고 디렉터와 그 제자의 '시카고학파' 접근법이 명확하고 일관된 기준을 제시했기 때문이다. 이는 진보주의 법학자에게조차 그랬다. 미래의 연방 대법원 판사인 스티븐 브레이어 Stephen Breyer는 1933년 제1순회항소법원에서 일하는 동안 이렇게 썼다. 경제학은 "객관성을 제공한다. 단단한 땅을 딛듯 우리는 이 객관성에 기반해 결정을 내린다."[61]

보크가 책을 낸 다음 해 카터 행정부는 보청기 제조업체인 소노톤 Sonotone을 상대로 한 반독점 소송에 개입하여 기업 행위의 합법성은 소비자 복지를 기반으로 해야 한다고 명확히 입장을 밝혔다. 법원은 만장일치로 동의했다. 워런 버거 Warren Burger 수석 판사는 이렇게 썼다. "의회는 셔먼 반독점법을 '소비자 복지 규정'으로 입안했다." 그리고 각주를 달았다. "R. 보크,《반독점의 역설》."[62]

일부 의원은 이런 변화를 막으려 애썼으나 이들에게는 투표권이 없었다. 필립 A. 하트 Philip A. Hart 미시간주 상원 의원은 1976년에 법원이 경제학을 무시하도록 명령하는 법안을 제출했지만 그 이상 진척을 보지 못했다.[63] 규제 기관이 소송을 제기하면 법원이 피의자인 기업에 유리하게 판결을 내리는 경우가 점차 늘어났다. 연방거래위원회에는 법무부와 더불어 반독점 소송을 제기할 권한이 있었는데, 1970년대 전반기에는 소송의 88퍼센트를 이겼지만 1976년에서 1981년 사이에

는 당시 소송 가운데 43퍼센트만 이겼다.[64]

포스너, 백스터, 보크

20세기 초 소들로 가득 들어찬 40만평의 방대한 가축 사육장이 시카고의 혼잡한 도시 한복판에 자리 잡고 있었다. 바로 미국 5대 도축 회사의 본거지였다. 이 회사는 담합은 거의 불가능하다는 스티글러의 언명을 알지 못했어도 행복했다. 공급업자에게는 값을 후려쳤고 소비자에게는 바가지를 씌웠다. 1920년 정부가 셔먼 반독점법을 따르라고 강요할 때까지 그랬다. 이후 1970년대를 포함해 60년 동안 이 미국 5대 도축 회사는 전국 식용우의 고작 25퍼센트만 공급했다.

이 장章은 1981년 6월 24일로 끝났다. 이날 로널드 레이건의 오랜 개인 변호사이자 미국의 새 법무장관이 된 윌리엄 프렌치 스미스 William French Smith가 백악관 연단으로 걸어 올라가 연방 정부는 기업 집중을 방해하지 않을 계획이라고 선언했다. "우리는 사업에서 규모가 반드시 악을 의미하지 않음을 인정해야 합니다. 성공을 무턱대고 의심하려 들어서는 안 됨을 인정해야 합니다." 스미스는 값비싼 양복을 빼입고 백발을 섬세하게 빗어 넘긴 모습을 하고서 전직 기업 변호사로서 연설을 이어 갔다.

1982년에 법무부는 반독점 지침을 새로 내렸다. 기업 집중에 관대한 시카고학파의 견해를 그대로 따른 내용이었다.[65] 도축업자는 이 초대를 받아들였다. 영농 대기업인 카길Cargill은 한 농업협동조합에서 중서부 도축 공장 세 군데를 사들이는 데 합의했다. 경쟁 도축업자인 케네스 몬포트Kenneth Monfort가 이 거래를 막는 소송을 제기했을 때 법무부는 합병은 경제에 이롭다면서 카길을 옹호하기 바빴다. 연방 대법원도 지지를 보내며 더 나아가 앞으로 있을 합병에 사사건건 이의 제기를 하지 못하도록 제한했다. 몬포트Monfort는 곧 다른 영농 대기업인 콘아그라ConAgra에 매각되었다.[66] 1992년 무렵에 상위 도축 회사의 시장 점유율이 25퍼센트에서 71퍼센트로 훌쩍 뛰었다.

도축업계의 합병이 소를 키우는 목장주나 소고기를 먹는 소비자를 희생시켰다는 증거는 거의 없다. 하지만 분명하게 손해를 본 집단이 하나 있었다. 바로 도축 공장에서 일하는 노동자였다. 시급이 인플레이션을 감안하면 35퍼센트나 떨어졌던 것이다. 회사 측이 노동조합을 결성한 공장은 폐쇄하거나 폐쇄하겠다고 위협을 가하며 노동자를 쥐어짜서 양보를 얻어 냈기 때문이다.[67]

다른 업계에서도 합병이 이루어졌다. 연방거래위원회 수석 경제학자인 로버트 톨리슨Robert Tollison은 레이건 집권 시절 초기에 한 업계 간행물에 "경제에서 자연 실험을" 실시할 생각이라고 말했다. 톨리슨에 따르면 이론상으로 합병은 이로웠다. 따라서 "많은 합병이 이루어지게 될 것이고 많은 사람이 돈을 걸게 될 것입니다. 그런 다음 무슨 일이 벌어질지 눈으로 직접 보게 될 것입니다."[68] 상황이 잘 풀리지 않으면 정부는 "달걀을 다시 주위 담으려 할 수 있습니다"라고 덧붙였다. 1981년에서 1984년 사이 연방거래위원회는 그때까지 미국 역사상 규모가 가장 큰 합병 9건을 승인했다.

레이건은 연방 사법부 정비에도 나섰다. 1981년 가을 레이건은

경제학자의 시대

포스너와 보크를 연방 판사로 지명했다. 파수꾼 세대교체의 일환이었다. 1989년 1월 대통령 임기를 마쳤을 때 연방 사법부에서 레이건이 임명한 인물이 거의 절반을 차지했다.[69]

레이건 행정부는 AT&T를 해체하려고 오랫동안 기울인 노력에 종지부를 찍었다. 레이건이 임명하여 법무부 반독점 부서를 이끈 스탠퍼드 대학 법학 교수 윌리엄 F. 백스터william F. Baxter는 반독점법에 대해 시카고학파 관점에 충실했지만 AT&T 해체를 규제 완화의 주된 조치로 바라보았다. 규제를 받는 지역 전화 통신 독점 사업체를 AT&T의 장거리 전화 통신 사업과 분리하여 장거리 전화 통신 시장에 경쟁을 위한 길을 열고 싶어 했다.[70]

반독점 부서의 직원은 절반이 레이건 사람이었다. 변호사 수십 명이 파견되어 '마약과의 전쟁'을 치르고 있었다. 나머지는 의무적인 경제학 강의를 들었다. 미국변호사협회에서 반독점 부서 소속 변호사 수는 1982년에서 1983년 사이 정점을 찍어 무려 1만 3500명이었다. 반독점법 시행이 유명무실해지면서 이들 업무에 대한 기업들의 요구도 그만큼 줄어들었다.[71]

제임스 C. 밀러 3세는 (데이비스 스톡먼의 후임으로 백악관 예산 책임자가 되기 전에) 연방거래위원회를 이끈 첫 경제학자였다. 밀러는 3대 자동차 제조업체 사이에서, 거대 정유 기업 사이에서, 아침식사 대용 시리얼을 생산하는 대기업 사이에서 벌어진 담합 여부 조사를 중단했다. 그리고는 미니애폴리스와 뉴올리언스 주 정부를 상대로 택시 규제를 풀라는 소송을 제기했다.[72]

밀러는 우선순위의 변화가 서비스 경제의 부상에 따른 대응이라고 내세웠다. 그러면서 프리드먼이 해로운 카르텔의 대표적인 본보기라고 여겼던 의사는 내버려 두었다. 수수료율을 똑같이 부과하는 부동산 중개업자도 마찬가지였다. 대신 연방거래위원회는 워싱턴 DC의 한 집단을 고소했다. 가난한 피고를 대변하는 변호사들이었다. 이들은 워싱턴시에 시간당 35달러를 요구하며 2주 동안 파업을 벌였었다. 1970년 이후 워싱턴시는 법정에서 변론한 변호사에게 시간당 30달러를 지불하고 있었다. 연방거래위원회는 이 소송을 연방 대법원으로 넘겼고 연방 대법원은 이 변호사들이 시급 인상을 목적으로 조직을 결성하지 못하도록 막았다.[73]

일부 기업 소송은 여전히 너무 악독해서 도저히 무시할 수 없었지만 살살 다루어졌다. 하워드 퍼트넘Howard Putnam 브래니프 항공Braniff Airways 최고 경영자는 로버트 크랜들Robert Crandall 아메리칸 항공American Airlines 회장과의 전화 통화 기록을 정부에 제출했다. 크랜들은 퍼트넘에게 전화를 걸어 댈러스에서 출발하는 두 항공사 사이의 비행 가격 경쟁에 대해 불만을 터뜨렸다. 그러고는 "내가 보기에 여기서 서로 용을 쓰며 치고받아 봤자 이건 정말 멍청한 짓거리밖에 안 돼요. 우리 둘 다 돈 한 푼 못 벌고"라며 본론을 시작했다.

> 퍼트넘: 내게 제안할 거라도 있습니까?
> 크랜들: 맞아요. 한 가지 제안할 게 있습니다. 당신네 그 망할 비행 요금을 20퍼센트 올려요. 그럼 다음 날 아침 나도 바로 올릴 테니까.
> 퍼트넘: 크랜들, 우리는 ….
> 크랜들: 누이 좋고 매부 좋은 거지.

퍼트넘: … 우리는 가격에 대해 이야기를 나눌 수 없어요.

크랜들: 아, 그런 헛소리 이제 그만, 퍼트넘. 우리가 이야기하고 싶으면 빌어먹을 무슨 이야기든 할 수 있다고.[74]

정부는 이런 대화가 불법이라고 결론 내릴 수밖에 없었고 무슨 조치든 취해야 했다. 그래서 크랜들에게 공책을 한 권 던지고 2년 동안 다른 항공사 최고 책임자와 나눈 대화를 기록하라고 요구했다.

레이건이 백악관을 떠나고 2년 뒤 정부는 1980년대 최대 합병을 승인했다. 콜버그크래비스로버츠Kohlberg Kravis Roberts 사모펀드 회사가 RJR 내비스코RJR Nabisco와 비어트리스Beatrice를 250억 달러에 합병하도록 허가했다. 그 결과 세계 최대 식품 회사가 탄생했다. 규제 기관은 시장의 무결성無缺性에 우려를 표하면서 합병 회사에 중식과 케첩과 땅콩을 생산하는 세 공정을 처분하라고 명령했다.

경쟁자는 친구고 소비자는 적이다

1992년 11월 어느 쌀쌀한 저녁 영농 대기업인 아처대니얼스미들랜드Archer Daniels Midland, ADM의 한 경영진이 일리노이주에서 가장 멋들어진 저택인 자신의 집 밖 차안에 앉아 있었다. 옆에는 미국 연방수사국FBI 요원이 있었다. 이름이 마크 휘태커Mark Whitacre인 이 경영진은 모임에 초대를 받았었다며 자백할 내용이 있다고 입을 열었다. 그리고 깜짝 놀라는 요원에게 ADM이 겉으로만 경쟁 관계인 척하는 기업들과 리신 가격을 담합했다고 털어놓았다. 리신은 근육 성장을 촉진하기 위해 동물 사료에 첨가하는 아미노산이다. 휘태커는 정기적으로 4대 주요 리신 생산업체 경영진을 만나 세계 시장을 분할했다. ADM에는 사훈이 하나 있다고 휘태커는 요원에게 말했다. "경쟁자는 우리의 친구이고 소비자는 우리의 적이다."[75]

휘태커는 일본과 한국에 기반을 둔 다른 회사들과 가격 담합에 대해 나누는 대화를 녹음하는 데 동의했다. 녹음에는 뻔뻔스러운 모의가 놀라우리만치 상세하게 담겼다. 정부는 1995년에 카르텔을 깼다. ADM 경영진 3명이 셔먼 독점금지법 위반으로 유죄 선고를 받고 연방 교도소에 수감되었다.

조사를 진행하는 동안 FBI는 ADM이 구연산 가격을 담합한 카르텔의 일원임도 밝혀냈다. 구연산은 세탁 세제와 탄산음료의 주성분이다. 이 조사로 조사관은 또 다른 카르텔을 적발했다. 몇몇 세계 최대 제약회사가 만든 카르텔로 광범위하게 쓰이는 식품 첨가물의 가격을 담합했다. 카르텔 구성원들은 이를 '비타민 주식회사'라고 불렀다.

스티글러가 1964년에 발표한 논문 때문에 담합은 희귀하고 불안정하다는 견해가 일반적이었다. 레이건 행정부는 관대한 1982년 합병지침에서 그 견해를 전제로 받아들였었다. 그런데 이제는 현실이 그 전제를 침범하고 있었다. 경제학자이자 변호사로 클린턴 행정부 초기에 비합병 반독점 민사 소송을 감독한 로버트 리탄Robert Litan은 이렇게 말했다. "정말 놀랐습니다. 충격이었어요. 카르텔 행위가 그토록 비일비재하게 벌어지고 있었다니. 제가 보기에는 거의 있을 수 없는 일이었습니다. 사람들이 그런 일은 더 이상 하지 않는다고 생각했습니다. 대다수 경제학자는, 제 편견이지만 우리는 그런 일이 있다고 상상조차 못했어요. 게다가 규모가 어마어마했어요. 하지 않은 곳을 찾기가 힘들었습니다."[76]

1994년 ADM 조사가 한창 진행될 때 함께 일하는 필라델피아의 법률 회사 소속 변호사가 워싱턴으로 날아와 리탄과 그 상관인 앤 K. 빈가먼Anne K. Bingaman을 만났다. 이들은 금융경제학자 2명이 나스닥 증권거래소의 증권 중개인이 부과한 수수료에서 수상쩍은 정황을 확인한 연구를 들고 왔다. 증권거래소는 8분의 1달러 단위로 가격 증액을 허용했다. 그런데 보다 규모가 큰 거래에서 증권 중개인은 4분의 1달러 단위로 올려 수수료 끝자리를 맞추고 있었다. 이는 조직적으로 소비자에게 과다 청구하는 것이나 다름없었다. 이런 형태에 일관성이 있다는 점과 가격 경쟁이 없다는 점은 대규모 담합을 시사했다. 리탄은 얼마나 많은 증권 거래인이 예컨대 마이크로소프트 주식을 매매하는지 물었는데 돌아온 대답은 무려 36명이었다. 리탄은 이렇게 회상했다. "저는 '36명 사이에 가격 담합 음모가 있다고 주장하기란 불가능합니다'라고 말했어요." 하지만 내부 대화 기록을 포함하여 이어진 조사에서 증권 거래인이 그렇게 할 수 있다는 점이 분명해졌다.[77]

담합이 다반사라는 증거로 인해 법무부는 영리한 계획을 새로 내놓았다. 카르텔을 가장 먼저 일러바치는 회사에 관용을 베푼다는 내용이었다. 뛰어난 반독점 변호사인 짐 로프티스Jim Loftis가 한 일화를 떠올렸다. 로프티스는 한 고객에게 댈러스로 빨리 날아가 기소 검사와 만나라고 설득했다. 그 회사 중역진과 건물을 막 나섰을 때 자신이 아는 한 변호사와 우연히 마주쳤다. 그 변호사는 같은 카르텔에 속한 다른 회사의 중역진을 마중하고 있었다. "이런 제기랄, 로프티스! 우리가 선수를 빼앗겼네!"[78]

하지만 정부는 기업 합병에 대한 관용을 재고하지 않았다. 한 가지 이유를 들자면 금융과 운송과 통신의 규제 완화는 매우 가시적인 수많은 산업에서 경쟁을 급격히 늘리고 있었기 때문이다.[79]

경제학자도 세계화로 인해 국내 반독점법 시행의 중요성이 줄어들고 있다고 주장했다. 미국 기업이 가격을 올리려 했다면 외국 기업이 미국 시장에 들어올 수 있었기 때문이다. 미국이 1990년대 말 정치적으로 사분오열 갈라졌을 때에도 경제적 효율성에 최우선을 두는 일에는 한목소리를 냈다. 포스너가 2001년 《반독점법》 개정판을 낼 때 앞서 출판한 책에 붙였던 〈경제학적 관점〉이란 부제를 없애면서 "다른 관점이 대부분 사라졌기" 때문이라고 밝혔다.[80]

"반독점은 이미 죽었잖아요? 그렇지 않은가요?"

반독점법 시행이 느슨해지면서 미국 재계는 잭 웰치Jack Welch의 조언을 따를 수 있게 되었다. 제너럴일렉트릭의 최고 경영자인 웰치는 자신의 시장에서 1등이나 2등이 되어야 한다, 그러지 않으면 사업을 그만 접어야 한다고 역설했다. 클린턴 집권 시절 합병의 물결이 밀려왔지만 부시 집권 시절에 밀려든 물결은 더 거대했다. 그리고 오바마 집권 시절 밀어닥친 물결은 더욱더 거대했다. 이제 미국은 4대 항공 회사가, 3대 자동차 임대 회사가, 양대 맥주 회사가 장악해 버렸다. 도축업계를 따라 하는 산업의 목록이 계속 늘어난 것이다.

한편 법원은 반독점법에서 계속 뒤로 물러났다. 각 판례는 발포 비닐 포장재처럼 따로따로 터뜨릴 수밖에 없지만 형태는 똑같았다. 판사는 유죄 추정을 무죄 추정으로 바꾸고 위법의 범위를 좁게 정의하여 불법 행위가 일어나지 않은 듯 포장해 버렸다. 예를 들어 1993년 연방 대법원은 유타파이 이후 처음으로 약탈 가격 소송에 판결을 내렸다. 주요 담배 회사 가운데 규모가 가장 작은 리게트Liggett는 살아남으려고 고투를 벌여 1980년 '흑과 백'이라고 부른 할인 담배를 생산하는 공정을 도입했다. 이 담배는 아무런 장식 없이 포장하여 유명 상품보다 가격을 30퍼센트 낮춰 팔았다. 이 상품이 성공을 거두자 이에 경쟁 회사인 브라운앤드윌리엄슨Brown and Willamson이 회사 이름을 붙이지 않은 담배를 생산했다. 그리고 리게트 담배보다 싼값으로 배급업자에게 넘겼다. 두 상품은 날개 돋친 듯 팔려 나갔지만 수익률은 떨어졌고 리게트는 25년 전 유타파이가 그랬듯이 소송을 제기했다.

브라운앤드윌리엄슨은 로버트 보크를 변호사로 선임하고 리게트가 경쟁을 억누르려 한다고 주장했다. 그리고 판결이 리게트의 손을 들어준다면 '경쟁은 위험하다'는 가르침을 기업들에게 줄 것이라고 강조했다.[81] 리게트를 상대로 한 소송에서 그 입장에 동의하며 법원은 브라운앤드윌리엄슨의 전략이 리게트에게 피해를 입혔을 수는 있지만 소비자가 피해를 입었다는 증거는 없으며, 경쟁이 줄어들면 소비자가 피해를 입을 수 있다고 판결했다.[82]

1998년 클린턴 행정부는 마이크로소프트를 고소했다. 윈도 운영 체제가 시장에서 차지하는 지배적인 위치를 이용해 웹 브라우저인 인터넷 익스플로러를 선택하도록 조장했다는 이유에서였다. '끼워 팔기'로 알려진 이런 유형의 강요는 줄어들고 있더라도 여전히 이 같은 관행은 공식적으로 반경쟁이라고 여겼다. 연방 판사는 마이크로소프트에 불리한 판결을 내리며 회사를 둘로 나누라고 명령했다. 민주당과 공화당은 돌아가며 이 판결을 개탄했다. 로버트 토리첼리Robert Torricelli 뉴저지주 민주당 상원 의원이 말했다. "오로지 미국만이 경제에 크게 기여하며 국익을 증진한 회사를 해체할 생각을 할 겁니다." 리처드 아메이 텍사스주 공화당 하원 의원도 말했다. "나라면 차라리 법무부를 해체하겠습니다."[83] 하지만 두 정치인은 걱정할 필요가 전혀 없었다. 항소 법원이 이 명령을 파기했기 때문이다.*

조지 스티글러가 1991년 세상을 떠났다. 하지만 마이크로소프트 소송에 뒤이어 밀턴 프리드먼이 횃불을 들었다. 프리드먼은 정부가 반독점법 시행을 철회해야 된다고 자신은 이미 결론을 정했다고 밝혔다. "나는 반독점법의 열혈 지지자였다. 내 생각에 반독점법 시행은 정부가 경쟁을 촉진하기 위해 할 수 있는 일 가운데 몇 안 되는 바람직한 일이었다." 그러나 그 견해가 바뀌었다. "시간이 지나면서 차츰 반독점법이 득보다는 실이 훨씬 많으며 반독점법이 없어야 우리가 더 잘 살 수 있다는 결론에 다다랐다."[84]

공공 정책은 지난 20년 동안 이 방향으로 움직여 왔다. 규제 기

---

* 마이크로소프트에 대한 기소는 여러 중요한 의미를 띠었다. 마이크로소프트는 구글 같은 새로운 경쟁자의 부상을 막기 위해 비슷한 전략을 사용할 수 없게 되었다. 그럼에도 마이크로소프트의 빙Bing이 세계 최고 검색 엔진이 되는 가상 세계를 상상하기란 쉽다.

관은 단속 활동 횟수를 줄였고 법원은 반독점법을 계속 갉아먹었다.

2017년 3월 시카고 대학의 스티글러 센터에서 반독점법을 주제로 학술회의가 열렸다. 오찬 주요 연사는 혁명 선봉대의 마지막 주자인 리처드 포스너였다. 몇 달 전에 은퇴한 그는 장난스러운 어투로 이 모임 때문에 어리둥절하다고 고백했다.

"반독점법은 이미 죽었잖아요? 그렇지 않은가요?"[85]

* * *

우리는 새로운 거대 기업의 시대를 살고 있지만 소비자가 고통받고 있다는 증거는 거의 없다.

하지만 공공 정책이 소비자 복지에만 협소하게 초점을 맞추고 있는 탓에 다른 유형의 경제적 손실을 낳고 있다. 기업 부문이 집중하면서 고용주와 노동자 사이 힘의 균형추가 한쪽으로 기울었다. 그 결과 기업은 요구를 늘리고 보수를 줄일 수 있었다.[86] 노동자는 다른 선택권이 점점 없어졌기 때문에 그 영향력도 약해졌다. 2007년 스티브 잡스Steve Jobs 애플Apple 최고 경영자는 구글Google이 자신의 기술자 한 명을 채용하려 한다는 사실을 알았다. 그래서 구글 최고 경영자인 에릭 슈미트Eric Schmidt에게 이메일을 보냈다. "저는 구글이 이 일을 그만두었으면 정말 기쁘겠습니다." 슈미트는 이 이메일을 인사 부서로 전송하며 이렇게 덧붙였다. "저는 우리에게 애플에서 사람을 뽑지 않는다는 방침이 있다고 생각하고 있습니다. 그리고 이 이메일은 외부에서 직접 보내 온 요청입니다. 이 일을 중단하고 왜 이 일이 일어났는지 이유를 알려 주시겠습니까? 애플 측에 곧 답신을 보내야 하기 때문에 가능한 한 빨리 알려 주시면 좋겠습니다." 애플에 보낸 답신에는 구글 인사 담당 책임자가 해고되었다는 내용도 담겨 있었다. 잡스는 스마일 이모티콘으로 화답했다.[87]

기업 집중은 또한 민주주의에 커다란 피해를 입힌다. 2017년 스티글러 센터에서 열린 학술회의에서 시카고 대학 경제학자인 루이기 진갈레스Luigi Zingales는 청중에게 2004년에 다시 제정한 미국 파산법을 연구했다고 발표했다. 과거 조사에서는 대출 기관 변호사와 채무자가 서로 신중하게 협상하여 타협하라고 요구했었다. 그런데 이번에는 금융 기관이 손쉽게 이겼다. 대형 은행의 규모 그 자체가 정치권력이 되어 가고 있었다. 셔먼 상원 의원이 두려워하던 현실이 다가오고 있었다.

소비자 복지에 초점을 맞추면 혁신을 가로막아 경제적 효율성에 타격을 가할지도 모른다. 특히 기술 분야 대기업이 젊은 경쟁자의 출현에 보이는 반응이 점점 아이가 새로 태어나는 족족 잡아먹은 그리스 신 크로노스를 닮아 가고 있다. 아마존Amazon은 자포스Zappos를 집어삼켰다. 페이스북Facebook은 왓츠앱WhatsApp을 집어삼켰다. 2010년에서 2018년 사이 구글의 발표에 따르면 1년에 평균 18개 사를 인수했다. 유튜브YouTube는 구글-페이스북이 온라인 광고 시장을 양분해 독점한 상황에 돌을 던졌을지 모르지만 현재는 구글 안에 깃들어 있다.

미국은 또한 특허 소유자에 대한 보호를 꾸준히 강화해 왔다. 이는 지배 기업이 혁신 기술을 나누도록 노력을 기울였던 20세기 중반

과는 상반된 모습이다. 정부의 강제로 AT&T는 IBM에 길을 터주었고, 다시 정부의 강제로 IBM은 마이크로소프트에 길을 내주었다. 다시 정부의 강제로 마이크로소프트는 구글에 길을 열어 주었다. 그러나 연방 정부는 구글이 다른 누구에게 길을 내주도록 더 이상 강제하지 않는다.

지배적인 산업 기업의 국유화는 20세기 전반에 걸쳐 서유럽에 널리 퍼졌다. 중요한 건 정부 정책이었다. 프리드먼은 1950년대 유럽을 방문하는 동안 스티글러에게 보낸 편지에 이렇게 썼다. "유럽과 비교하면 우리는 가장 완전무결한 경쟁을 벌이고 있네."[88] 하지만 21세기에 들어서서 유럽은 미국이 기업 집중에 보이는 관용에 점점 반대의 목소리를 높여 왔다.

　이런 차이는 특히 기술 부문에서 뚜렷이 드러났다. 2017년 유럽의 규제 기관은 구글에 24억 유로라는 기록적인 벌금을 물렸다. 검색 결과를 조작하여 자체 가격 비교 웹사이트를 경쟁사보다 더 눈에 띄게 화면에 배치했기 때문이다. 이듬해인 2018년에 유럽은 구글에 43억 유로의 벌금을 다시 부과했다. 전화기 제조업체에 안드로이드 운영 체제를 쓰는 휴대전화의 검색 엔진을 비롯해 구글 소프트웨어를 설치하라고 요구했기 때문이다.

　2017년 《예일 법학 저널Yale Law Journal》 웹사이트에 리나 칸Lina Khan이라는 예일 대학 법학생이 글을 실었다. 칸은 미국에서 반독점법 시행을 다시 활성화해야 한다고 주장했다. 그리고 공급업체와 노동자와 소비자에게 피해를 입히는 데 악용될 수 있을 정도로 시장 지배력을 축적한 회사의 대표적인 사례로 아마존을 꼽았다.[89] 이 글은 반독점법 시행이 유명무실해지는 현실에 점점 우려를 키우던 더 젊은 학자 세대의 마음을 울렸다. 칸은 내게 말했다. "우리는 지난 40년 동안 이 자연 실험을 직접 겪으며 살아왔습니다. 무언가 잘못되고 있다는 데 합의를 이끌어 낼 수 있어야 합니다. 제가 과거 반독점법을 시행하던 시대가 이상적이라는 착각에 빠져 있는 건 아닙니다. 하지만 우리는 달리 무엇을 해야 하는지 대화를 나누어야 한다고 생각합니다."[90]

기술 기업들과 그 변호사들은 자신들이 스탠더드오일처럼 뛰어난 제품을 처음 내놓은 죄로 공격을 받고 있다고 말한다. 구글은 최고의 검색 엔진을 갖추었는 데다가 무료이기 때문에, 따라서 두 번째로 좋은 검색 엔진을 사용해 봤자 별 의미가 없기 때문에 온라인 검색 시장을 지배한다고 말한다. 기술 기업은 자신의 취약성을 즐겨 강조한다. 기술 산업은 부침이 심하다. 실제로 자신들의 지배력은 다른 누군가가 더 기발한 발상을 내놓을 때까지만 지속될 뿐이라고 말한다. 구글의 공동 창업자 래리 페이지Larry Page의 말을 빌리면 "경쟁이 클릭 한 번으로 이루어지는 세상입니다."

하지만 인터넷은 끊임없이 혁신을 거듭한다는 대중적인 이미지는 이미 과거가 된 기억일 뿐이다. 혁신은 끝났다. 주요 기술 기업은 이제 나이도 지긋이 들고 제법 살도 쪘다. 게다가 반독점법을 보다 엄격하게 시행해야 한다고 주장할 때 가장 타당한 논거는 역사가 어떤 종착점에 다다랐다는 점이 아니라 아무도 내일 무슨 일이 닥칠지 모른다는 점이다.

6장

규제로부터의 자유

시장에는 몇 가지 좋은 점이 있습니다. 늘 만반의 태세를 갖추게 하고 최고에게는 후한 보상을 하지요. 하지만 이와 더불어 부정을 낳고 독점을 일으키고 사기꾼 편을 듭니다. 그러니 시장을 맹목적으로 따르지는 마십시오. 시장이 혼자서도 온갖 문제를 해결하리라고 생각해서도 안 됩니다. 시장은 국민과 국가와 동떨어져 있지 않습니다. 국민과 국가가 하기 나름이니 시장에 늘 촉각을 곤두세우고 있어야 합니다.

— 샤를 드 골Charles de Gaulle이 알랭 페르피트Alain Peyrefitte에게 보낸 편지(1962년)[1]

1930년대 중반 홀로서기를 하던 항공 산업계는 훈장까지 받은 육군 항공조종사 에드거 고렐Edgar Gorrell 대령을 고용해 경쟁이 항공 산업의 생존을 위협한다고 의회에 호소했다. 고렐은 암울한 그림을 그려 의회에 내놓았다. 새로운 항공사가 속속 항공업에 뛰어들고 있어서 이 부문에는 조종사와 비행기가 차고 넘친다, 기존 항공사가 계속 항로를 늘리고 있다, 항공사는 가격을 낮추고 서비스를 높이며 치열하게 경쟁해 왔다는 등의 이야기였다. 고렐은 "경제적 무정부 상태"나 다름없다며 잡아먹지 않으면 잡아먹히는 경쟁으로 혼돈이 커지고 수익이 줄어들고 있다고 토로했다. 그는 항공 산업이 정부의 보호를 받게 해 달라고 정부에 읍소했다.[2]

의회의 지지 속에서 1938년 고렐은 민간항공국을 설립했다. 이 기관은 16개 항공사에만 사업 면허증을 발급하고 이후 40년 동안 다른 어느 누구도 항공 산업에 발붙이지 못하게 했다.[3] 당국은 1940년 내부 보고서에서 분명히 언급했다. "처음으로 미국 항공사와 국민은 비경제적이고 파괴적인 경쟁에서 보호 받게 되었다."[4]

미국이 20세기 중반 반독점법을 적극 시행하며 경제 영역 전반에 걸쳐 경쟁을 북돋으려 애쓰는 사이 어떤 산업에서는 '자연 독점'이, 다시 말해 건전한 경쟁이 불가능한 부문이 생길 수밖에 없다는 점도 널리 받아들여졌다. 예를 들어 전기 회사가 서로 경쟁한다면 한 집에 여러 전기선을 넣는 셈이 되므로 전기선 한 개를 빼면 나머지는 모두 낭비였다. 그 결과 경쟁이 지나쳐서 전기 회사에 해롭거나 경쟁이 모자라서 소비자에게 해로웠다. 그래서 정부가 개입했다.[*]

특히 다른 선진국에서는 경우에 따라 정부가 공익사업을 운영하고 수송 수단을 제공하는 주요 공급자가 되었다. 1950년대 즈음 작은 나라인 룩셈부르크조차 국영 항공사가 생겼다. 미국에서는 국가 소유에 대한 대중의 반감이 컸기 때문에 대다수 공익사업과 수송 수단이 여전히 민간 기업 손에 남아 있었다. 대신에 정부는 방대한 감독

---

[*]   20세기 중반에 경제학자는 자연 독점을 여러 기업에서 생산하는 것이 한 기업에서 생산하는 것보다 비용이 큰 산업으로 규정했다. 정부는 어느 산업을 규제 아래 두어야 하는지 정할 때 이 이론에서 보다 상세하고 전문적인 내용은 살펴보지 않았다. 시어도어 루스벨트Theodore Roosevelt 대통령이 스탠더드오일을 해체하려 하기 전에 연방 규제 아래 두고자 제안했다. 화물 운송업계는 경쟁자가 부상할까 두려운 철도업계의 권고로 연방 규제 아래 놓였다. 항공업계는 자체 요청에 따라 연방 규제 아래로 들어갔다. 하지만 의회가 이를 받아들인 까닭은 항공사가 교통수단만 다를 뿐 철도와 다름없다고 보았기 때문이다. 가격이 똑같은 노선의 철도 일등석 승객에 부과하는 요금과 똑같은 수준으로 책정되었고, 현대의 노선도에서 사용하는 둥근 모양이 아니라 진한 직선이 지면을 따라 그려져 있어서 초창기 항공 노선도는 철도 노선도와 별 차이가 없어 보였다.

기관을 설립하여 경쟁을 제한하고 소비자를 보호했다.

경제 규제는 공화 정체政體와 더불어 시작되었다. 1789년 재무부를 신설하는 법령을 제정하기 직전 의회에서 열한 번째 법을 통과시켜 연안 무역을 미국인이 건조하거나 소유한 선박으로 제한했다. 하지만 100년이 지난 1887년에 철도 규제 기관이 창립되면서 강도 높은 규제의 시대가 새롭게 열렸다.[5] 20세기 중반 화물 운송업체는 운송 노선뿐 아니라 운송 제품을 명시하는 연방 면허증을 취득해야 했다. 한 운송 회사는 캘리포니아주에서 토마토를 실어 테네시주 피자 공장까지 나를 수 있도록 허가 받은 트럭이 피자를 실어 다시 캘리포니아주로 나르는 허가를 또 받아야 한다며 불만을 터뜨리기도 했다.[6] 연방법 때문에 은행은 주 경계선을 넘어 운영하지 못했으며 15개 주 정부는 은행이 지역 경계도 넘지 못하도록 막았다. "6개들이 62개 잼 상자 대 미국62Cases, More or Less, Each Containing Six Jars of Jam vs. U.S." 소송에서는 연방 대법원이 '잼'의 의미까지 규정했다.[7]

어느 산업도 항공 산업만큼 면밀하게 감시받지는 않았다. 5개 기관으로 구성된 위원회가 날마다 워싱턴 소재 사무실에서 만나 각 항공사가 비행할 수 있는 노선과 부과할 수 있는 요금을 정했다. 위원회의 한 위원은 버지니아주의 한 농부로부터 전화를 한 통 받았다. 농부는 격한 어조로 양을 비행기에 실어 영국으로 실어 나를 수 있도록 신청 조치를 요구했다. 이 문제는 긴급했다. 양이 발정기를 맞았기 때문이다.[8]

규제의 시대는 승객한테는 황금기로 기억되곤 한다. 근사한 식사가 도자기 그릇에 담겨 나왔고 여유 공간이 넓어 무릎이 닿지 않았다.

직항기가 많았으며 좌석이 반쯤 빈 채로 날았다.[9] 하지만 승객들은 자기 좌석뿐 아니라 빈 좌석에도 요금을 냈다는 사실은 잘 기억하지 못했다. 비행은 색다른 경험이면서 비쌌다. 오늘날 평균적인 미국인들은 1960년대보다 대략 8배 더 자주 비행기를 탄다.[10]

시장을 믿으시라

1964년 12월 조지 스티글러는 전미경제학회 회장으로 학회원을 앞에 두고 동료들이 정부가 경제에서 담당하는 역할에 각별한 관심을 기울이지 않는다고 불만을 쏟아 냈다. 경제학자가 아직도 규제의 비용과 편익을 거의 알지 못한다는 게 말이나 되냐고 몰아붙였다.

　스티글러는 1962년 아론 디렉터의 학술지에 논문을 한 편 발표하면서 논란을 불러일으켰다. 전기 회사에 대한 규제 때문에 가격이 내리지 않는다는 결론이 문제였다. 클레어 프리드랜드Claire Friedland와 함께 쓴 이 연구는 20세기 초반 규제가 아직 보편화되기 전 규제 시장과 비규제 시장의 가격 비교를 토대로 삼았다. 스티글러는 시장 원리가 비규제 공익사업의 가격 상승을 억제하고 있다고 추측했다. 산업 고객industrial customer이 스스로 전력 회사를 세우거나 아니면 다른 공익사업이 운영하는 지역으로 이사를 가지 않을까 두렵기 때문일 수 있다고 이유를 들었다.[11]

　1964년 봄 스티글러는 규제를 주제로 두 번째 논문을 발표했다. 이번에는 보다 신성한 영역을 공격했다. "어떤 형태로든 경제 활동에 가하는 공적 규제가 증권거래위원회Securities and Exchange Commission가 증권 시장에 가하는 규제만큼 널리 존중 받고 있는지 의심스럽다"라고 한 다음 증권거래위원회 역시 무능하다고 결론 맺었다.[12]

첫 번째 발표한 논문은 특히나 결함이 심각했다. 규제 받는 주와 규제 받지 않는 주에서 가격이 상당히 달랐기 때문이다. 더구나 규제 이외의 요소로 설명될 수 있는 논문의 결론은 몇몇 이상한 가정에 토대를 두었다. 예를 들어 규제가 시작되고 나서 첫 3년 동안 나타난 가격 변동은 규제가 원인이 아니라는 것이었다. 20년 뒤 시카고 대학의 한 대학원 학생이 프리드랜드에게 관련 자료를 요청하여 아주 기초적인 수학에서 실수가 있었음을 찾아냈다.[13] 스티글러 제자 가운데 가장 중요한, 그래서 스티글러가 "지금까지 월그린 재단 최고의 구매"라고 치켜세운 샘 펠츠먼Sam Peltzman은 훗날 스티글러의 규제에 관한 연구가 선전이나 다름없었다고 말했다.[14] 펠츠먼은 스티글러를 이렇게 평했다. "스티글러는 '이 결론이 철저하게 증거로 검증되지 않더라도 할 수 있는 한 아주 강력하게 이 결론을 천명할 것입니다'라고 말할 그런 부류의 사람이었습니다. 그는 경제학자라는 지위에서 나오는 공적 권위를 이용했습니다."[15]

그 선전은 효과를 보았다. 연구자들이 산업 전반에 걸쳐 규제를 면밀히 살피기 시작했다. 1967년 규제가 경제에 미치는 영향에 대해 브루킹스연구소가 대규모 연구 계획에 착수했다. 포드 재단이 180만 달러를 후원하고 스티글러를 비롯한 위원단이 지휘했다. 1967년에서 1975년 사이 브루킹스연구소는 책을 22권 출간하고 학술지에 소론을 65편 게재하고 규제를 공격하는 논문을 38편 발표했다.[16]

로저 놀Roger Noll은 이들 연구 논문 가운데 한 편을 쓴 경제학자였다. 놀은 1970년대 초 의회에서 자신이 알기로는 지난 10년 동안 규제의 편을 든 경제 연구 가운데 평판이 좋은 논문은 단 하나도 없다고 증언했다. 연구는 쉬웠다는 농담도 곁들었다. "규제는 바보 같은 짓이라고 완전 허튼 소리를 하는 위험만 피하면 됩니다."[17]

하지만 이렇게 봇물 터지듯 한 연구는 스티글러가 원래 주장한 이론과 중요한 부분에서 모순을 이루었다. 스티글러는 규제가 비효율적이라고 주장했는데 증거가 쌓이면서 규제가 매우 효과적일 수 있다는 점이 드러났기 때문이다. 예를 들어 펠츠먼은 1965년 논문에서 규제 때문에 대공황 이후 신설 은행 설립이 절반 가까이 줄어들었다고 추산했다. 다른 경제학자는 뉴욕시의 택시 영업 면허증을 예로 들었다. 정부가 면허증을 얼마나 발급할지 결정하면서 그 가치까지 결정했음이 꽤 분명하다고 주장했다.[18]

규제는 득보다 해가 더 많다는 새로운 비판도 나왔다.

1971년 스티글러는 자신이 시작했던 행진의 선봉대 위치로 다시 돌아갔다. 획기적인 두 번째 논문을 발표하며 저 통념을 자신의 것으로 만들어 버렸다. 스티글러는 이렇게 썼다. "규제는 대체로 산업이 실시하며 주로 산업의 이익에 맞춰 설계하고 작동한다." 스티글러가 쓴 논문에서 새로운 내용은 정부가 더 이상 애쓰지 말아야 한다는 결론이었다. 또 규제 기관은 불가피하게 산업계의 종복이 된다고도 썼다. 재계를 보호한다고 규제 기관을 비판하는 일은 "식료품을 판다고 그레이트애틀랜틱앤드퍼시픽티컴퍼니Great Atlantic and Pacific Tea Company를 비판하는 일만큼이나 내게는 적절해 보인다"라고 꼬집었다.[19]

역사학자 윌리엄 J. 노박William J. Novak은 스티글러가 정부에 그만 굴복하라고 한 요구를 가리켜 미국 정치 전통에서 크게 벗어난 일탈이라고 표현했다. 제임스 매디슨James Madison은 《연방주의자 10호Federalist No. 10》에서 특수 이익집단이 미국 민주주의에 가장 큰 위협이라고 지적하며 이들 이익집단에 재갈을 물리는 일이 정부의 대업이라고 말했다. 여러 세대 동안 입법 기관은 이 책임을 받아들였다. 법을 마련하고 이 법이 기대에 못 미치면 더 나은 법을 마련하려고 애썼다.[20]

스티글러는 대신에 시장을 믿으라고 부추기고 있었다.

하늘을 개방하라

마이클 레빈Michael Levine은 1960년대 초 난생처음으로 비행기를 타고 캘리포니아주에 갔다. 그때 샌프란시스코 공항에서 마주친 승객들의 차림새가 다양해서 깜짝 놀랐다. 샌프란시스코에서는 대다수 사람이 편안한 일상복 차림으로 퍼시픽사우스웨스트에어라인Pacific Southwest Airlines, PSA 비행기를 기다리고 있었던 것이다. 예일 대학 법학대학원에 다니던 레빈은 동부로 다시 돌아왔는데 동부에서는 사람들이 한껏 차려 입고 비행기를 타러 갔다. 그들에게는 중요한 행사였기 때문이다.

레빈이 혼란스러울 만도 했다. 그가 미국의 첫 저가 항공사를 보았기 때문이다. PSA는 캘리포니아 북부와 남부를 오가는 정기 항공

편을 제공했다. 유나이티드앤드웨스턴United and Western 같은 주요 항공 사에 비해 항공료가 아주 저렴했다. 1960년대 말 즈음 PSA 덕분에 로스앤젤레스-샌프란시스코 주요 노선은 지구상에서 가장 혼잡한 항공 노선이 되었다.

레빈은 비행기라면 사족을 못 썼다. 어렸을 때에는 비행기를 더 가까이에서 보려고 뉴욕의 아이들와일드 공항Idlewild Airport 담장 밑을 기어 들어가곤 했다. 법학과 학생일 때에는 시간이 날 때마다 《에비에이션 위크Aviation Week》를 탐독하며 보냈다. 레빈은 가장 마음에 드는 법학 교수 로버트 보크 덕분에 법률 문제에 경제학을 적용하는 것에 관심을 키웠다. 결과적으로 상당한 시간을 할애하여 항공업 규제 문제를 고민했고, 규제가 유용하다고 인정하는 쪽으로 기울었다. 레빈은 "로버트 맥나마라가 실권을 쥐고 있던 시절이었습니다. 정말 똑똑한 사람은 세상이 돌아가는 이치를 알 수 있다고 믿었지요"라고 회상했다.[21] 하지만 항공업 규제가 국가 지원을 받는 카르텔을 형성하여 가격을 인상하고 서비스를 제한한다는 일부 경제학자들의 주장도 잘 알고 있었다. 이들에 따르면 정부는 경쟁을 보호해야 할 때 오히려 기업을 보호하고 있었다.[22] PSA에 대해 더 알아 가면서 레빈은 저가 항공이 저 경제학자들이 옳았음을 보여 주는 살아 있는 증거라고 결론 내렸다.

PSA는 1949년에 설립되었는데 이때에는 캘리포니아에서 출발하는 항공편이 없었기 때문에 연방의 규제 대상이 아니었다. 처음에는 주 1회 샌디에이고와 오클랜드를 왕복하는 항공편만 제공했으며 금요일에 날아가서 일요일에 돌아왔다. 초창기에는 샌디에이고 공항 화장

경제학자의 시대

실을 개조해서 표를 팔고 수하물은 목욕탕 저울로 달았다. 요금은 샌디에이고와 베이 에어리어를 오갈 수 있는 연방 면허권을 취득한 유나이티드앤드웨스턴 항공사의 현행 요금의 절반 값에도 미치지 못했다. 1960년대 중반 즈음 PSA는 남북을 오가는 다른 노선을 추가했다. 그리고 미국에서 막 인구 1위가 된 주에서 사업은 번창일로를 걸었다.[23]

레빈은 여자 친구를 만나러 캘리포니아를 찾았다. 연구와 연애를 겸한 여행이었다. 그는 예일 대학 법학대학원 학장을 설득하여 그 지원비를 이용해 캘리포니아로 한 번 더 여행을 떠났다. 그리고 1965년 《예일 법학 저널Yale Law Journal》에 자신이 내린 결론을 발표했다. "미국의 항공 운송 규제는 잘못된 경제적 가정에 서 있어서 그 결과 불필요하게 높은 요금을 부과하고 있다."[24] 해결책은 간단했다. 하늘을 개방해 경쟁을 도입하는 것이었다.

민간항공위원회Civil Aeronautics Board, CAB 위원장은 레빈에게 일을 제안하며 다른 시각의 의견이 듣고 싶다고 밝혔다. 하지만 레빈은 1년도 채 안 되어 일을 그만두었다. 위원회에서 자신의 견해에 관심을 보이는 사람은 어느 날부턴가 책상에 밀턴 프리드먼의 사진을 올려 두기 시작한 같은 사무실 동료 딱 한 명뿐이었기 때문이다.[25]

소비자를 위해서도 기업을 위해서도

가격 인하 경쟁을 벌일 수 없자 항공사는 지출을 늘렸다. 1971년 봄 아메리칸 항공American Airline은 일부 747기에서 일반석 좌석을 40개

없애고 한쪽 면에 바를 곁들인 휴게실을 마련했다. 푹신한 안락의자와 탁자에서 승객은 대륙을 횡단하며 날아가는 동안 편히 쉴 수 있었다. 이에 유나이티드 항공United Airlines은 747기에 이런 휴게실을 두 군데 만드는 것으로 응수했다. 그러자 아메리칸 항공은 각 비행기마다 피아노를 놓았다. 광고에는 상공에서 칵테일파티를 열며 함빡 미소 짓는 사람들이 나와서 결정적인 한 마디를 덧붙였다. "우리 고객은 최고만을 누립니다." 곧바로 유나이티드 항공은 747기에서 음악가들이 라이브 공연을 펼칠 것이라고 발표했다. 《월스트리트저널》 기자가 인터뷰를 하려고 유나이티드 경영진을 찾았을 때 기타리스트들이 면접을 보려고 줄을 길게 서서 기다리고 있었다.[26]

이런 경쟁으로 수익률이 줄었고 항공사는 수익이 형편없다며 불평을 토했다. 그 결과 닉슨 대통령의 임명으로 CAB 위원장이 된 로버트 D. 팀Robert D. Timm은 요금을 올리기로 결정했다. 그는 "건전한 산업"을 유지하는 데 초점을 맞추었다는 해명을 내놓았다.[27] 경제학자는 정확히 핵심을 짚으며 항공사가 추가로 지출을 늘리기 때문에 요금을 인상한다고 해서 수익이 올라가지 않는다고 경고했다. 1970년대 중반 CAB는 항공 요금을 한 차례 더 올릴 필요가 있다고 언급했다. 1974년 규제의 경제학을 주제로 연 학술회의에서 한 경제학자가 낙담하며 말했다. 무언가 바뀌리라는 전망이 거의 없기 때문에 10년 뒤 이런 학술회의가 또 열릴 때는 모두 지금과 똑같은 논문을 가져 와서 그대로 다시 발표해야 할 것이라고.[28]

이런 예측은 보기 좋게 빗나갔다. 일부 좌파 정치인이 규제를 풀면 미국인들이 이익을 본다는 스티글러와 의견을 같이하기에 이르렀다. 가장 영향력이 큰 인물이 랠프 네이더였다. 그는 호리호리한 체격의 열성분자로 초창기 소비자 운동에서 우상으로 떠올랐다. 네이더는 "보다 건전하고 안전한 규제"를 위해 활동을 벌이며 명성을 얻었고, 1970년대 초에는 경제 규제 완화 활동도 벌였다. 네이더가 보기에 경제 규제는 기업을 보호하려고 소비자를 희생양으로 삼는 것이어서 경제 규제 기관은 자본주의 엘리트의 종복이었다. 네이더의 프롤레타리아가 노동자가 아닌 소비자로 이루어졌다는 점만 빼면 마르크스와 똑닮은꼴이었다.

한편 자본주의 특권층 역시 경제 규제에 의구심을 품기 시작했다. 산업마다 겪는 곤경은 제각각이었지만 항공 산업이 벌이는 끊임없는 분투는 그들에만 국한하지 않았다. 예를 들어 철도 산업은 화물 운송 산업의 부상에 대처하며 수년 동안 애써 왔는데, 이 과정은 연방 정부가 가격 인상과 비용 인하에 제약을 가한 탓에 더욱 어려워졌다. 서던레일웨이Southern Railway가 1961년에 기존의 화물 열차보다 곡물을 3분의 1 더 실어 나를 수 있는 대형 개저식開底式 화물 열차를 도입했을 때 곡물 수송에 할인을 적용할 수 있도록 허가를 요구했다. 하지만 규제 기관은 이를 거절했다. 몇 년 뒤인 1968년에 정부는 북동부의 파산한 두 철도 회사가 합병하도록 승인했다. 아마도 물에 빠진 자는 서로의 품 안에서 위안을 찾아야 한다는 지론에 따른 것이었을지도 모른다. 그 결과로 철도 회사 펜센트럴Penn Central이 탄생했다. 이 회사는 2년 동안 운영되다가 파산 신청을 했는데 그 액수가 미국 역사상 가장 컸다.

해로운 경쟁에서 매우 필요한 경쟁으로

에드워드 케네디는 정치에 부는 바람을 읽을 수 있었다. 상원 의원으로 재임하며 두 번째 10년을 보내는 동안 매사추세츠주 민주당은 법사위원회 소위원회를 소집하여 광범위한 조사를 벌였다. 한 직원은 이 소위원회를 두고 "진보주의 대의를 위한 소방대"라고 불렀다. 이들은 일반 시민을 유린하는 불법 행위가 벌어지는 현장에 어김없이 불빛을 번쩍이고 사이렌을 울리며 도착했다.[29]

1974년 케네디는 당시 하버드 법학대학원의 떠오르는 샛별인 스티븐 브레이어가 안식년을 워싱턴 대학에서 보내도록 꾀었다. 브레이어는 두 가지 조사가 가능하다고 제안했다. 하나는 워터게이트 사건 이후 개혁에 대한 것으로, 브레이어는 "언론의 관심이 집중될 가능성이 더 높다"라고 말했다. 또 하나는 항공업 규제 완화에 대한 것으로, "세밀하고 복잡하며 근사해 보이지 않지만 '바람직한 정부'의 임무"라고 말했다.[30] 케네디는 규제 완화를 택했다. 몇 달 뒤 소위원회가 보스턴에서 청문회를 열었을 때 한 여성 주민이 케네디에게 질문했다. "항공사에 대해 청문회를 여는 이유가 무엇인가요? 저는 지금까지 한 번도 비행기를 탈 수 없었는데요?" 케네디가 대답했다. "바로 그 이유 때문에 지금 청문회를 여는 겁니다."[31]

브레이어가 새로운 일을 시작하고 얼마 되지 않아 《워싱턴포스트》에 실린 기사를 읽었다. 포드 행정부의 클로드 브리네거Claude Brinegar 교통부 장관이 팬아메리칸 항공사Pan American Airways 경영진을 만나 항공사가 처한 곤경에 대해 논의할 것이라는 내용이었다. 이 항공사는 석유 가격 급등으로 고전을 면치 못하고 있었다. 브레이어는 사전 약속 없이 이 모임에 들이닥쳤다. 그는 시간에 맞춰 도착해서는 브리네거가 항공 요금을 올려 팬아메리칸 항공사의 수익성을 회복해야 한다고 줄기차게 주장하는 소리를 들었다. 브레이어는 그 순간 아주 놀랐다고 회상했다. "그건 카르텔이었습니다. 정부가 조직하는 단순한 카르텔이었죠."[32] 브레이어는 1974년 11월 청문회를 열라고 케네디를 설득했으며 여기에 활달한 영국 기업가 프레디 레이커Freddie Laker가 참석했다. 레이커는 대서양을 횡단하는 저가 항공사의 사업 승인을 받고자 지속적으로 노력해 왔지만 지금껏 아무런 성과가 없었다.[33] 레이커는 브리네거가 내놓은 계획이 '팬암 마니아PanAmania'나 벌일 수작이라고 맹비난을 하며 공적 비용을 들여 다 죽어 가는 항공사를 연명시키는 미친 짓거리나 다름없다고 떠들썩하게 공박했다.

1975년 2월에 열린 주요 청문회에서는 분위기가 좀 가라앉았다. 브레이어는 형편없는 고객 서비스를 보여 주는 일화인 이른바 '얼어붙은 개' 이야기에 대한 증언은 피했다. 항공업 규제를 다룬 경제학을 보다 자세하게 살펴볼 작정이었기 때문이다. 청문회 둘째 날은 캘리포니아주와 텍사스주 내 항공 요금과 비슷한 거리의 주 사이 운항 비용을 대조하는 데 초점을 맞추었다.* 브레이어가 재촉하자 케네디는 경영진과 규제 기관에게 1974년 샌프란시스코에서 로스앤젤레스까지 가는

---

* 텍사스주는 1971년에 자체 저가 항공사가 있었는데, 그해 사우스웨스트 항공사가 댈러스와 휴스턴에서 샌안토니오 사이를 오가기 시작했다. 이 새 항공사는 퍼시픽사우스웨스트 항공사의 사업 계획과 함께 그 이름의 절반도 빌려 왔다. 그뿐 아니라 조종사 매뉴얼을 비롯해 장비도 빌려 왔다.

PSA 비행기 푯값이 18.75달러인데 보스턴에서 워싱턴까지 가는 팬아메리칸 항공사 비행기 푯값이 왜 41.67달러나 되는지 설명해 보라고 밀어붙였다.[34] 두 노선은 비행 거리도 비슷했고 항공사가 사용한 비행기도 똑같았다. 설명에 설명이 이어졌고, 이 설명들을 낱낱이 살피며 하나씩 소거해 나가자 마지막에 남은 한 단어는 바로 '규제'였다.

브레이어는 328쪽에 달하는 보고서로 이 청문회를 정리했다. 그는 30년 뒤 이 보고서를 "아마도 내가 이제껏 쓴 글 가운데 최고"라고 스스로 평가했다.[35] 청문회와 보고서는 정치인과 유권자들 사이에서 큰 반향을 일으켰고, 정부가 시장을 감시하는 노력이 어떤 가치가 있는지 회의적으로 변해 갔다. 포드 대통령은 정부가 고용한 규제 담당관 10만 명이 "관료가 꿈꾸는 천국"에서 일하고 있다고 밝히며 이들이 하는 일은 소기업이 대기업으로 탈바꿈하지 못하도록 막는 것이라고 말했다. 그는 회고록에서 이렇게 썼다. "연방 정부 기관이 잇달아 정한 법규와 규제는 미국인의 삶 거의 전반에 걸쳐 해로운 영향을 미치고 있었다. 관료적 형식주의가 우리를 포위하며 질식시켰다. 우리 국민 전체가 숨이 곧 끊어질 지경이었다."[36]

정부가 1930년대에 항공사를 연방 정부의 규제 아래 둔 이유는 경쟁이 파괴적이라는 합의가 있었기 때문이다. 하지만 이제 경쟁은 경제에 매우 필요한 요소라는 새로운 합의가 생겼다. 추가 다른 쪽으로 움직이기 시작한 것이었다.

경제학자의 시대

우선 항공 산업 규제 완화부터

지미 카터의 정치 경력은 유권자들에게 자신은 기존의 민주당원과 다르다고 설득하는 바탕 위에 만들어졌다. 가장 눈에 띄는 변화는 그가 미국인을 노동자가 아니라 소비자라고 강조한 점이었다. 1976년 카터는 대선 유세 기간 동안 랠프 네이더의 초청을 받아들여 소비자 단체 회합에서 연설을 했다. "소비자는 이제 곧 대통령 집무실 안에서 목소리를 낼 것입니다." 하지만 카터는 디트로이트의 캐딜락 광장에서 열린 노동절 집회에는 참석하지 않았다. 전통적으로 민주당 대선 후보가 총 선거 운동을 시작하는 곳이었다.[37]

카터와 네이더는 둘 다 정부가 기업을 보호한다는 이유로 더 이상 경쟁을 막기를 바라지 않았다. 두 사람은 극도로 내향적인 성격으로 썩 어울리는 한 쌍이었다. 이들은 개인적인 친분도 쌓았다. 카터는 조지아주 플레인스에 있는 자신의 집으로 네이더를 초대하여 동부콩으로 요리한 저녁을 먹으며 하룻밤을 보내기도 했다. 훗날 카터와 직원들이 기자단을 상대로 소프트볼 게임을 할 때 네이더가 심판을 보았는데 양복에 넥타이를 맨 차림으로 볼과 스트라이크를 외쳤다. 카터는 선거에서 승리한 뒤 네이더의 사람들을 여러 규제 기관의 고위직에 임명했다.

카터는 특히 화물 운송업 규제에 반감이 심했다. 농부로서 큰 비용을 치르게 했기 때문이다. 오스트레일리아는 1954년 화물 운송업 규제를 완화했다. 시장이 우후죽순처럼 뻗어 나가고 있다는 점에서 미국과 유의미한 유사성이 있는 이 나라에서 가격이 내려갔다. 한 논평가는 이렇게 보고했다. "트럭을 구입하는 대로 또는 다른 일에서 놓여나는 대로 화물 운송업에 새로 진출하는 이들이 속속 늘었다."[38] 1969년 영국은 화물 운송업 규제를 완화하면서 비슷한 성공을 거두었다. 하지만 카터의 보좌진은 수천 개에 달하는 회사가 온 나라에 흩어져 있는 산업에서 규제가 풀리면 그 정치력이 얼마나 강해질까 두려워했다. 그러니 우선 항공 부문부터 시작하라고 카터에게 조언했다.[39] 활기 넘치는 산업은 대중의 관심을 끌었지만 그 관심이 그리 높지는 않았다. 대중은 오히려 케네디 암살 청문회에 관심이 폭발했다. 브레이어와 법학대학원 시절부터 알고 지내며 개인적으로 보고서를 한 부 받은 사이먼 라자루스Simon Lazarus와, 상원 상무위원회 전 직원이던 메리 슈먼Mary Schuman이 카터에게 항공업 규제 완화가 화물 운송과 전기 통신을 상대로 한 전쟁에서 도약대가 될 수 있다고 설득했다.

1977년 2월 공급중시 감세안이 하원에 상정되던 바로 그날 백악관은 상업 비행 규제 완화를 추진하기 시작했다. 카터는 항공업 규제로 비행기 푯값 비용이 1년에 18억 달러씩 오르고 있다고 추정한 새로운 정부 보고서를 입수했다. 곧바로 의회로 전언을 보내 항공 산업 규제 완화를 골자로 하는 입법을 강력히 촉구했다.[40] "규제는 과거 공공의 이익에 이바지하도록 설계되었지만 이제는 경쟁을 억압하고 있다"라고 썼다. 그리고 그 절차를 앞당길 요량으로 민간항공위원회 위원장에 새로운 인물을 앉혔다. 애초에는 브레이어나 그와 생각이 비슷한 변호사를 뽑으려 했지만 슈먼이 보다 새로운 인물이 필요하다며 물러서지 않았다. 그가 바로 경제학자 알프레드 E. 칸Alfred E. Kahn이었다. 칸은 코넬 대학 교수이자 뉴욕주 공공사업위원회 위원장으로 출

　　　　　　　　　　　　　　　　　경제학자의 시대

알프레드 칸은 성격이 활달하고 괴짜 같은 면모를 지닌 코넬 대학 경제학자였다. 상업 항공 규제 완화를 감독했고 사람들로 붐비는 항공 시대를 기뻐했다. (제임스 K. W. 애서턴James K. W. Atherton / 워싱턴포스트 / 게티이미지)

중한 규제 전문 학자일 뿐 아니라 탁월한 개혁 전문가였다. 카터의 수석 보좌관이 예비 후보 3명을 뽑아 명단을 제출하라고 요구하자 슈먼은 이렇게 답변했다. "첫 번째 후보는 알프레드 칸이고 두 번째 후보는 알프레드 E. 칸이며 세 번째 후보는 프레드 칸입니다."[41]

칸은 성격이 활달하고 괴짜 같은 면모를 지닌 사람이었다. 뉴욕 사무실을 양말만 신고 돌아다녔으며 매일 온 부서를 돌며 직원들에게 훈계를 늘어놓았다. 특히 긴 청문회를 열어 증인으로 나온 전문가를 재교육시키면서 스스로 흐뭇해하고 이따금 청중에게도 즐거움을 안겼다.

칸은 자신의 상관인 정치인과 묘한 거리를 유지했다. 워싱턴에서 지내는 동안 대통령을 '숙맥'이라고 불렀으며 석유수출국기구OPEC 회원을 '얼간이'라고 했다. 백악관이 칸에게 경기가 곧 후퇴한다는 예측을 그만하라고 정중히 부탁했을 때 칸은 기자를 불러 모아 자신은 이제부터 경기 후퇴를 '바나나'라고 부르겠다고 선언했다. 이에 굴지의 바나나 수입 회사인 유나이티드프루트 사United Fruit Company가 거세게 항의하자 칸은 보다 완곡한 새 표현을 찾았다고 언론에 공표했다. '금귤金橘'이었다.

칸의 사무실 명패는 '코넬 대학 종신교수'였다.[42]

'공정'에서 '효율성'으로

칸은 1917년 10월 17일 뉴저지주 패터슨에서 태어났다. 그곳은 알렉산더 해밀턴Alexander Hamilton이 일으켜 세운 공업 도시로 초창기 국가 지원 산업화의 모범이었다. 칸의 부모는 러시아 출신 유대인 이민자였다. 아버지는 도시에 줄줄이 들어선 견직물 공장에서 일했다. 매우 총명한 학생이던 칸은 열여덟 살에 뉴욕 대학을 졸업하고 1942년에 예일 대학에서 박사 학위를 받았다. 이때 논문 주제가 영국 경제의 "점진적인 경직화"였다. 칸은 그 원인이 "거의 만장일치로 가격 경쟁을 포기했기" 때문이라고 짚었다.[43] 대학원 시절에는 여러 정부 기관에서 일하기도 했다. 그는 이 경험을 바탕으로 학문과 공공 정책을 아우르는 오랜 경력을 쌓아 나갔다. 칸은 잠시 군 복무를 한 다음 코넬 대학에 자리 잡았고 여기서 60년 이상 재직했는데, 그는 학생들이 만드는 라이트 오페라에 초대 받을 때마다 무대에서 노래를 부르곤 했다.

경제학자의 시대

규제 전문 학자로서 칸은 주류에 속했으나 시카고학파가 내놓는 이론에는 반기를 들었다. 대기업은 경제에 해롭다는 전통적인 입장을 지지했던 것이다. 1940년 논문에서 제너럴일렉트릭 같은 산업 거인은 특허법을 이용하여 잠재적인 경쟁자가 아예 나오지 못하도록 막는다고 경고했다. "주요 연구소는 어쩌다 보니 겨우 기술 센터가 되었다. 사업의 관점에서 보면 이들 연구소는 특허 공장이나 다름없다. 그들은 독점이라는 원료를 생산한다."⁴⁴

칸은 1954년에 저서 《공정 경쟁Fair Competition》에서 정부는 소비자를 희생하더라도 소기업을 보호해야 한다는 견해를 옹호했다. 그는 "어느 누구도 민주주의 사회에서 '공공 이익'이 바로 '소비자 이익'이라고 단순히 동일시할 수 없다"라고 썼다. 소비는 생산의 목적이라는 애덤 스미스의 주장은 유명하다. 하지만 칸은 "애덤 스미스가 그렇게 말했더라도 이는 사실이 아니다"라고 응수했다. 또 사람들은 생산자로서 그리고 "도시 문명의 시민으로서" 이해관계를 갖고 있다고 했다.⁴⁵ 공장 도시가 공장을 잃는 일은 바람직하지 않았다.

칸은 자신의 저서 가운데 가장 중요한 《규제의 경제학The Economics of Regulation》에서 규제 관행을 전면적으로 비판했지만 효율적인 규제는 의의가 있다고 옹호했다. 이 책은 입사 지원서처럼 읽히는 면이 있었다. 당시 규제 기관은 변호사 일색이었지만 칸은 경제학자가 일을 더 잘 해낼 수 있다고 주장했다. 경제학자가 지닌 미덕을 열거하며, 그리고 분명히 특정 경제학자 한 명을 마음속에 그리며 이렇게 썼다. "대체 가능한 공공 경제 정책이 도덕적으로 정치적으로 어떤 최종적인 함의를 지니는지 어느 누가 그보다 더 깊이 생각해 낼 수 있을 것인가?"[46]

1974년 칸은 소원을 이루었다. 뉴욕의 주요 공익사업 규제 기관에 임명된 것이었다. 토머스 맥크로는 그의 뛰어난 저서 《규제 예언서The Prophets of Regulation》에서 칸의 등장은 새로운 시대, 바로 '경제학자의 시대'의 도래를 알린다고 주장했다. 맥크로의 추산에 따르면 1974년에 모든 연방 규제위원회에서 변호사가 절반 이상의 자리를 차지했다.[47] 경제학자는 사실상 한 자리도 차지하지 못했는데 경제학자가 하나둘 자리를 채워 가면서 규제 행위에 변화가 생겼다. 변호사는 공정한 결과를 낳는 공정한 과정이 중요하다고 강조했지만 칸과 같은 경제학자는 경제적 효율성이 규제의 주요 목적이라고 여겼다.

칸은 공익사업 규제 담당관으로서 가격을 더 현실적으로 비용에 연동시키는 데 초점을 두었다. 통신 회사에는 전화번호 안내 요금으로 10센트를 부과하라고 요구했고, 전기 회사에는 수요에 따라 요금을 달리 매기도록 허용했다. 무더운 여름에는 전력 사용에 요금을 더 물리고 야간에 공장을 돌리면 요금을 할인해 주는 식이었다. 공익사업체는 가장 효율성이 떨어지는 발전기를 사용해야 했기 때문에 수요가 높을 때는 비용이 증가했다. 하지만 칸이 보기에는 발전 비용과 상관없이 전력에 일정한 가격을 부과하는 것은 전력의 비효율적인 사용을 부추기는 것이었다. 이는 결국 모두가 높은 요금을 낸다는 의미이기도 했다.

새로운 제도를 비판하는 이들은 공익사업이 소비자에게 부당할 정도로 높은 요금을 부과하도록 칸이 허용하는 셈이고, 그것도 사람들에게 전력이 가장 필요할 때 그랬다고 주장했다. 이 제도를 처음 채

경제학자의 시대

택한 롱아일랜드 전기회사Long Island Lighting Company는 곧 소비자에게 가장 무더운 날 가장 무더운 시간에 12배나 높게 전기 요금을 매겼다. 더욱이 뉴욕은 다른 몇몇 주와 달리 저소득층 가계에 할인 요금을 적용하지 않았다. 칸은 규제를 이용해 부를 재분배하는 일에 반대했다. "가격이 비용을 토대로 하지 않고 다른 방식으로 책정된다면 정치적인 절차가 가격을 책정하게 될 것이다."[48] 그는 정책 결정 방식으로 경제학이 정치학보다 뛰어나다고 여겼지만 그 점을 설명해야 할 필요는 느끼지 않았다.

규제의 초점을 돌리다

칸이 새로 맡은 기관인 CAB는 놀라우리만치 한 가지 범죄만 집요하게 파고드는 경찰이나 다름없었다. 바로 비행기 표 할인 판매였다.[49] 1972년 CAB는 "나흘에 걸친 조사"로 여든한 살 노인이 청소년 요금으로 여행한 일과 같은 불법 행위를 밝혀냈다고 보고했다. 가장 철면피한 상습 위반자는 전세기 항공사였는데 자그마치 규정 요금의 3분의 1 가격으로 표를 팔았다. 이는 전세기 사업자가 개별 승객에게 표를 팔지 않는 한 합법이었다. 따라서 해당 비행 좌석을 단일 모임에 전부 팔아야 했고, 적어도 6개월 동안 그 모임의 구성원이었던 사람에게만 좌석을 팔 수 있었다. 게다가 광고도 금지했다. 하지만 현실에서는 여행사가 드러내 놓고 전세기 광고를 했다. 1971년 《뉴욕타임스》는 충격적인 폭로 기사를 실었다. 맨해튼의 한 여행사가 '스코틀랜드 친목 모임' 즉석 회원권을 10달러에 구입하기만 하면 누구에게나 영국행 비행기 표를 반값에 팔고 있다는 내용이었다.[50]

규제의 초점을 돌릴 요량으로 칸은 우선 규제 기관에 변화를 모색했다. 정책 분석을 담당하는 직책이 전부 변호사로 채워져 있다는 사실은 "그야말로 믿을 수 없는 일"이라고 선언하고 더라이어스 개스킨스Darius Gaskins가 이끄는 경제 분석실을 새로 꾸렸다. 개스킨스는 칸이 연방거래위원회에서 데려온 경제학자였다. 칸이 내놓은 설명에는 법조계에 비위를 맞추려는 계산이 없었다. "나는 객관적인 경제학자가 우리가 지금 하는 업무를, 이 업무의 운영 방식을 꼼꼼하게 살피기를 바랐습니다. 그저 눈감고 신념에 기대기보다는 채비를 갖춰 문제를 정확하게 파악하려 했습니다."[51]

칸은 또한 CAB가 적법한 절차를 강조하는 행태에 이의를 제기했다. 절차를 밟느라 생기는 지체가 소비자를 희생양으로 삼아 현상을 유지하기 때문에 부당하다고 보았다.[52] 변호사는 "겁 많은 작은 짐승"이라며 어떤 변화든 영원히 반대하고 나선다고 지적했다. 하지만 한 가지 예외를 두었다. 변호사와 싸우려면 변호사가 필요하다고 결론짓고 마이클 레빈을 고용했다. 레빈은 서던캘리포니아 대학에서 학생을 가르치며 주말에는 자신의 오렌지색 4인승 비행기를 몰며 시간을 보내고 있었다.[53]

칸은 변호사가 말하는 방식에도 이의를 제기했다. 1977년 6월 제안서를 돌려 위원회의 공개 보고서를 "진짜 사람에게 의견을 말하거나 대화를 나누는 것처럼" 작성하라고 요구했다. 이것은 칸이 오랫동안 지켜 온 원칙의 문제였다. 칸은 기자에게 "우리가 하는 일을 사람들에게 일상 영어로 설명할 수 없다면 아마도 잘못된 일을 할 수도 있습니다"라고 말했다.[54] 칸이 쓴 제안서는 세 장까지 이어졌는데 짐작컨대 자신의 뜻을 확실하고 정확하게 전하기 위해서였을 것이다. "당신이 '이런 사정에 의해서'나 '앞에서 기술한 것처럼'이나 '뒤에서 기술할 것처럼'이나 아니면 이와 비슷한 '그런 사정에 의해서'나 이에 상응하는 변형들을 사용하고 싶을 때마다 '이로써'나 '그로써', '앞에서'나 '뒤에서'를 사용해 보고 말이 안 되는지 살펴보시오."[55] 이 제안서는 반향을 일으켰다. "알프레드 칸, 당신을 사랑합니다"로 시작하는 한 짤막한 글이 《보스턴글로브Boston Globe》에 실렸다. "당신이 쉰아홉 살이든 유부남이든 민간항공위원회 위원장이든 나는 상관없어요. 우리 함께 떠나요."[56] 미국 헤리티지 영어 사전American Heritage Dictionary 측은 칸을 자문위원으로 초대했다. 칸은 매우 흐뭇해하며 남은 여생 동안 자문위원 직을 맡았다.

항공업 규제 기관이 사라질 때

규제 완화는 항공 화물 부문부터 그 물꼬를 텄다. 1960년대 중반 프레드릭 W. 스미스Frederick W. Smith라는 예일 대학 학생이 경제학 수업에 제출할 논문을 한 편 썼는데 그는 이 논문에서 특급 항공 배송 업무를 신설하라고 제안했다. 사업 계획안은 말 그대로 불법투성이였다. 당시 정부는 항공 화물 업체 3곳에만 사업 승인을 해 주었다. 이 업체들은 무게와 거리에 따라 요금을 매길 수 있었지만 속도는 요금 적용

조건이 아니었다. 스미스는 구멍을 찾아냈다. 1973년 그는 페더럴익스프레스Federal Express를 창업하고, 크기가 작아서 연방 규제 대상이 되지 않는 화물 비행기 14대를 꾸렸다. 안타깝게도 스미스는 비행기가 너무 작아서 지속적으로 사업 수익을 내지 못한다는 사실을 곧 깨달았고, 보다 큰 비행기를 운행하기 위해 사업 면허를 신청했지만 예상대로 CAB는 거절했다.

스미스는 정치인들에게 중재를 탄원했는데 카터 행정부가 기회를 주었다. 1977년 항공 화물 시장을 경쟁에 개방하고 사업체가 스스로 가격 책정을 하도록 보장하는 법안을 의회에서 통과시켰다. 스미스는 보잉 727기 7대를 사들였고 사세는 빠르게 확장했다. 1985년 육상 운송 업체인 유나이티드파슬서비스United Parcel Service가 항공 운송업에도 진출하며 경쟁이 가열했다. 규제 완화를 시작하고 항공 운송 실질 가격이 첫 15년 동안 매년 평균 2.52퍼센트씩 떨어졌다.[57] 가격은 충격을 가늠하기에는 불충분한 척도다. 기업은 규제 기관이 한 번도 상상한 적 없던 사업 모델을 개발했다. 딱 필요한 순간에 부품을 작업 현장까지 배송하는 적기 공급망, 아마존닷컴Amazon.com과 온라인 소매상의 출현, 2017년 중국 소비자들이 메인주에서 산 채로 공수해 먹어 치운 바닷가재가 1억 달러어치 이상이었다는 놀라운 사실이 그런 것이었다.[58]

칸은 관련 법규가 마련되어 여객 수송 규제를 완화할 때까지 기다리지 않았다. 그는 반드시 "CAB가 압박을 가하지 못하도록 하겠습니다"라고 선언했다.[59] 칸의 철학은 단순했다. 경제학 법칙을 항공 부문에 적용한다는 것이었다. 칸은 하늘을 나는 여행의 신비로움을 한

순간도 받아들이지 않았다. 1978년 이스턴 항공Eastern Air Lines은 워싱턴 국립공항에서 열린 행사에서 최신 저소음 제트 비행기를 선보였다. 이 자리에 참석한 칸에게 누군가 어떻게 생각하느냐고 묻자 칸이 대답했다. "제게는 이 비행기나 저 비행기나 다 똑같습니다. 날개 때문에 한계 비용이 발생하는 생산물이지요."[60]

첫 조치로 칸이 이끄는 위원회는 할인 요금을 승인했다. 콘티넨털 항공Continental Airlines은 '병아리 눈물 요금'을 내놓으며 좌석 30퍼센트를 닭한테 할당하는 것으로 응수했다. 일 년도 채 안 되어 일반석 승객 절반이 할인된 요금으로 하늘을 날았다. 작은 정부를 지지하는 저 늙은 사자 배리 골드워터 상원 의원이 칸에게 편지를 보내 비행기에 사람이 너무 붐빈다고 불평하자 칸은 이렇게 답장을 보냈다. "자유 시장 체제의 효율성에 의문이 더 깊어지면 부디 망설이지 마시고 그 의문을 제게 보내 주십시오. 더불어 배리 골드워터 상원 의원이라는 사람의 초기 연설과 저술을 진심으로 권하는 바입니다."[61]

이어 CAB는 항공사가 캘리포니아주 오클랜드에 있는 이용도가 낮은 공항을 오가는 새로운 노선을 개발하도록 전면적인 승인을 내주었다. 밀워키에도, 또 1973년 볼티모어/워싱턴 국제공항으로 이름을 바꾸고 사업에 입찰했지만 실현되지 못한 볼티모어 공항에도, 당시 정기 운행 노선이 세인트루이스행 단 하나뿐이던 시카고의 미드웨이 공항에도 똑같은 조치를 내렸다.

미국 최대 항공사인 유나이티드 항공이 경쟁 시장에서 승산이 보이자 규제 완화를 지지하고 나섰다. 이에 소규모 항공사들 사이에서 불안감이 높아졌지만 칸은 정부가 소규모 기업을 보호해야 한다는 자신의 초기 견해를 이미 제쳐 놓았다. 오클랜드 규정을 발표하면서 CAB는 이렇게 밝혔다. "경쟁자들의 운명이 부침을 거듭하는 곳에서 어떤 경쟁자도 절대 실패하지 않는 상태를 건전한 경쟁이라고 규정하는 데 우리는 동의할 수 없다."[62] 칸은 소비자 복지를 규제의 목적으로 받아들였다. 1981년 한 인터뷰에서 "물론 제 기준은 무엇이 소비자에게 이롭냐는 것입니다"라고 말했다.[63]

델타 항공의 최고 경영자 윌리엄 토머스 비브William Thomas Beebe 는 칸과의 논의를 건너뛰고 조지아주 친구인 카터에게 직접 편지를 써서 규제 완화는 소비자에게 피해를 입힌다고 말했다. "많은 사람을 비행기에 구겨 넣다시피 태우면서 큰 불편을 감수하게 하고, 비행 횟수를 줄여 사람들이 타고 싶을 때가 아니라 항공사가 태우고 싶을 때 비행기를 타게 해야 항공 요금을 줄일 수 있습니다. 항공업계 종사자라면 누구나 오래전부터 이 점을 잘 알고 있었습니다." 그런데 대통령인 카터가 정말 이런 상황을 바랐던 것일까? 비브는 이렇게 덧붙였다. "모두에게는 당혹감을, 다수에게는 슬픔을 안길 것입니다."[64]

카터는 위험을 감수했다. 칸이 정책을 급조해 나가는 동안 행정부는 의회를 압박해 입법을 서둘렀다. 대통령은 영향력을 적극적으로 행사해 나가는 동시에 스스로 정한 우선순위에 대해 옹색한 변명을 늘어놓으며 자신의 평판이 허위임을 드러냈다.[65] 카터는 1978년 10월 24일 최종 법안에 서명하며 선언했다. "수십 년 만에 처음으로 우리는 주요 산업에서 규제를 완화했습니다."

항공사에서 파견한 직원들이 이미 CAB 워싱턴 본부 밖 인도에서 진을 치며 다음 날 아침을 기다렸다. 위원회가 선착순으로 새로운 노선 면허를 발급할 예정이었기 때문이다. 이스턴 항공이 맨 처음 도착했지만 유나이티드 항공에 자리를 빼앗겼다. 한 직원이 급히 화장실을 가야 했는데 운이 따라주지 않았는지 마침 자리를 맡아 줄 사람이 아무도 없었기 때문이다.[66]

이후 5개월에 걸쳐 위원회가 발급한 신규 노선 면허는 3189건이었다. 비행기 푯값은 떨어지고 총 승객수는 늘었다. 에드워드 케네디는 열변을 토했다. "어떤 경제적 평가 기준으로 보아도 항공업 규제 완화의 결과는 경이로웠습니다."[67]

민간항공위원회는 1984년 12월 31일 활동을 종료했다. 해병대 소속 한 나팔수가 〈저녁에 깃발은 나부끼고Evening Colors〉를 연주하는 동안 한 직원이 회의실 벽에서 위원회를 상징하는 문장을 정식으로 떼어 냈다. 마지막 위원장이던 C. 댄 맥키넌C. Dan McKinnon이 의사봉을 탕탕 두드렸다. 1938년 위원회 설립 입법을 발의했던 텍사스주 하원 의원 샘 레이번Sam Rayburn이 몇 년 전 선물한 바로 그 의사봉이었다. 맥키넌은 이렇게 언명했다. "경쟁은 원칙입니다. 그 때문에 소비자가 어느 때보다 나은 대접을 받고 있습니다." 여기에 덧붙여서 다른 규제 기관도 어서 문을 닫기를 희망한다고 말했다.[68]

결함이 있더라도 시장을

승리의 환희를 만끽하며 카터 행정부는 더 가시밭길이 예상되는 곳으로 나아갔다. 바로 화물 운송 부문이었다.

화물 운송업은 항공업보다 고용된 사람이 3배나 더 많았고 재정이 군색하지도 않았다. 1977년 미국 8대 화물 운송 회사는 《포춘》지 선정 500대 기업 평균 수익보다 2배나 더 벌었다.[69] 그 덕분에 항공사와 달리 화물 운송사는 스스로 가격을 정했다. 화물업계 단속 기관인 주간통상위원회ICC는 종이호랑이나 다름없어서 화물 운송사가 장악한 10개 지역 사무소가 비밀리에 청문회를 열고 법적 구속력이 있는 가격을 책정하도록 묵인했다. 이런 관행은 화물 운송업계 고용인에게도 짭짤한 수익을 안겼다. 이들을 대표하는 화물운송노동조합은 호전적인 단체로서, 1976년에는 인플레이션 외에도 30퍼센트 임금 인상을 관철했다.

하지만 카터에게는 승리가 더 필요했다. "좋든 싫든 우리는 대통령이 유능한 경제 수장이라고 대중을 설득하는 데 실패했습니다"라며 마이클 블루멘털Michael Blumenthal 재무장관이 1979년 3월 해밀턴 조던Hamilton Jordan 백악관 수석 보좌관에게 편지를 보냈다.[70] 게다가 경제학자가 다시금 예측한 이익은 애태울 만했다. 미 교통부 소속 경제학자들이 실시한 한 연구 보고에 따르면 화물 운송 가격을 규제하지 않는 뉴저지주 내에서 상품을 운송하는 데 드는 비용이 똑같은 상품에 똑같은 거리이지만 주 경계선을 넘어 펜실베이니아주로 상품을 운송하는 데 드는 비용보다 10~25퍼센트 더 낮았다.[71] 카터 행정부 초대 교통부 장관인 브록 애덤스Brock Adams는 규제 완화에 반대하며 그런 연구를 내놓은 규제 정책 책임자를 해고하겠다고 으름장을 놓기도 했다. 그런데 그 애덤스가 해임되어 버렸다. 교통부 장관으로 새로 임명된 닐 골드슈미트Neil Goldschmidt가 우선순위 업무 목록이 적힌 줄이

경제학자의 시대

쳐진 노란 리갈 패드를 들고 대통령 집무실로 들어가자 카터는 그 용지첩을 가져 가서는 상단에 '화물 운송'이라고 적었다.[72]

카터는 ICC를 처음 이끌 인물로 A. 대니얼 오닐A. Daniel O'Neal을 지명했다. 오닐도 규제 완화에 회의적인 태도를 보였는데 1975년에 한 번은 이렇게 말한 적이 있었다. "다른 이들이 심각한 손실을 입어도 일부 경제 이론을 시험하겠다는 의향을 드러내는 사람들의 태도에는 교만한 면이 있습니다."[73] 카터는 오닐도 칸의 민간항공위원회 수석 경제학자였던 더라이어스 개스킨스로 교체해 버렸다. 개스킨스는 경제학자로는 최초로 ICC를 이끌었다.[74]

화물운송노동조합은 어떤 변화도 필요 없다고 주장하며 네바다주 상원 의원이자 상원 상무위원회 위원장인 하워드 W. 캐넌Howard W. Cannon에게 뇌물을 건네며 강조했다.* 하지만 하원은 자유 시장 체제에 온통 마음이 쏠려 있었다. 오리건주 상원 의원 보브 팩우드Bob Packwood는 이렇게 말했다. "법적으로 성인이 된 이들의 자본주의적 행위를 통제해야 할 이유가 없습니다."[75] 화물 운송 부문 규제 완화는 1980년에 시작했고, 철도 부문 규제 완화는 그해 말에 시작했다.

한 관계자는 "규제 완화라는 개념은 이 구역에서 신흥 종교나 다

---

* 캐넌과 네바다주에 사는 캐넌의 이웃은 고층 아파트 건설을 막으려고 그들이 분양 받은 인근의 땅을 한 구획 사고 싶어 했다. 그 땅을 이미 사 놓은 노동조합의 연금 기금은 캐넌에게 140만 달러에 땅을 팔겠다고 제안했는데 이는 시장 가격에 크게 못 미치는 가격이었다. 화물운송노동조합 다섯 군데가 뇌물 미수로 유죄 판결을 받았다. 정부가 캐넌을 기소하지는 않았지만 이 부정 행위로 캐넌은 재선 출마에 발목이 잡혔다.

름없었습니다"라고 말했다.[76]

운송업 규제 완화로 인한 이익은 대체로 경제학자가 내놓은 예측과 맞아떨어졌다. 상품 이동에 드는 비용이 더 내려갔다. 미국 경제에서 물류가 차지하는 비중이 1979년 18퍼센트에서 2009년 7.4퍼센트로 떨어졌다.[77] 여행 가격 또한 하향세를 보였다. 국내선 평균 비행기 푯값이 규제 완화 이후 25년 동안 45퍼센트나 하락했다. 총 승객수는 치솟았고 비행은 더욱 안전해졌다.[78]

물론 비행이 종종 끔찍한 경험이 되기도 했다. 아메리칸 항공이 승객을 너무 함부로 대하자 오바마 행정부는 가장 심각한 악습을 막으려고 2009년 '승객 권리 장전'을 도입하기까지 했다. 하지만 형편없는 서비스는 규제 완화를 옹호하는 논거였다. 이 논리에 따르면 사람들은 저렴한 가격을 위해 질 낮은 서비스를 받아들이리라는 것이었다. 그리고 사람들은 정말 그랬다. 저가 항공사 최고 경영자인 마이클 오리어리Michael O'Leary는 2011년에 자랑하듯 말했다. "유럽에서는 지난 50년 동안 전쟁이 한 차례도 일어나지 않았습니다. 다들 라이언에어Ryanair를 타고 여행 다니느라 바빴기 때문이죠. 이 정도면 노벨 평화상 받을 자격이 충분하지 않나요?"[79]

규제 완화는 또 노동자에서 소비자로 돈을 이전하는 데에도 성공했다. 이것은 칸과 다른 이들이 당시 암묵적으로 인정하던 목표였다. 칸은 1981년에 녹음했지만 몇 년 동안 대중에게 공개되지 않은 녹음 사료에서 이렇게 말했다. "저는 화물 운송 노동조합원이 더 궁색해졌으면 좋겠습니다. 자동차 산업 노동자가 더 가난해졌으면 정말 좋겠습니다. 몰인정하다고 말할지 모릅니다. 다소 직설적으로 말하자면 그렇다는 것입니다. 저는 경쟁을 배제한 산업계에서 보호 받는 특정 노동자들이 자신의 능력이나 자유 시장의 역할과 상관없이 평균보다 임금을 훨씬 더 빠르게 올릴 수 있는 상황을, 그리고 그렇게 임금을 올리면서 다른 노동자를 착취하는 상황을 일소하고 싶습니다."[80]

예측한 대로 미국 트럭 운전기사 평균 소득이 1980년에서 2017년 사이 실질적으로 20퍼센트 떨어졌다. 2017년 승무원 평균 소득은 31퍼센트나 낮아졌다. 반면에 경영진은 보수가 솟구치듯 올랐다. 아메리칸 항공 최고 경영자는 1980년에 보수가 37만 3779달러였다. 하지만 2017년에는 하는 일이 전혀 달라지지 않았는데도 1133만 달러를 받았다.

2010년에 세상을 떠난 칸은 이 모든 일에 크게 기뻐했다. "내 인생 최고의 업적입니다. 아이를 키운 일 빼고 말이죠."[81] 마이클 레빈은 2017년에 눈을 감았다. 그 역시 일말의 후회도 내비치지 않았지만 보다 미묘한 평을 내놓았다. 불완전한 시장과 불완전한 규제 사이의 선택이었다면서 자신은 여전히 결함 있는 시장을 선호한다고 말했다.[82]

규제 완화의 첫걸음은 민영화

마거릿 대처는 규제 완화가 정치적으로 현명한 판단인지 확신이 서지 않아 영국 최초의 여성 총리라는 영예를 안긴 1979년 선거 운동에서 거의 언급하지 않았다. 하지만 정치적 지지자들은 눈을 떼지 않고 상황을 살피고 있었다. 특히 시장을 향한 믿음이 독실해서 '미친 수도승'

이라고 알려진 키스 조지프가 그랬다.[83]

조지프는 영국 최대 건설 기업인 보비스Bovis를 운영하는 준남작의 아들이었다. 1956년 보수당 의원으로 처음 의회에 입성하여 기업가들을 옹호하는 전통적인 발언을 하며 정치 경력을 시작했지만 활용할 수 있는 이론이 두 번씩 곱씹어야 하는 내용이라 불만이 쌓여갔다. 1964년 조지프는 잘 차려 입고 경제문제연구소Institute of Economic Affairs라는 허름한 사무실을 찾았다. 이 연구소는 일군의 젊은 경제학자가 설립한 싱크탱크로 이들은 프리드리히 하이에크의 저서에 함께 열광하며 그 이론에 기반을 두고 정책 제안서를 작성하고 있었다. 그 일원인 랠프 해리스Ralph Harris는 "우리는 놀러 나와 잠깐 장난을 치는 기분이었어요. 이제 갓 서른을 넘긴 청년들이었지요. 폭죽을 내려놓고 무슨 일이 벌어지나 지켜보고 있었습니다"라고 말했다.[84]

조지프는 바로 개종하지 않았다. 보수당은 1970년대 초반 내내 진보주의 이념을 밀어부쳐서 미국의 닉슨 행정부나 포드 행정부와 별다를 바가 없었다. 정당 강령에는 공공 정책의 "근본 문제"가 정부 지출 확대에 대한 요구에 있다고 못박았다. 사회복지부 장관에 임명된 조지프가 그 최전선에 있었다. 하지만 1974년 당이 정권을 잃고 난 뒤 경기가 급격히 하락세로 접어들자 조지프는 이 소규모 싱크탱크를 다시 찾았고 민간 기업을 위한 '운동'을 시작하고 싶다고 밝혔다.[85] 조지프는 다시 태어났다. 공공연히 자신의 과거 관점을 개탄하고 "평등에 반대한다"와 같은 제목으로 신문에 글을 기고했다. 영국에는 백만장자도 더 필요하고 파산도 더 필요하다고 주장했다. "영국에서 가난을 몰아내고 생활수준을 높이려면 우리에게는 지금보다 불평등이 더 필

경제학자의 시대

요합니다."[86]

1970년대 중반 조지프는 싱크탱크를 새로 조직했다. 바로 정책연구센터Centre for Policy Studies였는데 경제문제연구소의 보다 실무적인 동반자 역할을 맡았다. 조지프는 "제 목적은 토리당을 탈바꿈시키는 것"이라고 말했다.[87] 그 목적을 이루기 위해 보수당 동료 정치인인 마거릿 대처를 부소장으로 영입했다. 그런데 그는 얼마 지나지 않아 공개석상에서 가난한 엄마가 아이를 그렇게 많이 낳아야만 하는지 의문스럽다고 말해 당을 이끌 기회를 놓쳐 버렸다. 대처가 한걸음 내디디며 지도력의 공백을 메꾸었고, 조지프를 핵심 측근으로 삼으며 해리스와 연구소에 기대어 이론을 잡아 나갔다.

영국에서는 정부가 공공 기업과 규모가 큰 산업 부문을 소유했다. 따라서 규제 완화를 향한 첫걸음은 이 기업들을 민간 부문으로 옮겨 놓는 것이었다. 대처가 새로운 수장이 된 정부에서 조지프가 산업부 장관으로 임명되었다. 조지프는 브리티시텔레콤British Telecom을 표적으로 삼았다. 전화를 새로 놓으려면 때로 몇 달씩 기다려야 해서 평판이 안 좋은 독점 기업이었다. 1981년 의회는 두 번째 통신 회사인 머큐리커뮤니케이션즈Mercury Communications를 인가하고 브리티시텔레콤에 사람들이 다른 회사에서도 전화기를 구입하도록 허용하라고 요구했다. 브리티시텔레콤 경영진은 이를 자신들이 결코 원치 않는 여정의 첫걸음으로 바라보면서 그런 변화가 전화 선로원의 감전사로 이어지게 할 것이라고 내다보았다.[88] 하지만 서비스는 나아지기 시작했다.

1984년 대처 정부는 브리티시텔레콤의 지분을 상당량 팔았는데 그때까지 런던증권거래소 역사상 가장 많은 물량이었다. 성공적으로 매도를 마친 뒤 정부는 영국공항공단British Airport Authority, 영국국유가스British Gas, 영국국유철도British Rail, 영국국유철강British Steel 등을 전부 민영화했다. 영국국유키친싱크British Kitchen Sink만은 제외했다. 득의양양한 한 지지자는 "통틀어 보건대 아마도 영국의 민영화 사업은 헨리 8세가 수도원을 해산한 이후 최대 규모의 권력과 부의 이동을 기록했을 것이다"라고 썼다.[89] 1979년에서 1997년 사이 국유 기업의 산출량이 영국 경제에서 차지하는 비중이 12퍼센트에서 2퍼센트로 떨어졌다.[90]

대처 정부는 민영화를 할 때 해당 기업의 주식을 으레 직원에게 팔았다. 다수의 보수주의자처럼 대처도 노동조합을 또 다른 독점 형태로 여겼고 그 힘을 무너뜨리는 데 주저 없이 무력을 동원했다. 정부가 영국의 광산 노동자와 격렬하게 충돌했을 때는 특히 무자비했다. 하지만 대처는 또한 노동자의 이해관계를 재편하여 그들을 일거에 노동자이면서 동시에 소자본가로 변모시키려 했다. 마찬가지로 정부는 영국의 공공 주택 상당수를 입주자에게 팔았다. 1980년 영국 가구의 거의 3분의 1이 공공 주택에서 살았는데, 그들은 수년 동안 거주한다는 조건으로 시장 가격에서 50퍼센트까지 할인된 가격에 자신의 집을 살 수 있었다.

노동당은 오래전부터 강령에서 생산 수단의 공유를 주장했지만 그 싸움을 포기했다. 1995년 노동당의 새 지도자 토니 블레어가 이 공적 소유public ownership 조항을 삭제해 버렸다. 노동당이 1918년 이 조항을 채택한 바로 그 장소, 웨스트민스터 홀에서였다.

근시안적인 소비자중심주의

1980년대 초 미국과 캐나다의 비행기가 아일랜드로 날아갈 때에는 반드시 서해안에 위치한 작은 섀넌 공항에 착륙한 다음 다시 더블린 공항으로 날아갔다. 이 불편한 중간 기착은 아일랜드 국적 항공사인 에어링구스Aer Lingus를 보호하려는 의도였다. 그뿐만이 아니었다. 네덜란드 국적 항공사 KLM은 아일랜드에 취항하지 않는 조건으로 아일랜드 정부로부터 돈을 지불 받았다.

마일 단위로 부과되는 에어링구스 항공 요금은 미국의 평균 항공 요금보다 4배나 비쌌다. 에어링구스의 한 경영진은 규제 완화에 관한 의견을 묵살하며 미국은 건전하지 못하게 최저 가격에 집착하고 있다고 설명했다. "공공 기업의 핵심 개념이 이런 열성분자 때문에 폐기되고 근시안적인 소비자중심주의consumerism로 대체됩니다."[91]

열성분자를 멀리 떼놓기란 어렵다. 미국 전세 항공사는 아일랜드를 유망한 시장으로 보았다. 1984년 아일랜드 정부는 저가 비행기 표 판매를 불법화한다고 상정했다. 에어링구스와 경쟁을 할 경우 2년의 징역형 또는 10만 아일랜드파운드의 벌금형에 처한다는 내용이었다.[92] 이 입법에 아일랜드 유권자가 마침내 인내심에 바닥을 드러내며 기꺼이 근시안적인 소비자가 되고 싶어 했다. 법안이 부결되면서 한층 저자세가 된 정부는 전前 에어링구스 경영진인 토니 라이언Tony Ryan에게 아일랜드의 두 번째 여객 항공사를 설립하도록 인가했다.[93]

라이언은 수년 동안 아일랜드 정부의 승인을 받으려고 애쓰다가 영국 정부에게 런던 북쪽에 위치한 조그만 공항인 루턴 공항과 더블린 공항을 오가는 비행을 승인 받는 일이 훨씬 더 수월하다는 것을 알게 되었다. 대처 정부가 규제 완화를 상업 항공으로 확대할 기회를 찾으려 안달내고 있던 참이었다. 하지만 미국과는 달리 유럽에서는 거의 모든 비행이 국경을 넘나들었다. 영국이 상업 항공의 규제 완화를 하려면 비행 목표지인 다른 나라가 필요했다.

라이언에어의 첫 번째 노선 비행기 푯값은 95아일랜드파운드였다. 에어링구스의 208아일랜드파운드에 비하면 절반도 안 되는 가격이었다. 더블린과 런던 사이를 오가는 비행이 첫 해에만 65퍼센트 급증했다. 아일랜드를 방문하는 관광객이 20년 만에 처음으로 늘었다. 아일랜드 건설 노동자가 런던으로 통근했다. 런던에는 일자리가 더 풍부했기 때문이다. 런던의 가톨릭 사제들이 결혼식과 장례식에 참석하러 보다 싼 방법으로 고향에 갈 수 있다는 말을 퍼뜨렸다.[94]

규제가 없는 시장은

칸을 위시하여 하늘을 열어야 한다고 외친 옹호자들은 경쟁이 뜨거워지리라고 예측했다. 각 노선이 별개의 시장이며 이 시장에서 다양한 규모의 항공사들이 동등한 조건에서 경쟁할 수 있기 때문이다.[95] 하지만 보다 큰 항공사가 규모를 경쟁 우위로 바꾸리라는 점은 예상하지 못했다. 이 경쟁 우위에는 대도시 거점 노선 운항 방식hub-and-spoke과 상용 고객 우대 제도도 들어갔다. 미국 정부는 항공 산업의 합병을 허가했다. 오바마 행정부 시절 미국의 8대 항공사가 둘씩 짝

을 지어 4대 항공사가 되었고 이들 항공사가 미국 내 승객의 80퍼센트 이상을 실어 날랐다.[96]

이와 달리 유럽의 규제 기관은 합병에 제한을 두었다. 2007년 라이언에어가 에어링구스를 사들이지 못하도록 했고, 2013년에도 다시 그 입장을 고수했다. 2018년 현재 라이언에어를 비롯한 유럽 4대 항공사는 시장의 45퍼센트만 장악했다. 미국의 평균 비행기 푯값은 인플레이션을 감안할 때 2005년경 하락세가 멈추었다.[97] 항공 산업이 출범하고 처음으로 미국보다 유럽에서 대체로 더 저렴한 가격으로 비행기가 하늘을 날고 있다.

그 차이는 징후로 드러난다. 21세기로 접어들 즈음 유럽은 미국보다 적극적이고 성공적으로 경쟁을 조성하고 유지해 나갔다.

1990년대 동안 영국과 미국 정부는 지역 통신 독점 회사에 자신의 회선을 경쟁사와 함께 사용하도록 요구하려고 시도했다. 두 나라에서 모두 초기 실험은 실패로 끝났다.

2005년 미국은 통신 회사들이 더 이상 공유할 필요가 없다고 결론 내렸다. 부시 행정부는 대신에 경쟁이 케이블 산업에서 나타날 것이라고 말했다. 그 결과는 경쟁 없는 규제 완화였다. 미국 가정의 4분의 3에게 주어진 고속 인터넷 서비스 선택권이 기껏해야 두 예비 공급 업체 가운데 하나였기 때문이다.[98]

같은 해인 2005년 영국은 다시 시도했다. 이번에는 프랑스 경제학자 장 티롤Jean Tirole의 연구에 기반하여 전화선을 임대하는 새로운 공식을 채택했다. 회선을 보유한 회사가 투자를 보상 받을 수 있을 만큼 높은 요금을 책정하되 경쟁사가 회선을 임차하도록 유도할 만큼은 낮게 요금을 정하면 기본적인 갈등을 조정할 수 있다는 것이었다. 티롤이 내놓은 해법은 성공을 거두었다. 그리고 이 공식을 채택하는 나라가 갈수록 늘어났다. 티롤이 2014년 노벨 경제학상의 영예를 안았을 때 노벨상위원회의 한 위원은 기자에게 말했다. "정치인이 어리석지 않다면 티롤이 내놓은 정책 조언을 받아들일 것입니다."[99] 미국은 받아들이지 않았다. 그래서 미국인은 인터넷 접속에 비용을 더 지불하고 있다.[100]

시장이 인간의 창조물이라는 점은 쉽게 잊힌다. 우리가 수없이 시장을 창출해 왔기 때문이다. 근대 이전 세상에서는 시장에 조심스럽게 경계를 지어 놓았다. 장터는 물리적인 공간이었다. 영국의 여러 도시에서 그 위치는 종종 '시장에 세워 놓은 십자 구조물market cross'로 표시했다. 시장은 또한 시작과 끝이 있는 행사였으며 종종 그 시작과 끝을 종이 울려 알렸다. 현재 우리는 시장 안에 살고 있다. 그리고 이 시장은 항상 열려 있으며 물리적 경계가 없다.

하지만 이제 시장이 언제 어디서나 존재하기 때문에 효과적인 규제의 중요성이 점점 높아졌다. 최근 수십 년 동안 겪은 경험으로 우리는 깨달았다. 조악한 규정이 시장뿐 아니라 사회에 해를 끼칠 수 있는 것과 마찬가지로 규율과 집행의 부재 역시 그럴 수 있음을.[101]

7장

경제학이 계산한 생명의 가치

우리는 정치 경제를 정치인이 다루는 문제로 여겨서는 안 된다. 모두의 일이기 때문이다.

- 장 바티스트 세이Jean-Baptiste Say, 《정치 경제 문답Catechism of Political Economy》(1815)[1]

미군은 1941년부터 1969년까지 매년 연방 정부 지출의 절반 이상을 썼다. 그런 미군에게는 먼저 필요한 것을 정하고 나중에 가격표를 들여다보는 습관이 배어 있었다. 미군은 소련에 뒤처지지 않으려고 애쓰고 있을 뿐이라고 주장했다. 방위산업체 편에 선 아이라 C. 이커Ira C. Eaker 장군은 "공산당은 계산기는 안중에 두지 않고 오로지 승리에만 매진하고 있습니다"라고 말했다.[2] 정치인은 다툴 의향이 전혀 없어 보였다. 1950년대 내내 육군과 공군은 의회의 승인 아래 각자 대공 미사일 개발 노력에 수 억 달러를 쏟아부었다. 한 버전만 필요하다는 게 중론이었음에도 그랬다. 1958년에 마침내 의회는 국방부에 하나를 선택하라고 지시했지만 육군과 공군은 한 치도 양보하지 않았다. 의회로서는 무기 개발 계획을 부결하자고 의지를 모을 수도 노릇이었다. 결국 의원들은 양쪽 계획에서 재정 지원을 일부 삭감하는 대안을 내놓았지만 솔로몬의 지혜에는 못 미쳤다.[3]

1960년 대선 유세 기간 동안 존 F. 케네디는 정부가 백지 수표 정책을 쓰고 있음에도 미국이 소련과의 군비 경쟁에서 지고 있다고 유권자에게 거듭 강조했다. 그는 국방비 지출을 점검하기 위해 로버트 맥나마라에게 도움을 청했다. 수재로 꼽히던 44세의 맥나마라는 포드 자동차를 다시 정상 궤도로 올려놓은 일로 유명세를 타고 있었다. 새 국방장관이 된 맥나마라는 이렇게 말했다. "단지 무엇을 선택해야 나을지 자문하는 것만으로 결정을 내릴 수는 없습니다. 얼마가 필요한지 판단을 내려야 합니다."[4] 그리고 그는 이런 판단을 내릴 때 어떤 유형의 인물이 적합한지 잘 알고 있었다. 바로 경제학자였다.

맥나마라는 랜드연구소의 경제 부서 책임자인 찰스 히치Charles Hitch를 불러들였다. 랜드연구소는 2차 세계대전 후 미국 최고의 인재들이 군사 문제를 계속 연구해 나가도록 공군이 조직한 싱크탱크였다. 이제는 학자들에게 명령을 따르도록 강요할 수는 없었지만 캘리포니아주 산타모니카의 바다가 내려다보이는 사무실에서 흥미로운 문제를 연구하도록 설득할 수는 있었다.

히치는 초창기 연구원 가운데 하나였는데 굉장히 똑똑한 사람이었다. 그는 1910년 미주리주에서 태어났으며 첫 번째 로즈 장학생이었다. 옥스퍼드 대학에서 교수직 제안을 받아 재직하던 중 1차 세계대전이 발발했지만 계속 영국에 남아 연합군 폭격기의 표적을 정하는 연구 팀에서 일했다. 1948년 랜드연구소 일원이 된 뒤로는 국방비에 대한 경제 분석 연구를 개척했다. 1960년 대선이 있기 몇 달 전 히치는《핵무기 시대 국방의 경제학The Economics of Defense in the Nuclear Age》을 출간했는데 미국이 어떻게 같은 비용으로 더 큰 타격을 입힐

찰스 J. 히치. 군비의 경제 분석 분야를 개척했다. (새크라멘토 역사 센터Center for Sacramento History)

수 있는지 방법을 설명해 놓았다. 책은 이렇게 글머리를 열었다. "군사 문제는 중요한 한 가지 측면에서 즉 자원의 효율적인 배분과 활용이라는 측면에서 곧 경제 문제다."

맥나마라는 아스펜에서 스키를 타며 1960년 겨울 휴가를 보내면서 히치를 초대해 덴버의 브라운팰리스 호텔에서 만났다. 땅딸막한 몸집에 약간 헝클어진 머리를 한 차분한 히치와 건장한 체격에 바람의 저항을 최소화하려는 듯 머리카락을 매끄럽게 착 붙인 맥나마라는 긴 대화를 나누며 저녁을 보냈다. 한 친구가 이 순간을 "영락없이 서로 첫눈에 반한 모습이었습니다"라고 묘사했다.[5]

히치가 예산 편성에 접근하는 방식은 전혀 참신해 보이지 않았다. 그저 군대 각 분과에 목표와, 그 목표를 이루기 위한 여러 방안과, 각 방안에 따른 비용과 편익을 적어 내라고 요구했다. 하지만 히치는 어떤 선택을 내리기 위해 이전 체계를 일부라도 바꾸려 들지 않았다.

다만 선택을 하는 데 필요한 규준을 도입했다. 오늘날 비용 편익 분석 cost-benefit analysis으로 알려진 초기 방식을 군에 적용한 것이었다. 군이 자신들의 결정을 경제학자가 판단할 수 없다고 뜻을 굽히지 않자 히치와 부원들의 인내심은 바닥을 드러냈다. MIT에서 박사 학위를 받은 서른 살의 보좌관 알랭 엔토벤Alain Enthoven이 "장군님, 저도 장군님 못지않게 핵전쟁에서 수없이 싸워 봤습니다" 하고 딱 잘라 말하면서 공군과의 논쟁에 종지부를 찍었다.[6]

그 결과는 누구에게나 경이롭게 다가왔다. 존경 받는 하원 군사위원회 위원장인 칼 빈슨Carl Vinson은 뺨에 감사의 눈물이 흘러내릴 뻔했다. 빈슨은 맥나마라에게 이렇게 편지를 보냈다. "이 말을 전하고 싶습니다. 진심에서 우러나는 말입니다. 저는 1919년부터 이 위원회에서 이 문제를 다루어 왔습니다. 제가 꼭 밝히고 싶은 점은 이 보고서가 가장 종합적이고 가장 사실적인 내용이라는 것입니다. 어느 정부 부처가 마련해 준 기회였든 이는 제게 더없는 특권이었습니다. 의회 내 어느 위원회도 관련 부문을 심사해 나가면서 이보다 더 많은 정보를 받지 못합니다. 이 보고서에는 정말 연구해야 할 정보들로 가득합니다."[7]

연방 정부는 즉시 B-70 폭격기 개발을 폐기하고 잠수함 발사 탄도 미사일을 운반하는 폴라리스 잠수함 개발에 박차를 가했다. 잠수함이 핵탄두 운반에 탁월한 운송 수단이라는 랜드연구소의 판단을 채택한 셈이었다. 다수의 미사일 장치에는 스카이볼트Skybolt, 스나크Snark, 주피터Jupiter, 레귤러스Regulus, 하운드 독Hound Dog 등 만화 같은 이름을 붙였지만 한 가지는 아끼는 마음에 예외를 두었다. 바로 미니트맨Minuteman이었다.

소련은 미 국방부가 새로운 방식으로 예산 편성에 접근해 나가자 호기심이 일었는지 히치가 쓴 책을 저작권료도 내지 않은 채 1만 부나 찍었다.[8] 1965년 백악관 예산실을 인계 받은 경제학자 찰스 슐츠 역시 깊은 인상을 받았다.* 슐츠는 취임식을 하고 몇 주 뒤에 나머지 정부 부처가 새로운 예산 편성 절차를 따라야 한다고 제안했다. 제안서는 존슨 대통령의 국내 정책 수석 보좌관 조지프 캘리파노Joseph Califano 책상에도 놓였다. 캘리파노는 행정부의 나머지 부문에서 예산 편성이 "체계 없이 혼돈과 무질서가 난무한다"라는 말에 심기가 불편했지만 그는 강한 지지를 표하며 보고서를 존슨 대통령에게 제출했다.[9] 2주 뒤 대통령은 "현대 경영의 도구를 빌려 가능한 한 최저 비용으로 모든 미국인에게 더 나은 삶을 선사하겠다는 장밋빛 약속을 실현하기 위해서" 요청 명령을 내렸다.[10]

고통의 무게

미국이 비용 편익 분석으로 첫 실험에 돌입한 때는 1902년이었다. 당시 의회는 공학자 5명으로 구성된 위원회를 발족하여 국가의 건설 회

---

* 현재 백악관 예산관리국으로 불리는 이 예산실은 1921년에 설립되었다. 슐츠의 직전 담당자가 공식적으로 경제학 관련 배경을 갖춘 최초의 예산실장이었다. 데이비드 E. 벨David E. Bell은 1961년에 임명되었는데 하버드 대학 석사 학위를 받았으며 이듬해 임명된 커밋 고든Kermit Gordon은 윌리엄스 대학에서 경제학을 가르쳤다. 슐츠는 경제학 박사 학위를 지닌 최초의 실장이었다.

사인 미 육군공병대가 맡아 온 하천과 항만 사업의 비용과 편익을 검토하게 했다.[11]

대공황이 휩쓸던 동안 공공사업 계획에 나간 정부 지출은 가파르게 오르며 계속 최고치를 갱신했고, 의회는 규정을 강화해 나가면서 돈이 제대로 쓰이고 있음을 입증할 방안을 찾았다. 1936년 새로운 규정이 입법되어 미 육군공병대에 "누구에게든 누적되는 편익이 예상 비용을 초과하는 경우에만" 사업을 추진하라고 지시했다.

이 같은 초기 노력은 대체로 효과가 없었다. 편익을 계산해 내기에는 정부 역량이 턱없이 부족한 데다 공공사업 지출을 삭감하려는 의지는 더 부족했다. 1946년 의회는 미시시피강에서 오클라호마주 털사까지 배가 다닐 수 있도록 아칸소강 개발 계획을 승인했다. 이 뱃길은 보스턴에서 워싱턴 DC에 이르는 길과 길이가 거의 비슷했다. 철도업계는 정부가 똑같은 비용으로 강둑을 따라 철로를 2개 놓을 수 있고 열차 운영은 공적 비용으로 충당할 수 있다며 반대하고 나섰다. 더 나은 점은 철로 1개가 이미 놓여 있다는 것이었다. 하지만 로버트 S. 커Robert S. Kerr 오클라호마 주지사는 보다 넓은 시각으로 바라보아야 한다고 의회에 촉구했다. "이 청문회를 수로-철로 수송 비용 경쟁이라는 사소한 주제로 국한해서는 안 됩니다. 오히려 우리는 보다 위대한 나라를 건설하는 데 초점을 맞추어야 합니다."[12]

같은 해 미 육군공병대는 매우 창의적인 분석을 내놓으며 버지니아주 래퍼핸녹강에 건설할 예정인 댐의 타당성을 입증하고자 했다. 얼마나 많은 농지가 주기적으로 발생하는 홍수 피해에서 벗어날 수 있는지 계산했는데 거기에는 댐으로 생겨나는 저수지 바닥의 땅도 포

경제학자의 시대

함시켰다.[13]

20세기 초 경제학자는 비용 편익 분석의 유효성에 의구심을 품었다. 개인의 주관적 선호를 비교하는 일은 불가능하기 때문에 비용과 편익의 총합을 구하는 일 역시 불가능하다고 주장했다. 예를 들어 옥수수 가격을 내리는 정책을 생각해 보자. 사람들이 옥수수에 지출하는 비용은 줄고 그만큼 다른 상품에 지출을 늘릴 가능성이 커진다. 옥수수 농부가 돈을 덜 버는 동안 다른 생산자는 돈을 더 번다. 하지만 옥수수 농부가 겪는 고통이 다른 생산자에게 안기는 이익보다 무거운지 아닌지 누가 말할 수 있겠는가?

1939년 케임브리지 대학 경제학자 니컬러스 칼도Nicholas Kaldor가 이 문제를 에둘러가는 우회로를 냈다. 칼도는 왕립경제학협회 회보에 짧은 글을 실으며 경제 산출량을 늘리는 어떤 공공 정책이든 다른 누군가의 복지를 침해하지 않도록 수립할 수 있다고 주장했다. 옥수수 가격 인하를 다룬 예를 다시 살펴보자. 경제에서 돈의 양에는 변동이 없고 정책으로 인해 돈의 분배에 변화가 생긴다. 예를 들어 다른 생산자에게 세금을 매기고 그 돈을 옥수수 농부에게 주어 정부는 그 변화를 상쇄할 수 있다. 하지만 그렇게 하더라도 옥수수 가격은 낮게 유지되어 분명한 이익을 낳을 것이다. 칼도는 이렇게 썼다. "모든 이들을 이전보다 더 잘 살게 할 수 있다. 아니면 적어도 아무도 더 못 살게 하지 않고서도 일부는 그렇게 할 수 있다."[14]

이는 공공 정책의 비용 편익 분석에 논리적 토대를 이룬다.

칼도가 아무도 피해를 입지 않는지에 대해서는 신경 쓰지 않았다는 점을 놓치지 않는 것이 중요하다. 칼도의 관점에서 보면 아무도 피해를 입지 않을 수 있다는 것만으로도 충분했다. 그는 정부가 농부의 고통을 경감하려고 노력하지 않더라도 옥수수 가격은 내려야 한다고 여겼다. 경제철학자 아마르티아 센Amartya Sen은 현재 칼도 힉스Kaldor-Hicks 보상 기준으로 불리는 이 기준의 유일한 목적은 사람들에게 피해를 입히는 정책을 정당화하는 것이라고 지적했다. 모두에게 정말 이익을 안긴다면 정책을 정당화해야 할 이유가 없다. 때때로 정부가 사람들에게 피해를 입히는 것이 불가피하거나 그래야만 할 경우가있다. 하지만 칼도 힉스 기준은 피해의 사실도 피해자의 정체도 전부모호하게 흐린다. 경제학에서 대개 그렇듯이 이 이론 역시 분배 문제를 도외시한다. 그저 승자의 마음을 기쁘게 하는 이론이다. 패자가 이론상으로 존재하는 이익을 누리는 것만으로 위로를 받으리라는 점은명확하지 않다.[15]

군에서 경제학자들의 자리

짐 토치Jim Tozzi는 플로리다 대학에서 경제학 박사 학위를 받고 나서 1963년 뉴올리언스로 옮겨 왔다. 그는 낮에는 학생을 가르치고 밤에는 재즈를 연주했다. 하지만 곧 어느 일도 자신과 맞지 않는다고 결론을 내렸다. 그리고 군에 입대하기로 결정했다. 하지만 결국 워싱턴으로 파견되어 경제학자 업무로 되돌아갔다. 당시 군은 예산 문제로 맥나마라에게 공격을 받고 있어서 수비를 강화할 수 있는 자신들만의전문가를 필사적으로 찾고 있었다.

1966년에 토치는 진급하여 경제학자로 구성된 팀을 이끌었는데, 이 팀은 미 육군공병대가 군사 목적 이외의 사업에서 다루는 업무를 감독했다. 미 육군공병대는 경제 분석을 눈엣가시로 여겼다. 한 공병대 장교는 1950년대에 태평양 북서 지역 콜롬비아강 상류에 댐을 건설하기 위해 경제 분석을 실시할 때 자신은 기술진 가운데 가장 무능력한 사람을 뽑았는데 그 까닭은 그 굼뜬 느림보가 "이 사업에 참여하는 공학자에게 눈곱만큼도 영향을 주지 못하도록" 막고 싶었기 때문이라고 썼다.[16] 토치의 임무는 내용을 보다 정밀하게 작성하라는 존슨 행정부의 요구를 만족시키는 것이었다. 계급이 중위인 토치는 국방부 내 서열 체계에서 거의 밑바닥이었지만 경제학자로서 상당한 힘을 휘둘렀다. 내게 한 말에 따르면 토치는 군복이 아니라 양복을 입고 사무실에 출근해도 좋다고 허가 받았으며 이에 장교들이 토치를 더욱 올려다보게 되었다.

미시간 주립대학 경제학자 A. 앨런 슈미드A. Allan Schmid는 수자원 사업을 연구하고 있었는데 1968년 객원 교수로 토치의 팀에 합류했다. 국방부로 첫 출근을 하기 전에 슈미드의 아내는 'ABM탄도탄 요격 미사일 개발 중지' 배지를 떼야 한다고 슈미드를 일깨워 주었다. 이 배지는 탄도탄 요격 미사일 개발에 항의한다는 의미였기 때문이다.[17] 슈미드는 그해 내내 체서피크만에 대한 대규모 모델 구축을 막으려 애썼지만 헛수고가 되었다. 이 모델은 유속과 유량을 연구하기 위해 설계되었지만 컴퓨터 시대를 맞이하여 더 이상 필요가 없어졌기 때문이다. 슈미드는 비용 편익 분석을 모델 구축 사업에 적용하려 애쓰면서 토치 팀이 포부를 키워 나가야 한다고 주장했다. 또 미 육군공병대가 민간 부문에 도입한 규제, 예컨대 범람원에서의 건설을 규정하는 법규를 분석해야 한다고 강조했다. "법규 역시 자원의 이용을 통제한다"라고 슈미드는 보고서에 썼다. 이 보고서는 논문이 되었고 이 논문에서 내세운 주장이 의회 청문회의 주제가 되었다.[18] 지금에야 구태의연하지만 당시 이 생각은 토치와 경제학자로 구성된 그의 팀에게는 참신하게 다가왔다. 토치는 "팀원 모두가 말문이 막힌 듯 어이없는 표정을 지었습니다"라고 기억을 떠올렸다. 그런데 토치는 그 생각을 곰곰이 살펴볼수록 더 마음에 들었다. 확실한 법적 권한이 있는 허가는 아니었지만 토치는 상관에게 허가를 받고 상정된 이 규제 내용을 검토하기 시작했다. 그리고 만면에 웃음을 띠며 이렇게 말했다. "내가 변호사가 아니어서 정말 다행이었죠. 변호사라면 이 일을 해내지 못했을 테니까요."[19]

비용 편익 분석이 처음으로 확대 적용됐지만 이는 존슨 대통령의 임기 말을 맞아 오래 버티지 못했다. 닉슨이 당선된 뒤 빈슨에 이어 군사위원회 위원장이 된 L. 멘델 리버스L. Mendel Rivers 하원 의원은 닉슨 행정부에 장군들에게 되돌아간 권한을 원한다고 전했다. 경제학을 싫어하는 만큼 촌극을 좋아하는 리버스는 비용 편익 분석에 대해 이렇게 밝혔다. "우리는 비용 편익 분석이 더 이상 이 나라를 경영하게 두지 않겠다고 영원한 신의 이름으로 맹세했습니다."[20] 새로 임명된 국방장관 멜빈 레어드는 경제학자의 자문 역할을 제한하는 데 동의했다. 토치는 국방부를 떠나 미 육군공병대 시설 인근에 위치한 낡은 건물로 자리를 옮겼다.

하지만 대다수가 경제학자인 1000명에 가까운 사람들이 존슨 대통령의 명령을 이행하기 위해 혹은 그 명령에 반대하는 기관을 옹호하기 위해 이미 고용되어 있었다.[21] 토치를 비롯하여 그들 대부분은 여전히 남아서 일을 하고 있었다. 그리고 베트남 전쟁이 일어났다. 맥나마라는 적의 시체를 하나둘 세어 가며 승리를 향한 발걸음도 한 걸음 두 걸음 내디뎠다. 마치 셈 연습 하듯 전쟁을 치렀다. 이 전쟁으로 정부는 대중의 신뢰를 잃었지만 다소 역설적이게도 비용 편익 분석에 대한 요구는 늘어났다. 숫자는 안심할 수 있는 투명성과 책임성을 제공했다. 몇 년도 채 안 되어 토치는 훨씬 유명한 건물의 사무실에서 일하게 되었다.

규제 기관은 비용을 무시하라

1960년대 중반 매년 5만 명이 넘는 미국인이 자동차 사고로 목숨을 잃었다. 이 엄청난 대학살은 저 유명한 〈마지막 키스Last Kiss〉라는 곡에 영감을 주었는데, 이 곡에서 가수는 "아버지 차로 데이트하러 간다"고 노래했다. 정부는 도로 교통 사망 사고를 줄이려고 수년 동안 애써 오면서 운전자 개인의 책임감을 강조했지만 '사고'라는 말 자체가 그런 접근에는 한계가 있음을 드러낸다.

    1965년 큰 인기를 끈 랠프 네이더의 저서 《어떤 속도에서도 안전하지 않다Unsafe at Any Speed》로 공론이 새 국면을 맞았다. 네이더는 사고 희생자가 자동차와의 첫 번째 충돌이 아니라 자신이 몰던 차 내부와의 '두 번째 충돌'로 다친다고 주장했다. 사고는 어쩔 수 없지만 부상은 막을 수 있었는데 자동차 회사가 그런 노력을 거의 기울이지 않았다는 것이다. 게다가 자동차 산업은 고객의 생명에 무관심하다는 끔찍한 전과가 있었다.[22]

자동차 회사를 겨냥한 네이더의 공격은 시장 제일주의에 대한 공격이었다. 네이더는 실망한 소비자가 그저 다른 제품을 구입하면 그만이라는 생각을 받아들이지 않았다. 경제 모델에서 그리는 이상 세계에서는 소비자 선택이 자동차의 안전성을 높이는 데 충분한 힘을 발휘하는 기제로 작용한다. 그러나 3대 자동차 회사가 장악하고 있는 나라, 더구나 오래전부터 대다수 사람들에게 운전이 사치가 아니라 필수가 되어 버린 나라에서는 자동차 회사가 더 안전한 제품을 생산하도록 압박할 다른 방법을 찾아야 한다고 네이더는 깨달았다. 그는 규제의 필요성을 절감했다.

1966년 존슨 행정부의 권고로 의회는 교통부를 신설하고 이 새로운 기관에 운전이 덜 위험해지도록 강구하라고 지시했다. 다른 여러 개선점 가운데에서도 안전띠와 충격 흡수식 조향축과 비산 방지 전면 유리창을 요구하는 규정을 마련해 빠르게 생명을 구해 내기 시작했다. 자동차 사고로 인한 사망자 수는 1960년대와 1970년대 초에 정점을 찍었다. 미국 인구가 상당히 증가했지만 지난 50년 동안 연간 사망자 총수가 이 유혈이 낭자하던 시대로 다시 돌아간 적은 없었다.

자동차 규제의 사례를 토대로 연방 정부는 온갖 약칭으로 불리는 기관을 설치하여 미국 국민을 보호했다. 1964년부터 1977년까지 건강과 안전에 관련된 기관이 11개나 생겨났는데 이 가운데에 환경보호청Environmental Protection Agency, EPA과 산업안전보건청Occupational Safety

경제학자의 시대

and Health Administration, OSHA이 있었다. 정부는 소비자의 건강과 안전, 그리고 환경의 질을 보호할 책임을 아우르면서 경제 단속 기관의 역할에서 물러나기 시작했다. 1970년에 연방 정부는 경제 규제 담당자로 1만 8000명을, 건강과 안전 규제 담당자로 9700명을 고용했는데, 10년 뒤에는 경제 규제 담당자로 2만 4100명을, 건강과 안전 규제 담당자로 6만 6400명을 고용했다.[23]

이러한 규제가 전혀 새로운 건 아니었다. 19세기 초 증기선이 발명되자 연방 증기선 감독관이 생겨났다.[24] 그러나 규제 강화는 극적이라 할 만했으니 규제 없는 시장은 결코 용납할 수 없는 결과를 낳는다는 폭넓은 합의를 반영했기 때문이다. 석탄 가루로 피츠버그의 어린 초등학생이 입는 셔츠가 까맣게 변했고, 클리블랜드에서는 쿠야호가강이 계속 불타올랐다. 대중 매체의 등장으로, 특히 주요 방송망이 1963년부터 저녁 뉴스를 15분에서 30분으로 늘린 덕에 지역 문제가 전국 문제로 확대되었다. 1969년 샌타바버라에서 유출된 기름이 캘리포니아 해안까지 이르렀을 때 기름에 뒤덮인 채 죽어 가는 새들의 모습이 텔레비전으로 방영되었다. 점점 번창 일로를 걷는 미국은 한때는 번영의 상징으로 여겼던 굴뚝을 이제는 삶의 질을 위협하는 요인으로 바라보았다.

제너럴모터스General Motors가 네이더의 명성에 흠집을 내려고 사립 탐정을 고용하여 그의 사생활을 파헤쳤다고 인정한 뒤로 네이더를 향한 대중의 지지가 치솟았다. 제너럴모터스가 네이더에게 42만 5000달러를 배상하는 데 동의하자 네이더는 이 배상금으로 열정적인 젊은 변호사로 구성된 작은 단체를 꾸렸다. '네이더 돌격대'라고 불리는 이들은 사람들이 더 이상 피해를 입지 않도록 규제를 강화하라고 요구했다.

정부가 규제를 확대해 나가자 기업은 경제학을 방패로 삼아 휘두르려 했다. 자동차 회사는 규제 기관이 돈으로 환산한 편익이 규정 준수에 따른 비용을 초과한다고 입증해 내지 못하면 안전 규정을 강요할 수 없다는 내용을 명문화하라고 의회에 압박을 가했다. 네이더는 경제학을 이용하여 규제를 제한하려는 시도를 성공적으로 막아냈으니, 기업에는 이익이 아니라 최선을 요구해야 한다고 의회를 설득했다.[25]

승리는 일정한 틀을 갖춰 나갔다. 1960년대 말과 1970년대 초 기념비적인 법에서는 대체로 규제 기관에 비용과 편익을 계산하라고 요구하지 않았다. 일부는 비용을 무시하라고 분명히 지시했다. 랠프 야보로Ralph Yarborough 텍사스주 상원 의원은 텍사스주 출신 민주당 포퓰리스트 상원 의원의 계보를 잇는 마지막 인물이었다. 그는 OSHA 설립에 대해 논쟁을 벌이던 중에 버럭 고함을 질렀다. "누군가는 당연히 이렇게 물을 것입니다. '도대체 누구에게 그렇게 비싸다는 것입니까?' 손과 다리와 눈을 잃은 고용인에게 비싸다는 것입니까? 노동자 보상과 사회 보장 연금으로 빈약한 수당을 받으며 아이들을 키우려 애쓰는 홀어머니에게 비싸다는 것입니까? 저 남자는 어떻습니까? 정말 부지런히 일하던 남자, 그런데 남은 평생 휠체어와 병원 침대에 묶여 살아야 하는 남자 말입니다. 이것이 산업 안전에 대해 토론할 때 우리가 다루는 내용입니다. 우리는 일부 비용 계산 담당자의 무심함을 이야기하는 것이 아닙니다. 우리는 사람의 생명을 이야기하고 있는 것입니다."[26]

"이보세요, 제정신입니까"

리처드 닉슨은 집권 초기에 연방 규제를 광범위하게 확대했는데 특히 환경을 보호하는 데 집중했다. 닉슨은 1970년 1월 첫 연두교서에서 언명했다. "70년대에 중요한 질문은 이것입니다. 주변 환경에 굴복할 것인가, 아니면 자연과 화해하며 우리가 공기와 땅과 물에 입힌 피해에 보상을 시작할 것인가?"[27]

1970년 4월 첫 지구의 날 기념행사는 어마어마하게 인기를 끌었다. 이는 저 질문에 대한 분명한 답이었다. 우주에서 바라본 지구의 형상이, 작고 깨지기 쉬운 물체로 보이는 지구의 모습이 온 나라를 장식했다. 그뿐 아니라 지구에서 사는 삶의 경험도 있었다. 당시 닉슨 대통령의 젊은 보좌관이던 크리스토퍼 데무스Christopher DeMuth는 이렇게 회상했다. "1970년 여름날 워싱턴 DC에서 지평선을 바라보면 암갈색 오염층이 보였어요. 냄새도 났습니다. 그런데 워싱턴에는 공장 지대가 없었습니다. 다 자동차에서 나온 매연이었지요."[28]

1970년 마지막 날 닉슨은 대기오염 방지법인 청정대기법Clean Air Act에 서명했다. 이 법은 정부가 비용과 상관없이 대기 환경 기준air quality standards을 세우도록 요구했다. 데무스가 새로운 환경 기관인 EPA 설립에 관한 계획을 마련하는 데 도움을 주었다.[29] 초대 청장인 윌리엄 러클스하우스William Ruckelshaus는 민권 활동 때문에 발탁된 변호사로, 유니온카바이드Union Carbide에 오하이오주 매리에타의 한 공장에서 나오는 매연을 대폭 줄이라고 요구하면서 국민 앞에 그 등장을 알렸다. 그는 EPA에는 "농업이나 상업을 증진시킬 의무가 없다. 오로지 환경을 보호하고 개선할 중대한 의무만을 진다"라고 밝혔다.

하지만 닉슨이 곧 생각을 바꾸었다. 경제 성장이 흔들리기 시작하며 유권자의 관심을 다른 데로 돌려야 했기 때문이다. 새로운 규정이 괴롭히기 시작하자 전국에서 경영진이 내지르는 비명 소리가 워싱턴에서도 똑똑히 들렸다. 자동차 회사와 제철소처럼 오염 배출이 심한 일부 산업계가 해외 경쟁사에게 가장 심한 압박을 받고 있었다. 1971년 8월 닉슨의 관점이 빠르게 진화를 거듭하고 있다는 조짐이 보였다. 이는 정부가 규제의 비용과 편익을 저울질해 보아야 한다고 제안하는 환경에 대한 한 연례 보고서에서 드러났다. "납세 의무도 지면서 국가가 추구하는 사회적 진보에 비용도 대야 하는 기업을 파산시키는 대가로 생태적인 완벽함을 추구하기란 아주 간단한 일이다."

1971년 10월 닉슨은 새로 조직한 예산관리국에 집사 격으로 조지 슐츠를 임명했다. 슐츠는 제안서를 내놓으며 각 기관에 주요 규제에 대해 비용 편익 분석을 하여 자신의 사무실로 제출하라고 요구했다.[30] 짐 토치는 그 세계에서 비용 편익 분석을 이용해 실제로 규제를 평가한 경험이 있는 몇 안 되는 사람이어서 상정된 환경 법규를 평가하는 중요한 임무를 맡게 되었다.

의회가 예를 들어 EPA에 "1983년까지" 전국 수로에서 "물고기를 잡거나 수영을 할 수 있게" 하라고 지시하면 EPA는 몇 가지 오염 물질을 없애야 그 수준에 다다를 수 있다고 의견을 내놓았다. 토치는 내게 말했다. "EPA 측은 어떤 오염 물질도 배출하기를 바라지 않았어요. 그래서 제가 말했지요. '이보세요, 제정신입니까?' 경제학 박사 학위가 없어도 이 말도 안 되는 일을 다 감당할 수 없다는 것쯤은 이해할 수 있습니다."

환경 운동가들은 토치가 가능성이 아니라 현실성에 초점을 맞추고 있다고 응수했다. 예를 들어 청정대기법은 자동차 배기가스를 대폭 감소하라고 요구했지만 활용할 수 있는 기술로는 불가능한 일이었다. 당시 포드 자동차 부사장이던 리 아이아코카Lee Iacocca는 이 법규를 강요하면 "자동차를 지속적으로 생산하지 못할 수 있습니다"라고 경고했다.[31] 그런데 제너럴모터스가 오염 물질을 중화하는 촉매 변환기라는 필터를 개발했다.*

---

* 시장 신봉자는 기업이 수익성 있는 혁신 기회라면 무조건 추구할 것이라고 당연시한다. 사람들이 10달러 지폐를 길에서 발견하면 냉큼 줍는 것처럼 말이다. 1991년 《사이언티픽 아메리칸Scientific American》에 실은 짧은 글에서 하버드 대학 경제학자인 마이클 포터Michael Porter는 이런 관점을 '극단적 낙천주의Panglossian'에 사로잡힌 헛소리라며 무시했다. 포터의 주장에 따르면 규제는 혁신의 원동력이 될 수 있다며 특히 기업에게 에너지 효율이 높은 조명을 설치하도록 권장하는 EPA의 정책을 예로 들었다. 조사에 따르면 이런 정책의 거의 80퍼센트가 2년 혹은 2년도 못 되어 에너지를 절약하는 성과를 냈다. 포터를 위시해 다른 경제학자가 제시하는 증거들이 점차 저 이론을 뒤집고 있다.

비용 편익 분석의 확대

1940년대 말 공군이 랜드연구소에 맡긴 첫 과제는 소련을 날려 버릴 가장 효과적인 방법을 찾아내는 것이었다. 랜드연구소의 전문가들이 이 문제를 면밀하게 살펴보고는 철벽같은 소련 방어 시설로 값싸고 느린 폭격기를 파도처럼 연이어 보내는 것이라는 의견을 공군에 내놓았다. 이때 이들 전문가는 폭탄과 폭격기에는 가격을 매겼지만 비행사에게는 그렇게 하지 않았다.

추천한 가미카제 전략은 비행사가 지휘하는 공군으로서는 달갑지 않았다. 랜드연구소는 하나뿐인 주요 의뢰인과 신뢰를 회복하려고 발 빠르게 움직였다. 일부 랜드연구소 경제학자는 급진적인 조치가 필요하다고 주장했다. 인간 생명에 가격을 매기자는 것이었다. 누군가가 이렇게 썼다. "여러 면에서 생명과 돈은 서로 비교할 수가 없다. 하지만 안타깝게도 설계자는 그 둘을 비교해야만 했다."[32]

그런데 경제학자는 생명에 어떻게 가격을 매겨야 할지 방법을 알 수 없었다. 처음 몇 년 동안 랜드연구소는 분석 방식을 바꾸어 돈에 대한 비용과 생명에 대한 비용을 나란히 제시하고 정책 입안자가 시세를 정하도록 했다. 하지만 비용 편익 분석이 여러 부문으로 확대되어 가면서 경제학자는 점점 사거나 팔 수 없는 대상의 가격을 더욱 영리하게 추산하는 방법을 고안해 냈다. 이윽고 경제학자들은 잘린 손, 교통 체증으로 버린 시간, 산에 대한 조망권, 그리고 인간 생명의 가치에 얼마짜리 가격표를 붙여야 할지 안다고 주장했다.

비용 편익 분석은 국립공원관리청까지 확장되었다. 미 육군공병

경제학자의 시대

대에게 공공사업에 드는 비용이 타당함을 입증하도록 요구한 1936년 법은 새로운 댐 건설을 지지하는 사람들에게도 그 편익을 숫자로 나타내라고 압력을 가했다. 가장 가치가 높은 편익 다시 말해 홍수로 더 이상 생명을 잃지 않는 편익은 여전히 수량화할 수 없었다. 그래서 댐 건설 지지자는 규모에 기대는 다른 방법을 찾아냈다. 1946년 일부 댐 건설을 감독하던 국무부는 국립공원관리청에 새로운 댐으로 생겨나는 저수지의 휴양 가치를 평가하여 재미에 가격을 매기라고 지시했다. 국립공원관리청은 이 지시가 못마땅했으니, 공원은 그 가치를 매길 수 없을 만큼 귀중하다고 여겼기 때문이다. 청장은 마지못해 보트 선착장 진입로 개선 비용을 뽑듯이 똑같이 휴양의 편익을 계산하라고 직원에게 지시를 내렸다. 2년 뒤 여전히 압력에 시달리는 상황에서 국립공원관리청은 휴양 가치가 어떤 개선 비용이든 그 2배에 달한다는 데 동의했다.

비용 편익 분석이 다른 부문으로 더는 확대되지 못하도록 막기 위해 국립공원관리청은 저명한 경제학자 10명에게 서신을 보내 이 주제에 관해 의견을 요청했다. 9명이 국립공원관리청 편에 섰다. 한 경제학자는 이렇게 답신을 보냈다. "제 생각에 국립공원 체제의 전반적인 효용성과 타당성은 통계학적으로 결코 측정할 수 없습니다. 더구나 이 문제를 돈으로 다투려는 태도 자체가 위험합니다."[33] 열 번째 경제학자이자 노스캐롤라이나 대학 교수인 해럴드 호텔링Harold Hotelling이 논쟁의 반대편에는 한 명의 경제학자가 늘 존재한다는 점을 몸소 증명했다. 그는 기꺼이 돈을 내고 국립공원을 방문하는 사람들이 얼마나 많은지 계산하면 국립공원의 가치를 매길 수 있다고 주장했다. 이 가치는 사람들이 방문하여 최대한으로 쓰는 금액을 계산한 다음 나머지 다른 사람들도 기꺼이 그만큼 쓸 것이라고 가정하는 방식으로 추론될 수 있었다. 예를 들어 가장 값비싼 체험이 100달러이고 특정한 해에 1만 명이 방문한다면 공원이 대중에게 지니는 가치는 100만 달러라는 것이었다.[34]

국립공원관리청은 호텔링의 의견을 무시했지만 1956년 캘리포니아 대학의 경제학자 2명이 이 생각을 캘리포니아주 페더강 예비 댐 건설 사업의 비용 편익 분석에 적용했다. 이들 보고서에 '미래를위한 자원'이라는 신생 비영리 단체의 경제학자 매리언 클로슨Marion Clawson 이 관심을 보였다. 이 비영리 단체는 연방위원회가 머지않아 미국에 광물이나 석유 같은 원자재가 바닥날 수 있다고 결론을 내리자 포드 재단이 자금을 대어 설립한 단체였다. 1세대 연구원이던 클로슨은 다른 종류의 희소성에 관심이 있었다. 그는 국가에는 국립공원이 더 필요하다고 보았고, 호텔링의 접근법을 정연하게 다듬어 호텔링의 말대로 "자연 휴양에 금전적 가치를 부여하는 일이 이론적으로도 정립 가능할 뿐 아니라 현실적으로도 처리 가능할 수 있음을 입증하려 했다."[35] 클로슨은 유능한 전도사였다. 1973년 연방 정부는 호텔링의 방법을 사용하도록 인가했다.

생명의 가치

인간 생명에 가치를 매기는 비용 편익 분석을 처음 내놓은 이들은 연방 규제 반대자들이었다. 1971년 닉슨 행정부는 소리 없이 대책위원회를 꾸려 자동차 산업이 규제에 쏟는 불만을 검토했다. 위원 가운데 한 사람이자 맥나마라 아래에서 일했던 해군 연구원인 하워드 P. 게이츠Howard P. Gates가 비용 편익 분석을 내놓아야 한다고 위원들을 압박했다. 그 자체만으로도 참신한 발상이었지만 게이츠는 한 발 더 나아가서 유의미한 분석이 되어야 한다고 주장하며 위원들에게 인간 생명의 가치를 추산해 내라고 요구했다. 대니얼 K. 벤저민Daniel K. Benjamin은 당시 경제자문위원회 하급 경제학자로 대책위원회에 파견되어 있었는데 게이츠 편에 서서 비용 편익 분석을 옹호하는 주장을 폈다. "이는 사람들에게 충격으로 다가갔습니다. 우리에게 쏟아진 반발로 보건대 우리가 미국 정부 내에서 정책을 입안하는 사람들과는 맞지 않는 일을 하고 있다는 점이 우리 논의 속에서 여실히 드러났습니다."[36]

인간 생명에 금전적 가치를 부여한다는 생각은 역사가 꽤 깊다. 함무라비 법전은 사실상 살인자가 배상해야 할 금액 목록이다. 생명에 대한 가치 평가는 노예를 사는 행위 자체에도 내재해 있다. 현대로 들어서면서 임금 노동이 보다 일반적인 현상이 되자 인간의 가치는 인간이 산출하는 시장 가치와 동일시되었다. 토머스 홉스Thomas Hobbes는 1651년 《리바이어던Leviathan》에 이렇게 썼다. "인간의 가치value 또는 그 값어치worth는 다른 모든 것과 마찬가지로 가격이다. 말하자면 자신의 권력을 사용하는 데 드는 딱 그만큼의 가격이다."

비용 편익 분석에서 생명의 가치를 평가하는 데 가장 중요하게 선구적 역할을 담당한 것은 어쩌면 생명 보험의 출현이었을지도 모른다. 생명 보험은 18세기 영국에서 처음 인기를 끌었다. 초창기에는 많은 이들에게 도덕적 반감을 불러일으켰는데, 특히 당시에는 다른 사람의 생명을 대상으로 보험 증서를 구입하곤 했기 때문에 도박 같은 인상을 풍겼다. 1745년 자코바이트 반란이 일어나는 동안 여러 보험사는 보니 프린스 찰리Bonnie Prince Charlie*와 계약을 맺으며 활발하게 사업을 벌여 나갔다.

프랑스는 1793년 생명 보험을 금지했고, 미국에서는 19세기 중반까지 비도덕적이라는 생각이 일반적이었다. 그럼에도 보험업계는 부도덕한 투기에서 도덕적 의무로 그 상품을 격상하는 데 차츰 성공해 나갔는데, 그렇게 된 까닭은 보험 증서의 가치와 생명의 가치를 분명 똑같이 보았기 때문이다. 지불 능력이 되는 성인이라면 생명 보험에 가입하도록 권유 받았고, 이때 갑작스러운 죽음에 따른 경제적 영향을 상쇄할 만큼 추산된 금액이 제시되었다. 1915년 샌프란시스코에서 열린 제1회 '세계 보험 총회'에서 한 연사가 말했다. "이 상업주의 시대에는 인간 생명을 비롯해 모든 것을 돈이나 그에 상당한 등가물로 환산하는 일이 타당할 뿐 아니라 마땅합니다." 보험을 최초로 연구한 학자인 솔로몬 S. 휘브너Solomon S. Huebner는 특히 생명이 화폐 가치를 지닌다는 생각을 대중화하는 데 커다란 영향을 미쳤다. 그는 1924년에 이렇게 말했다. "최근 경제 사상에서 새롭게 이루어진 가장 중요한 발전

---

*　본명은 찰스 에드워드 스튜어트Charles Edward Stuart이며 명예혁명으로 쫓겨난 영국 스튜어트 왕조의 왕인 제임스 2세의 손자이다. 명예혁명에 반대하여 스튜어트 왕조의 복위를 주장하던 정치 세력인 자코바이트는 찰스 에드워드 스튜어트를 영국과 스코틀랜드의 왕위 요구자로 내세웠다.—편집자주

은 인간 생명의 경제 가치를 인식하게 된 일입니다."[37]

50년 가까이 시간이 흐른 뒤 사고 희생자에게 가치를 부여할 때 게이츠는 이 보험 산업에서 세운 논리를 빌려 왔다. 일반 희생자의 나이와 평균 수명 사이의 차를 구한 다음 이 수치에 1인당 연소득을 곱했다. 그 결과 값이 14만 달러였는데 2019년 달러 가치로 약 88만 5000달러였다.[38] 도로교통안전국은 같은 해 말 장부에 항목을 몇 가지 덧붙였고 여기에는 장례식 비용과 희생자의 고용주가 겪는 불편까지 들어 있었다. 이 결과 생명의 가치가 20만 700달러로 올랐다. 도로교통안전국은 이 금액이 최솟값이라고 밝혔다. "우리는 추산한 금액 이상 쓰는 일이 어리석다고 주장하지 않습니다."[39] 하지만 숫자에는 각주를 생략하는 습성이 있다.

2년 뒤인 1974년 연방 정부는 비용이 구조될 생명의 가치를 초과한다는 근거로 규제를 거부했다. 이 이야기는 1967년 뉴올리언스 외곽에서 처참하게 교통사고를 당한 배우 제인 맨스필드Jayne Mansfield의 죽음으로 시작되었다. 맨스필드가 타고 있던 자동차가 트럭 후미 아래로 미끄러지듯 들어가 처박혔는데 구름처럼 뿜어져 나온 살충제로 인해 앞이 보이지 않았기 때문이다. 자동차 앞좌석에 타고 있던 3명이 모두 목숨을 잃었다. 유명인의 죽음으로 대중의 분노가 들끓었고, 이에 존슨 행정부는 대형 트럭 후미에 금속 가로대 설치를 요구하는 안을 내놓았다. 규제 기관의 추산에 따르면 이 '맨스필드 가로대'는 매년 180명의 생명을 구할 터였지만 몇 년 동안 논쟁을 거듭한 뒤에 포드 행정부는 1974년 이 안건을 보류했다. 생명의 가치를 20만 달러로 추산한 포드 행정부가 비용을 감당할 만하다고 판단을 하려면 그 가로

대가 4배나 더 많은 생명을 구해야 한다고 결론 내렸기 때문이다.[40]

누가 생명의 가치를 결정하는가

생명이 생명 보험보다 가치가 더 높다는 점은 분명했다. 종합 보험에 든 사람은 보통 죽지 않기를 바라고 수혜자들도 대개 동의한다. 하지만 가치가 얼마나 더 높을까? 토머스 셸링은 1950년대 랜드연구소에서 객원 연구원으로 일한 경제학자로, 그는 연구소에서 지내는 동안 이 문제와 마주한 이후 한 번도 그것을 머릿속에서 지운 적이 없었다. 셸링은 이론 경제학자로서 인간 행동에 지속적인 관심을 보여 왔고, 당시 수학자가 대다수인 이 학과에서 셸링은 별종에 속했다. 그는 게임 이론 분야의 개척자이기도 했는데 게임 이론은 간략하게 말하자면 남의 입장이 되어 보는 기술이라 할 수 있었다. 이해를 돕는 예를 하나 들어보자. 셸링이 수업 시간에 드는 예다. 내일 뉴욕시에서 낯선 사람을 만나야 한다. 만나기로 했지만 시간이나 장소를 정하지 않는다. 만날 기회를 최대한 놓치지 않으려면 몇 시에 어디로 가야 할까?*

셸링은 1921년에 태어났으니 프리드먼이나 스티글러보다 10년이 더 어렸다. 그가 1951년 하버드 대학에서 박사 학위를 받을 당시는 핵전쟁의 위협이 불황의 위협보다 더 짙은 그림자를 드리우고 있었다.

---

* 1960년대 셸링이 가르치던 학생들 사이에서 가장 흔한 대답은 이것이었다. 정오, 그랜드센트럴 역, 시계탑 아래.

토머스 셸링이 1966년 의회에서 증언하고 있다. 이 하버드 대학 경제학자는 인간 생명에 가치를 부여하는 방법론을 개발했다. (AP포토 / 헨리 그리핀Henry Griffin)

냉전의 역학 관계를 연구하던 셸링은 케네디 행정부에 크렘린과 긴급 직통 전화hotline를 설치해야 의사소통에 혼선이 생길 가능성을 줄일 수 있다고 제안했다. 셸링이 지닌 전문지식 때문에 영화감독 스탠리 큐브릭Stanley Kubrick은 보스턴 교외에 있는 셸링의 집까지 찾아가기도 했다. 1962년 두 사람은 긴 하루를 보내며 큐브릭의 블랙 코미디 영화 〈닥터 스트레인지러브Dr. Strangelove〉의 구성을 주제로 토론을 벌였다. 그리고 1965년 저 제안으로 셸링은 브루킹스연구소에 초빙되어 인간 생명에 가치를 매기는 성가신 문제를 주제로 한 논문에 이바지했다.

셸링에 따르면 정책 입안자가 부딪히는 실질적인 쟁점은 수많은 이들에게 비교적 작은 위험을 가하는 문제, 예컨대 질병이나 교통사 고나 공해 같은 위협에 얼마를 써야 하는가였다. 민주주의 사회에서 이는 국민이 내려야 할 결정이었다. 그런데 위험이 줄어들기를 원했을까? 셸링은 이렇게 썼다. "비용을 다 함께 떠안을 의향이 있다면 그 제도를 도입하는 일은 전체가 누리는 특권이어야 한다. 하지만 그럴 의향이 없다면 자신을 위해 다른 누군가에게 비용을 떠안으라는 요구는 아마 부당한 일이 될 것이다."

이제까지 생명의 가치는 다른 사람에 대한 가치를 토대로 추산했다. 노예의 소유주, 노동자의 고용주, 임금 노동자의 부양가족 등이 그들이다. 이와 달리 셸링은 생명의 가치를 '목숨을 잃을지 모르는 바로 그 사람'이 결정해야 한다고 주장했다.[41]

셸링은 사람들에게 직접 물어보라고 제안했다. 셸링의 논문에 자극을 받은 몇몇 젊은 경제학자가 직접 묻는 대신 해답을 찾으려 임금 자료를 뒤적였다. 보다 위험한 직업은 임금이 높은 경향이 있다. 고층 건물에서 바깥쪽 유리창을 닦는 사람은 같은 유리창이라도 안쪽을 닦는 사람보다 보수를 더 받는다. 경제학자는 위험의 차이와 보수의 차이를 비교하여 노동자가 자신의 생명에 부여하는 가치를 추산했다.[42]

이 새로운 접근법이 1970년대 말 연방 정부에 첫선을 보였다. 버펄로의 캐니셔스 대학 경제학 교수인 워런 프루넬라Warren Prunella는 친구를 따라 워싱턴으로 와서 새로 설립한 규제 기관인 소비자제품안전위원회에서 일했다. 처음에 프루넬라가 맡은 임무는 변호사가 내린 결정에 타당한 근거를 제시하는 것이었다. 다른 1세대 구성원이 훗날 말했다. "경제성을 고려하지 않았다는 점을 분명히 하기 위해 신중하게 방법을 강구해야 했습니다."[43] 하지만 프루넬라는 차츰 영향력을

경제학자의 시대

얻었다. 위원회는 병원이 소비자 제품 때문에 입은 부상을 보고하도록 전국적인 체계를 구축했고, 프루넬라는 자료를 토대로 어느 제품이 가장 심한 부상을 입혔는지 산정했다. 그는 위원회가 이들 제품에 대한 조치를 우선순위에 두어야 한다고 주장했다. "거의 5년에 걸쳐 교육을 해 나가면서 비용 편익 분석이 생명 구조와 부상 감소를 최대화할 수 있는 길이라고 위원회 나머지 직원과 위원을 설득했습니다."[44]

1978년 프루넬라는 가구용 직물의 인화성에 대해 상정된 기준을 평가하라고 요청 받았다. 여러 편익 가운데 프루넬라는 구할 수 있는 생명의 가치를 포함시켰는데 이때 한 생명당 기준으로 삼은 금액이 100만 달러였다. 이 규정은 통과되지 못했다. 하지만 1981년 의회는 이 위원회에 향후 규정에 대한 비용 편익 분석을 실시하도록 요구했고, 이때 이 100만 달러라는 금액을 채택했다.

경쟁이 가장 유능한 규제 기관

원면原綿을 다루는 노동자는 호흡 곤란 문제를 겪곤 하는데 1970년대 의사들은 그 원인이 면화에서 나는 먼지를 흡입했기 때문이라고 밝혔다. 이 질병에는 탄광 노동자가 앓는 진폐증black lungs 이름을 따서 '면폐증brown lung'이라는 이름이 붙었다. 닉슨 행정부 시절 연방 규제 기관들은 각 섬유 공장에 공기 정화 시스템을 설치하라고 요구하는 쪽으로 의견을 모았지만 백악관은 상정된 법안을 차일피일 미루었다. 1976년 지미 카터가 대통령에 당선되었을 때 섬유 산업 노조는 승리가 코앞이라고 여겼다. 산업안전보건청의 새로운 수장이 된 율라 빙엄 Eula Bingham은 면폐증으로 고통받는 섬유 노동자들과 만났다. 한 노동 자가 빙엄에게 함께 기도하자고 청했다. 빙엄은 고요한 가운데 노동자 들이 숨을 쉬려고 몹시 애쓰며 쌕쌕거리는 소리를 들었다고 말했다.[45] 이들을 도와야겠다고 마음을 굳히며 공기 정화 장치 비용에 대한 우 려를 무시했다. 그는 안전과 건강 기준을 정하는 데 경제성이 "가장 중요한 고려 사항"이 되어서는 안 된다고 강조했다.[46]

하지만 1978년 5월 카터 행정부는 다시 제동을 걸었다. 카터는 찰스 슐츠가 이끄는 규제 심리 체계를 새로 마련했다. 슐츠는 예산에 비용 편익 분석을 도입하도록 존슨 대통령을 설득했던 경제학자로, 그 는 정부 내에서 경제학자의 임무는 '효율성을 따르는 열혈 신봉자'로 서 역할을 다하는 것이라고 믿었다.[47] 동료 가운데 한 명인 경제학자 윌리엄 노드하우스William Nordhaus는 정부가 효율성에 무관심하다는 대표적인 사례로 면폐증 규정을 꼽았다. 마스크가 저렴한 비용으로도 노동자를 보호할 것이라고 주장하며 슐츠에게 "극적으로 대치되는" 기준을 세우라고 촉구했다.[48]

빙엄과 경제학자들 사이의 싸움은 곧 대중의 이목을 끌었다. 해 당 경제학자 다수가 상정된 규제를 지연시키거나 약화시키기 위해 노 력을 기울였다. 청정대기법을 입안한 에드먼드 머스키 상원 의원은 상 원위원회로 슐츠를 소환하여 의회의 의지를 방해할 셈이라며 질타했 다. "기나긴 경제 분석을 마치고 나서야 맑은 공기와 깨끗한 물을 마 실 수 있다는 생각에 이의를 제기하는 바입니다. 건강에 대한 우리의 기준이 경제학 때문에 위태로워지고 있습니다."

경제학자의 시대

머스키는 의회가 이미 그 국내법의 장점을 따져 보고 있다고 지적했다. 머스키가 말했듯이 "찰스 슐츠는 우리가 알지 못했던 내용을 우리에게 말하지 않고 있다." 게다가 경제학자가 자신들만의 비용과 편익 계산으로 대체하는 일은 비민주적이었다.[49] 1979년 연설에서는 환경의 최대 위협은 공해가 아니라 "공해 위협으로부터 사람을 보호하는 것은 비용이 지나치게 커 부담이라는 규제 기관 반대론"이라고 경고했다.[50]

민주당 하원 의원들 역시 청문회를 열어 비용 편익 분석에 쌓인 불만을 방송으로 내보냈다. 랠프 네이더를 초청하여 즐거운 오락거리도 제공했는데 그는 역시 실망시키지 않았다. 네이더는 "에어컨이 시원하게 돌아가는 건물"에 사는 엘리트주의자들의 이른바 "이념적인 계산"이라고 비난했다.[51]

카터 대통령은 고심을 거듭했다. 이윽고 빙엄 편에 서기로 결심하면서 그 규정을 밀고 나가도록 승인했다. 하지만 경제학자가 하는 말 또한 일리가 있다고 여겼다. 카터는 1979년 공식적인 규제 심리 절차를 마련하는 법 제정을 요구하며 의회에 이렇게 말했다. "사회의 자원은 막대합니다. 하지만 무한하지 않습니다." 무언으로 전하는 내용은 비용 편익 분석이 현실을 다루는 언어라는 점이었다. 곧 선택을 내려야 할 터였다. 문제는, 어떻게였다.

카터가 속한 당에서는 카터의 안을 거부했지만 규제에 맞서 반발이 일어나고 있었다. 그리고 다시 한 번 밀턴 프리드먼이 유력한 대변인으로 등장했다. 1980년 1월 첫 방송을 탄 공영 방송 시리즈물인 프리드먼의 〈선택할 자유〉에서 핵심 주제가 바로 규제가 저지르는 악습이었다. 프리드먼에 따르면 경쟁이야말로 가장 유능한 규제 기관이었다. 다른 식당을 이용할 수 있는 가능성 때문에 식당은 질을 높였고, 다른 제철소가 존재하기 때문에 철강 가격이 억제되었다며 프리드먼은 이 방송물과 동시에 나온 책에 이렇게 썼다. "대체 공급원은 전 세계 수많은 랠프 네이더보다 더욱 효율적으로 소비자를 보호한다."[52]

프리드먼의 관점이 정부 정책으로 막 자리를 잡으려는 참이었다.

규제 기관을 규제하다

로널드 레이건은 1981년 대통령 취임식을 치르고 나서 몇 주 뒤 카메라 앞에 서서 이렇게 말했다. "안녕하십니까, 여러분. 저는 오늘밤 우리 미국이 처한 경제 상황을 보고하려고 이 자리에 섰습니다. 이런 말을 하게 되어 유감스럽지만 우리는 대공황 이래 최악의 경제 혼란을 겪고 있습니다." 감세를 실시할 예정이었지만 레이건은 조지 H. W. 부시 부통령에게 "우리 경제의 목을 조르는 과도한 정부 규제의 촉수를 조심스럽게 잘라 버리는" 임무를 맡겼다고 말했다.

레이건과 보좌진에게는 닉슨이 건강과 안전 규제의 가치에 대해 느끼던 양가감정이 없었다. 그들은 규제는 해롭다고 꽤 확신에 차 있었다. 레이건의 경제자문위원회 위원장인 머레이 웨이든바움Murray Weidenbaum은 규제 때문에 기업이 매년 짊어지는 부담이 1000억 달러에 달한다고 추산한 장본인으로, 그는 이 수치를 무척 자주 인용했다. 웨이든바움의 연구에는 제너럴일렉트릭을 비롯한 여러 기업이 자

경제학자의 시대

금을 지원했고 그는 이중 계산이란 수법을 썼다.[53] 하지만 새로 출범한 행정부는 입증의 책임이 규제 지지자에게 있다는 입장을 취했다. 1982년 《대통령 경제 보고Economic Report of the President》에 따르면 "정부가 내린 명령이 개인 스스로 내린 선택보다 개인의 경제 복지를 향상시키는 임무를 더 잘 해낼 수 있다고 생각할 이유는 없다." 실제로 규제가 종종 예기치 않은 역효과를 낳는다고 제시하는 연구 보고서가 늘어나고 있었다. 이 부문에서 초기 고전이라 할 만한 글이 조지 스티글러의 후배인 샘 펠츠먼이 1975년에 발표한 논문이었다. 이 논문에서 펠츠먼은 안전띠 법규가 보행자를 죽인다고 주장했는데, 운전자가 더 안전하다고 여겨 보다 큰 위험을 감수하기 때문이라고 이유를 들었다.

1981년 2월 백악관은 규제 기관 대표들을 불러 유서 깊은 사무실 건물에서 모임을 열었다. 이 건물은 백악관 서쪽 동 옆에 있는데 제2 제정 시대 양식으로 정교하게 지어 신고전주의적 건물이 즐비한 도시에서 독특한 멋을 뽐내고 있었다. 주최자는 제임스 C. 밀러 3세로, 그는 새로운 임무를 부여 받은 신설 부서를 이끌도록 레이건이 임명한 사람이었다. 그 새로운 임무란 바로 규제 기관을 규제하는 일이었다.*

변호사들은 행정 명령 복사본을 한 부씩 받았다. 이 명령은 상정한 법규에 대한 비용 편익 분석을 요구했으며 밀러의 부서에 비효율적이라고 판단한 법규를 막을 수 있는 권한을 주었다. 밀러는 변호사

---

* 이 직책이 레이건 집권 시절 밀러가 맡은 첫 임무였다. 정보규제국은 예산관리국 안에 숨기다시피 끼워 놓은 상태였다. 레이건 행정부 후반기에 밀러는 연방거래위원회 위원장에 임명되었고 이어 예산관리국 국장으로 다시 백악관에 돌아왔다.

들이 메모를 달며 부적절한 언사를 날리는 모습을 지켜보았다. 변호사들은 마지막 쪽에 이르러 레이건의 서명을 보고 나서야 자신들에게 의견을 구하는 것이 아님을 깨달았다. 이는 출격 명령이었다. 규제 담당관 한 명이 필기구를 내려놓고 밀러를 올려다보며 물었다. "짐, 복사본을 새로 한 부 더 주시겠어요?"[54]

밀러는 1942년 조지아주 애틀랜타에서 태어났다. 그는 자유 시장 운동이 낳은 아이였다. 1960년대 말 당시 시카고학파식 경제학의 온상이던 버지니아 대학 대학원생 시절 징병제 폐지를 옹호하는 짧은 논문집을 편찬하여 선풍을 일으키기도 했다. 또 항공 산업 규제를 비판하는 논문도 썼는데 그가 이 주제에 관심을 기울인 까닭은 아버지가 델타 항공 비행사였기 때문이다. 이 논문 덕분에 밀러는 닉슨과 포드 행정부에서 경제학자로서 일할 기회를 얻었다. 자신이 기대했던 것보다 임무가 일찍 끝나자 다시 미국기업연구소로 돌아갔다. 밀러는 이 연구소에서 남은 1970년대를 보내며 경제학을 이용해 규제에 반대할 방안을 갈고닦았다.

다부진 체격에 목소리가 벽력같은 남부인인 밀러는 철두철미한 자유 시장 옹호자였다. 예를 들어 소비자에게는 품질이 더 낮은 제품을 살 자유가 있어야 한다고 주장하며 급부상하는 소비자 규제를 '보모 국가national nannyism'라고 표현했다.[55] 밀러는 또 투박한 열성을 지녀서 공적인 발언에서 '제기랄'이나 '빌어먹을'이나 '우라질' 같은 말을 뿌려 댔다. 비판자들은 그를 '밀러라이트'라고 불렀다.

레이건 지지자들 사이에서 특히 경제학자들 사이에서 애덤 스미스 얼굴을 작게 새겨 넣은 넥타이를 매는 게 유행이었지만 밀러만큼

경제학자의 시대

어김없이 그 넥타이를 매는 사람은 없었다. 1982년 여름 뉴욕에서 열린 한 행사에 밀러가 다른 뭔가를 목에 두르고 모습을 드러내자 연방 정부 소식지는 밀러가 애덤 스미스 넥타이를 매지 않고 공식석상에 등장하기는 18개월 만에 처음 있는 일이라고 전했다.[56]

밀러는 카터 행정부가 확실한 근거를 들어 규제에 대한 경제적 반대를 누그러뜨리는 과정을 지켜보고 나서 논조를 바꾸기로 결정했다. "이전 행정부에는 선의는 넘쳤지만 의지가 약했습니다." 1981년 초 재무부의 한 고위 공무원이 미 국세청은 앞으로 밀러에게 검토를 받기 위해 규제안을 제출하는 일은 없을 것이라고 공언했다. 밀러는 즉시 그 공무원에게 전화를 걸었다. "저는 분명 이렇게 말했습니다. '지금은 오전 10시 반입니다. 12시 반까지 각 위원회 위원 사무실에 당신은 그 정보가 결코 사실이 아님을 인정하는 서신을 보내야 할 것입니다." 그리고 재무부는 그렇게 했다. 수십 년이 흘러도 밀러는 여전히 신이 나서 이렇게 회상했다. "자, 바로 제가, 서른일곱 살의 경제학자가 이들 규제 기관에 이래라저래라 명령하고 있었지요."[57]

밀러는 짐 토치를 임용했다. 토치는 포드와 카터 행정부 시절 내내 정부에 남아 있었고, 이번에는 부국장으로서 상정한 규제안을 검토하는 책임을 맡았다. 토치는 그 역할을 좋아해 일주일에 7일을 일했고 버지니아주의 아담한 집에서 출퇴근 하는 동안 버스에서 법규들을 검토했다. 토치는 "기분이 최고였어요. 일을 하러 갈 때마다 그랬죠. 그런 기분이 들 수밖에 없었어요. 규제 기관을 규제했으니까요"라고 말했다.[58]

밀러는 1981년 백악관을 떠나 연방거래위원회를 이끌었는데, 이

위원회는 카터 집권 시절 규제 활동의 보루였다. 밀러가 내게 말했다. "저는 총을 마구 쏘아대며 들어갔어요. 한동안은 육탄전이나 다름없었습니다." 1982년 연방거래위원회 시애틀 사무소는 베일리 '구명복'의 회수를 요구했다. 이 구명복은 주로 어부나 심해 석유 시추 시설에서 일하는 노동자가 사용했는데 물에 잠긴 사람을 보호하고 떠 있게 해 주어야 했다. 그러나 해안 경비대의 연구에 따르면 구명복의 90퍼센트가 생명을 위협하는 결함이 있었다. 언론으로 흘러나온 내부 문건에는 연방거래위원회 시애틀 사무소의 한 관계자가 밝히는 내용이 나왔다. 이에 따르면 위원회의 경제 분과에서 회수를 지연시키며 이렇게 충고했다는 것이다. "누군가 실제로 죽는다면 시장 원리가, 예컨대 살아 있는 법정 상속인의 고소가 이 문제를 해결하는 데 적절할지도 모릅니다."* 격분한 의회 위원회 앞에 소환된 밀러는 경제 분과를 옹호하며 '유의미한 문제'를 제기한 것이라고 증언했다.[59]

대안이 무엇인가요

1984년 10월 두 살배기 조이 그리피스Joy Griffith가 등받이와 발 받침대를 조정할 수 있는 할아버지의 안락의자에 올라가다가 좌석과 발 받침대 사이에 떨어졌다. 이 충격 때문에 의자가 접혀 버렸고 그 사이

---

* 사법 체계가 '시장 원리'의 예가 되지 않는다는 점은 아마 지적할 필요가 있을 것이다. 사법 체계는 정부 규제의 한 형태다.

에 끼어 숨을 쉴 수 없었던 그리피스는 영구적인 뇌 손상을 입었다. 그리피스가 입은 부상과 이와 비슷한 수많은 사고 때문에 소비자제품 안전위원회는 1985년 6월에 즉각 '전국 소비자 경보'를 내리며 등받이와 발걸이를 조절할 수 있는 안락의자에 대해 경고를 했다.[60] 하지만 12월 위원회 위원들은 규제 기관이 이미 팔린 의자나 새 모델에 변경을 요구해서는 안 된다고 결론 지었다. 워런 프루넬라의 추산에 따르면 이런 안락의자가 4000만 개나 사용되고 있었고 전부 10년 가까이 되었으며, 설계를 바꾸면 1년에 한 명의 죽음을 막을 수 있었다. 따라서 규제 기관이 1980년대 초에 채택한 금액으로 한 생명당 100만 달러라고 치면 성공적인 회수로 추산하는 편익은 1000만 달러였다. 이 가격이라면 안락의자 개당 수리비가 25센트 이하여야만 돈을 들여 변경할 가치가 있었다. 프루넬라는 안전 경고는 뒷전으로 물리고 이렇게 썼다. "우리는 아무 조치도 취하지 말라고 권고하는 바입니다."[61]

업계조차 어리둥절해했다. 제조업체는 자진해서 1986년 10월부터 안락의자 설계를 변경하는 데 동의했다. 하지만 더 오래된 안락의자는 이때 회수하지 않았고, 1987년에 생후 18개월 아기가 캘리포니아주 오렌지카운티의 한 보육 시설에서 이 안락의자로 올라가다가 발받침대와 좌석 사이로 떨어져 영구적인 뇌 손상을 입었다.[62]

정부가 비용 편익 분석에 점점 더 기대었기 때문에 프루넬라 같은 경제학자가 생사가 달린 결정에 상당한 영향력을 발휘하고 있었다. 하버드 대학 법학대학원 교수로 비용 편익 분석을 앞장서서 지지하며 오바마 집권 시절 규제를 감독한 캐스 선스타인Cass Sunstein은 이 분석 절차가 민주주의를 더욱 굳건하게 지킨다고 주장한다. "기본 변수를 드러내어 누구나 볼 수 있도록 명확한 용어로 여러 사회 문제를 해석하는 데" 이바지하기 때문이라고 이유를 들었다.[63]

하지만 비용 편익 분석은 경제학자의 판단을 정치인의 판단보다 상위에 올려놓으면서 민주주의를 변질시켰다. 게다가 정부는 이들 결정을 명확하게 밝히지 않고 에두른 표현을 써서 중요한 선택을 치장했다. 그러고는 이해하기 힘든 언어로 꽉 채운 수백 쪽짜리 보고서로 이 에두른 표현마저 포장했다. 1980년대 언론은 정부가 무언가 새로운 시도를 하고 있다고 어렴풋이 알아차리고 이 생명과 죽음의 셈법을 이해하려고 애썼다. 1985년 《뉴욕타임스》는 한 기사에서 다양한 사람들에게 생명에 가격을 매겨 달라고 요청했다. 한 해부학 교수는 평균 신체를 구성하는 기본 물질은 칼슘 약 2.27킬로그램을 비롯해서 대략 8.37달러라고 계산했다. 한 경찰관은 청부 살인 의뢰비가 약 1만 달러부터 시작한다고 증언했다.[64] 이 기사는 무척 흥미로웠지만 중요한 사실을 자세히 다루지 않았다. 안락의자가 어린아이들을 해치도록 그대로 놔두어야 하는지 사실상 경제학자가 결정하고 있다는 점과, 그 결정이 정부가 인간 생명에 부여한 달러 가치에 토대를 두고 있다는 사실은 상세히 짚지 않았던 것이다.

비판자들은 계속 비용 편익 분석을 없애려는 데에만 집중했다. 1981년 미국노동총연맹산업별조합회의 대변인은 이렇게 말했다. "우리는 가격 때문에 인간 생명이 희생되는 일을 반길 수 없습니다."[65] 같은 해 앨 고어는 테네시주에서 세 번째 하원 의원 임기를 시작하면서 비용 편익 분석을 공격했다. "정부의 중요한 활동을 해치려는 부정한 시도"라고 비난했다. 고어는 경제학자의 오만에 고개를 절레절레 저으며 물었다. "선천성 기형 예방에는 도대체 얼마나 할당할 수 있습니까?"[66] 비판자들은 상정된 모든 규제안에 경제 평가를 요구하는 법이 통과되지 못하도록 막았고 법정에서 몇 차례 성공을 거두었다. 예를 들어 1981년 연방 대법원은 면폐증 관련 규정을 없애려는 레이건 행정부의 노력을 수포로 돌렸다. 법원은 의회가 산업안전보건청OSHA에 편익과 비용을 맞추라고 요구하지 않았다고 지적했다.[67]

판사들은 화학 물질을 공공 수로에 쏟아붓지 못하도록 막는 규제를 무효화하려는 노력도, 승용차에 에어백을 장착하라는 요건을 뒤집으려는 노력도 무위로 돌렸다. 규제는 경제학 법칙에는 위배될지 모르지만 미국의 법에는 그렇지 않았다. 판사들은 심지어 규제 기관에 새로운 규제를 연구하는 활동에 매진하라고 명령했다. 1980년대 말 즈음 규제 법안을 작성해 내는 속도가 다시 올랐다.[68] 하지만 새로운 규제는 점점 비용 편익 분석에 맞추었다.[69] 닉슨 대통령의 젊은 보좌관으로 환경보호청EPA 설립을 도왔고 밀러의 뒤를 이어 레이건 규제 기관의 규제 기관 책임자이던 크리스토퍼 데무스는 이렇게 물었다. "그렇다면 대안이 무엇입니까? 동전을 던질까요? 점을 칠까요?"[70] 이론상으로 불완전하며 결함이 있다는 점은 의심할 여지가 없었지만 캐스 선스타인의 말에 따르면 "비용 편익 분석이 지닌 두드러진 이점은 우리가 실제로 관여할 수 있다는 것입니다."[71] 비용 편익 분석 반대자는 관여하기를 거부함으로써 규정을 마련하는 데 활용되는 규정을 다른 이들이 결정하도록 여지를 준 셈이었다.

생명의 가치는 얼마인가

W. 킵 비스쿠시W. Kip Viscusi는 비용 편익 분석을 받아들이라고 진보주의자를 설득하기로 했다.

비스쿠시는 1949년 뉴저지주에서 태어났다. 비스쿠시가 비용 편익 분석에 관심을 키운 때는 하버드 대학생이던 1960년대 말로, 비용편익 분석이 한창 화제의 중심을 차지하던 초기였다. "수자원 사업에 대한 경제성 평가"라는 주제로 졸업 논문을 쓰고 랠프 네이더 아래에서 일자리를 잡았다. 네이더와 《서부의 댐 건설Damming the West》을 공동으로 저술하기도 했는데, 1973년에 출간한 이 책은 정부가 서부를 흐르는 강 전역에 둑을 쌓기를 유독 좋아한다고 비판하는 내용이었다. 하지만 비용 편익 분석을 태생적으로 거부하며 진보주의자가 으레 내놓는 일반적인 비판이 아니었다. 비스쿠시는 수량화의 가치를 믿었다. 정부는 보다 넓은 범위에 걸쳐 비용을 수량화해야 한다고 주장했다. 그리고 환경주의자는 정부가 방법론을 정립하도록 다투지는 않고 비용 편익 분석을 쓰네 마네 싸우면서 전략상 실수를 범하고 있다고 경고했다. 비스쿠시는 이렇게 썼다. "환경 영향은 돈으로 수량화하기 전까지 방치된 채로 남아 있을 것이다."[72]

비스쿠시의 1976년 박사 논문은 인간 생명의 가치를 추산하는 데 임금 자료를 이용한 초기 논문들 가운데 하나였다. 비스쿠시는 기회를 놓치지 않고 카터 행정부에 합류했지만 좌절만 맛보았다. 처음에 그는 인간 생명에 가치를 매기자고 연방 규제 기관을 설득하려 애썼지만 1980년에 규제 담당관에게서 나온 대답은 이랬다. "우리는 그

경제학자의 시대

W. 킵 비스쿠시는 진보주의자가 비용 편익 분석을 받아들이도록 설득하는 데 중요한 역할을 했다.
(릭 프리드먼Rick Friedman / 코비스 / 게티이미지)

렇게 할 수 없습니다. 윤리에 어긋나는 일이니까요."[73] 하지만 비스쿠
시는 규제에 따른 이익을 불완전하게 계산하는 일이야말로 진짜 죄악
이라고 보았다.

1980년대 내내 비스쿠시는 인간 생명의 가치에 대한 자신의 평
가를 계속 세밀하게 다듬어 나갔고 연방 기관도 차츰 관심을 보였다.
1982년 백악관의 데무스의 부서가 작업 현장에 화학물질에 대한 경
고 팻말을 붙여야 한다는 OSHA의 규정을 거부했다. 노조에서도 산
업계에서도 모두 이 규정을 지지했지만 데무스는 이를 담뱃갑 경고
문구 요구와 비교하며 낭비라고 판단했다. OSHA의 규제 분석 책임자
인 메리 엘런 웨버Mary Ellen Weber는 비스쿠시에게 따로 검토를 청했다.
"민주당이 우파 앞잡이라고 여기지 않고 공화당이 '과격한 좌파 빨갱

이 '진보주의자'라고 보지 않을 사람이 필요했습니다"라고 웨버는 《워싱턴포스트》와의 인터뷰에서 밝혔다. OSHA는 최초 분석에서 임금 손실분을 토대로 인간 생명에 가치를 매겼고 그 결과 수십 만 달러라는 액수가 나왔다. 비스쿠시는 그 가치를 200만에서 300만 달러 사이로 잡았는데 OSHA가 제시한 원래 액수보다 얼추 10배 이상이 높았다. 이는 그 규정의 편익이 비용을 초과한다는 점을 충분히 입증할 만한 액수였다. 데무스는 계속 거부했지만 숫자는 이제 규제의 편이었고 이 규정은 그렇게 시행되었다.[74]

생명에 가치를 부여하는 일을 둘러싼 논쟁은 이제 하느냐 마느냐의 문제에서 얼마냐의 문제로 옮아갔다. 1985년 OSHA는 생명의 가치를 350만 달러로 못 박으며 건설 장비에 관한 새로운 안전 요건이 타당함을 보여 주었다. 백악관은 OSHA에 인간 생명의 가치를 100만 달러로 잡으라고 압력을 가했다. 이 규정으로 추산한 비용이 구한 생명당 약 110만 달러이기 때문에 이는 꽤 큰 차이였다. EPA가 석면은 잘게 부서져 쉽게 흡입되고 발암성이 높기 때문에 금지하자고 제안했을 때 백악관은 암이 발병하려면 때로 수십 년이 걸린다는 이유를 들어 구하게 될 각 생명의 가치를 할인해 주어야 한다고 주장했다.*

---

* 할인은 먼저가 나중보다 낮다는 개념을 형식화한 것이다. 1달러를 지닌 사람은 그 돈을 쓰거나 아니면 투자하여 다음 날 손에 돈을 더 쥘 수도 있다. 할인율은 개인이 기다려야 하는 투자에 대한 보상이다. 할인율이 높아지면 바로 소비하기를 더욱 바란다. 하지만 매우 낮은 할인율은 사람들이 미래에 아주 적은 가치를 둔다는 점을 시사한다. 예를 들어 한 사람의 생명을 구하는 일이 현재 1000만 달러 가치를 지닌다면 3퍼센트 할인율은 지금부터 50년 뒤 한 사람의 생명을 구하기 위해 현재에는 230만 달러만 쓰는 것이 가치 있음을 가리킨다. 미국 법원은 결국 석면으로 인한 미래의

비스쿠시도 가만히 있지 않았다. 조지 H. W. 부시 행정부 시절 연방항공청이 비스쿠시에게 생명 가치에 대해 새로 평가해 달라고 요청했다. 이에 비스쿠시가 답한 액수는 500만 달러였다. 비행기 승객이 비교적 부유하다는 주장에 일부 근거를 두었다. 자동차 회사가 이의를 제기했다. 미 교통부 나머지 부서도 이 액수를 채택할까 봐 겁이 났기 때문이다. 1992년 교통부는 타협하여 250만 달러로 그 액수를 정했다. 그럼에도 이것은 상당히 증가한 액수였다. 그 결과 가운데 한 가지를 꼽자면, 1998년 교통부는 비스쿠시 연구를 토대로 '맨스필드 가로대'를 대형 트럭 후미에 설치하라고 명령했다.

비용과 상관없이

다수의 진보주의자는 클린턴이 1993년에 대통령이 되었을 때 비용 편익 분석을 없애 버리기를 바랐다. 하지만 클린턴은 규제 활동이 정부 업무에서 차지하는 비중이 점차 늘어나고 있음을 깨달았고, 이에 따라 백악관이 규제 기관에 검토용 규정을 제출하라고 요구함으로써 보다 큰 영향력을 발휘할 수 있음도 알았다.[75] 클린턴의 규제 책임 일인자로 임명된 샐리 캐첸Sally Katzen은 오래된 카터 행정부 노선을 되살렸다. 규제는 유익하며 비용 편익 분석으로 더욱 유익하게 이끌 수

죽음은 크게 할인해 주어야 한다는 주장을 지지했고, 그 결과 석면은 미국에서 여전히 합법이다. 다른 여러 산업 국가에서는 불법임에도 그렇다.

있다는 방침이었다. 레이건과 대조를 이루며 캐첸은 규제 검토 절차에 변화를 모색하려고 합의를 도출하는 데 여러 달을 보냈다. 캐첸은 이렇게 언명했다. "우리는 규제를 그대로 받아들 수 없습니다. 그렇다고 없앨 수도 없습니다. 다른 대안은 하나밖에 없습니다. 다시 쓰는 것입니다." 클린턴은 승인하기 전에 여러 가지 이의를 제기했다. 캐첸은 "마음을 졸이며 거기 서 있었습니다"라고 당시를 회상했다. 하지만 반대자는 아무도 없었다. 고어 부통령조차 생각을 바꿔 비용 편익 분석의 가치를 인정했다. 그래서 클린턴은 새로운 절차를 마련하는 행정명령에 서명하고 캐첸에게 펜을 주었다.[76]

1994년 의회를 장악한 공화당은 다시 한 번 환경 규제에 대한 비용 편익 분석을 명령하는 법과 아직 비용 편익 분석을 요구하지 않은 다른 규정들도 통과시키려고 애썼다. 하버드 대학 경제학자 존 그레이엄John Graham은 비용과 상관없이 규정을 마련하는 일은 "통계 살인"이라고 주장했다. 정부가 보다 효율적으로 규제하면 생명을 더 살릴 수도 있기 때문이라고 이유를 밝혔다.[77] 새 하원 의장 뉴트 깅리치는 환경 규제가 "과학적인 공학 기술 또는 경제적인 합리성을 도외시하고 감정적인 대국민 홍보 활동의 지원 사격을 받아 자원을 부당하게 배분한다"라고 말했다.[78]

클린턴은 "환경은 아직 스스로를 보호할 수 없다"라고 건조하게 말하며 민주당을 결집하여 그런 변화에 맞섰다. 하지만 행정부는 앞으로 EPA가 규제로 구하는 생명에 자발적으로 가치를 매길 것이라고도 선언했다. 환경 단체는 거부하며 참여하지 않았다. 한 선도적인 로비 단체장은 이렇게 응수했다. "MIT 경제학 박사가 아닌 환경 운

　　　　　　　　　　　　　　　　　경제학자의 시대

동가가 신고전주의 경제학자가 득시글한 방 안으로 들어갈 수는 없는 법입니다."[79] 절제는 드러났다시피 비효율적이었다. 클린턴 집권 시절 EPA 청장을 지낸 캐롤 브라우너Carol Browner는 2000년 지구의 날 30주년 기념식에서 연설을 하며 EPA의 책무는 비용과 상관없이 종류를 막론하고 오염 물질을 줄이는 것이라고 강조했다. "저 두 마디를 되풀이하고 싶습니다. '비용과 상관없이.'" EPA는 지침서를 발행했고, 브라우너는 이 지침서가 규제의 가치를 입증하는 데 꼭 필요하다고 옹호했다. EPA는 26편의 연구를 살펴보았고 이 가운데 5편은 비스쿠시가 실시한 연구였다. 그리고 생명에 1990년 달러 가치로 480만 달러를 산정하기로 결정했다.

아무도 알지 못하는 혁명

조지 W. 부시 대통령이 집권하면서 EPA는 인간 생명에 정해 놓은 달러 가치를 점점 깎았다. 2003년에 처음이자 가장 격렬한 공분이 일어났다. EPA가 70세 이상 고령층의 생명 값에 37퍼센트 할인율을 적용하겠다고 제안했기 때문이다. 여기에는 그 나름의 논리가 있었다. 어떤 개입으로 생명을 10년 늘리는 일이 5년 늘리는 일보다 분명 더 가치가 있었기 때문이다. 이에 따라 스무 살의 생명을 구하는 일이 스물다섯 살의 생명을 구하는 일보다 평균적으로 더 가치 있게 되었다. 하지만 이에 대한 반론 역시 타당했다. 예를 들어 삶이 황혼에 이른 이들은 남아 있는 시간에 더 큰 가치를 부여할 수 있었기 때문이다. 이 주장은 신중하게 고려되었다 … 고 볼 수 없었다. 실제로 미국은퇴자 협회AARP가 목소리를 높이며 거세게 항의했고 급기야 백악관 대변인이 나서서 대국민 성명을 발표했다. "부시 행정부가 인간 생명에 바치는 헌신은 의심할 여지가 전혀 없습니다."[80]

이때 배운 교훈이 모든 생명의 가치를 깎자는 것이었다. 2004년 EPA는 대기 질 규제에 대한 비용 편익 분석에서 인간 생명의 가치를 8퍼센트 깎았다. 2008년에는 선박과 기차의 대기 오염 규정에 대한 비용 편익 분석에서 인플레이션 조정을 하지 않아 다시 3퍼센트를 낮추었다. 통틀어 생명 가치는 (2008년 달러 가치로) 690만 달러로 떨어졌다. 2000년 지침서보다 인플레이션 조정을 거치면 약 100만 달러가 내려간 셈이었다.[81]

2008년 오바마가 대통령에 당선된 뒤 생명 가치는 다시 올랐다. 부시 행정부는 새 승용차의 지붕 필수 강도를 2배로 높이는 안건을 거부했다. 이 규정이 통과되면 전복 사고에서 매년 135명의 생명을 죽음에서 구할 수 있었다. 대신에 부시 행정부는 저렴한 비용으로 지붕 강도를 약간만 높였는데, 추산에 따르면 매년 고작 44명의 목숨을 구할 수 있었다. 오바마 행정부는 생명에 더 높은 가치를 두는 것을 언급하며 지붕 강도를 더 높이라고 요구했다. 2016년 EPA는 1010만 달러라는 액수를 적용했고 정기적으로 인플레이션 조정을 하겠다고 약속했다. 그뿐 아니라 암으로 인한 사망을 막는 일에 가치를 더 높게 두어야 하는지 연구를 시작했다. 그 기반이 된 이론은 암으로 죽는 일이 특히 고통스럽기 때문에 사람들은 그 위험을 줄이기 위해 기꺼이 비용을 더 지불한다는 것이었다.

경제학자의 시대

2009년 포괄적인 기후 변화 법안이 통과되지 못한 뒤로 행정부는 수량화할 수 있는 편익의 영역을 넓히면서 환경 규제를 강화하려고 애썼다. 여러 연방 환경 규제가 정당화되는 이유는 주로 한 가지 피해 때문이었다. 바로 배기가스의 작은 입자가 건강에 미치는 영향이다. 행정부는 또 다른 피해를 수량화하는 데 착수했는데 탄소 배출로 인한 피해였다. 2010년 정부 특별대책위원회는 탄소가 1톤 배출될 때마다 경제 피해가 약 21달러가 발생한다고 결론 내렸다. 이 피해에는 건강에 미치는 영향이나 농업이 입을 충격이나 홍수도 들어 있었다. 2013년 행정부는 이 '탄소의 사회적 비용'을 톤당 33달러로 올렸다.

양측 모두 규제를 두고 벌이는 전쟁이 경제학 언어로 치러지리라는 데에는 이견이 없었다. 선스타인은 이렇게 썼다. "미국은 혁명을 치렀다. 불을 뿜는 총도 없었다. 목숨을 잃은 사람도 없었다. 아무도 거리에서 행진하지 않았다. 대다수 국민은 알아차리지도 못했다. 그럼에도 혁명은 일어났다."[82]

규제 기준은 '예방 원칙'

산업 국가들은 대부분 1960년대 무렵 비슷비슷한 환경 파괴를 겪고 있었지만 처음에는 미국만이 단호하게 대처했다. 스탠리 존슨Stanley Johnson이라는 영국 기자는 영국에서 미국을 바라보며 이렇게 썼다. "우리는 미국이 한 오염 공포에서 다른 오염 공포로 옮겨 다니며 소란을 피우는 모습을 지켜보았다. 사실 좀 재미있었다. 대서양 건너편에서 주기율표를 펼쳐 놓고 무작위로 골라 소동을 벌여 나갈 생각인 듯 보였다."[83]

최근 수십 년 사이 이 역학 관계가 역전되었다. 미국은 처음으로 식수에서 비소를 규제한 나라였다. 하지만 세계보건기구WHO가 1990년대 미국의 50ppb보다 훨씬 엄격한 10ppb로 제한 기준을 새로 권고했을 때 유럽연합EU이 새 기준에 더 신속하게 움직였다. 클린턴 행정부는 권고에 따르겠다고 밝혔지만 2000년 선거 전까지도 그 규정을 매듭짓지 못했고 부시 행정부는 그 시행을 막았다. 피트 도메니치 뉴멕시코주 앨버커키 공화당 상원 의원은 이렇게 말했다. "보다 엄격한 기준에 따르려면 자금을 찾아야 하는 벅찬 과제에 직면해 있던 지역 사회가 안도의 한숨을 내쉬었습니다." 당시 앨버커키는 식수 안 비소 수준이 미국 주요 도시 가운데 가장 높았다.[84]

2002년 당시 제너럴일렉트릭 최고 경영자이던 제프 이멜트Jeff Immelt는 기업이 앞으로 맞닥뜨릴 가장 골치 아픈 규제 가운데 "거의 99퍼센트"는 미국이 아니라 유럽연합에서 나올 것이라고 예측했다. 제너럴일렉트릭은 EU 본부가 자리 잡은 브뤼셀에 유럽 본부를 설립했다. 새로운 감독관과 돈독한 관계를 쌓기 더 유리했기 때문이다.[85]

유럽과 미국이 이렇게 다른 길을 걷게 된 한 가지 이유는 경제학의 역할에 대한 인식의 차이 때문이다. EU는 비용 편익 분석의 가치를 신중하게 바라보았는데 특히 환경 정책을 수립할 때 그랬다. 1992년 마스트리히트 조약Maastricht Treaty에서 '예방 원칙'을 확고한 규제 기준으로 삼았다. 이는 규제 기관이 명확한 피해 증거를 요구하지 않아도 규제를 가할 수 있음을 의미했다. 유럽 규제 기관도 비용과 편

경제학자의 시대

익을 저울질하지만 측정할 수 없는 위험에 미국 규제 기관보다 더 큰 비중을 둔다. (EU의 집행부인) 유럽연합집행위원회의 건강과 소비자 보호 정책관인 로버트 콜먼Robert Coleman은 2002년에 "공직자에게는 최악의 공포가 엄습할 때까지 기다리지 않을 의무가 있다"라고 말했다.[86]

예를 들어 2010년 EU는 건강에 미치는 영향의 '불확실성'을 이유로 젖병에 비스페놀A 사용을 금했다. 비스페놀A는 투명하고 단단한 플라스틱 제조에 널리 쓰이는 물질이다. 미 식품의약국FDA은 이와 대조적으로 똑같이 불확실하다는 이유를 들어 비스페놀A를 금지해서는 안 된다고 주장했다. FDA는 젖병 제조사가 자발적으로 더는 비스페놀A를 사용하지 않은 뒤에야 비로소 승인 물질 목록에서 이 화학 물질을 뺐다. 유럽은 마찬가지로 동물 사료에 들어가는 항생 물질, 폐기물 소각로에서 나오는 배출 물질, 화장품에 쓰이는 성분에 보다 엄격한 제한을 가한다.[87]

미국 정부를 비롯하여 비판자들은 유럽이 진보의 도도한 흐름을 지연시킨다고 경고한다. 제약 회사인 화이자Pfizer는 소고기 호르몬 판매를 금지당하자 2000년 광고에서 이렇게 으름장을 놓았다. "지나친 주의가 가장 위험할 수 있습니다." 유럽은 "오늘날의 세계를 가능케 한 경제적 기술적 혁신의 원동력을 억누를 수 있습니다"라고 덧붙였다.[88]

하지만 광고 자체가 시사하는 대로 비용 편익 분석은 본래부터 정치적이다. 결과가 정밀하면 기본 전제에 담긴 주관성을 희석한다. 비용 편익 분석은 선택을 신중하게 내리기 위한 하나의 방법이지만 널리 채택되면서 정책 입안 과정에서 엄밀함이 높아졌다. 특히 정책 입안자가 내재하는 상충 관계를 인정하도록 요구하면서 더욱 늘어났다. 하지만 각 사회는 똑같은 비용과 편익의 분석 보고서를 보고도 타당한 추론을 거쳐 다른 선택을 내릴 수 있다. 무엇보다 누가 그런 선택을 내릴지 결정할 수 있다. 셸링은 비용 편익 분석이 국민Polity의 판단을 전문가의 판단으로 대체할 것으로 보았다. 그러나 전문가의 판단은 이용 가능한 하나의 기회이지 보증이 아니다.

경제학자의 시대

8장

돈, 골칫덩어리

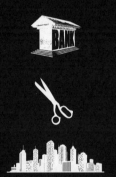

보통 [영국] 시민은 아메리칸 자명종 소리를 들으며 아침에 눈을 뜬다. 뉴잉글랜드 침대보에서 일어나 뉴욕 비누와 양키 면도기를 사용하여 면도를 한다. 웨스트캐롤라이나 양말에 보스턴 구두를 신고 코네티컷 끈을 조인 다음 워터베리 시계를 주머니에 넣는다. … 미시간 개폐식 책상 앞에서 네브래스카 회전의자에 앉아 시러큐스 타자기로 편지를 쓴다. 뉴욕 만년필로 서명을 하고 뉴잉글랜드 압지로 살짝 누른다. 편지 복사본은 그랜드래피즈에서 만든 파일에 보관한다.

— F. A. 매켄지F. A. McKenzie, 《미국의 침략자들The American Invaders》(1902)[1]

2차 세계대전 말기에 미국과 연합군이 유럽과 일본의 산업 중심지에 공격을 퍼붓는 동안 경제 정책 입안자들은 세계 무역을 회복하기 위한 계획을 세웠다. 정책 입안자들은 여러 국가를 한데 묶고 싶어 했다. 다시 발돋움한 경제 성장에 박차를 가하기 위해서뿐만 아니라 앞으로는 전쟁을 상상조차 할 수 없는 막대한 대가를 치러야 하는 일로 만들기 위해서였다. 무역은 우호를 굳건히 다질 터였다. 1945년 11월에 국무부가 발간한 백서에는 이렇게 쓰여 있었다. "국제연합UN이 승리로 받은 귀중한 상은 제한적이고 일시적이지만 우리가 살고 싶은 세계를 건설할 수 있는 힘이다." 이 백서는 "세계의 여러 국민이 고려할 사항을 제시했다." 각 국가가 "모든 영역에 걸쳐 공동의 이해, 특히 경제적 이해를 위해 함께 일할" 새로운 시대를 역설했다.[2]

이 계획에서 핵심은 1944년 여름 뉴햄프셔주 화이트산에 위치한 브레턴우즈 휴양지에서 타결한 협상으로, 협상 결과 주요 통화의 환율이 고정되었다. 이를 앞장서서 이끈 미국의 경제학자 해리 덱스터 화이트Harry Dexter White를 비롯해 이 계획의 설계자들은 고정 환율 fixed exchange rate이 안정된 무역 환경을 조성하는 데 꼭 필요하다고 여겼다.* 외국의 소비자가 미국 제품을 살 때 먼저 자기 나라 통화를 달러로 바꾸어야 한다. 아니면 구매자가 외화로 지불하면 기업이 환전해야 한다. 브레턴우즈 협정Bretton Woods Agreement 체제에서는 최근의 환율 시세를 알려 주는 공항 게시판이 필요 없었다. 영국 파운드에 대한 달러 가치가 예를 들면 4.03달러로 고정되었기 때문이다.

이 협정은 또 각 나라가 일방적으로 자국 통화의 교환 가치를 낮추어 자국 수출품의 가격을 내려 구매력을 더 높임으로써 무역 상대국을 희생양 삼아 이익을 취하지 못하도록 막으려 했다. 해리 덱스터 화이트와 브레턴우즈 회의에 영국 대표로 참석한 존 메이너드 케인스를 비롯한 다른 나라 설계자들은 1930년대 초 경쟁적인 통화 평가절하currency devaluation로 무역 체제가 붕괴하고 그 결과 세계가 불황의 나락으로 떨어지면서 전쟁으로 이어지는 길을 닦았다고 판단했다. 옛

---

* 경제학자들 사이에서 자유 무역은 관련된 모든 나라에 이롭다는 주장만큼 폭넓게 동의를 얻은 이론도 드물다. 내가 즐겨 드는 예시 한 가지가 앤디 조지Andy George가 출연하는 유튜브 동영상이다. 조지는 혼자 힘으로 샌드위치를 만들기로 했다. 직접 상추를 키우고 밀을 기르고 바닷물을 말려 소금을 얻고 소젖을 짜고 닭을 죽였다. 그리고 이 과정을 전부 찍었다. 샌드위치를 만드는 데 시간은 6개월이 걸렸고 비용은 1500달러가 들었다. 반면에 맥도널드에서 파는 치킨 샌드위치는 가격이 5달러가 채 안 된다. 요점은 특화가 시간도 비용도 절약한다는 것이다. 누군가 글을 써서 돈을 벌고 그 돈으로 음식을 산다. 다른 누군가는 음식을 만들고 책을 산다. 그 결과 음식도 풍성해지고 책도 풍부해진다. 똑같은 논리를 지역 경제에도 국가 경제에도 세계 경제에도 적용할 수 있다.

말에도 있듯이 "상품이 국경을 넘지 않으면 군인이 넘는다."[3]

그리고 화이트의 마음속에는 한 가지 목표가 더 있었다. 미국이 경제적 지배를 더욱 공고히 다지도록 이 협정을 설계해야 한다는 것이었다.[4] 화이트는 공들여 용어를 가다듬어 달러가 세계 통화universal currency에 가장 가까운 무엇이 되도록 했다. 1차 세계대전 이전에는 주요 무역국이 자국 통화를 일정한 양의 금과 태환하기로 약속하며 환율을 고정했다. 브레턴우즈 협정은 유사(준) 금본위제였다. 다른 나라가 자국 통화를 달러와 태환하기로 약속하고 미국은 달러를 금과 태환하기로 약속한 것이었다.[5]

이 체제는 30년 동안 환율을 안정화하는 데 크게 성공했다. 세계는 프랑스인들이 애정을 듬뿍 담아 '영광의 30년Les Trente Glorieuses'이라고 부르는 번영이 재연되는 시기를 지켜보았다. 하지만 브레턴우즈 체제는 결과적으로 미국의 경제적 지배를 약화시켰다.

생산을 희생하면서 소비로

이 문제의 뿌리는 나머지 세계가 달러를 필요로 한다는 점이었다. 여러 가지 면에서 이런 문제에는 미묘한 부분이 있었다. 나머지 세계가 상품을 달러와 교환하고는 그 달러로 미국산 상품을 구입하지 않고 손에 쥐고 있으려 했다는 것이다.**

** 각 나라는 수입품을 구할 목적으로 무역에 참여한다. 대다수의 나라는 수출품

게다가 달러당 구매력이 꾸준히 늘었다. 서독과 일본 경제는 미국의 도움으로 도약했다. 분쟁과 식민지에 돈을 낭비하지 않을 수 있었기 때문에 두 나라의 경제 성장은 곧 미국을 앞질렀고 동시에 마르크화와 엔화에 대한 달러 가치도 안정되었다.[6] 미국 소비자들은 그 결과 독일과 일본 제품을 지속적으로 구매하게 되었는데, 독일과 일본의 늘어나는 경제 산출량이 달러와 고정 비율로 교환되었기 때문이다. 시카고 대학에서 수학한 경제학자 마틴 브론펜브레너Martin Bronfenbrenner는 1971년 의회 위원회에서 말했다. "특히 일본은 랠프 네이더가 생각한 것보다 미국 소비자를 위해 더 많은 일을 했습니다."[7] 일본인 역시 흡족해했다. 도요타Toyota 회장은 미국 시장을 "도요타의 구세주"라고 일컬었다.[8]

하지만 미국의 제조업체 입장에서는 달러의 강세로 고통이 2배가 되었다. 국내 전선으로 외국의 경쟁자가 밀려 들어왔고 동시에 수출 시장에서는 악전고투했다. 미국 경제는 생산을 희생하면서 소비로 기울었다.

브레턴우즈 협정은 일방적인 통화 평가절하를 금했기 때문에 각 나라는 시시각각 바뀌는 경제 상황에 대처하기 위해 필요하다면 협상을 해서 환율을 변동할 수 있었다. 이는 금본위제가 지닌 경직성에

을 팔아 수입품을 사야 하지만 미국은 달러와 수입품을 교환할 수 있다. 그런데 그 달러 가운데 상당량이 외국인 손에 그대로 남아 있었다. 다른 나라들은 금 보유량을 준비해 놓았던 것처럼 달러 보유고를 마련해 둘 필요가 있었기 때문이다. 미국 통화는 곧 미국 정부에 대한 청구권으로, 사실상 무료로 미국 정부에 돈을 빌려 주고 있는 셈이다.

경제학자의 시대

비하면 중요한 진전처럼 보였다. 케인스는 이를 절대 군주제에서 사는 삶과 입헌 군주제에서 사는 삶 사이의 차이로 비교했다.[9]

하지만 이 협정은 필요성에 대해 명확히 규정하지 않았다. 이 협정을 집행하기 위해 설립한 기구가 국제통화기금IMF인데 퍼 제이콥 슨Per Jacobsson IMF 총재는 이 필요성이 예쁜 소녀와 같다고 말했다. "일단 만나야 알 수 있기" 때문이다. 이는 경박하면서도 순진한 태도였다. 한 국가는 교역 상대국을 희생양 삼아 자국 통화를 평가절하했다. 달러의 교환 가치가 떨어지면 독일이나 일본에서는 미국 상품 판매가 늘어나고 미국에서는 독일이나 일본 상품 판매가 줄어든다. 달러의 평가절하를 받아들이는 일은 다른 나라의 이익에 부합하지 않는 것이었다.[10] 대신에 미국과 과거 미국의 적국이던 나라들은 상호 의존적인 관계로 서로를 더욱 옭아맸다. 독일과 일본은 생산하고 미국은 소비하는 관계가 확립되었고 이렇게 굳어진 경제 형태는 오늘날까지 이어지고 있다.

노동조합이 저항하자 케네디 행정부는 1962년 제도를 마련하여 대외 경쟁으로 일자리를 잃은 미국 노동자에게 보상을 하고 이들을 재교육하기로 했다. 하지만 이는 속빈 강정이나 마찬가지였다. 이후 7년 동안 단 한 푼도 노동자에게 돌아가지 않았기 때문이다.[11]

지킬 수 없는 약속, 브레턴우즈 체제

달러에 대한 해외 수요 역시 브레턴우즈 체제가 붕괴하는 원인이 되었다. 미국은 요구만 있으면 언제든지 외국 정부에 온스당 35달러에 금을 팔겠다고 약속했지만 외국 정부의 수중에 쌓이는 달러의 공급 속도가 연방 정부의 금고에 쌓이는 금의 공급 속도보다 훨씬 빨랐다. 1963년 즈음 외국 정부들은 포트 녹스Fort Knox에 보관된 금을 1온스도 남김없이 청구할 만큼 달러를 비축했다. 그 결과 브레턴우즈 협정은 오직 외국 정부가 이 청구권을 요구하지 않는 한에서만 유지되는 편리한 허구의 체제로 전락했다.[12]

미국은 달러가 유출되는 속도를 늦추어 심판의 날을 미루려 고군분투했다. 하지만 브레턴우즈 체제를 지키려 들면서 여러 나라 사이에서 교역을 늘린다는 협정의 공식 목적에서 차츰 후퇴했다. 미국 정부는 미국 은행의 해외 대출을 제한하고 국방부에는 해외 주둔 미군에게 미국산 석탄을 공수하라고 지시했다. 1968년 새해 첫날 기자 회견에서 존슨 대통령은 미국인에게 2년 동안 유럽 여행을 자제해 달라고 권고했다.[13]

미국은 또 외국 정부가 이미 보유하고 있는 달러를 태환하지 못하도록 막으려 했다. 1963년 초 연방 정부는 달러로 구입하지만 다른 통화로 이자를 지불하는 채권을 팔았다. 요컨대 이는 미국이 포트 녹스에 금을 그대로 남겨 두는 데 동의한 외국 투자자에게 보상하는 것이었다. 이렇게 당근을 주면서 채찍도 함께 휘둘렀다. 1966년 로버트 맥나마라 국방장관은 독일이 계속 미국에서 금을 빼 가면 서독에서 미군을 철수하겠다고 밝혔다. 카를 블레싱Karl Blessing 서독 중앙은행 총재는 서독은 기꺼이 미국 달러를 계속 보유할 것이라고 확약하는 서신을 보냈다.[14]

경제학자의 시대

연방 정부는 금을 시굴하는 일도 마다하지 않았다. 1968년 2월 저명한 캘리포니아주 공화당 하원 의원인 크레이그 호스머Craig Hosmer 는 핵폭발 장치를 이용하여 땅을 폭파해 금을 만들자고 제안했다. 호스머는 이 같은 채굴 기술의 발전으로 금을 1억 온스 캐낼 수 있다고 여겼다. 이는 미국이 전년도에 외국으로 실어 나른 것보다 3배 이상이나 많은 양이었다. 호스머는 이 발상을 케네코트 쿠퍼Kennecott Copper 에게서 빌려 왔다. 이 회사는 애리조나주의 오래된 한 구리 광산에서 원자 폭탄을 터뜨릴 수 있는 허가권을 받으려 애쓰고 있었다.[15] 워싱턴은 핵폭발 장치 이용이라는 선택은 고려 사항으로 남겨 두고 새로운 금맥을 찾는 골드핑거 작전에 돌입했다. 특히 연방 정부는 내부에 금이 있다는 소문을 조사하기 위해 개쇠뜨기라고 불리는 식물 표본 22개를 모으려고 과학자를 고용했다.[16]

그러는 사이 브레턴우즈 체제는 점점 끝을 향해 치닫고 있었다. 미국은 지킬 수 없는 약속을 한 셈이었다. 1969년 즈음 서독은 단독으로도 포트 녹스에 있는 금을 다 빼낼 만큼 달러를 보유하게 되었다.

시장에 기대어 vs 시장은 존재하지 않아

밀턴 프리드먼은 브레턴우즈 체제가 탄생하던 때부터 끝내려고 노력하면서 그의 말을 귀담아 들으려는 사람이라면 누구에게나 금융 시장이 환율을 결정하도록 국가가 나서야 한다고 말했다.*

프리드먼은 무역에 제한을 가하여 브레턴우즈 체제를 지지하고 보전하고 있다는 사실에 맨 처음 주의를 환기시킨 인물이었다. 또 깊은 통찰로 브레턴우즈 체제의 안정이 유지되는 주된 이유는 피할 수 없는 경제적 조정을 미루고 있기 때문이라고 경고했다. 고정 환율을 실시하는 나라는 서로 반대 방향으로 움직이려는 대륙판과 같은 함정에 빠질 수 있고, 대륙판이 서로 오래 맞물려 있을수록 끝내 지진이 일어날 가능성도 커진다는 것이었다.

프리드먼은 1948년에 공격의 포문을 열었다. 캐나다 중앙은행 부총재와 함께 라디오 토론자로 참석했는데, 캐나다는 변동 환율을 실시해야 하고 그래야 브레턴우즈 협정에서 잘 빠져나올 수 있다고 청하지도 않은 조언을 건넸다. 캐나다는 이 협정에 막 조인한 참이었다.[17]

프리드먼은 1953년에 "변동 환율 옹호론The Case for Flexible Exchange Rates"이라는 논문에서 다른 모든 나라에도 똑같이 조언했다. 그는 변동 환율에 유리하도록 브레턴우즈 체제를 해체하는 일이 우리의 기

---

* 프리드먼의 변동 환율에 대한 지지는 전쟁 전 경제 체제의 일부 형태를 복원하는 일이 반혁명적 노력이 아니라는 점에서 그의 다른 여러 입장과 구별되었다. 프리드먼은 진정 새로운 무언가를 주창하고 있었다. 프리드먼은 금본위제에 반대했다. 금본위제가 금의 공급에 기반을 두고 있기 때문에 변덕스러울 뿐 아니라 금은 땅에서 캐어 내어 금고에 보관해야 하기 때문에 비경제적이라는 이유를 들었다. 또 어떤 고정 환율 제도도 비효율적이라고 주장했는데, 고정 환율제는 경제 전반에 걸쳐 가격과 임금을 조정해야 하기 때문이었다. 오히려 단일 가격 즉 환율을 조정하는 일이 더 수월하다고 말했다. 이를 서머 타임과 비교한 내용은 특히 깊은 인상을 남겼다. 누구나 일정을 조정할 수 있다며 이렇게 덧붙였다. "물론 시계를 맞추는 일이 분명 훨씬 쉽긴 하지만 말이다." 밀턴 프리드먼의 《실증경제학론Essays in Positive Economics》"변동 환율 옹호론The Case for Flexible Exchange Rates"(시카고: 시카고 대학 출판부, 1953) 157-203쪽 참조.

본 경제 목표를 실현하는 데 절대 필요하다고 썼다. 이때 기본 경제 목표란 어떤 제약 없이 다자간 무역에 참여하며 자유롭게 번영을 누리는 세계 공동체를 건설하고 지속해 나가는 것을 가리킨다.[18]

브레턴우즈 체제에서는 미국 기업이 1달러 대신에 360엔을 기꺼이 받았는데 이는 일본 정부가 360엔을 1달러로 교환해 줄 수 있다고 보증했기 때문이다. 하지만 변동 환율 제도에서는 정부가 환율을 보증할 수 없다. 미국 기업이 달러당 몇 엔을 받을지 스스로 결정해야 한다. 중개인이 엔을 받고 달러를 팔거나 달러를 받고 엔을 파는 통화 시장에서 가장 최근 가격을 확인하고 이 결정을 내릴 가능성이 크다. 이 가격은 결국 이론상으로 두 경제 체제의 상대적 힘을 반영한다. 각 달러마다 또는 각 엔마다 각 나라의 경제 산출량에 대한 청구권을 가리키기 때문이다.

프리드먼은 시장에 기대면 브레턴우즈 체제 중심에 놓인 결함을 바로잡을 수 있다고 주장했다. 환율은 정치적 방해에 개의치 않고 조정될 것이기 때문이다. 아니 더 나을지도 모른다. 이런 조정은 주요 경제국 사이의 상대적 힘이 서서히 변하는 속도를 반영하며 조금씩 매끄럽게 이루어지기 때문이다. 또 시장에 의지하면 무역을 촉진하고 번영을 증진한다. 다시 말해 시장은 브레턴우즈가 지향하는 목표를 브레턴우즈 협정보다 더욱 잘 달성한다.

프리드먼과 정책 입안 기관은 다시 한 번 어떤 방법이 불확실성을 가장 잘 다루는지를 놓고 맞붙었다. 여러 국가 경제 사이에 상호 의존도가 높아졌고 무역도 한층 복잡해지며 속도도 빨라졌다. 정책 입안자는 보다 강력한 감독이 필요하다고 판단했다. 반면에 프리드먼과 지지자는 시장에 대한 신뢰를 선호했다.

1967년 봄 프리드먼은 로버트 루사Robert Roosa와 공개 논쟁을 벌였는데 기관을 대변하는 목소리로서 루사는 괜찮은 선택이었다.[19] 루사는 미시간 대학에서 박사 학위를 받고 잠시 하버드 대학에서 경제학을 가르치다가 케네디 행정부에서 재무차관으로 일했다. 나중에 뉴욕 투자 은행 브라운브라더스해리먼Brown Brothers Harriman의 공동 경영자가 되었다. 이 같은 오랜 경험에서 루사는 프리드먼이 순진하다는 결론에 다다랐다. 루사의 말에 따르면 프리드먼과 궤를 같이하는 제안은 "이론상 건전하지 않거나 아니면 운영상 실행 가능하지 않았다." 통화 시장은 단일 환율로 수렴되지 않고 등락 때문에 무역은 제 기능을 다하지 못한다. 정부가 일방적으로 개입하려 들 수 있지만 합의가 없으면 경쟁적으로 평가절하하는 형태로 "끊임없이 경제 전쟁을 부추긴다." 한마디로 1930년대가 반복되는 것이었다.

프리드먼은 미덥지 않다는 표정을 지으며 시장이 가격을 정한다는 것을 부인한다는 뜻이냐고 물었다.

루사: 실제 시장이 존재한다는 점을 부인할 뿐입니다.
프리드먼: 교환할 때 시장이 존재하리라는 점도 부인합니까?
루사: 그렇습니다. 부인합니다.
프리드먼: 외환에서도?

한 번 더 루사는 그렇다고 대답했고 이렇게 주장했다. "결론은, 나라 간 경제 교역이 너무 방대하고 복잡해졌습니다. 개별 외환 중개인과 은행가는 이 같은 상반되는 영향을 모두 아우를 수 있는 현행 환율을 찾아야 하는 과제를 떠안아야 하는데 이는 거의 불가능합니다."[20]

너도나도 평가절하

1968년 무렵 폴 새뮤얼슨이 어림잡기로는 학계 경제학자의 90퍼센트가 변동 환율이 이롭다는 프리드먼의 주장을 받아들였다. (새뮤얼슨 자신은 전향자에 속했다.) 이들 관점에서 보면 브레턴우즈 체제는 무역을 억누를 뿐 아니라 환율 조정에도 여지를 주지 않았다. 하지만 새뮤얼슨은 정치인을 설득할 가망이 여전히 어두워 보인다고 말했다. TV 프로그램인 〈위험에 빠진 달러〉에 출연하여 이렇게 전했다. "프리드먼 교수가 달변을 토해 냈지만 그 가능성은 100억분의 1도 되지 않습니다. 이 일을 논의하느라 사람들 시간을 왜 허비해야 하는지 저로선 잘 모르겠습니다."[21]

하지만 시장은 그 결정을 정치인에게 미루지 않았다. 국경을 넘나드는 투자 흐름이 재화와 용역의 국제 무역보다 훨씬 빠르게 성장했고, 변동이 심한 자본 이동이 브레턴우즈 체제를 한계점까지 몰아붙였다.

영국이 먼저 백기를 들며 1967년 11월 18일 앞으로 파운드당 2.40달러에 팔겠다고 선언했다. 영국 경제는 유럽 대륙 경쟁국에 비해 뒤지고 있었고, 파운드화 가격이 높은 탓에 상황이 더 악화하고 있었다. 평가절하는 피할 수 없는 굴욕이었다.

해럴드 윌슨Harold Wilson 총리는 국민을 안심시키며 "영국 안의 파운드로, 여러분 주머니나 지갑 속의 파운드로" 여전히 똑같은 양의 영국 상품을 살 수 있기 때문에 평가절하되지 않았다고 강조했다. 하지만 이는 연막일 뿐이었으니 평가절하에 따른 영향 때문에 외국 상품이 훨씬 비싸졌다. 에드워드 히스Edward Heath 보수당 대표가 "이는 지금까지 발표된 성명 가운데 가장 부정직한 내용으로 기억될 것입니다"라고 단정한 말은 좀 지나친 감이 있었을지 모르겠지만 말이다.[22]

존슨 행정부는 "흔들림 없이" 브레턴우즈 협정을 지지한다고 서둘러 보도 자료를 내놓았다. 하지만 존슨의 경제자문위원회 위원장인 가드너 애클리Gardner Ackley는 사석에서 미국도 달러를 평가절하해야 한다고 충고했다. 평가절하는 이제 시간문제일 뿐이었다.

시장과의 동맹

1968년 대통령 선거 유세를 하면서 리처드 닉슨은 아서 F. 번스 수석 경제 고문에게 유럽의 정부들이 브레턴우즈 체제의 미래를 어떻게 전망하고 있는지 넌지시 알아보라고 부탁했다. 번스는 상황이 "매우 위태롭다"면서도 손쓸 수 없을 정도는 아니라고 보고했다. 그는 닉슨에게 고정 환율을 새로 정하라고 권고하면서 "변동 환율에 어떤 낭만적인 감정도 키우게 해서는 안 됩니다"라고 조언했다. 1930년대를 상기시키며 "수많은 역사 사례를 보면 변동 환율이 심각한 무역 위축을 초래할 뿐 아니라 국제적인 정치 혼란을 쉽게 일으킨다는 점을 우리는 알 수 있습니다"라고 경고했다.[23] 닉슨의 통화 정책 담당 수석 외교관인 폴 볼커 역시 번스 의견에 동의했다. 첫 해외 순방에 나서는 동안 변동 환율과 관련해 질문을 받으면 볼커는 이렇게 대답했다. "이 의견은 학계에서 수없이 논의를 거쳤습니다. 그건 상아탑 안에서나 논의될 만한 내용입니다."[24]

프리드먼은 1968년 가을 닉슨이 대통령에 당선되자마자 달러를 변동 환율로 바꿔야 한다고 주장하는 짤막한 보고서를 올리며 그의 관심을 끌려고 애썼다. 초창기에 혼란이 빚어지면 물러나는 행정부 탓으로 돌릴 수 있으며 반면에 이익이 생기면 닉슨의 공으로 돌아간다고 강조하기도 했다. 프리드먼은 이렇게 썼다. "경제 전선에서 오로지 취할 편익만 있을 뿐 들일 비용은 없어 보입니다." 한편 닉슨이 지체한다면 "길게 잡아도 1, 2년 안에" 위기가 닥칠 것이라고 경고했다.[25]

닉슨은 관심을 두지 않았다. 대다수 사람처럼 닉슨 역시 배관이 제 기능을 잘하기를 바랐지만 배관을 직접 수리하고 싶어 하지는 않았다. 닉슨은 자신의 외교 정책 우선순위를 밝힌 메모에서 "큰 전투", 다시 말해 소련과 중국과의 관계에 집중하고 싶다고 말했다. 여기에는 물론 유럽도 들어갔다. 그다음은 중동, 그다음은 동남아시아였다. 사실 닉슨이 가장 애착을 보인 외교 정책 분야에 관해서 그가 결코 듣고 싶어 하지 않는 부문이 딱 하나 있었다. 닉슨은 입장이 꽤 분명했다. "국제 통화 문제로 골치를 앓고 싶지 않습니다."[26] 그래서 2년 동안 닉슨은 볼커에게 일임했다. 볼커가 외국 정부와 일관성 없이 논의를 하든 말든 그랬다.

그러는 사이 브레턴우즈 체제는 계속 허물어져 갔다. 1969년 8월 영국에 이어 프랑스가 통화 평가절하를 단행했다. 이듬해 봄인 1970년 5월 캐나다가 주요 국가로는 처음으로 브레턴우즈 체제에서 탈퇴했다.[27] 프리드먼은 이 붕괴 속도를 높일 요량으로 독일 기자에게 서독은 "죄수처럼 달러에 족쇄로 묶여 있다"라고 말했다.[28] 하지만 브레턴우즈 체제는 약간의 인플레이션을 감수해야 했지만 독일 경제에 번영을 불어넣는 탯줄에 더 가까웠다. 그런데 독일인들은 인플레이션에 오랜 공포를 지니고 있었다. 1971년 5월 서독은 잠시 달러 대비 마르크화에 변동 환율을 실시하며 경고 사격을 가했다.

미국의 입지가 얼마나 취약한지에 대해서는 1971년 봄에 나온 백악관 기밀 보고서에 분명히 드러나 있었다. 보고서는 미국이 1896년 이후 처음으로 연간 무역 적자를 낼 가능성이 크다고 경고했다. 미국이 산업 강국으로 부상한 이래 처음으로 수입품의 가치가 수출품의 가치를 뛰어넘을 수 있다는 의미였다. 이 보고서에 따르면 로스앤젤레스에서 팔리는 자동차 다섯 대 가운데 한 대는 일본 자동차였다.

브레턴우즈 체제를 그만 끝내자는 결정은 볼커에게서 시작했다. 그는 1971년 7월 초 위기가 이미 도래했다고 결론 내렸다. 곧 미국이 보유한 금이 바닥을 드러낼 터였다. 볼커는 고정 환율 체제를 유지하고 싶었지만 달러의 10~15퍼센트 평가절하를 다른 나라가 받아들이도록 설득하다가 포기해 버렸다. 최소한 이 정도는 평가절하해야 고정 환율 제도를 유지할 수 있다고 보았다. 볼커는 상관인 존 코널리 재무장관에게 미국은 더 이상 달러를 금으로 교환해 줄 수 없다고 선언하고 다른 나라를 협상 테이블에 앉혀야 한다고 보고했다.

전 텍사스주 주지사였던 코널리는 카리스마 넘치는 전통적인 민주당 의원으로, 그는 경제 전문가로서가 아니라 유력한 후계자로서 닉슨이 행정부에 불러들인 인물이었다.[29] 코널리는 이 위기에 대처할 필요가 있음을 이해했지만 그가 진심으로 관심을 보인 의견은 평가절하가 일자리를 늘릴 수 있다는 전망이었다. 실업률이 거의 1년 내내 6퍼센트 주변을 맴돌았고, 따라서 백악관은 어떤 조치를 취해야 한다는 압박을 받고 있었다.

7월 15일 닉슨은 미국 대통령으로서는 처음으로 공산 국가인 중국을 방문하겠다는 계획을 발표했다. 하지만 며칠 뒤 의회에서 간단한 보고를 할 때 쏟아진 질문은 국내 경제와 관련된 문제들이었다. 닉슨은 회고록에서 이렇게 술회했다. "코널리와 나는 이제 어떤 조치를 취해야 할 때가 왔다고 결론을 내렸다."[30] 2주 뒤 코널리는 닉슨이 좋아하는 '큰 판'의 밑그림을 들고 돌아왔다. 세금 감면, 임금과 가격 통제, 그리고 브레턴우즈 체제의 해체가 그것이었다. 이제 미국은 달러를 금으로 교환하는 일을 유보하고 여러 나라를 초청하여 새로 환율을 정할 협상에 들어갈 예정이었다. 협력을 이끌어 내기 위해 협상이 타결될 때까지 수입품에 10퍼센트 관세도 부과할 생각이었다. 8월 12일 닉슨은 백악관 옆 건물에 있는 비밀 집무실에서 코널리와 조지 슐츠를 만났다. 슐츠는 전 시카고 대학 교수로 예산관리국을 맡고 있었는데 번스를 제치고 닉슨이 가장 총애하는 경제학자가 되었다. 세 사람은 금본위제 창문을 닫을 때가 왔다는 데 의견 일치를 보았다. 슐츠는 훗날 이 계획을 "시장과의 동맹"이라고 일컬었다.[31]

국제 통화 체제의 붕괴

대공황이 한창일 때 연방 정부는 워싱턴 DC에서 북쪽으로 100킬로미터쯤 떨어진 앨러게니산 동쪽 등성이에 위치한 척박한 농지를 대규모로 사들였다. 민둥산에 바위투성이였지만 풍광이 아주 나쁘진 않았다. 한참 시간이 흐른 뒤 루스벨트 행정부는 연방 정부 직원들을 위해 소박한 전원 휴양지를 짓기로 결정했다. 캐톡틴산 공원의 야영지 대부분이 마침내 대중에게 개방되었지만 단 한 군데는 대통령을 위해 남겨 놓았다. 드와이트 아이젠하워는 그곳을 캠프 데이비드Camp David라고 불렀다.

1971년 8월 13일 금요일 오후 닉슨 대통령은 무덥고 습한 워싱턴을 빠져 나와 주말을 보내러 캐톡틴산 휴양지로 향했다. 3시가 지나면서 보좌관이 하나둘 대통령의 산장인 아스펜 로지Aspen Lodge로 모여들자 닉슨은 진지하게 방명록에 이름을 남기라고 권했다. 일부는 이미 자신들이 왜 모이는지 이유를 알고 있었고, 나머지도 잠시 뒤 알게 될 터였다. 닉슨은 보좌관들에게 "2차 세계대전 이후 가장 중대한 경제 조치"를 곧 단행해야 한다고 말했다.[32] 모인 이들은 이제 루스벨트가 수립해 놓은 국제 통화 체제를 날려 버릴 작정이었다.

닉슨의 연설 원고 책임자인 윌리엄 새파이어William Safire는 캠프 데이비드에서 보낸 이 주말에 관해 극적이고도 세밀한 묘사를 남겨서 종종 결정적 순간으로 그려지기도 한다. 하지만 보다 정확히 표현하자면 36시간 동안 아서 번스가 벽에 머리를 찧어 가며 코널리의 계획을 포기하도록 닉슨을 설득하느라 고군분투했다.[33] 앞서 연준 의장에 취임한 번스는 1930년대에 그랬듯이 금융 시장이 요동치고 무역이 교란된다고 경고했다. "프라우다Pravda는 이 조치를 자본주의가 붕괴할 조짐이라며 1면에 대서특필할 것입니다." 일기에는 보다 강렬한 표현으로 이렇게 썼다. "금본위제 창문을 내일 당장 닫아야 할지도 모른다. 지금 우리 정부는 건설적인 지도력을 발휘할 능력도, 어떤 조치도 취할 역량도 없는 듯 보이기 때문이다. 인류에게 이보다 더한 비극이 어디 있단 말인가!"[34]

하지만 번스는 원칙을 끝까지 고수하는 사람이 아니었다. 개인적으로 대통령을 만나 마지막으로 구체제를 옹호하며 간곡히 호소하고는 그 파기를 지지하겠다고 약속했다. 한 경쟁자는 훗날 이렇게 썼다. "번스는 입으로는 컹컹 짖어 대면서 동시에 꼬리도 살랑살랑 흔드는 사람이다."[35]

닉슨이 연설문을 살피는 동안 대통령의 측근들이 모여 저녁 식사를 했다. 볼커는 이 결정이 얼마나 극악한지 일부는 아직 깨닫지 못했다고 확신하고는 만약 자신에게 10억 달러가 있어서 대통령이 연설하기 전에 투자할 수 있다면 연방 부채를 갚을 돈을 벌 수 있다고 말했다. 당시 연방 부채가 약 230억 달러였다. H. R. 홀드먼H. R. Haldeman 대통령 수석 보좌관은 앞으로 몸을 기울이며 자못 심각한 척하면서 이렇게 말했다. "정확히 어떻게요?"[36]

전화가 울렸다. 대통령이었다. 새파이어에게 "번스는 진귀한 보석 같은 사람"이라는 말을 전해 달라고 부탁하는 전화였다. 이런 감언이 아침에도 이어졌다. 번스는 대통령이 캠프 데이비드 점퍼 앞에 각자 이름을 새겨 모두에게 선물하겠다고 약속했을 때 자신은 캠프 데이비

드 안경을 하나 더 선물 받았다고 일기에 썼다.[37]

경제 민족주의

일요일 밤 닉슨은 텔레비전으로 대국민 연설을 시작했다. 베트남 전쟁이 순조롭게 진행되고 있다고 자랑하며 이제는 경제를 이야기할 때라고 강조했다. 그런데 문제가 세 가지 있었는데 실업과 인플레이션과 브레턴우즈 체제가 그것이었다. 닉슨은 일자리를 창출하기 위해 수십억 달러를 감세하겠다고 선언했다. 인플레이션을 억제하기 위해 미국 역사상 처음으로 평시에도 임금과 가격을 통제하겠다고 선언했다. 그리고 무역 균형을 회복하기 위해 미국은 더 이상 달러의 교환 가치를 보증하지 않겠다고 선언했다. 영국 파운드화를 비롯하여 달러에 묶여 있는 다른 통화의 가격이 갑자기 당면 문제로 떠올랐다. 닉슨은 이렇게 말했다. "미국은 더 이상 한 손을 뒤로 묶인 채 경쟁을 하지 않아도 됩니다."

닉슨은 으레 그렇듯 달러의 평가절하가 국내 상품 가격에 아무런 영향도 미치지 않는다고 미국 국민을 안심시켰다. 반만 맞는 이 말은 윌슨이 4년 전 영국 국민을 안심시키려고 썼던 바로 그 말이었다. 닉슨은 필라델피아의 한 일기 작가가 1775년 여름에 쓴 미사여구를 인용하며 연설을 마무리했다. "많은 사상가는 미국이 화려한 전성기가 지났다고 봅니다." 닉슨은 말했다. 지금, 다시 한 번 "우리의 전성기가 앞에 놓여 있습니다."

이는 경제 민족주의 선언이었다. 미국에서 처음에 나온 반응은 거의 열광의 도가니였다. 다우존스 주가 지수는 가장 큰 일일 상승폭을 기록했다. 여론 조사에 따르면 닉슨의 인기가 껑충 뛰어올랐다. 한 여론 조사원은 진주만 공격을 받은 뒤 온 나라가 루스벨트 대통령 아래 한마음 한뜻으로 똘똘 뭉친 때와 비교했다.

번스가 예측한 대로 공산 국가도 일제히 반겼다. 레오니트 브레즈네프Leonid Brezhnev 소련 지도자는 "자본주의 체제의 심각한 위기 가능성"에 환호를 보냈다.[38]

나머지 세계는 열광이 그에 못 미쳤다. 독일 주요 일간지인 《쥐트도이체차이퉁Süddeutsche Zeitung》은 "무역 정책 선전 포고"를 1면 머리기사로 보도했다.[39] 오래전부터 달러 지불을 고집하던 산유국들은 가격을 올리겠다고 위협했다. 이는 2년 뒤 1차 '석유 파동oil shock'으로 이어지는 행보였다. 이미 닉슨의 중국행 결정에 흔들리고 있던 사토 에이사쿠 일본 총리는 윌리엄 P. 로저스William P. Rogers 국무장관의 전화를 받았다. 그리고 10분 뒤 닉슨이 연설을 시작했다. 사토가 외쳤다. "아, 또!"[40]

이후 몇 년 동안 환율은 널뛰듯 했고, 여러 나라가 이 환율을 진정시키려 막대한 돈을 쏟아부었다. 캔터베리 대주교는 영국 국민에게 파운드화를 위해 "성심을 다해 기도하라"고 호소했다.[41] 《뉴요커》는 환율을 주제로 만화를 실었다. 발레리 지스카르 데스탱Valéry Giscard d'Estaing 프랑스 재무장관은 통화라는 주제가 무명에서 벗어난 지 오래라고 말했다. "국제 무역의 팽창, 다시 말해 세계 경제의 성장이 걸렸습니다."[42] 지스카르 데스탱 역시 상대적인 무명에서 벗어나 국가 수장이 되었다. 같은 세대 다른 여러 재무장관도 마찬가지였다. 서독의 헬무트 슈미트, 영국의 제임스 캘러헌, 일본의 후쿠다 다케오가 그들이었다. 경제학은 중요한 위치로 자리를 옮기고 있었고, 정책 입안자는 정부와 시장 사이에 새롭게 형성되는 관계를 규명해야 하는 도전에 직면했다.

이제 무슨 일부터 할까요

"흠, 우리가 무슨 일을 저질렀는지 다들 아실 겁니다." 닉슨이 연설을 하고 사흘 뒤 조언을 듣고자 방안 가득 불러모은 경제학자를 둘러보며 코널리가 입을 열었다. "자, 이제 무슨 일부터 해야 할까요?"[43]

볼커는 협상을 통해 고정 환율을 새로 정할 수 있다는 희망을 아직 버리지 않았지만 슐츠가 마음에 품은 계획은 달랐다. 슐츠는 아무것도 하지 않기를 바랐다. 환율 조정을 시장에 맡겨둘 때가 왔다고 여겼다.

호리호리한 체격에 예의 바르고 사려 깊은 슐츠를 행정부 내 경쟁자들은 밀턴 프리드먼의 잔심부름꾼쯤으로 폄하했다. 반면에 번스는 보다 환영 받는 경제학자였지만 닉슨의 귀를 두고 벌인 전쟁에서 패배한 뒤 슐츠에 대해 일기장에 이렇게 썼다. "조용하고 설득력 있지만 한심하리만치 무지한 이 공론가가 대통령에게 막강한 영향력을 발휘하다니, 이 얼마나 안타까운 일인가."[44] 이는 슐츠를 잘못 판단한 것이었다. 슐츠는 아주 독창적인 사고의 소유자는 아니었지만 매우 드물

경제학자의 시대

게도 경제와 정치의 복잡 미묘한 부문을 조화시켰다. 헨리 키신저는 회고록에 "위기에 처한 나라의 운명을 믿고 맡길 미국인을 단 한 명 골라야 한다면 그 인물은 조지 슐츠다"라고 썼다.[45] 그리고 슐츠는 생각이 확고했다. 한 인터뷰에서 말했다. "어느 누구도 경제를 운영하겠다는 포부를 품어서는 안 된다고 봅니다. 우리 경제에 대한 기본 관념은 경제가 스스로를 운영하는 것입니다."[46]

슐츠는 1920년 뉴욕에서 태어났으며 프리드먼처럼 어린 나이에 뉴욕을 떠나 뉴저지주로 향했다. 공통점은 그게 다였다. 슐츠의 아버지는 월스트리트에서 일했으며 가족과 함께 숲이 우거진 잉글우드로 이사했다.[47] 슐츠는 사립학교를 나와 프린스턴 대학에 들어갔고 MIT 대학원에서 학업을 미루고 해군에 입대해 태평양에서 싸웠다. 대위로 전역한 그는 1946년에 다시 학업을 이어갔다. 케임브리지 대학에서 노동 시장에 관심이 있는 다양한 학파의 학자들과 교류했는데, 이들 가운데는 미국철강노동자조합의 전前 연구 책임자도 있었다. 슐츠는 학위 논문에서 보스턴 남쪽에 위치한 도시 브록턴의 제화공은 대공황 동안 왜 임금 인하가 더디게 진행되었는지 그 이유를 파고들었다. 케인스주의자는 임금의 경직성inflexible wage이야말로 정부 개입이 필요하다는 증거로 바라보았다. 하지만 슐츠가 알아낸 바에 따르면 시장이 놀라운 방식으로 작동한 결과였다. 임금은 신발 가격과 결부되어 있었다. 기업은 임금을 깎는 대신 보다 값싼 신발을 생산하는 쪽으로 전환하면서 총보상total compensation을 줄였다.

슐츠는 대학원에서 연구를 마치고 바로 MIT 교수가 되었고 그런 다음 1957년에 시카고 대학으로 옮겼다. 슐츠의 교수 연구실 맞은편이 조지 스티글러의 연구실이었다. 슐츠는 시간이 날 때마다 스티글러와 골프를 쳤고 스티글러를 통해 프리드먼과 친분을 나누었다. 두 사람이 슐츠의 사고에 깊은 영향을 미쳤는데 특히 프리드먼이 그랬다.

시카고 대학은 슐츠에게 경영대학원 학장을 맡기면서 처음으로 기회를 마련해 주었다. 슐츠는 노동 분쟁 조정관으로도 명성을 쌓아 나갔다. 그가 밝힌 바에 따르면 사람들이 더 이상 원칙을 따지지 않도록 하고 문제에 초점을 맞춰 대화하도록 이끄는 것이 비결이었다.[48]

1968년 가을 닉슨 대통령 당선자가 노동부 장관으로 일해 달라고 부탁했을 때 슐츠는 그 직책을 받아들이면서 한 가지 조건을 달았다. 비개입 전략을 지지해 달라는 요구였다. 슐츠는 정부가 노동 쟁의에 자주 개입해서 노사 양측에 연방 정부의 중재를 기대하도록 길들여 놓아서 오히려 협상을 방해하고 있다고 판단했기 때문이다. 시험은 곧 찾아왔다. 존슨 행정부는 부두 노동자 파업에 대한 강제 집행 명령을 얻어 냈지만 법원 명령이 닉슨 취임 며칠 전에 시한이 만료되었다. 그러자 부두 노동자는 다시 한 번 파업에 돌입하겠다고 공언했다. 슐츠는 자신이 대통령에게 이렇게 이야기했다고 말했다. "이 일은 뉴욕시에서 한바탕 소동을 일으킬 것입니다. 국가 비상사태처럼 보이겠지만 그렇지 않습니다."[49] 슐츠는 행정부가 몇 주 기다리면 경영자나 노동자도 정부의 의도를 알아채리라고 내다보았다. 닉슨은 약속을 지켰고 슐츠는 의지가 확고했으며 파업은 타결되었다.

하지만 슐츠는 그 대상이 넓어지면서 좌절을 맛보았다. 노조 측도 기업 측도 계속 정부 도움을 구했기 때문이다. 1970년 여름 슐츠는 뉴욕시에서 경영진과 만났다. 이 자리에서 경영진은 정부가 임금 인상을 막을 어떤 조처를 취해야 한다고 슐츠를 압박했다. 정부가? 온화한 슐츠가 폭발하며 경영진에게 이렇게 고함쳤다. "이런 현실도피자들 같으니라고!"[50]

닉슨은 슐츠의 역량을 높이 사서 이 경제학자에게 남부 몇몇 주에서 일어난 학내 인종 차별 폐지 문제를 중재해 달라고 부탁했다. 그런 다음 슐츠를 승진시켜 예산관리국 운영을 맡겼다. 인사이동 직후 밥 돌 상원 의원은 닉슨에게 대통령 수석 보좌관인 존 에를리크만과 관계가 껄끄럽다고 말했다. 이에 닉슨이 대답했다. "에를리크만과요? 걱정하지 마십시오. 정말 중요한 사람을 소개시켜 드리겠습니다. 바로 조지 슐츠예요."[51]

6개월짜리 협정

1971년 9월 슐츠는 프리드먼과 미리 상의하여 코널리와 코널리의 워싱턴 자택에서 만나기로 약속을 잡았다. 프리드먼은 코널리가 브레턴우즈 체제를 파기한 일에 대해서는 칭찬을 아끼지 않았지만 고정 환율로 다시 돌아가려는 시도에는 단호하게 반대했다. 이 만남 후 프리드먼은 코널리에게 편지를 썼다. "당신이 보인 과감하고 결연한 태도는 높이 인정 받을 만합니다." 두 달 뒤 프리드먼은 코널리가 유럽 여러 나라 및 일본과 고정 환율을 새로 조정하기 위해 협상하고 있다는 소식을 듣고 다시 편지를 썼다. 스스로 "깊은 우울을 떨쳐내지 못하겠습니다"라고 밝히며 이 협상은 "승리를 코앞에 두고 빼앗기는 꼴"이라

고 경고했다.[52]

코널리의 노력은 환율 협상이 지닌 기본 문제를 유용하게 설명하는 사례로, 과정은 정치적인 반면 그에 따른 결정을 시험하는 일은 경제적이었다. 스미소니언에서 열린 회의에서 코널리와 일본 측 대표 미즈타 미키오는 표본이 담긴 통을 일렬로 늘어놓은 방으로 들어갔다. 코널리는 일본이 엔화 대비 달러화 가치를 20퍼센트 올리기를 바라면서 최소한 18퍼센트를 올려야 한다고 요구했다. 미즈타는 불가능하다고 난색을 표하며 최종 수치가 17퍼센트 미만이어야 한다고 대답했다. 그보다 높으면 어떤 수치든 "일본에 아주, 아주 불길합니다"라고 말했다. 저 수치는 1930년에 일본이 역사적인 경기 후퇴로 떨어지기 직전 금본위제로 돌아갔던 그때 엔화 가치가 상승한 규모였기 때문이다. 미즈타는 이렇게 덧붙였다. "금본위제로 돌아간다고 결정한 재무장관이 암살당했습니다."[53] 이 말은 비수처럼 날아와 코널리의 폐부를 찔렀다. 그 재무장관이 총에 맞아 사경을 헤매는 사건이 일어나고 8년 뒤 케네디가 댈러스에서 암살당했기 때문이다. 코널리는 16.88퍼센트 가치 상승을 받아들였다.

닉슨은 1971년 12월 스미소니언 협정을 발표할 때 "역사상 가장 중요한 통화 협정"이라는 표현을 썼다. 볼커는 닉슨의 다른 보좌관에게 몸을 돌려 이렇게 속삭였다. "3개월이라도 가면 좋겠군요."[54]

이 협정은 6개월이 갔다.[55] 시장은 독단적인 가격을 받아들일 의향이 전혀 없었던 것이다.

모두가 틀린 변동 환율제

변동 환율로 전환하게 된 결정적인 계기는 1972년 6월 코널리의 뒤를 이어 슐츠가 재무장관이 된 뒤 찾아왔는데, 그는 재무장관으로 중용된 첫 경제학자였다. 슐츠는 일말의 망설임도 없이 미국이 변동 환율을 수용해야 한다는 자신이 직접 한 권고를 받아들였다. 스미소니언 협정을 지지하면서 외환 시장의 정부 개입을 중단했다. 그리고 참을성을 발휘하며 끈질지게 이 협정이 깨지기를 기다렸다.

1973년 2월 슐츠의 지시를 받고 볼커는 나흘 동안 일본과 여러 유럽 국가가 미국의 평가절하를 한 번 더 받아들이도록 설득했다. 이 협정은 얼추 한 달 갔다. 볼커는 "이제야 깨달았지만 저는 불가능한 임무를 수행했던 거였어요. 아무도, 물론 차관보들도 새로운 통화 체제를 강구하려 하지 않았습니다"라고 내게 말했다.

닉슨은 이 문제를 거의 슐츠 손에 맡겨 두었다. 환율을 염두에 두며 그렇게 했다. 볼커가 말했다. "닉슨이 개정한 통화 체제에 대해 언급할 때, 닉슨은 한 번 이상 이 체제에 대해 언급했는데 제가 듣기론 목표는 단 하나였습니다. 자신은 '더 이상 위기'를 바라지 않는다는 것이었습니다."[56] 홀드먼이 닉슨에게 영국은 이미 파운드화를 평가절하했다고 전하자 닉슨은 개의치 않는다고 말했다. 홀드먼은 물러서지 않고 이탈리아도 곧 평가절하할 것이라고 전했다. 닉슨은 자신은 후대를 위한 대통령으로 기록될 것이라면서 이렇게 덧붙였다. "흠, 리라화 따윈 안중에 없습니다."[57]

유럽 여러 나라 역시 협상하는 일에 지쳐 갔다. 한 협상가는 이

조지 슐츠(가운데)는 재무장관으로 재임한 첫 경제학자로 밀턴 프리드먼의 사상에 크게 영향 받았다. 두 사람은 1971년 닉슨 대통령과의 회의에 참석했다. (후버연구소)

런 농담을 던졌다. "국제 통화 체제 개혁에서 가장 시급을 다투어야 하는 측면은 고정 주말 체제로 돌아가는 것입니다."[58] 1973년 3월까지 엔화, 리라화, 파운드화 모두 달러 대비 변동 환율제를 택했다. 독일은 계속 수십 억 달러를 사들이며 고정 환율 체제를 유지하려 애썼다. 마침내 슐츠는 헬무트 슈미트 서독 재무장관의 전화를 더 이상 받지 않았다.[59] 3월 16일 파리에서 열린 회의에서 슐츠의 동의 아래 유럽 국가들은 변동 환율 조치에 대해 말을 꺼냈고 슐츠는 이를 받아들였다.[60]

슐츠는 이 절차를 후임인 윌리엄 사이먼William Simon에게 넘겼고, 사이먼이 1976년 변동 환율을 합법화하는 협정을 맺었다. 유럽 국가들은 재심의 기구를 포함시켰다. 미국은 자신들에게 거부권을 보장하

경제학자의 시대

고 나아가 표결에 상관없이 달러에 변동 환율을 적용할 수 있는 권리 또한 보장한다고 명확히 규정하는 조항을 포함시켰다. 브레턴우즈 체제를 세상에 내놓은 장본인도 워싱턴이었고 이를 다시 거두어들인 장본인도 워싱턴이었다.

변동 환율이 무역 체제 붕괴를 초래한다고 예측했던 로버트 루사나 아서 번스 같은 사람들은 보기 좋게 틀렸다. 1971년 수출품과 수입품의 가치는 세계 연간 경제 산출량의 4분의 1과 맞먹었다. 2008년 즈음 시장이 환율 중재자로 단단히 자리 잡으면서 무역의 가치는 전 세계 GDP의 60퍼센트에 이르게 되었다.[61]

하지만 슐츠와 프리드먼도 틀리기는 매한가지였다. 변동 환율로 무역 균형은 실현되지 않았다. 물론 무역 안정도 이루어지지 않았다.

변화와 충격

시카고상품거래소Chicago Mercantile Exchange는 미국에서 둘째가는 도시에 위치한 둘째가는 거래소였다. 수익성이 가장 높은 상품을 위한 선물 시장을 운영했는데, 밀과 옥수수 판매자는 실제로 수확을 거두기 전에 곡물을 팔아 그 위험을 줄일 수 있었다. 시카고상품거래소의 거래 대상은 잉여분이었다. 처음에는 달걀과 버터 시장으로 출발했고 차츰 양파와 돈우와 축우로 품목을 늘렸다. 레오 멜라메드Leo Melamed는 야심만만한 거래소장으로 새로운 상품을 절실히 바라고 있었다. 그는 한 친구에게 넋두리 삼아 늘어놓았다. "또 다른 고기를 발명해

낼 수는 없는 노릇이잖나." 그러던 1967년 어느 날 멜라메드는 《월스트리트저널》에 실린 밀턴 프리드먼에 대한 기사를 읽었다. 이 기사에 따르면 프리드먼은 영국이 파운드화를 평가절하할 가능성이 높다고 결론 내리고 누가 평가절하 내기에서 반대편에 설지 알아보러 시카고 은행들에 전화를 돌리고 있었다. 내기에 응하는 사람은 없었지만 프리드먼은 어딘가에 꼭 있으리라고 믿고 있었다.[62]

멜라메드도 생각이 같았다. 그는 시카고상품거래소에 처음으로 경제학자를 고용하여 그와 같은 시장은 어떻게 열 수 있는지 한 경제학자가 다른 경제학자에게 조언을 구하는 형식으로 프리드먼에게 편지를 써 달라고 부탁했다. 프리드먼은 많은 이에게서 편지를 받았지만 누구에게든 어떤 편지든 답장을 보냈다. 프리드먼은 몇 주 뒤 용기를 북돋는 내용으로 답장을 보내며 브레턴우즈 체제 아래에서는 환율 변동이 극히 드문 일이기 때문에 아직 때가 무르익지 않았다고 지적했다.

닉슨이 연설한 뒤 멜라메드는 직접 프리드먼에게 편지를 써서 버몬트주 별장에서 뉴욕으로 날아와 월도프 아스토리아 호텔에서 아침 식사를 같이하면 어떻겠느냐고 권했다. 또 통화 선물 거래를 위한 새로운 금융 시장을 보증하는 증서에 서명하는 대가로 5000달러를 제시했다. 설득은 그리 힘들지 않았다. 프리드먼이 시장이라면 어떤 유형이든 찬성했기 때문이고, 또 선물 시장은 변동 환율 체제를 보완하는 데 꼭 필요했기 때문이다. 투자자가 통화 가격이 어느 방향으로 움직일지 자신의 시각을 보여 줄 수단을 제공할 터였다. 농부가 곡물 가격 변동에 따른 손실을 막으며 이익을 보듯이 사업도 환율 변동에 따른 손실을 막으며 이익을 볼 수 있었다.

멜라메드가 1971년 12월 20일 국제금융시장International Monetary Market의 설립을 선언했을 때 언론 공식 발표에는 프리드먼의 이름이 곳곳에 등장했다. 멜라메드는 5000달러 보증 협약을 "시카고상품거래소 최고의 투자"라고 표현했다.[63]

프리드먼은 시간이 흐르면서 변동 환율이 서서히 변화하리라고 예측했다. 여러 국가 경제 사이의 상대적인 힘 역시 시간이 지나면서 천천히 변화했기 때문이다. 더욱이 투기자가 안정성에 기여할 것이라고 주장했는데, 투기자는 기본 경제 지표가 타당하다고 보증하는 수준으로 가격을 되돌리면서 수익을 올리기 때문이다.

그런데 환율은 오르락내리락 하지 않고 치솟거나 곤두박질쳤다.

경제학자는 이런 변동성을 옹호하며 이런저런 이론을 쥐어짜듯 내놓으면서 실질적이고 명확한 설명을 피했다. 바로 도박판이 벌어지고 있었던 것이다.[64] 1985년 즈음 일일 통화 거래가 최고 1500억 달러에 달했다. 1995년 즈음에는 1조 2000억 달러였으며 2007년 즈음에는 3조 3000억 달러였다.[65] 한 업계가 단박에 존재를 드러냈다. 산업 기업을 위해 움직이는 통화 관리자, 그들 지시를 받는 은행가, 기회를 이용해 이득을 취하는 투기꾼으로 이루어진 부문이었다.*

---

* 변동 환율 지지자는 보험을 이용하면 이 체제의 위험을 상당히 낮출 수 있다고 주장하곤 한다. 하지만 보험은 비싸다. 수잔 스트레인지Susan Strange가 이 문제를 논하며 신랄하게 언급한 말은 유명하다. "아, 그럽시다. 리츠 호텔처럼 부자에게도 빈자에게도 똑같이 엽시다." 스트레인지의 《카지노 자본주의Casino Capitalism》(옥스포드: 바질블랙웰, 1986) 116쪽 참조.

머지않아 패자들이 뭍으로 쓸려 올라왔다. 뉴욕의 중간 규모 대출 기관인 프랭클린내셔널 은행Franklin National Bank이 통화 거래라는 신세계에서 투자자의 돈을 잃고 나서 1974년 파산했다. 역시 1974년 독일 당국이 "저축은 도박이어서는 안 된다"는 사훈을 내건 헤르슈타트 은행Herstatt Bank이 달러의 변동에 도박이나 다름없이 건 5억 마르크를 거의 잃어버리자 문을 닫았다.[66] 하지만 아직 최악의 사태는 일어나지 않았다. 2015년 5월 세계 4대 은행이 장부상으로는 이익을 냈지만 고객에게 피해를 입히는 방식으로 달러-유로 환율을 조작한 데 대해 유죄를 인정했다.[67]

보험과 도박과 노골적인 도둑질, 이 모든 일이 새로운 체제의 대가였다.[68]

이는 케인스는 시장을 믿지 않았지만 성공한 투자자였고 프리드먼은 시장을 진정 사랑했지만 결국 짝사랑이었음을 인상적으로 보여주는 역사적 사례다. 한번은 멜라메드가 프리드먼한테 전화를 한 통 받았다고 한다. 그때 프리드먼은 캐나다 달러를 빼기를 바랐는데 자유당 출신 총리인 피에르 트뤼도Pierre Trudeau의 방탕에 시장이 곧 벌을 내릴 것이라고 확신하기 때문이라는 이유를 들었다. 멜라메드는 프리드먼을 말리느라 애썼다. 캐나다 달러가 오르고 있었기 때문이다. 하지만 프리드먼은 고집불통이었다. 캐나다 달러가 다시 13퍼센트 더 오를 때까지도 그 고집을 꺾지 않았다.[69]

경제학자의 시대

모두 달러를 썼기 때문에

브레턴우즈 체제가 종말을 고하면서 한동안 달러의 교환 가치trade value가 떨어졌다. 이 영향은 지대했다. 일본이 첨단 기술 제조로 전환하면서 '닉슨 쇼크Nixon shokku'에 적응해 나갔다. 조선소가 문을 닫았고 자동차 회사가 더 성능 좋은 차를 생산해 냈다. 한때 똥차의 대명사였던 도요타는 차츰 미국 자동차업계의 부러움을 사게 되었다. 유럽 여러 나라는 국제 통화 체제가 끝나자 유럽 통화 체제를 새롭게 구축하려 박차를 가했고 이윽고 범유럽 통화가 탄생했다.

하지만 미국은 경제 정책에 어떤 대대적인 변화를 꾀하지 않았으며 달러가 곧 반등했다. 달러는 특별한 법적 지위를 잃어버렸음에도 해외 수요가 꺾이지 않았다. 오히려 달러의 우위가 더욱 공고해졌다. 변동 환율이라는 혼돈스러운 신세계와 맞닥뜨리자 여러 나라가 변동성에 대한 완충제로서 달러 보유를 확대했기 때문이다. 경제사학자 배리 아이켄그린Barry Eichengreen이 지적하듯이 영화 속 악당들은 계속 달러로 지불하라고 요구했다. 광범위한 국제 산업계에서도 사정은 별반 다르지 않았다. 이는 네트워크 효과network effect를 냈는데 페이스북과 아주 흡사하다. 모두 달러를 썼기 때문에 모두 달러를 썼다.

석유 카르텔인 OPEC의 일부 회원국은 가능한 다른 대안을 찾아보려 했지만 결국 실패로 끝났다. 서독과 일본은 자국 통화가 국제적으로 사용되는 일에 반대하며 수출 지향적인 경제 체제를 유지하기로 결정했다. 일본은 엄격한 자본 통제를 고수한 반면에 서독은 덜 공식적인 접근 방식을 채택했다. 이란이 1979년에 보유한 달러 가운데 일부를 마르크화로 바꾸고 싶다고 제안했을 때 분데스방크는 공개적으로 거절하며 미국만이 "경제 정책에 어떤 대가도 치르지 않고" 그 역할을 수행할 수 있다고 주장했다.[70]

카터 행정부는 마르크화가 늘 저평가된 통화였다면서 서독을 비난했다. 마이클 블루멘털 재무장관이 한 인터뷰에서 달러가 지나치게 강세를 보인다고 심각하게 말하자 독일 신문 《프랑크푸르터알게마이네차이퉁Frankfurter Allgemeine Zeitung》은 미국이 "세계 경제를 책임질 생각은 하지 않고 이기적이고 위험한 게임"을 벌이고 있다는 논평을 실었다.[71]

시장이 통화 가치를 결정합니다

로널드 레이건이 1981년 대통령에 취임할 때에는 달러의 교환 가치가 1973년과 거의 같았다. 그런데 레이건이 첫 임기를 끝낼 무렵에는 달러의 교환 가치가 50퍼센트나 올랐다.[72]

1981년 감세로 연방 정부 대출이 크게 늘 수밖에 없었고 동시에 연방 정부는 인플레이션을 끌어내리기 위해 통화 공급을 옥죄었다. 이자율이 치솟고 외국 투자자는 달러를 손에 넣으려고 경쟁을 벌였다. 그래야 미국에 돈을 빌려주는 짭짤한 사업에 참여할 수 있었다. 브레턴우즈 체제 시절 미국과 다른 주요 국가들은 세계 자본 이동에 엄격한 제한을 두어 환율 안정성을 유지했다. 하지만 미국은 1974년 그런 제한을 풀고 다른 나라도 미국을 뒤따르도록 권장했다. 레이건 감세의 여파와 연방 정부의 통화주의, 변동 환율과 금융 규제 완화로 달러는 오르고 오르더니 끝내 시야에서 사라졌다.[73]

수입품이 미국으로 쏟아져 들어오며 미국 소비자에게는 횡재를, 미국 내 제조업체에게는 재앙을 안겼다. 코닥은 1979년 미국에서 팔리는 필름의 80퍼센트를 생산했고, 코닥의 가장 강력한 해외 경쟁사인 일본의 후지는 4퍼센트로 간신히 발끝만 디디고 있었다. 하지만 1985년에는 코닥의 미국 내 시장 점유율이 64퍼센트로 내려가고 후지는 11퍼센트로 올라갔다.[74] 달러 가치가 상승하면서 다른 나라에서 미국 상품의 판매도 저조해졌다. 2차 세계대전 이후 수십 년 동안 건설 중장비 차량으로 세계 시장을 제패하던 일리노이주 기업 캐터필러 Caterpillar는 1983년 달러의 상승으로 해외 판매가 반토막 났다고 보고했다. 그들은 2만 명에 달하는 노동자를 해고하고 일부 업무를 해외로 이전했다. 미국 내 광산업과 제조업에서 일자리 100만 개가 레이건이 첫 임기를 보내는 동안 사라졌다.

미국 제조업 고용이 하향세를 보인 지는 오래되었지만 대개는 자동화 때문이지 해외 무역 때문이 아니었다. 1880년대 공장과 농장에서는 미국 노동자의 4분의 3이 일했다. 1980년대에는 이 두 부문에서 미국 노동자의 4분의 1이 일했지만 공장과 농장에서 나오는 산출량은 계속 늘었다. 생산성이 증가하면서 노동자는 다른 일자리를 찾아 떠났다.

하지만 달러 가치의 상승에 가속도가 붙으며 미국의 경제 발전이 뒤틀려 버렸다. 미국에서 공장이 문을 닫고 일자리가 없어졌다. 환율이 더 낮았더라면 살아남을 수 있던 공장과 일자리였다. 한편 아칸소

주 안팎 276개 매장으로 1980년대를 열었던 월마트는 운영하는 매장 수가 4배 이상 늘었지만 각 매장에는 저임금 노동자가 일하고 값싼 수입품으로 채워진 미국 내 최대 소매점으로 성장하며 1980년대를 보냈다. [75]

레이건 행정부는 섬유, 자동차, 철강의 수입에 약간의 제한을 두었다. 2차 세계대전 이후 처음으로 미국의 무역 장벽이 전반적으로 높아지기 시작했다. 하지만 이 장벽은 쉽게 에둘러 갈 수 있었다. 널리 알려진 예를 하나 들어 보자. 관세가 700cc 이상 엔진이 달린 모터사이클에 붙었다면 일본은 오로지 미국 시장을 겨냥해서 699cc 엔진의 모터사이클을 개발했다.

한편 행정부는 한 가지 조치를 취해 경제 변화 속도에 제약을 가하면서 나라가 혼란에 빠지지 않도록 막을 수 있었지만 그렇게 하지 않았다. 다시 말해 달러의 교환 가치를 내리지 않았던 것이다. 이는 경제 이념이 공공 정책에 얼마나 영향을 미치는지 놀라우리만치 분명하게 보여 주는 예였다. 새 재무장관으로 임명된 도널드 리건이 내놓은 약식 보고서에는 이렇게 쓰여 있었다. "어느 통화든 그 가치를 알려 주는 외부 척도는 없다. 오로지 시장만이 그 가치가 얼마인지 알려 줄 뿐이다."[76]

미국은 개입을 혐오했지만 주요 무역 상대국들은 그렇지 않았다. 분데스방크는 1981년부터 1985년 사이 달러를 250억어치 사들였고, 다른 중앙은행들 역시 거의 250억어치를 사들였다. 같은 기간 동안 미국은 마르크와 엔을 고작 7억 5400만어치를 사들였을 뿐이다.[77]

캐터필러 최고 책임자인 리 모건Lee Morgan은 1982년에서 1985년

경제학자의 시대

사이 재무부 관계자를 다섯 번, 레이건 대통령을 두 번이나 만나 달러 상승세를 뒤집어 보려고 행정부에 압력을 가했다. 하지만 이들 만남은 아무런 결실도 맺지 못했다. 한 참석자는 이렇게 회상했다. 베릴 스프링클 재무차관을 비롯해 재무부 관계자는 "'시장이 통화 가치를 결정합니다'라는 말만 되풀이했습니다."[78]

동그스름한 얼굴에 동그란 안경을 끼고 몸집도 통통한 스프링클은 쾌활한 사내였지만 융통성이 눈곱만큼도 없었다. 한 연준 관계자는 스프링클이 싫어한 어떤 정책을 간단히 설명했던 일을 기억했다. "논리는 제 편이었습니다. 제 생각에는 그랬어요. 하지만 흔들리지 않는 신념은 그의 편이었습니다. 우리는 교착 상태에서 전혀 벗어나지 못했지요."[79] 1985년 레이건의 경제자문위원회 위원장으로 임명되었을 때 스프링클은 《뉴욕타임스》와의 인터뷰에서 자신과 입장이 같은 경제학자만 기용할 것이라고 말했다. 견해가 다를 경우 "제가 그들 말을 귀담아듣지 않을 것이기 때문에 제게는 별 도움이 안 됩니다."[80] 스프링클은 달러 상승으로 의회가 압박을 가했을 때 시장이 관료보다 더 똑똑하다고 차분하게 답변했다. "미국이 외환 시장에 달러와 엔, 마르크와 다른 통화의 환율을 얼마로 하라고 지시를 내린다는 것 자체가 제게는 오만의 극치로 여겨집니다."[81]

사적 이익과 공적 구제의 시작

미국이 시장에 보내는 믿음은 다른 여러 나라에게도 축복이자 저주였다. 달러의 상승은 나머지 세계에 3차 석유 파동을 일으켰으니 달러를 사야 석유를 살 수 있었기 때문이다. 피에르 모루아Pierre Mauroy 프랑스 총리는 미국이 세계 통화에 가까운 통화의 발행자로서 "지나친 특권"을 누리며 이를 이용하고 있다고 강하게 불만을 토하면서 1960년대 자신의 전임자가 만들어 낸 말을 되살렸다. 이제 저 미심쩍은 특권은 브레턴우즈 체제가 아니라 시장이 부여하고 있지만 말이다.[82]

달러로 돈을 빌린 외국 기업 역시 톡톡히 대가를 치렀다. 항공사를 경영하는 영국 기업가 프레디 레이커Freddie Laker는 매일 런던과 뉴욕을 오가는 '스카이트레인Skytrain' 노선을 신설하고 "최고의 하늘 길을 잡아라!"나 "나, 프레디야, 나를 날려 줘!" 같은 가벼운 문구로 광고를 했다. 비행기 표는 쌌으며 인기도 많았다. 1978년 엘리자베스 2세 여왕은 레이커에게 기사 작위를 수여했다. 그런데 레이커의 고객들은 대부분 파운드화로 지불한 반면에 레이커는 날아오는 요금 청구서에 달러로 지불했다. 무엇보다 레이커 항공은 3억 5500달러를 대출 받아 비행기를 구입했다. 파운드 대비 달러 가치가 올라가자 레이커 항공은 이 달러 대출금을 갚을 만큼 파운드를 벌어들일 수 없었다. 레이커 경의 항공사는 1982년 2월 파산 신청을 했다.

하지만 타격이 가장 심한 곳은 라틴 아메리카였다. 이 이야기는 브레턴우즈 체제가 끝난 직후인 1973년 10월에 시작한다. 당시 OPEC 회원국들은 미국과 영국을 비롯해 이스라엘과 동맹한 여러 나라에 석유 수출 금지 조치를 내렸다. 석유 가격이 빠르게 치솟으며 사우디아라비아 등 산유국은 뜻밖의 횡재를 했다. 그런데 역설적이게도 산유국들은 이 소득을 미국 은행에 저축했다. 이들 은행은 이 오일달러를 개발도상국에 쏟아부었는데 특히 칠레와 브라질과 멕시코 같은 라틴 아메리카 여러 나라에 투입했다. 이들 나라는 경제 자유화 조치의 일환으로 외국인 투자를 환영했다. 1979년에서 1982년 사이 라틴 아메리카가 외국에 진 빚은 1590억 달러에서 3270억 달러로 2배 이상 늘었다.[83]

시티코프Citicorp의 최고 책임자 월터 리스턴은 정부에 돈을 빌려주는 일이 가장 이상적인 사업이라고 말했다. "기업과 달리 국가는 파산하지 않을 테니까"라며 수익성이 매우 높으면서도 안정성 역시 꽤 높기 때문이라고 그 이유를 들었다.[84] 하지만 달러 가치가 치솟자 멕시코는 1982년 8월에 이자를 낼 수 없다고 선언했다. 다른 라틴 아메리카 나라도 하나둘 그 뒤를 따랐다. 연방 규제 기관이 나서서 이 빚은 훗날 갚을 가능성이 크다는 은행의 판단을 인정하며 시티코프와 몇몇 경쟁 은행을 살려냈다.[85]

이는 너무나도 익숙하게 되풀이되는 어떤 양상의 초기 사례였다. 바로 사적 이익과 공적 구제였다. 한 대출 기관이 《월스트리트저널》에서 이렇게 말했다. "우리 대외 은행들은 돈을 벌려고 나갈 때에는 자유 시장을 따르고 돈을 잃겠다 싶으면 국가에 기댄다."[86]

통화가 제조업을 집어삼키다

1984년 대통령 선거 유세 기간 동안 띠 모양의 광대한 산업 중심지를 일컫는 새로운 표현이 등장했다. 사람들은 이 지역을 '러스트 벨트Rust Belt'라고 불렀다.[87] 1984년은 또 오하이오주 영스타운이 회전목마를 잃은 해이기도 하다. 이 화려한 회전목마는 지난 60년 동안 지역 놀이 공원을 대표하는 명물이었으나 놀이공원이 문을 닫자 경매로 팔려 버렸다. 머지않아 이 회전목마는 뉴욕 강가에 있는 프랑스 유명 건축가 장 누벨Jean Nouvel의 투명 보석 상자 안에서 새로운 안식처를 찾았다.*

레이건은 1984년 재선에서 압승을 거두었지만 미국 제조업의 하향세를 막아야 한다는 정치적 압력이 계속 쌓이고 있었다. 새 재무장관인 제임스 베이커James Baker는 레이건에게 달러 가치를 정치 문제로 다루어야 한다고 설득했다. 그리고 일본의 양해를 구하기 시작했다.

1985년 4월 나카소네 야스히로 총리는 모든 일본인에게 100달러에 상당한 돈을 외국 상품에 쓰라고 요청했다. 나카소네 역시 기자를 여럿 대동하고 나가서 프랑스제 셔츠, 이탈리아제 점퍼와 넥타이, 손자에게 선물할 영국제 다트 판을 사며 280달러를 썼다. 하지만 미국에서 만든 제품은 사지 않았다.[88]

몇 달 뒤 일본은 보다 분명하게 의사 표시를 했다. 뉴욕 플라자 호텔에서 다른 주요 선진국들과 계약을 체결하며 달러의 교환 가치를 내리는 데 합의한 것이다. 레이건은 1986년 연두교서에서 자신의 실수를 거의 인정할 뻔했다. "우리는 우리의 농부와 수출 역군에게 심각한 피해를 입히는 극심한 통화 변동을 다시는 허락해서는 안 됩니다."

일본에서는 플라자 합의Plaza Accord로 인해 제조업이 쇠퇴하는 과

---

* 맨해튼의 브루클린 다리 공원에 있는 '제인의 회전목마'를 말한다.—편집자주

정이 빨라졌다. 일본말로는 쿠도카kudoka 혹은 산업 공동화hollowing out라고 일컬었다. 일본 기업은 제조업을 점차 해외로 옮겼으며 여기에는 미국도 들어 있었다. 혼다Honda는 1982년 오하이오주 메리스빌에 첫 미국 자동차 공장을 세웠고 다른 자동차 회사도 속속 그 뒤를 따랐다.

닉슨이 평가절하했을 때처럼 달러는 약 10년 동안 더 낮은 수준에 머물렀고 이로 인해 미국 제조업도 서서히 회복세로 접어들었다. 캐터필러는 1980년대부터 더 효율적이고 수익성 높은 기업으로 등장했다. 1988년에는 수익이 과거 1981년에 기록한 이전 최고치를 넘어섰다. 캐터필러는 미국인 고용 수를 줄였고 그나마 고용인 대다수가 저임금이었지만 미국 최대 수출업체라는 지위를 되찾았다.

그러나 미국은 곧 대출과 소비라는 편안한 방식으로 되돌아갔고 그런 미국에 훨씬 더 대규모로 자금을 적극 대려는 외국 상대를 찾았다. 이번에는 바로 중국이었다.

차이메리카

1944년 브레턴우즈에서 루스벨트 행정부는 무역 흑자에 한도를 정하라는, 특히 영국의 압력을 거부하는 운명적인 결정을 내렸다. 당시 미국 제조업은 그 기세가 절정에 있었다. 외국인의 미국산 제품 선호가 미국인의 외국산 제품 선호를 조만간 넘어설 가능성이 컸고, 그러면 미국은 외국인 구매자에게 돈을 빌려주어 수요를 충족시킬 수 있었다.

존 메이너드 케인스는 그러한 대출을 제한해야 한다고 주장했다. 그 주장은 이기적이었는데 케인스가 영국과 그 식민지가 시장 점유율을 되찾기를 바랐기 때문이다. 하지만 케인스도 길게 보면 무역이 비교적 균형을 이루는 편이 모두에게 이롭다고 주장했다.

미국의 정책 입안자는 케인스 주장에서 어떤 통찰을 보았다. 미국은 외국산 제품에 자국 시장을 개방하는 동시에 무역 상대국이 미국산 제품에 더 강력한 규제를 유지하도록 허용하면서 무역 균형 대책을 찾았다. 미국은 특히 공산주의의 확산을 막기 위해 어쨌든 굳게 뭉칠 동맹국이 절실했다. 미국 시장을 수입품에 개방하는 조치는 오늘날 기준으로 보면 거의 상상도 할 수 없을 만큼 폭넓은 정치적 지지를 받아서 기업과 농부는 물론이고 일부 노동조합까지 가세했다. 헨리 포드 2세Henry Ford Ⅱ는 미국의 수입 자동차 관세 폐지를 적극 찬성했다.[89] 대외 경쟁이 야기하는 위협에 우려를 표명하는 이들이 있었지만 정책을 입안한 엘리트층은 이들에게 인내심을 거의 보여 주지 않았다. 케네디 행정부의 국무부 경제 담당 차관인 조지 볼George Ball은 함께 회의에 간 미국 섬유업계 경영진이 영국 양복에 영국 셔츠를 입고 프랑스 넥타이와 홍콩 수제 구두를 신었다고 말하며 즐거워했다.[90] 하지만 미국은 무역 불균형을 조정하는 어떤 영구적인 규제 조치도 취하지 못하도록 막았다. 다른 나라들은 달러를 빌려 미국 제품을 사고 싶어 했지만 미국은 너무 기쁜 나머지 그 요구에 부응하지 못했다.

50년 뒤 미국은 돈을 빌려 외국 제품을 사는 나라가 되었고, 무역 상대국인 중국과 독일을 유독 설득시킬 수 없음을 깨달았다. 결국

경제학자의 시대

모두 무역 불균형에 대한 압박 때문에 이익을 볼 터였다.

중국은 1990년대 중반 자국 통화를 달러와 연동시켜서 사실상 단독으로 브레턴우즈 협정에 서명한 셈이 되었다. 애초에 중국은 인플레이션을 억제하고 당시 다른 아시아 국가가 골머리를 앓고 있던 환율 변동성을 피해 볼 요량이었다. 그런데 중국 경제가 미국 경제를 능가하며 성장해 나가자 중국 정부의 환율 유지 결정으로 수출품에 대한 보조금이 점점 막대하게 쌓여 갔다.

중국은 서독과 일본, 한국, 대만을 비롯한 몇몇 이웃 국가들이 성공적으로 구사한 전략을 따라 했다.

중국은 환율을 유지하기 위해 미국으로 판매해서 벌어들인 돈의 상당량을 미국 재무부 증권이나 다른 달러 표시 채권에 투자하는 형태로 다시 미국에 돌려주었다. 이 저축 정책은 경제 성장에 따른 편익을 미루고 보다 장기적인 번영을 추구하여 당장의 소비를 포기하는 효과를 낳았다.

미국에 미친 영향은 2000년까지 미미하다가 그해 클린턴 행정부와 의회가 중국과의 무역 관계를 정상화했다. 미국의 중국 투자가 가파르게 상승했고 중국에서 들여오는 수입 역시 마찬가지였다.[91] 다른 여러 아시아 국가도 수익성 높은 미국 시장에서 점유율을 유지하려고 애썼다. 이들 국가의 대응책은 달러 대비 자국 통화를 억누르는 것이었다. 외국인이 보유한 연방 정부 부채가 2000년에는 1조 달러였지만 2008년에는 2조 5000억 달러로 크게 늘었다.[92]

미국 정부는 미국인의 소비에 자금을 대려는 다른 나라들의 흔쾌한 마음을 다시 한 번 받아들였다. 그리고 미국은 다시 한 번 제조업을 희생양으로 삼았다. 중국과 다른 나라들이 행한 통화 개입으로, 즉 미국의 차입으로 미국은 500만 개의 일자리가 사라지는 비용을 치렀다.[93]

그뿐 아니라 이 같은 압력은 미국의 경제 성장을 변형하고 왜곡했다. 2011년 연구에 따르면 1990년에서 2008년 사이 미국의 순고용에서 보인 증가분인 약 2730만 개 일자리는 대외 경쟁에서 보호 받는 부문에서 생겨났다. 그것은 특히 의료와 소매 부문에 집중해 있었다. 브레턴우즈 협정은 오하이오주 셀리나와 직접적인 연관이 있다. 셀리나에는 월마트 대형 할인점이 있고 이 대형 할인점에서 엎어지면 코 닿을 거리에 더 커다란 건물이 있는데, 이 건물에서는 한때 미국인 1000명이 매년 허피Huffy 자전거를 200만 대 조립했다. 그런데 허피가 1998년 이 공정 전체를 중국으로 옮겼다. 가격 인하를 요구하는 월마트 측 요구에 맞추기 위해서였다. 자전거는 값이 더 싸졌다. 하지만 좋은 일자리는 사라져 버렸다.[94]

승자는 절대 보상하지 않는다

"세계 최대 강국이 세계 최대 채무국이라는 사실에는 분명 이상한 점이 있습니다." 2004년 래리 서머스가 못마땅한 듯 헛기침을 했다. 연방 정부 부채 특히 중국에서 빌린 차입에 대한 경고가 미국의 경제 정책을 논의할 때마다 빠지지 않고 배경음처럼 등장했다. 하지만 나머지 세계가 개입하려는 조짐은 어디에서도 보이지 않았다. 미국의 차입에 한계를 지우는 유일한 구속력은 미국인의 식욕인 듯했다.

밀턴 프리드먼은 1967년에 중국과 같은 무역 상대국은 미국에 이롭다고 주장했다. "중국은 이렇게 말하고 있습니다. '자, 우리 상품을 일부 싸게라도 가져가겠다면 그렇게 해 주겠다' 그러니 바보같이 굴지 말고 가져오면 됩니다." 또 변동 환율은 지속적인 환율 개입을 막을 수 있다고 강조했다. "해외 수입이 크게 늘까 봐 두렵습니까? 그럴 필요 없습니다." 무역 상대국이 누구든 벌어 간 돈을 쓰기 때문에 환율이 조정되리라는 것이었다. 통화 개입이라는 두려움은 "아이들을 겁주려고 지어낸" 악몽이라고 프리드먼은 덧붙였다.[95]

하지만 프리드먼은 틀렸고 여러 결과를 낳았다. 영국 중부에서 미국 중서부로 옮겨 간 세계 제조업의 중심지가 다시 중국 남동부로 옮겨 갔다. 무역으로 중국인 수억 명이 비참한 가난에서 벗어났고 미국 역시 경제 규모가 커졌다. 문제는 분배에 있었다. 미국의 정책 입안자들이 일자리 감소로 인한 집중된 고통을 싼 가격이라는 희석된 혜택과 맞바꾸면서 대다수 미국인이 결과적으로는 이득을 보았다. 하지만 상당수의 소수자들이 낙오했다.[96]

한 연구가 계산한 바에 따르면 중국과의 무역이 증가한 결과로 실직한 미국인의 약 3분의 2는 보수가 같거나 더 나은 일자리를 새로 찾았다. 하지만 이들 노동자 가운데 3분의 1은 그렇지 못했고 평균을 따져 보면 소득에서 30퍼센트가 줄어들었다.[97]

조지 카니George Carney는 일리노이주 서부에 위치한 한 냉장고 공장에서 지게차를 운전했는데 이 공장이 2004년에 문을 닫았다. 10년 뒤인 2015년에 다시 만났을 때 카니는 연방 장애 수당에 기대어 살아

가고 있어서 미시시피강 기슭의 창문 없는 술집에 앉아 맥주 한 잔도 아껴 가며 마셔야 했다. 카니는 무역으로 미국 경제가 활기를 띠었다는 점은 충분히 인정한다고 말했다. 하지만 무역은 기본적으로 일종의 토지 수용권으로, 나라가 공익을 위한다는 명분으로 일자리를 앗아간 것이었다. 이는 카니에게 불공정하게 여겨졌다. 카니는 내게 이렇게 말했다. "누군가를 해고하고 누군가의 생계를 짓밟아서 다른 사람이 돈을 더 벌어들이도록 했다니 믿기지 않습니다."[98]

폴 볼커는 2018년에 출간한 회고록에서 이렇게 썼다. "우리는 우리 시민 상당수가 시장 개방과 급속한 혁신에 따른 비용을 짊어져야 한다는 점을 인식하지 못했다."[99] 하지만 실상은 더 가혹했다. 여러 경제학자가 그 비용을 추산했는데, 특히 1941년 공동 저자로 쓴 논문에서 폴 새뮤얼슨은 선진국과 개발도상국 사이에 이루어지는 무역은 선진국 노동 계층의 임금을 깎을 수 있음을 밝혔다. 몇몇 경제학자는 칼도어 힉스 관점을 들어 비용 편익 분석처럼 무역도 정부가 낙오자에게 보상할 수 있기 때문에 정당화된다고 주장했다. 다른 경제학자는 아예 한 발 더 나아가 정부가 낙오자에게 보상해야 한다고 제안하기까지 했다. 하지만 미국이 대외 무역 증진에 애쓴 지 75년이 지났지만 현실을 살펴보면 정부는 낙오자에게 보상하는 데 거의 아무런 노력도 기울이지 않았다. 경제학자 조지프 스티글리츠Joseph Stiglitz는 이 실패를 강경한 어조로 비판하며 내게 말했다. "말로야 늘 승자가 패자에게 보상할 수 있다고 하지만 승자는 절대 그렇게 하지 않습니다."[100]

경제학자의 시대

"당신의 문제는 상식이 부족하다는 겁니다"

서유럽 여러 나라들은 국제 무역이 늘어나면 군사 충돌이 줄어들 것이라는 생각을 특히 반색하며 당연한 듯 받아들였다. 1951년 프랑스, 이탈리아, 서독과 더 작은 베네룩스 3국이 모여 유럽석탄철강공동체 European Coal and Steel Community를 탄생시켰는데 이는 경제 통합을 향한 첫걸음이었다. 로베르 쉬망Robert Schman 프랑스 외무장관은 이렇게 말했다. "생산에서 연대를 공고히 다짐에 따라 분명 프랑스와 독일 사이에는 어떤 전쟁도 상상할 수 없을 뿐 아니라 실질적으로도 불가능하게 되었다." 쉬망은 프랑스와 독일이 맞닿아 있는 국경 지역에서 태어났다. 이 지역은 유럽의 석탄과 철강 산업의 심장부인 동시에 유럽 대륙에서 전쟁이 심심치 않게 벌어지는 싸움터이기도 했다.[101]

1950년대 중반 이들 나라가 보다 폭넓은 협상을 맺었을 때 영국 경제학자인 제임스 미드James Meads는 자주 토론 대상이 되는 논문을 발표했다. 이 논문에서 미드는 브레턴우즈 협정이 유럽 통합을 지연시킨다고 주장했는데 이는 프리드먼이 내세운 견해와 꽤 비슷했다. 브레턴우즈 협정 때문에 각 나라는 필요한 환율 조정을 할 수 없었다는 것이다. 이는 금본위제와 똑같은 구속을 가했다. 독일 노동자의 생산성이 프랑스 노동자의 생산성을 빠르게 앞지를 경우 프랑스는 간단히 환율을 조정하지 못하고 경제 전반에 걸쳐 임금과 가격을 내릴 수밖에 없다. 프리드먼처럼 미드 역시 유럽 여러 나라는 시장이 환율을 정하게 해야 한다고 주장했다.[102]

로버트 먼델은 당시 런던정경대학에서 미드 밑에서 공부하고 있을 때 그의 주장이 그릇되었다는 점을 깨달았다. "제가 보기에는 경제를 통합하려 애쓰는 나라들이 자국 통화 체계를 붕괴시키는 쪽으로 나아가야 한다는 이 생각이 매우 이상하게 다가왔습니다."[103] 1961년 논문에서 먼델은 미드의 주장이 어떤 논리적 결론에 다다르는지 따지면서 미드를 공격했다. 미드는 경제 환경이 다른 두 나라 사이에 경제 관계를 증진하는 최선책이 변동 환율이라고 주장했다. 이에 대해 먼델은 똑같은 논리가 나라 안에도 분명히 적용된다고 지적했다. 미드가 옳다면 미국은 북동부나 중서부의 공업 지역에 쓰이는 통화를 새로 발행하고 남부 농업 지역에 쓰이는 통화를 다시 별도로 발행한 다음 시장이 환율을 정하도록 하면 이익을 얻는다. 나아가 먼델은 미국 북서부와 캐나다 서부처럼 나라는 다르지만 경제적으로 통합된 일부 지역은 단일 통화를 쓰면 이익을 얻는다고 피력했다. 먼델의 의견은 변동 환율에 반대하는 주장이었지 미국 통화의 복수 발행이나 다국간 통화에 찬성하는 주장이 아니었다. 먼델은 이렇게 썼다. "다른 어떤 협정을 위해 국가 통화를 포기할 가능성은 정치적 영역에서는 희박해 보인다." 하지만 이 지구상에는 정치계와 경제계 모두 다국간 통화 실험을 지지할 곳이 한 군데 있으며 그곳이 바로 서유럽이라고 덧붙였다.[104]

먼델도 미드도 당시에는 정책 입안자들에게 깊은 인상을 남기지 못했다. 유럽은 여전히 브레턴우즈 체제에 충실했다. 하지만 논쟁은 꺼지지 않고 계속 연기를 피워 냈고, 아니나 다를까 시카고 대학이 이 불씨를 끊임없이 살려 내고 있었다. 국제경제학 분야에서 세계적으로 가장 저명한 전문가가 된 먼델이 1966년 시카고 대학 교수진이 되어 프리드먼과 같은 강단에 섰다. 한 학생의 기억에 따르면 두 교수는 뚜렷한 대조를 이루었다. 프리드먼은 대충 걸쳐 입은 차림새였지만 강의만큼은 대단한 열정으로 임했으며 논문을 한 장 한 장 넘겨 가며 토론했다. 먼델은 유럽의 최신 유행으로 차려 입고 즉흥 연주자처럼 강의했으며, 질문을 많이 받았지만 답변은 거의 하지 않았다. 또 다른 먼델의 제자는 "분위기는 논문 주제로 한껏 무르익었다"라고 말했다. 이따금 두 교수가 직접 맞붙기도 했다. 프리드먼은 국제경제학은 단순하다며 자유 무역과 변동 환율과 뒷짐 지고 물러나 있기가 전부라고 주장했다. 먼델은 변동 환율에 보다 회의적인 태도를 취하면서 경멸감을 숨기지 않았다. 한번은 논쟁을 벌이면서 이렇게 말했다. "프리드먼, 당신한테 문제는 상식이 부족하다는 겁니다."[105]

단일 통화를 향하여

1960년대 말 유럽은 브레턴우즈 체제로 더 이상 안정을 유지할 수 없었다. 1969년 8월 프랑스는 10년 만에 처음으로 프랑을 평가절하했고, 몇 달 뒤 독일이 마르크의 가치를 올렸다. 먼델은 멀리서 상황을 지켜보다가 자신의 이론이 점점 승기를 잡아 가고 있다고 여기고 새로운 통화인 '유로파Europa'의 탄생을 주창했다.

먼델의 감세 옹호론처럼 이 제안 역시 다른 경제학자들은 대체로 무시했다. 동료들은 이론가로서는 먼델이 명석하다고 여겼지만 먼델의 모델이 실제로 어떤 결과를 낳을지 먼델보다 자신들이 더 잘 이해하고 있다고 확신했다. 그들이 보기에 먼델은 1961년에 발표한 논문에서 경제적으로 통합된 지역은 단일 통화로 이익을 볼 수 있는 논거를 제시했다. 하지만 도대체 어느 누가 프랑과 마르크를 경제적으로 통합하라고 주장할 수 있단 말인가?

먼델은 단일 통화 탄생이 통합을 앞당긴다고 응수했다. 그는 특히 미국 경제학자가 정치적 이득을 지나치게 무시한다고 생각했다. 훗날 이렇게 술회했다. "1930년대 유럽이 민주적인 방식으로 공동 통화를 도입했다면 2차 세계대전은 일어나지 않았을 겁니다."[106] 무엇보다 여기서 먼델이 캐나다인이라는 점을 간과해서는 안 된다. 먼델은 유럽이 강대해지면 통화나 다른 여러 부문에서 종속적인 위치가 아니라 대등한 관계로 미국과 맞설 수 있기 때문에 모두가 이득을 본다고 주장했다.

먼델은 1969년 현대 경제학의 메마른 수학과는 전혀 다른 언어로 유로파를 제안하며 연설을 끝맺었다. 그는 "유럽이 기지개를 켤 때가 왔습니다"라고 선언했다.[107]

하지만 유럽인은 브레턴우즈 체제를 유지하려 고군분투했다. 이 협상에서 미국 측 교섭 대표인 볼커의 말에 따르면 벨기에 중앙은행 부총재가 삿대질을 하며 이렇게 경고했다. "변동 환율에 대한 이 모든 말 때문에 브레턴우즈 체제가 무너지면 그 피는 당신네 미국인이 고스란히 뒤집어쓸 거요!"[108] 하지만 1971년 닉슨 연설이 있은 뒤 유럽은 독자적인 길을 모색했다. 닉슨이 같은 해 12월에 발표한 스미소니언 협정으로 여러 통화는 명시된 환율에서 무려 9퍼센트나 벗어났다. 프랑스, 서독, 영국을 비롯해 주요 유럽 국가들은 자국 통화들 사이에서 변동 폭을 4.5퍼센트로 묶는 데 합의했다.

이 첫 번째 시도는 실패로 끝났다. 사람들은 이 합의를 '스네이크 체제the snake in the tunnel'라고 불렀다. 꿈틀거릴 여지는 남겨 주었지만 1970년대 중반 경제 변동을 겪으며 뱀은 곧 터널 밖으로 나오기 시작했기 때문이다. 영국이 두 달도 채 안 되어 빠져나왔고, 이탈리아는 연말까지 버텨 내지 못했고, 프랑스는 발을 뺐다가 집어넣었다가 다시 뺐다.

하지만 유럽은 노력을 멈추지 않았다. 유럽 통합을 향한 정치적 요구가 거세지면서 1979년 프랑스와 서독의 주도로 주요 유럽 국가들은 새로운 협정을 맺어 유럽통화제도European Monetary System, EMS를 발족시켰다. 이는 좀 더 오래 갔는데 프랑스가 기꺼이 고통을 감수했기 때문이다. 사회주의자 프랑수아 미테랑은 1981년 대통령에 당선되자 "자본주의와 결별하겠다"고 약속하고 나더니 프랑스는 케인스주의와 마지막 춤을 추기 시작했다. 영어권 나라들에서 공공 지출을 삭감하고 이자율을 인상했을 때 프랑스는 지출을 늘려 번영을 부활시키려 했다. 영어권 나라들이 규제 완화를 실시할 때 미테랑은 주요 기업을 국유화하고 최저 임금을 10퍼센트 올리고 주당 근무 시간을 1시간 줄였다.

하지만 1983년 인플레이션이 심해지고 프랑스가 유럽통화제도에 참여해야 한다고 압박하자 미테랑은 고문들과 엘리제궁에 열흘 동안 칩거했다. 이들 가운데 한 명인 자크 들로르Jacques Delors 재무장관의 말을 빌리면 "현대화한 소수"가 미테랑이 시장을 믿도록 설득했다. 미테랑은 '긴축 전환'이라고 알려진 내용을 발표했다. 기업을 다시 민영화하고 공공 지출을 삭감하고 임금 상승률을 둔화시키면서 프랑스는 인플레이션을 잡는 데 집중했다. 실업률이 10퍼센트까지 올랐지만 프랑스는 유럽통화제도에 남았다. 정치학자 르네 레몽René Rémond은 이렇게 말했다. "사회주의자가 사기업의 중요성, 이윤 동기 등등 과거에는 미심쩍어하던 이념으로 전향했습니다. 사회주의 이념이 현대화 이념으로 바뀐 일은 거대한 변화였습니다."[109]

유럽 단일 통화의 탄생

1982년 이탈리아 경제학자이자 유럽연합집행위원회 경제 부문 이사인 토마소 파도아 스키오파Tommaso Padoa Schioppa가 범유럽 통화 발행 문제를 되살리는 논문을 발표했다. 그는 민족주의의 부활에 괴로워하며 좌절감에 휩싸여 글을 썼다. 그 세대의 학식 있고 부유한 유럽인이 그랬듯이 파도아 스키오파도 유럽 시민으로 자랐다. 4개 국어를 유창하게 구사했으며 영어가 가장 간결하고 정확하다는 이유로 영어로 연구하는 것을 선호했고 서독과 벨기에에서 거주했다.[110]

　파도아 스키오파는 유럽통화제도가 브레턴우즈 체제처럼 대체로 똑같은 이유 때문에 자체 결함이 있다고 썼다. 주요 참가국 사이의 경제 관계에 변화가 생겼을 때 이를 이겨 낼 만큼 유연하지 않으며 국내 정책에 변화를 밀어붙일 만큼 확고하지도 않다는 것이었다. 게다가 유럽통화제도에 압력이 높아지기 시작했는데, 그 이유는 유럽통화제도 회원국이 자본 통제를 없애고 투자의 자유로운 이동을 허용했기 때문이다. 유럽 국가들 사이 통화 이동은 통합의 주요 경제 이익 가운데 하나였지만 이 때문에 고정 환율을 유지하기가 어려워졌다. 결국 가능한 선택은 변동 환율을 실시하거나 단일 통화를 채택하거나 두 가지뿐이었다.[111]

프랑스는 서독이 단일 통화의 전제 조건으로 나머지 유럽 국가의 경제 건전성에 책임을 지기를 바랐다. 미국이 50개 주 전역에 단일한 재정 정책을 실시하여 부유한 지역에서 가난한 지역으로 돈을 이전시킨 것처럼 말이다. 서독은 나머지 유럽 국가들이 서독의 검약과 효율을 따르기를 바랐다. 1990년대 초 두 나라는 협정에 임할 채비를 마쳤다. 프랑스는 금융 시장에서 더 크게 존중 받을 통화를 원했다. 미테랑은 줄리아노 아마토Giuliano Amato 이탈리아 총리에게 이렇게 말했다. "진정한 부를 상징하지도 않으면서 변덕스럽기까지 한 자본에 휘둘리며 사는 일에도, 실질적인 상품을 세상에 새롭게 태어나게 하려고 분투하며 사는 일에도 진력이 납니다. 정말 참기 힘들 정도로 부도덕한 일입니다."[112] 서독은 수출로 생계를 유지할 수 있는 자신들의 역량을 지킬 통화 협정을 원했을 뿐 아니라 독일 통일이라는 과업에 유럽의 정치적 지지가 필요했다.

협정은 1992년 2월 7일 네덜란드 도시 마스트리흐트에서 체결되었다.[113] 주최국인 네덜란드 총리 루드 루베르스Ruud Lubbers는 자신의 나라를 '네덜란드 주식회사'로 부르는 일이 몸에 밴 경제학자로, '큰 시장 작은 정부'라는 구호 아래 규제를 대폭 완화하고 국유 기업을 민영화하고 정부 지출을 삭감했다.[114] 하지만 루베르스와 하객들은 시장을 향한 애정을 변동 환율로까지 넓히지는 못했다. 관현악단이 모차

르트를 연주하는 동안 루베르스는 샴페인 잔을 들고 룰렛 바퀴가 돌아가는 동안 카지노 딜러가 주문처럼 외는 말을 외쳤다. "주사위는 던져졌습니다. 돈을 걸 기회는 이제 없습니다."[115]

이 말은 '물은 이미 엎질러졌다' 쯤으로 옮길 수 있지만 유럽은 아직 회의론자들을 설득하지 못했다. 먼델의 동료 한 명이 이 계획은 빛을 보지 못한다며 와인 한 병을 내기로 걸었다. 하지만 먼델이 그 내기에서 이겼다. 회의론자는 긴급한 정치적 요청을 계속 과소평가했다. 폴 드 그라위Paul De Grauwe 런던정경대학 유럽 정치경제학 교수는 이렇게 말했다. "유럽연합집행위원회는 여러 경제학자를 초청하여 그 의견을 들었습니다. 그런데 진화 과정을 겪는 듯했습니다. 저도 초청 받았지요. 하지만 제가 의구심을 표하자 더 이상 저를 초청하지 않습니다. 결국 열혈 지지자들만 남았지요."[116] 참가국들 심지어 독일조차 재정적 요건을 얼버무려서 유로화는 예정대로 세상에 첫선을 보였다.* 1999년 1월 1일 11개 참가국은 새로운 유로를 기준으로 고정 환율을 실시했다.

먼델은 그해 말 노벨상을 받았다. 노벨위원회는 먼델이 유로의 찬성자와 반대자가 모두 사용하는 모델을 제공했기 때문이라고 선정 이유를 밝혔다. 하지만 이 상은 새로운 유형의 통화 탄생에 씌우는 승리의 월계관으로 널리 해석되었다.[117] 먼델은 스톡홀름에서 청중을 앞에 두고 프랭크 시나트라Frank Sinatra의 〈마이 웨이〉를 불렀다. 3년 뒤 유럽은 지폐 60억 유로와 동전 400억 유로를 유통시켰다. 벨기에 재무장관이 기자들과 함께 현금 자동 입출금기로 가서 150유로를 인출한 다음 이렇게 말했다. "벨기에 맥주부터 한 병 사서 마시겠습니다."[118]

잃어버린 10년을 겪었지만

유로는 가장 중요한 측면에서 보면 독일 통화나 마찬가지다. 유럽중앙
은행은 본부가 프랑크푸르트에 있고 인플레이션을 낮게 유지해야 한
다는 지시에 따라 운영되고 있다. 게다가 유로 탄생을 결정한 협정에
서 독일은 새로운 유로 동반자들의 경제 건전성에 일부 책임을 지겠다
고 약속했다. 나머지 유럽 국가들은 독일이 고른 곡에 맞춰 독일과 춤
을 추게 되었다.[119]

처음에는 꽤 괜찮은 일인 듯 보였다. 공동 통화를 쓰면서 실제로
무역이 늘었다. 한 기발한 연구에 따르면 과거 프랑스 식민지였던 아
프리카의 여러 나라가 유로를 채택하면서 유로존 국가와 무역이 76퍼
센트나 늘어나 즐거운 비명을 질렀다.[120] 유럽 여러 나라는 독일과 거
의 똑같은 이자율로 돈을 빌릴 수 있다는 점을 알아차렸다. 이 역시
처음에는 꽤 괜찮은 일처럼 보였다. 그들은 막대한 돈을 빌려 상당한
돈을 독일 상품을 구매하는 데 썼다. 번영의 물결이 유로존 전역에서
넘실거렸고 특히 덜 풍족하던 주변부에서 그랬다. 불평등이 줄어들었
던 것이다.[121]

하지만 덫이 있었다. 유럽중앙은행 이사진이 된 파도아 스키오
파는 유로가 "국적 없는 통화"라고 처음 표현한 인물 가운데 하나였
다. 유럽에서 번영을 누리는 국가가 불가피한 경기 하락에 따른 고통
을 누그러뜨릴 수 있는 장치가 여전히 없었다. 미시시피주에서 경제가
흔들리면 연준은 이자율을 내려 성장을 되살리지 않는다. 텍사스주
에 인플레이션을 일으키기 때문이다. 대신에 연방 정부가 미시시피주

에서 지출을 더 늘린다. 하지만 유럽에서는 미시시피주 같은 그리스나 스페인을 구제하기 위해 유일하게 의지할 수단이 노동자를 혹사시키는 것이었다. 유럽 상황을 자세히 살핀 한 경제학자는 이렇게 전했다. "일이 잘 풀릴 때 고정 환율 체제는 새처럼 지저귄다. 하지만 일이 잘 풀리지 않을 때에는 코끼리처럼 똥을 싸댄다."[122]

2008년 금융 위기를 겪은 뒤 유럽의 주변부 국가들은 그 교훈의 무게를 느끼기 시작했다. 그들은 미국처럼 돈을 대출 받아 소비하면서 분수에 넘치는 삶을 살았다. 그런데 미국과 달리 돈을 더 대출 받거나 국가 통화의 가치를 내려 성장을 북돋울 수 없었다. 유럽중앙은행은 낮은 이자율로 약간 지원을 했지만 그 정책은 유럽 전체를 대상으로 미세하게 조정되었다. 이는 경기 부양책이 스페인이나 그리스에게는 턱없이 부족함을 가리켰다. 경제가 더 탄탄한 독일과 다른 국가들은 정부 지출이나 부채 탕감의 형태로 도움을 달라는 요청에 난색을 표했다. 독일과 몇몇 더 작은 이웃 나라를 제외하고 유로존 전역에 걸쳐 실업률이 뛰고 불평등이 깊어졌다. 유럽 대부분이 잃어버린 10년을 겪었다.

그런데 유로는 견뎌 냈을 뿐 아니라 고통이 가장 극심했던 나라에서도 여전히 인기가 높았다. 핀란드는 2017년 1인당 경제 산출량이 인플레이션을 감안해도 10년 전보다 5퍼센트 떨어졌다. 하지만 핀란드인은 20년 전 독일에 묶이지 않았을 때보다 더 부유해졌다. 핀란드 지도자들은 통화 동맹에 장점이 있다는 확신을 거두지 않았다. 알렉산데르 스투브Alexander Stubb 핀란드 재무장관은 2015년 이렇게 말했다. "평가절하는 운동 경기에서 금지 약물을 복용하는 일과 약간 비숫합니다. 짧은 기간 내에 기록을 경신할 수 있지만 멀리 보면 전혀 이롭지 못합니다. 다른 나라들과 마찬가지로 우리에게는 구조 개혁과 구조 조정이 필요합니다. 경쟁력을 향상해야 합니다. 물론 행운도 약간 따라야 하겠지만요."[123]

9장

메이드 인 칠레 vs 메이드 인 타이완

2년 전 한 동료 경제학자가 지인들 가운데 자신과 나만이 개발도상국의 개발에 참여하지 않은 경제학자라고 말했다. 그런데 그가 지난해 내내 개발도상국의 개발에 참여했던 터라 나는 지금 몹시 소외감을 느낀다.

— 찰스 히치Charles Hitch, "경제학의 활용The Uses of Economics"(1960)[1]

1942년 미국은 알비온 패터슨Albion Patterson이라는 프린스턴 대학 졸업생을 신세계의 나머지 지역에 번영의 비결을 가르치려는 노력의 일환으로 파라과이에 파견했다.[2] 패터슨이 맡은 임무는 남아메리카 국가에서 농부들이 더 많은 식량을 생산하도록 돕는 일이었지만 현 농업 상황에 대한 아주 기초적인 정보가 부족해서 난관에 부딪혔다. 패터슨은 자료를 모으려면 경제학자의 도움이 필요하다고 미국에 편지를 보냈다. 하지만 아무런 답신도 받지 못했다. 몇 년 뒤 패터슨은 건조한 어조로 술회했다. "그때까지 워싱턴은 아직 경제학을 알지 못했습니다."[3] 그다음에 그는 지역 대학에 갔지만 그곳 경제학자는 경제 개발에 대해 패터슨과 관점이 달랐다. 라틴 아메리카 경제학자는 대다수가 이전 세기 미국이 그랬던 것처럼 산업화로 번영을 이루고 싶어했다. 이와 달리 미국은 남아메리카가 식량과 원자재 수출에 중점을 두고 미국 공장에서 생산한 제품을 수입해 주기를 바랐다. 미국의 정책 입안자가 부리는 탐욕이 국가 주도 산업화는 공산주의로 이어진다는 신념과 뒤엉켜 버렸다. 패터슨은 파라과이 경제학자들이 "좌경화"했다고 여겼다.[4]

1953년에 승진하여 칠레로 갔을 때 패터슨은 칠레 경제를 재구축하는 첫 단계로 우선 지역 경제학자부터 개조하겠다고 결심하고는 미국 대사에게 말했다. "우리가 해야 할 일은 사람들 대오부터 바꾸는 것입니다. 교육에도 변화를 꾀해야 하고요. 교육이 정말 엉망입니다."[5] 뜻밖에도 몇 달 뒤 시카고 대학의 경제학과 학과장인 시어도어 W. 슐츠Theodore W. Schultz가 패터슨의 사무실로 찾아왔다. 슐츠는 연방 위원회 위원장 자격으로 칠레를 방문하고 있었고, 방문 목적은 라틴 아메리카 개발을 촉진하는 최상의 방안을 조사하기 위해서였다. 하지만 슐츠가 임명되었다는 사실만으로도 결론을 예상할 수 있었다. 아마도 슐츠는 교육이 번영에 이르는 정도正道라는 이론으로는 지구상 어느 누구에게도 뒤지지 않는 지지자였을 것이다. 교육 덕분에 슐츠는 다코타주의 척박한 농장에서 벗어날 수 있었고 따라서 나머지 세계도 그렇게 할 수 있다고 확신했다. 슐츠는 이렇게 썼다. "개발도상국에는 제철소나 다른 대규모 공장을 덜 짓고 사람에 대한 투자를 더 해야 한다. 우리가 우리 자신에게 투자했듯이."[6] 슐츠는 훗날 이 이론으로 노벨상을 받았고 당시 나머지 미국 대표단에 깊은 인상을 남겼다. 코네티컷주 전 상원 의원인 윌리엄 벤턴William Benton은 미국으로 돌아오자마자 "인류 복지에 기여하는 길로 라틴 아메리카 대학을 필요에 부응하여 발전시키는 방안에 필적할 만한 것은 없다"라고 썼다.[7]

패터슨 역시 열의에 가득 차서 칠레 대학을 방문하여 시카고 대학 경제학과와 협력을 강화하자고 제안하며 미국 정부의 자금 지원도 약속했다. 패터슨은 자신이 시카고 대학을 선택한 까닭이 단지 슐츠 때문만은 아니라고 말했다. 자신이 보기에 시카고 대학 경제학과 교수 진은 미국에서 "자유 시장을 가장 신봉하는 집단"이었기 때문이다. 루이스 에스코바르 세르다Luis Escobar Cerda 칠레 대학 경제학과 학과장은 바로 그 이유 때문에 이 제안을 거절했다. 세르다는 나중에 시카고 대학의 제안을 "소련의 파트리스 루뭄바 대학으로 학생 전부를 보내는 제안"과 다름없다고 비유했다.[8] 세르다는 시장 경제에 대한 신념과 국가 계획 경제에 대한 신념 사이에서 중도를 모색하면서 뉴욕의 콜롬비아 대학 경제학 교수 한 명을 임용하여 교육 과정을 체계화했다.

패터슨은 굴하지 않고 이어 산티아고의 카톨리카 대학 문을 두드렸다. 보수적인 특권층 자녀의 기호에 맞춘 다소 덜 엄격한 교육 기관이었다. 이 학교를 운영하는 주교는 패터슨에게 농업 교육을 위한 자금 지원을 기꺼이 환영한다고 말했다.

패터슨이 대답했다. "이제 농업은 잊읍시다. 함께 협력하여 경제학을 연구해 나갑시다."[9]

유치산업 보호와 사다리 걷어차기

신세계에서 스페인이 통치한 식민지 가운데 칠레는 가장 멀리 떨어져 있다. 길고 좁은 띠처럼 생긴 땅은 안데스산맥과 태평양 사이에 끼어 있고 북쪽 끝은 지구상에서 가장 건조한 지역인 아타카마 사막에 가로막혀 있다. 주민도 방문객도 칠레를 섬이라고 말했다. 스페인어의 칠레 사투리는 여전히 외부인이 이해하기 어렵다.

초기 정착민은 금을 조금 찾아냈고 그런 다음에는 가축을 기르고 밀을 키웠다. 경작이 가능한 땅은 거대한 사유지로 나뉘어 소수의 손에 들어갔고 이 사유지는 소작농이 일구었다. 1830년대 칠레를 방문한 찰스 다윈Charles Darwin은 "봉건제 같은" 체제 때문에 칠레 국민 대다수가 극심한 가난을 겪고 있다고 말했다.

이후 수십 년 동안 칠레는 발밑에 놓인 땅을 수출하면서 번영에 이르는 수단을 찾았는데, 처음에는 질산염을 그다음에는 구리를 캤다.[10] 하지만 미국이 산업화하고 번창하자 칠레는 침체에 빠졌다. 1913년에 칠레의 1인당 소득은 미국의 1인당 소득의 50퍼센트였는데 1975년에 이 수치는 27퍼센트로 내려갔다.[11]

2차 세계대전 후 칠레 인구가 급증하고 이에 따라 투표권이 확대되자 정치 지도자들은 경제 성장을 보다 긴급하게 추구하면서 대규모 농지를 분배하고 산업화를 추진했다.[12] 아르헨티나 경제학자 라울 프레비쉬Raúl Prebisch는 UN에서 일하며 남아메리카 개발을 연구하는 싱크탱크를 이끌면서 남아메리카는 내부로 시선을 돌려야 한다는 유력한 견해를 발전시켰다. 지속 가능한 번영은 제조업을 기반으로 이루어진다고 주장하며 높은 관세 같은 조치로 국내 산업을 외국 경쟁으로부터 보호해야 한다고 권고했다.

이 같은 생산에 대한 강조, 산업의 호위군으로서 정부의 역할을 강조한 것은 영국이 세계 최초의 산업 강국으로 자리 잡을 때 썼던 비결이었다. 또 알렉산더 해밀턴이 1971년에 출간한 저 유명한《제조업 보고서Report on Manufactures》에서 젊은 미국에게 전해 준 비법이기도 했다. 해밀턴은 정책 입안자가 "외국 제품에 부과하는 세금을 올리면 국내 제조업체는 외국 경쟁자보다 싼 가격에 팔 수 있다"라고 썼다. 현대 경제학은 중상주의mercantilism로 알려진 이 이론에 맞서는 반대 운동으로 시작했다. 영국의 경제학자 데이비드 리카도는 무역에 국경을 열어야 나라가 번영을 이룬다고 주장했다. 포르투갈에 포도주를 만드는 데 집중하고 영국 옷을 사라고 조언을 건넨 일은 유명했다. 그는 자유 무역이 보호주의보다 효율적이라는 것을 입증했지만 이는 한때에만 적용될 뿐이었다. 리카도의 조언에 따른 나라는 포도주 생산국으로 남은 반면에 경제 발전에 투자한 나라는 보다 눈부신 번영을 이루어 낼 수 있었다.

미국은 해밀턴의 조언에 따랐고 세계 제일의 경제 대국인 영국을 뛰어넘었다. 독일의 경제학자 프리드리히 리스트Friedrich List는 정치 망명자가 되어 1820년대 말과 1830년대 초 여러 해를 펜실베이니아주에서 지내는 동안 해밀턴의 이론을 받아들였다. 그러고 나서 외국과의 경쟁으로부터 유치 산업을 보호하는 일이 얼마나 중요한지 고국에 가르쳤다. 19세기에 영국이 자유 무역을 옹호하자 리스트는 쓴웃음을 지으며 지적했다. "누군가 영광의 정상에 올랐을 때 자신이 오른 사다리를 걷어차서 다른 이들이 뒤따라 오르지 못하도록 그 수단을 없애는 일은 매우 흔하면서도 영악한 술책이다. 여기에 애덤 스미스가 주창한, … 그리고 영국 정부 내 애덤 스미스의 후계자가 견지한 세계주의 교리의 비밀이 숨겨져 있다."[13]

리스트는 이어 일본의 명치유신을 이끈 지도자들에게도 커다란 영향을 미쳤고 일본은 이 비법에 따라 또 다른 세계 산업 강국을 건설했다.[14] 한국과 대만을 비롯한 일본의 몇몇 이웃 국가도 20세기에 이를 본보기로 삼아 그 뒤를 따랐다.

하지만 영국처럼 미국도 번영에 이른 자신들의 길을 다른 나라들이 따라오기를 바라지 않았다. 세상이 가장 거대하고 가장 강력한 나라로 알고 있는 대미 제국은 애초에 정치적 통제 체제라기보다는 경제적 통제 체제였다. 그 목표가 다른 나라를 지배하는 데 있지 않고 돈을 벌어들이는 데 있었다는 말이다. 20세기 내내 미국은 그 목표를 추구해 나가면서 자신들이 가장 관심을 기울이며 추구하는 자유의 유형이 바로 자유 무역임을 되풀이해서 드러냈다. 미국은 과테말라와 이란과 인도네시아를 비롯한 여러 나라에서 민주적으로 선출된 정부가 전복되도록 도왔는데, 이들 나라가 미국식 자본주의에 크게 환호하지 않았기 때문이다. 토머스 제퍼슨은 자신이 쓴 가장 유명한 구절을 영국의 정치철학자 존 로크John Locke에게서 빌려왔을 때 중요한 단어를 하나 바꾸었다. 로크는 양도할 수 없는 인간의 권리에 생명, 자유, 재산이 있다고 말했다. 제퍼슨은 재산을 "행복 추구"로 바꾸었다.* 미국이 패권을 쥐었던 세기에 미국의 외교 정책은 다시 로크의 구절로 돌아갔다.

칠레는 산업 지반을 다지려고 노력했다. 1950년대와 1960년대 동안 칠레 정부는 국가의 주요 구리 광산에 지분을 갖고 있었고, 국가의 지원을 받는 공장에서 특히 칠레 자동차와 라디오와 냉장고를 빠

---

* 로크가 쓴 문구는 "생명, 자유, 재산estate"이다.

시카고 대학 경제학부는 1950년대와 1960년대 칠레와 다른 여러 라틴 아메리카 나라에서 온 학생 수십 명을 교육했다. 많은 학생들이 교육을 받은 뒤 최고위 경제 정책 입안자로 일했다. (카를로스 매사드Carlos Massad, 레이나 소피아 박물관Museo Reina Sofia의 승인 하에 게재함)

르게 생산해 내고 있었다. 하지만 알비온 패터슨과 시카고 대학과 미국 정부가 똘똘 뭉쳐 칠레가 절대 성공하지 못하도록 막았다. 현재 칠레 국민의 평균 소득은 대만 국민의 평균 소득의 절반에 불과하다.

환영 받지 못한 시카고보이즈

1956년 가을 칠레 학생들이 처음 시카고 대학에 입학했을 때 이들을 맡아 가르친 사람이 아놀드 하버거Arnold Harberger였다. 그는 경제학 교수이자 국제 개발 전문가였으며 스페인어를 유창하게 구사했다. 2차 세계대전이 한창이던 때 군은 하버거가 스페인어를 배우면 나라에 큰 도움이 될 것이라고 했지만 대학원을 마치고 나자 일리노이주 독일군 포로수용소에 배치되어 복무했다. 하버거의 유창한 스페인어 실력은 냉전 기간에 빛을 발했다. 그는 라틴 아메리카 학생을 대상으로 한 대학 교육 과정이 빠르게 확대되면서 이를 감독했는데, 1960년대 동안 시카고 대학 경제학과 대학원 학생 가운데 3분의 1이 칠레와 다른 라틴 국가 출신이었다.

하버거와 다른 시카고 대학 교수들은 수업을 하면서 라틴 아메리카의 경제 정책을 분석하고 대안으로 자유 시장 이론을 자세하게 설명하며 학생들이 같은 관점을 지니도록 북돋웠다. 하버거는 스스로를 경제학의 효용을 설파하는 '전도사'라고 일컬었다. "나는 어느 경제학자보다 경제적 힘에는 뛰어난 강점과 보편성이 있다고 믿습니다. 경제 정책에는 무슨 일이든 다 할 수 있는 역량이 있다고 믿습니다." 무엇보다 그가 학생에게 전하려 애쓴 가르침이 있다면 "시장 원리가 진실로 작동하고 있다는 강고하고 흔들리지 않는 신념"이었다. 하버거가 판단하기로 이것은 신념이 아니라 사실의 문제였다. 이념은 사람들을 오류로 이끌지만 경제학은 진리에 닻을 내린다. 하버거는 이렇게 말했다. "건전한 경제학이 외치는 소리가 정책 결정을 내리는 사람들의 귀에 닿는 모습을 보는 것이 제 임무입니다. 이런 이유로 저는 경제학 교수로서의 삶을 사는 내내 거의 투쟁을 멈추지 않는 것입니다."[15]

칠레 학생들은 밀턴 프리드먼과는 비교적 교류가 드물었다. 경제학과 대학원생은 모두 프리드먼의 경제 이론 과정을 들었고 칠레 학생 일부는 통화를 주제로 열린 프리드먼의 연수회에도 참여했지만 롤

경제학자의 시대

프 뤼더스Rolf Rüders 단 한 명만 프리드먼의 지도를 받으며 논문을 썼다. 예상대로 논문 제목은 "칠레 통화 역사"였다.[16] 이런 경우에서조차 프리드먼은 교류가 적은 지도교수여서 그는 뤼더스가 완성한 논문 최종본을 읽지 않았다. 뤼더스는 이렇게 회상했다. "프리드먼은 제게 '읽는 경제학자가 있는 반면 쓰는 경제학자가 있는데 나는 쓰는 경제학자다'라고 말했습니다."[17]

시카고 대학에서 칠레 학생들은 스스로를 '시카고타이거'라고 하며 칠레뿐 아니라 나머지 라틴 아메리카 개혁을 주제로 이야기를 나누었다. 하지만 칠레로 돌아와 보니 나라는 자신들의 이론에 거의 관심을 보이지 않았다. 그들은 카톨리카 대학에서 교수직을 보장 받았지만 경직된 사고와 젊은 혈기를 못 이긴 오만한 태도 때문에 고작 몇 년 어린 학생들과 잘 지내지 못했다. 새로 온 교수들에게는 '시카고보이즈Chicago Boys'라는 별명이 붙었고 게다가 대학 밖에서도 무시를 당했다. 이 학교 간 교류 사업의 결과를 낮게 평가한 1959년 보고서는 이렇게 언급했다. "칠레 경제에 대해 새로운 지식을 쌓았지만 칠레 사회는 이 지식에서 끌어올 수 있는, 잠재력으로 가득한 가치를 인정하지 않는다."[18] 카톨리카 대학에서 수년 동안 몸담은 경제학자 제임스 O. 브레이James O. Bray 말에 따르면 칠레인들은 저 시카고보이즈가 속이 시커먼 미국 정책의 앞잡이이거나 아니면 매우 멍청하다고 결론을 내렸다.[19]

하지만 칠레 정치가 왼쪽으로 향하면서 시카고보이즈는 견제 세력을 찾으려는 보수주의자 사이에서 지지자를 발견했다. 1967년 한 무리의 사업가가 경제학과에 자금을 대고 대학에서 몇 킬로미터 떨어진 곳에 따로 교정을 열었다. 1968년 칠레의 유력 일간지인《엘머큐리오El Mercurio》가 경제난을 신설해서 시카고보이즈가 글을 쓰고 편집을 맡았다. 하지만 그들은 여전히 아웃사이더였다. 1970년 대통령 선거에서 칠레 국민은 사회주의자로 경제 운영에 매진하겠다는 살바도르 아옌데Salvador Allende, 중도주의자인 라도미로 토믹Radomiro Tomic, 보수주의자인 호르헤 알레산드리Jorge Alessandri 3명의 후보 가운데 하나를 선택해야 했다. 알레산드리는 시카고보이즈를 몇 명 만나 본 다음 보좌관에게 말했다. "저 정신 나간 놈들을 당장 여기서 내보내게나. 그 면상을 다시는 보고 싶지 않네."[20]

아옌데가 아슬아슬한 표차로 승리를 거둔 뒤 시카고보이즈 가운데 일부는 칠레를 떠났다. 한 사람은 산티아고 공항에서 공산주의 청년 단체에 수색을 당하면서 속으로 이런 생각을 했다고 회상했다. "이 거지 같은 나라를 떠나다니 이렇게 기쁠 수가."[21]

프리드먼의 처방은 '충격 요법'

미국에서처럼 칠레에서도 정부가 경제 운영에 자신감을 잃으면서 자유 시장 경제학이 우위를 점하기 시작했다. 아옌데는 공공 지출을 상당히 늘려서 일시적으로 경기가 호황을 누렸지만 곧 인플레이션이 폭발하듯 치솟았다. 정부는 광범위한 가격 통제를 단행하며 대응했고 예견된 결과를 낳았다. 한편으로는 빵 값이 너무 내려가 양돈 농부는 빵을 사서 돼지를 먹이고 다른 한편으로는 주부 수천 명이 식량 부족

경제학자의 시대

에 항의하여 솥과 냄비를 탕탕 두드리며 대통령 궁으로 행진했다.

　나라는 착취를 바로잡으려는 측과 몰수를 피하려는 측으로 양분되었다. 정부가 트럭 소유권을 강취할 계획을 세우고 있다는 소문이 돌자 트럭 운전사들이 공포에 사로잡혀 파업에 돌입하면서 경제가 마비되는 지경에 이르렀다. CIA는 "경제가 비명을 내지르게 하라"는 닉슨 대통령의 지시에 따라 움직였다. 이를테면 파업에 동참하는 트럭 운전사들에게 돈을 주어 칠레에 더 깊은 고통이 드리우도록 공작을 폈다. 하지만 미국이 새 정부를 원한다는 메시지가 방해 공작 그 자체보다 더 결정적인 영향을 미쳤을 것이다.[22] 1973년 9월 11일 칠레 군부가 정권을 탈취하자 아옌데는 쿠바의 피델 카스트로Fidel Castro가 선물한 총으로 스스로 목숨을 끊었다.

　시카고보이즈 가운데 하나인 세르지오 드 카스트로Sergio de Castro는 칠레 군대가 대통령 궁으로 폭탄을 날리는 광경을 지켜보면서 "한없는 희열"을 느꼈다고 당시를 회상했다.[23] 쿠데타의 가능성을 염두에 두고 드 카스트로는 소규모 집단을 꾸려 1970년 대통령 선거 때 알레산드리가 거절했던 경제 이론을 보다 정교하게 다듬었다. 그리고 서둘러 인쇄를 마치고 칠레의 새 지도자들에게 문서를 보냈다. 사람들은 이 문서에 벽돌이란 뜻의 '엘 라드릴로El Ladrillo'라는 별칭을 붙였는데 이는 그 크기 때문이었다.

　하지만 아우구스토 피노체트Augusto Pinochet라는 육군 장성이 이끌던 군사 정권이 권력을 잡은 이유는 아옌데의 경제 개혁을 뒤집기 위한 것이지 새로운 개혁을 시작하기 위한 것이 아니었다.[24] 쿠데타가 일어나고 며칠 뒤 피노체트는 한 보좌관에게 '벽돌'이라는 말이 계속

들리는 데 도대체 무엇이냐고 물었다. 보좌관은 피노체트가 그 벽돌에 관심을 두지 않게 하려고 애썼다고 말했다. "지금까지 작성된 문서 가운데 자유 시장 이론과 맨체스터 자유주의Manchesterian에 가장 치우친 자본주의 계획이었기 때문입니다."* 군부는 시장에 결정을 맡기자는 방향으로 기울지 않았다. 한 고문이 빵에 대한 가격 통제를 끝내자고 제안하자 피노체트는 그를 병사들에게 데려가 말했다. "자, 저들에게 빵 값이 오르는 이유를 설명해 보시오."[25]

하지만 칠레 경제가 계속 불안하자 아옌데의 정책을 뒤집는 일만으로는 조정책으로 미흡해 보였다. 피노체트는 고문들에게 지난 수십년 동안 칠레는 다양하게 완급을 조절하며 경제를 운영했지만 어느 것도 효과를 보지 못했다고 말했다.[26] 밀턴 프리드먼은 어떤 생각을 가장 잘 설득하려면 분위기가 무르익게 해야 한다고 말하곤 했다. 피노체트가 새로운 무언가를 계속 찾고 있을 때 시카고보이즈가 마침 등장해 그 새로운 것을 눈앞에 내놓았다.

이 제안이 타당하다는 점을 입증하기 위해 시카고보이즈는 프리드먼에게 직접 부탁하기로 했다. 이들 가운데 돈 잘 버는 사업가가 한 명 있어서 프리드먼과 하버거의 칠레 여행 경비를 댔다. 두 사람은 1975년 3월 일주일 동안 머무르며 대중 연설을 하고 사적 모임을 열었다. 피노체트와의 45분 면담도 잡혀 있었다. 프리드먼은 늘 하던 대

---

* '맨체스터 자유주의'는 '자유 시장'과 동의어로, 이 말은 영국 산업 도시가 곡물법 같은 보호무역주의의 폐지를 옹호하고 더 광범위하게는 번영의 동력으로서 무역을 지지하는 이 입장이 초기에 그 중심 역할을 한 데서 유래했다.

로 공석에서나 사석에서나 똑같은 조언을 해 주었다. 칠레는 새로운 통화 발행을 대폭 줄여야 한다, 그리고 정부 지출을 대폭 삭감할 필요가 있다는 것이었다. 프리드먼은 이 만남 후 피노체트에게 보낸 편지에서 이 통화주의 처방을 부각시키며 '충격 요법'이라고 불렀다. 점진적인 변화는 "실현될 가능성이 낮다"고 하면서 경제적 고통이 닥치면 다시 생각해 볼지도 모르기 때문이라고 이유를 밝혔다.[27] 프리드먼이 《비즈니스위크Business Week》에서 말했듯이 "제가 우려하는 바는 오로지 칠레가 필요한 만큼 오래, 필요한 만큼 강하게 밀어붙이느냐는 것입니다."[28]

칠레의 보수주의 특권층은 외국 경제학자한테서 조언을 구하는 일에 유구한 역사를 갖고 있었다. 그리고 그 조언은 한결 같았다. 정부에서 군살을 빼야 한다는 것이었다. 1850년대 칠레가 고용한 프랑스 경제학자가 그런 조언을 건넸다. 1920년대에는 "안데스의 통화 의사"로 불린 프린스턴 대학 교수 에드윈 케머러Edwin Kemmerer가 그랬다.[29] 1950년대에는 하버드 대학 교수로 《리더스다이제스트Reader's Digest》가 "개발도상국의 민간 기업 의사"라고 부른 줄리어스 클라인Julius Klein이 그랬다.[30] 프리드먼의 방문에서 새로운 점은 그 조언이 아니라 피노체트가 그 조언을 가슴에 새겼다는 것이다.[31] 1975년 4월 피노체트는 세로카스티요에 위치한 대통령 별장으로 경제 고문들을 소집하고 칠레에 충격 요법을 실시하기로 결정했다.

경제학자는 즐겨 자신들을 의사와 비교하며 어떤 환자도 치료하려 든다. 하지만 의사는 환자에게 동의를 구하는 법이다. 시카고보이즈는 칠레 국민에게 정치적 동의를 얻지 못했다. 그러자 단 한 사람을 설득했고 나머지 칠레 국민은 선택의 여지가 없었다. 군사 정권은 반대자 3000명 이상을 죽이고 수천 명이 넘는 사람들을 추방했다. 아옌데 집권 시절 주미 칠레 대사를 지낸 오를란도 르텔리에Orlando Letelier는 1976년《더 네이션The Nation》에 글을 싣고 피노체트 정권의 잔혹한 경제 개혁은 반대자를 참혹하게 탄압했기 때문에 가능하다고 썼다. 한 달 뒤 피노체트의 명령에 따라 움직이는 칠레 기관이 워싱턴 DC 한복판에서 르텔리에가 타고 있는 차를 폭파시켜 살해했다.[32]

드 카스트로와 뤼더스를 비롯하여 시카고보이즈에서 유명한 인물 몇몇은 이후 피노체트 집권 아래 시행된 정책들이 독재 정권이기 때문에 가능했다는 르텔리에의 의견에 동의했다. 드 카스트로는 2012년 다큐멘터리 감독에게 피노체트 정권 아래 벌어졌던 참극을 당시에는 알지 못했다고 말했다. 만약 알았다면 어떻게 행동했을 것이냐는 질문에 드 카스트로는 입을 다물더니 잠시 뒤 이렇게 말했다. "다르지 않았을 겁니다."[33]

산업화의 꿈을 접은 칠레

7년 가까이 드 카스트로는 막강한 권력을 휘둘러 칠레 경제를 재구축했다.

드 카스트로는 1930년 1월 25일에 태어났다. 가족은 추방당한 칠레인으로 이웃 나라인 볼리비아에서 살았지만 어머니가 산티아고로 돌아가 드 카스트로를 낳았다. 아버지는 영국 제품을 전문으로 취급하는 수입 회사에서 일한 뒤 광산업에서 크게 성공했다. 대공황이 미국 못지않게 가혹하게 칠레를 덮치고 볼리비아 역시 힘들었지만 드 카스트로는 별 어려움 없이 어린 시절을 보냈다.[34] 열세 살 때 산티아고로 돌아와 영어 학습의 중요성을 특히 강조하는 일류 사립학교인 그레인지에서 공부했다. 졸업 후에 캐나다로 가서 공부하다가 다시 산티아고로 돌아와 카톨리카 대학에 입학했다. 4학년에 재학 중일 때 슐츠와 하버거가 시카고 대학 교환 학생 제도를 협의하러 학교를 찾았고, 드 카스트로는 통역자로 일하다가 1회 교환 학생으로 뽑혀 시카고 대학에 입학했다. 석사 학위를 받고 다시 카톨리카 대학으로 돌아온 드 카스트로는 원로 교수진에 맞서 반란을 일으켜 경제학과 학과장으로 임명되었다. 그는 연구 활동은 거의 하지 않았고 애초부터 관심사는 정부였다.

드 카스트로에게 호의적인 전기작가 파트리시아 아란시비아 클라벨Patricia Arancibia Clavel은 이렇게 썼다. "똑똑했고 정치적 야심은 없었으며 자신의 생각이 진정 칠레에 이롭다는 확신에 차 있었다."[35] 또한 카스트로는 그 확신을 실천에 옮길 용기도 있었다. 피노체트와 만나기 시작한 지 얼마 안 되었을 때 한번은 드 카스트로가 섬유업계를 민영화하자고 주장했다. 피노체트는 관심을 보이지 않으며 말했다. "여러분, 칼자루는 제가 쥐고 있습니다." 그러자 드 카스트로가 응수했다. "대통령 각하, 그렇다면 그 칼자루만 손에 쥐게 될지도 모릅니다."[36]

드 카스트로는 처음에는 경제장관으로 이어서 재무장관으로 권력을 잡자 자신이 약속한 말을 실행에 옮기기 시작했다. 바로 정부 지출을 대폭 삭감한 것이었다. 경제 활동에서 공공 부문이 차지하는 비중이 1973년 40퍼센트에서 1979년 26퍼센트로 떨어졌다.

드 카스트로는 또 칠레에 수입을 개방하면서 최고 관세율을 10퍼센트로 내리고 광범위한 분야에서 다른 규제들도 없앴다. 일본 자동차와 모터사이클이 칠레로 쏟아져 들어왔는데 무려 일주일에 2000대가 들어온 적도 있었다. 그 결과 1975년에서 1981년 사이 칠레에 승용차 수가 2배로 늘었다.[37] 산티아고 시내 중심가에는 상점이 즐비했고 상점마다 새 유리창 너머로 유명 상표의 옷이 진열되었다. 그보다 못 사는 인근 지역 상점은 미국에서 들여온 중고 옷을 팔았다.

무엇보다 칠레는 무역을 받아들이면서 산업화의 꿈을 포기하고 있었다. 군부가 집권하고 첫 10년 동안에 전체의 약 5분의 1에 해당하는 10만 개 이상의 공장 일자리가 사라졌다.[38] 한 기자가 1977년 9월 산티아고의 비올레타파라 빈민촌 한 구역에서 스물두 가구를 취재했다. 칠레인은 이런 빈민촌을 카이얌파callampa라고 부르는데 버섯을 가리키는 현지어다. 그런데 이들 가구 가운데 고작 8명만이 정규직업을 갖고 있었다. 고리버들을 엮는 시간제 일이라도 하기 때문에 그나마 운이 좋은 홀리오 로차Julio Rocha는 이렇게 말했다. "여기 사는 사람들은 하루 한 끼, 그나마 옥수수죽으로 배를 채우는 일이 다반사입니다. 저 일제 텔레비전이 아주 싸다고들 말하지만 그만 한 돈을 가진 사람이 하나도 없어요."[39] 라스레하스의 카이얌파에서 한 어머니는 아이들 먹일 우유도 살 수 없다고 말하며 이런 불평을 하기도 겁이 난다고 덧붙였다. "꼭 알아 두어야 할 게 있습니다. 전에도 사정이 안 좋긴 매한가지였지만 우리가 가고 싶은 곳으로 갈 수 있었어요. 속내도 털어놓을 수 있었지요. 그런데 지금은 그렇게도 할 수 없습니다."[40]

경제학자의 시대

시카고보이즈와 프리드먼은 피노체트에게 충격 요법이 상당한 고통을 불러일으킨다고 경고했다. 하지만 그 고통은 순식간에 지나간다고도 말했다. 프리드먼은 산티아고에서 열린 한 대중 강연회에서 칠레인들에게 이렇게 말했다. "사람들이 점점 규모가 커지는 민간 부문 경제로 얼마나 빠르게 흡수되는지 보면 깜짝 놀랄 것입니다."[41] 뤼버스는 자신도 동료들도 성장이 경제 불평등을 줄일 것이라는 기대에 잔뜩 부풀었다고 말했다. 하지만 나머지 1970년대 내내 공식 실업률은 10퍼센트를 계속 웃돌았고 불평등은 더욱 깊어졌다.

1970년대 말 마침내 경기 후퇴에서 회복되자 자유 시장 정책 지지자들은 경제 기적이라고 부르며 박수를 쳤다. 프리드리히 하이에크는 1977년에 방문한 뒤 칠레는 경제적으로나 정치적으로나 혜택을 보고 있다고 말했다. "비방을 일삼는 칠레인들 사이에서조차 아옌데가 집권했을 때보다 피노체트가 집권했을 때 개인의 자유를 더 누렸다는 점에 동의하지 않는 사람을 단 한 사람도 찾을 수 없었습니다."[42] 하지만 이미 목숨을 잃거나 추방을 당한 수천 명과는 만나서 이야기할 수 없었을 테니 신빙성에 이미 금이 간 이야기일 수 있다.

4년 뒤인 1981년 하이에크의 자유 시장 몽펠르랭소사이어티Mont Pelerin Society가 칠레에서 개최되었는데, 이 개최 결정은 어느 모로 보나 인정의 표시로 보였다. 하지만 축하할 만한 이유가 전혀 없었다. 1970년대 말과 1980년대 초에 이루어진 성장은 피노체트 집권 초기에 불어 닥친 경기 후퇴를 상쇄했을 뿐이었기 때문이다. 1973년 피노체트가 정권을 잡았을 때 칠레의 1인당 소득은 라틴 아메리카 평균보다 약 12퍼센트 더 높았는데 1981년 이 차이가 다시 한 번 12퍼센트

에 육박했다.[43]

그런데 이때 드 카스트로와 시카고보이즈가 칠레 경제를 두 번째로 박살내 버렸다.

고삐 풀린 자본 통제

20세기 중반 경제학자들은 국경을 넘나들며 교역할 수 있는 자유를 지지했지만 그것이 국경을 넘나들며 투자할 수 있는 자유는 아니었다. 경제학자들은 나라 간 돈의 이동에 제한을 두는 조치는 특히 작은 나라에서 경제 안정을 유지하는 데 꼭 필요하다고 여겼다. 순전히 자본 이동의 규모만으로도 휘청거릴 수 있었기 때문이다. 게다가 이 이동에 따르는 변동성은 위기를 불러올 수도 있었다. 1940년대에 케인스는 이렇게 썼다. "무엇보다 확실한 점은 자본의 이동이 반드시 규제되어야 한다는 것이다."[44]

이런 규제를 폐지하는 일이 프리드먼과 금융 산업에는 더없이 소중한 목표였다. 프리드먼의 규제 반대는 단순한 정부 혐오 이상이었다. 그는 나치가 자본 통제를 이용해 정치권력을 강화했다고 지적했다. 프리드먼이 보기에 이는 "국가가 시민을 통제하는 데" 활용할 수 있는 도구 가운데 가장 강력했다.[45] 자유 무역에 미치지 못하는 어떤 제도든지 공산주의로 한걸음 내딛었고, 마찬가지로 자본금의 자유로운 이동을 방해하는 어떤 조치든지 사회를 전체주의로 기울게 했다.

케인스주의가 1970년대 물러나면서 자본 통제도 고삐가 풀렸다.

이념의 기상도에서 일어난 변화와 금융의 재기를 견제하는 현실적인 어려움 때문에 바쳐야 하는 희생양이었다. 1974년 1월 프리드먼의 동료인 조지 슐츠 재무장관이 미국의 자본 이동 규제를 없애겠다고 발표했다. 슐츠는 투자자들에게 말했다. "전망이 가장 밝다고 판단하는 곳에 자금을 투자할 수 있는 자유"를 회복해서 "저는 몹시 기쁩니다."[46]

1978년 만찬 후에 마거릿 대처를 처음 만나는 자리에서 프리드먼은 대처가 집권하면 2차 세계대전 이후 유지해 온 영국의 자본 통제 폐지를 최우선 정책으로 삼아야 한다고 주장했다. 대처는 총리가 되고 나서 몇 달 뒤인 1979년 10월 자본 이동 통제를 중단한다고 발표했다. 이 소식을 들은 프리드먼은 "마거릿 대처 만세!"를 외쳤다.[47]

칠레는 약소국 가운데 처음으로 자본 통제를 없앴다. 때마침 라틴 아메리카에서 부채가 급속히 늘어나고 있었다. 칠레는 또 금융 규제를 대폭 완화했는데 무엇보다 칠레 최대 대기업 2곳이 칠레 최대 은행 2곳을 인수하도록 허가했다. 이로써 대출이 크게 늘어나는 그리 놀랍지 않은 결과를 낳았다. 1980년대 초 칠레가 해외 채권자에게 지불하는 이자는 라틴 아메리카 국가 가운데 가장 무거워서 연간 경제 산출량의 12.9퍼센트에 달했다.[48]

다소 역설적이게도 문제는 미국이 다른 사안에서 프리드먼의 조언을 받아들였기 때문에 불거졌다. 연준이 인플레이션을 억제하려는 조치로 이자율을 올렸고, 이에 따라 칠레 대출자는 달러로 내야 하는 빚을 갚을 수 없었다. 경제가 곤두박질치자 드 카스트로는 시장이 승자와 패자를 골라내야 한다고 주장했다. 하지만 여론과 피노체트는 정부 개입 쪽으로 방향을 잡았다. 드 카스트로는 자리에서 물러났다.

"우리 모두는 선을 지키지 않고 조금 넘었습니다. 이 점에서 국가가 크게 잘못한 것입니다. 넘지 못하도록 아무런 조치도 취하지 않았으니까요"라고 한 칠레 사업가가 불만을 늘어놓았다.[49] 정부가 개입하면서 금융업계 대부분을 국영화하고 관세를 인상하고 규제를 부활시켰다. 칠레 국민은 "사회주의로 향하는 시카고로路"라며 농담을 주고받았다.

하지만 피노체트는 새로 닦은 이 길로 오래 가지 않았다. 한 가지 이유를 들면 칠레에서는 다른 부류의 경제학자가 전혀 발을 들이밀지 못해서였다. 피노체트 정권은 주요 대학에서 경제학부를 없애 버렸고, 자유 시장 이론을 가르치지 않는 교수를 쫓아냈다. 1973년 쿠데타가 일어나고 얼마 안 있어 칠레 대학 교정에서 경제학과 학생 6명이 총에 맞아 죽었다.[50] 당시 경제학과 학생이던 에르베르토 아귀레Herberto Aguirre는 감금되어 고문을 당했다. 아귀레는 정말 천운으로 풀려날 수 있었다고 내게 털어놓았다. 그러나 감방에서 나왔을 때에는 경제학 공부를 다시 시작할 만큼 어리석지 않았다. 아귀레는 컴퓨터 공학으로 학위를 받았다.

경제가 나아지자 피노체트는 자유 시장 경제학자로 핵심 진용을 새로 꾸렸다. 칠레 정부는 경기 하락에 따른 비용을 사회에 떠넘기고 나서 이제 경기가 회복하자 그 이익을 부유층에 돌아가게 했다. 이 길은 IMF와 세계은행World Bank 덕분에 더욱 탄탄해졌다. 두 기구가 칠레 정부에 융자를 제공했기 때문이다.[51] IMF와 세계은행은 브레턴우즈 체제의 일부로서 국제 경제 발전을 도모할 목적으로 설립되어

1980년대에는 시장 자유란 대의를 불사르는 열성분자로 등장했다. 이 대의에는 국경에 구애받지 않는 투자 달러의 자유로운 이동도 들어 있었다. 이 자유가 칠레에 위기를 일으킨 주범이었지만 이런 사실로도 자유가 해결책이라는 관점을 바꾸지는 못했다.[52]

흥미롭게도 IMF의 과격한 행보는 미국과 영국의 보수 정부가 아니라 프랑스 사회주의자 때문에 더욱 빨라졌다.[53] 자크 들로르 프랑스 재무장관은 자본 통제가 대개 중산층에 막대한 손실을 입히는데 부유층은 간단히 법을 피하기 때문이라고 주장하며 자본 통제를 없애면 불평등에 한 방 먹일 수 있다고 강조했다.

서독은 오래전부터 프리드먼과 같이 자본 통제를 혐오하는 입장을 취해 왔는데 그 이유는 역사적으로 뿌리가 같다.[54] 프랑스가 합류하면서 유럽공동체는 1988년 모든 통제를 없애라고 요구했다. 이듬해 다시 프랑스의 요청에 따라 경제협력개발기구OECD는 선진국의 경제 정책을 민주 정치와 조율하고자 자본 통제를 없애겠다는 비공식이지만 권위 있는 공약을 채택했다.

OECD가 1990년대 몇몇 신흥 경제 국가를 회원으로 받아들이면서 이들 국가에 자본 통제 폐지를 요구했다. 하지만 OECD는 이 문제를 압박할 필요가 없었다. 개발도상국은 성공에 뒤따르는 과시적인 요소를 열렬히 누리고 싶어 했기 때문이다. 멕시코가 처음으로 그 요구를 받아들이며 1994년 OECD에 가입했고 곧바로 재정 위기를 겪었다. 체코가 1995년에 가입하고 나서 역시 곧 재정 위기에 시달렸다.

프랑스 사회주의자이자 경제학자로 IMF 총재였던 미셸 캉드쉬Michel Camdessus 역시 자본 통제 폐지를 지지했는데, 그는 명백한 결론에 대해 강경한 태도로 반박했다. "재정 위기를 막을 셈으로 외환을 통제하고 시장 개방 폭을 줄이며 폐쇄적인 경제 체제로 되돌아 가려는 행위는 엄청난 잘못입니다. 이는 시곗바늘을 되돌리는 일이며 세계화의 결실을 포기하는 것입니다."[55]

캉드쉬는 승점을 챙겼지만 경제학자들은 25년이 지나도록 자본의 자유로운 이동으로 경제 성장이 늘었다거나 혹은 불평등이 줄었다는 어떤 증거도 아직 찾지 못했다.[56] 세계가 거듭해서 배운 점은 자본 이동이 재정 위기를 불러올 수 있고 또 불러온다는 것이다.[57]

자유 시장의 표준 차림표대로

밀턴 프리드먼은 칠레 경제 혁신의 대부로 널리 묘사되었다. 어떤 이들은 이를 탁월함의 증표라고 여겼다. 로널드 레이건은 1976년 12월 라디오 방송에서 말했다. "밀턴 프리드먼이 이야기했을 때 칠레의 누군가가 귀를 기울인 듯합니다. 워싱턴에 있는 누군가가 한 번이라도 이렇게 묻는다면 얼마나 좋겠습니까? '도대체 프리드먼이 뭐라고 말했나요?'라고 말입니다."[58]

다른 이들은 이를 주홍 글씨라고 여겼다. 프리드먼이 칠레를 방문한 이듬해 노벨상을 수상했을 때 다른 부문에서 수상한 4명이 항의 서한을 썼고, 시상식은 야유 소리로 제대로 치러지지 못했다.[59]

프리드먼에 초점을 맞추면 그가 칠레에서 한 역할이 미국의 전형적인 외교 정책이었다는 사실이 가려진다. 수하르토가 1960년대 중

경제학자의 시대

반 인도네시아를 피로 물들이며 정권을 탈취한 일은 특히 교훈적인 선례였다. 실제로 '자카르타'라는 말이 1972년 산티아고 곳곳의 벽에 스프레이로 쓰였는데 아옌데 지지자들을 겨냥한 경고였다.[60] 포드 재단은 인도네시아 경제학자를 대상으로 하는 캘리포니아 버클리 대학의 교육 과정에 자금을 지원했다. 수하르토는 대학에 다닐 때 이들 경제학자 가운데 한 명에게 배웠고 권력을 잡은 뒤에는 이들 경제학자를 기용했다. '버클리마피아Berkeley Mafia'라고 불리던 이들은 무역 개방, 국유 산업의 민영화, 고통스러운 인플레이션 억제책 등 표준 차림표대로 밀고 나갔다.[61] 인도네시아의 기술 관료가 칠레의 기술 관료만큼 자유 시장 정책을 밀어붙이지는 않았지만 진보주의적인 캘리포니아 버클리 대학에서 가르치는 내용과 보수주의적인 시카고 대학에서 가르치는 내용 사이의 유사점은 미국 주류 경제학자 사이에 존재하는 차이점이 분명 과장되었음을 일깨운다.

하버거의 계산에 따르면 자신이 가르친 학생 가운데 20명 이상이 라틴 아메리카 여러 나라에서 중앙은행 총재나 재무장관을 역임했다. 레이건 행정부는 시카고 대학의 저 교육 과정이 매우 성공적이었다고 평가했다. 사실 이는 1980년대 말 당시 국무장관이던 조지 슐츠가 새로운 라틴 아메리카 경제학자 세대를 육성하기 위해 시작한 것이었다. 하버거와 의논 끝에 행정부는 대학 4곳을 선택했는데 산티아고의 카톨리카 대학도 그 가운데 하나였다. 카톨리카 대학 경제학과 교수진은 미국에서 교육 받은 이들이 대부분이었다.[62]

하지만 레이건도 대처도 민주적으로 선출된 어떤 정부도 칠레식 경제 개혁 정책을 자신들의 나라에서는 그대로 실행하려 하지 않았다. 1982년 하이에크는 대처에게 쓴 편지에서 칠레의 본보기를 따르라고 강력히 권고했다. 이에 대처는 이렇게 답장을 보냈다. "저는 당신이 충분히 이해하리라 믿습니다. 영국은 민주주의 제도를 갖추고 수준 높은 합의를 요구하기 때문에 칠레가 채택한 정책을 일부라도 용납하지 않습니다."[63]

칠레 국민 역시 시카고보이즈의 천하를 하루라도 빨리 끝낼 기회를 잡았다. 1988년 피노체트는 국민투표를 실시했다. 국민이 독재 정권을 8년 더 승인하리라 기대했던 것이다. 피노체트는 자신이 쓴 경제기록을 찬양하며 선거를 치렀고 상대방은 그 기록을 비판하며 선거를 치렀다. 상대방이 압도적인 표 차이로 승리를 거두었고 1990년 새로운 정부가 출범할 수 있는 길을 열었다.

비교 우위대로 생산한다면

라틴 아메리카 대부분의 나라에서 1982년 부채 위기는 '잃어버린 세대'의 시작이었다. 1998년이 되어서야 멕시코 국민의 평균 소득이 회복되었다.[64]

이와 달리 칠레에서는 이 위기가 천연자원의 수출이 견인한 경제 호황이 시작됨을 보여 주었다. 이것은 시카고보이즈 경제 정책안의 주춧돌이었다. 1970년대 말 칠레 중앙은행 총재였던 시카고보이즈 알바로 바르돈Álvaro bardón의 말을 빌려 설명하면 다음과 같다. "비교 우위가 칠레는 멜론만 생산해야 한다고 결정하면 우리는 멜론만 생산할 것입니다."[65]

이 전략이 어떤 보상을 할지는 불을 보듯 훤하다. 산티아고는 칠레의 수도이자 상업 중심지로 단연 칠레 최대 도시다. 이 현대적인 대도시에는 빛나는 마천루가 하늘을 찌르고 현지 주민이 '산해튼 Sanhattan'으로 부르는 금융 지구가 있으며 보다 나은 삶을 찾아 칠레로 몰려온 이민자들로 거리가 북적인다. 심지어 칠레가 고심하는 문제도 차츰 번영이 불러온 문제로 바뀌었는데 배고픔이 아니라 비만이, 궁핍이 아니라 소비자 부채가 문제로 등장한다.

구리는 여전히 가장 중요한 수출품이지만 칠레는 과일, 목재, 연어 등 새로운 품목을 개발했다. 연어는 원산지가 북반구로, 50년 전만 해도 칠레 연안에서 연어는 찾아볼 수 없었다. 그런데 1974년 유니언 카바이드Union Carbide라는 미국 기업이 칠레 남부 연안에서 물이 차갑고 외부로부터 안전하게 보호 받는 해역을 찾아냈다. 연어를 가두어 기르는 새로운 사업을 추진하기에 안성맞춤인 장소였다. 군사 정권은 열과 성을 다해 투자 유치에 나섰고 곧 일본과 노르웨이 기업과도 계약을 맺었다. 20세기가 끝날 즈음 칠레는 노르웨이에 이어 세계에서 두 번째로 큰 연어 생산국이 되었다. 야간 항공편이 신선한 살코기를 마이애미로 날랐고, 여기서 다시 미국 전역의 슈퍼마켓과 레스토랑으로 보냈다.

칠레의 경제 성장으로 나라 안 극빈층은 재빠르게 자취를 감추었고, 칠레 남부 해안을 따라 늘어선 이 연어 양식 산업은 7만 명 이상을 고용하며 탁월한 산업 역군 역할을 해내고 있었다.[66] 하지만 수익 분배는 공평하게 이루어지지 않는다. 칠레에서 북반구로 연어를 수송하는 비용이 비싸다. 칠레가 북반구 연어 양식장과 경쟁하려면 생산 비용이 싸야 한다. 노르웨이의 연어 양식장 노동자는 칠레의 연어 양식장 노동자보다 보수가 3배 이상 높다.[67] 피노체트 정권 아래에서 고용주는 노동조합 결성을 막았다. 민주주의가 돌아오고 나서 일부 노동자가 노동조합을 결성했지만 칠레 법은 어느 선진국에서도 찾아볼 수 없을 만큼 단체 교섭에 심한 규제와 제한을 두었다. 2001년 한 달에 평균 130달러를 받는 연어 가공 공장의 여성 노동자들이 한 달에 15달러를 더 올려 달라며 파업을 벌였다. 회사 측은 여성 노동자 10퍼센트를 해고해서 말 그대로 10명 가운데 1명을 가차 없이 잘랐다.[68]

칠레는 또 식품 생산이라는 비교적 가치가 낮은 사업에서 성공하려고 고군분투했다. 네덜란드 최대 해운 회사인 머스크Maersk가 2015년 칠레의 항만 도시 산안토니오에 2억 달러를 들여 공장을 세웠다. 칠레 과일을 해외 시장으로 운송하는 데 필요한 냉동 컨테이너를 만드는 공장이었다. 이 공장은 돌파구로서, 칠레 경제가 보수 높은 일자리를 창출하고 있다는 증거로서 환영 받았다. 피노체트 정권이 제정한 칠레 헌법은 정부가 민간 기업을 지원하는 능력을 엄격히 제한하지만 칠레 정부는 공장 노동자를 위한 훈련 과정에 자금을 지원했다. 하지만 3년도 채 지나지 않아 2018년 봄 머스크는 공장을 닫고 생산 시설을 중국으로 이전한다고 발표했다. 컨테이너 생산에 꼭 필요한 부품을 대는 칠레 공급업체를 인근 지역에서 찾지 못해 애를 먹었다고 이유를 밝혔다.[69]

비슷한 이유로 칠레에서 캐낸 구리를 해외에서 제련하는 비중이 점점 늘어나고 있다. 최대 구리 생산업체인 코델코Codelco는 칠레 경제에서 매우 중요해 아직 국가 소유로 남아 있다. 그런데 코델코의 전前 이사인 파트리시오 멜러Patricio Meller가 칠레는 긴 안목으로 내다보지 못한다고 비판했다. "우리가 세계 구리 시장의 30퍼센트를 차지하고 있습니다. 그런데 어째서 연구개발의 30퍼센트가 여기 칠레에서 이루어지지 않을까요? 어째서 기계의 30퍼센트가 여기 칠레에서 만들어지지 않을까요? 바로 이 부문에서 우리는 경쟁 우위를 확보해 나가야 합니다."[70]

하지만 칠레는 미래를 볼모로 삼아 비용을 낮추려고만 했다. 산티아고와 태평양 사이에 위치한 페토르카라는 지역에는 아보카도 나무가 울창한 숲을 이루며 푸른 양탄자처럼 척박한 언덕에 펼쳐져 있다. 칠레 국민도 아보카도를 먹는다. 종종 으깬 아보카도로 속을 채운 핫도그도 먹는다. 하지만 이 과일은 대부분 수출한다. 수요가 아주 많아 재배자는 인근 강에서 물을 끌어오고 그 결과 주민들은 물 부족 사태를 겪고 있다. 정부는 이 중요한 산업을 규제하는 대신 트럭에 물을 싣고 마을을 돌아가며 나눠 주는데 이 물은 종종 더럽기까지 하다. 한 마을 주민이 말했다. "질 좋은 아보카도를 유럽인에게 보내기 위해 우리는 똥물을 마시는 신세가 되었습니다."[71]

재분배를 혐오하다

산티아고 시내 중심가에는 옥상에 헬리콥터 이착륙장을 갖춘 고층 빌딩이 숲을 이루지만 변두리로 가면 판자촌이 밀집해 있다. 그런데 산티아고가 이런 도시가 된 주된 이유는 불평등한 성장 때문이 아니다. 칠레의 불평등은 대체로 정치 지도자의 무관심에서 비롯한다.

불평등을 재는 표준 측정법은 세금을 내거나 정부 혜택을 받은 후 가계 소득의 분배로 평가한다. 결국 이 분배가 불평등이 숨 쉬는 현실이기 때문이다. 그리고 이 측정법에 따르면 칠레에서 드러나는 불평등의 정도가 선진국들 사이에서 극히 이례적이다.

세금과 정부 혜택으로 조정되기 전 최초의 소득 분배는 선진국 전체적으로 매우 불평등하다. 사실 중국이 프랑스나 독일이나 미국보다 평등한 편이다. 칠레에만 나타나는 독특한 점은 칠레 정부가 다른 어느 선진국 정부보다 불평등을 줄이려는 노력을 거의 하지 않는다는 것이다.[72]

칠레는 천연자원이 풍부해 축복 받은 나라여서 그 수익으로 보다 관대한 사회 안전망을 구축할 수 있었다. 칠레 중앙은행의 추산에 따르면 경제에서 정부 지출이 차지하는 비중이 평균을 크게 밑돈다.[73] 하지만 칠레 정치에서 두드러진 특성은 정부가 더 이상 나서면 안 된다는 공감대가 두텁다는 점이다.

민주주의를 회복했지만 경제 정책에서는 그 변화가 미미했다. 정부는 피노체트 정권 시절 만연하던 불평등을 다소 완화하기 위해 몇 가지 조치를 취해서 최저 임금을 올리고 외국 자본을 통제했다. 하지만 꼭 짚고 넘어가야 할 점은 정책 기조가 거의 바뀌지 않았다는 것이다. 사실 새 정부는 관세를 내리는 등 자유 무역을 적극 추진했고, 사회 복지 제도에 지출을 늘렸다고 해도 선진국 수준에 비하면 실로 보잘것없었다.

경제학자의 시대

시카고보이즈와 그 추종자들은 칠레가 번영을 이루었기 때문에 좌파 정치인이 시장을 받아들였다고 주장한다. 하지만 실제로 1990년에 칠레는 쿠바보다도 못 살았다.[74]

피노체트 정권이 막을 내리고 들어선 첫 행정부에서 재무장관을 지낸 알레한드로 폭슬리Alejandro Foxley는 내게 새 정부는 정책에서 연속성을 유지하는 데 역점을 두었다고 말했다. 칠레 국민이 다시 한 번 파괴적인 변화의 시대를 살기 바라지 않는다고 판단했기 때문이라고 이유를 밝혔다. "국민들은 충격을 또 겪고 싶어 하지 않았습니다. 그저 삶이 평안하기만을 바랐습니다."[75] 정부는 또 피노체트 정권 아래 제정된 법과 1998년까지 칠레 군의 수장으로 남아 있던 피노체트 본인 때문에 제약이 많았다.

하지만 칠레가 재분배에 보인 혐오는 피노체트보다 오래 갔다. 2000년 칠레 국민은 아옌데 이후 처음으로 사회주의자 대통령 리카르도 라고스Ricardo Lagos를 뽑았다. 그런데 듀크 대학에서 경제학 박사 학위를 받은 라고스는 다른 직책을 맡았을 때 전혀 사회주의자 같지 않았다. 1990년대 초 교통부 장관으로서 라고스는 전국 고속도로 체계를 확충하면서 민간 기업을 참여시켜 유료 도로를 건설했다. 대통령이 되자 그는 경제 성장 달성이 우선 과제라고 선언했다. "그러고 나서 성장의 결실을 어떻게 분배할 것인가 의논해야 합니다. 그 반대가 되어서는 안 됩니다.[76] 쿠데타 일으키기를 좋아하는 장군이 있다는 건 정말 위험합니다. 하지만 재무장관이 포퓰리스트인 건 더 위험할지 모릅니다." 칠레의 손꼽히는 사회주의자는 아옌데보다 피노체트를 더 따랐다.[77]

불평등에 대한 무관심

최근 20년 동안에도 상황은 크게 달라지지 않았다. 칠레에는 진보적인 정부와 보수적인 정부가 번갈아 가며 들어섰지만 경제 정책은 대개 한결같았다. 불평등에 대한 이 같은 무관심은 태어날 때부터 죽을 때까지 그 영향을 미친다.

부유한 칠레인은 사설 병원의 전용 병실에서 태어난다. 유력 일간지 《엘머큐리오》에는 최고급 산티아고 병원에서 태어나는 신생아 이름이 실린다. 같은 도시 반대편에는 산티아고에서 시설이 가장 좋은 공립 병원이 있는데 이 병원의 산부인과 병동에서는 산모 12명이 한 병실을 쓴다. 영아 사망률이 1973년 출생아 1000명당 63명이었으며 2000년에는 9.2명으로 줄어서 미국보다 약간 높은 수치다. 하지만 이는 평균치다. 저소득층 살림집이 밀집해 있는 도심 인근 지역인 로에스페호에서 2000년 영아 사망률은 로바르네치아보다 4배가 더 높다. 로바르네치아는 부유층이 사는 저택이 들어선 지역으로 안데스산맥의 낮은 구릉 지대에 위치해 있다.[78]

정부가 고령층을 대상으로 내놓은 정책은 더 형편없다. 사회 보장 제도는 1980년 대 초에 민영화되었다. 설계자였던 호세 피녜라_Jose Piñera는 칠레의 2세대 자유 시장 경제학자였다. 그는 시카고보이즈에게 경제학을 배웠고 하버드 대학에서 박사 학위를 받은 뒤 피노체트 정부에 들어와서 정부가 지원하는 칠레의 연금 제도를 대대적으로 정비하는 임무를 맡았다.[79] 피녜라는 1981년 노동절에 새로운 연금 제도를 발표했다. 이는 "칠레 노동자에게 자유와 존엄을 선사하는" 제도

이기 때문이라고 이유를 밝혔다.[80] 이 제도를 30개 이상의 나라에서 따라 했는데 대체로 남아메리카, 아시아, 동유럽의 개발도상국들이었다. 2001년 조지 W. 부시 대통령은 백악관에서 리카르도 라고스를 맞이하며 미국은 "칠레로부터 몇 수 배울 수 있을 것 같습니다"라고 말했다.* 참으로 자유 시장 정책이 지닌 속성에서 이보다 뼈아픈 교훈을 상상하기란 어렵다. 새로 바뀐 연금 제도 때문에 칠레 노동자는 최소한 봉급의 10퍼센트를 민간 기업에 투자해야 한다. 이는 금융 시장 안정화를 도모하고 기업 부문 확장을 모색하는 데 도움이 되었다. 그런데 이 연금 제도는 적절한 연금을 보장하지 않는다. 노동자의 개인 분담금을 기준으로 월평균 연금 수령액이 300달러 남짓이었다. 법정 최저 임금으로 따져 보면 한 달 봉급에 못 미치는 액수였다. 근본 원인은 경제적 불평등에 있었다. 칠레 국민 대다수는 나이 들어 스스로 생활을 책임질 만큼 돈을 벌지 못한다. (피노체트는 자신이 추진한 연금 제도가 실패로 끝나리라고 예측한 듯 군인은 정부가 보장하는 최저 연금을 계속 받겠다는 의견을 굽히지 않았다.) 문제가 복잡해진 이유는 칠레 정부가 이 저축 제도에 지나친 수수료를 부과하는 소규모 투자 회사 집단인 한 카르텔을 지원하고 있었기 때문이다. 그 결과 이 제도는 부를 빈자에게서 부자로 이전하는 효과를 낳는다. 대다수 선진국에서 사회 보장 제도가 작동하는 방식과 정반대다.

2016년 칠레 인구의 거의 10퍼센트에 달하는 사람들이 산티아고

---

* 부시는 정말 배웠다. 2005년 미국 사회 보장 제도를 일부 민영화하는 안을 내놓았다.

와 여러 중소 도시에서 거리로 쏟아져 나왔다. 피노체트 퇴진 이후 가장 큰 정치 시위를 벌이며 연금 제도에 항의했다. 연금 수령액이 겨우 월 150달러인 69세 루이스 몬테로Luis Montero는 이렇게 말했다. "전 한 평생 일했습니다. 이제 그만 손을 놓고 쉬고 싶은데 그럴 수가 없어요. 나이는 점점 들어가는데 무얼 할 수 있을지 모르겠습니다."[81]

낡은 시장 경제 정책을 묵인하는 정치

칠레 국민은 그들 나라가 여러 면에서 라틴 아메리카의 어느 나라보다 번영을 누린다는 점에 자부심이 컸고 자유 시장을 마법의 양념이라고 여겼다. 베네수엘라는 한때 '라틴 아메리카에서 가장 잘사는 나라'라는 수식어가 붙던 나라였는데 그런 베네수엘라가 겪는 고통이 칠레에서도 드러난다. 정부의 경제 정책 개입이 얼마나 위험한지 보여주는 산 교훈처럼 말이다. 2007년 칠레 총선 기간 동안 우파 후보인 세바스티안 피네라Sebastián Piñera는 상대방이 당선되면 칠레는 "칠레수엘라"가 될 것이라고 경고했다. 세바스티안 피네라는 호세 피네라의 동생으로 형처럼 하버드 대학에서 박사 학위를 받은 경제학자였다. 피네라는 낙승을 거두었다.

  칠레에서는 또 정치 참여가 점점 줄어들고 있다. 사회학자 알베르토 마욜Alberto Mayol은 저임금에 시달리는 칠레 국민은 운명을 개척해 나갈 수 없다는 무력감에 빠져 있다고 말한다. "지주라면 총으로 쏠 수 있습니다. 하지만 은행은 쏠 수도 없습니다." 한편 중간 소득층

경제학자의 시대

에 속하는 칠레 국민은 통계상으로 가난한 이들보다 더 투표를 하지 않으려 한다. 마욜에 따르면 이는 중산층이 정부와 거의 교류가 없기 때문이다. 물과 전기는 민간 기업이 제공하고, 자녀들은 사립학교에 다니며, 아프면 민간 병원에서 치료 받고, 운전할 때에는 민자 도로를 달린다. 부유층과 빈곤층은 정부에 혜택을 바라지만 중산층은 별 관심을 두지 않는다.

그런데 더 젊은 세대 사이에서 불만이 눈에 보이게 터져나왔다. 2011년 학생들이 거리로 나와 높은 교육비에 항의하는 시위를 벌였다. 일부는 "프리드먼 반대! 케인스 찬성!"이라고 쓴 손 팻말을 들고 있었다. 7년 뒤 2018년 여름에 몇몇 대학에서 학생들이 수업 거부에 돌입하며 학교 정문에 책상을 쌓아 올렸다. 성폭행 사건을 축소 은폐하려 하자 이에 촉발된 시위였지만 보다 폭넓은 박탈감을 반영했다. 임시 방어벽을 헤치고 들어가 칠레 대학의 법학대학원 앞 계단에 학생들과 함께 앉았다. 이 법학대학원은 오랫동안 칠레의 정치 지도자를 배출해 낸 산실이었다.

법학과 학생인 스물네 살의 마리아 아스투디요Maria Astudillo는 이렇게 말했다. "현재 칠레는 더 이상 번영한 나라가 아니라고 말할 수 있는 사람은 없어요. 자료가 그렇거든요. 하지만 성장을 낳은 과거 방식 때문에 결국 많은 이들이 교육도 잘 받지 못하고 건강도 잘 관리하지 못하며 영양도 충분히 섭취하지 못합니다." 그리고 좌파 정치인들은 "눈을 감고" 불평등에 맞서 투쟁하지 않고 시장 경제 정책을 묵인하고 있다. 친구인 스물한 살의 이시도라 파라Isidora Parra는 현 정치 지도자 세대에는 아무런 희망도 없다고 맞장구쳤다.

파라는 이렇게 말했다. "절대로 자기 방식을 버리지 않아요. 우리는 저들이 어서 세상을 뜨기만을 기다리고 있습니다."

세심하고 정교한 계획이 필요한 공학 체계

2차 세계대전이 끝나고 몇 년 후 미국 관료들은 칠레가 상당한 경제적 잠재력을 지닌 나라라고 생각했다. 반면에 지구 반대편에 있는 섬나라 대만은 원조가 필요한 나라라고 여겼다.* 미국이 지원한 쪽은 중국 내전에서 패했다. 공산주의가 1949년 중국 본토를 장악했을 때 국민군 지도자 장제스는 군인과 지지자 100만 명 이상을 이끌고 대만해협을 건너 퇴각했다.

장제스는 잔당이 된 국민과 전형적인 독재자가 하는 거래를 했다. 그는 번영을 이룩하겠다는 약속을 하는 한편 반대자를 무참하게 탄압해서 피노체트보다 훨씬 더 많은 피를 흘렸다[82]

북한이 1950년 6월 한국을 침공했을 때 중국이 북한을 지원하자 미국은 탈출구를 찾고 있었다. 그리고 장제스가 어찌 되었든 쓸모 있는 동맹군이 될 수 있다고 결정했다. 칠레에서처럼 미국은 전도사를 보내 대만이 경제를 제대로 운영할 수 있도록 가르쳤다. 그런데 이 지점부터 이야기가 사뭇 다르게 펼쳐졌다. 1950년 대만의 1인당 경

---

* 칠레에서 대만까지 여행하려면 지구를 거의 반 바퀴 돌아야 한다. 타이베이의 대척점은 파라과이의 아순시온이다.

제 산출량은 칠레의 약 4분의 1이었다. 1980년 무렵에는 칠레와 똑같은 수준에 이르렀다. 그러더니 2010년에 대만의 1인당 소득이 칠레의 2배가 되었다.[83]

간단히 말하면 대만은 칠레가 다다를 수 없던 번영으로 도약했다. 일반적인 대만인은 조부모가 1950년대에 먹던 고기보다 2배를 더먹고 사는 공간도 7배 더 넓다.[84] 연령이 같은 미국인보다 기대수명도상당히 더 길다. 대만은 이제 선진국에서 가장 경제적으로 평등한 사회가 되었다.

한 가지 이유를 꼽자면 대만이 경제학자들이 건네는 조언을 거부했기 때문이다. 공학자들이 20세기 후반 내내 대만의 경제 정책을감독했다.[85] 이들은 경제를 기계로 바라보았고 그래서 서투르게나마수리하는 일을 겁내지 않았다. 대만의 한 기술 관료는 경제를 "매우세심하고 정교한 계획이 필요한 거대한 공학 체계"라고 묘사했다.[86] 이들은 경제학자에게 조언을 구하고는 정작 간청하지 않은 조언에 귀를기울였다. 시장이 어떤 힘을 지녔는지 시간이 흐르면서 차츰 이해가늘었다. 하지만 대만에서는 공학자가 통제권을 쥐고 있었다.**

** 물론 두 나라 사이에는 다른 중요한 차이점도 있다. 칠레는 천연자원이 풍부한축복 받은 나라다. 그런데 이 축복 때문에 산업 개발에 시급히 노력을 기울여야 한다는 점이 절실하게 다가오지 않았다. 또 칠레는 1950년에 대만보다 부유한 나라였고미국과 사이가 더 가까웠다. 따라서 미국이 수출 시장으로 더 탐내는 상대였다. 대만은 그 입장에서 보면 개발 도상에 있는 이웃에 둘러싸여 있었다. 그리고 국민당이 도착하면서 자본과 인재가 유입되었다.

37.5퍼센트 신부

대만이 발전의 서막을 올린 일이 어쩌면 가장 중요했을지 모른다. 경제 성장에 이로운 환경을 조성했기 때문이다. 장제스가 이끄는 정당인 국민당은 섬에서 대규모로 설탕과 쌀을 재배하는 농장을 없애고 그 땅을 소작농이었던 이들에게 나눠 주었다. 국민당을 창설한 쑨원孫文은 '경자유전耕者有田' 개념을 설파했다. 이는 농사를 짓는 사람이 땅을 소유해야 한다는 의미다. 하지만 중국 본토에서 국민당은 이 공약을 실행하지 않았는데 봉건 지주들에게 신세를 많이 졌기 때문이다. 그런데 대만에서는 이 공약을 지키기가 훨씬 쉬웠다. 대만은 20세기 전반 내내 일본 식민지였고, 새 정착민이 식민지 특권층의 권력을 해체하기를 열렬히 바랐다.[87] 국민당은 소작료에 수익의 37.5퍼센트라는 상한선을 정했다. 당시 일반적으로 소작료를 평균 57퍼센트 걷었는데 이에 비하면 한참 밑도는 수치였다. 그 결과 가정을 꾸릴 만큼 돈을 번다고 갑자기 깨달은 소작농 사이에서 결혼이 유행처럼 번져 이때 결혼한 여성을 '37.5퍼센트 신부'라고 부르기도 했다.[88] 이어서 정부는 국유지를 팔았다. 그러다가 1953년에 사유지를 다시 세분하기 시작해서 1949년 36퍼센트였던 자작농 비율이 이 정책을 마무리할 즈음에는 82퍼센트로 늘었다.[89] 또 정부는 훌륭한 수완을 발휘하여 과거 지주들에게는 국영 산업체 주식으로 보상해서 부가 농업에서 공업으로 옮겨 가도록 했다.

2차 세계대전 후 대만에 파견된 1세대 미국 관리들은 토지 재분배를 지지했으며 비슷한 정책을 한국에서도 추진했다. 하지만 아이젠

경제학자의 시대

하위 행정부는 이 정책을 더 이상 밀고 나가지 않았고, 공산주의자일 지도 모른다는 의혹에 이 정책을 수행하던 미국 경제학자를 해고했다. 한 공화당 하원 의원이 이 결정에 이의를 제기하며 "미국이 아시아에서 취한 반反공산주의 조치 가운데 유일하게 성공을 거둔 것"으로 정확하게 평가한 이 정책이 갑작스럽게 종결되었다.[90]

20세기를 돌이켜 보면 빈곤에서 번영으로 도약한 나라와 그에 미치지 못한 나라 사이에서 중요한 차이점은 토지 소유권의 분배에 있었다고 볼 수 있다. 자작농으로 이루어진 나라가 대규모 농장으로 이루어진 나라보다 더 나았기 때문이다.[91] 동아시아에서 가장 번영한 사회인 일본과 한국과 대만은 대지주의 토지를 몰수하여 일반 대중에게 분배했다. 태국이나 말레이시아, 그리고 여러 라틴 아메리카 나라처럼 대지주의 토지 소유를 그대로 남겨 놓은 나라는 그에 맞먹는 성장을 일궈 내지 못했다.

토지 개혁을 단행함으로써 나타나는 단기적 효과는 일자리 창출이었다. 농장은 늘 일꾼을 더 고용할 수 있었다. 1960년대 중반 대만은 경작지 약 4000제곱미터당 식량 생산량이 미국보다 8배 더 많았다.[92] 장기적으로 토지 재분배는 대만의 발전에 두 가지 중요한 결과를 낳았다. 하나는 두터운 소비자 기반을 형성했다는 점과 더불어 소자본가도 등장했다는 것이다. 또 하나는 지대를 추구하는 특권층과 정부에 의존하는 빈민층의 정치적 힘을 크게 축소했다는 점이다.

개발 경제학자 구스타브 래니스Gustav Ranis의 말에 따르면 동료들은 자신들이 정한 우선순위가 뒤로 밀렸기 때문에 여러 개발도상국에서 정책에 영향을 미치려고 애를 썼다. 이들 경제학자는 공공 정책에서 가장 중요한 목표로 효율성을 강조했다. 반면에 정치적 안정이나 분배의 형평은 성장의 결과로 생기는 혜택으로 여겼다. 래니스는 그 순서가 뒤바뀌어야 한다고 말했다. 정책은 공평해야 할 뿐 아니라 안정에도 이바지해야 한다는 것이다. 그래야 효율성을 올릴 가능성도 커진다. 대만은 부를 재분배하여 성장 추구를 찬성하는 폭넓은 지지 층을 마련했다.

대만 산업화의 지휘자 인중룽

대만의 산업화를 진두지휘한 인물은 인중룽尹仲容으로, 그는 1903년 중국 후난성에서 태어났다. 인중룽의 어머니는 고등 교육을 받은 사람이었는데 당시로서는 흔치 않은 일이었다. 인중룽은 어머니의 뒤를 따라 명문 교통대학에서 전기 공학을 전공하고 1925년에 졸업했다. 인중룽이 젊은 관리로서 일하는 모습을 정부 고위 관료이던 쑹쯔원宋子文이 눈여겨보았다. 쑹쯔원은 쑨원과 장제스의 처남이었다.

　　2차 세계대전 동안 쑹쯔원은 인중룽을 워싱턴으로 보내 원조 문제를 협상했다. 세계대전이 끝나고 쑹쯔원은 인중룽을 국민당 최고경제계획위원회로 보냈다. 인중룽은 교육을 받으려고 1950년에 일본을 방문했고 1951년 다시 일본을 방문해 메이지 유신의 역사를 연구했다. 메이지 유신은 19세기 말과 20세기 초 일본이 처음으로 산업 발전을 꾀하던 시기를 가리킨다. 훗날 그는 이렇게 썼다. "후발 국가"에게 주는 교훈은 "정부가 앞장서서 이끌어야 한다는 것이다. 적어도 처음에는 그렇게 해야 한다. 오로지 자유 경제에 의존하는 정책만으로는 불충분하다."[93]

인중룽은 특히 세 가지 산업 부문에 집중하기로 했는데 전기와 비료와 섬유였다. 그가 이 세 부문을 현대 경제의 구성 요소로 바라본 데에는 그럴만한 이유가 있었다. 첫 조치로 인중룽은 틀을 잡았다. 정부는 비료 공장에 자금 250만 달러를 지원하고 이 공장에 전력을 공급하는 수력 발전소에 자금 100만 달러를 지원했다. 그리고 수입 비료에 관세를 대폭 인상했다. 또 농부에게 국내 비료 비용은 쌀로 지불하도록 요구했는데 이로써 환율이 정부에 유리하게 조정되었다. 정부는 이 수익금으로 산업 발전에 재투자했다.[94]

인중룽이 대만의 섬유 산업을 구축할 때에는 훨씬 덜 교묘했다. 섬유 회사에 미국산 실을 제공하고 설비를 갖추도록 대출해 준 다음 완성한 직물을 사겠다고 약속했다.

이런 유치산업을 대외 경쟁으로부터 보호하자 대만의 산업화는 본궤도에 올랐다. 1951년에서 1954년 사이 산출량이 2배 가까이 뛰어올랐다.[95] 하지만 거의 처음부터 주류 경제학자는 인중룽과 그의 상관에게 경제에서 손을 떼야 한다고 설득했다. 1953년 미국은 대만에 사절단을 파견했다. 여기에는 장제스 정부와 친분이 두터운 중국계 미국인 경제학자 2명도 있었다. 이들이 건넨 조언은 기본적으로 밀턴 프리드먼이 외국 정부에 즐겨 쓰는 처방전과 똑같았다. 대만이 무역을 촉진하려면 변동 환율을 실시해야 하고 시장을 외국 경쟁에 개방해야 한다는 것이었다.[96]

인중룽은 이 방문단을 무시할 수 없었으니 미국이 대만 산업화에 자금을 대고 있었기 때문이다. 대만은 설탕, 아스파라거스, 버섯 통조림과 같은 농산품 수출로 버는 돈보다 해외 설비와 원자재에 쓰는 돈이 더 많았다. 미국은 1950년에서 1965년 사이 대만에 매년 평균 1억 달러 비군사 원조를 제공했고, 이 원조로 대만은 추가 수입 비용의 91퍼센트를 충당했다.[97] 인중룽은 방문한 이 경제학자를 무시하지 않고 끝까지 이야기를 경청한 다음 정중하게 조언을 받아들일 수 없다고 거절했다. 모-환 싱 대만 경제학자는 화를 터뜨리며 "인중룽은 계획 경제 이념에 사로잡힌 앞뒤 꽉 막힌 관료"라고 말했다.[98]

메이드 인 타이완

그런데 1950년대 중반 인중룽은 생각이 바뀌기 시작했다. 그가 비리 사건에 연루되어 1955년에 잠시 공직에서 물러난 때가 있었다. 무혐의로 판명되어 복직했지만 본의 아니게 휴가를 보내는 동안 경제학을 공부했다. 하루는 모-환 싱의 사무실을 찾아가 그가 쓴 기사에 대해 토론하고 싶다고 말했다. 그렇게 해서 두 사람은 친구가 되었다.

인중룽은 자신의 개발 전략이 한계에 이르렀다는 점을 깨닫고 있었다. 예를 들어 대만의 직물 산출량은 국내 수요를 넘어섰지만 복잡한 무역 통제 체제 때문에 기업이 해외 시장을 찾는 데 애를 먹었다. 섬유 공장 일부는 문을 닫기 시작했다. 미국의 관계자들은 원조라는 수도꼭지가 영원히 열려 있지 않다고 경고했다. 개발에 꼭 필요한 기계와 원자재를 구입하려면 대만은 달러가 꼭 필요했고, 이는 곧 외

경제학자의 시대

국에 상품을 더 많이 팔아야 한다는 의미였다.

1957년 인중룽은 정부가 섬유와 더불어 다른 공산품 몇 가지를 신중하게 선택하여 수출을 장려해야 한다고 제안했다. 당시 이는 놀라운 발상으로 여겨졌다. 대만이 본보기로 삼을 만한 뚜렷한 성공 사례가 없었다. 장제스의 고문들 대다수가 반대하며 아직 국내 개발에 집중해야 한다고 주장했다. 한 정부 장관은 이렇게 반문했다. "어떻게 대만이 선진국과 경쟁하길 바랄 수 있습니까?"[99] 인중룽은 대만에는 한 가지 중요한 장점이 있다고 응수했다. 바로 값싼 노동력을 수출할 수 있었다.

인중룽이 결국 설득에 성공했다. 1960년에 정부는 수출 산업 개발에 10억 달러 이상을 투자하는 4개년 계획을 승인했는데 이 돈의 약 3분의 1은 미국이 제공했다.[100] 미국 측 개발 담당 고위 관계자는 대만의 한 지역 대학에서 열띤 연설을 하며 이 계획으로 대만은 아시아 개발의 모범이 될 것이라고 강조했다. 대만의 낙관론자들은 이 계획이 유치한 속임수라며 일축했다. 인중룽의 수석 보좌관인 리궈팅李國鼎은 이렇게 말했다. "더 번영하는 성장의 시대가 다가오고 있다고 아무도 낌새조차 채지 못했습니다."[101]

하지만 이후 30년 이상 대만은 공산품을 수출하여 빈곤을 벗어나 번영을 누렸다.* 해안을 따라 평지에는 중층으로 올린 주택과 금속 지붕을 인 공장이 조각보처럼 맞물려 빽빽하게 들어섰다. 그 풍광이

---

* 1952년에는 농산품이 대만 수출에서 92퍼센트를 차지했고 1972년 무렵에는 그 비중이 16.7퍼센트였다. 최근 수십 년 동안 그 비중은 계속 1퍼센트 미만이었다.

어딘지 성공한 클리블랜드와 닮아 보였다. 인중룽이 1963년에 세상을 떠났을 때 동료들은 격무와 피로에 넌더리를 내며 놀라우리만치 다양해진 소비재마다 꼭 새겨 넣는 이 말을 인중룽의 묘비명으로 쓰자고 제안했다. '메이드 인 타이완'.

수출 기업을 지원하면서 국내 경제가 만개했다.[102] 추첸Chu Chen이라는 한 기업은 1950년대 뿌리는 바퀴벌레약 제조업체로 시작했다가 이어서 세척제도 생산했다. 경제가 성장하면서 생산 품목에 커피도 추가했는데 미스터브라운Mr. Brown이라는 이 커피는 대만의 흔히 보이는 동네 시장에서 팔았다. 그리고 이제 자신만의 커피 전문점을 열었다. 대만이 진정한 번영을 이루자 이 오래된 바퀴벌레약 제조 회사는 싱글몰트 위스키 카발란Kavalan을 생산하기 시작했다.[103]

자유 시장 개혁 지지자는 대만의 성공에 환호했다. 하이에크의 몽펠르랭소사이어티가 1978년에 대만의 수도 타이베이에서 회합을 열었다. 몇 년 뒤에 열린 칠레 회합보다 주목은 덜 받았지만 두 나라 모두 독재 정권이 통치했다. 프리드먼은 《뉴스위크》에 대만과 다른 동아시아 국가는 "주로 시장 원리에 입각해 성장을 이루었다"라고 썼다.[104] 세계은행은 1987년 중요한 보고서를 발표했는데 이 보고서에서 동아시아가 이룬 경제적 성공을 비슷한 표현으로 묘사했다.

그토록 똑똑한 사람들이 어째서 저런 결론에 도달할 수 있는지 이해하기가 좀 힘들다. 그 이유를 일부 설명하자면 대만이 자신이 하고 싶은 일을 하면서 입으로는 미국 내 후원자가 듣고 싶어 하는 말을 했기 때문이라는 것이다.[105] 대만 정부는 1958년에서 1961년 사이 통화의 교환 가치를 내려 수출품이 외국 구매자의 구미를 당기도록 했다. 하지만 통화에 변동 환율을 적용하지는 않았다. 대신에 대만은 이후 25년 동안 대만 달러의 환율을 미국 달러와 똑같은 수준으로 유지했다. 대만 경제가 확장해 나가면서 대만 제품을 구매하는 미국인에 대한 효과적인 할인 혜택 역시 확대되었다. 1980년대 중반 대만 수출품의 절반 가까이가 미국으로 향했다.

대만 역시 전략적으로 무역 장벽을 낮췄다. 거의 무엇이든 수출할 용의가 있었지만 수입품에 부과하는 관세는 1950년대 이후 크게 바꾸지 않았고 1970년대 내내 그대로 유지했다.[106]

핵심 기업은 여전히 국가가 소유했고 정부는 아무런 거리낌 없이 사기업을 감독했다.[107] 예를 들어 섬유 수출을 늘리기 위해 정부는 기업에 생산량의 최소한 60퍼센트를 수출하도록 요구했고 그렇게 하지 않으면 벌금을 물렸다. 또 우수 수출업체에 최고의 대출 조건을 보장했다. 이런 정책으로 대만의 계획 경제에 시장 규율market discipline을 주입했다. 대만은 국가가 지원할 기업을 선택하는 데 정부 관료에 의존하지 않고 세계 시장을 이용했던 것이다.

산업의 체력을 키우고 나서

인중룽은 후임자들에게 경고를 남겼다. 새로운 산업의 씨앗을 뿌릴 때 정부가 중요한 역할을 하는 동안 '온실'을 만들면 안 된다고 말했다. 정부는 씨를 심고 싹을 돌볼 수 있지만 기업은 시장에 심어야 한다는 것이다.[108]

쑨 윈-쑤안이 1969년에 경제장관이 되었다. 그는 인중룽처럼 전기공학을 전공해서 1940년대 미국의 테네시강유역개발공사에서 일한 다음 대만의 전력망 재건 사업을 감독했다. 쑨 윈-쑤안은 리카도의 비교 우위론을 잘 알았지만 별다른 인상을 받지 못했다. 국가가 새로운 전문 분야를 개발하는 경우 어떻게 될 수 있는지에 대해서는 아무것도 알려 주지 않았기 때문이다. 경제장관이 된 뒤 바로 한국을 방문했을 때 쑨 윈-쑤안은 정부가 지원하는 연구소를 둘러보고 깊은 인상을 받았다. 주로 미국에서 교육 받은 한국 학자로 구성되어 있었다. 1973년 쑨 윈-쑤안은 대만 정부를 설득하여 정부 지원으로 대만에 알맞은 연구소를 설립했다. 바로 공업기술연구소였다. 현재 이 연구소에서는 석사와 박사 학위를 지닌 연구원이 5000명 이상 일하고 있으며, 이들 대다수는 기존 기업과 제휴하면서 또는 창업의 씨앗을 심으면서 상업적으로 실현 가능한 안을 개발하는 데 집중하고 있다. 쑨 윈-쑤안은 이 연구소를 여섯째 아이라고 일컬었다.[109]

1970년대 초는 대만에 어려운 시기였다. 중국이 세계에서 외교적으로 인정을 받으면서 고립 상태에 처했기 때문이다. 여기에는 닉슨 대통령의 중국 방문도 한몫했다. 게다가 1971년 대만은 UN에서 탈퇴당하고 중국이 UN 회원국이 되었다. 이 고통은 세계 석유 파동이 닥치며 더욱 깊어졌다. 쑨 윈-쑤안은 자유 시장 경제학자의 조언을 멀리하며 공공사업에 대규모로 투자하는 계획을 통해 다시 성장을 일으키기로 했다. 이 계획에는 신국제공항과 제철소와 조선소 건설도 들어갔다.

쑨 윈-쑤안은 또 새로운 산업을 개발하기로 결정했다. 1974년

2월 그는 몇몇 동료와 타이베이의 한 두유 가게에서 아침 식사를 했다. 이 자리에는 미국 전력 회사인 RCA에서 일한 중국계 미국인 웬 위안 판도 있었다. 그는 쑨 원-쑤안에게 대만은 반도체 산업을 시작해야 한다고 말했다. 그것은 대담한 제안이었다. 대만 공장은 첨단 기술이 아니라 값싼 모조품이 전문이었기 때문이다. 공식 역사에는 쑨 원-쑤안이 딱 두 가지 질문을 했다고 기록하고 있다. 시간이 얼마나 걸리겠는가? 비용은 얼마나 들겠는가? 그러고 나서 대답을 듣고는 고개를 끄덕이며 말했다고 한다. "좋습니다."[110]

새 연구소와 협업해 나가면서 대만은 RCA와 특허 계약을 협상했고 공학자 37명을 미국에 교육생으로 보냈다. 1977년 연구소가 시험 공장을 열었다. 2년 뒤에는 공장을 본격적으로 가동하기 위해 합작 투자 기업을 세웠다. 정부는 또 새로운 산업 지구를 조성하여 자금을 지원하고 특별 세금 우대도 실시했다. 대만 반도체를 제품에 사용하는 공장이 들어설 곳이었기 때문이다. 1983년 즈음 민간이 소유한 대만 기업들이 장난감, 시계, 계산기, 컴퓨터를 생산했고 전자 제품이 섬유를 뛰어넘어 대만의 주요 수출 품목이 되었다. 35년이 흘렀지만 반도체는 여전히 대만 경제의 심장이다.[111]

하지만 성공은 새로운 과제도 낳았다. 경제가 성장하면서 대만 달러와 미국 달러 사이의 환율을 유지하려면 대만이 미국에서 벌어들이는 돈에서 상당한 양을 그대로 두어야 했다. 1980년대 초 달러 가치가 치솟을 때 대만은 한 달에 약 10억 달러가 늘어났다. 작은 섬나라의 외환 보유액이 일본을 넘어서더니 서독에까지 근접했다. 정부는 왜 이 돈을 공공복지에 쓸 수 없는지 대만 국민에게 설명하기가 점점 어려워졌다. 한 야당 정치인은 국민 모두에게 2200달러씩 나눠 주자고 제안했다.[112] 그뿐 아니라 대만은 왜 미국 수입품이 대만 시장에서 외면받는지 미국에 설명하기도 점점 힘들어졌다.

　　대만은 이미 경제적 청소년기의 끝에 다다라 있었다. 국내외에서 압력이 거세지는 가운데 정부는 경제에서 맡던 역할을 줄여 나가기 시작했다. 대만은 통화 가치를 달러 대비 40퍼센트 가까이 올리도록 했고 자본 이동에 대한 통제도 풀었다. 관세를 대폭 내렸고 이 결과 수입이 늘었다. 국민당은 민주 정부로 서서히 변모해 나갔다.

국가의 역할

대만이 번영을 이루며 성공한 데에는 한 가지 주목할 만한 특징이 있다. 새로 일군 부를 비교적 공평하게 분배했다는 점이다. 그런데 대만 정부는 이 결과를 재분배를 통해 이루지 않았다. 과세와 지출은 선진국 기준에서 보면 미미했다. 대신에 대만 정부는 소규모 자작농 사회를 건설하고 교육에 투자하여 국민 대다수가 재정적인 자본과 지적인 자본을 마련하도록 했다. 그 덕분에 국민은 윤택한 삶을 꾸릴 수 있었다. 경제 성장으로 불평등이 우선 늘어났다가 나중에 줄어든다는 경제학자 사이먼 쿠즈네츠의 주장은 유명하다. 하지만 대만에서는 불평등이 우선 줄어들고 나중에도 그 상태를 유지했다.[113]

　　여러 경제학자는 대만이 다른 나라에도 적용할 수 있는 모델이 아니라고 입을 모았다. 그들은 1990년대 초 래리 서머스가 세계은행 수석 경제학자로 활동하던 시절에 내린 판단에 동조했다. "대다수 개발도상국에는 불완전한 정부보다 불완전한 시장에 기대는 편이 성장을 이룩할 가능성이 더 큽니다."[114] 대만과 한국이 정부 통제가 더 느슨했다면 성장 속도가 훨씬 빨랐을 것이라고 주장하는 이는 프리드먼 혼자가 아니었다.[115]

하지만 이 판단에 대만 정부는 동의하지 않으며 계속해서 개발을 계획하고 추진한다. 국립 연구소는 현재 똑같은 건물 두 동으로 이루어져 있는데 두 팔을 벌린 듯한 배치가 인상적이다. 관광 안내인에 따르면 활짝 펼친 두 팔로 산업을 껴안고 있는 듯한 모습이다. 내부에 마련된 전시실에는 연구소가 대만 기업이나 해외 기업과 협력을 이루어 탄생시킨 결실이 진열되어 있다. 터지지 않는 리튬 배터리, 식수를 깨끗하게 거르는 우산, 세계 최소형 반도체의 품질을 시험하는 새로운 장치 등등이다. 연구소와 산업계 사이의 유대를 책임지고 있는 스티븐 수Stephen Su는 이렇게 말했다. "나라가 작을수록 더욱 하향식 체계가 필요합니다. 미국처럼 할 여력이 없습니다."[116]

미국도 다르지 않다. 국가는 늘 산업 개발을 관리했다. 국가 지원을 받는 혁신은 전화, 철도, 비행기, 백신, 그리고 컴퓨터가 그랬듯이 그 역사가 길다. 이 책을 종이로 읽고 있다면 당신은 매우 드문 예외이다. 구텐베르크는 혼자 힘으로 인쇄술을 발명했다. 그런데 이 책을 어떤 종류든 상관없이 전자 기기로 읽고 있다면 당신이 보고 있는 건 매우 드문 예외가 아니다.

경제학자 마리아나 마추카토Mariana Mazzucato에 따르면 정부는 큰 위험이 따르는 연구에 자금을 대는 어디에도 비교할 수 없는 자원을 가졌다. 이와 달리 기업은 일단 진로가 명확해야 투자한다. 마추카토는 이렇게 썼다. "혁신이 추동하는 일이 공공의 이익에 부합한다면 공공 부문은 뒷짐 지고 앉아서 기다리기보다는 혁신을 일으키라고 요구하는 역할을 나서서 해야 한다."[117]

10장

종이 물고기

중상주의가 부활하여 자본주의와 민주주의가 곧 영원히 자취를 감추면, 그럴 가능성도 없지 않은 듯하지만, … 새로운 시대로 전환을 재촉한 이 불확실한 영광은 상업 은행에 돌아갈 것이다.

— 헨리 시몬스Henry Simons, <자유방임주의를 위한 절대 강령A Positive Program for Laisssez Faire>(1934)[1]

1970년 6월 뉴욕의 달러 저축은행Dollar Savings Bank에 5000달러를 예금하면 고객은 믹서, 커피메이커, 다리미가 들어 있는 사은품 목록에서 선물을 고를 수 있었다. 동뉴욕 저축은행East New York Savings Bank에서는 스테이크용 칼을 주었다. 퍼스트내셔널시티 은행First National City Bank에서는 금빛 줄무늬 드레스를 입은 '금발 아가씨'가 최고 2500달러 상금이 달린 '황금 경품'으로 새로운 고객을 끌어모았다.[2]

은행이 앞다퉈 선물 공세를 펴며 고객 유치전에 나선 까닭은 이자 지급으로 고객을 모을 수 없었기 때문이다. 연방 정부는 1930년대 이후 계속 금융 산업을 광범위하게 통제했다. 정책 입안자는 금융 산업 때문에 대공황이 일어났다고 비난하며 어떤 불법 행위도 더는 허용하지 않겠다고 결정했다. 그 규제 내용에는 은행이 예금에 지급하는 이자율과 대출에 부과하는 이자율 상한도 들어 있었다.* 1970년 뉴욕의 대다수 은행은 최대 이자율을 준다고 광고했지만 고객을 은행 문 안으로 끌어들이려면 뭔가를 더 얹어야 했다.

하지만 점점 더 공짜 사은품을 준다는 약속만으로는 부족해졌다. 인플레이션이 은행에서 지급하는 예금 이자의 가치를 갉아먹자 고객들은 상당한 돈을 재무부 증권 같은 다른 대안 상품으로 옮겼다.[3] 비슷한 문제가 금융계 다른 부문에서도 불거졌다. 여러 주 정부와 지방 정부도 채권에 지급할 수 있는 이자율을 제한하는 법의 적용을 받아서 투자자를 끌어모으는 데 고전하고 있었다. 1969년 10월 캘리포니아 주 정부는 채권 13억 달러를 도저히 팔 수 없었다. 학교 건축을 위한 채권이었는데 법정 최고 이자율이 5퍼센트였기 때문이다. 교외 통근자가 거주하는 오클랜드 동쪽의 더블린이란 지역이 빠르게 확장하고 있어서 두 군데에 학교를 새로 지어야 했지만 이 계획을 미룰 수밖에 없었다.[4]

은행 규제 완화와 파산

이후 10년 동안 이 규정을 그때그때 사정에 따라 개정했지만 인플레이션 상승 속도를 따라잡지 못했다.[5] 더 영리한 사업가들이 더 수익성 높게 돈을 넣어 둘 만한 곳을 시장에 내놓으면서 은행은 예금을 계속

---

* 이자율 상한은 고리금지법usury law이라고도 하는데 대공황이 일어나기 오래전부터 있었다. 이 이자율 상한은 전근대적인 법률의 기본 특징으로 현대까지 존속해 있었지만 미국에서는 이런 법이 차츰 느슨해지거나 대공황이 일어나기 수십 년 전에 없어졌다.

경제학자의 시대

잃고 있었다. 막대한 돈이 미국 규제 기관의 손길이 닿지 않는 대서양 건너편 '유로달러' 은행 계좌에 쌓였다. 더 막대한 돈이 은행 계좌처럼 보이도록 고안된 '단기 금융 시장' 뮤추얼펀드에 예치되었다.[6] 월스트리트 중개업체 메릴린치Merrill Lynch는 당좌 예금 계좌 대용품을 만들어 더 높은 이자율을 지급했다.[7]

뉴욕 최대 은행인 시티코프를 향해 그때까지는 느린 걸음으로 다가오던 위기가 1979년 가을 폴 볼커가 통화주의로 기운 뒤에는 새로운 양상을 띠었다. 이자율이 치솟으면서 은행의 차입 비용이 은행이 대출에 부과할 수 있는 이자율 한도를 점차 초과해 버렸다. 시티코프는 특히 취약했는데 최고 책임자인 월터 리스턴이 이자율이 곧 떨어진다고 장담했기 때문이다. 그는 친구이자 함께 테니스를 치곤 했던 밀턴 프리드먼이 설교한 통화주의를 믿었던 것이다. 하지만 현실은 그 기대를 저버렸고 시티코프는 돈을 잃었다.[8]

가장 큰 손실은 비교적 새로운 사업 부문에서 발생했다. 바로 신용카드 대출이었다. 그런데 시티코프의 수석 로비스트 한스 H. 앵거뮐러Hans H. Angermueller는 신용카드 대출도 가장 수월하게 수익이 나도록 돌릴 수 있는 사업 부문일지도 모른다는 사실을 깨달았다. 연방법의 허점을 이용하는 것이었다. 바로 1년 전인 1978년 연방 대법원은 신용카드 회사가 그들이 기반을 둔 주법州法이 허용하는 최고 이자율을 미국 내 어느 고객에게든 부과할 수 있다고 판결 내렸다.[9] 이제 시티코프의 신용카드 부서는 주법만 새로 정하면 되었다.

찰스 E. 롱Charles E. Long 시티코프 부회장은 법이 관대하거나 법을 새로 개정할 의사가 있는 5개 주의 목록을 작성했다. 이 목록에 오른

5개 주 가운데 하나가 사우스다코타였고 이미 이자율 상한을 없앨 절차를 밟고 있었다. 1979년 11월 사우스다코타주 은행가협회는 대출 이자율 한도를 올려 달라고 입법 기관에 청원했다. 높은 인플레이션에 이자율 상한까지 겹쳐 지역 은행은 수익을 낼 방도가 전혀 없는 처지에 놓였다고 주장했다. 법안은 순조롭게 의회를 통과하고 1980년 2월 19일 승인되었다.[10]

하지만 여전히 부족했다. 연방법 때문에 은행이 새로운 주에서 사업을 시작하려면 초청을 받아야 했다. 시티코프 임원진은 사우스다코타로 날아가 일자리 400개를 늘리겠다고 약속했다. 시티코프 측이 바라는 초청장 내용을 사우스다코타 주지사 빌 장클로우Bill Janklow에게 전했다. 1980년 입법 심의 기간 마지막 날 필요한 입법 절차에 들어가서 같은 날 상원과 하원을 모두 통과하고 날이 저물기 전에 장클로우가 서명했다. 장클로우는 또 일자리 요구는 긴급을 요하는 일이며 따라서 이 법은 즉시 시행해야 한다고 언명했다.

시티코프는 뉴욕에서 비슷한 법을 힘겹게 통과시킨 뒤에 약속을 지켰다. 롱아일랜드에서 수폴스로 일자리 400개를 이전했고 다시 일자리 2600개를 더 늘렸다.

다른 기업들도 시티코프를 재빨리 따라 해서 사실상 신용카드 대출에 대한 규제가 풀린 셈이었다. 그 결과가 이후 규제 완화 과정의 방식을 결정했다. 대출이 급격히 늘었다. 어떤 사람에게는 이자율이 높아도 신용으로 쉽게 이용할 수 있어서 힘이 되었다. 하지만 어떤 사람에게는 재앙이었다. 1990년대 중반 신용카드 사용이 급증하면서 개인 파산을 신청하는 인구 비중이 매년 5배씩 늘었다.[11]

한편 소비자 단체는 예금 이자율에 대한 규제 완화를 지지하는 활동을 폈다. 고령층을 대변하는 조직인 그레이 팬서Gray Panther는 연방 은행 감독기관을 고소했다. 은행 이자율 제한은 빈자에 대한 차별의 한 형태라고 주장했다. 부자는 훨씬 수익성 좋은 곳에 돈을 예치해놓을 수 있었기 때문이다. 그레이 팬서는 은행이 지점마다 창문에 이런 팻말을 붙여야 한다고 야유했다. "경고: 저축 예금은 여러분 재산에 위험할 수 있습니다!" 이 활동은 랠프 네이더와 소비자 단체 가운데 특히 미국은퇴자협회가 앞장서 지원했다.[12]

카터 대통령은 경제 규제 완화에 대한 약속을 더 넓게 적용하여 1979년 5월 의회에 은행 예금의 이자율 상한을 단계적으로 폐지할 것을 요구했다. 의회는 1986년까지 상한선을 폐지하는 법안을 이듬해 통과시켰다. 레이건 행정부는 1986년보다 더 빨리 폐지해야 한다고 결정했다. 새 재무장관으로 임명된 도널드 리건은 "가능한 한 신속하게" 규제 완화를 밀어붙였고, 의회는 1982년 그 시기를 앞당기는 데 동의했다.[13]

이자율 상한 폐지로 은행은 궤도에 올랐지만 이와 유사한 분야로 담보 대출에 주력하며 은행보다 예금에 더 높은 이자를 지급할 수 있었던 저축대부조합 같은 특수 은행은 치명타를 입었다. 특혜가 사라지자 여러 저축대부조합은 살아남으려 더 위험한 투자를 늘렸다.

1980년대 말과 1990년대 초 그 청산 절차 때문에 납세자가 부담한 비용은 2100억 달러에 달했다. 이 액수도 만만치 않아 보였지만 규제 완화에 지불할 계산서는 이제부터 속속 도착하기 시작했다.

효율적 시장 가설의 함정

정책 입안자가 20세기 중반의 은행 규제 제도를 유지했다면 현 금융 위기 시대를 막을 수 있었다는 향수 어린 이야기는 근거가 없다. 이자율 상한을 비롯한 저 규제들은 폐지되기 전부터 유명무실했다. 하지만 정책 입안자가 빠르게 변화하는 금융 산업에 맞춰 새로운 규정을 제정하려는 노력을 거의 기울이지 않은 점은 명백한 잘못이었다. 금융 규제 기관은 공공연히 금융 규제를 무시했다. 그들은 시장 주체가 위법을 감시하고 재정 안정성을 유지해야 한다고 주장했다.

이 같은 신념은 온갖 유형의 시장을 사랑하지만 특히 금융 시장에 각별한 애정을 쌓아 온 경제학자들에게 깊은 영향을 받았다. 이런 신념을 순수하게 표현한 이론이 바로 '효율적 시장 가설efficient markets theory'이다. 이 이론에서는 금융 시장을 오로지 교과서에서만 찾을 수 있는 어떤 완벽에 가장 가까운 형태로 바라본다. 시카고 대학 경제학자 유진 파머Eugene Fama가 1965년 이 신념에 정당성을 부여했다. 파머는 1926년에서 1960년 사이 주가 자료를 꼼꼼하게 살펴보고, 주가가 이용 가능한 정보를 전부 온전히 반영한다고 결론 지었다.[14] 경제학의 표현으로 가격이 '효율적'이라고 말했다.[15] 이는 결국 시장은 안정적이고 스스로 조정하는 힘이 있음을, 그래서 규제는 거의 소용이 없음을 가리켰다.

20세기 마지막 25년인 1975년부터 2000년까지의 기간은 금융 산업이 혁신과 폭발적인 성장을 이룬 시기였다. 그리고 금융 시장을 하나의 이상향으로 바라본 파머의 관점은 정부가 막 떠오르는 금융

경제학자의 시대

활동 부문에 새로운 규정을 정할 필요가 없다고 정책 입안자를 설득하는 데 지대한 영향을 미쳤다. 이 새로운 시장 가운데 가장 크고 가장 중요한 부문이 급격하게 성장한 신용 파생상품credit derivative이었다.

파생상품은 다른 가격의 변동에 거는 내기다. 최초라고 알려진 사례는 가장 오랜 문서라고 볼 수 있을 만큼 그 역사가 오래되었다. 메소포타미아 농부들이 앞으로 수확할 곡물을 특정 가격에 팔겠다는 계약서가 그것이다. 현대적인 파생상품은 미국의 비옥한 초승달 지대에서 처음 출현했다. 남북전쟁이 발발하기 직전 시카고에 들어선 선물시장이다. 이 곡물 계약은 보험의 형태로 시장에 나왔고, 이 때문에 농부는 추수를 앞두고 가격을 묶어 위험을 줄일 수 있었다. 하지만 파생상품을 이용해 위험을 키울 수도 있었다. 예를 들어 투자자는 자신들이 소유하지 않은 곡물을 주겠다고 약속할 수 있다. 계약한 곡물을 자신들이 팔기로 한 가격보다 더 싼 가격으로 살 수 있으리라고 보고 내기를 걸 수 있다.

금융 규제 완화가 새로운 시장을 만들고 따라서 새로운 위험을 낳으면서 금융 공학자는 위험을 대비한 보험이자 새로운 도박을 벌일 기회로 새로운 유형의 파생상품을 선보였다. 1970년대 중반 환율 파생상품이 첫 번째 대유행의 포문을 열었다. 1980년대 이자율 파생상품은 두 번째 대유행의 방아쇠를 당겼다. 하지만 이 두 경우는 1990년대 초 밀려들기 시작한 물결에 비하면 새 발의 피였다. 영악한 은행가가 신용 파생상품을 대중화했는데 이 상품은 대출자가 빚을 갚지 못할 확률에 투자자가 내기를 걸도록 했기 때문이다.[16]

신용 파생상품 시장은 드러났듯이 어마어마하게 컸다. 신용부도

스와프credit default swap로 알려진 단일 파생상품의 가치가 1990년대 초에는 말 그대로 0달러였지만 2007년에는 추산이지만 62조 달러로 치솟았다. 이 규모는 같은 해 세계 경제 산출량의 가치보다 컸다.[17]

대공황 시대 정부의 규제는 신중하게 상업 은행의 활동에 제약을 가했다. 하지만 금융업계 변호사는 이들 법이 새로운 파생상품의 출현을 예상하지 못했고 따라서 은행이 그 시장에 뛰어들지 못하도록 막지 못했다고 결론 내렸다. 이에 일부 규제 기관은 새로운 규정을 정할 필요가 있다고 제안했다. 미국에서 가장 중요한 금융 규제 기관인 뉴욕 연방준비은행 총재 E. 제럴드 코리건E. Gerald Corrigan은 1992년 1월 은행가들이 밀밀하게 모인 자리에서 연설을 했다. 코리건은 시치미를 뚝 떼고는 그 많은 투자자가 갑자기 신용 보험이 왜 필요한지 이해하는 데 꽤 애를 먹고 있다고 좌중을 훑어보며 말했다. 도박을 자제하라는 메시지였던 것이다. "제 말이 경고로 들리기를 바랍니다. 정말 경고니까요."[18]

이에 금융계는 1993년에 두툼한 보고서를 제출했다. 제목을 "보라, 우리의 책임감 강한 모습을"이라고 붙였어야 하는 이 보고서는 파생상품 거래에 대한 모범적인 운영 상태를 상세하게 다루었다. 결론을 명확하고 간결하게 요약하자면 정부가 개입할 필요가 없다는 것이었다. 대신에 은행이 고객에게 은행과 거래할 때에는 주의를 기울여야 한다는 유용한 조언을 건넸다.[19]

파생상품 산업을 대변할 목적으로 새로 설립된 한 업계 단체의 대표인 마크 브릭켈Mark Brickell은 열렬한 자유지상주의자였다. 그는 "규제는 혁신에 내리는 사형선고"라는 하이에크의 경고를 즐겨 인용했

경제학자의 시대

다. "시장은 어느 정부보다 과잉을 훨씬 잘 바로잡습니다. 시장 규율은 현존하는 최고의 규율입니다."[20]

이듬해인 1994년 캘리포니아주 오렌지카운티가 파산 신청을 했다. 오렌지카운티의 재무 책임자가 높은 수익을 쫓아 10억 달러 이상을 파생상품에 투자했는데 이 돈을 모두 잃고 난 후였다. 카운티의 납세자가 이 손실을 메꾸는 데는 23년이 걸렸다.[21] 1994년에도 프록터앤드갬블Procter & Gamble, P&G이 1억 5000천만 달러 이상을 파생상품으로 잃고 새 시장을 이끌던 뱅커스트러스트Bankers Trust를 고소했다. 증거 중 하나가 뱅커스트러스트의 교육 과정을 찍은 녹화 테이프였다. 이 테이프에서 한 교육자가 우량 기업 2곳과 관련된 파생상품 거래를 예로 들며 뱅커스트러스트의 역할은 "이들 기업을 속여 돈을 빼앗는 것"이라고 친절하게 설명했다.[22]

과장법이 아니었다. 폴 볼커가 금융의 번성에 기여한 공로로 노벨 경제학상을 수상한 윌리엄 샤프William Sharpe에게 이 모든 혁신이 경제 성장에 얼마나 보탬이 되는지를 물었다. 샤프가 대답했다. "전혀 도움이 되지 않습니다." 샤프는 자신이 보기에 파생상품은 단지 누군가 이 사람한테서 돈을 빼앗아 저 사람한테 주는 것에 불과하다고 설명했다. 하지만 이렇게 덧붙였다. "재미는 쏠쏠합니다."[23]

오렌지카운티나 P&G 사례는 세간의 이목을 끌었다. 이 일로 일부 하원 의원이 금융계의 호언장담에 의구심을 품었다. 몇몇은 법안을 제출했다. 브릭켈은 분노와 경멸을 담아 이 법안을 공격했고, 귀를 기울인다 싶으면 누구에게나 하원 의원이 멍청하다고 토로했다. 정책 기관도 동조했다. 앨런 그린스펀 연준 의장은 하원 의원들에게 차분히 이렇게 말했다. "파생상품 시장을 비롯해 금융 시장에 발생하는 위험은 민간 관계자가 규제하고 있습니다."[24] 코리건 또한 이미 새로운 시각을 드러냈다. 그는 뉴욕 연방준비은행에서 골드만삭스 고위직으로 옮긴 뒤 금융계는 자신의 문제를 스스로 해결할 수 있게 해야 한다고 주장했다. 이 문제에 관해 재무부 전문가인 프랭크 N. 뉴먼Frank N. Newman은 규제에 반대하고 나선 후 뱅커스트러스트에 자리를 잡았다. 두 사람은 운 좋게도 세력 있는 이념을 옹호하면서 개인의 치부를 쌓는 탄탄대로에 올라탔다.[25]

법안들은 온데간데없이 사라졌고 1995년까지 관심은 되살아나지 않았다. 싱가포르의 한 중개인이 파생상품에 돈을 걸어 영국의 신망 있는 금융 기관인 베어링 은행Barings Bank이 무너질 때까지 그랬다. 이 사태에서 배운 교훈이 없냐고 브릭켈에게 물었다. 브릭켈은 베어링 은행이 보다 신중하게 위험을 관리했어야 한다고 대답했다.[26]

정부 지원을 받으며 정부를 혐오한 그램 박사

필 그램Phil Gramm은 텍사스 A&M 대학 경제학과 교수로, 1969년 웬디 리Wendy Lee가 경제학과 교수직에 지원하여 면접을 볼 때 처음 만났다. 리가 칼리지스테이션에 도착하고 6주 뒤 두 사람은 결혼했다.[27] 이들은 시장을 사랑했고 정부를 혐오했다.

그램은 자신의 관점이 인생 경험에 뿌리를 두고 있다면서 한 인터뷰에서 말했다. "저는 자유 기업 제도free enterprise system를 믿지 않습니다. 증거를 믿습니다."[28] 그런데 그 증거란 것이 좀 이상했다. 그램은 1942년 조지아주의 한 군인 집안에서 태어나 주립대학을 졸업하고 정부 장학금으로 박사 학위를 따고 나서 텍사스 A&M 대학에서 교편을 잡았다. 그리고 이 대학에서 서른 살 젊은 나이에 종신 교수가 되었다. 정부가 30년 동안 그램의 이름을 인명부에 올려서 자신은 남은 여생 동안 정부의 지원을 받으리라고 확신했다.

한편 그램은 색다른 정부 일을 해 보기로 결심했다. 1978년 하원 의원에 선출되었는데, 민주당 의원으로 입성했지만 1981년 의회 예산 위원회 내 소수당인 공화당과 손잡고 예산 삭감 종합안을 통과시키면서 세간을 깜짝 놀라게 했다. 민주당 하원 의장인 팁 오닐Tip O'Neill 이 1983년 그램을 위원회에서 제명하자 그는 의원직을 사임하고 공화당에 등록한 다음 5주 뒤 특별 선거를 통해 똑같은 자리를 차지했다. 그램은 유권자에게 말했다. "저는 팁 오닐이냐 여러분이냐 선택해야 했습니다. 그리고 저는 여러분들 곁에 서기로 했습니다." 오닐의 판단은 다음과 같았다. "저는 그램이 레이건보다, 다른 어느 누구보다 미국이 빠진 혼란에 더 책임이 있다고 봅니다."[29]

1984년에 그램은 상원 의원이 되었다. 그램의 상대 후보 선거 운동에서 자문을 맡았던 마크 맥키넌Mark Mckinnon은 《워싱턴포스트》와 한 인터뷰에서 그램을 과소평가하기 쉽다고 말하면서 "생김새가 거북이 같고 목소리가 수탉 같기 때문"이라고 그 이유를 밝혔다. 그러고는 "그램에게는 어느 누구보다 먼저 대중의 분위기를 읽어 내는 신묘한 능력이 있습니다"라고 덧붙였다.[30] 그램은 새로운 유형의 포퓰리즘 공급자가 되어서 연방 정부에 점점 의존하는 미국인과 그런 의존에 점

필 그램과 웬디 리 그램. 두 사람은 전 경제학 교수로 규제 완화 전문가가 되었다. 1983년 레이건 대통령과 함께. (로널드 레이건 도서관)

점 분노하는 미국인의 불만을 이끌어 냈다.

다시 워싱턴으로 돌아온 그램은 1985년 자동적인 지출 삭감에 힘입어 연방 정부에 법정 지출 한도를 부과하는 첫 연방 법안을 통과시키며 곧 주목을 받았다. 이 법안은 법원이 기각했지만 이후 활동이 어떤 방향으로 나아갈지를 제시했다. 그렇다면 갓 상원 의원이 된 그램은 어떻게 획기적인 법안을 마련했을까? 훗날 그는 이렇게 말했다. "저 이외에 다른 사람들이 이 문제를 해결할 방안을 찾아 앞으로 나서길 기다렸습니다. 그런데 그런 사람이 단 한 명도 없었습니다. 97번까지 검토하며 내려가서야 묘안이 떠올랐습니다. 정치 논쟁에서 가장 영향력을 크게 떨치는 말이 있습니다. '제게 묘안이 떠올랐습니다'입니다."[31]

웬디 리는 남편과 함께 워싱턴으로 옮겨 와서 레이건의 반규제 활동의 최전선에서 일했으며, 연방거래위원회 제임스 C. 밀러 3세의 보좌관으로 행정부에 합류했다. 리의 인생 이야기는 자유 기업을 옹호하기에 더할 나위 없는 사례였다. 조부모는 한국 이민자로 하와이 사탕수수 농장에서 일했다. 아버지는 출세하여 사탕수수 회사 경영진이 되었다. 리는 1945년에 태어나서 웰즐리 대학을 졸업하고 노스웨스턴 대학에서 경제학 박사 학위를 받았다. 텍사스주에서 10년도 채지내지 않았지만 말할 때 텍사스 사투리를 심하게 썼다.

리는 빠르게 승진했고 곧 밀러가 맡았던 일을 이어 받아 상정된 법안을 검토했다. 리의 강경 노선 때문에 레이건은 리를 "내 총애하는 경제학자"라고 표현했다.[32] 1987년 12월 레이건은 리를 상품선물거래위원회Commodity Futures Trading Commission, CFTC 위원장으로 임명했다. 리는 위원회 직원을 위한 교육 과정을 개설했는데, 상품 중개인과 보수주의 경제학자가 주로 강연자로 나서서 규제는 성장을 저해한다는 리의 관점을 심어 주었다. "여기에 규제 약간, 저기에 규제 약간, 그러다 곧 경제가 빨간 끈에 목이 졸려 죽습니다"라고 말했다.[33] 또 급성장하는 파생상품 시장을 감독하는 위원회의 권한을 제한하려 애썼다. 1993년 1월 퇴임하기 전에 마지막으로 한 일이 에너지 가격에 대한 특정 투자에 면세를 확정한 것이었다. 이런 변화는 빠르게 성장하는 휴스턴의 에너지 회사 엔론Enron이 바라던 내용이었다. 5주 뒤 리는 엔론의 이사진이 되었고 여기서도 계속 파생상품 규제를 공격했다. 그해 가을 리는 《월스트리트》에 글을 한 편 실어 새로 상정된 규제안에 격렬하게 반대했다. 전 동료와 함께 의회에 "우리가 이해하지 못한다고 해서 지나치게 규제해서는 안 된다"라고 촉구했다.[34]

"문제가 있다는 어떤 증거도 보지 못했습니다"

1996년 8월 브룩슬리 본Brooksley Born이 CFTC 위원장이 되어 웬디 리가 한때 했던 일을 맡았다. 얼마 지나지 않아 본은 앨런 그린스펀의 초대를 받았다. 이 자리에서 그린스펀은 시장이 사기를 단속한다는 자신의 견해를 설명했다. 변호사였을 때 종종 금융 사기 피해자를 대변했던 본은 순간 당혹감에 휩싸였다. 이 피해자들 가운데에는 텍사스주 석유 회사의 상속인인 헌트Hunt 형제가 1970년대 말 은 시장을 독점하려는 전설적인 활동 때문에 피해를 입은 사람도 있었다. 본은 헌트 형제를 멈춰 세운 것이 시장이 아니었음을 알고 있었다. 그들을 멈추게 한 것은 바로 CFTC였다.[35]

본은 곧 신용 파생상품 시장에 관심을 가졌다. 그리고 기록 보관이나 보고 요구처럼 가장 기본적인 규제 형태마저 금융업계가 완강하게 반대하는 모습을 보고 충격을 금치 못했다. "저는 의아했습니다. 도대체 무엇을 이 시장에 감춰 놓아야만 했을까? 왜 이 시장은 한 치 앞도 보이지 않는 캄캄한 시장이 되었을까? 이런 상황 때문에 저는 몹시 의심스러우면서도 걱정스럽기도 했습니다."[36] 본은 1998년 초 직원들과 함께 조심스럽게 대중 의견 수렴에 대한 요구라는 규제의 첫 단계를 준비하기 시작했다. 하지만 금융계가 이의 제기할 기회를 갖기도 전에 클린턴 행정부가 나서서 본의 계획을 막으려 애썼다. 《워싱턴포스트》에 따르면 당시 로버트 루빈 재무장관을 대행하던 래리 서머스가 본을 불러 말했다. "제 사무실에 은행가가 13명이 몰려 왔습니다. 하나같이 당신이 이 계획을 밀고 나가면 2차 세계대전 이후 최악의 금융 위기가 닥친다고 입을 모읍니다."[37] 그해 4월 본은 루빈과 그린스펀과 증권거래위원회 위원장인 아서 레빗Arthur Levitt이 참석한 회의에 호출을 받았다. 세 사람은 돌아가며 그 계획을 포기하라고 종용했다.

규제 혐오가 워싱턴에서 최고조에 달했을 때에는 규정을 제안하는 논의라도 해 보자고 말만 꺼내도 원자 폭탄급 불기둥을 일으켰다.

본이 그 규제안을 발표했지만 예상한 위기는 닥치지 않았다. 하지만 정부 각 부처에서 본의 반대자들이 즉각 특별 성명을 발표하며 "깊은 우려"를 표명했다. 그들은 CFTC의 권한에 의문을 제기하고 의회가 개입해야 한다고 촉구했다. 7월 청문회에서 서머스는 본이 "그러지 않았다면 번창일로를 걸어갔을 시장에 규제 불확실성이라는 그림자를 드리웠다"라고 의회에서 진술했다. 이에 깊이 공감하는 청중이 한 명 있었으니 필 그램이었다. 그램은 "이 시장에 문제가 있음을 내비치는 어떤 증거도 저는 보지 못했습니다"라고 말했다.[38]

두 달도 채 지나지 않아 따끈따끈한 증거 한 묶음이 쿵 하는 소리와 함께 도착했다. 롱텀캐피털매니지먼트Long-Term Capital Management가 화려하게 무너져 내렸다. 이 거대 헤지펀드는 규제 완화 옹호론을 지지하며 이론적 근거를 제공하던 경제학자 일부가 운영했다. 전망이 아니라 규제가 미비하여 또다시 위기를 일으켰다. 본의 표현에 따르면 이는 '경고음'이었다. 하지만 아무도 개의치 않았다.

서머스와 그린스펀은 시장이 붕괴하기 쉽다는 점을 이미 알고 있었다. 게다가 두 사람 모두 시장이 완벽하게 효율적이라는 점도 믿지 않았다. 서머스는 다섯 단어로 된 불후의 반박을 내놓은 장본인이었다. "바보들은 어디에나 있다. 주위를 둘러보라."[39] 그린스펀은 일부 캐리커처와 달리 금융 위기에 상당한 두려움을 갖고 있었다. 하지만 두 사람 다 불완전한 두 가지 선택 사항 가운데 시장 규율이 그나마 낫다고 여겼다. 롱텀캐피털매니지먼트가 무너진 뒤 1998년 말 의회가 현명한 이 두 사람을 소환했을 때 그린스펀은 이렇게 증언했다. "어떤 조치를 세워 감독해야 사람들이 바보 같은 잘못을 저지르지 않도록 막을 수 있을지 저도 모르겠습니다."[40]

클린턴 행정부는 본의 규정 작성 권한을 일시 정지해 달라고 의회에 요청했다. 필 그램은 한 발 더 나아가기로 했다.[41] 그램은 1995년 상원 은행위원회 위원장이 되었고, 이 직책을 맡는 동안 정부 지출을 낮추는 일보다는 규제를 줄이는 일을 더 잘해 냈다.[*] 그램은 조항 하나를 작성하여 2000년 12월에 보다 포괄적인 법안에 살짝 끼워 넣었다. 정부가 파생상품 시장에서 상당한 부분을 규제하지 못하도록 금지하는 내용이었다. 금융업계 로비스트인 브릭켈은 그 법이 "문을 닫고 못을 쾅쾅 박은 격"이라며 크게 기뻐했다.[42]

의협심 넘치는 성 안 기사들의 야합

규제 완화에 대한 지지는 외국과의 경쟁이라는 두려움 때문에 더욱 힘을 얻었다. 뉴욕주 민주당 상원 의원 찰스 슈머Charles Schumer는 동료들에게 "미국은 명실상부 세계 금융 중심지로서 지배적인 지위를 누려 왔습니다. 이제 그 미래가" 대형 은행이 금융 슈퍼마켓이 되도록 허용하느냐 마느냐 결정하는 1999년 법안 표결에 달렸다고 말했다.[43] 이

---

[*] 필 그램은 금융서비스현대화법인 그램 리치 블라일리법Gramm-Leach-Bliley Act을 발의했다. 1999년에 제정된 이 법은 상업 은행과 금융 시장 사이의 장벽을 완전히 허물었다. 그리고 이 법 덕분에 시티그룹Citygroup 같은 기업이 약탈적 담보 대출부터 기업 합병 자금 조달에 이르기까지 광범위한 금융 활동을 벌이며 수익을 추구할 수 있는 금융 슈퍼마켓을 설립할 수 있었다. 그램은 당시 대공황 시대의 법은 새로운 법안으로 그 효력을 상실한다고 언급하며 말했다. "우리는 이제 글래스 스티걸법Glass-Steagall Act을 폐기해야 합니다. 정부가 해법일 수 없음을 배웠기 때문입니다. 자유와 경쟁이 그 해법임을 배웠기 때문입니다." 이 1999년 법에는 환영도 비난도 지나치게 쏟아졌지만 규제 기관이 장벽 대부분을 이미 허물어뜨린 뒤였다.

와 비슷한 말이 파생상품 규제를 반대하는 측에서도 나왔다.

대서양 건너편에 있는 정책 입안자들이 유사한 주장을 내세웠다. 대영 제국이 영광을 떨치던 시절 런던증권거래소는 세계 금융의 뜨거운 중심이었지만 2차 세계대전 후 수십 년이 흐르면서 그 명성이 퇴색했다. 회원 자격은 영국 회사로 제한했고 영국 회사가 발행한 주식만 거래했다.

하지만 중개 회사는 여전히 돈을 많이 벌었는데 일부가 서로 가격 경쟁을 벌이지 않기로 합의했기 때문이다. 고객은 중개인을 선택할 수 있었지만 수수료는 똑같았다. 1970년대 중반 미국 규제 기관은 월스트리트 회사들이 집단적으로 가격을 정하지 못하도록 강제했고 경쟁은 가격을 내렸다. 이 모습에 힘입어 영국 규제 기관도 런던증권거래소 조사에 착수했다.

이 문제를 이어받은 대처 정부는 런던증권거래소가 자체 규정을 마련하기를 더 바랐다. 대처의 내부 싱크탱크인 "폴리시유닛Policy Unit"을 총괄한 존 레드우드John Redwood는 시장 지향 정책의 열혈 옹호자였다. 1984년 6월 연설에서 레드우드는 런던증권거래소의 증권 거래인을 "거대한 성에 사는 의협심 넘치는 기사"에 비유했다. 서로를 매우 깍듯하게 존중했지만 그 이외 사람들은 서슴없이 약탈했기 때문이다.[44] 레드우드는 이 비유를 확장하며 해결책은 성을 점령하는 것이 아니라 도개교를 내리라고 기사를 설득하는 것이라고 말했다.

1980년대 중반 런던증권거래소 임원진은 현대화 준비를 마쳤다. 고정 수수료를 없애고 외국 기업에도 거래소 입회장 문을 열었다.

대처의 일부 고문은 가격 경쟁을 새롭게 강조하면 비윤리적 행동

경제학자의 시대

을 부추길 수 있다고 경고했다. 이는 인간 조건을 날카롭게 이해한 지적이었다. 1990년대 이스라엘의 하이파라는 도시에서 일어난 한 사례를 살펴보자. 어린이집은 보통 오후 4시에 하루 일과를 마쳤다. 부모들은 대부분 늦지 않게 아이들을 데리러 왔다. 늦으면 교사에게 부담이 되리라는 점을 알고 있었다. 하지만 종종 늦는 일이 일어났고 늦게 오는 부모는 매번 거의 정해져 있었다. 유리 그니지Uri Gneezy라는 경제학자가 어린이집 여섯 군데를 설득해서 시간을 지키지 않는 부모에게 벌금을 물리겠다고 발표하게 했다. 그리고 그 결과를 계속 자율에 맡긴 어린이집 네 군데와 비교했다. 자, 어떤 결과가 나왔을까? 아이를 늦게 데리러 오는 부모에게 벌금을 물린 어린이집에서 지각하는 부모의 수가 2배로 늘어났다. 벌금 제도를 접한 부모가 늦게 올 가능성이 더 컸던 것이다. 이들 부모는 자신들이 일터나 시장 혹은 체육관에서 보낼 수 있는 시간을 몇 분 더 구입한다고 여겼다. 그들은 죄책감을 느낄 필요가 없었다. 돈을 지불했기 때문이다. 더구나 이런 행동 변화는 정책보다 더 오래갔다. 벌금 제도가 없어진 이후에도 부모들은 계속 늦게 왔다. 사회 규범이 거래로 대체되어 버렸다.[45]

금융 시장에서 일어난 가장 중대한 변화는 고객의 이해에 따라 행동할 의무가 은행가에게 있다는 가치관이 종말을 맞이했다는 점이다. 분명 은행가는 규제 완화 이전 시절에도 고객 돈을 터는 데 꽤 힘을 쏟았다. 하지만 최근 수십 년 사이 보다 뜨거운 열정으로 그 일에 매진하면서 더 큰 성공을 거두었다. 시티코프 전 회장인 존 리드John Reed의 주장에 따르면 월스트리트 무역 회사와 상업 은행의 통합으로 인해 문화적으로 장기적 관계에 역점을 두던 태도가 단기 이익 실현에 초점을 두는 자세로 바뀌었다.[46] 잘못된 행위에 따른 보상이 배로 뛰었는데도 당국은 놀라우리만치 화이트칼라가 저지른 범죄 행위의 처벌에 관심을 보이지 않았다.

대처의 측근들이 이 문제를 논의했지만 대다수는 가격 경쟁 편에 섰다. 나이젤 로손Nigel Lawson 재무장관은 영국은 경쟁국과 보조를 맞출 필요가 있다고 주장했다. 레드우드는 투자자가 시장을 감시할 것이라고 거들었다. "사람들은 대체로 자기 돈에는 주의를 바싹 기울이는 법입니다."[47]

1986년 10월 27일 런던증권거래소의 변신은 '빅뱅'으로 불렸다. 미국과 유럽 대륙의 은행이 역사를 자랑하는 금융가 시티오브런던으로 몰려와 수많은 팩맨처럼 신성한 영국 중개 수수료를 게걸스럽게 먹어 치웠다.[48] 입담꾼들은 시티오브런던을 외국인 선수의 천하가 되다시피 한 테니스 대회 윔블던에 비유했다.[49]

중개 수수료는 곧 반토막이 났으며 런던 시장의 거래량은 약 2배로 늘어났다.[50] 장기적 영향을 살펴보면 런던은 금융의 중심지란 지위를 되찾았다. 런던은 달러로 표시한 광범위한 금융 자산에서, 환율에서, 차입 비율이 높은 미국 주택 시장에 대한 도박에서 보다 선호하는 거래 시장이 되어 뉴욕을 앞질렀다. 이 모두가 런던에서는 규제가 훨씬 약하다는 중요한 사실 때문이었다. 어쩌면 미국 정부보다 더 자유방임주의적인 태도를 보이는 다른 정부가 있을 수 있다는 점에 깜짝 놀랐을지도 모른다. 하지만 정말 그랬다. 영국은 1997년에 규제를 단일 기관으로 통합했다. 첫 기관장은 나중에 이 기관의 철학이 민간 거래에 간섭하지 않는 것이라고 설명했다. 그리고 덧붙였다. "은밀한 야

합이요? 그건 그들 문제입니다. 전적으로."[51]

돈이 쏟아져 들어오자 런던은 한때 뱃짐을 부리던 부둣가에 새로 금융가를 세웠다. 돈의 이동이 제품의 이동보다 영국 경제에 더 중요해졌다. 금융 회사에서 거둬 들이는 법인세 비중이 '빅뱅' 이전에는 약 12퍼센트였는데 2000년에는 최고 36퍼센트에 이르렀다.[52]

하지만 그 이득은 소수에게만 돌아갔다. 레드우드의 비유를 빌리면 성 안에 사는 기사들만 배를 불렸다. 그리고 그 돈을 얻는 대가로 기사들은 세계 경제를 날려 버렸다.[53]

"도대체 개인 진술이 얼마나 모여야 사실이 됩니까"

1990년대 말부터 시작하여 거의 10년 동안 소비자 보호 활동가들이 무분별한 담보 대출 관행에 대한 보고서를 워싱턴의 연준 대리석 건물로 들고 왔다. 이들 활동가는 연준 관계자에게 수십 년 동안 소유하던 집을 속아서 빼앗긴 노부인들 이야기와 빠듯한 형편이지만 처음으로 장만한 집을 팔게 된 어린아이가 있는 가족들 이야기를 했다. 그리고 사기에 가까운 대출 서류 복사본을 내밀었다. 하지만 연준은 그 어느 것도 문제 삼지 않았다. 미국에서 가장 권위 있는 금융 규제 기관은 화이트칼라가 미국 역사상 가장 극악한 범죄를 저질렀는데도 별관심을 두지 않았다.*

연준 관계자는 활동가들에게 자신들도 대출 남용에 관심이 있지만 오로지 보다 넓은 차원에서 경제가 건전성을 위협받는 경우에만 그렇다고 답변했다. 그리고 경제학자로서 개인 진술은 증거로 인정하지 않는다고 덧붙였다. 그들은 자료를 요구했다.

사례가 쌓이면서 활동가들의 분노도 높아 갔다. 연준이 체계적인 조사에 착수하기를 거부하면서 조직적인 문제를 드러내고 싶어 하지 않는다는 점이 분명해졌다. 격분한 한 소비자 보호 활동가는 이렇게 회상했다. "2005년 연준과 가진 어느 회합에서 제가 자리에서 일어나 물었습니다. '도대체 개인 진술이 얼마나 모여야 사실이 됩니까? 피해 사례가 수만 건에 달하는 데도 당신네를 납득시킬 수 없단 말입니까?"[54]

돌아온 대답은 연준 의장이던 앨런 그린스편이 아무런 조치도 취하지 않겠다고 이미 결정 내렸다는 것뿐이었다. 그린스편은 1987년 8월 연준 의장으로 취임했을 때 은행을 감시하고 고객을 보호하는 책임을 지겠다고 선서했다.

하지만 그는 그럴 뜻이 없었다.

그린스편은 미국에서 가장 중요한 금융 감독 기관의 수장이었지만 금융 규제가 잘못된 안전 의식을 조장하기 때문에 아무 조치도 취하지 않는 것보다 더 나쁘다는 심오하고도 확고한 신념을 지니고 있

---

* 이 점은 놀랍게도 여전히 논란거리로 남아 있다. 여러 정치인과 은행가는 이 위기를 무책임할지언정 대부분 합법적인 행동의 결과로 표현하기를 더 선호한다. 하지만 사기가 만연했다는 개인 진술과 통계 증거는 정말 차고 넘친다. 예를 보고 싶으면 아티프 R. 미안Atif R. Mian과 아미르 수피Amir Sufi의 "2002~2005년 신용 확장 기간 중 담보 대출 신청서에 나타난 부정 소득 과대 표현Fraudulent Income Overstatement on Mortgage Applications During the Credit Expansion of 2002 to 2005"(전미경제연구소 조사보고서 20947, 2015년 2월) 참조.

앨런 그린스펀은 금융 규제를 연준 의장의 임무라고 보지 않았다. (연준)

었다. 오히려 규제 지지자들 사이에서 문제를 파악하는 일이 문제를 해결하는 일과 마찬가지라고 여기는 성향을 목도하였다고 비판했다. 그린스펀은 시장 주체는 스스로를 보호해야 한다고 보았다.

그린스펀은 2018년 인터뷰에서 내게 말했다. "제가 판단하기에 규제 정책은 잘못되었습니다. 그런 규제 정책을 집행하라고 제가 이 자리에 임명되지 않았다는 건 분명합니다. 대통령도 규제 정책을 펴라고 연준 의장으로 저를 임명하지 않았을 겁니다." 그린스펀은 자신이 취임 선서를 지키려고 선택한 방식은 나머지 연준 이사회가 규제 문제에 대한 정책을 수립할 수 있게 하는 것이라고 말했다. 그러면서 연준 이사회의 다수 의견에 자신의 표를 던지겠다는 개인적인 방침을 따랐다고 덧붙였다.

하지만 그린스펀은 규제 문제에 수동적이지 않았다. 파생상품 사태에서 드러났듯이 정부는 시장을 내버려 두고 그저 밖에서 지켜보아야 한다는 주장을 열렬히 옹호했다. 그것은 마치 지역 경찰 서장이 자신은 물론 다른 어느 누구도 아무런 치안 활동을 해서는 안 된다고 결정하는 것이나 다름없었다.

금융 장벽을 허물며 등장한 그린스펀

앨런 그린스펀은 1926년 3월 6일 뉴욕에서 태어났다. 음악 연주를 좋아해서 줄리아드 음악 대학에 진학해 2년을 다닌 뒤 중퇴하고 재즈 밴드 활동을 시작했다. 생계를 꾸릴 정도로 실력이 좋았지만 대성할 만큼 출중하지는 않음을 깨달았다. 공백기 동안 경영 서적을 읽고 다른 밴드 멤버들의 납세 신고를 준비해 주었다. 그러다 1945년 연예계를 떠나 뉴욕 대학 경영대학원에 입학했다.

　뉴욕 대학은 실무 중심의 학교여서 주로 사업을 하는 데 경력을 쌓으려는 사람들을 훈련시켰다. 경제학 교육은 실증적인 내용을 지향했는데, 이는 상아탑식 교육이 "이론 없는 계량화"라며 폄하하는 접근법이었다.[55] 하지만 그린스펀에게는 딱 맞았다. 그린스펀은 계량화에 대한 고민 없이 이론을 세우는 경제학자를 좀처럼 믿지 않았다.

　그린스펀은 시 외곽으로 옮겨 가 콜롬비아 대학 대학원에 진학했지만 중퇴하고 대기업이 자금을 지원하는 연구 단체인 전미산업연합회에 들어갔다. "가정이지만 당시 경제학을 진지하게 공부했다면 아마 교수가 되었을 텐데"라며 그린스펀의 평생지기이자 이미 그런 교수가 된 로버트 캐버시Robert Kavesh가 말했다. "서열이 있었습니다. 가장 높은 단계는 가르치는 일이고 두 번째 단계는 정부를 위해 활동하는 일이고 세 번째 단계가 재계에서 두 손을 더럽히는 일입니다. 그린스 펀은 마지막 단계를 선택한 셈이지요."[56] 그린스펀은 곧 전미산업연합 회 고객에게 중요한 사람이 되었다. 널리 유포된 한 보고서에서 그린 스펀은 연방 정부가 한국전쟁에 얼마나 지출했는지 그 규모를 계산했 다. 실제 수치들은 분류되어 있었지만 그린스펀은 예를 들어 알루미 늄 수요의 증가가 어떤 영향을 미칠 수 있는지 알아보기 위해 공식 기 록에서 거꾸로 작업해 들어갔다. 몇 년 뒤 연준 동료인 앨리스 리블린 이 그를 찾아왔을 때 그린스펀은 여러 연방 기관에서 온 직급이 낮은 경제학자 무리와 함께 작은 회의실에 모여서 자료에 대해 공방을 벌 이고 있었다. 리블린은 이렇게 회상했다. "그린스펀은 겉옷을 벗고 소 매를 걷어붙이고 있었습니다. 서로 이름을 부르며 허물없이 섞이는 모 습에 정말 깜짝 놀랐습니다. 숫자를 하나하나 냉철히 다루어야 하는 실무자 회의였지요. 그런데 그린스펀은 그들과 하나가 되어 어우러지 고 있었습니다."[57]

1953년 윌리엄 타운센드William Townsend라는 채권 중개인이 전미 산업연합회에 제출한 그린스펀의 보고서에 깊은 인상을 받아서 자신 보다 젊은 그린스펀에게 동업을 제안했다. 타운센드는 5년 뒤에 세상 을 떠났지만 그린스펀은 고마운 마음에 대외적으로 타운센드라는 이 름을 계속 쓰면서 타운센드그린스펀을 명실공히 최고의 경제 컨설턴 트 회사로 키워 냈다. 컨설팅을 엘리베이터로 삼아 그린스펀은 뉴욕 금융계의 정상에 올랐다. 그린스펀은 유대인이어서 1950년대에 대기업 안에서 자신에게 주어지는 기회에는 제한이 있다고 판단했다. "제가 더 낮은 지위에서 경영을 시작했으면 그 자리에 그대로 머물러 있었을 겁니다. 저는 이 체계를 한 바퀴 돌아야 한다고 생각했는데 그건 일부러 그렇게 한 것이었습니다."[58]

1952년 그린스펀은 캐나다 출신 예술가 조안 미첼Joan Mitchell과 결혼했다. 미첼은 그린스펀에게 자유지상주의 소설가 아인 랜드Ayn Rand를 소개했다. 결혼은 1년 남짓 만에 끝났지만 랜드와의 인연은 계속 이어졌고 그 영향으로 그린스펀은 삶의 중심이 바뀌었다. 랜드는 그린스펀이 정치학의 틀 안에서 경제학을 이해하도록 이끌었다. 그린스펀은 이렇게 말했다. "아인 랜드와 밤이 깊도록 기나긴 토론을 펼치고 수없이 논쟁을 벌였습니다. 그런 시간을 보내며 랜드 덕분에 저는 자본주의가 왜 효율적이고 실용적일 뿐 아니라 도덕적이기도 한지 깨닫게 되었습니다."[59]

1964년 겨울 그린스펀은 맨해튼의 루스벨트 호텔에서 "자유 사회의 경제학"이란 주제로 열 차례 연속 강연을 하며 공적 지식인으로 첫발을 내디뎠다. 랜드가 강연을 구성했고 그린스펀은 신중하게 말을 골라 준비한 원고를 그대로 따랐다. 그린스펀은 자신의 목적이 "자유방임주의 경제가 왜 경제 체제 가운데 유일하게 도덕적이고 실용적인 형태인지 증명하는 것"이라고 밝혔다.[60] 강연에서 그려 낸 정부 역할은 밀턴 프리드먼이 2년 앞서 출간한 《자본주의와 자유》에서 살펴본 내용보다 훨씬 더 제한적이었다. 그린스펀은 특히 연준은 그 존재 자체로 "미국 역사에서 길이 남을 재앙 중 하나"라고 비난했다.[61] 또 정부가 대기업의 성장을 막으려 쏟는 노력을 격렬하게 반대했다.

1965년 글에서는 거대 알루미늄 기업 알코아를 상대로 한 반독점 기소에 독설을 퍼부었는데, 알코아는 그린스펀에게 매우 중요한 컨설팅 고객이었다. 그는 "알코아는 지나치게 성공하고 지나치게 효율적이고 지나치게 막강한 경쟁자라는 이유로 비난받고 있다"라고 썼다.[62]

그린스펀의 정치관은 컨설팅 활동에도 영향을 끼쳤다. 오랫동안 함께 일한 로웰 윌트뱅크Lowell Wiltbank는 마이클 허시Michael Hirsh 기자에게 이렇게 말했다. "타운센드그린스펀에는 절대 규칙이 하나 있었습니다. 회사에서 나온 어떤 말도 정부의 경제 개입 확대를 지지하는 내용으로 해석해서는 안 된다는 것입니다. 정부 정책에서 우리가 무언가를 옹호한다면 규제 완화뿐입니다."[63]

1960년대 말 그린스펀은 자신의 정치 활동을 위해 회사를 활용했다. 1968년 닉슨이 대선 유세를 펼치는 동안 자문역을 자원해 도왔는데, 이때 타운센드그린스펀 컴퓨터를 사용하여 여론 조사 자료를 분석하면서 유명세를 탔다. 그런데 그린스펀은 새 행정부에서 일하기를 한사코 거절했다. 하지만 원고 초안의 결론을 윤색하는 소임이나 이자율 통제의 종료를 권고하는 임무는 맡았다. 1974년 여름 닉슨이 탄핵 위기에 처했을 때 그린스펀은 대통령 경제자문위원회 위원장을 맡는 데 동의했다. "저는 우리의 자유 정치 경제 체제의 존립에 상당한 이해관계가 걸려 있습니다. 제 생각에는 지금 그 체제가 위태로운 지경에 처해 있습니다."[64]

그린스펀의 인준 청문회가 끝나고 몇 시간 뒤에 닉슨이 사임했다. 그래서 그린스펀은 제럴드 포드의 수석 경제학자가 되었다. 취임식에는 어머니와 아인 랜드를 초대했다.

앨런 그린스펀은 1974년 9월 닉슨 대통령의 경제자문위원회 위원장으로 취임 선서를 할 때 3명을 초대했다. 어머니와 아인 랜드와 아인 랜드의 남편. (데이비드 흄 케너리David Hume Kennerly / 제럴드 F. 포드 도서관 / 게티이미지)

그린스펀은 워싱턴에서 처음 맡은 일을 통해 경제학자가 미치는 영향력이 제한적이라는 교훈을 얻었다. 그는 뉴욕시의 긴급 구제를 반대해야 한다고 포드를 설득했다. 이로 인해 《뉴욕데일리뉴스New York Daily News》가 "포드, 뉴욕시에 고하다. '그냥 죽어'"라는 머리기사를 내보내 불후의 악명을 얻을 처지에 놓였다. 결국 그린스펀의 의견은 기각되었다.[65] 또 은행이 주택 담보 대출에 부과하는 이자율을 공시하도록 요구하는 법안에도 반대했지만 이 역시 기각되었다. 그런데 그린스펀은 이 일에서 알찬 보람을 찾았다. 무엇보다 포드에게 깊은 존경심을 품게 되었다는 것이다. 만년에 그린스펀은 자신의 사무실에 단 2명의 정치인 사진을 걸었는데 대처와 포드였다.

1976년 포드가 지미 카터에게 백악관을 내준 뒤 그린스펀은 그동안 발표한 소론 모음집을 뉴욕 대학에 제출하여 마침내 경제학 박사 학위를 받았다. 그리고 다시 옛일로 돌아가 높은 보수를 받으며 컨설팅 업무를 보면서 공화당 정계에서도 적극적인 역할을 이어 나갔다. 그 명성이 헛되지 않게 로널드 레이건의 세금 감면과 지출 삭감 계획안에 지지를 보내면서 레이건의 대선 유세 활동에 힘을 보탰다. 하지만 닉슨과의 관계에서 그랬듯이 레이건 백악관과도 어느 정도 거리를 유지했다. 자주 방문하여 조언을 건넸지만 사적인 부문에 머물렀다. 그런데 그린스펀이 아주 흔쾌히 받아들인 공적인 부문의 임무가 딱 하나 있었다. 1987년 당시 재무장관이던 제임스 베이커가 전화를 걸어 잠시 자기 집에 들러 달라고 부탁했다. 그린스펀이 도착해 보니 그 자리엔 다른 베이커도 있었다. 대통령 비서실장인 하워드 베이커Howard Baker였다. 두 베이커는 그린스펀에게 폴 볼커를 이어 연준을 이끌 의향이 있는지 물었다.

그린스펀과 볼커는 통화 정책을 바라보는 시각이 근본적으로는 똑같았다. 두 사람 모두 인플레이션을 뿌리 뽑고 싶어 했다. 하지만 금융 규제를 바라보는 시각은 판이하게 달랐다.

대공황이 기승을 부리는 동안 연방 정부는 두 가지 금융 업무 사이에 장벽을 단단히 세웠다. 이 장벽이 맡은 핵심 역할은 상업 은행을 보호하는 것으로, 예금을 모으고 대출을 해 주는 고리타분한 업무에 집중하는 부문이었다. 장벽 맞은편에는 월스트리트라는 거친 세상이 펼쳐져 있었다. 증권을 거래하는 중개 회사, 합병을 성립시키는 투자 은행, 때마침 새롭게 등장한 헤지펀드 같은 기관들이 판을 쳤다.

1980년대 중반 무렵 미국 내 대형 상업 은행들은 월스트리트가 보는 짭짤한 재미에 동참하고 싶어 안달이 났다. 1985년 초 뉴욕의 3대 은행인 JP모건, 시티코프, 뱅커스트러스트가 일부 증권업을 다시 시작할 수 있도록 연준에 허가를 구했다. 이는 대공황 이후 처음 있는 일이었다. 레이건 행정부는 모두 환영했지만 볼커가 질질 끌며 표결 일정조차 아예 잡지 않았다. 결국 행정부는 볼커에게 압박을 가하려고 저 장벽을 열렬히 허물고 싶어 하는 사람들로 연준 이사들을 새로 임명했다. 이 사건으로 볼커와 백악관 사이가 틀어져 버렸다.[66]

그린스펀은 JP모건 이사였고, 공공연히 JP모건이 증권 시장에 진입하려는 방침을 지지하며 이렇게 말했다. "저는 이제까지 이런 법정 규제를 본 적이 없습니다."[67] 그린스펀이 연준 의장에 지명된 그 주에 백악관은 의회에 규제를 더 줄이라고, 그래서 미국 은행이 외국 경쟁사와 경쟁할 수 있도록 도우라고 요구했다. 그린스펀은 상원의 인준을

경제학자의 시대

기다리며 자신은 볼커가 끝내 떨쳐 버리지 못한 의구심에 공감하지 않는다고 분명히 밝혔다.[68]

적당히 아무것도 하지 않기

그린스펀은 오랫동안 연준 의장으로 재임했다. 이 기간은 낮은 실업률과 낮은 인플레이션의 시대라고 칭송 받았다. 워싱턴에서 활동하는 밥 우드워드 기자는 그린스펀을 경제 황금기를 이끈 '거장'이라고 일컬었다. 신생 케이블 방송인 CNBC는 정책 회의가 잡힌 아침이면 그린스펀이 연준에 도착하는 장면을 실시간 영상으로 내보냈고 방송국 분석가들은 서류 가방 크기까지 해석했다. 그린스펀 얼굴은 티셔츠와 잡지를 도배하다시피 했다.

그린스펀의 대표적인 업적은 적당히 아무 일도 하지 않았기 때문에 거둘 수 있었다. 1990년대 중반 이자율을 인상하라는 압력에 굴하지 않으며 경제가 인플레이션을 겪지 않고 성장할 수 있다고 정확하게 진단했다. 이는 기술 발전으로 미국 노동자의 생산성이 높아 가고 있었고 동시에 세계화로 소비자 물가와 노동자의 협상력을 억누르고 있었기 때문이다.

그린스펀이 맛본 커다란 실패 역시 적당히 아무 일도 하지 않았던 태도와 관련 있다. 그린스펀은 비대해지는 금융 산업 단속을 줄기차게 거부했다. 사유는 한결같았다. 시장 주체는 실패에서 배운다는 것이었다. 그런데 정작 본인은 그렇게 하지 않았다.

1984년 찰스 키팅Charles Keating이라는 애리조나주의 한 부동산 개발업자가 그린스펀을 고용하여 링컨저축대부조합Lincoln Savings and Loan의 자금력을 보증 받았다. 이 저축대부조합은 개발 사업에 자금을 대기 위해 키팅이 막 인수한 저축금융 기관이었다. 예상대로 그린스펀은 링컨저축대부조합의 경영진이 "노련할 뿐 아니라 선택과 직접투자에 전문가"라고 결론을 내렸다. 하지만 키팅과 이 회사는 사실 광범위한 금융 사기를 벌였다. 금융 사기 분야에서 현저한 혁신을 보인 저 10년, 1980년대의 높은 기준에 비추어 보아도 눈이 휘둥그레질 정도였다. 링컨저축대부조합은 1989년에 문을 닫았고, 납세자가 부담한 비용이 약 20억 달러에 달했다. 이 링컨저축대부조합이 파산한 뒤 그린스펀은 한 기자에게 말했다. "저도 물론 당혹스러웠습니다." 그리고 이어진 사과의 말은 2008년 세계 금융 위기가 터진 뒤 자신이 했던 저 유명한 말을 놀라우리만치 미리 암시했다. 그때 그린스펀은 의회에서 시장 규율이 작동하지 않아 "저도 몹시 괴롭습니다"라고 말했다. 1989년에 그린스펀이 한 말은 이랬다. "괴롭지 않다고 말하고 싶지만 사실 몹시 괴롭습니다. 링컨저축대부조합에 일어난 일 때문에 굉장히 충격을 받았습니다."[69]

1987년 라틴 아메리카 부채 위기가 일어난 뒤 그린스펀은 "앞으로 몇 년 동안 나라 간 대출에는 특히 더 신중을 기해야 한다"라고 내다보며 덧붙였다. "새로운 정책은 어느 것이든 시행되어서는 안 된다고 생각합니다."[70] 1994년 신용 파생상품에서 한 차례 파국을 맞은 뒤 그린스펀은 그 피해를 가리키며 교육적이라고 표현했다. "그 결과 오늘날 기업의 모델과 판단은 1994년 초 지배적이던 모델과 판단보다 더 건전해질 수밖에 없습니다."[71] 1998년 롱텀캐피털매니지먼트가 무너진 뒤 그린스펀은 정부가 헤지펀드의 도박에 자금을 대는 은행에 대해서도, 헤지펀드가 그토록 많은 돈을 그토록 빨리 태워 없앨 수 있도록 허용하는 신용 파생상품에 대해서도 규제를 강화해서는 안 된다고 주장했다. 이는 2008년 세계 금융 위기가 닥칠 때까지 그린스펀이 고수하던 관점이었다. 그린스펀은 2007년 회고록에 이렇게 썼다. "현대 사회에서 정부 규제를 더 가한다고 해서 얼마나 도움이 될지 알지 못한다. 우리에게는 시장이 작동하도록 내버려 두는 것 외에 다른 어떤 합리적인 선택이 없다."[72]

1달러만 내면 살 수 있어요

1990년대 중반 무렵 은행은 '비우량Subprime' 고객을 대상으로 하는 고금리 담보 대출 사업에 두 팔 걷어붙이고 뛰어들었다. 비우량 고객은 최저 금리 혹은 '우대' 금리로 대출 받을 자격이 되지 못하는 이들을 가리킨다. 은행은 자회사를 설립하여 대출을 해 주었는데, 채무자대다수는 플리트 은행Fleet Bank이나 웰스파고Wells Fargo에서 담보 대출을 받았지만 비우량 채무자는 플리트파이낸스Fleet Finance나 웰스파고파이낸셜Wells Fargo Financial로 갔다. 소비자 보호 활동가들은 다른 차이점도 속속 찾아내기 시작했다. 비우량 주택 담보 대출 부문은 과도한 수수료를 부과하고 가혹한 조건을 내걸었고, 무엇보다 대출이 저소득층이나 소수 인종 사회에 집중되어 있었다. 은행은 이 새로운 사업이 기존 대출을 받을 자격이 안 되는 고객을 위한 진심 어린 노력이라고 표현했다. 하지만 수치가 들려주는 이야기는 달랐다. 비우량 채무자 다수는 우대 주택 담보 대출을 받을 자격이 될 수 있었다. 그리고 소수 인종 채무자는 재정 상태가 비슷한 백인 채무자보다 훨씬 자주 비우량 주택 담보 대출을 받았다.

소비자 보호 활동가는 연준이 은행을 규제하니 자회사도 규제하라고 요구했다. 연준은 1998년 1월에 공식적으로 이를 거부했다. 연준 이사회는 만장일치로 은행 자회사의 비우량 대출 관행을 조사하지 않기로, 나아가 이들 자회사에 대한 소비자 불만 역시 검토하지 않기로 결의했다. 클린턴 행정부는 이 결정을 비난했지만 연준은 요지부동이었다. 금융 산업계는 논리적으로 결론을 끌어내며 열과 성을 다해 비우량 자회사를 통해 대출을 확장해 나갔다. 1998년 3월 퍼스트 유니온First Union이 머니스토어Money Store를 매입했다. 머니스토어는 캘리포니아주 대출 기관으로 전 야구 선수인 짐 팰머Jim Palmer와 필 리주토Phil Rizzuto를 영입하여 사람들에게 1-800-LOAN-YES로 전화를 걸라고 부추겼다. 다음 달인 1998년 4월 시티코프는 비우량 대출 사업을 하는 보험 회사인 트래블러스Travelers와 합병한다고 발표하고 이 회사 이름을 시티파이낸셜CitiFinancial로 바꾸었다. 2004년 무렵 고금리 주택 담보 대출 가운데 최소 12퍼센트 이자율이 연준이 규제하지 않은 회사들에서 시작되었다. 2007년 8월에는 전前 연준 이사인 에드워드 그램리치Edward Gramlich가 주택 담보 대출 시장이 "살인을 처벌하는 법은 있지만 순찰을 도는 경관은 한 명도 없는 도시와 같다"라며 한탄했다.[73]

시장 주체가 시장을 규제한다는 생각은 근본부터 잘못되었다. '자경自警'에 대한 반세기에 걸친 경험으로 많이 배우고 세상 물정에도 훤한 고객조차 금융 산업계 전문가에게 자주 당한다는 점이 충분히 입증되었다. 시장은 정보로 굴러가고 정보는 대개 내부자에게 더 많기 마련이다. 규제의 부재는 도둑질에 면허증을 주는 셈이다. 일반 성인은 사는 동안 조금이라도 주택 담보 대출을 받는다. 점심시간 전에는 대출을 더 해 주는 은행가에게서 말이다. 서류 작업은 압살당할 정도이고 언어는 도무지 이해할 수 없다. 그리고 가장 취약한 대출자들은 종종 세부 사항을 분석할 능력이 부족하다.

비저 홈스Beazer Homes는 2000년대에 생애 첫 주택 구입자에게 집과 함께 주택 담보 대출 상품도 팔았다. 샬럿 외곽에 위치한 비저의 분양 택지 서던 체이스를 빙 둘러싼 나무 울타리에는 "1달러만 내면 살 수 있어요"라는 현수막이 걸려 있었다. 울타리가 허물어지기 시작하고 나서도 한참 동안 주변이 완공되지 않았다. 마크 팅글리Mark Tingley와 리 팅글리Lea Tingley는 2001년에 이곳에 집을 샀다. 리는 마틴 매리에타 암석 채석장에서 트럭 무게를 재는 일을 하며 시간당 11달러를 벌었다. 마크는 건축 자재 상점에서 지게차를 몰며 그보다 약간 덜 벌었다. 부부는 집을 살 형편이 안 된다고 생각했지만 개발업자인 비저가 계약금을 대주고 첫 2년 동안 주택 담보 대출금 일부를 내주겠다고 약속했다. 판매 대리인이 리에게 말했다. "눈 딱 감고 그냥 하세요. 곧 아기도 태어나잖아요. 집이 필요합니다."[74]

리는 판매 대리인이 대출 신청서에서 차 할부금을 빼라고 말했을 때 아무런 질문도 하지 않았다. 그리고 신청서에 소득을 정확하게 기입하고 서명했다. 그런데 비저가 준비한 최종 계약서에서는 소득이 월 187달러씩 부풀려 있었다. 대출 자격이 되도록 하기 위해서였다. 무엇보다 부부는 2년 뒤 비저가 대출금 갚는 일을 더는 도와주지 않을 때 어떤 사태가 일어날지 생각하지 못했다고 말했다. 이처럼 미국인 수백만 명이 자신들이 감당할 수 없는 집에 살고 있음을 깨달았고 이들 가운데 다수가 결국 집을 잃었다.[75]

교육이 약탈적 대출을 막는 해결책으로 종종 처방되지만 그것만으로는 충분하지 않다. 저소득층 대출자는 대개 교육 수준이 낮을 뿐 아니라 삶도 더 고단하다. 경제학자 센딜 멀레이너선Sendhil Mullainathan의 연구에 따르면 가난은 말 그대로 심신을 피폐하게 한다. 멀레이너선은 "가난해지면 밤을 꼬박 새운 때보다 인지 능력이 더 떨어진다"라고 썼다.[76] 세계 금융 위기 동안 연준 의장을 지낸 벤 S. 버냉키는 회고록에 자신이 받은 지적 훈육과 결국 상충하는 결론에 다다랐다고 고백했다. "우리는 일부 금융 상품에 대해서는 충분하고 정확하게 정보를 공개하여 명기하는 일이 불가능하다는 점을 깨달았다. 불에 잘 타는 잠옷처럼 몇몇 상품은 시장에서 몰아내야 했다."[77]

하지만 이미 위기가 닥친 뒤였다. 이 위기가 다가오기 몇 년 전 정부가 규제에 어떤 관점으로 접근했는지를 압축해서 보여 주는 사진이 한 장 있다. 2003년에 찍은 이 사진에는 은행 규제 담당관 2명이 은행 로비스트 2명과 자세를 취하고 있다. 빨간 끈으로 칭칭 감은 서류 더미 하나가 앞에 있었고 한 규제 담당관은 기계톱을, 다른 규제 담당관은 커다란 가지치기 가위를 들고 모두가 만면에 미소를 띤 채 있었다.

사진 속 규제 담당관 중 하나였던 제임스 길러란James Gilleran은 자신이 속한 기관인 미 저축기관감독청이 맡은 역할에 대해 "저축금융기관이 규제의 방해를 받지 않고 폭넓은 자유를 누리며 운영하도록 하는 것"이라고 말했다. 저축대부조합으로도 알려진 이 저축금융기관은 여전히 주택 담보 대출에 중점을 두었다. 주택 시장이 호황을 이루었을 때에도 길러란은 자신의 기관에서 직원을 4분의 1이나 줄였다. 또 소비자 보호법 준수 여부에 대한 조사도 미루고 저축금융기관이 '자체 조사'를 실시하도록 지시했다. 캘리포니아주 저축금융기관인 인디맥IndyMac이 시미언 퍼거슨Simeon Ferguson이란 사람에게 매월 1482달러를 갚아야 하는 대출을 팔았던 때도 바로 이 시기였다. 브루클린에 사는 퍼거슨은 월 소득 1126달러에 기대어 근근이 살아가는 85세 치매 노인이었다.[78] 위기가 불어닥치기 전에 일어난 이런 이야기는 셀 수 없을 정도로 많았다. 그리고 이런 일화는 대개 대수롭지 않은 것으로 넘겨 버렸다.

그린스펀은 경제 예측이 "연준 의장으로서 가장 중요한 자질"이라고 말했다.[79] 그린스펀이 보기에 중앙은행의 임무는 미래를 내다보고 준비하는 것이었다. 하지만 그린스펀은 주택 시장 붕괴를 예측하지 못했다. 그는 거듭해서 부동산 가격에는 거품이 없고 부동산은 투기에 적합하지 않다고 강조했다. 또 주택 가격이 떨어진다고 해도 집값 하락은 거시경제에 실질적인 영향을 미치지 않을 가능성이 크다고 말했다.[80]

그린스펀은 이해하지 못했다. 저 훌륭한 월스트리트 은행이 주택 금융 회사가 되었다는 점을, 외국인 투자자들로부터 주택 담보 대출로 돈을 옮기는 통로가 되었다는 점을, 미국의 무역 상대국이 쌓아 놓은 저축이 방대한 저수지를 이루어 다시 미국으로 유입되면서 집값이 상승하고 금융 시장이 확대되었음을 알지 못했던 것이다.[81] 그린스펀은 이 월스트리트 은행이 주택 시장의 미래를 두고 투자자들이 정교한 도박을 벌이는 카지노로 기능하도록 허용했다. 그리고 파생상품을 이용하여 투기 규모를, 다시 말해 뒤이은 위기 규모를 크게 키우도록 용납했다.[82]

그린스펀에게는 함께 하는 사람이 많았다. 그린스펀이 물러나기 직전 2005년 8월에 열린 한 회합에서 그는 뛰어난 공복으로 칭송받았다. 한 강연자가, 정확하게는 시카고 대학 경제학자 라구람 라잔Raghuram Rajan이 용감하게 금융 혁신으로 세계가 더 위험한 곳이 되었다는 의견을 내자 래리 서머스가 라잔을 "경증 신기술 혐오자"라고 불렀다. 서머스는 몇 년 전 본을 공격할 때 쓰던 말을 앵무새처럼 되풀이하며 그런 말을 입에 올리는 것조차 분열을 일으킨다고 덧붙였다.[83]

가장 빠르게 팽창한 금융 시스템

인구밀도가 낮은 불모의 외딴 섬나라 아이슬란드는 20세기에 대구를 잡아 빵과 와인, 목재와 유리창, 자동차와 석유 등 다른 모든 제품으로 교환하며 번영을 일구었다.

1950년대 제트기 여행이 등장하면서 아이슬란드는 수익성이 높은 두 번째 수출품을 개발할 수 있었다. 외국인들이 독특한 간헐천, 빙하, 온천, 북미 대륙판 가장자리의 깎아지른 암벽을 보러 찾아왔다. 아이슬란드는 최초의 저가 항공사 중 하나인 로프트라이더 Loftleiðir를 설립했는데, 이 항공사는 유럽 대륙으로 향하는 비행기가 아이슬란드 수도인 레이캬비크를 경유하는 저렴한 항공편을 광고했다. 빌 클린턴도 젊은 시절 이 비행기를 탄 적이 있었다.[84] 1960년대 말 아이슬란드는 세 번째 수출품을 개발했다. 빙하가 녹아 이룬 강을 가로질러 댐을 건설해 막대한 전기를 생산했고, 이에 힘입어 알루미늄 제련소를 두 군데 세웠다. 제련소를 돌리는 데에는 엄청난 전기가 필요했기 때문이다.[85]

생선과 관광 산업과 알루미늄, 이것이 아이슬란드의 경제를 이루고 있었다. 1980년대에 아이슬란드가 밀턴 프리드먼을 알기 전까지는 그랬다.

이후 20년 동안 아이슬란드는 어느 나라나 그랬던 것처럼 금융 규제 완화를 완전히 수용했다. 한 경제학자는 뒤따른 호황을 가리키며 "인류 역사상 가장 빠르게 팽창한 금융 체계"라고 표현했다.[86] 2001년부터 2007년까지 젖과 꿀이 흘러넘치던 이 7년 동안 아이슬란드 국민의 평균 실질 소득이 2배 가까이 늘어서 2017년 달러 가치로 환산하면 6만 1930달러였다. 그러고는 한순간 와르르 무너졌다.

더 넓은 시각으로 보면 호황도 불황도 금융 위기의 축소판이었다.

종이 물고기

아이슬란드는 분명 극단적인 자유화를 실험할 만한 후보가 아니었다. 스칸디나비아식 복지국가인 민주주의 체제였고, 경제는 몇몇 가족 소유의 대기업이 장악하고 있었다. 하지만 1960년대 말 즈음 아이슬란드는 생선이 동이 나기 시작했다.

처음에 아이슬란드는 외국의 저인망 어선을 쫓아내려고 애썼다. 1972년에 해안에서부터 80킬로미터에 이르는 지역에 대해 독점 어업권을 주장했고, 1975년에는 그 경계를 약 320킬로미터까지 확장했다. 영국 어민이 그 규정을 지키지 못하겠다고 나오자 아이슬란드는 영국 어선의 그물을 자르도록 고안한 선박을 배치했다. 이 "대구 전쟁"은 완벽하게 아이슬란드의 승리로 끝났지만 남획 문제는 해결하지 못했다. 더구나 아이슬란드는 어업에서 밀려나고 있었다.

1980년대 중반 아이슬란드는 새로운 시도를 해 보기로 했다. 인디애나 대학 경제학자 H. 스콧 고든H. Scott Gordon이 어민이 가난한 이유는 모두 잡을 수 있을 만큼 많이 잡도록 허용하기 때문이라고 주장했다. 이에 남획을 막으려고 아이슬란드 정부는 총 어획량을 제한한 다음 어민들에게 할당량을 정해 주었다. 1991년 정부는 어민들이 어업권을 사고 팔 수 있도록 허가하는 또 다른 혁신을 도입했다. 이 권리에 사람들은 '종이 물고기'라는 별명을 붙였다. 가장 유능한 어부들이 곧 이 산업을 통합했다. 그들이 어업권에 가장 후하게 돈을 지불할 여유가 있었기 때문이다. 어선이 사용하는 석유량이 30퍼센트 줄어들었다. 살아남은 어선은 물고기를 더 잘 잡았기 때문이다. 잡

　　　　　　　　　　　　　　　　　　경제학자의 시대

은 생선은 가치가 44퍼센트나 뛰어올랐다. 이들은 팔기도 더 잘 팔았기 때문이다. 생선 껍질은 화장품에 쓰였다. 생선 간에서는 효소를 추출했다. 말린 대구 머리는 나이지리아로 수출해 국물용 요리 재료가 되었다.[87]

1991년 새로 총리가 된 다비드 오드손David Oddsson은 여러 변화를 도입했을 뿐만 아니라 시장 개혁을 아이슬란드의 나머지 경제 부문으로 확장하고 싶어 했다. 그는 미국과 영국의 시장 지향성을 동경하는 새로운 지식인과 정치인 세대에 속한 인물이었다. 오드손은 1984년 밀턴 프리드먼이 아이슬란드를 방문했을 때 함께 이야기를 나누고 싶어 했다. 오드손이 아이슬란드가 처한 문제에 대해 어떤 해결책이 있는지 묻자 프리드먼은 대답했다. "해결책은 자유입니다."[88]

오드손은 그 조언을 받아들였다. 법인세율을 45퍼센트에서 18퍼센트로 내렸고, 국가가 운영하던 은행과 통신 회사와 수산물 가공 공장을 팔았다. 또 유럽경제지역에도 가입했는데 이 무역 협정으로 상품과 서비스와 사람, 무엇보다 돈이 자유롭게 오갈 수 있었다. 2001년 3월 27일 경제 성숙을 주제로 여러 논의가 오고가는 와중에 정부는 시장이 아이슬란드 통화인 크로나krona의 교환 가치를 결정할 것이라고 발표했다.

이는 대담한 조치였다. 크로나는 지구상에서 가장 작은 독립 화폐였고, 30년에 걸친 경험에 따르면 작은 나라는 국경을 자유롭게 넘나드는 돈의 이동에 쉽게 지배당한다. 하지만 경제학자는 1980년대 칠레나 1990년대 태국같이 과거에 실패한 국가들은 규제 완화를 철저하게 시행하지 않아서였다고 주장했다. 오드손은 아이슬란드가 한

걸음 더 나아가야 한다는 이들 주장을 받아들였다. 금융 시장을 개방하고 변동 환율제를 실시해 버렸다.[89]

나는 아이슬란드를 2008년 여름 처음 방문했다. 결코 최고급이라고 볼 수 없는 레이캬비크의 한 식당에서 수프 한 그릇을 먹고 20달러에 상당하는 현지 통화로 지불했다. 식당을 찾은 나머지 손님들은 무엇으로 생계를 꾸리는지 문득 궁금했다.

아르만 토르발손Ármann Thorvaldsson은 설명했을지도 모른다. 노동자 계층 가정에서 태어난 토르발손은 1990년대 초 고생 끝에 보스턴 대학에서 경영학 학위를 땄다. 아이슬란드가 주식 시장을 막 개방한 때여서 최초의 증권사 중 하나인 카우프싱Kaupthing에서 일자리를 잡았다. 그는 2000년대 초 카우프싱의 런던 사무소를 책임지며 엄청난 재산을 모았다. 주가 대폭락 후 유쾌하게 쓴 회고록에서 이 10년 사이에 자기가 한 일은 간단히 말해 차입금을 아이슬란드에 쏟아붓는 것이었다고 밝혔다.[90] 토르발손은 흥청망청 써 댄 일을 두고 그 이유가 아이슬란드 국민이 결핍을 예상하도록 길들어 왔기 때문이라고 설명했다. 빚돈loan은 아이슬란드어로 lan인데 이는 행운을 가리키는 말이기도 하다고 썼다. 또 아이슬란드 국민은 내심 인플레이션이 일어나기를 기대하기도 했다고 말했다. 아이슬란드크로나는 1920년에 덴마크 크로나와 분리되었다. 그 이후 아이슬란드 통화는 상대 가치를 99.5퍼센트나 잃었다.[91] 그 결과 사람들은 빌릴 수 있을 만큼 빌리고 가능한 한 빨리 써 버렸다는 것이다.

정부는 돈을 빌려 와 동부 외딴 고지대에 수력 발전소를 세웠다.

(아이슬란드는 인구가 무척 적고 크기도 오하이오주만 하다.) 이 전기는 동부 해안에 새로 설립하는 알루미늄 제련소에 보내기로 약속되어 있었으며, 레이다르피요르드르 마을의 전직 어부들에게 일자리를 제공하기로 정해져 있었다. 그런데 경제가 순항하고 있었기 때문에 건설 노동자 대다수가 폴란드에서 들어왔고 오래된 마을 외곽에 새로 마을을 세워 거처를 마련해 주었다.

아이슬란드 국민도 돈을 빌렸다. 2001에서 2005년 사이 새로 구입한 자동차 수가 해마다 거의 3배씩 늘었다.[92] 2007년에는 레인지로버가 나머지 스칸디나비아 나라들 전체에서 팔린 것보다 아이슬란드에서 더 많이 팔렸다. 아이슬란드 인구가 스칸디나비아 여러 나라에서 차지하는 비율이 고작 1퍼센트 남짓에 불과함에도 그랬다.[93] 자동차 대출은 대개 엔으로 표시되었다. 엔은 지구 반대편에 있는 아이슬란드와는 판이하게 다른 섬나라 화폐로, 일본의 이자율이 매우 낮았기 때문이다. 아이슬란드 국민은 또한 자신의 집이 지닌 가치에 비해 대출을 지나치게 많이 받았다. 아이슬란드 민영 은행과 정부 소유의 주택 담보 대출 기관 하우징파이낸싱펀드Housing Financing Fund 사이에 시장 점유율을 놓고 벌어진 전쟁을 이용했던 것이다.

그리고 아이슬란드 국민은 서로 거래할 때 풍부하게 공급되는 저리 자금을 이용했다. 종이 물고기는 특히 인기가 높았다. 2000년 대구 1킬로그램당 시세가 약 800크로나였다. 2008년에는 4400크로나까지 뛰었다. 이 가격이면 종이 물고기 증서가 연간 어획량보다 약 50배 더 가치가 나갔다.[94] '벤처 바이킹Venture Viking'이라고 부르는 좀 더 모험을 즐기는 아이슬란드인은 미국 항공사나 영국 축구 구단이나 러시아 맥주 공장 등 외국 자산에도 투자했다. 런던에 있는 자신의 사무실에 3미터 높이의 바이킹 조각상을 설치한 사람도 있었다. 어떤 이유 때문인지 조각상은 기타를 들고 있었다.[95]

10년만에 9배로

카우프싱의 경쟁사인 아이슬란드뱅키Íslandsbanki는 20세기 내내 저인망 어로에 자금을 지원하는 필수 업무로 적당히 수익을 올렸다. 그런데 새로운 세기로 접어들어 보다 위대한 운명을 쫓기로 하면서 은행은 글리트니르Glitnir로 이름을 바꾸었다. 옛 바이킹 영웅담에 나오는 천상의 세계 가운데 한 장소를 가리키는 이름이다. "글리트니르라는 커다란 방이 있다네. 기둥은 금이고 천장은 은이라네."[96]

마르 볼프강 믹사Már wolfgang Mixa는 미국에서 증권 중개인으로 일하다가 2000년대 중반 아이슬란드로 돌아왔다. 믹사는 미국에서 3개월에 걸쳐 교육을 받았고 필기시험을 거치고 나서야 고객 돈을 관리할 수 있었다. 아이슬란드에서는 교육이 하루뿐이었고 시험도 없었다. 믹사에 따르면 자신과 동료들은 종종 영어 단어를 쓸 수밖에 없었다. 금융 산업이 발전하는 속도를 아이슬란드 언어가 쫓아갈 수 없었기 때문이다.[97]

1998년 아이슬란드 금융 체계는 규모가 아이슬란드 경제와 거의 비등했다. 그런데 10년 뒤에는 금융 체계가 경제보다 거의 9배 이상 커졌다.[98]

아이슬란드와 금융 기관은 여전히 상당 부분이 드러나 있지 않았다. 2005년 11월이 되어서야 외국 은행은 아이슬란드 금융계의 주역인 카우프싱에 대한 신용 분석을 발표했다. 초기 보고서는 극찬 일색이었다. 자유 시장 체계가 돈이 지식보다 빠르게 움직일 수 있음을 다시 입증하고 있었다.

덴마크의 단스케방크Danske Bank 소속 경제학자인 라르스 크리스텐센Lars Christensen은 보기 드물게 회의론 입장을 취한 인물로, 2006년 발표한 보고서에서 투자자는 거리를 두어야 한다고 경고했다. 이에 아이슬란드 상공회의소는 콜롬비아 대학 경제학 교수인 프레드릭 미시킨Frederic Mishkin에게 아이슬란드 금융 체계의 건전성을 증명하는 보고서를 의뢰했다. 미시킨과, 오드손을 이어 아이슬란드 총리가 된 경제학자 게이르 하르데Geir Haarde가 "아이슬란드의 진짜 이야기"라는 현수막이 나붙은 뉴욕의 한 행사장에 나란히 모습을 드러냈다. 2년 뒤인 2008년 2월 아이슬란드 상공회의소는 아이슬란드를 나머지 스칸디나비아 나라들과 비교한다는 생각을 일축했다. "우리가 거의 모든 면에서 저들보다 우월하기 때문"이라고 이유를 밝혔다.[99]

그런데 대규모 투자자들에게서 들어오던 돈의 이동이 마르기 시작했다. 그러자 아이슬란드 은행은 소매 시장으로 뛰어들었다. 유럽경제지역은 은행이 가입 국가 내 모든 거주자를 대상으로 금융 업무를 제공해도 된다고 허용했다. 그래서 아이슬란드 은행은 높은 이자율을 내걸며 유럽인이 예금 계좌를 개설하도록 권했다. "안녕하세요. 존 클리즈John Cleese입니다. 그 나름 유명한 배우죠. …"라고 시작하는 한 광고에서 과거 몬티 파이선Monty Python을 진행하던 이 사람은 카우프싱을 발음하려고 무척 애를 썼다.

　카우프싱이 무너지고 나서 클리즈는 일말의 미안한 기색도 없이 아이슬란드는 화산뿐 아니라 은행도 단속하지 못하는 것 같다고 투덜거렸다.[100]

신이시여! 아이슬란드를 굽어 살피소서

2008년 10월 6일 월요일 미국에서 리먼브라더스Lehman Brothers가 파산하고 채 한 달도 되지 않아 세계 금융 위기의 가장 깊숙한 속살이 드러나기 시작했다. 하르데는 TV에 나와서 아이슬란드 경제가 '국가 부도'로 끝날 수 있는 소용돌이로 빨려 들어가고 있다고 발표했다. 그러고는 정말 경보음 소리를 내며 이 말로 연설을 마쳤다. "신이시여! 아이슬란드를 굽어 살피소서!" 아이슬란드에서는 신을 자주 찾지 않는다. 특히 공인이 자구自救의 대안으로 찾는 일은 더욱 드물다.

　사람들은 여전히 이 말을 끌어다 쓴다. 이 말은 아이슬란드가 얼마나 형편없이 망가졌는지를 한마디로 정리해 주었다.

　정부는 크로나를 외국 통화로 교환할 수 없어서 다른 스칸디나비아 나라들에게서 돈을 빌려 와서 식량 값을 내야 했다. 아이슬란드 국민이 손에 쥐었던 부는 거의 전부 사라졌다. 수천 명이 집과 자동차와 은퇴의 희망을 잃었다. 아이슬란드에서 수천 명은 전체 인구에서 큰 비중을 차지한다.

　유럽인들이 아이슬란드에 쏟아붓다시피 한 돈도 결국 상당히 잃었다. 독일만 해도 213억 달러를 아이슬란드에 보냈다. 남녀노소를 막론하고 아이슬란드에 사는 모든 개인당 약 7만 달러에 해당하는 금액이다. 이 돈은 대부분 국영 은행에서 나왔고 이 국영 은행을 긴급 구제하기 위해 독일 납세자가 희생되었다.* "학교와 치안과 도로에 쓸 수 있는 수억 달러를 낭비했습니다." 한 독일 의원이 거칠게 화를 냈다. 바로 정부가 그런 일이 일어나게 했다는 사실을 잊은 듯이 말이다.[101]

다른 위기도 그렇듯 아이슬란드가 전하는 교훈을 은행이나 대출 기관의 무책임으로 축소하기는 쉽다. 2009년 한 은행가가 기자에게 말했듯이 "자동차 충돌 사고가 일어나면 사람들은 자동차 탓을 하지 않을뿐더러 자동차 운전을 그만두지도 않습니다. 운전자 탓만 하지요! 파생상품도 마찬가집니다. 잘못은 도구에 있지 않습니다. 그 도구를 사용하는 사람에게 있지요."[102]

이는 20세기 전반 내내 교통사고 사망률을 줄이려고 애쓰는 노력을 방해하는 잘못이나 다를 바 없다. 결국 생명을 구하는 첫걸음은 사고가 일어난다는 점을, 그리고 자동차는 피해를 최소화할 수 있도록 설계해야 한다는 점을 인식하는 것이다.

위기와 위기 사이에 있을 때조차 비대해진 금융 부문은 미국을 비롯한 선진국에서도 경제 성장을 짓누르고 있다. 경제학자는 오래전

---

*   세계 금융 위기라는 맥락 속에서는 적은 액수이긴 하나 독일의 대형 국영 은행인 바이에른LB_{BayernLB}는 아이슬란드에서 약 10억 달러를 잃었다. 미국의 주택 담보 대출로 인한 손실의 약 5배였다.

부터 금융 성장이 경제 성장을 낳는다고 주장해 왔다. 하지만 보다 최근 연구에 따르면 다른 부문들처럼 금융도 적당히 선을 지켜야 경제에 가장 이롭다. 세계 고학력 인구 가운데 상당한 수가 기본적으로 통행료 징수 업종에 종사하고 있다. 높은 부채 수준은 수요를 억누른다. 그리고 눈앞의 이익에만 중점을 두면 먼 미래에 보다 나은 번영을 가져올 수 있는 투자를 외면하기 마련이다. 금융은 소비자 대출에 초점을 맞춘다. 개인 대출자를 이용하기가 더 쉽기 때문이다. 또 단기 거래에 집중한다. 곧바로 주어지는 보상을 높이 평가하기 때문이다. 그리고 유망하더라도 장기적인 계획을 발전시켜 나가기보다는 건설 대출처럼 위험도가 낮은 거래를 선호한다.[103]

아이슬란드는 적어도 교훈을 얻은 듯 보인다. 은행가 36명이 죄수복을 입었다. 금융 산업 규모도 축소하고 외국 투자에 엄격한 제한을 실시했다.

크로나가 무너지면서 아이슬란드에는 수출 산업과 무엇보다 관광업이 반등하는 계기가 되었다. 아이슬란드가 새로 얻은 악명에서 취한 이익이었다. 관광업은 2010년 전체 수출에서 18퍼센트를 차지했지만 2015년에는 그 비중이 31퍼센트로 늘어났다. 처음으로 어업과 알루미늄 산업을 눌렀다.[104]

산드라 토르뵨스도티르Sandra Thorbjornsdottir는 호황을 누리던 시절 금융업계에서 일하다가 2010년 레이캬비크에서 레이다르피요드르로 옮겼다. 레이다르피요드르는 아이슬란드섬 반대편에 위치한 조그만 마을로 알코아가 아이슬란드의 세 번째 알루미늄 제련소를 운영하고 있다. 토르뵨스도티르는 8개월 전에 문을 닫은, 식당이 딸린

경제학자의 시대

오래된 숙박 시설 태르게센을 매입했다. 2013년 2층을 새로 올리고 객실을 20개 더 늘렸다. 2016년에는 이웃 호텔을 사들여 객실 수를 80개로 2배나 늘렸다. 아이슬란드는 형태는 새롭지만 오래 묵은 문제와 점점 씨름하고 있었다. 이번에는 돈이 너무 많은 게 아니라 관광객이 너무 많았다. 세계화는 소방 호스다. 각 나라마다 물은 필요하다. 하지만 얼마나 물을 쓰고 있는지 늘 주의를 기울여야 한다.

좋다. 그렇다면 가시 없는 장미 정원이 아니라 장미 없는 가시 정원을
약속한 것인가?

— 월터 헬러, 《경제: 오래된 신화와 새로운 현실The Economy: Old Myths and New
 Realities》(1976)[1]

나오는 말

2002년 밀턴 프리드먼의 90세 생일 축하연에서 당시 연준 이사였던 벤 S. 버냉키는 프리드먼에게 깊은 경의를 표했다. "프리드먼과 안나 [슈워츠]에게 이 말을 하고 싶습니다. 대공황 문제는, 당신네가 옳았습니다. 우리가 해냈어요. 매우 아쉽지만요. 하지만 당신 덕분에 우리는 두 번 다시 그런 일을 겪지 않을 것입니다."[2] 프리드먼은 버냉키가 그 약속을 지키는지 확인할 만큼 오래 살지는 못했다. 2006년 11월에 프리드먼이 세상을 떠났고, 재는 샌프란시스코만에 뿌려졌다.[3] 이듬해 경제는 대공황 이후 최악의 위기로 치달았다.

프리드먼은 어느 누구보다 위기를 초래하는 데 탁월한 기량을 발휘했지만 프리드먼이 남긴 유산이 복잡한 양상을 띠는 이유는 그 가르침이 손실을 제한하는 데에도 효율적이었기 때문이다. 버냉키는 세계 금융 위기가 터지기 직전 그린스펀 뒤를 이어 연준 의장이 되었고 약속대로 금융 체계에 돈을 쏟아부었다. 그는 대형 은행이 두 발로 서서 다시 걷기 시작할 때까지 그렇게 했다. 2009년 12월 버냉키가 연준 회의실에 들어서자 기다란 탁자에 둘러앉아 있던 사람들이 기립 박수를 보냈다. 경기 후퇴가 끝나고 실업률이 내려가고 있었고, 버냉키는 보기 드물게 책임감이 강한 인물로 널리 평가 받았다.

바로 그 주《타임》지 표지를 장식할 차례는 버냉키였다.

경제학자가 주름잡던 시대는 대침체Great Recession를 넘기지 못했다. 아마도 2008년 10월 13일 월요일 오후 3시에 막을 내렸을 것이다. 바로 미국 9개 대형 은행 최고 경영자들이 호위를 받으며 금박을 두른 재무부 회의실로 들어선 시각이었다. 정부는 공개 시장에서 채권을 사들여 은행을 지원하려 했지만 시장은 이미 붕괴된 뒤였다. 그래서 정부는 대형 금융 회사가 소유한 지분을 가져와서 금융 체계를 구하기로 결정했다.

아니, 어쩌면 금융 위기 동안 있었던 십수 차례의 다른 순간들 가운데 어느 한때에 막을 내렸을지도 모른다. 그게 어느 때인지는 그리 중요하지 않다. 대침체의 심연을 지나면서도 무모하기 짝이 없는 순수주의자들은 계속 시장을 그대로 두어야 한다고 주장했다.* 밀턴 프리드먼은 존 메이너드 케인스에 대해 케인스가 오래 살았다면 자유 시장 반혁명의 최전선에 섰을 것이라고 말했다. 아마 프리드먼이 몇 년 만 더 살았다면 그조차도 반혁명이 너무 멀리 갔다고 인정했을 것이다. 니콜라 사르코지 프랑스 대통령은 이렇게 말했다. "시장이 항상

---

* 무모한 순수주의자를 따르는 신도들은 정말 실력도 뛰어날 뿐 아니라 명성도 자자했다.

옳다는 이론은 미친 소리입니다. 자유방임주의는 이제 끝났습니다."

하지만 시장 신앙에 따라 길러진 경제학자와 정책 입안자 세대는 여전히 저 이론에 사로잡혀 있었다. 그리고 이 이론은 상당 부분이 법과 관습으로 견고하게 둘러싸여 있었다. 이들 정책을 고수하면서 더 나은 결과를 기대하는 것은 미친 짓이나 다름없었다. 하지만 다음에 무슨 일이 닥칠지 분명하지 않았다. 세계의 지도자들은 카터 대통령이 1979년 당시 신뢰하던 한 자문위원에게 푸념을 담아 보낸 편지에 틀림없이 공감했을 것이다. "이것으로 무엇이 효과가 없는지는 알겠소. 그렇다면 효과가 있는 건 무엇이오?" 1930년대에 그리고 1970년대에 그랬듯이 2010년대도 혼돈의 10년이었다.

버락 오바마Barack Obama는 경기가 후퇴의 늪에 깊이 빠졌을 때 집권했다. 약간 뉘우친 기술 관료들의 조언에 따라 정부는 도움이 될 수 있다는 케인스주의 주장을 순순히 받아들였다. 국가경제위원회 위원장에 임명된 래리 서머스는 2001년 경기 침체기 동안 정부의 경기 부양책에 따른 지출은 "한물간" 정책이며 그 이유는 "틀렸음이 입증되었기" 때문이라고 언급했다. 2009년에 서머스는 마음을 바꾸었다. 한 기자가 서머스에게 정부 계획에 대해 말해 달라고 요청하자 한마디로 이렇게 대답했다. "케인스."[4] 오바마 행정부는 의회를 통해 7870억 달러 규모의 경기 부양책을 추진했는데 여기에는 철도를 확충할 자금도 들어 있었다.[5] 실업 수당과 같은 사회 안전망 제도에 들어가는 연방 정부 지출 또한 빠르게 늘었다.

여러 선진국 정부는 밑 빠진 독에 돈을 쏟아부었다. 세계 주요 경제 대국 G20의 지도자들이 2009년 9월 피츠버그에서 회합을 열고 공동 성명을 발표하며 이렇게 선언했다. "우리는 전 세계 경제가 완전히 건강을 회복하고 전 세계 부지런한 가정이 제대로 된 일자리를 찾을 수 있을 때까지 안주하지 않겠습니다." 이 말이 뜻하는 바는 꽤 명확했다. 그러고는 이렇게 덧붙였다. "경기 부양책을 때 이르게 중단하는 일은 피할 것입니다."

일부 경제학자는 거세게 항의했다. 이탈리아의 경제학자 알베르토 알레시나Alberto Alesina와 실비아 아르다냐Silvia Ardagna는 2009년 10월 연구 논문을 발표했다. 정부는 재정 적자를 낮춰야 다시 말해 지출을 늘리기보다는 줄여야 경제 성장을 촉진할 수 있다고 주장했다.[6] 몇 달 뒤인 2010년 1월에는 미국의 경제학자 카르멘 라인하트Carmen Reinhart와 케네스 로고프Kenneth Rogoff가 정부 차입의 한계선을 찾아냈다는 요지로 논문을 발표했다. 이들 주장에 따르면 부채가 국가의 연간 경제 산출량의 90퍼센트가 넘으면 성장이 위축된다는 것이었다.[7] 유럽연합집행위원회에서 경제와 통화 문제를 담당하는 올리렌Olli Rehn이 "90퍼센트 규칙"을 언급하기 시작했다. IMF 수석 경제학자는 이 90퍼센트 한계점을 "믿을 만한 기준"이라고 말했다. 라인하트와 로고프는 계산에서 심각한 실수를 했지만 몇 년 뒤에야 그 잘못이 드러났다.[8]

한편 케인스주의는 반짝 등장하고 곧 자취를 감췄다. 미국에서는 오바마가 취임한 지 1년 뒤인 2010년 1월 비군사적 재량 지출의 동결을 약속하면서 긴축으로 급선회했다. "전국의 가정이 허리띠를 졸라매고 힘든 선택을 내리고 있습니다. 연방 정부도 함께 그렇게 해야 합

경제학자의 시대

니다." 몇 주 뒤 오바마는 위원회를 조직하여 균형 예산 조치를 마련하는 단계를 밟아 나갔다. 2010년 가을 공화당이 하원을 장악하면서 경기 부양책을 확대할 기회는 아예 막혀 버렸다.

유럽이 뒤로 물러선 속도는 심지어 더 빨랐다. 2010년 4월 유럽 연합의 경제장관과 재무장관이 마드리드에서 회합을 가졌다. 이 자리에 알레시나가 강연자로 초청 받았다. 알레시나는 정부 차입을 "대규모로 확실하고 단호하게" 줄이면 경제 성장에 박차를 가할 수 있다고 모인 사람들에게 강조했다. 장관들은 회합을 마친 뒤 공식 발표에서 알레시나의 연구를 인용했다.[9]

그해 6월 주요 경제 국가의 지도자들이 이번에는 토론토에서 다시 모여서 그들이 지난번에 한 약속을 철저하게 부인했다. 특히 유럽 국가들은 그리스 부채 위기의 서막이 열리자 몹시 당혹스러워했다. 이번에는 공동 성명에서 선진국은 앞으로 3년 동안 예산 적자를 반으로 줄이는 데 합의했다고 발표했다.

2010년 5월 영국 총리에 취임한 데이비드 캐머런David Cameron은 세금을 올리고 지출을 줄였다. 캐머런 내각의 장관 가운데 한 사람인 에릭 피클스Eric Pickles는 공공 지출이 위기를 일으켰다고 설명했다. "사람들은 은행을 비난하지만 제 생각에는 거대 정부 역시 대형 은행만큼이나 비난받을 만합니다."[10] 캐머런이 집권하던 6년 동안 영국에서는 공공 부문에서 일자리가 거의 100만 개나 사라졌다. 캐머런은 "지금 당장뿐 아니라 영원히" 지출을 줄이는 것이 목표라고 밝혔다. 한편 영국 금융 부문은 눈부신 반등을 이루어서 런던의 화려한 부와 지방의 경기 침체 사이에 격차는 더욱 벌어졌다.

독일은 사회 안전망 제도가 보다 관대했기 때문에 미국보다 적자 폭이 더 빨리 커졌다. 2010년 봄 독일 역시 긴축으로 돌아섰다. 독일은 징병제 폐지를 비롯해 국방 예산을 가장 많이 삭감했다. 볼프강 쇼이블레Wolfgang Schäuble 독일 재무장관은 라인하트와 로코프의 연구를 인용하며 삭감안의 근거를 설명했다. 4년 뒤인 2014년 쇼이블레는 연방 하원에 독일 정부는 1969년 이래 처음으로 연방 예산 균형을 맞추었다면서 총부채를 늘릴 계획이 없다고 말하고 무척 뿌듯한 표정을 지었다.

독일과 북유럽 동맹국들은 고군분투하는 남유럽에도 긴축을 강요하기 시작했다. 유럽중앙은행은 스페인에 헌법을 수정하라고 압박하며 예산 균형 조항의 삽입을 요구했다. 이탈리아와 그리스에서는 정부의 민선 총리가 사임하고 긴축을 지지하는 경제학자가 그 자리를 차지했다. 그리스에서는 유럽중앙은행 부총재를 지낸 루카스 파파데모스Lucas Papademos였고, 이탈리아에서는 전前 유럽연합집행위원이자 시장 지향적 경제 싱크탱크인 브루겔Bruegel 연구소 소장을 지낸 마리오 몬티Mario Monti였다.

* * *

거의 유일하게 성장을 회복하려 끈질기게 노력한 정책 입안자들이 전직 경제학 교수들이자 한때 연준을 이끌던 이들로 이루어진 작은 집단이었다. 2010년 11월 여전히 실업률이 9.8퍼센트에 머물자 연준은 인플레이션에만 오롯이 집중하던 입장에서 마침내 벗어나 40년 만에 일자리 증가를 촉진하는 활동을 시작했다. 버냉키 의장은 연준이 "인적 경제적 잠재력의 낭비"를 막기 위해 싸우고 있다고 말했다. 실직자는 건강이 나빠지고 기대 수명이 줄어들며 읽기 능력을 비롯해 기량도 떨어진다. 하지만 아마도 가장 우울한 일은 몇몇 연구가 밝힌 것처럼 실업이 길어지면서 실직 노동자 자녀의 장래와 평생 소득에도 해로운 영향을 끼친다는 것이다. 연준은 이미 기준 금리를 거의 0으로 낮추면서 단기 이자율은 고정해 놓았다. 또 장기 이자율을 더 내리려고 재부무 증권과 담보부 채권을 대량으로 사들이기 시작하면서 민간 자금을 보다 위험한 시장으로 밀어 넣었다. 이는 차입 비용을 줄이는 효과가 있었기 때문이다. 그린스펀은 이를 납득하지 못하고 2013년에 "미국 중앙은행장이 2008년 금융 위기의 여파로 인플레이션율을 올리려고 애쓰는 이 딱한 광경은 실로 전례가 없는 일"이라고 불만을 토했다.[11] 그러면서 이런 노력은 두 자릿수 인플레이션을 초래할 수 있다고 예측했다. 하지만 틀렸다.[12]

버냉키의 뒤를 이어 2014년 재닛 L. 옐런이 연준 의장에 임명되었다. 옐런은 실업률 감소를 보다 강력하게 지지했다. 첫 의장 연설에서 일자리를 찾는 시카고 대도시권의 주민 3명에 대한 이야기를 전했다. "이들은 통계 이면에 진짜 사람이 있음을, 근근이 삶을 이어 가면서 더 나은 삶을 꾸릴 기회를 열심히 찾아 고군분투하는 사람이 있음을 떠올리게 합니다."

2011년 버냉키와 함께 대학원을 다닌 이탈리아 경제학자 마리오 드라기Mario Draghi가 새 유럽중앙은행 총재가 되었다. 이듬해 드라기는 런던에서 유럽중앙은행은 "유로화를 지키기 위해서는 무슨 일이든"

할 각오라고 선언하며 이렇게 장담했다. "저만 믿으세요. 유로화만으로도 충분합니다." 유럽중앙은행은 곧 연준의 경기 부양 활동을 따라했다. 한편 2012년 일본 유권자는 자유민주당 총재 아베 신조가 경기를 활성화하는 획기적인 노력을 기울이겠다고 약속하는 선거 유세를 벌이자 이 자유민주당에 표를 몰아주었다. 이 공약에는 통화 팽창, 경기 부양책, 공급 측면 개혁이 포함되어 있었다. '아베노믹스Abenomics' 조각보는 밀턴 프리드먼의 정부 경제 정책에 대한 관점을 정반대로 찍어 놓은 음화 사진에 아주 가까웠다. 여기에는 프리드먼이 의혹을 제기하며 투쟁한 모든 것이 들어 있었다.

뉴질랜드 정부조차 실업에 초점을 맞추라고 중앙은행에 지시를 내렸다.

하지만 중앙은행이 기울인 노력만으로는 부족했다. 경제 성장은 여전히 속도가 느렸다. 여러 해가 지나도 수백만 명이 실직자 신세를 면치 못했다. 대다수는 일자리를 찾으려는 노력도 포기했다.

서구 민주주의 국가는 중국에서 교훈을 얻을 수도 있었다. 그랬다면 걸맞은 반전을 이루었을지도 모를 일이었다. 중국이 서구에서 배운 교훈으로 위기에 맞섰기 때문이다.

1976년 마오쩌둥이 세상을 뜨자 중국의 일부 정책 입안자와 지식인은 이른바 "객관적인 경제 법칙"이라고 부르는 이론에 주의를 기울이면 중국이 더 큰 경제 성장을 이루어 낼 수 있다고 조심스럽게 주장하기 시작했다.[13] 최근까지도 '경제주의economism'라는 죄목으로 사람을 투옥시킨 나라에서 입 밖에 꺼내기에는 대담한 발언이었다.

하지만 중국의 새 지도자가 된 덩샤오핑은 1978년에 일본을 방문하여 깊은 인상을 받았고, 지식인을 다시 정책 입안 과정에 참여시키고 싶어 했다. 덩샤오핑은 이런 접근을 '실사구시實事求是'라고 표현했다. 중국 지도자들은 그물망을 넓게 던졌다. 동유럽 사회주의 국가와 미국에서 여러 경제학자를 초빙했다. 1980년 포드 재단의 지원 아래 저명한 미국 학자들이 베이징에 있는 여름 궁전 이화원 내 한 섬에서 7주 동안 경제학을 가르쳤다. 폴 새뮤얼슨이 쓴 교과서가 중국어로 번역되었고 1980년 중국 정부는 밀턴 프리드먼을 초청했다.

프리드먼의 방문은 크게 성공을 거두지 못했다. 이 방문을 다룬 기사를 읽어 보면 프리드먼이 더 실망했는지 중국 측이 더 실망했는지 말하기 어렵다. 하지만 적어도 중국 측은 자신들이 무엇을 원하지 않는지는 배웠다. 그리고 시장 경제는 정부가 신중하게 조율할 수 있다고 주장하는 케인스주의자에게서 조언을 구했는데, 정작 서구에서는 더 이상 귀 기울이지 않는 서구 경제학자들이었다. 영국 경제학자 알렉산더 케언크로스Alexander Cairncross가 1980년대 초 중국을 방문하여 자오쯔양과 만났다. 자오쯔양은 중국의 고위 관료 가운데 시장 개혁에 가장 헌신적인 노력을 기울였다. 케언크로스는 이 만남 후 일기에 썼다. "모든 일이 자연스러워 보였다. 문득 내 앞에서 말하는 사람이 지구상에서 가장 큰 나라의 총리라는 데 생각이 미쳤다. 총리는 외국 경제학자들로 이루어진 온갖 집단에게서 조언을 받아 검토를 했다. 그들 경제학자 가운데 어느 누구도 그에 버금가는 관심을 자신의 나라에서는 기대조차 할 수 없었을 것이다."[14] 마거릿 대처 정부는 케언크로스가 내놓는 조언에 전혀 관심을 보이지 않았지만 자오쯔양은 아니었다.

1985년 자오쯔양은 여러 학자를 초청했다. 케언크로스를 비롯하여 헝가리의 야노시 코르나이János Kornai와 미국의 제임스 토빈이 양쯔강 유람선에 올랐다. 논의가 항상 수월하게 흘러가지는 않았다. 역사학자 줄리언 게위츠Julian Gewirtz의 보고에 따르면 한번은 통역사가 눈물을 왈칵 쏟기도 했는데 말하는 내용을 적절하게 설명할 중국어를 찾을 수 없었기 때문이다. 하지만 방문객들은 깊은 인상을 남겼다. 특히 코르나이와 토빈이 그랬다. 중국의 저명한 경제학자 우징리안은 훗날 이 짧은 여행을 회상하며 "거시경제적으로 운영하는 시장이 중국 경제 개혁의 주요 목표여야 한다"라고 결론을 내린 순간이 기억에 오래 남는다고 말했다.[15] 이듬해 코르나이가 쓴 저서 한 권이 중국어로 번역되었고 순식간에 10만 부 이상이 팔려 나갔다.

중국이 자신만만한 강대국으로서 지위를 되찾으면서 중국 지도자들이 서구 경제학자들에게 귀 기울이는 시간도 줄어들었고 초창기 교류가 지닌 의미도 이야기가 다시 쓰이며 차츰 퇴색해 갔다. 하지만 2008년 금융 위기가 닥치자 중국은 사실상 케인스주의에 따른 대책을 세웠다. 중국 정부의 경기 부양책은 규모가 오바마의 경기 부양책보다 약 2.5배나 더 컸는데 두 나라의 경제 비중을 따지면 그 정도로 볼 수 있었다. 그리고 중국은 나머지 세계가 긴축으로 돌아설 때에도 입장을 바꾸지 않았다.

오바마 행정부는 금융 산업을 점검하면서 루스벨트가 기울인 노력을 따르지 않았다. 대신에 정부는 규제를 떠받치던 녹슨 뼈대를 보수하고 확장했다. 가장 주목할 만한 변화는 새로운 기관의 설립으로, 소비자금융보호국은 연준이 하지 않으려는 일을 맡았다.

은행가들은 금융 위기를 불러오는 데 지대한 기여를 했지만 이들에게 아무런 책임도 묻지 않았다. 2009년 3월 오바마는 미국의 최고 은행 경영진들을 백악관으로 불러 언행을 조심하라고 경고했다. "우리 행정부는 여러분과 성난 군중 사이에 놓인 유일한 보호벽입니다." 옛날 서부 영화를 보면 강직한 보안관이 죄수가 재판을 받을 수 있도록 군중으로부터 보호한다. 그런데 이번에는 재판이 거의 열리지 않았다. 2018년 현재 은행가, 주택 담보 대출 기관 관련자, 부동산 중개인, 대출자 약 355명이 금융 위기와 관련하여 유죄 판결을 받았다. 하지만 이들 대다수는 잔챙이들이었다. 대형 금융 회사의 경영진은 한 명도 감방에 들어가지 않았다. 다 합쳐도 1980년대 훨씬 규모가 작았던 저축대부조합 위기가 터진 뒤 유죄 판결을 받은 수의 3분의 1 정도밖에 안 되었다.[16]

정부는 금융 산업에 긴급 구제를 실시했다. 하지만 대출자를 돕는 데에는 그에 맞먹는 노력을 기울이지 않았다. 오바마는 담보 대출 회사에 기대어 감당할 수 없는 대출금을 조정하기로 결정했다. 2008년 대선 후보 경선에서 유력한 정치적 경쟁자였던 힐러리 로댐 클린턴Hillary Rodham Clinton과 존 매케인John McCain은 직접 개입을 주장했다. 하지만 오바마는 이를 피했을 뿐 아니라 행정부는 금융 회사에 법적 의무를 지켜 필요 자원에 투자하라고 요구하지도 않았다. 뒤늦게 부실 경영을 경고하는 선에서 그쳐 버렸다. 선트러스트SunTrust에는 주택 소유자들이 도움을 구하며 보낸 신청서가 뜯지도 않은 채 쌓여

갔고, 급기야 창고 바닥이 그 무게를 견디지 못하고 내려앉았다. 연방 조사 기관은 "선트러스트는 곤경에 처한 주택 소유자를 돕기는커녕" 법적 책임을 방기하고 "철저히 직무 유기로 일관하며 많은 이를 재정 파탄에 이르게 했다"라고 결론 내렸다.[17] 이런 범죄를 저질렀지만 연방 정부는 선트러스트를 기소하지 않았을뿐더러 선트러스트 고용인 가운데 어느 개인에게도 책임을 묻지 않았다.

은행가에게 책임을 지우지 않는 이유 가운데 하나는 법무부가 경제적 효율성을 우려하고 나섰기 때문이다. 오바마 행정부 시절 법무장관으로 오랫동안 재임한 에릭 홀더Eric Holder는 '홀더 독트린'을 세운 장본인이다. 이는 기소 검사가 기업을 상대로 고소하기 전에 "부수적인 결과"를 고려해야 한다는 관점이다. 홀더는 클린턴 행정부에서 법무차관으로 일하던 1999년에 쓴 메모에서 이 생각을 분명히 드러냈다. 2000년대 초 엔론 사기 사태에서 회계법인 아서앤더슨Arthur Andersen이 행한 역할로 정부가 기소를 했을 때 이것이 증거물 1호가 되었다. 회계법인은 문을 닫았고 직원 수천 명이 앞다투어 다른 회사로 일자리를 찾아다녔다. 2008년 금융 위기가 일어난 뒤 홀더와 그 대리인들은 경제적 고려가 정의에 대한 낡은 이상보다 앞선다는 기존 입장을 되풀이했다. 홀더는 2013년 의회에서 이렇게 증언했다. "고소를 할 경우, 다시 말해 형사 고발을 할 경우 국가 경제에, 어쩌면 세계 경제에 악영향을 미친다는 징후가 포착되면 우리는 고소하기가 힘듭니다."[18]

홀더는 범죄를 처벌하지 않아서 미치게 되는 영향은 염두에 없는 듯 보였다.

경제학자의 시대

금융 위기가 자유 민주주의에 대한 믿음을 좀먹은 역사는 오래전부터 이어져 왔다. 1870년 이후 선진국에서 일어난 금융 위기에 대한 연구에 따르면 극우 정당은 종종 수혜자가 된다. 이민자나 소수자 때문에 번영을 빼앗겼다고 탓하며 대중의 지지를 얻기 때문이다.[19]

이번에도 다르지 않았다. 서구에서 민족주의 정서가 9.11 테러 공격 이후 거세졌다. 그리고 대침체는 이런 경향을 강화했다.[20]

2016년 6월 영국은 국민투표로 유럽연합 탈퇴를 결정했다. 그 해 11월 도널드 트럼프Donald Trump가 미국 대통령으로 선출되었다. 2018년 브라질 국민은 새 대통령을 뽑았다. 민족주의자 자이르 보우소나루Jair Bolsonaro는 트럼프 이미지를 그대로 쫓아 선거 운동을 벌였다.

트럼프는 경제학을 경멸했다. 경제학의 기본 구성 요소와 통계와 추론을 멸시했는데 현대 미국 대통령 가운데 그만큼 심한 경우는 없었다. 트럼프 행정부는 첫 예산안에서 수치를 전혀 올리지 않았다. 공식 분석을 내놓으려는 노력도 없이 의회를 통해 감세를 추진했다. 규제 또한 비용이나 편익을 분석하려는 어떤 시도도 하지 않은 채 한쪽으로 제쳐 놓았다. 트럼프는 자신이 좋아하지 않는 기업의 합병을 막기 위한 협박용으로만 반독점법 시행을 일부 부활시켰다.

무엇보다 트럼프는 경제학자가 무역을 바라보는 관점을 거부했다. 트럼프의 무역 자문위원장인 피터 나바로Peter Navarro는 하버드 대학에서 박사 학위를 받았지만 기존 경제학자와는 달랐다. 나바로는 무역이 국가 사이에 벌어지는 전쟁이라고 주장했다. 그는 다큐멘터리 〈데스 바이 차이나Death by China〉를 감독하기도 했는데 '메이드 인 차이나'가 새겨진 칼을 피 흘리는 미국 지도에 꽂는 만화로 첫 장면을 시작했다. 트럼프의 수석 정치 보좌관인 스티븐 배넌Stephen Bannon 역시 시각이 비슷했다. "세계주의자는 미국 노동 계층을 파괴합니다. 그리고 아시아 중산 계층을 양산합니다. 이제 문제는 미국이 먹잇감이 되지 않도록 조심하는 것입니다."[21]

무역은 트럼프가 워싱턴에 입성하기 전부터 하향세였다. 세계 무역에서 달러 가치는 2012년부터 소폭 회복세를 보이기 시작한 2016년까지 해마다 계속 떨어졌다.[22] 하지만 새로 대통령이 된 트럼프는 제 소임을 다하기 위해 적극 나섰다. 취임식을 마친 뒤 대통령 집무실을 금빛 색조로 다시 꾸미고 나서 상정된 환태평양 국가의 무역 협정에서 미국은 탈퇴한다는 명령서에 서명했다. 또 미국 기업이 다른 나라로 이전하는 문제를 재고하도록 압박을 가했다. 주류 경제학자는 기업이 시장 원리에 대응하는 한 해외 외주가 미국 경제에 이롭다고 여겼다. 하지만 트럼프 행정부는 그렇게 생각하지 않았다. 마이크 펜스Mike Pence 부통령은 이렇게 말했다. "자유 시장이 선별해 왔습니다. 그리고 미국은 설 자리를 잃어 왔습니다."[23]

현대 경제학이 탄생한 지 약 240년이 지난 2017년 여름 트럼프는 에어포스원을 타고 날아가면서 곧 있을 연설을 준비하며 본문을 훑어보았다. 그리고 펜을 집어 여백에 써 넣었다. "무역은 나쁘다."[24]

범람 이후

일리노이주 게일즈버그는 광활한 중서부 경작지에 세워진 작은 공장 도시로 20세기 동안 거의 내내 번영을 누렸다. 로널드 레이건은 어린 시절을 이곳에서 보냈다. 이스트메인가에 위치한 골동품 상가의 한 유골함에는 레이건의 1학년 성적표 중 하나가 보관되어 있다. 하지만 1970년 무렵 게일즈버그는 세가 기울기 시작했다. 마이클 패트릭Michael Patrick은 1959년에 고등학교를 졸업하자마자 지역 냉장고 제조 공장에 들어갔다. 2015년 나와 이야기를 나누면서 누구나 게일즈버그를 떠올리면 공장과 일자리가 점점 사라져 가는 광경이 전부라고 털어놓았다. 기업은 파산하거나 기계화하거나 다른 도시로 이전했다. 1970년대 시작된 변화라면 새로운 기업이 더는 게일즈버그로 들어오지 않았다는 점이다. 공장이 문을 닫으면 건물은 빈 채로 남았다. 사람들은 일자리를 잃자 다른 일자리를 찾으려 애썼다. 2016년 생산 연령에 속한 게일즈버그의 성인 남성 1만 500명 가운데 거의 절반이 일을 하지 못했다.[25] 이 놀라운 수치는 강조할 만하다. 가장 익숙한 실직의 척도인 실업률이 미국의 실업 규모를 크게 줄여 말하고 있기 때문이다. 정부는 일자리를 찾는 사람만 계산에 넣는다. 2016년 그 수치에 해당하는 게일즈버그 성인 남성은 약 6퍼센트였다. 하지만 게일즈버그에는 일을 하지도 않고 일을 적극적으로 찾지도 않는 생산 연령 성인 남성이 41퍼센트나 더 있었다. 일부는 은퇴했고 일부는 취해 살았다. 하지만 많은 이들은 그냥 포기했다.

일자리를 찾았다 해도 종종 타협해야만 했다. 왕복 2시간이나 자동차를 몰고 피오리아에 있는 공장에 다니거나 어중간한 시간을 받아들여야 하거나 보수가 낮은 일을 해야 했다. 2004년 냉장고 제조 공장이 문을 닫은 뒤 트레이시 워너Tracy Warner는 겹벌이에 나섰다. 낮에는 보조 교사로 밤에는 수위로 일했다. 공장이 문을 닫기 전에는 3만 7000달러를 받았는데 2015년에는 2만 1000달러를 벌었다.

미국이 신발 제조에서 채권 거래로 변화한 추세는 정책 입안자도 어쩔 수 없는 가차 없는 힘의 결과였다. 그리고 그 결과는 대체로 매우 긍정적이다. 기술 진보 때문에 자동차나 컴퓨터를 만드는 데 필요한 노동자 수가 크게 줄었다. 게다가 제조업은 전 세계로 더욱 고르게 퍼져 나갔다. 미국 정치인이 다른 정책을 시행하여 미국인 수천 명이 여전히 게일스버그에서는 냉장고를, 피츠버그에서는 철강을, 캐롤라이나 피드몬트의 방적 공장에서는 면 셔츠를 생산하고 있다는 이본異本은 역사에는 존재하지 않는다.[26]

하지만 그토록 고통스러워서는 안 되었다. 경제학자의 시대에 이루어진 정책 전환으로 미국은 경제적 진화를 앞당겼다. 하지만 그 편익을 소수 특권층의 호주머니 속으로 쏟아 넣었다. 달러의 높은 가격과 인플레이션의 억제에만 오롯이 집중하는 정책으로 제조업의 쇠퇴를 더욱 재촉했고 새로운 일자리를 찾기는 더욱 힘들어졌다. 일하지 않는 노동자 수가 늘어나면서 임금도 내려갔다. 확실한 균형추 역할을 하던 노동조합의 힘이 특권층이 느끼는 반감 때문에, 정부가 기업 집중에 베푸는 아량 때문에 더욱 약화되었다. 그 결과 협상력이 고용주 쪽으로 더 옮겨 갔다.

연방 정부는 1938년 최저임금법을 통과시켰지만 이 법은 인플레이션과 연계되지 않았다. 그래서 그 인상은 의회의 자비에 달려 있다. 인플레이션에 맞춰 조정되면서 최저임금은 1968년 정점에 이르렀다. 그런데 경제학자의 시대에 들어서면서 40퍼센트가 깎였다.

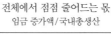

전체에서 점점 줄어드는 몫
임금 증가액/국내총생산

출처: 미 경제분석국

경제학자는 임금을 시장이 내리는 정확한 판단이라고 여겼다. 조지 W. 부시 집권 시절 재무장관을 지낸 경제학자 존 스노우John Snow에 따르면 "사람은 자신이 기업에 얼마만 한 가치가 있느냐에 따라 임금을 받는다."[27]

폴 새뮤얼슨이나 제임스 토빈 같은 진보주의 경제학자도 노동조합을 카르텔로 간주하며 최저임금법은 실업을 늘린다고 주장했다. 이런 합의 때문에 정치인은 보다 수월하게 노동조합을 공격하고 임금을 무시했다.[28] 한편 현실에서 임금은 고용주와 노동자 사이의 투쟁으로 결정되었다. 그리고 대개는 고용주가 승리를 거두고 있었다.[29]

이런 충격과 변화가 낳은 가장 중요한 결과는 꽤 단순하다. 미국 경제 전체에서 노동자에게 돌아가는 몫이 점점 적어지고 있다는 것이다. 표에서 보듯이 미국 노동자가 경제 산출량에서 임금 형태로 집으로 가져가는 몫이 1970년대 이후 계속 떨어지고 있다.

하지만 미국 경제가 맞닥뜨린 가장 큰 문제는 전통적인 제조업의 쇠퇴 혹은 공장 일자리의 감소가 아니다. 오히려 서비스 경제가 성장하는 방식이다. 일자리가 의료나 소매 같은 부문으로 이동하면서 고용주는 자유방임에 가까운 환경을 이용했다. 현재 빠르게 확장하는 경제 부문은 고령에 접어든 베이비붐 세대를 돌보는 일이다. 2026년까지 미국에서 일자리가 가장 많이 늘어나리라고 예상하는 직업군 열 가지 가운데 절반이 '간호'를 다른 방식으로 표현한 것이다.[30] 이들 일자리는 신체적으로 고될 뿐 아니라 감정적으로도 힘들다. 게다가 보수도 낮다. 복지 혜택도 변변찮고 고용 안정도 거의 보장하지 않는다. 앞으로 10년 동안 일자리가 가장 크게 늘어나리라고 내다보는 이런 유형의 일자리인 '개인 돌봄 도우미'는 2016년 평균 연봉이 2만 3100달러였다.

20세기 중반을 상징하는 일자리는 자동차 공장으로 그 노동자를 중산층으로 올려놓았다. 반면에 현대 경제를 보여 주는 축소판은 병원이다. 보수가 매우 높은 소수의 의사와 보수가 낮은 다수의 보조원으로 이루어져 있다.

한 가지 충격적인 결과는 불평등의 부활이다. 2차 세계대전부터 1970년대까지 미국에서 이루어진 경제 성장은 모든 보트를 거의 같은 속도로 들어올렸다. 1970년대 초 이후에는 성장이 일정하지 않았다. 그나마 이익도 대개는 요트를 소유한 사람들에게 돌아갔다. 1971년 상위 10퍼센트 가구는 총소득의 31퍼센트를 벌었다. 2016년에는 상위 10퍼센트 가구가 48퍼센트를 가져갔다.[31] 불평등이 제이 개츠비Jay Gatsby 시대 마지막에 나타나는 수준까지 올라갔다.

어느 정도의 불평등은 불가피할 뿐 아니라 그 나름대로 바람직한 면도 있다. 자본주의는 경쟁이다. 돈은 상이다. 조지 스티글러는 시장이 도덕적 가치를 지니고 있다고 굳게 믿었다. 그뿐 아니라 도덕적 가치를 넘어서는 이익도 있음을 깨달았다. 그리고 산출량 극대화에서 핵심은 "산출량이 아니라 극대화에 있습니다. 더 높은 소득을 얻으려는 인간의 고투는 바람직합니다. 그 과정에서 자주와 자립과 자제를 배우기 때문입니다. 한마디로 더 나은 인간이 되기 때문입니다."[32]

하지만 21세기 미국에서 고소득을 올리는 사람은 부모가 고소득일 가능성이 높다. 사회 이동의 문이 닫히고 있다. 그리고 시장이 주는 교훈은 대체로 같은 사람이 이긴다는 것이다. 불평등이 경제 성장에 이롭지 않다는 점이 점점 분명해지고 있다. 경제협력개발기구 OECD가 실시한 2014년 한 연구에 따르면 불평등이 심한 국가일수록 성장률이 낮다.[33] 한 가지 이유를 들면 부유하지 못한 아이일수록 교육 받을 기회도 줄어든다. 그 결과 이 아이들이 경제적 잠재력을 발휘할 가능성도 낮아진다. 칠레에서는 소득 최하위 5분위에 속하는 18세 이상 24세 이하 청년 가운데 33퍼센트만이 2017년 대학에 진학했다. 이에 비해 소득 최상위 5분위에 속하는 18세 이상 24세 이하 청년은 53퍼센트가 대학에 들어갔다.[34] 미국에서는 공교육의 질적 차이와 공립 대학의 비용 증가로 인해 덜 극단적이더라도 비슷한 결과를 낳았다.

경제 불평등은 또 공공 정책을 왜곡한다. 정치인이 지대를 추구하는 특권층의 입장을 수용하면서 동시에 사회적 약자에 도움도 제공해야 한다는 보다 큰 압박에 직면할 때 특히 그렇다. 게다가 불평등은 공동의 목적의식을 약화시킨다. 그 결과 교육과 연구와 사회 기반 시설에 꼭 필요한 만큼 공공 투자가 이루어지도록 정치적 지지를 유지하기가 더욱 어려워진다.

불평등이 심화한다는 사실은 미국이 거둔 경제 성과가 보기만큼 건강하지 않음을 가리킨다. 대다수 미국인은 미국 경제가 경제학자의 시대 동안 프랑스 경제를 크게 앞질렀다고 생각할지 모른다. 틀리지 않다. 하지만 두 나라에서 상위 1퍼센트 가구를 배제하면 상당히 다른 그림이 펼쳐진다. 나머지 99퍼센트에서 소득 증가 속도가 미국보다 프랑스가 훨씬 빨랐다.[35]

튼튼한 사회 안전망이 시장 경제를 유지하는 데 꼭 필요한 것처럼 시장 경제는 튼튼한 사회 안전망을 유지하는 데 꼭 필요하다. 경제사학자 칼 폴라니에 따르면 이러한 책무 다시 말해 시장에 대한 의존과 최저생활수준을 보장하겠다는 약속은 19세기에는 '이중 운동double movement'을 이루며 함께 상승했다. 폴라니는 이 두 요소가 서로 대립한다고 설명한다. 공정성은 자본주의를 침식하며 자본주의는 공정성을 부식한다는 것이다.[36] 보다 낙관적인 관점으로 보면 이런 요소들은 생산적인 긴장 관계에 놓일 수 있다. 20세기 중반 미국이 사회 안전망을 확충하면서 동시에 시장 경제도 확장했던 때처럼 말이다.

반면에 최근 수십 년 동안 미국은 경제 성장을 추구해 나가면서 사회 안전망 강화를 충분히 고려하지 않아서 불균형은 해롭다는 사실을 입증했다. 조지타운 대학 경제학자 피에트라 리볼리Pietra Rivoli는 무역을 반대하는 목소리가 무역 비중이 보다 높은 다른 선진국들과 비교하여 미국에서 더 거세며 이는 사회 안전망이 더 취약하기 때문

경제학자의 시대

이라고 주장한다. 예를 들어 미국은 보편적 의료 보험을 제공하지 않는 유일한 선진국이다. 공장이 문을 닫아 실직한 사람도 의료 보험 혜택을 누린다면, 직업 훈련을 받을 수 있다면, 새로 일자리를 구한 지역에서 집을 마련하고 아이들을 돌볼 비용을 감당할 수 있다면 이런 변화를 감내할 수 있다. 그렇지 않다면 이들은 세계화에 더욱 분노할 가능성이 크다. 그리고 그럴 만한 근거가 충분하다.

물론 돈도 넉넉하지 않다. 하지만 실업은 돈의 부족만을 가리키지 않는다. 목표와 기회의 부재도 의미한다. 알프레드 칸은 "민주주의 사회에서 '공적 이해'를 '소비자 이해'와 동일시할 수 없다"라고 말했는데 이는 옳다. 사람들은 생산자로서 그리고 "도시화된 문명의 시민"으로서 이해관계가 있다는 주장 역시 옳다.

튀니지의 과일 노점상인 모하메드 보우아지지Mohamed Bouazizi는 2010년 스스로 희생하여 아랍의 봄을 불러왔다. 당시 튀니지는 급속한 경제 성장을 이루고 있었다. 세계은행이 2015년 평가에서 이렇게 언급했다. "경제 자료로만 판단하면 2011년 아랍의 봄 혁명은 절대 일어나서는 안 되었다."[37] 하지만 튀니지 국민은 만족하지 못했다. 자유와 건강과 행복을 바랐다. 그리고 지금도 중동은 불타오르고 있다. 보다 오래된 전통을 이어받은 경제학자 아마르티아 센은 "개발은 우리가 삶을 윤택하게 꾸리고 자유를 탄탄하게 누리도록 하는 데 보다 집중해야 한다"라고 썼다.[38]

몇몇 경우에는 해법이 시장의 효율을 떨어뜨린다. 하지만 효율성이 시장의 주요 목표라고 주장할 특별한 이유는 없다. 공동체는 자신들이 시장으로부터 원하는 바를 선택할 수 있다. 의대생들과 연수 프로그램들을 연결시켜 주는 시장은 부부가 같은 곳에서 만나도록 설계되어 있다. 이는 효율적이라고 볼 수는 없지만 중요하다고 여긴 것이다.

정부는 이미 다양한 방식을 써서 미국인을 시장으로부터 보호하고 있지만 그 보호 대상은 대개 부유한 미국인으로 국한된다. 그리고 나머지 모두를 희생시키는 대가를 치른다. 노동조합에는 반감을 드러내면서 주택 매도자에게 수수료 6퍼센트를 쥐어짜는 부동산중개인협회 같은 전문 카르텔에게는 그러지 않는다. 정부는 또 의사들이 새로운 의사를 배출하기 위한 양성 수를 제한하도록 허용했다. 미국의 의사가 다른 부유한 나라의 의사보다 소득이 거의 2배에 달하는 이유 중 하나다. 토지사용제한법과 건축에도 여러 제한을 두어서 일자리가 몰려 있는 지역은 집값이 오를 수밖에 없는데, 이는 현 집주인에게는 이롭겠지만 나머지 사람들에게는 해롭다.

정부가 불운한 사람들에게까지 보호를 확장하려면 어떻게 해야 할까?

정책 입안자는 이를테면 1달러를 잃는 고통이 1달러를 얻는 기쁨보다 대개는 크다는 점을 고려해야 한다. 변화 속도를 늦추면 고통을 덜 수 있다는 점도 염두에 두어야 한다. 프리드먼과 스티글러의 시대가 오기 한 세대 전 시카고 대학 교수였던 경제학자 프랭크 나이트Frank Knight의 말을 빌리면 시장은 "때때로 자비로 맛을 내야 한다"라는 점을 숙고해야 한다.[39]

공공 정책을 평가할 때 가장 중요한 요소는 사회가 잠재적 비용과 편익의 분배를 명료하게 고찰하면 이롭다는 점이다. 불평등의 골이 크게 깊어지고 있다. 정책 입안자가 그 골을 메우겠다는 결심을 미루고 있기 때문이다.

교실에서 으레 하는 게임이 있다. 교수가 학생들을 둘씩 짝을 지우고 한 학생에게 10달러를 주면서 상대 학생에게 일부를 떼어 주라고 말한다. 상대 학생이 그 제안을 받아들이면 첫 번째 학생은 그 금액을 건네주고 남은 돈을 갖는다. 상대 학생이 그 제안을 받아들이지 않으면 첫 번째 학생은 10달러를 교수에게 도로 돌려준다. 두 번째 학생은 단돈 1센트일지라도 무조건 받아들이면 재정적으로 이득을 본다. 그런데 약 3달러보다 적으면 대개는 거절한다. 첫 번째 학생이 더 갖게 내버려 두느니 아예 한 푼도 갖지 않는 것이다. 영국 정부는 1970년대 설문 조사에서 비슷한 결과를 얻었다. 설문 조사에서는 다음과 같은 선택 사항을 제시했다. (ㄱ) 모두가 주당 4파운드를 받는다. (ㄴ) 당신이 주당 5파운드를 받으면 다른 사람은 주당 6파운드를 받는다. 응답자 가운데 80퍼센트가 첫 번째를 선택했다. 다른 사람이 더 받기 때문에 주당 1파운드를 포기했다.[40] 행동 경제학자 리처드 탈러Richard Thaler는 이렇게 말한다. "호모 에코노미쿠스는 보통 공정이나 정의正義 같은 문제보다는 부에 더 관심이 있다고 여겨진다. 최후 통첩 게임ultimatum games에 대한 연구는 이 같은 안일한 정의定義가 허위임을 보여 준다.[41]

이따금 올바른 해법은 시장 없이도 찾을 수 있다. 의회 위원회는 청문회마다 일반 대중이 앉을 자리를 몇 개 배정해 둔다. 하지만 그 좌석에 앉으려 맨 앞에 줄을 서는 사람들은 대체로 청문회 참석에는 별 관심이 없다. 로비스트나 워싱턴의 다른 특권층이 앉도록 기업에서 상당한 돈을 받고 줄을 서서 좌석을 확보한다. 경제학자라면 이렇게 말할지도 모른다. 줄을 서서 기다리는 사람 즉 시간은 있지만 돈은 없는 사람에게도 이롭고 시간보다는 돈을 쓰는 로비스트에게도 이롭다고 말이다. 하지만 민주주의에는 이롭지 않다. 사람들은 가진 재산도 다 다르고 돈 버는 능력도 제각각이다. 어떤 이는 날 때부터 부유하고 어떤 이는 부를 일구어 내며 어떤 이는 가난하게 태어나서 가난하게 살아간다. 시장에 의지하면 그 우선권은 돈 있는 사람에게 돌아간다.

이 예가 사소해 보인다면 다른 예를 살펴보자. 미국은 선진국에서 유일하게 누가 의료 혜택을 받을지 소득으로 결정한다. 또 대다수 대도시권에서 명문 공립학교에 다니려면 부유한 교외에 집을 사야 한다. 점점 더 많은 도시에서 운전자가 덜 붐비는 고속도로를 이용하려면 돈을 내야 한다. 일부 관할 구역의 죄수는 돈을 내면 더 시설 좋은 감방에서 지낼 수 있다. 다른 나라 시민이 미국에 최소 투자금을 내면 미국 시민권을 살 수 있다.

밀턴 프리드먼의 주장에 따르면 시장은 사람들이 합의해야 하는 쟁점의 수를 제한하기 때문에 사회를 견고하게 만든다. 프리드먼은 1960년대에 이렇게 썼다. "광범위한 영역에서 시장을 이용하면 사회 조직이 포괄하는 온갖 활동과 관련하여 순응이 더 이상 불필요하게 되기 때문에 사회 조직에 가하는 압력을 줄인다. 시장이 다루는 활동 범위가 넓어질수록 명시적으로 정치적 결정을 요하는 문제도 줄어든다."[42]

이는 인간 본성을 잘못 이해하고 있다. 관계는 직물보다는 근육에 더 가깝다. 근육은 사용할수록 강해진다. 경제학자 앨버트 O. 허시 먼Albert O. Hirschman은 1970년에 출간한 흥미로운 저서 《떠날 것인가, 남을 것인가Exit, Voice, and Loyalty》에서 이렇게 썼다. "상업적으로든 개인 적으로든 정치적으로든 관계에 실망한 사람에게는 세 가지 선택이 있 다. 떠나든가 불만을 제기하든가 말없이 참아내든가. 떠나기가 쉬울 수록 실망한 사람이 불만을 제기할 가능성도 적어진다. 그리고 떠나 기가 쉬울수록 그 사람이 관계 개선을 위해 노력할 가능성도 낮아진 다. 예를 들어 부유한 학부모는 도심 학교를 개선하는 데 노력을 기울 이지 않는다. 그냥 교외로 이사 나간다. 미국은 이동이 더 낫다는 생 각을 토대로 세운 나라다. 미국의 조상은 고향을 떠나 이곳으로 왔다. 그리고 서부로, 다시 서부로 이주했다. 도시를 떠나 교외로 향했고 다 시 교외를 떠나 더 외곽으로 향했다. 시장 사회를 건설했다. 이때 시장 이 지닌 본질적인 특성은 떠날 수 있는 자유다.

우리 문제는 시장이 너무 많다는 것과 너무 자주 떠난다는 것이 다. 이 책을 읽고 무언가를 깨달았다면 지식 시장은 사람들이 자신이 선택한 목적을 위해 건설한다는 점이기를, 그래서 사람들이 바꿀 수 있고 다시 세울 수 있다는 점이기를 바란다.

시장 경제는 가장 놀라운 인간의 발명품이다. 부를 낳는 강력한 기계다. 하지만 한 사회를 평가하는 척도는 피라미드 계층 구조에서 가장 윗단에 속한 사람들의 삶의 질이 아니라 가장 아랫단에 속한 사 람들의 삶의 질이다. 지난 반세기 동안 우리는 의도적으로 번영의 분 배를 외면해 왔다. 이 때문에 지금 자유 민주주의가 선동을 일삼는 국수주의 정치가한테 그 생존을 시험당하고 있는 것이다. 1930년대에 그랬듯이 말이다. 이는 결코 묵과할 수 없는 문제다.

이 동아줄이 버텨 낼 수 있는 시간이 얼마나 될지, 이 동아줄이 견뎌 낼 수 있는 무게가 얼마나 될지 헤아릴 만큼 예리한 통찰력이 내게는 없다. 대답을 하자면 '오래' 그리고 '많이' 정도쯤 될까. 2008년 이후 대중 사이에서 불만이 밀물처럼 불어나며 의혹이 일고 있다. 하지만 우리가 중압을 낮출 수 있는 길을 찾는다면 우리를 하나로 잇는 연대는 더욱 오래 지속하리라고 확신한다.

감사의 말

몇 해 전 미국이 경제 규제에 어떻게 접근해 갔는지 발전 과정을 서술한 토머스 맥크로Thomas McCraw의 《규제 예언서Prophets of Reguration》를 읽었다. 이 책은 내게 커다란 울림을 남겼다. 특히 현재 접근하는 방식이 비교적 최근에 생겨났다는 견해에 깊은 인상을 받았다. 지난 15년 동안 신문에 경제 정책을 주제로 글을 연재하면서 맥크로의 견해가 자주 떠올랐다. 1970년대에 규제로 인해 새로운 시대에 접어들었다며 맥크로는 이 시대를 '경제학자의 시대'라고 불렀다. 나는 다른 정책 분야에서도 비슷한 개혁이 일어났다는 사실을 알게 되면서 이런 개혁이 무엇을 대체했는지 파고들기 시작했다.

이 책에 대한 기본 구상이 몇 년 동안 내 머릿속을 맴돌았다. 2016년 가을 크리스 패리스 램Chris Parris-Lamb이 이제 책을 쓸 때가 되었다고 나를 설득했다. 내 대리인이 된 패리스 램 덕분에 나는 저 시대가 이미 끝났다는, 그리고 지금 우리는 무엇이 닥쳐올 것인가라는 질문에 직면해 있다는 전제를 구체화할 수 있었다. 그뿐 아니라 그 덕분에 이 책에 나온 다른 모든 내용도 윤곽을 잡아 나갈 수 있었다. 아울러 패리스 램을 도와 함께 일한 거너트 사Gernert Company 여러 동료에게도 감사를 전한다.

리틀, 브라운Little, Brown 출판사의 담당 편집자 바네사 모블리Vanessa Mobley는 처음 책을 내는 저자에게 모험을 걸었다. 이 발간 계획에 보인 열정에, 무엇보다 편집자로서 뛰어난 역량에 깊이 감사한다. 그 덕분에 이 책이 훨씬 빛나게 되었다. 거듭 말하지만 바네사의 도움으로 내가 어디로 향해야 하는지 볼 수 있었다. 리틀, 브라운 출판사의 다른 많은 이들에게도 고마운 마음을 전한다. 이들의 노고로 이 책이 세상에 나와 팔릴 수 있었다.

어렸을 때 나는 《뉴욕타임스》에 글을 쓰는 일을 늘 꿈꿔 왔다. 2010년 그 꿈이 이루어졌다. 더구나 10년 가까이 지난 지금 믿을 수 없을 만큼 운이 좋아 세계 최고의 기자들 사이에서 직업적인 안식처를 구했다. 시간을 내어 이 책을 함께 고민해 준 엘리자베스 버밀러Elisabeth Bumiller와 딘 베케이Dean Baquet에게 감사한 마음을 보낸다. 다른 여러 편집자에게도 감사 인사를 전한다. 톰 레드번Tom Redburn, 대몬 달린Damon Darlin, 데보라 솔로몬Deborah Solomon을 비롯해 경제학을 담당한 여러 동료가 내 호기심을 북돋아 주었다. 모두에게서 많이 배웠다.

책을 쓰는 일이 혼자 하는 작업이라는 건 이미 알고 있었지만 여럿이 하는 작업이기도 하다는 건 전혀 알지 못했다. 이 책이 나오기까지 많은 분들이 도움을 주었지만 어쩔 수 없이 여기에는 일부만 이름

경제학자의 시대

을 싣는다.

톰 레드번은 내 편집자로 앙코르 공연에 합의했다. 레드번은 이 책에 나온 여러 사건 대부분을 기자로서 다룬 내용이었기 때문에 자세히 파악하고 있었고 편집자로서의 기량과 배려와 회의적인 태도가 곳곳에 배어 있다.

아론 스태고프 벨포트Aaron Stagoff-Belfort는 폭넓은 주제를 아우르며 의미 있는 연구를 실시했다. 특히 반독점법 시행의 역사, 법과 경제학의 발흥, 조지 스티글러의 기여가 유익했다. 스태고프 벨포트의 열정과 잘 알려지지 않은 일화를 쫓은 의지가 고마울 따름이다. 마누엘 바우티스타 곤잘레스Manuel Bautista González는 경제학 개념을 설명하는 초안을 특별한 주의를 기울여 각 장마다 꼼꼼히 읽었다. 곤잘레스 덕분에 수많은 쟁점을 올바르게 고치고 요지를 분명하게 다듬을 수 있었다. 물론 여전히 잘못된 부분이 남아 있겠지만 그건 곤잘레스 책임이 아니다. 곤잘레스는 또 원본이 스페인어로 쓰인 경우 주요 자료를 번역해 주었다. 샘 딘Sam Dean은 닉슨 대통령 도서관Nixon Presidential Library에서 내 눈과 손이 되어 주었다.

의회 도서관이 공교롭게도 가까운 곳에 있어서 나는 이 의회 도서관에서 밤낮으로 살다시피 했다. 커다란 열람실에 편하게 자리 잡고 여러 저서와 출처를 헤치며 연구해 나갔다. 때때로 빅토리아 시대의 인터넷 판에서 도움을 받는 듯한 기분이 들었다. 직원들이 문서를 얼마나 척척 찾아내는지 아직도 놀라운 마법처럼 기억에 남아 있다.

칠레와 아일랜드와 대만을 다녀온 짧은 여행은 이 책에 대해 연구하는 과정에서 가장 값진 경험이었다. 대안으로 삼은 경제 정책이 현실 세계에서 어떤 결과를 낳았는지 보면서 내 이해의 폭이 넓어졌다. 칠레에서 나를 안내해 주었던 빅토르 에레로Victor Herrero에게 감사의 말을 전한다. 기자로 통역자로 마르지 않는 정보의 샘으로 이 책에 지대한 기여를 했다. 각 역할을 번갈아 가며 할 때마다 없어서는 안 될 존재였다. 다른 많은 칠레 기자에게도 고마운 마음을 전한다. 여러 가지 도움을 주고 나를 따뜻하게 환대해 주었다. 특히 이자벨 레예스 부스토스Isabel Reyes Bustos와 파스칼 본느푸아Pascale Bonnefoy, 카롤라 푸엔테스Carola Fuentes와 라파엘 발데아벨라노Rafael Valdeavellano에게 감사 인사를 전한다. 대만과 아이슬란드에서는 언어 장벽이 좀 낮았지만 기꺼이 환대를 보내고 지식을 나누어 준 크리스 호턴Chris Horton에게 고마운 마음을 보낸다. 그리고 구글 번역Goole Translate에도 큰 신세를 졌다. 구글 번역은 정말 놀라웠다.

만만치 않은 분량임에도 이 책을 읽고 의견을 준 모든 이에게 고마음을 보낸다. 로버트 리탄Robert Litan과 요니 애펠바움Yoni Appelbaum, 피터 콘티 브라운Peter Conti-Brown과 재러드 번스타인Jared Bernstein에게 특별한 감사 인사를 전한다. 특히 번스타인은 쪽지에 적어 붙여 놓을 만큼 훌륭한 조언을 해 주었다. "이 책은 추리 소설이 아니다."

멜빈 배크먼Melvin Backman, 레이첼 브라운Rachael Brown, 힐러리 맥클렐런Hilary McClellen은 수많은 사실과 인용을 일일이 확인했다. 이들이 출처를 캐내어 밝혀낸 몇 가지 세부 사항에는 놀라움을 금치 못했으며 세심하게 살핀 눈길 덕분에 많은 문장이 더욱 풍부해졌다. 고마운 마음을 전한다. 또 마지막 원고의 교열을 본 트렌트 더피Trent Duffy에게도 감사의 말을 보낸다. 이들 모두 내 실수에 어떤 책임도 없다는 말은 진부하지만 진실이다.

이 책은 《뉴욕타임스》 워싱턴 특파원으로 보도한 기사와 보다 앞서 《워싱턴포스트》 《보스턴글로브》 《샬롯옵서버Charlotte Observer》에 실린 기사를 토대로 한다. 《뉴욕타임스》에서 일하면서 얻은 가장 커다란 기쁨은 여러 정책 입안자나 경제학자와 이야기를 나눌 수 있는 기회가 많았다는 점이다. 이 책에 이름이 실린 이들 가운데 살아 있는 사람과는 대다수 이야기를 나누었다. 이 책 때문에 실시한 인터뷰에서 인용한 부분은 주에서 구체적으로 다룬다.

기자로서 사람들과 만나 경제 정책이 그들의 삶에 어떤 영향을 미쳤는지 이야기를 나눈 시간 덕분에 나는 경제 정책에 대해 이해의 기틀을 다질 수 있었다. 이들 가운데 몇몇은 이 책에 나온다. 낯선 이방인에게 고통스러운 경험조차 마다하지 않고 진솔하게 이야기를 들려준 모든 이들에게 감사 인사를 전한다.

내가 쓴 기사나 내가 행한 역사 연구 외에도 이 책은 이미 출간한 다수 저작에 크나큰 신세를 지고 있다. 이 책의 본문이나 결론이 그 지식으로 더욱 깊이를 더했다. 구체적인 인용과 사실에 대해서는 출처를 밝혀 놓았다. 독서의 폭을 더욱 넓혀 가기를 바란다는 내 권고에 관심이 있다면 BinyaminAppelbaum.com을 참고하면 좋다.

부모님은 책들로 가득 찬 집에서 나를 키우셨다. 이 책들 가운데에는 부모님이 쓴 책도 있었다. 부모님은 내 호기심을 일깨우고 그릇된 길이 아니라 올바른 길로 가라고 가르치셨고 내 꿈을 좇을 수 있도록 모든 기회를 열어 주셨다. 부모님은 내 영웅이다.

아이들은 내가 자기 이름을 따로따로 불러 주는 것으로 그 사랑을 확인하고 싶어 했다. 이는 아이들이 주는 기쁨에 대한 보답으로 내가 최소한으로 할 수 있는 일이다. 밀라Mila, 사랑한다. 토머스Thomas, 사랑한다.

나는 마지막을 위해 가장 소중한 사람을 아껴 두었다. 바로 아내다. 이 책이 세상에 나올 수 있었던 이유는 함께 나누어져야 할 짐을 아내가 부당하게 더 짊어졌기 때문이다. 곁에서 내가 헤아릴 수 없는 무수한 방식으로 도운 덕분에 이 책이 더욱 충실해졌다. 아내에게 사랑과 감사를 보내며 앞으로 설거지는 다 내가 하겠노라고 엄숙히 맹세하는 바이다.

워싱턴DC
2019년 4월

주

들어가는 말

1. Michel Houellebecq, *The Elementary Particles* (New York: Knopf, 2000), 4.

2. 이 일화는 William Neikirk가 쓴 전기 *Portrait of the Money Man* (New York, Congdon and Weed, 1987)에 나온다. 2018년 인터뷰에서 볼커는 아내와 그런 대화를 나누었는지 기억나지 않는다고 내게 말했지만 당시 볼커는 딱 그런 기분이었다. "분명 속이 부글부글 끓는 것 같았어요. 그곳에서 5년을 보냈지만 내가 알기로 [연준] 의장 얼굴을 한 번도 본 적이 없었습니다. 내가 상관에게 보고서 를 올리면 그 상관은 다시 자신의 상관에게 그 보고서를 올렸지요."

3. 볼커가 1952년 연준에서 일하게 되었을 때 그곳에 경제학자는 단 한 명도 없었다. 볼커에 앞서 아돌프 C. 밀러Adolph C. Miller라는 경제학자가 1914년부터 1936년까지 연준 이사회 이사로 있었다. 밀러는 하버드 대학에서 경제학 석사 학위를 받고 20년 이상 재정학을 가르쳤다. 농업 종사자는 나라 경제의 중요한 부문을 대표하는 사람으로 관례대로 이사회에 임명되었다. 1952년에 그 역할을 맡은 사람은 아이오와주 양돈업자

인 루돌프 M. 에반스Rudolph M. Evans였다. 당시 연준의 12곳 지역 준비은행 가운데 2곳 총재가 경제학 석사 학위자였다. 말콤 H. 브라이언Malcolm H. Bryan이 1951년 애틀랜타 연방준비은행 총재로 임명되었고 올리버 S. 파월Oliver S. Powell이 1952년 6월 미니애폴리스 연방준비은행 총재로 임명되었다.

4. 마틴은 닉슨 행정부의 젊은 직원인 리처드 T. 맥코맥Richard T. McCormack 과 대화를 나누면서 1970년 1월 연준 의장으로 보낸 마지막 날을 언급했다. 나는 리처드 피셔 전 댈러스 연방준비은행 총재에게 고마운 마음을 전한다. 피셔 덕분에 마틴이 맥코맥과 나눈 대화에서 언급한 이야기에 관심을 기울일 수 있었다. Henry E. Mattox, *A Conversation with Ambassador Richard T. McCormack* (Xlibris, 2013), 56 참조.

5. 케인스는 자신의 조국인 영국을 염두에 두고 이론을 발전시켰지만 영국에서도 마찬가지로 반발에 부딪혔다. 당시 재무장관이던 네빌 체임벌린Neville Chamberlain은 1933년 케인스의 조언에 대해 의회에서 이렇게 말했다. "내가 아는 한 어느 재무장관도 일부러 예산 불균형을 야기하지 않습니다." 루스벨트에 대한 인용은 Frances Perkins, *The Roosevelt I Knew* (New York: Viking, 1946), 215 참조.

6. Michael A. Bernstein, *A Perilous Progress: Economists and Public Purpose in Twentieth-Century America* (Princeton, N.J.: Princeton University Press, 2001), 138.

7. Fritz Machlup, ed., *International Monetary Arrangements: The Problem of Choice* (Princeton, N.J.: Princeton University Press, 1964), 6.

8. *미국 대 필라델피아내셔널은행*U.S. v. Philadelphia National Bank 소송은 5장에서 보다 자세하게 다룬다.

9. McCraw가 1984년 출간한 명저 *Prophets of Regulation* (Cambridge: Belknap Press, 1984)에서 만들어 낸 구문으로 규제 정책에서 경제학이 부상하는 상황을 가리켰다.

10. 1965년부터 2009년까지 연준 이사회를 구성하는 이사 7명 가운데 다

수가 경제학자였다. 1973년부터 2009년까지 지역 준비은행 총재 가운데 적어도 절반이 경제학자였다. 그리고 1978년부터 2009년까지 연준의 통화정책결정위원회인 연방공개시장위원회Federal Open Market Committee 회의에서 두 번을 제외하고 전부 경제학자가 투표자의 과반수를 차지했다. 이 두 번의 예외는 1995년에 열린 회의에서였다.

11. 슐츠의 후임자 3명도 경제학 박사 학위자였다. W. 마이클 블루멘털 (1977~1979), 로렌스 서머스(1999~2001), 존 스노우(2003~2006)가 그들이다.

12. Marion Fourcade, *Economists and Societies: Discipline and Profession in the United States, Britain, and France, 1890s to 1990s* (Princeton, N.J.: Princeton University Press, 2009), 전자책 1675.

13. 빵 값 규제는 중세 유럽에서 일반적인 관행이었다. 프랑스에서는 현대까지 꾸준히 이어지고 있었다. 1970년대에는 정부가 기본 바게트에 가격을 정했다. 이 자체로는 20세기 혁신이라고 할 만하지만 보다 고급스러운 빵에는 가격을 정하지 않았다. 1978년 정부는 가격 통제 정책을 폐지하겠다고 발표했다. 다른 산업에서처럼 이 조치로 소비자는 보다 싼 가격에 질이 더 낮은 빵을 찾게 되었다.

14. 자오쯔양은 당시 덩샤오핑 아래에서 당중앙위원회 부주석을 맡고 있었다. 그는 1989년 톈안먼 광장 시위가 일어나며 그 결과 권좌에서 축출될 때까지 중국 경제 개혁의 주역이었다. 이 주목할 만한 양쯔강 유람선 여행과, 중국이 서구 경제학자와 이론을 보다 폭넓게 수용한 일에 대해 상세한 설명을 보려면 Julian Gewirtz, *Unlikely Partners: Chinese Reformers, Western Economists and the Making of Global China* (Cambridge: Harvard University Press, 2017) 참조.

15. Charles L. Schultze, "The Role and Responsibilities of the Economist in Government", *American Economic Review 72*, no. 2 (1982).

16. James Landale, "Thatcher's Mad Monk or True Prophet?", BBC Radio 4, April 7, 2014. Timothy Noah는 *The Great Divergence:*

America's Growing Inequality Crisis and What We Can Do About It (New York: Bloomsbury, 2012)에서 미국의 불평등 심화 원인을 살펴본다. Angus Deaton은 *The Great Escape: Health, Wealth, and the Origins of Inequality* (Princeton, N.J.: Princeton University Press, 2013)에서 국제적인 맥락뿐 아니라 불평등의 편익을 비롯해 보다 폭넓은 관점을 제시하고 있다.

17. 그 사이 10년 평균치를 보면 1970년대에는 2.160퍼센트, 1980년대에는 2.156퍼센트, 1990년대에는 1.98퍼센트였다. 금융 위기를 겪었던 2008년과 2009년을 제외해도 2000년대 첫 8년 동안 연평균이 여전히 1.7퍼센트에 불과하다. 이 수치는 미 상무부 경제분석국에서 공식 발표한 GDP 평가에서 나왔다.

18. 내가 서른 살이 된 해가 2008년이다. 하지만 우리 세대의 소득력이 감소한 이유는 경기 후퇴 때문이 아니다. 1973년에서 1983년 사이에 태어난 남성 가운데 아버지보다 더 버는 사람의 평균 비율은 43퍼센트다. 2017년 퓨리서치센터Pew Research Center의 보고에 따르면 미국인 37퍼센트만이 자녀들이 경제적으로 더 잘 살 것이라고 기대했다. 이 수치는 경제학자 라지 체티Raj Chetty와 공동 연구자가 실시한 연구 및 퓨 세계지수Pew's Global Indicators에서 나왔다. 라지 체티와 공동 연구자의 연구는 OpportunityInsights.org에서 볼 수 있다.

19. "The Growing Gap in Life Expectancy by Income: Implications for Federal Programs and Policy Responses", 2015, National Academies of Science, Engineering and Medicine. https://doi.org/10.17226/19015에서 볼 수 있다.

20. Simon Schama, *The Embarrassment of Riches: An Interpretation of Dutch Culture in the Golden Age* (Berkeley: University of California Press, 1988), 222. 하버드 대학 경제학자 대니 로드릭Dani Rodrik은 경제학 언어가 정치 소통에 빈번하게 등장하는 이유는 경제 언어가 과학과 서사를 통합하고 있기 때문이라고 주장한다. 경제학자는 과학적이

경제학자의 시대

라고 알려진 결론에 도달하고, 대중의 의식에 쉽게 파고드는 형식으로 이런 결론을 전달하는 데 능숙하다. 예를 들어 과세는 기력을 쇠하게 한다는 단순한 이야기처럼 말이다. 벤 S. 버냉키 전 연준 의장은 회고록에서 자신이 경제학자가 된 이유를 설명하며 이렇게 썼다. "나는 내가 개념이나 현상을 잘 설명한다는 사실을 깨달았다." 효과적으로 설명하는 능력은 매스컴 시대에 필요성이 점점 커졌다. 정치학자 제프리 K. 툴리스Jeffrey K. Tulis의 계산에 따르면 카터 대통령이 재임 4년 동안 한 대중 연설은 19세기 내내 미국 대통령들이 한 대중 연설보다 그 횟수가 많다.

21. 1840년까지 우편 요금은 받을 때 지불했으며 꽤 비쌌다. William J. Bernstein은 무역사를 다룬 *A Splendid Exchange* (New York: Atlantic, 2008)에서 의회가 우표 사용을 승인했을 때 당대 대표적인 자유 무역 옹호자였던 리처드 코브던Richard Cobden은 "기쁨에 겨워 '곡물법은 이제 끝났다!'라고 외쳤다고 한다"라고 썼다. *The Economist*의 역할에 대해 더 알고 싶으면 Cheryl Schonhardt-Bailey, *From the Corn Laws to Free Trade: Interests, Ideas, and Institutions in Historical Perspective* (Cambridge: MIT Press, 2006) 참조.

22. 정부는 오랫동안 인구수를 파악하려고 애썼다. 성경의 네 번째 책을 '민수기Numbers'라고 하는 까닭은 인구 조사에 대한 세부 사항을 기록하고 있기 때문이다. 고대 이집트와 중국과 로마를 비롯하여 전 세계 여러 대제국들은 다양한 부문에서 조사를 시도했고 비록 편차는 있을지언정 성공을 거두었다. 하지만 인구 조사는 이례적인 일이었고 보다 상세한 조사는 더욱 흔한 일이 아니었다. 영국이 현대적인 인구 조사를 처음 시도한 때가 1801년이었다. 알렉산더 해밀턴은 1791년 "제조업 보고서Report on Manufactures"를 쓰기 위해 자료를 모으려 할 때 여러 번 좌절감을 맛보았다. 하트퍼드의 총기 제조업자 피터 콜트Peter Colt는 해밀턴에게 연간 생산량뿐 아니라 연간 수익도 추산할 수 없으며 자신만 이런 일을 겪는 게 아니라고 썼다. 또한 해밀턴은 동료인 티모시 피커링Timothy Pickering에게 펜실베이니아 농부에 대한 자료를 요구했는데 피커링은 이

렇게 답신을 보냈다. "꼭 필요한 사실을 정확하게 알아내는 일이 불가능합니다. 농부 1000명 중 1명이라도 논밭의 넓이와 생산량을 실제로 측정했는지 의심스럽기 때문입니다"라고 답장을 보냈다. Eli Cook, *The Pricing of Progress: Economic Indicators and the Capitalization of American Life* (Cambridge: Harvard University Press, 2017) 참조.

23. 드 보우는 1848년 당시 새로 설립된 (지금은 툴레인 대학이라고 부르는) 루이지애나 대학의 정치경제학 교수가 되었다. 역사학자 매리언 포케이드 Marion Fourcade에 따르면 1880년에도 미국에는 정치경제학 분야에 교수가 3명밖에 없었다. 1910년 즈음에는 그 수가 51명으로 늘었다. 2017년 현재 미국에는 경제학 교수가 약 1만 3000명이 있다. 지난 반세기 동안 경제학 교수로 임용된 성인 인구 비율이 물론 2배 이상 늘었지만 그 수는 여전히 꽤 적다.

24. 스탠퍼드 대학 역사학자 조지 프레드릭슨George Fredrickson은 헬퍼의 저서를 "정치적 영향이라는 측면에서 보면 이제까지 미국에서 출간한 책 가운데 아마 가장 중요한 책일 것"이라고 평가했다. 뉴욕 신문 편집자인 호러스 그릴리Horace Greeley가 이 책의 중판에 돈을 댄 뒤로 넓은 독자층이 확보되었다. 이 중판은 사우스캐롤라이나 정치인 제임스 헨리 해먼드James Henry Hammond가 "면화는 왕이다"라는 제목으로 남부 경제의 우수한 생산성을 증명한다고 자료를 제시한 1858년 연설에 반박하기 위한 일환이었다. 남북전쟁이 발발할 즈음 헬퍼의 저서는 20만 부 이상이 팔렸다. 드 보우가 기여한 바는 역설적이었다. 본인은 노예제와 분리 독립을 열렬히 지지했기 때문이다. Cook, *The Pricing of Progress* 참조.

25. Diane Coyle, *GDP: A Brief but Affectionate History* (Princeton, N.J.: Princeton University Press, 2014), 13 참조.

26. Arnold Harberger, "Sense and Economics: An Oral History with Arnold Harberger". 이 기록물은 Berkeley, University of California, Bancroft Library, Oral History Center의 Paul Burnett가 2015년과 2016년에 제작했다.

27. H. R. Haldeman Diaries, National Archives, August 16, 1971. nixonlibrary.gov/sites/default/files/virtuallibrary/documents/ haldeman-diaries/37-hrhd-audiotape-ac12b-19710816-pa.pdf.에 서 볼 수 있다.

28. Hobart Rowen, "Juanita Kreps' Introspective Farewell", *Washington Post*, November 3, 1979.

29. J. H. Dales, *Pollution, Property and Prices* (Toronto: University of Toronto Press, 1968), 100.

30. 최근 여러 연구가 나온 덕분에 내가 미국 정치계에서 보수주의 운동의 부상과 시장 신뢰 경제학의 발흥 사이에 어떤 연관 관계가 있는지 이해 할 수 있었다. Bernstein의 *A Perilous Progress*, Kim Phillips-Fein 의 *Invisible Hands: The Businessmen's Crusade Against the New Deal* (New York: Norton, 2010), Lisa McGirr의 *Suburban Warriors: The Origins of the New American Right* (Princeton, N.J.: Princeton University Press, 2001), Kevin Kruse의 *One Nation Under God: How Corporate American Invented Christian America* (New York: Basic Books, 2015), Rick Perlstein의 *Before the Storm: Barry Goldwater and the Unmaking of the American Consensus* (New York: Hill and Wang, 2001).

31. McGirr, *Suburban Warriors*, 7.

32. 경제학자 브래드 드롱Brad DeLong의 계산에 따르면 기원후 1500년경 일 반 노동자가 기원전 1만년경 일반 노동자보다 생산력이 약 4.7배 높았다. 이는 정말 더딘 변화율이다. 드롱이 지적했듯이 이는 어느 누구도 한평 생 진보를 눈으로 보지 못한다는 의미였다. 게다가 산업혁명이 일어나기 전에는 생산성이 늘었다고 해도 보통 인구 증가를 가리켰지 생활수준 의 향상을 뜻하지 않았다. Brad DeLong, *Slouching Toward Utopia: The Economic History of the Twentieth Century* (New York: Basic Books, 2018) 참조.

33. 알치안과 뎀세츠의 논문이 제시하는 논리는 친시장 부문에서 보이는 전형적인 예다. 두 저자가 분명히 밝힌 바에 따르면 노동자와 고용주는 열린 시장에서 합의에 이르는데 이 열린 시장에서는 양측이 자유롭게 최상의 조건을 찾으며 활용할 수 있는 기회의 범위도 두루 잘 알고 있었다. 이런 허황한 토대를 바탕으로 두 저자는 우아하게 이런 논거를 세웠다. 노동자에게는 노동의 가치를 결정하고 위축하지 않도록 방패막이가 되어 줄 심판이 필요했다. 그래서 노동자는 전체 산출량에 대한 재산권을 심판에게 양도했으며 그 심판이란 다른 게 아니라 기업이었다. 다시 말해 논문은 규제가 필요하지 않다고 결론 짓기 위해 규제의 부재를 가정했다. 2011년 이 논문은 *American Economic Review*에 실린 논문 가운데 가장 중요한 논문 20에 뽑혔다. Armen A. Alchian and Harold Demsetz, "Production, Information Costs and Economic Organization", *American Economic Review* 65, no. 5 (December 1972) 참조.

34. "경쟁적 자본주의를 유지하고 강화하는 데 있어 그 성패는 우리 사회를 구성하는 여러 집단 가운데 다수의 불신과 증오의 표적이 되기가 가장 쉬운 소수 집단에 가장 크게 달려 있다. 가장 분명한 예만 들자면 흑인, 유대인, 외국 태생의 사람들이다. Milton Friedman, *Capitalism and Freedom* (Chicago: University of Chicago Press, 1962), 21 참조.

35. McGirr, *Suburban Warriors*, 253.

36. 로널드 레이건은 개인주의를 새롭게 역설한 계관 시인이었다. 로저스에 따르면 레이건은 "정적들은 대중을 집단의 구성원으로 바라보는 반면에 당은 미국 대중을 개인으로 바라본다고 즐겨 말했다." 이는 레이건이 쓰는 수사법에서도 여실히 드러났다. "레이건은 대중 기념행사를 할 때 복수 명사를 없애고 단수 명사로 슬쩍 바꾸는 경향이 있었다." 이는 화려한 언변을 자랑하는 자유 시장 활동가에게서 공통으로 드러나는 특징이다. "영웅적이고 독립적인 기업 정신의 소유자 [조지] 길더[Geroge] Glider, 진취적으로 효용의 극대화를 실현한 [로버트] 루카스, 어류와 코코넛의 무역

업자 와니스키, 목장주와 농부가 법원 청사 계단에 서 있을 때 공익을 최대화한다는 코스 정리. 이제 시장을 상상하려면 사회적으로 고립되고 선택할 자유가 있는 다수의 경제 행위자를 상상해야 했다." Daniel T. Rodgers, *The Age of Fracture* (Cambridge: Belknap Press, 2003) 참조.

37. J. R. Kearl et al., "A Confusion of Economists?", *American Economic Review* 69, no. 2 (1979).

38. Jonathan Schlefer, *The Assumptions Economists Make* (Cambridge: Harvard University Press, 2012), 189.

39. George F. Will, "Passing of a Prophet", *Washington Post*, December 8, 1991.

1장 시장은 어디에나 존재한다

1. "The Intellectual Provocateur", *Time*, December 19, 1969.

2. Bernard Rostker의 저서 *I Want You! The Evolution of the All-Volunteer Force* (Santa Monica, Calif.: Rand, 2006)는 이 장을 미리 익힐 때 특히 유용하다. 이 책에는 1차 자료에 대한 디지털 아카이브가 들어 있는데, 실로 진정한 공익사업이 아닐 수 없다. 1973년 징병제 폐지 이후 대략 10년마다 열리는 회고 회의 기록 역시 귀중한 자료다. 앤더슨은 2003년 회의에서 기억을 나누었다. "All-Volunteer Force: 30 Years of Service" (2003년 9월 16일) 참조. http://www.c-span.org/video/?178209-1/volunteer-force-30-years-service에서 볼 수 있다.

3. Martin Anderson, "The Making of the All-Volunteer Armed Force", in *Cold War Patriot and Statesman: Richard M. Nixon*, ed. Leon Friedman and William Levantrosser (Westport, Conn.: Greenwood Press, 1993), 173.

4. Milton Friedman and Rose Friedman, *Two Lucky People* (Chicago:

University of Chicago Press, 1998), 220. 프리드먼은 1968년 한 지지자에게 보내는 편지에서도 똑같이 주장했다. "나 같은 사람이 맡은 주된 역할은 누군가를 설득하는 게 아니라 공개적으로 여러 방안을 던져 놓는 것입니다. 그래야 이들 방안을, 특히 현재 당면한 문제와 관련지을 만한 상황이 벌어졌을 때 이들 방안을 선택할 수 있도록 말입니다." Friedman to Zadon, November 19, 1968, Milton Friedman Papers, box 214, Hoover Institution Archives, Stanford, Calf.

5. Friedman and Friedman, *Two Lucky People*, 381.

6. "누구나 밀턴 프리드먼과 토론하고 싶어 한다고 말하곤 합니다. 단, 그가 없을 때 말이죠." 조지 슐츠와 William Simon, *A Time for Reflection* (Washington,D.C.: Regnery, 2004), 73에서 인용.

7. "A Moynihan Report", *New York Times*, June 27, 1971. 모이니한은 프리드먼에 대해 이렇게 덧붙였다. "프리드먼이 하는 말에 전부 동의하는 게 아니다. 그저 우리가 귀 기울여야 하는 생각을 내놓는 사람으로서 현재 그에 필적할 만한 이가 없다."

8. 솔로가 프리드먼의 연구를 어떻게 평가했는가 하는 점은 무엇이든 프리드먼에게는 돈을 떠올리게 한다는 그의 유명한 말로 요약될 수 있다. 솔로는 이어서 이렇게 덧붙였다. "흠, 무엇이든 섹스를 떠올리게 했지만 이는 프리드먼이 논문에 싣지 않았지." Robert M. Solow, "Review of *A Monetary History*", in *Modern Economic Classics – Evaluations Through Time*, ed. Bernard S. Katz and Ronald E. Rubbinns (New York: Garland, 1988), 339–46.

9. Lawrence H. Summers, "The Great Liberator", *New York Times*, November 19, 2006.

10. Andrei Shleifer, "The Age of Milton Friedman", *Journal of Economic Literature* 47, no. 1 (2009), 123–35.

11. Friedman and Friedman, *Two Lucky People*, 29.

12. "경제학자가 되는 일이 응용 수학자나 보험 계리사가 되는 일보다 당

시 화급을 다투는 쟁점과 더 관련되는 듯 보였다." Milton Friedman, "Milton Friedman", in *Lives of the Laureates*, ed. William Breit and Barry T. Hirsch (Cambridge: MIT Press, 1986), 83.

13. 대학 신입생의 복장 규정은 1920년대에는 흔한 일이었다. 예를 들어 스탠퍼드 대학 신입생은 빨간 단추가 달린 초록색 모자를 써야 했고 콜롬비아 대학 신입생은 검은 넥타이에 검은 양말을 신어야 했으며 윌리엄스 대학 신입생은 파란 넥타이를 매야 했다. "Princetonian Compares Freshman Rules of Discipline in United States College", *Stanford Daily*, April 29, 1924 참조.

14. Friedman and Friedman, *Two Lucky People*, 58.

15. 앞의 책, 81.

16. 앞의 책, 84.

17. 밀턴 프리드먼은 이 점을 절대 인정하지 않았다. 그는 원천징수 도입은 전쟁에 이기기 위해 꼭 필요한 일이었다고 주장했다. 좀 더 폭넓게 보면 프리드먼의 자유지상주의 관점은 고립주의isolationism나 평화주의 같은 입장을 절대 띠지 않는다. 그는 또 2003년 미국의 이라크 침공을 지지했는데 아내는 강하게 반대했다. 프리드먼은 재무부에서 일하던 시기 *Taxing to Prevent Inflation*을 공동 집필한 일을 후회한다고 밝혔다. 이 책은 케인스주의 관점으로 인플레이션 역학을 파악했다. 2000년 인터뷰에서 "그 일은 전혀 내세울 만한 게 못 됩니다"라고 말했다.

18. 이는 양과 힘 사이의 균형 문제다. 연구 집단은 부피가 작아 많이 실을 수 있는 기관총을 택했다. Patricia Gates Lynch, "Interview with W. Allen Wallis", May 14, 1996, Association for Diplomatic Studies and Training Foreign Affairs Oral History Project, Library of Congress 참조.

19. John B. Taylor, "Interview with Milton Friedman", in *Inside the Economist's Mind: Conversations with Eminent Economists*, ed. Paul A. Samuelson and William A. Barnett (Malden, Mass: Black-

well, 2007), 133-34.

20. 프리드먼의 지적 발전에 대해 가장 철저하고 설득력 있는 설명은 연준 경제학자 에드워드 넬슨Edward Nelson이 2018년에 쓴 원고인데 출간되지는 않았다. "Milton Friedman and Economic Debate in the United States, 1932-1972", 2018, books A and B. http://sites.google.com/site/edwardnelsonresearch/에서 볼 수 있다.

21. 프리드먼은 박사 학위를 시카고 대학이 아니라 콜롬비아 대학에서 받았다. 대학원 2년차 때에는 특별 연구원으로 콜롬비아 대학에서 연구했는데 이 연구를 마무리 지으려고 다시 돌아갔다. 지도교수는 사이먼 쿠즈네츠로, 그는 국가 경제 활동을 측정하는 통계 방법을 발전시키는 데 선구적인 역할을 한 공로를 인정받아 노벨상을 수상했다. 프리드먼의 학위 논문은 *Income from Independent Professional Practice* (New York: National Bureau of Economic Research, 1945)라는 책으로 출간되었다. 의료업을 바라보는 프리드먼의 시각은 이후로도 변하지 않았다. 1969년 한 인터뷰에서 이렇게 말했다. "사람들에게 '미국에서 가장 막강한 노동조합이 무엇이라고 생각합니까?'라는 질문을 던질 때 종종 재밌습니다. 올바른 대답을 내놓는 사람이 거의 없거든요. 미국의학협회라고 말이죠."

22. 진보주의 경제학자 폴 크루그먼Paul Krugman이 반세기도 더 지나서 이 소논문을 다시 살펴보고 나서는 프리드먼에게 크게 감탄했다. "프리드먼의 흥행사로서 재능이 자료를 수집하는 능력과 결합하여 그를 애덤 스미스 이후 자유 시장의 미덕을 설파하는 최고의 대변인으로 자리매김하게 했다." Paul Krugman, "Who was Milton Friedman?" *New York Review of Books* 54, no. 2 (February 15, 2007) 참조.

23. 추가한 주에는 다음과 같은 내용도 일부 들어 있다. "이는 정의와 자유보다 평등을 우선시하는 이들의 관점에서도 임대료 규제는 어리석음의 극치라는 점을 의미한다." Milton Friedman and George J. Stigler, *Roofs or Ceilings? The Current Housing Problem* (Irvington-on-Hudson,

N.Y.: Foundation for Economic Education, 1946), 10. 프리드먼도 스티글러도 자유 시장이 경제 불평등을 바로잡는 해결책이라고 생각했지만 몇몇 정부 개입 방식은 지지했다. 스티글러는 1949년 연설에서 이렇게 말했다. "노동자 소득이 보다 공평해지는 방안을 모색해야 합니다. 교육 제도를 확대하고 노동 이동labor mobility을 증진하고 노동 독점을 해체하고 빈곤층 아동을 위한 의료 복지를 실현해야 합니다." George Stigler, *Five lectures on Economic Problems* (London: Longmans, Green, 1949) 참조. 프리드먼은 오래전부터 근로소득세공제(근로장려세제)earned-income tax credit 실시를 주창했다.

24. Tony Judt, *Postwar: A History of Europe Since 1945* (New York: Penguin Press, 2006), 69.

25. Brian Doherty, "Best of Both Worlds: An Interview with Milton Friedman", *Reason*, June 1995.

26. Milton Friedman, "Neo-Liberalism and Its Prospects", *Farmand*, February 17, 1951.

27. Milton Friedman, *Capitalism and Freedom* (Chicago: University of Chicago Press, 1962), 36.

28. 프리드먼이 골드워터에 대해 처음 글을 쓴 때는 1960년으로, 세계 자본 이동 규제에 대한 이 상원 의원의 시각에 불평을 늘어놓았다. 1961년에 골드워터는 프리드먼이 조지프 클라크Joseph Clark 상원 의원과 논쟁을 벌이는 모습을 보고 나서 프리드먼에게 관심을 보이며 다가갔는데, 클라크 상원 의원은 골드워터를 정신없게 만든 펜실베이니아주 진보주의자였다. 프리드먼과 골드워터는 1962년에 처음 만났다. 미국기업연구소 소장이던 윌리엄 J. 바루디William J. Baroody의 집에서였다. 골드워터와 미국 역사에서 그가 차지하는 위상에 대해 살펴보려면 Rick Perlstein, *Before the Storm: Barry Goldwater and the Unmaking of the American Consensus* (New York: Hill and Wang, 2001) 참조.

29. Milton Friedman, "The Goldwater View of Economics", *New York*

Times Magazine, October 11, 1964.

30. Milton Friedman, "Why Not a Voluntary Army?", *New Individualist Review* 4 (Spring 1967), 3-9.

31. 제퍼슨은 제임스 먼로James Monroe에게 보내는 편지에서 이같이 주장했다. 다른 편지에서도 이 주장을 되풀이했다. 의회는 1812년 전쟁 기간 동안 징병을 승인하지 않았고 제퍼슨은 그 때문에 수도인 워싱턴이 점령되고 불길에 휩싸였다고 믿었다. *The Writings of Thomas Jefferson* (Washington,D.C.,: Thomas Jefferson Memorial Association of the United States, 1905) 13:261 참조.

32. John Lilburne, Richard Overton, Thomas Prince, William Walwyn, "An Agreement of the Free People of England" (1649).

33. Robert Taft, "Compulsory Military Training in Peacetime Will Destroy Government by the People", in *The Papers of Robert A. Taft*, ed. Clarence E. Wunderlin Jr. (Kent, Ohio: Kent State University Press, 2003), 3:53.

34. 갤브레이스는 징병제에 강력하게 반대했다. 프리드먼처럼 갤브레이스도 징병제를 세금으로 여겼던 것이다. 하지만 갤브레이스는 스티븐슨이 똑같이 강경한 어조로 말하게 하지는 못했는데, 어쩌면 그것이 스티븐슨이 계속 선거에서 패한 이유일지도 모른다. 오하이오주 영스타운의 법원 청사 계단에서 연설할 때 스티븐슨은 군중에게 말했다. "경험 많고 전문적인 군인의 필요성이 점점 시급하게 늘어나고 있습니다. 이 요구에 부응하는 문제와 관련하여 지적하는 점은 머지않은 장래에 그런 군인을 모집하기 위해 우리는 징병제가 아닌 다른 방법으로 전환해야하고 또 그러길 바라고 있다는 것입니다." "Text of Stevenson Talk at Youngstownn", *New York Times*, October 19, 1956 참조.

35. Thomas D. Morris, "Statement, Hearing Before the House Committee on Armed Services" Cong. Rec. H9942 (June 30, 1966).

36. Richard J. Whalen, "Here Come the Conservatives", *Fortune*,

December 1963, 108-9.

37. Samuel Lubell, *The Future of American Politics* (New York: Harper and Brothers, 1952), 196.

38. Walter Y. Oi, "The Costs and Implications of an All Volunteer Force", *The Draft: A Handbook of Facts and Alternatives*, Sol Tax 편집 (Chicago: University of Chicago Press, 1967), 221-51. 미국 남성은 18세 생일에 징병위원회에 등록해야 하는 의무가 있었지만 19세가 될 때까지는 징집할 수 없었다.

39. Tax, *The Draft*, 307-8.

40. 지역 징병위원회에 보내는 책자에 따르면 "미 병무청이 내놓은 주요 분류 절차 가운데 하나는 인력을 국익에 이로운 노력과 직업과 활동으로 돌리는 것이다. 많은 젊은이는 학생 유예 제도가 없었다면 고등 교육을 받으려 하지 않았을 것이다. … 교사 봉급이 역사적으로 변변찮았지만 많은 젊은이가 교직에 남았다. 징병 유예라는 조건 때문이었다." 병무청, "Channeling", July 1, 1965 참조. *Columbia Daily Spectator*, October 24, 1967에 재수록되었다.

41. Austin Wehrwein, "Protesters End Chicago U.Sit-In", *New York times*, May 14, 1966.

42. 주최 측은 이 활동에 상세한 설명을 내놓았다. Tax, *The Draft* 참조.

43. 월터 오이의 아내인 마조리 오이Marjorie Oi에게 깊이 감사드린다. 남편에 대한 기억뿐 아니라 그 인생과 연구에 대해 풍부한 1차, 2차 자료를 나누어 주었다.

44. Oi, "Costs and Implications of an All Volunteer Force", 221-51. 국방부는 다음과 같은 과정에 따라 추론했다. 젊은 남성이 100명인 국가가 있다고 가정하자. 국가는 각 남성에게 군 복무에 대한 보수를 정하라고 요구한다. 첫 번째 남성은 애국심이 남달라 1년에 1달러만 받아도 군 복무를 하겠다고 말한다. 두 번째 남성은 2달러를 부르고 세 번째 남성은 3달러를 부른다. 이런 식으로 100번째 남성은 100달러를 주어야

만 군 복무를 하겠다고 말한다. 국가가 모든 남성에게 주는 보수는 똑같아야 한다. 군인이 10명 필요하다면 10번째 남성은 1년에 10달러를 원한다. 그래서 총 액수는 100달러가 된다. 군인을 20명으로 늘리려면 정부는 20번째 남성이 요구한 금액인 20달러를 지불해야 해서 총액수가 400달러로 오른다. 서류상으로는 징병제가 비용이 더 낮았다. 예를 들어 국가가 군인 10명을 원하고 각 병사에게 이름뿐인 임금인 1년에 5달러를 지급하기로 결정했다고 하자. 그리고 5명은 지원병으로 5명은 징집병으로 모집한다고 해도 총비용이 50달러다. 군인이 20명인 경우에는 절감할 수 있는 비용이 더 높아진다.

45. Tax, *The Draft*, viii.

46. John J. Ford, "Looking Back on the Termination of the Draft", 2003. rand.org/content/dam/rand/pubs/monographs/MG265/images/webS0881.pdf에서 볼 수 있다.

47. 프리드먼이 스물아홉 살이던 때 미국이 2차 세계대전에 참전했지만 프리드먼은 징집에서 면제되고 그 시기에 재무부에서 일했다. 1996년 인터뷰에서 프리드먼은 재무부에 계속 있었기 때문에 전쟁에 휘말리지 않을 수 있었다고 말했다. "재무부에 있었던 유일한 이유는 징집을 피하기 위해서였습니다." 전시에 얻은 두 번째 일자리는 콜롬비아 대학이었는데 역시 징집 면제를 받았다. "Rose and Milton Friedman: Our Early Years", *Hoover Digest*, 1996 참조.

48. Martin Anderson, *The Federal Bulldozer: A Critical Analysis of Urban Renewal, 1949-1962* (Cambridge: MIT Press, 1964), 56.

49. Martin Anderson, *Impostors in the Temple* (New York: Simon and Schuster, 1992), 37.

50. Martin Anderson, "An Analysis of the Factors Involved in Moving to an All-Volunteer Force", April 1969과 July 10, 1969, Martin Anderson Collection, Richard Nixon Presidential Library, Yorba Linda, Calif. nixonfoundation.org/2015/02/towards-volunteer-

force/에서 볼 수 있다. 프리드먼과 오이가 시카고 대학 학술회의에서 행한 발표는 시카고 대학 학생이 출간하는 자유지상주의 잡지인 *New Individualist Review*에 다시 실렸다. Milton Friedman, "Why Not a Voluntary Army?" 3-9 참조.

51. Patrick J. Buchanan, "Memo to RN, October 23, 1967", *The Greatest Comeback* (New York: Crown Forum, 2014), 376.

52. Robert B. Semple Jr., "Nixon Backs Eventual End of Draft", *New York Times*, November 18, 1967.

53. 닉슨 백악관은 신중한 태도로 징병제에 대한 여론의 향방을 쫓았다. 대중 대다수가 완전 지원병제를 더 선호한다는 결과가 최초로 나온 여론 조사는 1970년 1월 해리스 여론 조사였다. 이 여론 조사에서는 52퍼센트라는 수치가 나왔다. Memo from David J. Callard to Robert Odle, "Public Relations Regarding an All-Volunteer Force", March 11, 1970 참조. Rostker, *I Want You!*, G1133.pdf에 재수록되었다.

54. Richard Nixon, *RN: The Memoirs of Richard Nixon* (New York: Grosset and Dunlap, 1978), 522. 이는 불완전한 설명이었다. 닉슨의 최대 관심사는 외교 문제였다. 닉슨은 시어도어 H. 화이트Theodore H. White 기자에게 말했다. "나는 이 나라가 대통령 없이도 국내 문제를 스스로 해결할 수 있다고 늘 생각해 왔습니다. 하지만 대외 정책에서는 대통령이 필요합니다." 국내 정책에 관한 한 닉슨의 노스스타North Star는 선거에서 이기려는 욕망이었다. 닉슨은 1985년 한 서신에서 정치적 계산이 깔려 있음을 인정했다. "내가 지원병제를 지지하겠다고 결정하는 쪽으로 기운 진짜 계기는 베트남 전쟁으로 징병제를 둘러싼 불안이 커져 갔기 때문입니다. 하지만 지원병제가 경제적으로 실현 가능하고 군사적으로 용인 가능하다는 확신이 없었다면 선거 후에 끝까지 밀고 나가지 못했을 겁니다." Richard Nixon to Robert K. Griffith, January 29, 1985, Robert K. Griffith Jr., *The US Army's Transition to the All-Volunteer Force* (Washington, D.C.: Center of Military History, 1997), 43 참조.

55. 이 강령의 글귀를 정확히 옮기면 다음과 같다. "군 인력 수요가 뚜렷이 줄어들 경우 선별 복무 제도를 유예하고 적절한 보수와 경력 인정을 통해 모집한 지원병으로 대체할 것입니다." "Republican Party Platform of 1968", August 5, 1968 참조. presidency.ucsb.edu/documents/republican-party-platform-1968에서 볼 수 있다.

56. "Humphrey Urges Bill of Rights for Draftees; Raps Nixon Plan", *Chicago Tribune*, August 18, 1968.

57. Richard Nixon, "The All Volunteer Armed Force", CBS Radio Network, October 17, 1968. Nixon-Agnew Campaign Committee, *Major Speeches and Statements by Richard M. Nixon in the Presidential Campaign of 1968* (1968)에 재수록되었다.

58. Rostker, *I Want You!*, 509.

59. 이 설명의 토대를 이룬 것은 월리스와 오이의 회고록과 마조리 오이와의 인터뷰다. Lynch, "Interview with W. Allen Wallis" 참조. (Oi의 이름을 'Hoig'로 잘못 적었다) Walter Oi, "Historical Perspectives on the All-Volunteer Force: The Rochester Connection", *Professionals on the Front Line: Two Decades of the All-Volunteer Force*, ed. J. Eric Friedland et al.(Washington,D.C.,: Brassey's, 1996), 44 참조. 2017년 3월 10일 인터뷰에서 나는 마조리 오이에게 그 여행이 갑작스럽게 끝나 기분이 어땠는지 물어보았다. 그때까지 마조리 오이는 오이와는 특별한 관계를, 경제학자들과는 막역한 관계를 평생 맺어 왔다. 마조리 오이는 웃으며 말했다. "저는 당신이 그 수준에서 일하는 학자들과 얼마나 밀접한 관계를 맺어 왔는지 모릅니다. 그저 일이 아니었어요. 생활 그 자체였습니다."

60. Richard Nixon, "Memorandum to Melvin Laird, February 2, 1969", Anderson Collection, box 1, folder 8, Nixon Library.

61. 이 인용의 출처는 앤더슨의 회의 기록이다. Martin Anderson, "President's Office, 14 March 1969, 4:30p.m.", Anderson Collection,

box 1, folder 9, Nixon Library. 이 기록은 닉슨이 위원회 설립을 발표했을 때 공개적으로 발언한 내용과 일치한다. "저는 위원회가 징병제 폐지와 완전 지원병제 전환을 위한 종합 계획을 발전시켜 나가도록 이끌어 왔습니다." "Statement by the President Announcing a Commission on an All-Volunteer Armed Force", March 7, 1969, *The Report of the President's Commission on an All-Volunteer Armed Force* (Washington,D.C.: GPO, 1970), vii 참조. 1991년 보고서에서 앤더슨은 이 독대를 다른 형태로 언급했다. 앤더슨에 따르면 닉슨은 게이츠의 의심에 대응하며 이렇게 언명했다. "내가 당신을 위원장에 앉히고 싶은 이유가 바로 그것 때문입니다. 당신이 생각을 바꾸어 우리가 징병제를 폐지해야 한다고 여긴다면 저도 징병제 폐지가 바람직한 생각이라는 점을 알게 될 것입니다." Anderson, *The Making of the All-Volunteer Armed Force* (Palo Alto, Calif.: Hoover Institution, 1991), 5 참조. 하지만 앤더슨이 출판한 글은 자유분방함이 예술적인 수준이고 부정확하다고 입증할 수 있는 내용들 천지다.

62. "Memo from David J. Callard, August 28, 1969", Anderson Collection, box 38, folder 2, Nixon Library.

63. 웨스트모어랜드가 비공개 회의에서 증언했기 때문에 대화 기록은 남아 있지 않다. 내가 찾아내어 이 책에 인용할 수 있었던 내용의 최초 기록은 프리드먼이 1981년 6월 2일 레이건 대통령에게 보낸 편지에 나와 있다. 이 편지는 후버연구소에서 프리드먼이 낸 논문에서 찾을 수 있다. 이후 프리드먼은 약간씩 다른 내용으로 1998년 회고록을 비롯해 여러 곳에 기록했다. 이 대화는 양측에서 되풀이해서 언급하곤 했다. 허시 장군은 종종 용병의 망령을 들먹였고 그 동조자들은 그 말을 빌려 와서 썼다. 한편 프리드먼은 1966년 시카고 대학 학술회의에서 다른 형태로 유사한 반론을 제기했는데 골드워터 상원 의원이 1967년 한 기사에서 이와 비슷한 표현을 썼다.

64. 게이츠는 모임에 참석할 수 없었던 프리드먼에게 편지를 보내 이 모임

을 상세하게 설명했다. 또 프리드먼에게 글로써 실질적으로 도움을 주었을 뿐 아니라 가장 골치 아픈 논쟁 가운데 일부를 해결하는 데 크게 이바지했다며 감사 인사를 덧붙였다. Thomas S. Gates to Milton Friedman, March 12, 1970, Friedman Papers, box 209, folder 7, Hoover.

65. Memo from Callard to Odle, "Public Relations Regarding an All-Volunteer Force", G1133.pdf.

66. *Report of the President's Commission on an All-Volunteer Armed Force*, 9-10.

67. "Draft Extended After War, Foreign Policy Debate", *CQ Almanac 1971*.

68. "Anti-War Senators Divided over Draft", United Press International, June 4, 1971.

69. David Rosenbaum, "Lottery Is Held to Set the Order of Draft in 1970", *New York Times*, December 2, 1969. 첫 추첨에는 군 복무를 하지 않은 19세부터 26세 사이 남성을 대상으로 했다. 이후 매년 실시한 추첨에서는 19세가 된 젊은이들만 대상으로 삼았다.

70. "우리는 이 막대한 평화 배당금을 쥐고 있지 않고 적당한 선만 유지하고 있다"라고 백악관 예산 책임자 캐스퍼 와인버거Caspar Weinberger가 1973년 1월 26일 닉슨에게 말했다. 하원 야당 지도자인 제럴드 포드 하원 의원은 단조로운 어조로 되풀이해 말했다. "대통령 각하, 미국인은 완전 지원병제를 바랍니다. 그러니 그들이 비용을 지불해야 합니다." Douglas Brinkley and Luke A. Nichter, eds., *The Nixon Tapes, 1973* (Boston: Houghton Mifflin Harcourt, 2015), 26-28 참조.

71. Melvin Laird, 2003년 9월 16일 워싱턴에서 행한 국방부 학회 강연, "The All-Volunteer Force: 30 Years of Service", http://www.c-span.org/video/?178209-1/volunteer-force-30-years-service에서도 볼 수 있다.

72. 1970년 6월 22일 닉슨 대통령은 미국의 투표 연령을 18세로 낮추는 법안에 서명했다. 연방 대법원이 12월에 각 주는 투표 연령을 높일 수 있다고 판결하자 의회가 대응한 속도는 실로 놀라웠다. 상원은 1971년 3월 10일 헌법 수정을 표결에 부쳤고 하원은 401 대 19로 이를 통과시켰다. 코네티컷주를 비롯해 5개 주는 하원 표결이 있던 바로 그날 헌법 수정 조항을 비준했다. 노스캐롤라이나주와 오클라호마주가 1971년 7월 1일 헌법 수정 조항을 비준하면서 이는 국법이 되었다.

73. "Last Draftee Glad He's Out", New York Times, May 31, 1982.

74. Griffith, U.S. Army's Transition to the All-Volunteer Force, 32.

75. Beth Bailey, America's Army: Making the All-Volunteer Force (Cambridge: Belknap Press, 2009), 전자책 1108-44.

76. Tax, The Draft, 459. 연사는 노동부 관계자인 티모시 맥긴리였다.

77. 현역병 규모가 절반으로 줄었다. 게이츠위원회가 제시한 추정치는 260만 명이었는데 2017년에는 약 170만 명이 되었다.

78. David Woods, "Last Draftee, Who Tried to Hide, Now Believes in Service", New-house News Service, June 22, 1993.

79. Martin Anderson, 2003년 9월 16일 워싱턴에서 행한 국방부 학회 발표, "The All-Volunteer Force: 30 Years of Service". http://www.c-span.org/video/?178209-1/volunteer-force-years-service에서도 볼 수 있다.

80. Melvin Small and William D. Hoover, Give Peace a Chance: Exploring the Vietnam Antiwar Movement (Syracuse, N.Y.: Syracuse University Press, 1992), 117.

81. Scovill Wannamaker Currin Jr., "An Army of the Willing: Fayette'Nam, Soldier Dissent, and the Untold Story of the All-Volunteer Force" (Ph.D. diss., Duke University, 2015).

82. 이 비율은 보다 최근에 비슷해졌다. 하지만 시리아의 ISIL과 싸우기 위한 배치에서는 규모가 줄었다. "Department of Defense Contractors

in Afghanistan and Iraq", May 13, 2011, Congressional Research Service.

83. *Report of the President's Commission on an All-Volunteer Armd Force*, 155. 미국은 주로 빌린 돈으로 전쟁 자금을 댔다. 이는 대중이 분쟁에 관심을 기울이지 못하도록 더욱 제약했다. 여러 경제학자가 보기에는 돈을 빌리는 것과 세금을 올리는 것 사이에는 별 차이가 없다. 유권자는 빚을 갚아야 한다는 점을, 이는 결국 세금을 올려야 한다는 의미임을 알고 있기 때문이다. 정치인은 이 이론을 무시해 왔다. 그리고 거의 역사 내내 상당한 성공을 거두었다. 2009년 데이비드 오베이David Obey(D-WI) 하원 의원이 전쟁 비용을 보다 실감나게 하자는 흥미로운 제안을 내놓으며 정부에 전쟁 비용을 충당하기 위해 소득세에 가중 과세를 부과하라고 요구했다.

2장 프리드먼 vs 케인스

1. Karl Polanyi, *The Great Transformation: The Political and Economic Origins of Our Time* (1944: repr., Boston: Beacon Press, 2001), 35.

2. John Maynard Keynes, "An Open Letter", *New York Times*, December 31, 1933. 이 서한을 실었을 때 케인스는 50세였는데, 이미 저명한 공적 지식인이었고 수십 년 동안 경제 정책 입안자로 활동을 이어오고 있었다. 하지만 1933년 전까지는 경제 이론에 별다른 족적을 남기지 않았다. 그의 전기 작가 로버트 스키델스키Robert Skidelsky는 케인스의 지적 유산은 만년에 발전시켜 나가며 옹호한 이론에 주로 토대를 둔다고 지적한다.

3. 케인스 경제학에서 핵심은 저축은 투자와 똑같지 않다는 것이다. 이는 침대 아래 채워 넣은 돈에도 해당하고 은행에 넣어 둔 돈도 마찬가지다.

금융계에 돈이 점점 늘어난다 해서 대출을 하려는 은행의 의지가 강해지지도, 대출에 대한 수요가 높아지지도 않는다. 정부가 민간 부문에서 과세를 통해서든 대출을 통해서든 돈을 끌어오면 그 돈은 소득과 저축 모두에서 나온다. 이렇게 저축에서 나온 돈이 다시 쓰이게 된다.

4. 새뮤얼슨은 1948년에 초판이 나온 뒤 쇄를 거듭해 온 표준 교과서 《새뮤얼슨의 경제학Economics》에서 30년 동안 미국 경제학계의 주류를 정의했는데, 수학을 활용하는 일을 비롯해 경제학의 실용적인 측면을 부각하는 데 탁월한 능력을 발휘했다. 새뮤얼슨은 1985년에 말했다. "현대 경제학을 말할 때 나는 나를 이야기한다고 주장할 수 있습니다. 약방의 감초와 같습니다." 하지만 이 책에서 그는 공공 정책 논쟁에서 상대적으로 작은 역할을 했기 때문에 단역으로 특별 출연할 뿐이다. 케네디 대통령이 경제자문위원회 위원장을 맡아 달라고 요청했을 때 새뮤얼슨은 거절했다. 나중에 아내와 아이들에게 부담을 주기 싫었다고 이유를 밝혔다. 케네디가 제임스 토빈에게 이 자리를 맡아 달라고 요청했을 때 토빈은 아내에게 자신은 왜 새뮤얼슨을 따라 거절할 수 없는지 물었다. 아내가 대답했다. "흠, 새뮤얼슨은 폴 새뮤얼슨의 양심에 따라 살아야 하고 당신은 제임스 토빈의 양심에 따라 살아야 하기 때문이죠." 토빈은 워싱턴으로 갔다. 훗날 JFK대통령도서관JFK Presidential Library 측과 구술 역사 인터뷰를 할 때 토빈은 아내의 이 말을 언급했다. 새뮤얼슨 인용에 대해서는 "Lord Keynes and the General Theory", *Economica* 14, no. 3 (1946) 참조.

5. 케인스는 펠릭스 프랭크퍼터의 성화에 못 이겨 《타임스》에 서한을 실었다. 프랭크퍼터는 케인스에게 대통령이 그 주장을 받아들일 것이라고 말했다. 그리고 루스벨트에게 미리 서한 견본을 보냈다. Nicholas Wapshott, *Keynes Hayek: The Clash That Defined Modern Economics* (New York: Norton, 2011), 157-60 참조.

6. Frances Perkins, *The Roosevelt I Knew* (New York: Viking, 1946), 215. 이 내용은 루스벨트가 케인스의 주장을 이해하지 못했다는 증거로 종

종 인용된다. 이는 분명 케인스가 본 견해였다. 케인스는 퍼킨스에게 "경제학적인 측면에서 대통령이 보다 정통하리라고 여겼습니다"라고 말했다. 케인스는 루스벨트 손에 깊은 인상을 받아 훗날 "짧고 둥근 손톱을 하고 있었는데 사업가의 손과 닮아 있었다"라고 썼다. 이것이 칭찬할 의도로 쓴 말은 아니었다. 1965년 케인스에 관한 한 기사에서 《타임스》는 그 만남 이후 대통령은 "그 사람이 한 말은 단 한 마디도 이해하지 못했습니다"라고 말했다고 전했다. 하지만 역사학자 에릭 라우치웨이Eric Rauchway는 루스벨트는 케인스를 이해했고 정치적 판단을 표현한 것이었다고 주장한다.

7. 루스벨트는 균형 예산이라는 정통적인 책무를 안고 대통령에 취임했지만 시작부터 긴급 구제 활동에 대한 적자 지출을 지지했다. 그는 1936년 선거 운동 연설에서 말했다. "다른 모든 계획이 실패한 뒤 어느 누구에게도 쓸 돈이 더 이상 남아 있지 않을 때 정부가 돈을 써야 한다는 그 마지막 책무를 받아들였습니다." 이듬해 루스벨트는 수도꼭지를 틀기 시작했다. 경제가 미약하나마 다시 걸음을 크게 내딛기 시작했다. 이 결과에 고무되어 루스벨트는 1938년 적자 지출로 이루어지는 계획도 보다 적극적으로 포용했다. 이어서 곧 미국이 "민주주의 병기창"으로 변신하기 시작하면서 전쟁이 없었다면 루스벨트가 케인스주의 이론을 얼마나 전폭적으로 받아들였을 것인가 하는 문제는 미결인 채 남았다. 정부가 당시 실업 자료를 보고하지 않았지만 노동통계국이 1948년에 추산한 바에 따르면 1939년에는 실업률이 17퍼센트였다가 종전 바로 전 해인 1944년에는 1퍼센트로 떨어졌다. 일부 역사학자는 루스벨트의 뉴딜 지출 정책이 크게 이바지했다고 강조한다. 예를 들어 Eric Rauchway, *The Money Makers: How Roosevelt and Keynes Ended the Depression, Defeated Fascism and Secured a Prosperous Peace* (New York: Basic Books, 2015) 참조.

8. 윈스턴 처칠Winston Churchill이 이끄는 전시 연립정부는 이보다 앞서 1944년에 백서를 발간했는데 여기서 정부는 "높고 안정적인 고용 수준"

을 유지할 책임이 있다고 말했다.

9. 경제자문위원회(CEA) 초대 위원장인 에드윈 G. 너스Edwin G. Nourse는 루스벨트의 몇몇 경제자문위원처럼 농업 경제학자였다. 이런 특성은 당시로서는 일반적이었을 뿐 아니라 실질적인 문제에 초점을 맞춘다고 알려졌다. 미 농무부는 1921년 농업경제국Bureau of Agricultural Economics을 설치하여 경제학자의 주재를 제도화한 첫 연방 정부 기관이었다. 두 번째 CEA 위원장인 레온 카이절링Leon Keyserling은 대학원에서 경제학을 공부한 변호사였다. 이후 위원장은 모두 경제학 박사 학위자였다. 하지만 1974년부터 1977년까지 위원장직을 맡은 앨런 그린스펀은 예외였는데 그린스펀은 위원장직에서 물러난 뒤 경제학 박사 과정을 마쳤다.

10. 와일더의 전기 작가인 캐롤라인 프레이저Caroline Fraser에 따르면 와일더는 자신의 딸과 정치적 신념이 같았다. Fraser, *Prairie Fires: The American Dreams of Laura Ingalls Wilder* (New York: Metropolitan Books/Henry Holt, 2017) 참조.

11. 이 교과서의 저자는 젊은 캐나다 경제학자 로리 타시스Lorie Tarshis로 케임브리지 대학에서 수학하며 케인스의 가르침을 받았다. 윌리엄 F. 버클리William F. Buckley가 *God and Man at Yale* (1951)에서 타시스에게 공격을 시작한 일은 더 유명한데 이 격론은 미국 보수주의가 부활할 수 있는 세력을 형성했다. 하지만 이런 일이 벌어질 무렵 타시스는 이미 독자층을 잃은 뒤였다. Rose Wilder Lane, "Review of *The Elements of Economics*", *National Economic Council Review of Books*, August 1947, 1-8 참조.

12. Phillips의 논문은 "The Relation Between Unemployment and the Rate of Change of Money Wages in the United Kingdom, 1861-1957", *Economica* 25, no. 100 (1958)이었다. "차림표" 논문은 Paul A. Samuelson과 Robert M. Solow의 "Analytical Aspects of Anti-Inflation Policy", *American Economic Review* 50, no. 2 (1960)이었다.

13. Daniel Stedman Jones, *Masters of the Universe: Hayek, Friedman*

and the Birth of Neoliberal Politics (Princeton, N.J.: Princeton University Press, 2012), 191.

14. 이 인용의 출처는 세입위원회의 1969년 연구 때문에 실시한 인터뷰다. 인터뷰 대상은 오랫동안 위원직을 맡았던 위원들이었다. John F. Manley, *The Politics of Finance: The House Committee on Ways and Means* (Boston: Little, Brown, 1970), 92-93 참조.

15. Julian E. Zelizer, *Taxing America: Wilbur D. Mills, Congress and the State, 1945-1975* (Cambridge, Eng.: Cambridge University Press, 1998), 84.

16. "The Federal Revenue System: Facts and Problems", Joint Economic Committee, 1956.

17. 1960년대 비틀즈의 회계사는 밴드가 과세를 피하려 노력을 기울였으며 이에 상당히 성공을 거두었다고 기억하면서 "세금을 내고 싶지 않는 꾀죄죄한 애송이들"이라고 멤버를 묘사했다. 〈세금징수원Taxman〉은 1966년에 발매한 비틀즈의 *Revolver* 앨범에 실린 곡으로 조지 해리슨 George Harrison이 곡을 썼다.

18. 공화당은 1960년 선거 홍보에서 케네디가 여섯 번 연속해서 재정 정책 회의에 참석하지 않았다고 지적했다. 폴 새뮤얼슨은 훗날 케네디에 대해 이렇게 말했다. "그 위원회 앞에서 여러 번, 매우 여러 번 증언했습니다. … 케네디는 단 한 번도 회의에서 볼 수 없었습니다."

19. 경제자문위원과 모임을 시작한 지 얼마 안 되었을 때, 한 하버드 대학 교수가 말을 빠르게 하기 시작하자 동료 하나가 말은 천천히 하고 기초 수업하듯 이 회의를 진행해야 한다고 조언했다. 그 교수는 "음, 케네디는 경제학에서 A를 받았네"라고 대답하며 케네디가 하버드 대학에서 경제학 입문 과정을 이수했다는 사실을 언급했다. 케네디는 "그때가 1940년이었고 나는 C를 받았습니다"라고 말했다. 그 교수는 말하는 속도를 늦추었다. "Council of Economic Advisers: Walter Heller, Kermit Gordon, James Tobin, Gardner Ackley, Paul Samuelson, Interview

by Joseph Pechman on August 1, 1964", 43, John F. Kennedy Library Oral History Program, John F. Kennedy Presidential Library, Boston 참조.

20. Charles Lam Markmann and Mark Sherwin, *John F. Kennedy: A Sense of Purpose* (New York: St. Martin's, 1961), 67. 인용한 이 구절은 약간씩 다른 형태로 수없이 회자되고 있다. 하지만 핵심 내용은 늘 똑같다. 이는 인쇄된 형태에서 내가 찾을 수 있는 가장 오래된 글이다.

21. "Council of Economic Advisers Interview by Joseph Pechman", 79-80.

22. 험프리가 든 예는 썩 훌륭하지 않았다. 헬러는 미시시피강 동쪽 유니버시티 그로브라고 불리는 곳 인근에 살았기 때문이다. 대학이 땅을 소유했고 교수진에게 집터를 빌려주어서 교수들은 건축가를 고용해야 했다. 그 결과 20세기 미국 건축을 한눈에 볼 수 있는 살아 있는 박물관이 되었다.

23. 헬러는 몇 차례 인터뷰에서 이 만남을 이야기했는데 그 내용이 상당히 일관되었다. 이 책에 실린 인용과 그 상세한 만남은 Robert Sobel, *The Worldly Economists* (New York: Free Press, 1980), 119에서 나왔다.

24. Walter W. Heller, *New Dimensions of Political Economy* (New York: Norton, 1966), 15.

25. 헬러가 든 적절한 비유 한 가지를 예로 들면, 연방 적자를 "민간 투자와 경제 성장으로 흘러 들어가야 하는 저축이 가차 없이 빠져나가는 블랙홀"이라고 쓴 표현이다. Kyle Crichton, "Walter Heller: Presidential Persuader", *New York times*, June 21, 1987 참조.

26. Walter W. Heller, "Activist Government: Key to Growth", *Challenge*, March-April 1986.

27. 일부 케인스주의자는 정부 지출에서 충분한 가치를 보아서 정부가 세금을 늘리고 그 돈으로 경제 성장을 높일 수 있다고 주장했다. 케인스주의 경제학자 제임스 토빈은 케네디 대선 운동 기간에 자신이 케인스

에게 쓴 보고서를 토대로 1960년 《뉴리퍼블릭》에 소론 한 편을 실었다. "공산주의자는 자신들만이 고속 성장을 위해 경제 자원을 동원하는 법을 알고 있다고 공언한다." 토빈은 경제학자가 공산주의자보다 더 나은 해결책을 알고 있다고 말했다. 바로 연방 지출 확대였다. 그리고 그 돈을 늘리기 위해 정부는 세금을 올려야 한다고 주장했다. "증세는 성장의 대가다." 하지만 토빈은 오래된 광산에 돈을 묻는 일에는 찬성하지 않았다. 지출은 정부가 그 돈을 소비보다는 투자에 집중할 때에야 효과를 본다고 경고했다. James Tobin, "Growth Through Taxation", *New Republic*, July 25, 1960.

28. 이와 달리 많은 전통적 케인스주의자들은 헬러의 방안을 싫어했다. 해리 트루먼의 수석 경제자문위원인 레온 카이절링은 케네디가 통화 하향 침투 경제 이론인 '낙수 경제 이론'을 받아들였다고 지적하며 미국 정치에서 오랜 역사를 지닌 이미지를 환기시켰다. 윌리엄 새파이어는 *Political Dictionary*에서 윌리엄 제닝스 브라이언William Jennings Bryan의 공을 인정했다. 브라이언은 1896년 유명한 '금십자가Cross of Gold' 연설에서 부자를 더욱 부유하게 하면 "그 부가 새어 나와 아랫사람에게 흘러든다"라는 약속이라며 공화당을 맹비난했다. 또 다른 흔한 비유로는 이런 세금 정책을 참새에게 먹이를 주기 위해 말에게 곡물을 주는 것과 다름없다는 비교도 있다.

29. 멜론의 주장은 공급중시 경제학의 논리를 미리 보여 주었다. 높은 세율에 대해 멜론은 이렇게 말했다. "납세자는 여러 수단을 이용하여 과세 대상 소득을 피합니다. 정부는 세율이 낮을 때보다 세율이 높을 때 세수가 줄어듭니다." Andrew Mellon, *Taxation: The People's Business* (New York: Macmillan, 1924), 13. 현대의 분석가들은 대체로 세수가 증가한 주요 동력은 감세가 아니라 경제 성장이었다고 결론 내린다. 예를 들어 Christina D. Romer and David H. Romer, "The Incentive Effects of Marginal Tax Rates: Evidence from the Interwar Era", February 2012, National Bureau of Economic Research 참조.

30. 리처드 리브스Richard Reeves의 보도에 따르면 크로퍼드 그린월트Crawford Greenewalt 듀폰 회장은 1962년 8월 중순 케네디에게 회사가 생산 능력의 80퍼센트만 가동되고 있다고 말하며 문제는 수요의 부족이라는 헬러 의 주장을 긍정했다. Richard Reeves, *President Kennedy: Profile of Power* (New York: Simon and Schuster, 1993), 333 참조.

31. 케네디가 처음 감세에 대한 생각을 꺼낸 때는 1962년 6월 연설에서였 다. 하지만 12월 연설 전까지는 애매한 태도를 보였다. Herbert Stein, *The Fiscal Revolution in America* (Washington,D.C.: AEI Press, 1996), 406-8 참조.

32. Heller, *New Dimensions of Political Economy*, 35.

33. 딜런은 이 말을 1964년 9월 21일 존 F. 케네디 대통령도서관이 실시한 구술 역사 인터뷰에서 했으며 그 내용을 자신의 사후 5년까지 비밀로 해 달라는 조건을 달았다.

34. Reeves, *President Kennedy*, 454.

35. 로버트 캐로Robert Caro는 존슨의 타협을 애정 어린 시선으로 상세하게 이야기했다. *The Passage of Power* (New York: Knopf, 2012), 466-83 참조.

36. 밀스는 1963년 연설에서 감세 지지를 호소하며 말했다. "지출을 통제하 기 위해 우리가 조성할 수 있는 가장 큰 심리적 요인은 미 재무부의 추 가 세입을 거부하는 것입니다."

37. Rowland Evans and Robert Novak, *Lyndon Johnson: The Exercise of Power* (New York: New American Library, 1966), 372.

38. 케인스주의 경제학자 제임스 토빈은 돌이켜 생각해 보아도 '밀물이 모 든 배를 띄운다'는 접근법을 옹호했다. "신경제학 실천가들은 분배 문제 와 정면으로 부딪힐 필요가 없었다. 거시경제 정책이 시행되어 성공하면 1960년대 동안 경기 회복과 경제 성장이 이루어져 빈곤층과 사회적 약 자의 소득을 높이는 데 어떤 실현 가능한 재분배 정책보다 훨씬 많은 일 을 해낼 것이며 정치적 사회적 분열이 덜 일어날 것이라는 점이 이미 확

실했기 때문이다." James Tobin, *The New Economics One Decade Older* (Princeton, N.J.: Princeton University Press, 1974), 53 참조.

39. Heller는 1966년 자신의 저서 *New Dimensions of Political Economy* 에서 이렇게 썼다. "우리는 경제 정책의 기술적 효율성을 높이기 위한 노력을 게을리 할 수 없다. 하지만 이런 약속은 향상된 경제적 운영 기술이 훌륭한 경제학과 찬란한 번영을 풍요로운 삶과 위대한 사회로 바꾸겠다는 결심과 결부되지 않는 한 실현되지 못하리라는 것 또한 분명하다."

40. Lyndon B. Johnson, *The Vantage Point* (New York: Holt, Rinehart and Winston, 1971), 74.

41. "We Are All Keynesians Now", *Time*, December 31, 1965. 폴 볼커는 훗날 영국 기자 스티븐 페이Stephen Fay에게 말했다. "그 분위기를 재현하는 일은 거의 불가능합니다. 하지만 경제학계는 어떤 충일감에 휩싸였습니다. 정말로 불황과 호황이 주기적으로 반복되는 문제를 극복했다고 여겼기 때문입니다." William Greider, *Secrets of the Temple* (New York: Simon and Schuster, 1987), 332 참조. 존슨이 때때로 더 이상 경기 후퇴는 없다고 보다 분명하게 주장했다고 잘못 인용되기도 한다. 진보주의 경제학자 아서 오쿤Arthur Okun은 1970년 저서에서 자신의 전 상관보다 그 주장을 더욱 잘 표현했다. "이제 경기 후퇴를 점점 근본적으로 막을 수 있다고 여기게 되었다. 비행기 사고와 같이 그리고 허리케인과 달리 말이다. 하지만 지상에서 비행기 사고를 싹 몰아낼 수는 없는 법이다. 그리고 우리에게 경기 후퇴를 뿌리 뽑을 지혜와 능력이 있다는 점도 분명하지 않다." Okun, *The Political Economy of Prosperity* (Washington,D.C.: Brookings Institution, 1970), 33-34 참조.

42. 2014년, 존슨의 빈곤과의 전쟁 선포 50주년 기념일에 당시 의회예산위원회 위원장이던 폴 라이언Paul Ryan 위스콘신주 공화당 의원은 그 전쟁이 "실패로 끝났다"라고 선언했다. 하지만 이용 가능한 증거는 다른 결론을 가리킨다. Christopher Wimer et al., "Trends in Poverty with

an Anchored Supplemental Poverty Measure", December 2013, Columbia Population Research Center, Columbia University 참조.

43. 한 의회 직원에 따르면 헬러는 "혼자 힘으로 저 [경제학] 분야를 정부의 눈에 존경할 만할 뿐 아니라 유용한 학문으로 비치도록 일궈 냈다." Michael A. Bernstein, *A Perilous Progress: Economists and Public Purpose in Twentieth-Century America* (Princeton, N.J.: Princeton University Press, 2001), 138 참조.

44. Heller, *New Dimensions of Political Economy*, 3.

45. 마틴은 스스로 이 경구의 저작권을 주장하지 않았다. 그는 1955년 10월 미국투자은행가협회Investment Bankers Association of America 뉴욕 지부에서 연설할 때 처음 사용했다. "연준은, 한 작가의 말에 따르면, 최근 이자율을 인상한 뒤 잔치가 막 무르익는 순간 술동이를 치우라고 지시하는 보호자의 위치에 있습니다."

46. William McChesney Martin, "Does Monetary History Repeat Itself?" (콜롬비아 대학 졸업 연설, June 1, 1965). http://fraser.stlouisfed.org/files/docs/historical/martin/martin65_0601.pdf에서 볼 수 있다.

47. 이 인용의 출처는 1970년 1월 마틴이 언급한 대화에 대한 설명이다. Henry E. Mattox, *A Conversation with Ambassador Richard T. McCormack* (Xlibris, 2013), 56.

48. Joseph Califano, *The Triumph and Tragedy of Lyndon Johnson: The White House Years* (New York: Touchstone, 1991), 131–32.

49. 프리드먼은 이 일을 케인스와의 유일한 교류라고 말했다. 논문은 케인스의 가까운 동료인 아서 피구Arthur Pigou의 연구를 비판한 내용이었다. 케인스는 그 논문을 피구에게 보여 준 뒤 왕립경제학협회의 *Economic Journal*에 싣지 않겠다고 거절했다. 피구가 그 비판을 인정하지 않았기 때문이다. 그 후 이 논문은 하버드 대학의 *Quarterly Journal of Economics*에 싣는 것이 받아들여졌다. John B. Taylor, "Interview with Milton Friedman", *Inside the Economist's Mind:*

Conversations with Eminent Economists, ed. Paul A. Samuelson and William A. Barnett (Malden, Mass.: Blackwell, 2007), 122 참조.

50. Leon Keyserling, "Testimony Before Subcommittee on General Credit Control and Debt Management of the Joint Committee on the Economic Report", March 12, 1952.

51. Milton Friedman and Anna Jacobson Schwartz, *A Monetary History of the United States* (Princeton, N.J.: Princeton University Press, 1963), 300.

52. A. A. Walters, "Milton Friedman", in *The New Palgrave: A Dictionary of Economics*, ed. John Eatwell et al. (London: Macmillan, 1987).

53. 최근 학계 연구에 따르면, 특히 에드워드 넬슨의 연구에 따르면 프리드먼이 1940년대 중반 즈음 통화주의의 핵심 주장인 통화 공급의 중요성에 초점을 맞추기 시작했다는 점이 분명해진다. 초기 연구의 출현 시기는 대체로 10년 뒤인 1950년대로 거슬러 올라갔다. 넬슨이 제시한 최초의 증거 자료는 1946년 라디오 방송이었다. 이 방송에서 프리드먼은 이렇게 말했다. "통화 공급 제한이란 주제는 마땅히 받아야 할 관심을 훨씬 받지 못했습니다." Edward Nelson, "Milton Friedman and Economic Debate in the United States, 1932-1972", 2018, book A. http://sites. google.com/site/edwardnelsonresearch/에서 볼 수 있다.

54. Milton Friedman, "Inflation and Wages", *Newsweek*, September 28, 1970.

55. 월터 스튜어트Walter Stewart 록펠러 재단 이사장은 1920년대 연준에서 일한 경제학자였다. Milton Friedman to Walter Stewart, January 12, 1949, Milton Friedman Papers, box 33, folder 35, Hoover Institution Archives, Stanford, Calif. 참조. 경제사학자 베아트리체 셰리에Beatrice Cherrier의 보고에 따르면 1947년 혹은 1948년 한 학회에서 이와 비슷하지만 검증을 덜 거친 언급을 했다. Beatrice Cherrier, "The Lucky Consistency of Milton Friedman's Science and Politics",

Building Chicago Economics: New Perspectives on the History of America's Most Powerful Economics Program, ed. Robert Van Horn et al. (Cambridge, Eng.: Cambridge University Press, 2011), 353.

56. 프리드먼이 내린 결론은 통화량이 속도보다 혹은 통화가 쓰이는 빈도 수보다 중요하다는 것이었다. 프리드먼 비판자는 종종 프리드먼이 속도 가 안정적이라고 주장했다며 비난했다. 프리드먼이 처한 복잡한 위치 는 속도가 무관하다는 견해로 잘 요약될 수 있다. 로버트 L. 헷젤Robert L. Hetzel은 1952년 증언이 통화주의 원리의 첫 진술이라고 여겼다. Robert L. Hetzel, "The Contributions of Milton Friedman to Economics", *Federal Reserve Bank of Richmond Economic Quarterly* 93, no. 1 (Winter 2007): 1-30.

57. Milton Friedman, "Discussion of the Inflationary Gap", *Essays in Positive Economics* (Chicago: University of Chicago Press, 1953), 253.

58. Erin Jacobsson, *A Life for Sound Money: Per Jacobsson* (Oxford: Clarendon Press, 1979), 262. 몇 년 앞서 프리드먼은 하버드 대학에서 강연을 했고, 강연회 주최자인 진보주의 경제학자 존 케네스 갤브레이 스에게 감사 편지를 받았다. "내가 아는 한 학생들은 영구적인 손상을 입은 듯 보이지 않습니다. 당신 동료들이 당신 내면을 흔드는 당황스러 운 변화를 감지하지 않기를 바랍니다. 모쪼록 그들도 그러기를 바랍니 다." J. K. Galbraith to Milton Friedman, March 27, 1951, Friedman Papers, box 27, folder 13, Hoover.

59. 경제사학자 Daniel Stedman Jones는 해러드의 보고서와 그 갈등을 자신의 저서 *Masters of the Universe*에서 다루었다. 그 보고서의 전 문은 흥미진진한 읽을거리를 담고 있다. "통화량을 제한하여 물가를 낮 출 수 있다는 이론은 케인스 이전 경제학입니다. 케인스는 자기 에너지 의 절반을 써서 정확히 그 이론을 반박하며 맹비난했습니다. 50세 이하 어떤 경제학자도 이 이론에 찬성하지 않을 것입니다. 보수주의자가 그러 한 이론과 관련이 있다고 여겨진다면 중도 노선을 걷는 다수 경제학자

를 노동당 편으로 몰고 갈지도 모릅니다. [노동당 지도자 휴Hugh] 게이츠
켈Gaitskell은 아마 이들 경제학자를 부추겨 이 정책을 보기 좋게 힐책하
고 조롱할 것입니다. 어떤 정부 대변인도 정부가 그처럼 고루한 이론을
지지한다고 암시하는 표현을 쓰지 않기를 진심으로 바랍니다." 맥밀란은
케인스에 공감했다. 그의 가족이 운영하는 출판사 맥밀란은 케인스 저
작을 발행하는 영국 출판사였다.

60. 이 보고서는 '래드클리프 보고서Radcliffe Report'로 대개 알려져 있다.
Report of the Committee on the Working of the Monetary System
(London: HMSO, 1959), 489 참조.

61. Thomas Kuhn은 자신의 명저 *The Structure of Scientific Revolu-
tions* (Chicago: University of Chicago Press, 1962)에서 과학적 인식 체
계를 따르는 신봉자는 좀처럼 자신의 생각을 바꾸지 못한다고 결론지었
다. 새로운 인식 체계는 기성세대가 물러나야 자리를 잡는다.

62. 시카고 대학의 뛰어난 경제학과 교수 폴 더글러스Paul Douglas는 1948년
일리노이주 민주당 상원 의원에 당선되었다. 이로써 의원으로 봉직하는
첫 경제학자가 되었다. 더글러스는 트루먼 행정부가 연준에 운영의 독립
성을 부여하는 데 핵심 역할을 했다.

63. Robert Solow, "Friedman on America's Money", *Banker*, Novem-
ber 1964. 이 서평은 Bernard S. Katz and Ronald E. Robbins 편집,
Modern Economic Classics: Evaluations Through Time (New York:
Garland, 1988)에 재수록되었다.

64. Milton Friedman and Walter Heller, *Monetary vs. Fiscal Policy: A
Dialogue* (New York: Norton, 1969), 16.

65. 밀턴 프리드먼은 이들 논평과 다른 대중적인 글에서 로즈 프리드먼을
"완벽한 동반자"라고 표현했다. 밀턴은 로즈가 한 역할을 과소평가했는
지도 모른다. 에드워드 넬슨은 그 과정에 대해 이런 설명을 인용했다.
"두 사람이 오픈릴 테이프 녹음기를 켰다. 로즈가 문외한인 일반인 역
할을 하며 밀턴에게 질문을 던지기 시작했다. 그러고는 보다 나은 대답

을 하도록, 다르게 설명하는 방법을 찾도록 밀턴을 밀어붙였다. 두 시간
여 녹음을 하고 나서 내용 전체를 글로 옮긴 다음 다듬고 … 마침내 논
평을 완성한다." Edward Nelson, "Milton Friedman and Economic
Debate in the United States, 1932-1972", 2018, book B, p.123 참조.
http://sites.google.com/site/edwardnelsonresesearch/에서 볼 수 있
다. 《뉴스위크》에 돌아가며 글을 썼던 이들 가운데에는 중도주의 입장
을 지닌 세 번째 경제학자 헨리 월리치Henry Wallich 예일 대학 교수도 있
었다.

66. 그 관계자는 헨리 월리치로, 그는 1974년 예일 대학에서 연준 이사회
로 자리를 옮겼다. 월리치는 1977년에 이렇게 썼다. "국민이 선출한 의
원들은 통화주의 이론이 재정 정책의 효과를 폄하하기 때문에 끌린
다는 점을 깨달았다." James M. Buchanan and Richard E. Wagner,
Democracy in Deficit: The Political Legacy of Lord Keynes (1977;
rept., Indianapolis: Liberty Fund, 2000), 55 참조.

67. Milton Friedman to Vermont Royster, December 3, 1963, Fried-
man Archives, box 32, folder 15, Hoover. 사흘 뒤 프리드먼은 로이
스터에게 사과 편지를 보내며 설명했다. "제가 보인 반응은 기대가 높았
던 결과이기도 합니다. 저는 이제 이른바 진보주의 기득권층에 무시당하
거나 혹은 잘못 해석되고 이해되는 일에 익숙해져 있습니다. 오래전부터
그런 태도에 이골이 난 상태였습니다. 하지만 《월스트리트저널》이 똑같
은 태도를 보이자 정말 실망을 금치 못했고 지금도 그렇습니다."

68. Milton Friedman, "The Role of Monetary Policy", *American Eco-
nomic Review* 58(March 1968): 1-17.

69. Milton Friedman, *Dollar and Deficits: Living with America's Eco-
nomic Problems* (Englewood Cliffs, N.J.: Prentice-Hall, 1968), 94.

70. James Tobin, "The Natural Rate as New Classical Macroecono-
mics", 1933, Cowles Foundation Papers 1061.

71. 이 연설은 이듬해 프리드먼의 "The Role of Monetary Policy"라는

제목으로 *American Economic Review*에 실렸다. 경제사학자 로버트 고든Robert Gordon은 흥미롭게도 시카고 대학 경제학과와 라틴 아메리카 사이의 끈끈한 유대에 프리드먼이 영향을 받았다고 주장한다. 라틴 아메리카에서는 분명 인플레이션과 실업이 예측 가능한 관계를 이루지 않았다. Robert J. Gordon, "The History of the Phillips Curve: Consensus and Bifurcation", *Economica* 78, no. 309 (2011): 10-50 참조. 또 다른 경제학자 에드먼드 펠프스Edmund Phelps는 비슷한 시기 프리드먼과 별개로 유사한 결론에 도달했다. 펠프스의 연구는 기술적으로 더 정교한 반면에 프리드먼은 더 정치 평론가다웠다. 아무튼 두 사람 모두 더 오랜 이론을 되살리고 있음을 인정했다. 예를 들어 스코틀랜드 경제학자 데이비드 흄David Hume은 1752년 이렇게 썼다. "영연방 전체에 걸쳐 유통되는 통화를 추적하기는 쉽다. 여기서 우리는 노동 가격을 올리기 전에 각 개인이 더욱 부지런해지도록 먼저 분발시켜야 한다는 점을 알게 된다."

72. 이 이야기는 사람들이 다른 사람도 뜻밖의 이득을 받았는지 처음에는 모른다고 가정한다. 따라서 처음엔 자신의 구매력이 오른 것처럼 행동한다. 시간이 흐르고 나서야 산타클로스가 모두에게 다녀갔다고 깨닫기 시작한다. 또 첫 번째 뜻밖의 이득은 예상치 못한 횡재로 다가오지만 아마 두 번째 뜻밖의 이득은 인플레이션을 일으킨다고 여길 가능성이 높다. 이는 프리드먼 이론에서 중요한 부분이다. 프리드먼은 경험이 연이은 경기 부양책의 가치를 떨어뜨리므로 똑같은 효과를 내기 위해서 정부가 통화를 더 발행하도록 부추긴다고 주장했다.

73. 통화 정책의 효과는 "길고 가변적인 시차"를 두고 느낄 수 있다는 프리드먼의 관점은 현재 매우 당연하게 여겨지고 있어 프리드먼이 그 공을 거의 인정받지 못하는 이론의 아주 좋은 예가 되었다. 그뿐 아니라 그 관점이 한때 논란을 불러일으켰다는 점 또한 거의 잊혀졌다.

74. Friedman and Heller, *Monetary vs. Fiscal policy: A Dialogue*, 30. 헬러는 또 프리드먼의 접근법은 미국의 달러 가치가 외국 통화 대비 변

경제학자의 시대

동 환율일 때에만 효과를 본다고 지적했다. 당시 이는 심각한 반론이었다. 달러 가치가 외국 통화 대비 고정 환율이었기 때문이다. 하지만 미국은 1973년부터 달러를 변동 환율로 바꾸었다. 이는 8장에서 다룬다.

75. 로버트 홀은 필라델피아에서 열린 2018년 전미경제학회에서 이를 회상하며 전했다. 이때 모임은 프리드먼의 1968년 연설 50주년 기념식도 겸했는데 홀은 여기에 토론자로 참석했다.

76. 놀랍게도 현대 관점에서 보면 연준 관계자는 명목 이자율과 실질 이자율 사이의 차이를 무시했다. 명목 이자율은 예컨대 연 6퍼센트라고 정해 놓은 이자율을 가리킨다. 하지만 인플레이션이 1년에 3퍼센트 오르면 실질 이자율은 3퍼센트가 된다. 다음 해에 인플레이션이 4퍼센트로 오르면 명목 이자율은 7퍼센트로 오르지만 실질 이자율은 오르지 않는다. 1960년대 연준 관계자는 인플레이션이 높아지기 때문에 이자율이 오르고 있다는 점을, 따라서 이자율이 더 높아져도 대출을 억제할 가능성이 낮다는 점을 이해하지 못했다. 이는 프리드먼이 너무나도 완벽하게 이겨서 그 승리가 거의 잊힌 전쟁의 또 다른 예다. 프리드먼은 1950년대와 1960년대 실질 이자율과 명목 이자율 사이에는 상당한 차이가 있다고 주장했으나 기존 경제학자는 동의하지 않았다. 이 논쟁은 1960년대 말까지 결론을 맺지 못했다. 인플레이션이 낮았던 시기 동안 실제로는 두 이자율에 차이가 거의 없었기 때문이다. 오늘날에는 누구나 실질 이자율과 명목 이자율 사이의 차이가 중요하다고 이해하고 있다.

77. 프리드먼은 예측할 때 통화 공급의 꾸준한 증가와, 프리드먼 자신이 경제학에 가장 혁혁하게 기여한 '항상 소득 가설permanent income hypothesis'을 반영했다. 프리드먼은 일시적인 소득 변화가 소비에 미치는 영향이 제한적이라고 주장했다. 사람들이 시간이 흐를수록 기대 소득에 기반해 소비 수준을 일정하게 유지하려 들기 때문이다. 또 소득이 회복하리라고 기대하면 처음에는 저축을 써서 일정한 소비 수준을 유지하며 천천히 적응해 나간다.

78. A. A. Walters to Milton Friedman, December 4, 1969, Friedman

Papers, box 186, folder 3, Hoover.

79. Milton Friedman, "The Counter-Revolution in Monetary Theory", 1970, Institute of Economic Affairs, no. 33.

3장 인플레이션과의 전쟁

1. Alan Blinder, *Hard Heads, Soft Hearts* (Reading, Mass.: Addison-Wesley, 1987). 33.

2. 이는 과거의 결과가 미래의 성과를 보장하지 않는다는 훌륭한 경고의 예였다. 60년대가 끝날 즈음 영국의 노동당과 미국의 민주당은 높은 인플레이션이 일부 원인이 되어 권력을 잃을 터였다. 닉슨의 관점을 살피려면 Allan H. Meltzer, *A History of the Federal Reserve*, vol. 2, book 2, *1970-1986* (Chicago: University of Chicago Press, 2009), 791 참조.

3. 닉슨은 경제자문위원인 허버트 스타인의 조언에 따라 이렇게 밀어붙였다. Allen J. Matusow, *Nixon's Economy: Booms, Busts, Dollars and Votes* (Lawrence: University Press of Kansas, 1998), 187-89 참조.

4. *Public Papers of the Presidents of the United States, Richard Nixon, 1971* (Washington,D.C.: GPO, 1972), 608.

5. George Stigler, *Memoirs of an Unregulated Economist* (New York: Basic Books, 1988), 44.

6. 닉슨은 조르주 퐁피두Georges Pompidou에게 이 말을 했다. 또 번스가 곧 전형적인 관료로 굳어질 테니 늦기 전에 그 머리에서 아이디어를 끌어내는 게 중요하다고도 말했다. *Foreign Relations of the United States, 1969-1976*, vol. 3, *Foreign Economic Policy, 1969-1972; International Monetary Policy, 1969-1972* (Washington,D.C.:GPO, 2001), 91.

7. Rowland Evans and Robert D. Novak, *Nixon in the White House:*

The Frustration of Power (New York: Random House, 1971), 13.

8. 닉슨은 1962년 회고록인 *Six Crises*에서 이렇게 썼다. "안타깝게도 아서 번스는 훌륭한 예언자임을 증명해 냈다. 대개 고용이 증가하는 달인 10월임에도 실직자 수가 45만 명 가까이 늘었다. 전 세계의 모든 연설, TV 방송, 선거구 업무도 이 확고부동한 사실에는 대항할 수 없었다."

9. Edward Nelson, "Milton Friedman and Economic Debate in the United States, 1932-1972", 2018, book B, p.521. https://sites.google.com/site/edwardnelsonresearch/에서 볼 수 있다.

10. 프리드먼은 연준을 이끄는 인물로 경제학자가 선택될 경우 대체로 기뻐했는데 번스가 임명되자 특히 기뻐했다. "초대 의장부터 모든 의장이 존경 받는 사람들이었고 최선을 다한 유능한 인물들이었습니다. 동기나 의도를 전혀 의심하지 않습니다. 하지만 모두 개인 사업이나 개인 은행을 배경으로 갖고 있었습니다. 그런데 아서 번스는 경제 전체가 그 배경이었습니다." Edward Nelson, "Milton friedman and the Federal Reserve Chairs, 1951-1979", October 23, 2013, Federal Reserve Board, 26-27 참조.

11. Arthur Burns, *The Business Cycle in a Changing World* (New York: National Bureau of Economic Research/Columbia University Press, 1969), 85.

12. Donald F. Kettl, *Leadership at the Fed* (New Haven: Yale University Press, 1988), 118. 안나 슈워츠는 두 사람과 긴밀히 협력해서 프리드먼이 번스를 잘못 평가한 견해도 그대로 취했다. 에드워드 넬슨은 슈워츠의 생각을 기록했다. "번스는 프리드먼네 근처 버몬트에 집을 구했습니다. 프리드먼은 번스에게 통화 정책을 주제로 이야기하고 번스는 파이프 담배를 피우며 고개를 끄덕였습니다. 프리드먼은 번스가 자신의 의견에 동의한다고 여겼지요." 번스가 자신의 견해를 어떻게 발전시켰는지 살펴보려면 Nelson, "Milton Friedman and Economic Debate in the United States, 1932-1972", 2018, book B, pp.225-26 참조. https://

sites.google.com/site/edwardnelsonresearch에서 볼 수 있다.

13. 번스는 1971년 3월 은행주택도시문제상원위원회Senate Committee on Banking, Housing and Urban Affairs에서 이렇게 말했다. "저는 이 문제를 명명백백히 하고 싶습니다. 저는 우리 재정 정책과 통화 정책이 인플레이션을 통제하기에 충분하다고 보지 않습니다."

14. 번스는 백악관의 압력에 영향을 받지 않았다며 거듭 부인했다. 자신의 일기와 닉슨의 대통령 집무실 녹음테이프를 비롯해 여러 자료가 풀리자 더 이상 그 입장을 고수할 수 없게 되었다. 멜처Meltzer는 이렇게 결론을 지었다. "위에 인용된 충분한 증거는 닉슨 대통령이 번스에게 매우 포괄적인 정책을 따르라고 촉구했으며 번스는 이에 동의했다는 주장을 뒷받침한다." Meltzer, *History of the Federal Reserve*, vol. 2, book 2, 798 참조. 아직 남아 있는 변명 가운데 가장 그럴싸한 내용은 Matusow가 *Nixon's Economy*에서 제시한 것이다. 매튜소우의 주장에 따르면 닉슨은 진정으로 경제에 경기 부양책이 필요했다고 믿었기 때문에 그런 행동에 나섰고 번스 역시 같은 이유로 받아들였다는 것이다.

15. John Ehrlichman, *Witness to Power: The Nixon Years* (New York: Simon and Schuster, 1982), 254.

16. Stephen Axilrod, *Inside the Fed* (Cambridge: MIT Press, 2009), 61-62.

17. 이는 특히 역설적인데 두 사람은 아이젠하워 행정부 자문위원회 회의에서 처음 만났기 때문이다. 이 자리에서 당시 부통령이던 닉슨은 최저임금 인상을 지지하는 발언을 하며 공화당이 노동자 계층을 끌어모으는 데 도움이 된다고 주장했다. 당시 경제자문위원회 위원장이던 번스는 정부 가격 통제에 일반적인 선에서 반박하며 대응했다. 번스는 공석에서나 사석에서나 계속 가격 통제를 반대했다. 가격 통제가 자신의 이자율 인상 임무에 대한 대안이 되는 바로 그 순간까지 그랬다. 닉슨 또한 오래전부터 가격 통제를 혐오한다고 공언해 왔다. 2차 세계대전 동안 가격 통제를 관장한 연방 기관의 고무 타이어 분과에서 일했는데 이때 개인적 경험 때문에 그렇게 되었다고 이유를 밝혔다. 윌리엄 새파이어는

경제학자의 시대

닉슨의 연설문에는 거의 빼놓지 않고 "임금 가격 통제의 참상을 표현하는 상투적인 문구가 있었습니다"라고 회상했다. 새파이어는 이런 연설문을 다수 쓴 장본인이었다. 몇 년 뒤 닉슨은 회고록에서 1971년 임금 가격 통제를 부과한 결정은 '잘못'이라고 썼다. 하지만 닉슨은 그렇게 했다.

18. Milton Friedman and Rose Friedman, *Two Lucky People* (Chicago: University of Chicago Press, 1998), 387. 닉슨은 계속 관계를 돈독히 다져 나갔다. 1972년 프리드먼이 심장 수술을 하게 되었을 때 메이오클리닉에 전화를 걸어 수술이 잘 되길 바란다고 전했다. 닉슨은 이렇게 말했다. "'무슨 수술인가요?'라고 병원 측에 물었더니 '심장 수술입니다'라고 대답하더군요. 그래서 저는 이렇게 말했습니다. '잘 됐군요. 정말 다행입니다. 뇌는 열지 마세요.' 우리에게는 당신이 필요하기 때문입니다. 심장은 튼튼해지되 뇌는 똑같은 당신을 다시 뵙길 고대하겠습니다." 이에 프리드먼이 말했다. "당신이 나라를 보살피는 만큼 훌륭하게 나도 보살피기를 바랄 뿐입니다." 다행스럽게도 프리드먼에게는 의사들이 더 잘 보살폈다.

19. "Baby Chicks Killed and Cooked for Feed", *New York times*, June 25, 1973.

20. Iain Macleod, *Hansard Commons*, November 17, 1965, 1165.

21. Robert Samuelson, *The Great Inflation and Its Aftermath* (New York: Random House, 2008), ch. 3.

22. 스태그플레이션은 케인스 경제학 틀로 설명될 수 있지만 그 설명을 당시에는 잘 이해하지 못했다. 요지는 다음과 같다. 석유 가격이 오르면서 사람들은 어쩔 수 없이 석유와 다른 상품의 소비를 줄였고 그 결과 실업이 늘었다. 미국은 경기 부양책으로 대응하며 물가가 오르는 결과를 낳았다. 왜 경기 부양책이 효과가 없었을까? 근본 문제는 석유 공급의 감소였고 따라서 그 시스템에 돈을 쏟아부으면 가격만 오를 뿐이었다. 공급 측면 문제였는데 수요 측면 해답으로 대응한 셈이었다. 독일이나 스위스를 비롯하여 경기 부양에 소극적이었던 나라들은 경기 침체를 경험했지

만 물가가 더 높아지지는 않았다.

23. 통화주의로 전환은 고정 환율을 고수한 브레턴우즈 체제가 해체되자 그 영향을 받았다. 이는 8장에서 다룬다. 고정 환율 체제는 통화 공급 목표를 정해 놓았는데 그 목표가 사라지자 각 나라는 새로운 목표가 필요해졌다. 분데스방크의 선택에는 스위스계 미국인 경제학자 칼 브루너 Karl Brunner가 영향을 미쳤는데 브루너는 통화주의자로 독일어를 구사했다. 그는 1979년 연례 학술회의인 콘스탄츠연구회Konstanz Seminar를 시작하며 독일에 통화주의 이론을 퍼뜨렸다. Andreas Beyer et al., "Opting Out of the Great Inflation: German Monetary Policy After the Break-down of Bretton Woods", September 2008, The Great Inflation Conference, National Bureau of Economic Research 참조.

24. 노벨상 수상식 만찬에서 프리드먼은 중앙은행을 없애야 한다고 주장하는데 그 스웨덴 중앙은행이 지원하는 상을 받는 게 어색하다고 농담을 했다.

25. James Cooper, *Margaret Thatcher and Ronald Reagan* (Houndmills, Eng.: Palgrave Macmillan, 2012), 38.

26. 그 목표는 IMF로부터 긴급 차관 39억 달러를 빌리는 조건의 일환으로 발표되었고, 그 결정은 때때로 영국에 부과된 것으로 그려졌다. 하지만 노동당 정부는 긴급 구제 한참 전인 1976년 4월에 통화 목표를 정할 의향이라고 발표했다.

27. *The Economists Conference on Inflation* (Washington,D.C.: GPO, 1974), 123.

28. 포드는 프리드먼의 견해에 약간 동조를 표하기 시작했다. 1975년 2월 연설에서 이렇게 말했다. "실업은 일시적으로 일자리를 잃은 미국인 8.2퍼센트에게만 큰 관심사입니다. 반면에 인플레이션은 오늘날 미국인 100퍼센트를 완전한 적으로 돌립니다." 의회 역시 프리드먼을 좀 더 진지하게 받아들이는 듯 보였다. 1975년에 통화 공급 목표를 정하고 그 성과를 정기적으로 보고하라고 연준에 지시하는 결의안을 통과시켰다. 정

략적인 동맹에 항상 열려 있는 프리드먼은 낙관적인 입장을 취하며 이를 1930년대 금본위제 폐지 이후 "가장 중요하고 가장 건설적인 변화"라고 일컬었다. 하지만 사실 요점은 실업률을 낮추기 위해 통화를 더 발행하라고 연준을 압박한 것이었다. 그리고 실제로 번스는 이 새로운 요구를 뒤엎었다. 의회에 제출한 보고서가 시간이 지나면서 통화 공급의 증가를 추적하기 거의 불가능한 형태로 작성되었기 때문이다.

29. 이 인용의 출처는 조지 슐츠에게 보낸 편지였다. 마지막 문장은 다음과 같았다. "실례를 무릅쓰고 이 편지 사본을 번스에게 보내겠습니다." Milton Friedman to George Shultz, November 5, 1971, Milton Friedman Papers, box 33, folder 15, Hoover Institution Archives, Stanford, Calif.

30. "상식적인 차원에서 저는 인플레이션을 조정하는 가장 바람직한 방법은 돈이 부족하지 않도록 하는 것이라고 믿습니다. 이자율을 올리는 것도, 사람들이 일자리를 잃고 복지 수당이나 실업 수당에 기대게 하는 것도 아닙니다. 오히려 사람들이 일터로 돌아가는 것, 이자율을 내리는 것, 경제가 성장해 나가는 것이라고 믿습니다. 상당히 높은 비율로 말입니다." "Interview with Jimmy Carter", *Business Week*, September 20, 1976 참조.

31. 카터는 이렇게 말했다. "제가 당선되면 실업과 경기 후퇴를 인플레이션과 싸우는 도구로 절대 이용하지 않겠다고 약속합니다. 경제 전략을 위해 누군가의 일자리, 누군가의 생계를 결코 희생시키지 않을 것입니다. 실업과 인플레이션을 동시에 잡는 사업들을 시행할 것입니다. 따로따로 싸우려 들면 어떤 진보도 이루지 못하기 때문입니다. 균형과 조화를 이룬 접근법으로 첫 분기까지 실업률 4퍼센트와 인플레이션율 4퍼센트나 그 이하로 모두 내리겠습니다." "Inflation and Unemployment", October 5, 1976 참조. *The Presidential Campaign 1976* (Washington,D.C.: GPO, 1978), 631에 재수록되었다.

32. 밀러는 텍스트론Textron을 운영하던 산업 재벌이었다. 다른 최종 후보

자에는 제너럴일렉트릭과 듀폰 회장도 있었다. Meltzer, *History of the Federal Reserve*, vol. 2, book 2, 923 참조. 프리드먼은 여전히 낙관적인 태도로 《뉴욕타임스》에 밀러의 선택에 박수를 보낸다고 말했다. 번스가 임명되었을 때 프리드먼은 경제학자의 임명이 더 나은 방향으로의 변화라며 크게 기뻐했다. 밀러가 임명되었을 때 연준은 비경제학자가 이끄는 편이 더 낫다고 언명했다. Ann Crittenden, "The President's Choice", *New York Times*, January 1, 1978 참조.

33. Donald Janson, "Rioting Follows Protests by Truckers in Levittown, Pa.", *New York Times*, June 26, 1979.

34. 1973년부터 1979년까지 미국 물가의 누적된 변동은 49퍼센트였고 임금은 54퍼센트였다. Meltzer, *History of the Federal Reserve*, vol. 2, book 2, 848 참조.

35. 광범위한 정부 규정은 인플레이션을 설명할 목적으로 쓰이지 않아서 그 결과 실질적인 문제를 몇 가지 낳았다. 사람들이 명목 소득이 오르면서 과세 등급도 올라가 세후 실질 소득이 떨어졌다. 인플레이션 역시 부를 부식시켰는데 은행이 저축에 지불하는 이자율을 법으로 제한했기 때문이다. 그뿐 아니라 인플레이션은 사회 보장 제도 같은 정부 보조금의 가치도 떨어뜨렸다. 하지만 1981년 즈음 연방법을 개정하면서 인플레이션을 상쇄하기 위해 정기적인 조정을 지시하면서 이 세 가지 문제를 해결했다.

36. William Greider, Secrets of the Temple (New York: Simon and Schuster, 1987), 44.

37. 맥램은 1973년에 9000달러를 벌었고 1978년에는 1만 5000달러를 벌었다고 말했다. 이 1978년 소득을 1973년 소득으로 환산하면 1만 236달러다. Steven V. Roberts, "Poll Shows Majority of Americans Altering Life Because of Inflation", *New York Times*, June 5, 1978 참조. 이는 특정 사례가 아니었다. 예를 들어 철강 노동자 평균 임금은 1972년 시간당 4.72달러에서 1982년에는 시간당 11.91달러로 올랐다.

실질적으로 따지면 이는 10퍼센트 인상이었다. John Hoerr, *And the Wolf Finally Came* (Pittsburgh University of Pittsburgh Press, 1988), 113-14 참조.

38. James M. Buchanan and Richard E. Wagner, *Democracy in Deficit: The Political Legacy of Lord Keynes* (1977; repr., Indianapolis: Liberty Fund, 2000), 66-67.

39. W. Carl Biven, *Jimmy Cater's Economy: Policy in an Age of Limits* (Chapel Hill: University of North Carolina Press, 2002), 54.

40. 밀러는 연준 의장으로 부적격이라는 평이 일반적이지만 카터는 그 문제에 타협을 보았다. 카터는 우선 재무장관인 마이클 블루멘털을 경질하기로 결정했는데 이 때문에 금융 시장이 불안해졌다. 금융계와 재계 주요 인사를 설득하여 그 자리에 앉히려고 했지만 여의치 않자 밀러를 재무장관에 앉혔다. 이에 프레더릭 슐츠라는 플로리다주 정치인인 연준 부의장이 의장 대행이 되었고 이 때문에 시장이 더욱 불안해졌다.

41. "Transcript of Federal Open Market Committee Meeting", July 18, 1978. federalreserve.gov/monetarypolicy/files/FOMC19780718 meeting.pdf에서 볼 수 있다.

42. Samuelson, *Great Inflation and Its Aftermath*, 119.

43. 카터는 처음에 연준 의장직을 뱅크오브아메리카 경영 책임자인 톰 클라우센Tom Clausen에게 제안했다. 카터가 당시 볼커를 선택했을 때 자신이 무슨 일을 했는지 얼마만큼 이해하고 있었는지는 분명하지 않다. 카터의 국내 정책 수석 보좌관인 스튜어트 아이전스탯Stuart Eizenstat은 윌리엄 그레이더 기자가 자신의 책 *Secrets of the Temple*을 쓸 때 인터뷰를 요청하자 이렇게 말했다. "볼커에 대해 알려진 점이요? 유능하고 쾌활한 사람이라는 것, 그리고 보수주의자라는 것이었습니다. 알려지지 않은 점은 매우 극적인 변화를 불러일으킬 사람이라는 것이었죠." 하지만 2018년 자신의 회고록에서 아이전스탯은 카터가 이 결정을 잘 인식하고 있었을 뿐 아니라 심사숙고한 것으로 그렸다. 그러고 나서 카터의 말

을 인용했다. "나는 이를 추진해 나가기로 결정했습니다. 이 나라를 위해 더 나은 선택이라고 생각하기 때문입니다." 카터가 자신이 어떤 방향을 선택했는지 알고 있었다고 가정하기에 타당한 듯 보인다. 하지만 볼커가 얼마나 확고하게 그 목표를 향해 밀어붙일지는 알지 못했다. 볼커는 1980년 대선 운동 기간 동안 카터가 이렇게 언급했다고 들은 기억이 난다고 말했다. "맙소사, 그들이 꼭 그렇게 통화주의자일 필요는 없었습니다." Stuart E. Eizenstat, *President Carter: The White House Years* (New York: St. Martin's, 2018), 338 참조. 볼커는 통화주의 정책 때문에 1980년 대선을 망쳤는지 카터에게 물었다고 말했다. "씁쓸한 미소가 얼굴에 어리면서 카터는 이렇게 말했어요. '내 생각에는 다른 몇 가지 요인도 있었습니다.'" Paul Volcker and Christine Harper, *Keeping at It: The Quest for Sound Money and Good Government* (New York: PublicAffairs, 2018), 111 참조.

44. Joseph B. Treaster, *Paul Volcker: The Making of a Financial Legend* (New York: John Wiley, 2004), 전자책 1752.

45. Paul Volcker, "The Problem of Federal Reserve Policy Since World War Ⅱ" (senior thesis Princeton University, 1949), 77.

46. William R. Neikirk, *Volcker: Portrait of the Money Man* (New York: Congdon and Weed, 1987), 54.

47. William Silber, *Volcker: The Triumph of Persistence* (New York: Bloomsbury, 2012), 31.

48. Paul Volcker and Toyoo Gyohten, *Changing Fortunes: The World's Money and the Threat to American Leadership* (New York: Times Books, 1992), xiv.

49. 닉슨 행정부 시절 재무부의 볼커 상관이었던 존 코널리는 말쑥하게 차려입고 다녔는데, 한번은 머리를 깔끔하게 다듬고 어울리는 양복을 사입지 않으면 해고하겠다고 볼커에게 엄포를 놓았다. Greider, *Secrets of the Temple*, 68 참조.

경제학자의 시대

50. 로버트 캐버시의 회상은 저자와 2018년 4월 5일에 실시한 인터뷰에서 나왔다. 다른 일화는 출처가 Neikirk, *Volker: Portrait of the Money Man*이다.

51. 볼커는 돈이 중요하다고 말했다. 하지만 "이런 환경에서 정책을 입안할 때 핵심은 엄연한 불확실성 속에서 판단이 이루어져야 한다는 것입니다"라고 덧붙였다. Paul Volcker, "The Contributions and Limitations of Monetary Analysis", September 16, 1976 참조. newyorkfed.org/medialibrary/media/research/quarterly_review/75th/75article7.pdf에서 볼 수 있다.

52. Paul Volcker, "The Role of Monetary Targets in an Age of Inflation", *Journal of Monetary Economics* 4, no. 2 (1978): 329-39. 당시 중앙은행 총재들은 명확성에 거의 가치를 두지 않았다. 반면에 그들은 오래전부터 기습을 유용한 도구로 여겼다. 연준은 정책 변화를 발표하지 않았다. 따라서 거래자들은 이자율 변동에서 그 결정을 추론할 수밖에 없었다. 볼커는 일찍이 기대치를 관리하는 데에는 그만 한 가치가 있다는 뜻을 비쳤다.

53. 번스는 국제통화기금 한 회합에서 "The Anguish of Central Banking"이라는 제목으로 연설했다. 그런데 번스가 틀렸다. 연준 전문 역사학자인 도널드 F. 케틀Donald F. Kettl이 정확하게 분석한 결과 1961년에서 1975년 사이 대통령 경제자문위원회가 통화 정책 상황에 대해 대통령에게 제출한 보고서는 91건이었다. 44건에서 경제자문위원회는 연준이 잘 해내고 있다고 판단했다. 47건에서는 통화 정책이 너무 빡빡하다고 판단했다. 이자율이 지나치게 낮다고 결론을 내린 보고서는 단 한 건도 없었다. 민주당 의원은 연준이 성장을 억제하려는 어떤 기미만 보여도 10년 내내 비판을 서슴지 않았다. 연준이 독립성을 주장하려 들었다면 의회는 그 독립성을 없애 버렸을 수 있었을 것이다. 1980년에 이르러서야 여론 조사는 실업보다 인플레이션을 더 중요한 문제로 여긴다는 사실을 보여 준다. Kettl, *Leadership at the Fed*, 138 참조. 볼커가 연준

의장직에서 물러나고 나서 몇 년 뒤인 1990년 같은 회합에서 연설을 했다. 이때 연설 제목은 "The Triumph of Central Banking?"이었다.

54. Silber, *Volcker: The Triumph of Persistence*, 168.

55. 볼커는 베오그라드로 가는 길에 서독에 들렀다. 서독 관계자들은 인플레이션을 집중 단속하라고 강력하게 촉구했다. 일부 보고서에 따르면 이 일이 꽤 영향을 미쳤다고 언급한다. 하지만 볼커는 그 일로 자신이 이미 결정한 방침이 얼마나 중요한지 확인했을 뿐이라고 말한다. Volcker and Gyohten, *Changing Fortunes*, 168. Axilrod, *Inside the Fed*, 99 참조.

56. 총재 가운데 10명만이 이 회의에 참석했다. 아직 뉴욕 연방준비은행에서는 볼커의 복귀가 완전히 마무리되지 않았다. 미니애폴리스 연방준비은행의 마크 윌리스Mark Willes는 새로운 정책의 강경 지지자였는데 역시 참석하지 않았다. "Transcript of Federal Open Market Committee Conference Call", October 5, 1979 참조. federalreserve.gov/monetarypolicy/files/FOMC19791005confcall.pdf에서 볼 수 있다.

57. 볼커의 통화주의 수용은 종종 이자율을 보다 빨리 올리려는 책략으로 풀이되기도 한다. 연준이 빠른 인상을 승인해서는 안 되었기 때문이기도 하려니와 직접적인 책임을 지지 않아도 되었기 때문이다. 이런 역학에 따른 편익은 실재했지만 그 설명은 내게 설득력이 떨어진다. 누구나 연준이 이자율을 올리고 있음을 알고 있었다. 그리고 나는 (1) 통화주의에서 어떤 진실을 보았고, (2) 연준이 인플레이션을 통제하기로 결정했다는 메시지를 전하고 싶어 했다는 볼커 자신의 설명을 의심할 만한 이유를 기록에서 찾지 못했다. 연준 의장으로 볼커의 첫 행보는 축하 편지를 보낸 프리드먼에게 답신하는 것이었다. 프리드먼은 볼커가 통화주의에 기대면 전임자들을 능가하는 일은 그리 어렵지 않다고 썼다. 볼커는 짧은 답신을 보냈다. "우리가 앞으로 나아갈 때 당신이 통화는 엄정하다는 원리를 설교하게 되면 기쁠 것입니다." 볼커는 프리드먼이 그 답신을 퍼뜨리길 바랐다. 그는 연준이 노선을 바꾸고 있음을 사람들이 깨닫기를 간절

히 바랐다. Silber, *Volcker: The triumph of Persistence*, 149 참조.

58. Treaster, *Paul Volcker*, 전자책 2669.

59. 이 농담은 그 속에 진실을 담고 있다. 볼커가 사임한다는 소문이 전날 월가에 돌아 거래에 혼란이 일어나자 연준은 공식적으로 아니라는 입장을 내놓았다.

60. Volcker and Gyohten, *Changing Fortunes*, 170.

61. 고통은 금융 규제 완화로 더욱 가중되었는데 이 이야기는 10장에서 다채롭게 다룬다. 이전의 경기 침체 때에는 은행이 대출에 부과할 수 있는 수준 이상으로 연준이 이자율을 올려서 저 유명한 술동이를 치웠다. 하지만 의회가 최근 그 상한선을 없앰으로써 은행은 연준에 맞춰 이자율을 올릴 수 있었다. 이는 연준이 똑같은 대출 축소를 달성해야 할 때 이자율을 더 높여야 한다는 것을 의미했다. 연준은 사람들의 주택 구매를 막을 수 없었기 때문에 사람들을 파산으로 몰고 갔다.

62. Louis S. Jacobson, Robert John LaLonde, Daniel Gerard Sullivan, "Earnings Losses of Displaced Workers", *American Economic Review* 83 (September 1993): 685-709.

63. "Transcript of Federal Open Market Committee Meeting", July 9, 1980, 76. federalreserve.gov/monetarypolicy/files/FOMC19800709 meeting.pdf에서 볼 수 있다.

64. Greider, *Secrets of the Temple*, 461.

65. 볼커는 1970년 10월 토요일 저녁 기자 회견에서 경제가 후퇴하기를 바라지 않는다고 강조했다. 그리고 한 기자의 질문에 대답하며 이렇게 말했다. "흠, 이에 대해 다양한 견해가 있을 것입니다. 저는 그와 관련하여 중대한 영향은 없으리라고 생각합니다." 이후 볼커는 이는 오해의 소지가 있었다고 인정했다. 볼커는 경기 후퇴가 불가피하다고 생각했고, 연준의 조치는 그 시작을 앞당길 수는 있다고 여겼다. 볼커는 회고록에 이렇게 썼다. "의도적으로 계획했는가? 그렇지 않다. 그러면 가속화하는 인플레이션 과정이 조만간 경기 후퇴로 끝나리라는 점을 명확히 이해하고

계획했는가? 그건 확실히 그렇다." Volcker and Harper, *Keeping at It*, 138-39.

66. 다른 관계자도 비슷한 불안을 전했다. 프레드 슐츠Fred Schultz 연준 부의 장은 윌리엄 그레이더에게 말했다. "손바닥에 땀이 배었냐고요? 밤에 잠을 못 이뤘냐고요? 대답을 하자면 둘 다입니다. 자주 이들 모임에서, 주택 건설업자나 자동차 판매업자나 다른 이들 앞에서 연설하곤 했습니다. 어떤 사람이 일어나 '야, 이 개자식아, 네가 우릴 죽이고 있어!'라고 외칠 때에는 그리 불쾌하지 않습니다. 정말 가슴이 철렁했던 때는 이 친구가 자리에서 일어나 매우 차분한 태도로 '의장님, 저는 30년 동안 자동차 판매업을 해왔습니다. 열심히 일해서 이 사업을 일으켰지요. 그런데 다음 주 저는 문을 닫습니다'라고 말하고는 자리에 앉았을 때였습니다. 정말 마음이 아팠습니다."

67. Treaster, *Paul Volcker*, 전자책 171.

68. "Interest Rates", *CBS Evening News*, December 20, 1981, Vanderbilt TV News Archive.

69. Beryl Sprinkel, "U.S. Approaches to Monetary Issues" (1981년 9월 파리에서 행한 연설), *The Political Economy of the United States*, ed. Christian Stoffaës (Amsterdam: North-Holland, 1982), 85.

70. Greider, *Secrets of the Temple*, 363.

71. 1975년 경기 하락이 한창이던 때 레이건은 "경기 후퇴 대 인플레이션Recession vs. Inflation"이라는 글을 발표했다. 이 글에서 레이건은 "미국 최고의 경제학자가 리플레이션reflation은 보다 가속화하는 인플레이션이 아니고서는 완전 고용을 장기적으로 유지할 수 없다고 말했다"라고 썼다. 레이건이 프리드먼의 견해를 전혀 모르는 사람으로 그리려는 이들은 이 구절뿐 아니라 레이건의 오랜 기록에 나오는 다른 구절에 대해서도 밝히려 애써야 할 것이다. 프리드먼 자신의 판단은 솔직했다. "레이건이 통화량과 인플레이션 사이의 관련성을 이해했다는 점에는 의문의 여지가 없다." John B. Taylor, "Interview with Milton Friedman", *Inside the*

경제학자의 시대

Economist's Mind: Conversations with Eminent Economists, Paul A. Samuelson and William A. Barnett (Malden, Mass.: Blackwell, 2007), 118 참조.

72. 레이건 자문위원 다수는 프리드먼이 대통령 경제자문위원 가운데 발군의 인물이라는 데에 공감했다. 도널드 리건은 "레이건이 밀턴 프리드먼의 경제 이론에 영향을 받았다는 점은 무엇보다 분명했다"라고 말했다. 에드윈 미즈Edwin Meese는 "밀턴 프리드먼 교수는 학계 자문위원 가운데 누구보다도 중요하다"라고 말했다. 할로의 인용에 대해서는 Michael Hirsh, *Capital Offense* (Hoboken, N.J.: John Wiley, 2010), 31 참조.

73. 몇몇 저자는 레이건이 금에 보이는 관심을 더 심각하게 여긴다. 예를 보려면 레이건의 통화 정책에 대한 관점을 자세하게 설명한 Sebastian Mallaby, *The Man Who Knew: The Life and Times of Alan Greenspan* (New York: Penguin Press, 2016) 참조. 와니스키와 레이건이 주고받은 편지에 대해서는 Greider, *Secrets of the Temple*, 418 참조. 와니스키가 1983년에 편지를 쓴 친구는 도널드 럼스펠드다. Jude Wanniski to Donald Rumsfeld, February 1, 1982, Jude Wanniski Papers, box 18, folder 6, Hoover 참조.

74. Rowland Evans and Robert Novak, *The Reagan Revolution* (New York: E. P. Dutton, 1981), 69.

75. 통화 정책에서 가장 뛰어난 학자인 스탠퍼드 대학 경제학자 존 테일러 John Taylor의 주장에 따르면 볼커와 레이건은 1970년대 부상한 합리적 기대 이론rational expectation theory에 영향을 받았다. 프리드먼은 인플레이션에 대한 기대가 지난 경험에 바탕을 둔다고 주장했다. 반면에 새 학파는 미래 정책 방향에 대한 기대로 사람들이 행동을 결정한다고 주장했다. 정부가 인플레이션을 낮게 유지해 나간다고 사람들이 확신하면 예컨대 보다 낮은 임금 인상폭을 받아들이는 방향으로 행동하리라는 것이다. 이 때문에 정부는 고통스럽지 않게 인플레이션을 낮출 수 있다. 볼커는 이 이론에 친숙했다. 하지만 그 지지자를 "괴짜"라고 표현했다. 레이건

의 가장 중요한 자문위원인 마틴 앤더슨은 인플레이션 억제가 고통스럽지 않을 수 있다는 증거로 이 이론을 레이건에게 제시했다. 하지만 레이건이 이 이론을 받아들였다는 증거는 어디에도 없다. 볼커와 레이건은 이미 고통을 각오하고 있었다.

76. 이 인용은 내가 볼커와 2018년 4월 5일에 실시한 인터뷰에서 나왔다. 레이건과 볼커의 관계는 결코 편하지 않았다. 첫 만남에서 레이건은 왜 미국에 중앙은행이 필요한지 질문을 해서 볼커를 긴장하게 했다. 하지만 레이건은 대통령 임기 첫해 동안 연준의 노선에 대한 공개 비판에 동참하는 횟수가 차츰 줄어들었다. 1982년 1월 우려를 표명했을 때 연준은 경기 후퇴를 심화시키고 있는 이유가 통화 공급에 적절한 통제를 하지 못하기 때문이라고 피력했다. 이는 다시 말해 통화주의를 온전히 실현하지 않았기 때문이라는 것이었다. 볼커는 레이건을 믿는 측이었다.

77. Neikirk, *Volcker: Portrait of the Money Man*, 110.

78. Paul Volcker, "No Time for Backsliding" (1981년 9월 25일 워싱턴 DC 내셔널프레스클럽에서 언급한 내용). https://fraser.stlouisfed.org/title/451/item/8243.

79. "Income and Poverty in the United States: 2017", U.S. Census Bureau, September 2018, census.gov/content/dam/Census/library/publications/2018/demo/p60-263.pdf.

80. Greider, *Secrets of the Temple*, 403-12.

81. John M. Berry, "Volcker Defends Targets Under Heavy Senate Barrage", *Washington Post*, July 21, 1982. 볼커는 조수의 변화를 지적함과 동시에 처음에는 연준이 계속 노선을 이어갈 것이라고 주장했다. 같은 청문회에서 볼커는 이렇게 말했다. "경기 후퇴의 고통을 고스란히 겪은 수백만 명에게 그 모든 일이 사실 헛수고였다고 말하는 일은 내게 가장 가혹한 일격이 될 것입니다." 하지만 연준은 이미 소리 없이 이자율을 내리기 시작했다. 변화는 특히 돌이켜 보면 자료에서도 뚜렷이 드러난다. 하지만 볼커는 그 중요성을 최소화하려고 무척 공을 들였기 때문

에 《뉴욕타임스》도 이를 완전히 놓쳤다. 이 청문회를 다룬 기사는 제목
이 "Fed Will Stick to Tight 1982 Targets"이다.

82. 이 시기 동안 속도는 매년 평균 3.4퍼센트씩 올랐는데, 일부 금융 시스
템에 대한 엄격한 규제 덕택에 연간 편차는 비교적 작았다. Todd G.
Buchholz, *New Ideas from Dead Economists* (New York: Plume,
2007), 247.

83. Margaret Thatcher, "Speech to the CNN World Economic Deve-
lopment Congress", September 19, 1992, *The Collected Speeches
of Margaret Thatcher*, ed. Robin Harris (New York: HarperCollins,
1997), 543. 경제사학자 로버트 스키델스키Robert Skidelsky는 통화주의
가 영국에서는 형태가 달랐다고 지적한다. 영국 정부는 신용 창조credit
creation를 비롯해 보다 폭넓은 통화 정책 조치를 겨냥했는데, 말하자면
속도 변화를 고려했다. 이 점에서 대처 정부는 프리드먼 슬하에서 배운
가르침을 무시했다. 그렇다고 영국의 통화주의 형태가 더 잘 해낸 건 아
니었다.

84. Margaret Thatcher, "Speech to Conservative Party Conference,
October 10, 1980". margaretthatcher.org/document/104431에서 볼
수 있다.

85. 하지만 분데스방크는 절반 이상 목표에서 벗어났다. 서독에서조차 통
화주의의 중요성은 통화주의가 보내는 메시지에 있었지 실용적인 적용
에 있지 않았다. George M. von Furstenberg and Michael K. Ulan,
Learning from the World's Best Central Bankers (Boston: Kluwer,
1998), 127.

86. Greider, *Secrets of the Temple*, 684.

87. Milton Friedman, "Monetarism in Rhetoric and in Practice", Tokyo,
June 22, 1983. www.imes.boj.or.jp/research/papers/english/
me1-2-1.pdf에서 볼 수 있다. 프리드먼은 2년 뒤에 자신의 신념을 자
세하게 설명했는데 의회 합동경제위원회에서 증언할 때였다. "통화주의

가 1979년부터 1984년까지 미국에서 시도되었으며 실제로는 별 효과를 거두지 않았다고들 대개 여깁니다. 이는 사실과 전혀 다릅니다. 1979년 10월 연준은 필사적으로 통화주의 수사만 채택했습니다. 그때에도 그 이후로도 연준은 통화주의 정책을 채택하지 않았습니다." 연준이 자신의 처방을 따랐다면 "실업은 그만큼 오르지 않았을 것입니다. 산출량도 그만큼 낮게 떨어지지 않았을 것입니다."

88. *Hansard Commons*, vol. 191, May 16, 1991, col. 413.

89. 새뮤얼슨은 일찍이 유명한 선언을 했다. "내가 나라의 교과서를 쓸 수 있다면 나라의 법을 쓸 이들에게 시키겠다." 이 말은 지나친 감이 없지 않다. 하지만 이 경우 프리드먼은 나라의 법을 바꾸었고 그래서 새뮤얼슨은 교과서를 바꾸어야만 했다. 더구나 1990년대 즈음에는 케인스주의 이론을 점점 덜 언급하는 젊은 저자들이 새뮤얼슨의 교과서를 더 많이 구입하고 있었다. Alan O. Ebenstein, *Milton Friedman* (New York: Palgrave Macmillan, 2007), 156-57 참조.

90. George M. von Furstenberg and Michael K. Ulan, "A Sea Change for New Zealand", *Learning from the World's Best Central Bankers*, 207-42.

91. 1980년대 전반기에 프랑스의 인플레이션이 독일의 인플레이션보다 훨씬 높았다. 그리고 1980년대 후반기에도 여전히 살짝 더 높았다. 1990년대 전반기에는 프랑스의 인플레이션이 독일의 인플레이션보다 상당히 더 낮았다. 하지만 프랑스는 계속 인플레이션 할증료를 지불했다. 1990년대 후반기에 이르러 통화 통합이 진전을 보이다가 마침내 실현되면서 그 차이가 없어졌다. Don Brash, *Incredible Luck* (Auckland: Troika Books, 2014), 전자책 431 참조.

92. 브래시는 때때로 키위 농부로 그려지기도 한다. 여기에는 일말의 진실이 담겨 있다. 1981년 키위 과수원을 샀지만 본인 설명에 따르면 그것은 절세 수단이었다.

93. 물가 상승을 측정하는 가장 유효한 기술은 인플레이션을 대개 1퍼센트

정도 부풀리는 경향이 있다. 한 가지 이유는 특정 상품의 품질 변화를 측정하기가 어렵기 때문이다. 예를 들어 가장 최신 아이폰은 맨 처음 출시된 것보다 그 가치가 훨씬 더 크다. 그래서 0~2퍼센트 목표는 오차를 감안하여 0퍼센트를 목표로 삼았다.

94. 프리드먼은 대체로 뉴질랜드가 자동차 제조업을 그만두어야 한다고 요구하여 현지인의 분노를 사기도 했다. 프리드먼은 그 산업을 특히 보호무역주의의 비효율성을 드러내는 악명 높은 예로 들었다. 마지막 지역 자동차 제조 공장이 약 10년 뒤에 문을 닫았다. "Interview with Donald Brash", *The Region*, Federal Reserve Bank of Minneapolis, June 1999 참조.

95. Paul Goldsmith, *Brash* (Auckland: Penguin, 2005), 175.

96. New Wallace, *When the Farm Gates Opened* (Dunedin: Otago University Press, 2014), 21.

97. 국제결제은행은 중앙은행의 중앙은행으로, 통화의 나라 간 이동을 촉진하고 은행 자본에 대한 바젤 기준처럼 국제 기준을 확립하는 장을 마련해 준다. 또 1차 세계대전 이후 설립된 국제기구 가운데 유일하게 살아남은 기관이기도 하다. Adam LeBor가 *Tower of Basel* (New York: PublicAffairs, 2013)에서 BIS의 역사를 이야기한다.

98. 그린스펀은 중앙은행장들이 약간의 혼란을 조성해서 금융 투기를 억제해야 한다는 견해를 몹시 좋아했다. "내가 당신에게 지나치리만치 투명하게 보인다면 당신은 내가 하는 말을 분명 오해했을 것입니다"라고 연준 종신 이사가 되고 얼마 안 있어 기자들에게 말했다. 이는 자주 일어나는 문제가 아니었다. 로버트 솔로는 이렇게 말했다. "그것이 중앙은행장이 하는 일입니다. 오징어와 비슷하죠. 먹물을 잔뜩 뿜어내고는 도망가 버립니다." Linton Weeks and John M. Berry, "The Shy Wizard of Money", *Washington Post*, March 24, 1997 참조. 돈 콘의 인용에 대해서는 Mallaby, *The Man Who Knew*, 382 참조.

99. Keith Bradsher, "Economics by Ripples", *New York Times*, May 30,

1994.

100. 그린스펀은 인플레이션이 낮으면 "생산성 증진을 밀어붙이는 환경"을 조성한다고 설명했다. "사업을 계속 해 나가고 싶은 사업가는 어쩔 수 없이 식당 규모를 줄인다거나 초과 근무를 줄인다거나 책임자의 운전기사를 없애는 등과 같은 조치를 취해야 합니다. 이윤을 유지하기 위해서라면 가격을 올리는 일이 더 쉬웠기 때문에 인플레이션이 심하지 않은 환경에서 통상적인 사업 활동을 벌이던 때에는 받아들이고 싶어 하지 않은 조치들이죠." 25년 뒤에도 인플레이션이 예컨대 2퍼센트에서 1퍼센트로 줄어들면 상당한 경제적 이익을 낳는다는 증거는 여전히 없다. 사실 그린스펀은 2018년 인터뷰에서 자신은 2퍼센트 인플레이션이 최적이라고 여긴다고 내게 말했다. 하지만 낮은 인플레이션이 높은 실업을 대가로 치르는 경우 혁신이 둔화된다. 기업이 기계 설비에 투자하기보다는 값싼 노동력에 기댈 수 있었기 때문이다. 내가 글에 쓴 내용처럼 미국이 오랫동안 낮은 인플레이션을 유지해 오면서 생산성의 증가 속도가 느려졌다. "Transcript of Federal Open Market Committee, July 2-3, 1996", 67 참조. federalreserve.gov/monetarypolicy/files/FOMC19960703meeting.pdf에서 볼 수 있다.

101. 경제학자 크리스티나 로머Christina Romer와 데이비드 로머David Romer는 연준이 저 17년 동안 지속 가능한 최저 실업률 추정치가 평균 6퍼센트였음에도 평균 실업률 7.3퍼센트를 유지하려 애쓰는 것처럼 행동했다고 결론 내렸다. 삼각주에 사는 인구수가 얼마인지는 작위적인 면이 있는 법이다. Christina D. Romer and David H. Romer, "The Evolution of Economic Understanding and Postwar Stabilization Policy", 2002, National Bureau of Economic Research.

102. 경제자문위원회는 주로 학계 경제학자로 구성되며 내부 싱크탱크로 일한다. 국가경제위원회는 행정부의 국내 경제 정책을 조정할 목적으로 조직되었다.

103. Bob Woodward, *The Agenda* (New York: Simon and Schuster, 1994),

73.

104. Blinder, *Hard Heads, Soft Hearts*, 33, 36, 51, 77.

105. Bob Woodward, *Maestro: Alan Greenspana and the American Economy* (New York: Simon and Schuster, 2000), 127.

106. 역설적이게도 이 때문에 블라인더는 논란에서 벗어나지 못했다. 잭슨 홀에서 열리는 연준 학술회의에서 신중하게 표현을 골라 연준은 일자리 증가를 촉진하면서도 인플레이션을 계속 통제해 나갈 수 있다고 제안했다. 블라인더가 앞서 출간한 저작으로 사전 준비를 마친 언론은 이를 그린스펀에 대한 공격으로 풀이했다. 인플레이션 문제에 있어 절대주의자인 시사평론가 로버트 새뮤얼슨은 블라인더가 "연준을 이끄는 데 필요한 도덕적 지성적 자질도 부족하다"라는 의견을 내놓았다. Robert Samuelson, "Economic Amnesia", *Newsweek*, September 11, 1994.

107. 클린턴은 앨리스 리블린을 부의장에 지명하면서 블라인더라는 수를 반복해서 썼다. 리블린은 내게 클린턴은 그린스펀의 인플레이션 옹호론이 우려스럽다고 언급하며 자신을 그 직책에 뽑았고 균형 잡는 역할을 해주길 바랐다고 말했다. 하지만 클린턴이 내린 가장 중요한 결정은 그린스펀에게 그 임기를 세 번째, 다시 네 번째 연장해 준 것이었다.

108. 일부 경제학자는 여전히 사람들이 인플레이션에 혼동을 일으키거나 최소한 그런 혼동이 중대한 영향을 끼친다는 점을 부정한다. 한편 현실 세계에서 영화사는 인플레이션을 이용해 유명무실한 박스 오피스 기록을 홍보한다. 어떤 영화도 〈바람과 함께 사라지다〉를 뛰어넘지 못하기 때문이다. 영화사는 사람들이 인플레이션에 혼동을 일으킨다고 생각한다. 어쩌면 할리우드가 인간 본성을 더 잘 이해하고 있는 것처럼 보인다.

109. Binyamin Appelbaum, "Possible Fed Successor Has Admirers and Foes", *New York Times*, April 24, 2013.

110. 옐런의 관점에서 보면 인플레이션을 3퍼센트 이하로 내릴 경우 주된 이점은 과세 왜곡을 줄인다는 것이다. 옐런은 세법을 바꾸어서 이 문제를 해결하는 편이 더 타당하다고 말했다. "Transcript of Federal

Open Market Committee, July 2-3, 1996" 참조. federalreserve.gov/monetarypolicy/files/FOMC19960703meeting.pdf에서 볼 수 있다. 그린스펀의 후임자로 벤 S. 버냉키가 연준 의장이 되면서 2010년 인플레이션 목표를 2퍼센트로 정했다. 흥미롭게도 인플레이션을 그 수준으로 다시 끌어올리기로 결정했음을 명확히 하기 위해 그렇게 했다. 그린스펀은 깜짝 놀라 이렇게 썼다. "2008년 위기의 여파로 인플레이션율을 더 높이려는 미국 중앙은행장의 모습은 사실 전례가 없는 일이다." 그리고 그 노력이 결국 두 자릿수 인플레이션으로 되돌아올 수 있다고 예측했지만 그렇게 되지 않았다. Alan Greenspan, *The Map and the Territory* (New York: Penguin Press, 2013), 269 참조.

111. 전 세계적으로 인플레이션이 하락한 이유는 중앙은행이 특정 정책을 선택했기 때문이 아니라 주로 세계화 때문이었다. Kenneth S. Rogoff, "Globalization and Global Disinflation", *Monetary policy and Uncertainty: Adapting to a Changing Economy* (Kansas City, Mo.: Federal Reserve Bank of Kansas City, 2003), 81 참조.

112. Greg Ip, "Is Bernanke an Inflation Dove? Yes, but …," *Wall Street Journal*, October 31, 2005.

113. Lawrence H. Summers, "The Great Liberator", *New York Times*, November 19, 2006.

114. Robert E. Lucas, "Macroeconomic Priorities", *American Economic Review* 93, no. 1 (2003): 1-14. 루카스는 똑똑한 경제학자들 가운데에서도 특출한 인물이었다. 그는 1970년대 중반 프리드먼의 연구를 확장하며 통화 정책은 단기 경제 조건에도 지속적인 영향력을 발휘할 수 없다고 주장했다. 개입은 현명한 일이 아닐뿐더러 불가능하다는 것이었다. 사실 이는 존 스튜어트 밀John Stuart Mill의 오랜 표현을, 즉 돈은 가림막에 불과하다는 표현을 다시 되살린 것이었다. 수학적인 우아한 증명이 달린 이 문제는 순 헛소리였다. 통화 정책이 영향을 미친다는 점은 매우 분명했다. 경제학자가 할 일은 그 결과를 설명하거나 더 잘 활용하는 것이

었다. 로버트 솔로가 1980년 전미경제학회 회장 연설에서 이 문제를 언급했다. "우리는 아직 기린이 어떻게 머리까지 혈액을 충분히 공급할 만큼 심장을 수축시키는지 알지 못한다는 글을 읽은 기억이 납니다. 하지만 그렇다고 누구나 기린은 목이 길지 않다고 결론을 내릴 것이라고 생각하기는 어렵습니다." 하지만 더 극단적인 이런 공식이 정책 입안자에게 미치는 영향력은 비교적 미미했다. 1990년대 말 연준 이사였던 로렌스 H. 메이어는 회고록에서 연준 이사가 알아야 할 내용은 프리드먼이 이미 말했으며 이후 말한 내용은 전부 아무런 관련이 없다고 썼다.

115. Robert Lucas Jr., "The Industrial Revolution: Past and Future", *2003 Annual Report* (Minneapolis: Federal Reserve Bank of Minneapolis, 2004). mineapolisfed.org/publications/the-region/the-industrial-revolution-past-and-future에서 볼 수 있다.

116. 실업률에는 적극적으로 일자리를 찾지 않는 사람은 포함하지 않는다. 1979년 스태그플레이션이 최고조일 때 한창 일할 나이인 25세에서 54세 사이 미국인 약 350만 명이 통계 밖에 있었다. 2007년 대안정을 누리던 시절 한창 일할 나이인 미국인 약 850만 명이 역시 통계 밖에 있었다. 노동통계국은 25세에서 54세 사이 비취업자 비율이 1979년 1월 8.9퍼센트에서 2008년 1월 14퍼센트로 올랐다고 말한다. 세기가 바뀔 때까지 이런 추세는 여성 노동인구 참여가 늘면서 상쇄되었다. 그 이후 여성 참여 역시 감소했다. Robert Skidelsky, *Money and Government: The Past and Future of Economics* (New Haven: Yale University Press, 2018), 202 참조.

117. 상위 10퍼센트에 부가 집중하는 현상은 대공황이 막 시작한 시기였던 1928년에 84.4퍼센트로 정점을 찍었다. 그리고 20세기 거의 내내 하향세를 그리다가 1986년 63.6퍼센트로 저점을 찍었다. 이후부터 계속 상향세를 그리고 있다. Emmanuel Saez and Gabriel Zucman, "Wealth Inequality in the United States Since 1913: Evidence from Capitalized Income Tax Data", October 2014, National Bureau of

Economic Research Working Paper 20625.

118. Richard W. Fisher, "Balancing Inflation and Growth", London, England, March 4, 2008. dallasfed.org/news/speeches/fisher/2008/fs080304.aspx에서 볼 수 있다.

4장 감세, 효과 없어도 감세

1. John Kenneth Galbraith, *Money: Whence It Came, Where It Went* (Boston: Houghton Mifflin, 1975), 86.

2. 이 회의 내용에 대한 기록은 Randall Weston Hinshaw, ed., *Inflation as a Global Problem* (Baltimore: Johns Hopkins University Press, 1972), 127에 실려 있다.

3. Robert Mundell, "On the History of the Mundell-Fleming Model", *IMF Staff Papers* 47 (2001).

4. Robert A. Mundell, "The Appropriate Use of Monetary and Fiscal Policy for Internal and External Stability", *IMF Staff Papers* 9, no. 1 (March 1962). 논문은 세금 감면과 지출 증가를 구분하지 않은 채 재정 부양책에 찬성했다. 먼델은 나중에 감세가 선호 받는 수단임을 명시하는 주를 덧붙였다. 하지만 훗날 역사학자 브라이언 도미트로빅Brian Domitrovic에게 자신은 1970년대 초까지 감세를 지출 증가보다 우위에 두는 입장이 확실히 아니었다고 말했다. "이는 대답하기 어려운 질문입니다. 하지만 이 쟁점은 1970년대 초까지 풀지 못했지요. 1960년대 초 저는 모델에서 공급 측면 효과와 예산 효과를 구분하지 않고 감세와 재정 부양책을 강조했습니다. 당시 경제학계는 거의 모두 케인스주의자였습니다. 그래서 제 정책 조합 발상이 그렇게 선뜻 받아들여졌어요. 하지만 저는 첫 논문을 쓸 때부터 감세의 공급 측면 효과를 깨닫고 있었습니다. 그리고 이 논문들은 처음부터 끝까지 전통적인 국제 관계 틀 속에 있었

경제학자의 시대

습니다." Brian Domitrovic, *Econoclasts: The Rebels Who Sparked the Supply-Side Revolution and Restored American Prosperity* (Wilmington, Del.: ISI Books, 2009), 307 참조.

5. Howard R. Vane and Chris Mulhearn, "Interview with Robert A. Mundell", *Journal of Economic Perspectives* 20, no. 4 (Fall 2006): 93.

6. 1969년 법인세 인상 결정을 설명하며 닉슨의 경제자문위원인 허버트 스타인은 동료들에게 이렇게 썼다. "역사상 이 시점에서 연방 예산과 국가 산출량과 관련하여 이미 빠른 성장률을 더욱 빠르게 북돋는 일보다 더 중요한 일이 있었다." Allen J. Matusow, *Nixon's Economy: Booms, Busts, Dollars and Votes* (Lawrence: University Press of Kansas, 1998), 42 참조.

7. Domitrovic, *Econoclasts*, 91. 먼델이 1999년 노벨상을 수상했을 때 상금을 이탈리아 성곽 저택을 수리해 유지하는 데 쓰겠다고 말했다. 그렇게 시작한 수리가 40년째로 접어든다. Sylvia Nasar, "Nobel Economics: Spending the Check", *New York Times*, December 5, 1999 참조.

8. Robert A. Mundell, "The Dollar and the Policy Mix: 1971", *Essays in International Finance*, no. 85 (May 1971). 이 논문은 먼델이 볼로냐 회의에서 언급한 내용이다. 기술적으로 보면 앞서 발표한 1962년 논문은 고정 이자율을 채택한 경제를 다루었고 1971년 논문은 이 주장을 확장하여 변동 환율 경제를 다루었다.

9. Hinshaw, *Inflation as A Global Problem*, 123.

10. Robert L. Bartley, *The Seven Fat Years: And How to Do It Again* (New York: Free Press, 1995), 59.

11. John N. Turner, "Budget Speech in the House of Commons", February 19, 1973. budget.gc.ca/pdfarch/1973-sd-eng.pdf에서 볼 수 있다.

12. 시카고 대학의 또 다른 젊은 교수인 로버트 루카스는 1998년 구술 역사 인터뷰에서 자신이 래퍼에 앞서 그 직책을 제안 받았지만 거절하고 연구에 집중했다고 밝혔다. 결국 이 연구로 루카스는 노벨상을 받았다. 래퍼 입장에서는 세금에 대한 정부의 접근법을 영속적으로 재구축하는 공공 정책에서 경력의 첫발을 내디딘 셈이었다. 루카스는 이렇게 말했다. "제 생각에는 저도 래퍼도 미국 경제도 모두 결과적으로는 더 잘 됐습니다." Bennett T. McCallum, "An Interview with Robert E. Lucas Jr.", in *Inside the Economist's Mind: Conversations with Eminent Economist*, ed. Paul A. Samuelson and William A. Barnett (Malden, Mass.: Blackwell, 2007), 66 참조.

13. 이 시는 '알프레드 프리오리Alfred Priori'라는 사람이 지은 것이었다. "Money Machine", *New York Times*, May 16, 1971 참조. 이 조롱은 변칙을 넘어서서 래퍼의 모델이 분명 케인스주의 모델이 아니라는 사실 때문에 촉발되었다. 래퍼는 몇 가지 방법을 써서 경제 성장이 가능하다고 평가했는데, 자산 가격을 투자자의 경제적 기대에 대한 정확한 지표로 여기는 방법도 여기에 포함한다. '효율적 시장 가설'의 한 측면인 이 이론은 시카고 대학에서 막 발전하기 시작했으며 주류에서 멀리 벗어난 이론이었다. 마지막에는 래퍼가 웃었다. 그 예측이 정확히 적중했기 때문이다. 하지만 래퍼는 예측이 적중한 일은 순전히 운이 좋았기 때문이라고 말한다. 꽤 옳은 말이다. 래퍼가 볼 때 자신의 모델에 대한 비판은 특정 연도에 대한 정확한 예측과 상관없이 잘못된 것이었다.

14. Domitrovic, *Econoclasts*, 106.

15. George Melloan, *Free People, Free Markets: How the Wall Street Journal Opinion Pages Shaped America* (New York: Encounter, 2017), 183.

16. Jude Wanniski to Donald Rumsfeld, February 12, 1975, Jude Wanniski Papers, Hoover Institution Archives, Stanford, Calif.

17. 이 인용과 일화는 모두 출처가 Alfred Malabre Jr., *Lost Prophets*

(Boston: Harvard Business School Press, 1994), 180이다.

18. Jude Wanniski, "Theory and Policy: Mundell to Reagan", October 22, 1999. polyconomics.com/ssu/ssu-991022.htm에서 볼 수 있다.

19. Jude Wanniski, "It's Time to Cut Taxes", *Wall Street Journal*, December 11, 1974. 시간이 흐르면서 와니스키는 다른 사람을 인용하는 데 지면을 줄이고 감세의 이익에 대한 자신의 이상한 주장을 펴는 데 지면을 늘렸다. 예를 들면 마약과 알코올 중독과 이혼과 인신공격이 줄 어들 수 있다고 주장했다. 심지어 감세로 러시아인의 존경을 받기 때문 에 냉전에서 승리할 수 있다고까지 말했다. "The No. 1 Problem", *New York Times*, February 27, 1980.

20. 이 유명한 만남에 대한 내용은 와니스키가 쓴 기사와, 래퍼와 함께 자 리한 그레이스 마리 아넷 터너Grace-Marie Arnett Turner와의 인터뷰 및 몇몇 기록 연구를 바탕으로 한다. 스미소니언 박물관이 진본이라고 내세우 며 현재 전시 중인 냅킨은 1974년 9월 13일에 그려 당시 체니의 상관인 도널드 럼스펠드에게 바친 것이다. 와니스키와 래퍼와 터너는 그 만남 이 1974년 11월에 있었으며 럼스펠드는 그 자리에 없었다는 데 모두 동 의했다. 체니는 회고록에서 그 만남은 11월에 있었고 럼스펠드도 그 자 리에 있었다고 썼다. 그런데 럼스펠드는 회고록에서 그 만남은 1975년 에 있었다고 썼다. 깊이 생각한 뒤 내가 내린 결론은 스미소니언 박물 관도 럼스펠드도 체니도 어느 정도 그 사실을 혼동하고 있었다는 것 이다. Binyamin Appelbaum, "This Is Not Arthur Laffer's Famous Napkin, *New York times*, October 13, 2017 참조.

21. Howard R. Vane and Chris Mulhearn, "Interview with Robert A. Mundell", *Journal of Economic Perspectives* 20, no. 4 (Fall 2006): 104. 래퍼는 나중에 민주당이든 공화당이든 유력한 정치인 다수에게 조 언하며 소득 과세에 한 자릿수 세율을 제안했다. 그리고 내게 한걸음 더 나아가 저소득층에 더 높은 세율로 과세할 이론적 논거가 있다고 말하 면서 더 낮은 세율은 고소득자에게 경제적 효과가 가장 크기 때문이라

고 했다. 하지만 이는 정치적으로 지지 받을 수 없다고 말했다.

22. Tyler Haggerty, "Forty Years Ago, A Mob of Students Stormed the Bank of America Building", *Daily Nexus*, February 25, 2010. 경찰이 급진적인 피고 측 변호사 윌리엄 쿤스틀러william Kunstler의 연설장을 막 떠난 한 학생을 구타했다. 공공장소에서 한낮에 일어난 이 구타는 곧 폭동을 촉발한 요인이 되었다. 이 폭동은 샌타바버라 은행 지점이 불타는 것으로 끝이 났다. 파월은 (다음 미주에 나오는) 글에서 뱅크오브아메리카 은행 지점이 지난 18개월 동안 39번이나 공격을 받았다고 썼다. "22번은 폭탄으로, 17번은 화염병과 방화로 공격을 받았다."

23. Powell의 글인 "Attack on American Free Enterprise System"은 1971년 8월 23일에 쓰였다. 이 글과 반응에 대해서는 Kim Phillips-Fein, *Invisible Hands: The Businessman's Crusade Against the New Deal* (New York: Norton, 2010), 156-65 참조.

24. Lee Edwards, *The Power of Ideas: The Heritage Foundation at 25 Years* (Ottawa, I11.: Jameson Books, 1997), 9.

25. Jacob S. Hacker and Paul Pierson, *Winner-Take-All Politics: How Washington Made the Rich Richer--and Turned Its Back on the Middle Class* (New York: Simon and Schuster, 2010), 116.

26. Morton Kondracke and Fred Barnes, *Jack Kemp: The Bleeding-Heart Conservative Who Changed America* (New York: Sentinel, 2015), 31.

27. 앞의 책, 38.

28. 와니스키는 처음엔 이 말을 1976년 4월 9일 《월스트리트저널》 논설면 머리기사로 썼다. 이후에는 '재정주의자'라는 말을 평소에는 쓰지 않았다.

29. 의회 민주당 의원들은 닉슨 행정부가 일부 할당된 재원의 지출을 거부하자 이에 대한 대응으로 예산 과정에 많은 변화를 가하는 법률을 제정했다. 여기에는 예산위원회를 설립하여 그 절차를 감독하는 조항과 의회 예산처가 독자적인 분석을 제공한다는 조항도 들어 있다.

30. 본명이 애너벨 바티스텔라Annabel Battistella인 폭스는 연합통신에 이렇게 말했다. "밀스 씨를 만났을 때 나는 그가 누군지 몰랐어요. 사람들이 세입위원회에서 일한다고 말했을 때에도 뭐하는 곳인지 몰랐습니다." 밀스는 다음 달에 재선출되었고 몇 주 뒤 보스턴의 한 스트립 클럽에 모습을 드러냈다. 이 무대에서는 폭스가 주연 댄서를 맡고 있었다. 이로써 다소 많은 부분이 입증되었다. 밀스는 세입위원회 위원장 직을 그만두고 알코올 중독 치료를 받는 데 동의했다. 울면의 역할에 대해서는 "Alice Rivlin, Oral History", December 13, 2002, Miller Center of Public Affairs, University of Virginia, Charlottesville 참조.

31. "Q&A with Alice Rivlin", *Bryn Mawr S&T*, October 21, 2009.

32. Martin Tolchin, "The Bearer of Bad News Has Fewer Friends", *New York Times*, July 4, 1982.

33. Judy Flander, "Top Government Economist Takes Over Congressional Budget Office", *Washington Star*, February 25, 1975. 남편에 대해 리블린은 이렇게 말했다. "가정을 꾸려 나가는 일에 아무런 관심도 없었습니다. 요즘 흔히들 말하는 젊은 남편들과는 아주 거리가 멀었죠." 두 사람은 2년 뒤에 이혼했다.

34. 미국 경제에 대한 대규모 모의실험을 실행할 수 있었던 첫 번째 프로그램은 1950년대 말 브루킹스연구소에서 개발되었다. 1960년대 말 즈음에는 펜실베이니아 대학이나 체이스맨해튼 은행을 비롯해 다수 주요 기관에서 자체 경제 모델을 개발했다.

35. 리블린은 "그 영향이 양적으로 중요하다는 점이 확실하지 않다"라고 썼다. 격노한 존 루슬로 캘리포니아주 하원 의원은 연방 의회 의사록[July 11, 1978: 124 Cong. Rec. 20135 (1978)]에 이 편지를 실었다.

36. "Backstage at the Budget Committee", *Washington Post*, April 11, 1980.

37. Paul Craig Roberts, *The Supply-Side Revolution* (Cambridge: Harvard University Press, 1984), 47.

38. 25만 달러 계약이 경제학자 마이클 K. 에반스_{Michael K. Evans}가 운영하는 체이스맨해튼의 한 계열사인 체이스이코노메트릭어소시에이츠_{Chase Econometric Associates}로 돌아갔다. 모델을 연구하는 동안 에반스는 자본 이득에 대한 세율 인하를 지지하는 의견을 자유롭게 냈다. 의회가 그 세율을 인하하고 나서 몇 달 뒤 에반스는 체이스맨해튼을 떠났다. 이때 자신의 회사 주식 180만 달러 매입을 수락하며 새로운 법의 주요 수혜자가 되었다. Lawrence Rout, "Forecaster's Fate", *Wall Street Journal*, March 4, 1981 참조.

39. Milton Friedman, "The Limitations of Tax Limitation", *Heritage Foundation Policy Review*, Summer 1978, 11.

40. Edward Nelson, "Milton Friedman and Economic Debate in the United States, 1932-1972", 2018, book B, p. 222. https://sites.google.com/site/edwardnelsonresesearch/에서 볼 수 있다.

41. Milton Friedman and Rose Friedman, *Two Lucky People* (Chicago: University of Chicago Press, 1999), 441.

42. 래퍼는 서던캘리포니아 대학으로 옮긴 일을 더는 강제 망명이라고 말하지 않지만 당시에는 그렇게 말했다. 래퍼는 1981년에 말했다. "저는 끔찍했습니다. 제가 알기론 경제학계에서 성공을 거둘 길이 전 세계 어디에도 없었습니다. 그래서 언론, 정계 입문, 자문 등 다른 길을 갔습니다." Paul Blustein, "Supply-Side Theories Became Federal Policy with Unusual Speed", *Wall Street Journal*, October 8, 1981 참조.

43. Sue E. Jares, "Arthur Laffer Is a Man with All the Reasons for a Big Tax Cut", *People*, April 7, 1979.

44. Kit R. Roane, Joe Rubin, Dan McKinney, "The Populist Politician and California's Property Tax Revolt", RetroReport.org, October 17, 2016.

45. Howard Jarvis and Robert Pack, *I'm Mad as Hell: The Exclusive Story of the Tax Revolt and Its Leader* (New York: Times Books,

1979), 107.

46. John Kenneth Galbraith, letter to the editor, *Newsweek*, December 18, 1978. 소방서는 문을 닫지 않았지만 주민발안13으로 공공 서비스에 자금을 대는 캘리포니아주의 능력이 제한되었다. 1978년에는 캘리포니아주가 학생당 지원에서 14위였다. 그런데 2018년에는 43위로 떨어졌다. 주민발안13은 또한 지방 정부가 재산세 세수를 판매세와 공과금으로 대체하면서 과세 부담을 부유층에서 덜 부유한 계층으로 옮겨 놓았다. 또 다른 인기 있는 해결책이 새로운 개발에 대한 징세였는데 이 때문에 주에서는 적당한 가격으로 구입할 수 있는 주택이 부족해지는 결과를 낳았다. 이 법안은 주택 소유자를 보호하려는 취지였지만 실제로는 당시 마침 집을 소유한 이들에게 뜻밖의 이득을 안겼을 뿐이다. 캘리포니아주의 주택 소유 비율은 떨어졌다. Mac Taylor, "Common Claims About Proposition 13", California Legislative Analyst's Office, September 2016.

47. 켐프는 1977년 4월 개인 소득 세율을 30퍼센트 내린다는 법안을 제출했다. "인플레이션을 낮춰 낮은 실업률에 도달하기 위해 필립스 곡선에서 벗어나는 법을 로버트 먼델 교수에게 조언 받았음"을 인정했다. 1977년 6월 역시 공화당 의원인 로스는 감세가 3년에 걸쳐 이루어진다는 조건으로 상원에서 상정한 안을 지지하는 데 동의했다. 이는 총 감세를 27퍼센트로 낮추는 효과가 있었다. 하지만 이 법안을 30퍼센트 감세로 표현하는 일반 관행을 없애지는 못했다.

48. Alan Greenspan, *The Age of Turbulence: Adventures in a New World* (New York: Penguin Press, 2007), 238.

49. Richard Cheney to Jude Wanniski, September 19, 1978, Wanniski Papers, box 25, Hoover.

50. Martin Feldstein and Shlomo Yitzhaki, "The Effects of the Capital Gains Tax on the Selling and Switching of Common Stock", *Journal of Public Economics* 9, no. 1 (February 1978).

51. 스티글러 안은 보다 확장된 법안인 1978년 세입법에 대한 수정안으로 통과되었다. 카터 행정부는 스티글러 안을 당시 한창 세를 얻던 켐프 로스 법안에 대한 대안으로 받아들였다. 카터는 1978년 중간 선거 하루 전에 이 법안에 서명했다. 스티글러는 한 달 뒤 심장마비로 세상을 떴다. 향년 40세였다. Domitrovic, *Econoclasts*, 161-73 참조.

52. "Forecasting the Supply Side of the Economy", Joint Economic Committee, May 21, 1980.

53. 라디오 광고 대본의 출처는 로랜드 에반스Rowland Evans와 로버트 노박 Robert Novak 기자가 쓴 선거 운동 기사다. 두 사람은 다른 여러 동료 기자 보다 경제 문제에 관심이 많았는데 특히 공급중시 경제학에 그랬다. 두 사람이 쓴 *The Reagan Revolution* (New York: E. P. Dutton, 1981), 61 참조. 레이건의 여론 조사 요원 리처드 워슬린Richard Wirthlin은 경제학 박사였다. 워슬린은 나이가 레이건의 가장 큰 약점이라며 감세 옹호론은 효과적이면서도 유일한 해결책이라고 조언했다. 그리고 "감세와 짝을 이룰 때에만 '공화당원스러운' 경제 신념을 지닌 70세 노인은 승리할 수 있다"라고 짧게 보고했다. 이 짧은 글은 Monica Prasad가 "The Popular Origins of Neoliberalism in the Reagan tax Cut of 1981", May 2016, New York University Tax Policy Colloquium에 인용했다.

54. 급여세 과세 인상이 종종 간과되곤 하는데 이 세율은 1970년 9.6퍼센트에서 1980년 12.3퍼센트로 올랐다. 정부는 또 같은 기간 동안 인플레이션 조정을 거친 후 급여세 과세 대상 소득액을 50퍼센트 늘렸다. 백악관 예산관리국에 따르면 연방 정부가 세금으로 거둬들인 액수는 1981년 GDP에서 차지하는 비중이 19.1퍼센트에 달했다.

55. Jimmy Carter, *Keeping Faith* (New York: Bantam, 1983), 541.

56. Haynes Johnson, *Sleepwalking through History* (New York: Norton, 1991), 19-20.

57. "Legality of Certain DOD Support for Activities Associated with the Inauguration of President Ronald Reagan", General

Accounting Office, July 1, 1983.

58. 최고 세율이 94퍼센트에 달하던 해는 1945년 단 한 해 뿐이었고 레이건은 그해 11개월을 군에서 보냈다. 다음 해 유급 배우로 돌아왔을 때 최고 세율은 91퍼센트였다. 또한 레이건은 영화 출연료를 받지 않았다. 1945년 워너브라더스와 계약에 서명했고 워너브라더스는 레이건에게 7년 동안 100만 달러를 지급했다. 이 인용의 출처는 1981년 인터뷰다. 레이건은 문맥에 따라 같은 내용이라도 조금씩 표현을 달리했다. Evans and Novak, *The Reagan Revolution*, 237 참조.

59. 이 자료는 출처가 OECD다. 미국의 2017년 수치는 27퍼센트였다. 레이건은 고의든 아니든 1940년대 한철 볕을 누리던 이론의 한 형태를 옹호하고 있었다. 영국 경제학자 콜린 클라크Colin Clark가 공공 지출이 경제의 25퍼센트를 넘으면 국가가 무너진다고 주장하는 논문을 발표한 뒤였다. 클라크는 국민 소득 회계의 발전에서 선구자였지만 눈금자를 사용하는 데 약간 들뜬 모양이었다.

60. Ronald Reagan, "Reflections on the Failure of Proposition #1", *National Review*, December 7, 1973.

61. 다트는 찰스 월그린의 딸과 결혼하면서 약국업에 진출했다. 두 사람이 이혼한 뒤에는 월그린을 떠나 렉솔을 경영했다. 두 번째 아내 제인 브라이언Jane Bryan은 배우였는데, 레이건과 영화 몇 편에 함께 출연했으며 두 부부는 친한 친구 사이로 지냈다.

62. Ronald Reagan, "Taxation", November 28, 1978, in *Reagan, in His Own Hand*, ed. Kiron K. Skinner et al. (New York: Free Press, 2001)에 재수록되었다.

63. David Stockman, *The Triumph of Politics* (1986; repr., New York: PublicAffairs, 2013), 53.

64. Evans and Novak, *The Reagan Revolution*, 97. 투레이는 과세 담당 비서관에 임명되었다. 폴 크레이그 로버츠는 경제 정책 담당 부비서관에 임명되었다. 또 다른 시카고 대학 대학원생인 스티븐 J. 엔틴Stephen J. Entin

은 로버츠의 보좌관으로 임명되었다.

65. 레이건의 경제자문위원들을 살펴보면 앤더슨은 1988년 자신의 저서인 *Revolution: The Reagan Legacy*(Stanford, Calif.: Hoover Institution Press, 1990)에서 "그들도, 레이건도, 레이건의 어떤 수석 보좌관도 그런 이상한 주장을 펴지 않았다"라고 썼다. 공급중시 경제학의 창시자인 폴 크레이그 로버츠와 레이건의 재무부에서 경제 정책을 담당한 부비서관은 2017년에 이렇게 썼다. "레이건 행정부의 경제 정책은 분명히 세수 증가로 이어지는 세금 인하에 그 토대를 두지 않았다." 레이건의 인용문은 일리노이주 시카고에서 행했던 연설에서 나왔다. 보좌관들이 제공한 설명에 이보다 더 명백한 반증은 없다.

66. Ronald Reagan, *The Reagan Diaries*, ed. Douglas Brinkley et al. (New York: Harper, 2007), 34.

67. 1980년대 초는 체계적인 주장을 가진 거시경제학자에게 힘겨운 시기였다. 어느 주요 학파도 레이건의 정책이 어떤 영향을 미칠지 그 세부적인 면은 고사하고 윤곽이라도 잡으며 정확히 예측하지 못했다. 공급중시 경제학과 통화주의의 실패는 이 책에 설명되어 있지만 케인스주의도 영광에 둘러싸이지는 못했다. 제임스 토빈은 1981년에 다양한 형태로 레이건의 정책이 재앙을 불러온다고 주장했다. "전미여객철도공사가 우리가 여전히 철도를 이용하고 있는 뉴헤이븐 역의 열차 차량 양 끝에 각각 서쪽 뉴욕으로 향하는 엔진과 동쪽 보스턴으로 향하는 엔진을 달고서 동시에 양방향으로 달린다고 광고한다면 대다수 사람들은 회의적인 태도를 보일 것이다. 레이건은 한쪽 끝에는 볼커라는 엔진을 달고 다른 쪽 끝에는 스톡먼-켐프라는 기관차를 달고서 이 경제적인 기차가 우리를 완전 고용과 디스인플레이션으로 동시에 데려다 준다고 사람들에게 말하고 있다." (이 내용은 토빈이 1981년 5월 샌프란시스코 연방준비은행의 *Economic Review*에 쓴 글에 처음 등장했다. James Tobin, *Policies for Prosperity* [Cambridge: MIT Press, 1989], 113 참조). 막상 겪어 보니 통화주의와 공급중시 정책이 치른 단기 비용은 케인스주의자가 예측한 것보

다는 작았지만 장기적인 피해는 훨씬 컸다.

68. Alan Blinder, *Hard Heads, Soft Hearts* (Reading, Mass.: Addison-Wesley, 1987), 21. 세율이 인간 행동에 영향을 미친다는 점은 지극히 논리적이다. 하지만 증거에 따르면 그 정도는 미미하고 효과는 복잡하다. 예를 들어 세율이 오르면 일부는 더 열심히 일하여 소득을 유지하거나 기존 의무를 다하려고 한다. 똑같은 이유로 세율이 내려가면 일부는 일을 덜한다.

69. 법인 소득에 붙는 평균 실효세율이 1960년 51퍼센트에서 1985년 24퍼센트로 떨어졌다. 하지만 1985년 계산에는 재산세와 개인 소득세에서 35퍼센트 세율을, 법인 소득세에서 −9퍼센트 세율을 반영했다. "다시 말해 1981년 법이 시행되면서 법인세 제도는 순 보조금을 제공하는 셈이 되었다. 그 법을 폐지하면 총 실효소득 세율이 26퍼센트에서 35퍼센트로 오른다는 의미에서 그렇다." Don Fullerton, "Tax Policy", in *American Economic Policy in the 1980s*, ed. Martin Feldstein (Chicago: University of Chicago Press, 1994), 172 참조.

70. Robert S. McIntyre and Robert Folen, "Corporate Income Taxes in the Reagan Years: A Study of Three Years of Legalized Tax Avoidance", 1984, Citizens for Tax Justice. 레이건은 1950년대 초에 시작한 〈제너럴일렉트릭 시어터〉라는 텔레비전 프로그램을 10년 가까이 진행하면서 배우 경력을 더 쌓아 나갔다. 그리고 계약에 따라 정기적으로 GE 공장을 방문하여 노동자들에게 자유 시장 원리의 중요성을 주제로 연설을 했다. 이 경험은 레이건이 정치적 인격을 형성하는 데 혹독한 훈련이 되었다.

71. National Research Council, "Understanding the U.S. Illicit Tobacco Market: Characteristics, Policy Context, and Lessons from International Experiences", 2015, National Academies Press. https://doi.org/10.17226/19016에서 볼 수 있다.

72. Friedman and Friedman, *Two Lucky People*, 171.

73. Phillips-Fein, *Invisible Hands*, 261.

74. 1980년대는 인구 조정을 거치지 않으면 오히려 조금 더 나빠 보인다. 연
평균 GDP 성장률이 1970년대에는 3.2퍼센트였고 1980년대에는 3.1퍼
센트였다. 의회조사국은 2012년 이렇게 결론 내렸다. "지난 65년간 최
고 한계세율과 최고 자본이득 세율 변동은 경제 성장과 별 상관없어 보
인다." Thomas L. Hungerford, "Taxes and the Economy: An Eco-
nomic Analysis of the Top Tax Rates Since 1945", December 2012,
Congressional Research Service.

75. Barton Gellman, *Angler: The Cheney Vice Presidency* (New York:
Penguin Press, 2008), 259.

76. 레이건 행정부의 첫 예산안은 감세의 결과로 늘어난 경제 성장이 초기
세수 손실의 약 20퍼센트를 상쇄할 것으로 추산했다. 이 평가는 물론
대통령 자신의 말과도 사뭇 다른 것이었다.

77. Stockman, *The Triumph of Politics*, 31.

78. 루드비히 에르하트Ludwig Erhard는 1949년부터 1963년까지 경제장관
을, 1963년부터 1966년까지 총리를 지내며 서독의 '라인강의 기적
Wirtschaftswunder' 즉 경제 부흥을 이끌었다. 에르하트는 경제 성장은 우
선 공공 정책에 초점을 맞추어야 한다는 이론을 처음 수용한 서구의 정
책 입안자들 가운데 한 명이었다. 에르하트가 실시한 개혁에는 전후 가
격 통제의 폐지와 독립적인 중앙은행 분데스방크의 설립도 들어 있었으
며 분데스방크는 인플레이션을 막는 데 집중하라는 지시를 받았다.

79. "Jim Miller, Oral History", November 4, 2001, Miller Center of
Public Affairs, University of Virginia. 재정 문제는 1981년 법에 근본
적인 변동이 있었기 때문에 악화되었지만 당시에는 이 변동에 별 주의
를 기울이지 못했다. 미국은 1970년대 캐나다처럼 물가 연동 과세 등급
을 도입했는데, 이는 더 높은 과세율을 적용하는 소득 기준이 인플레이
션에 따라 올라갔다는 의미다. 이런 변동이 있기 전에는 인플레이션이
실질적으로는 연방 정부 세수를 늘렸다. 인플레이션으로 사람들의 과세

경제학자의 시대

등급이 올랐기 때문이다. 이 결과 정부는 세율을 올리지 않아도 지출을 늘릴 수 있었고 또는 지출을 줄이지 않아도 세율을 내릴 수 있었다. 하지만 1981년 법은 장기 흥행 공연에 마침표를 찍는 마지막 공연이었다. 1980년대 내내 연방 정부는 달갑지 않은 현실과 마주했다. 적자를 통제하려면 실질적인 지출 삭감이나 실질적인 세금 인상이 필요하다는 점이었다.

80. David Espo, "Senate Republicans Urge Economic Adviser to Quit", Associated Press, December 11, 1981. 레이건은 처음에는 혁명주의자들 편에 섰다. 그는 1981년 12월 22일 일기장에 썼다. "경기 후퇴가 심화되어 처음 수치는 내팽개쳐 버렸다. 이제 우리 팀은 적자 폭을 낮추기 위해 증세를 추진하고 있다. 내가 생각하기에 우리의 감세 정책은 경제를 부양하여 세수를 더 늘릴 것이다. 나는 더 기다려 어떤 결과를 확인해 볼 작정이다." 이는 몇 장에 걸친 그날 일기에서 레이건이 강한 감정을 내비친 유일한 경제 문제였다. 나머지는 대부분 정치나 외국 정책에 할애했다. 레이건은 보수 경제학자로 이루어진 자문 집단을 이따금씩 만나 지지를 구했다. 여기에는 프리드먼과 래퍼도 있었다. 이들 경제학자는 대통령을 칭찬하고 대통령은 할리우드 이야기를 풀었다. "저 경제학자들이 레이건을 위해 한 일은 다른 무엇보다 자신이 따르는 노선이 옳다고 안심시켜 주는 것이었다"라고 그 모임을 조직한 마틴 앤더슨이 말했다.

81. 먼델의 안은 높은 이자율을 요구했다. 높은 이자율은 외국 투자자를 끌어모을 때 중요한 요소라고 보았다. 1980년대 전반기 동안 재무부 증권은 예를 들어 비교할 만한 일본 증권보다 이자율이 약 5퍼센트 더 높았다. 하지만 이자율이 낮을 때에도 외국인은 기꺼이 미국에 투자할 수 있다는 사실이 시간이 지나면 드러날 터였다.

82. Kenneth D. Garbade, *Treasury Debt Management Under the Rubric of Regular and Predictable Issuance, 1983-2012* (New York: Federal Reserve Bank of New York, 2015).

83. William Greider, *Secrets of the Temple* (New York: Simon and Schuster, 1981), 424.

84. Richard Ben Cramer, *What It Takes* (New York: Vintage, 1992), 66.

85. 1986년 법은 최고 세율이 28퍼센트라고 보고되곤 하지만 그 법에는 28퍼센트로 과세되는 일부 소득세에 5퍼센트 가산세가 추가되었다. 그 법안은 효율성과 평등의 승리라고 환영 받았다. 윌버 밀스가 1950년대 제안했던 것처럼 그 법안은 과세율을 낮추면서 동시에 과세 기반을 넓혀 연방 정부 세수와 과세 배분을 모두 유지했다. 간소화한 이 세법은 당시의 기질과 잘 맞아떨어졌다. 양당 의원들은 정부가 시장에 개입을 최소화하여 필요한 돈을 충당하려 노력해야 한다고 말했다. 재무부는 1984년 보고서에서 썼다. "이 원칙에서 벗어나는 일은 무엇이든 경제에 대한 정부의 개입을 암묵적으로 지지함을 가리킨다. 그리고 이런 정부의 경제 개입은 세금 정책을 책임지는 사람들이 소비자가 무엇을 원하는지, 상품과 서비스는 어떻게 생산해 내야 하는지, 기업은 어떻게 조직하고 자금을 조달해야 하는지 시장보다 잘 판단할 수 있다는 믿음에 기반한 음흉한 산업 정책의 형태다." 하지만 뒤이어 찬사를 보내며 새로운 세법의 순수성을 과장했다. 이 법안이 미친 영향 가운데 하나는 세금 우대가 오랜 제조업 경제 부문에서 새로운 기술 및 서비스 경제 부문으로 옮겨 갔다는 것이다. 예를 들어 기계류에 대한 실효세율은 다시 39퍼센트로 올라갔다. 게다가 정당한 절세 구멍이 상당 부분 막혀 버렸다. 특수 이익 단체는 경제학의 언어로 말하는 법을 배우고 있었다. 한 경제학자는 고객이 의견을 묻자 자신은 돈을 받지 못했다고 대답했다. 부동산 개발업자들의 로비스트였던 그 고객이 이번에는 돈을 내고 의견을 묻자 그 경제학자는 이렇게 대답했다. "우리가 무엇을 찾아내기를 바랍니까?" Jeffrey H. Birnbaum and Alan S. Murray, *Showdown at Gucci Gulch: Lawmakers, Lobbyists, and the Unlikely Triumph of Tax Reform* (New York: Vintage, 1988), 111 참조.

86. "The Distribution of Household Income, 2015", November 8, 2018,

Congressional Budget Office.

87. 소득 불평등에 대한 표준 척도인 지니 계수는 1983년에서 1988년 사이 5.17퍼센트나 올랐다. 2차 세계대전 이후 5년을 주기로 살펴보았을 때 이렇게 크게 오른 적이 없었다. Wojcieth Kopczuk, Emmanuel Saez, Jae Song, "Earnings Inequality and Mobility in the United States: Evidence from Social Security Data Since 1937", *Quarterly Journal of Economics* 125, no. 1 (February 2010) 참조.

88. Keith Joseph, "Monetarism Is Not Enough", London, April 5, 1976. margaretthatcher.org/document/110796에서 볼 수 있다.

89. Alan Reynolds, "Marginal Tax Rates", *The Concise Encyclopedia of Economics*. econlib.org/library/Enc/MarginalTaxRates.html에서 볼 수 있다.

90. Robert Mundell, "Supply-Side Economics: From the Reagan Era to Today", Match 24, 2011, Ronald Reagan Presidential Foundation, Simi Valley, Calif. https://youtu.be/drvRxf-Kxf0에서 볼 수 있다.

91. "Historical Tables, Fiscal Year 2019 Budget", White House Office of Management and Budget.

92. Paul Blustein, "Supply-Side Theories Became Federal Policy with Unusual Speed", *Wall Street Journal*, October 8, 1981.

93. 투레이는 1982년 법에 항의하는 과정에서 사임했다. 1986년 즈음 법인세 감세는 거의 완전히 역전했다. Dennis S. Ippolito, *Deficits, Debt and the New Politics of Tax Policy* (Cambridge, Eng.: Cambridge University Press, 2012), 122 참조.

94. 한 동료에 따르면 로비스트 찰스 워커Charls Walker는 "전형적인 만화 속 인물이었다. 시가를 피워 물고 리무진을 타고 다니는, 능력과 권력을 겸비한 로비스트였다." 경제학을 전공하고 펜실베이니아 대학에서 박사 학위를 받았지만 세금 정책은 닉슨 행정부에서 먼저 배웠다. 처음부터 뻔뻔스러울 정도로 기업에 호의적이었다. *Congressional Quarterly*에 자

신이 개인 사업 때문에 떠날 때 닉슨이 "당신은 이제껏 해 왔던 일을 하게 될 것입니다. 하지만 그 일을 하며 돈을 벌겠지요"라고 말했다고 털어놓았다. 1980년 대선 유세 기간 동안 워커는 레이건의 세금 정책 수석 자문으로 일하며 법인세 감세를 밀어붙였다. 그리고 다시 로비스트로 돌아가 일하며 외부에서 똑같은 변화를 밀어붙였다. Charls Walker, "Comment on Tax Policy", in *American Economic Policy in the 1980s*, ed. Feldstein, 209 참조.

95. 1982년 법에는 편익의 75퍼센트가 세금 인상에서 나왔다. 1984년 법에는 82퍼센트가 세금 인상에서 나왔다. 1987년에는 이 수치가 고작 39퍼센트였다. Kathy Ruffing, "The Composition of Past Deficit Reduction Packages", 2011, Center on Budget and Policy Priorities.

96. Jack Kemp, "Shaping America's Economic Course", Colorado Springs, April 16, 1993.

97. David Maraniss, "Armey Arsenal: Plain Talk and Dramatic Tales", *Washington Post*, February 21, 1995.

98. 앞의 책.

99. Jason Horowitz, "Grover Norquist, the Anti-tax Enforcer Behind the Scenes of the Debt Debate", *Washington Post*, July 12, 2011.

100. 이 수치는 FY2019 연방 예산의 "Historical Tables"에서 나왔다. 연방 정부 지출은 계속 올라서 심지어 인플레이션 조정을 거쳐도 그랬다. 하지만 지출이 GDP에서 차지하는 비중이 떨어지는 양상이 다른 선진국과는 형태가 몹시 달랐다. 국방과 건강 보험을 제외하고 정부 지출이 경제 활동에서 차지하는 비중이 다른 선진국의 평균과 비교해 미국이 30퍼센트 더 낮았다. (미국은 선진국 가운데 이스라엘을 제외하고 국방비 지출이 훨씬 높다. 그리고 놀랍게도 국민 소득에서 건강 보험에 지출하는 비중도 더 높다. 선진국 가운데 미국만이 대다수 국민을 믿을 만한 건강 보험 보장 없이 살게 하는 유일한 나라임에도 그렇다.)

101. 생략된 부분은 인용한 원문에서도 생략되어 있다. Rick Weiss, "NIH Cancer Chief Vents Frustration", *Washington Post*, December 24, 1994. 연구와 사회 기반 시설과 사회 복지에서의 연방 지출 삭감은 GDP 에서 차지하는 비중으로 계산된 것이다.

102. 부시의 첫 번째 감세 주장은 로렌스 B. 린지Lawrence B. Lindsey가 초안을 잡았다. 린지는 1990년대 말 이 텍사스 주지사에게 경제 문제를 가르친 경제학자였고 이후 부시가 대선 유세 운동을 할 때 수석 경제자문으로 활동했다. 린지는 경제학과 정치학이 교차하는 지점에서 경력을 쌓았다. 하버드 대학의 마틴 펠드스타인 아래서 수학했으며 레이건 행정부의 펠 드스타인 밑에서 일했다. 조지 H. W. 부시가 대통령이 되자 자문역으로 워싱턴에 다시 돌아왔다. 린지는 1991년부터 1997년까지 연준 이사로 재임했으며 이후 미국기업연구소에 합류했다. 조지 W. 부시의 수석 정치 자문인 칼 로브Karl Rove는 린지가 레이건의 감세 정책을 환영하며 쓴 책 을 칭찬하고는 린지를 초대해 오스틴으로 부시를 방문했다. 2000년 선 거가 끝난 뒤 린지는 국가경제위원회 위원장이 되어 부시의 2001년 감 세안이 통과되도록 도왔다.

103. 오닐은 이 이야기를 자기 입장에서 론 서스킨드Ron Suskind 기자에게 말 했다. Suskind의 *The Price of Loyalty: George W. Bush, the White House and the Education of Paul O'Neill* (New York: Simon and Schuster, 2004) 참조.

104. 조건부 감세에 반대하는 경제적 이유가 있었는데 일회성 환불에 반대 하는 근거와 똑같았다. 둘 다 많은 경제학자가 밀턴 프리드먼의 가장 중 요한 학문적 기여라고 여기는 논문에 기대고 있었다. 이 논문에서 프리 드먼은 지출 변화는 단기적 변동이 아니라 지속적인 소득 변화와 결부 되어 있다고 주장했다. 그리고 감세 지속 기간이 불확실하기 때문에 일 부 경기 부양책의 혜택을 약화시킬 수 있다고 시사했다. "나쁜 경제학입 니다. 특히 경제 성장에 영향을 주려 한다면 말입니다"라고 하원 다수당 지도자인 리처드 아메이가 말했다.

105. Greenspan, *The Age of Turbulence*, 221.

106. Gellman, *Angler*, 265.

107. Richard Cheney, *In My Time* (New York: Threshold, 2011), 308.

108. Gellman, *Angler*, 274.

109. 이 인용은 Suskind, *The Price of Loyalty*, 284-91에서 나왔다. 체니는 인정하며 회고록에서 이 말을 설명하려 했다. "물론 내 생각에 적자는 중요했다. 하지만 맥락에서 바라보는 일도 중요하다고 믿었다. 또 로널드 레이건이 국방 예산을 급격히 올리고 역사적인 감세도 실시한 탓에 1980년 회계 연도에서 GDP의 2.7퍼센트였던 적자가 1983년 회계 연도에서는 6퍼센트로 늘었어도 국방비 지출은 소련을 궁지로 모는 데 일조했다는 점, 감세는 우리 역사에서 가장 오래 지속된 번영에 박차를 가하는 데 일조했다는 점을 지적하는 일 역시 간과해서는 안 된다고 보았다. 그 결과가 평화 배당금이며 이는 연방 정부 세수를 늘리고 결국 적자 폭을 줄였다." Cheney, *In My Time*, 311 참조.

110. "20세기 말 정보 혁명의 최대 역설 가운데 하나다. 사람들은 점점 더 많은 자료에 접근할 기회를 가지지만 자료의 진실성을 판단하고 효과적으로 이용할 수 있는 능력은 점점 잃어 가고 있다." Michael A. Bernstein, *A Perilous progress: Economists and Public Purpose in Twentieth-Century America* (Princeton N.J.: Princeton University Press, 2001), 191 참조.

111. "나는 경기 부양책이 이 특정한 관점에서 바람직한 정책이라고 아직 확신하지 못하는 몇 안 되는 사람들 가운데 한 명입니다"라고 그린스펀은 2003년 2월 11일 의회에서 말했다.

112. 이 분석은 훗날 출판되었다. Thomas Laubach, "New Evidence on the Interest Rate Effects of Budget Deficits and Debt", May 2003, Federal Reserve Board 참조. 2015년 라우바흐Laubach는 연준 최고위급 경제학자, 통화정책국Division of Monetary Affairs 국장에 임명되었다.

113. Interview with Cesar Conda, September 28, 2017.

경제학자의 시대

114. John Cassidy, "Tax Code", *The New Yorker*, September 6, 2004.

115. William G. Gale and Andrew A. Samwick, "Effects of Income Tax Changes on Economic Growth", 2016, Brookings Institution.

116. 이 자료는 2018년 출간된 비범하고 획기적인 연구에서 나왔다. 초고소득자로 묘사된 집단은 인구 상위 0.1퍼센트로, 이 집단은 1961년에 비해 2011년에 그 수가 2배로 늘어났다. 소득 세율의 인하는 한 요인에 불과하다. 혼란스런 과세 역시 바뀌어서 개인과 법인의 소득 과세가 모두 줄어들었다. 반면에 연방 급여세나 주 및 지방 판매세처럼 역진세는 늘어났다. Thomas Piketty, Emmanuel Saez, Gabriel Zucman, "Distributional National Accounts: Methods and Estimates for the United States", *Quarterly Journal of Economics* 133, no. 2 (May 2018). 이 연구는 오바마 집권 시기 통과된 2013년 증세와 트럼프 집권 시기 통과된 2017년 감세의 효과는 고려하지 않았다. 하지만 다른 추산은 두 정책이 결합되어 낳은 효과가 과세 분배에 더 무디어졌음을 시사한다.

117. 이 자료는 갤럽에서 나왔다. 이 수치는 2018년 4월 62퍼센트로 이 글을 쓸 당시 가장 최신 자료였다. http://news.gallup.com/poll/1714/Taxes.aspx 참조.

118. 2012년부터 가장 최신 자료를 이용하려면 Tax Foundation, "Facts and Figures 2018" 참조.

5장 우리가 믿는 기업 품 안에서

1. Peck은 Paul MacAvoy, *Unsettled Questions on Regulatory Reform* (Washington,D.C.: American Enterprise Institute, 1978), 13에서 인용했다.

2. Michael Riordan과 Lillian Hoddeson, *Crystal Fire: The Birth of the Information Age* (New York: Norton, 1997), 195-224.

3. 정부는 3년 전에 AT&T를 상대로 소송을 일으켜 제조업 계열사인 웨스턴일렉트릭Western Electric을 팔라고 요구했다. AT&T가 트랜지스터 사용을 승인하겠다는 결정은 화해의 선물로, 회사가 전화 독점에서 얻은 수익으로 다른 산업을 지배하려 들지 않겠다는 점을 증명하려는 의도였다. 하지만 증명되었다시피 충분하지 않았다. 1956년 AT&T는 현재 사용하는 특허는 모두 무상으로, 미래에 사용할 특허는 합리적인 가격으로 사용 승인하겠다는 데 동의했다.

4. "I.B.M. Trust Suit Ended by Decree; Machines Freed", *New York Times*, January 26, 1956. 기업 역사학자 Alfred D. Chandler Jr.는 2001년에 출간한 *Inventing the Electronic Century* (New York: Free Press, 2001)에서 컴퓨터 혁명 과정에서 실시한 반독점 정책에 대해 도표로 만들어 놓았다.

5. F. M. Scherer, "The Political Economy of Patent policy Reform in the United States", *Journal on Telecommunications and High Technology Law* 7, no. 2 (Spring 2009)

6. Eli Cook, *The Pricing of Progress: Economic Indicators and the Capitalization of American Life* (Cambridge: Harvard University Press, 2017), 232.

7. 21 Cong. Rec. 2457 (1890). 셔먼 상원 의원의 형 윌리엄 테컴시 셔먼 William Tecumseh Sherman 장군은 1865년 1월 직접 시장 지배력에 맞서 싸웠다. 40만 에이커에 달하는 해안 농장을 40에이커씩 해방 노예에게 재분배하라고 명령한 것이다. 이뿐만이 아니었다. 군대가 농부에게 노새를 빌려주도록 허가했다. 이 정책은 "40에이커와 노새 한 마리"로 영원히 회자되었다. 그 효과는 오래 가지 못했다. 앤드루 존슨Andrew Johnson 대통령이 그 조치를 뒤집어 1865년 가을 원 소유주에게 땅을 대부분 돌려주었기 때문이다.

8. 루이스 브랜다이스Louis Brandeis는 소규모 자영업자 보호를 강력하게 옹호하는 인물로 1911년 의회에서 이렇게 말했다. "저는 지난 20년 동

경제학자의 시대

안 겪은 경험을 통해 우리가 두 가지 점을 말할 수 있는 위치에 이르렀다고 생각합니다. 첫째 기업이 너무 커지면 생산과 분배의 가장 효율적인 도구가 될 수 없다는 점, 둘째 경제적 효율성의 정점을 넘어섰든 아니든 기업이 너무 커지면 자유를 갈망하는 사람들 사이에서 용납될 수 없다는 점입니다." "Control of Corporations, Persons, and Firms Engaged in Interstate Commerce", Senate Committee on Interstate Commerce, November 29, 1911, 1174.

9. 아이다 타벨Ida Tarbell 기자의 폭로 기사에서 스탠더드오일이 약탈적 독점 기업으로 그려졌다는 사실은 유명하다. 타벨은 펜실베이니아 유전 지역에서 자랐다. 타벨의 아버지는 소규모 석유업자였는데 록펠러 때문에 사업을 접어야 했다. 연방 대법원은 스탠더드오일의 해체를 명령하면서 타벨의 평가를 인정했다. 역사학자와 경제학자는 록펠러가 탁월한 사업가였는지 사기꾼에 불과했는지 논쟁을 계속 벌이고 있다. 적어도 경제적 측면에서 스탠더드오일 해체가 정당하다는 한 가지 강력한 증거는 구성 요소의 총 시장 가치가 해체 이후 5배 가까이 늘어났다는 것이다.

10. Mary Pilon은 *The Monopolists* (New York: Bloomsbury, 2015)에서 이 게임을 둘러싸고 놀라우리만치 뒤얽힌 이야기를 풀어 놓는다.

11. "Amending Sections 7 and 11 of the Clayton act: Hearings Before Subcommittee No. 2 of the Committee on the Judiciary", March 19, 1947, 7.

12. Lawrence J. White, "Economics, Economists and Antitrust: A Tale of Growing Influence", in *Better Living Through Economics 2*, ed. John J. Siegfrie (Cambridge: Harvard University Press, 2010), 전자책 2945.

13. *브라운슈컴퍼니 대 미국Brown Shoe Co. v. U.S.*, 370U.S.344(1962).

14. *미국 대 본즈그로서리컴퍼니U.S. v. Von's Grocery Co.*, 384U.S.270(1966). Robert Bork는 저서 *The Antitrust Paradox: A Policy at War with Itself* (New York: Basic Books, 1978)에서 똑같은 내용을 보다 화려한 비

유로 짚으며 이렇게 썼다. 반독점 시행은 "국경 마을 보안관이라는 미국의 오래된 훌륭한 전통과 맞닿아 있다. 증거를 살펴지도, 용의자를 가려내지도, 범죄를 해결하지도 않았다. 그저 큰길을 걸어 다니다가 가끔 사람들을 향해 권총 방아쇠를 당겼다."

15. Mark J. Green et al., *The Closed Enterprise System: The Nader Study Group Report on Antitrust Enforcement* (New York: Grossman, 1972), 128-29.

16. Craig Freedman, "Insider's Story: Notes on the Claire Friedland and George Stigler Partnership", *History of Economics Review*, no. 55 (Winter 2012):1-28.

17. George J. Stigler, *Memoirs of an Unregulated Economist* (New York: Basic Books, 1985), 6.

18. George J. Stigler, "The Economies of Scale", *Journal of Law and Economics* 1 (October 1958).

19. 스티글러는 논문에서 "1870년부터 1895년까지 분배 이론의 진화 과정을 추적했다." 논문은 경제 사상사에 대한 깊고 오랜 관심을 반영했는데 많은 경제학자가 그때나 지금이나 철저한 무관심 속에 버려두는 주제다. George J. Stigler, *Production and Distribution Theories: The Formative Period* (New York: Macmillan, 1941) 참조.

20. 조지 슐츠와 2018년 4월 9일에 실시한 인터뷰.

21. 나는 이 편지를 경제사학자 베아트리체 셰리에의 트위터 자료에서 처음 접했다. 셰리에는 친절하게도 내게 디지털 복사본을 보내 주었다. 원본은 Robert Solow to Paul Samuelson, n.d., Paul Samuelson Papers, box 70, folder "Solow, 46-2007", Rubinstein Library, Duke University, Durham, N.C.이다.

22. Claire Friedland, "On Stigler and Stiglerisms", *Journal of Political Economy* 101, no. 5 (October 1993): 780-83.

23. 스티글러가 경제학자의 영향과 관련해 공개 발언한 내용과는 전혀 일치

경제학자의 시대

하지 않았다. 스티글러가 영국이 19세기에 곡물법을 폐지할 때 경제학자가 한 역할을 무시한 일은 유명했다. 스티글러는 "경제학자가 자신들이 사는 사회에 미치는 영향력은 거의 감지할 수 없거나 감지할 수 있더라도 미미하다"라고 쓰며 역사의 물결이 그 문제를 결정했다고 주장했다. 반면에 1964년에 행한 전미경제학회 회장 연설은 제목이 "경제학자와 국가The Economist and the State"였다. 이 연설에는 다음과 같은 구절이 들어 있었다. "우리의 이론적이며 실증적 연구가 확장되면서 앞으로 필연적으로 그리고 불가항력적으로 공공 정책 문제에 개입할 것입니다. 우리는 지적인 정책 수립에 핵심이 될 지식 체계를 개발해야 할 것입니다."

24. Craig Freedman, *In Search of the Two-Handed Economist: Ideology, Methodology and Marketing in Economics* (London: Palgrave Macmillan, 2016), 25.

25. Stigler, *Memoirs of an Unregulated Economist*, 211.

26. 런던 강연에 대한 소문이 시카고 대학에 닿자 프리드먼은 축하 인사를 보냈다. "지금 이 편지를 쓰는 이유는 당신을 치켜세우기 위해서라네. 이미 충분히 높이 올라가 있음을 하나님께서도 아시겠지만 말일세." Milton Friedman and George Stigler, *Making Chicago Price Theory: Friedman-Stigler Correspondence, 1945-1957*, ed. J. Daniel Hammond and Clair H. Hammond (London: Routledge, 2006), 80.

27. George J. Stigler, "The Case Against Big Business", *Fortune*, May 1952. 스티글러와 추종자들은 기업 집중의 경제적 비용에 대한 반독점 옹호자들의 우려에 공감하지 않았다. 스티글러의 동료인 아놀드 하버거는 1920년대 기업 수익을 면밀히 검토하고는 기업이 기업 집중을 통해 일반 미국인에게서 1952년에는 2.25달러를, 현재에는 약 21달러를 최대한으로 뽑아낼 수 있다고 결론 내렸다. Arnold C. Harberger, "Monopoly and Resource Allocation", *American Economic Review* 2, no. 44 (1954): 77-87 참조.

28. 프리드먼은 동료들 대다수보다 오래 살았다. 이 우정에 대한 기사를

"George Stigler: A Personal Reminiscence"란 제목으로 *Journal of Political Economy* 101, no. 5에 실었다.

29. 스티글러를 임용한 사람은 앨런 월리스다. 그는 스티글러와 프리드먼의 대학원 동기였다. 또 전쟁 기간에는 콜롬비아 대학에서 두 사람의 상관이었는데 당시 시카고 대학 경영대학원 학장이었다.

30. Edward Nik-Khah, "George Stigler, the Graduate School of Bussiness and the Pillars of the Chicago School", in *Building Chicago Economics: New perspectives on the History of America's Most Powerful Economics Program*, ed. Robert Van Horn et al. (Cambridge, Eng.: Cambridge University Press, 2011, 121.

31. 이 관점에서 보면 스티글러는 관계가 두루두루 원만했으며 여기에는 노벨상위원회도 있었다. 노벨상위원회는 1982년 스티글러를 노벨 경제학상 수상자로 만든 논문을 각별하게 인용했다.

32. George J. Stigler, "The Economics of Information", *Journal of Political Economy* 69, no. 3 (1961).

33. George J. Stigler, "Monopoly", in *The Fortune Encyclopedia of Economics*, ed. David R. Henderson (New York: Warner, 1993). 스티글러는 표준화한 상품이 오고가는 시장에서는 감시 활동에 비용이 덜 들수 있다는 점을, 따라서 카르텔이 형성될 가능성이 높다는 점을 인정했다. 또 감시 활동에 드는 비용은 판매자가 적을수록 혹은 구매자가 많을수록 감소한다. 판매자 수가 적으면 감시 활동은 분명 수월하지만 구매자에 대한 문제는 좀 더 미묘하다. 스티글러는 부정 행위를 하는 기업은 거래가 이루어질 때마다 노출될 위험을 감수해야 한다고 주장했다. 소규모 구매자가 많은 시장에서 노출의 대가 즉 확률 곱하기 비용은 각 소규모 판매로 얻는 이익보다 클 수 있다. 스티글러의 이론이 시사하는 또 다른 흥미로운 내용은 판매가 공개적으로 기록되는 경우 담합이 이루어지기가 더 쉽다는 점이다. 이로 인해 정부는 담합에 특히 취약해진다. 입찰이 종종 공개적으로 드러나기 때문이다. George J. Stigler,

"A Theory of Oligopoly", *Journal of Political Economy* 72, no. 1 (1964) 참조.

34. 디렉터의 예일 대학 입학에는 요행이 따랐다. 1920년대 예일 대학은 서부 출신 동문들로부터 서부 공립 고등학교 졸업생을 더 입학시키라는 압력을 받고 있었다. 로스웰 P. 앤지어Roswell P. Angier 예일 대학 입학처장이 디렉터가 3학년일 때 입학 장려 차 포틀랜드의 링컨고등학교를 방문했다. 디렉터는 기회를 잡았고 역사 교사이자 예일 대학 졸업생인 노먼 C. 손Norman C. Thorne의 도움으로 장학금을 받았다. 하지만 예일 대학도 다른 명문 대학들처럼 적극적인 노력을 기울여 유대인 입학을 제한했다. 이 때문에 디렉터는 1학년을 마치고 나서 장학금 자격을 잃었다. 1921년은 당시 포틀랜드 공립학교 출신 유대인 학생이 입학 자격을 얻을 수 있었던 유일한 해였을 가능성이 꽤 높다. Robert Van Horn, "The Coming of Age of a Reformer Skeptic(1914-1924)", *History of Political Economy* 42, no. 4 (2010): 601-30 참조.

35. 디렉터는 시카고 대학 법학대학원 교수가 된 최초의 경제학자가 아니었다. 디렉터는 헨리 사이먼스의 뒤를 이었는데, 사이먼스는 디렉터와 프리드먼과 스티글러가 경력을 쌓아 나가는 데 중요한 역할을 했다. Rob Van Horn and Philip Mirowski, "The Rise of the Chicago School of Economics and the Birth of Neoliberalism", in *The Road from Mont Pèlerin*, ed. Philip Mirowski and Dieter Plehwe (Cambridge: Harvard University Press, 2009), 155 참조.

36. Edmund W. Kitch, "The Fire of Truth: A Remembrance of Law and Economics at Chicago, 1932-1970", *Journal of Law and Economics* 26, no. 1. 코스의 논평이 특히 흥미로운 이유는 거래 비용을 다룬 1960년 코스의 논문이 종종 '법과 경제학' 분석의 시초로 인정받기 때문이다. 또 다른 유명한 후보로는 비슷한 주제로 1961년에 논문을 쓴 예일 대학 법학대학원 교수인 귀도 칼라브레시Guido Calabresi가 있다. 그때까지 디렉터는 10년 이상 이 접근법을 가르치고 있었다.

37. 디렉터의 영향력에 대한 증거는 회고록과 학생들의 구술 역사 기록과 디렉터가 영감을 준 여러 논문에서 특히 뚜렷하게 나타나 있다. 맥기는 두 번째 주석을 이렇게 시작했다. "나는 아론 디렉터에게 큰 신세를 졌다. …." John S. McGee, "Predatory Price Cutting: The Standard Oil(N.J.) Case", *Journal of Law and Economics* 1 (October 1958). 맥기의 연구에 대한 더 최근 비평을 보려면 Christopher R. Leslie, "Revisiting the Revisionist History of Standard Oil", *Southern California Law Review* 85, no. 3 (2012) 참조.

38. *유타파이 대 콘티넨탈베이킹컴퍼니*Utah Pie v. Continental Baking Co., 380U. S. 685 (1967). 이 판결로도 더 작은 회사를 구하지 못했다. 유타파이는 1972년에 파산 신청을 냈다.

39. Bork, *The Antitrust Paradox*, 387.

40. Stigler, *Memoirs of an Unregulated Economist*, 127.

41. William Domnarski, *Richard Posner* (New York: Oxford University Press, 2016), 55.

42. 앞의 책.

43. Arthur Leff, "Economic Analysis of Law: Some Realism About Nominalism", *Virginia Law Review* 60(1974).

44. Richard Posner, *Economic Analysis of Law*, 2판 (Boston: Little, Brown, 1977), 22. 포스너가 의미하는 것에 대해 예를 들어 20세기 초 대다수 주에서 적용하는 법인 '혼인빙자사기죄'에 대한 소송을 살펴보자. 이 범주에 속하는 사건은 남성이 결혼에 동의하여 성관계에 합의한 여자가 보통 관련되며 남자가 약속을 어겼을 때 여자가 소송을 냈다. 이 같은 법들은 정의라는 이름으로 판결을 내렸지만 법 경제학은 경제학 측면에서 동인을 바라보았다. 1990년 한 논문의 보고에 따르면 여러 주에서 이 법을 폐지하자 커플들은 새로운 보상책으로 대체하여 약속을 굳건히 했고 그 결과 다이아몬드 반지의 판매량이 상당히 증가했다. Margaret F. Brinig, "Rings and Promises", *Journal of Law,*

경제학자의 시대

Economics and Organization 6, no. 1 (1990).

45. Steven M. Teles, *The Rise of the Conservative Legal Movement* (Princeton, N.J.: Princeton University Press, 2008), 99-100. 1999년 한 연구가 밝힌 바에 따르면 포스너는 20세기 후반 다른 법학자에 비해 2배나 자주 인용되었다.

46. *미국 대 팹스트브루잉컴퍼니U.S. v. Pabst Brewing Co.*, 384U.S. 546 (1966).

47. David G. Moyer, *American Breweries of the Past* (AuthorHouse, 2009), 9-11.

48. *Antitrust and Trade Regulation Reports*, April 17, 1973.

49. Lester G. Telser, "Why Should Manufacturers Want Fair Trade?", *Journal of Law and Economics* 3 (October 1960): 86-105.

50. Richard A. Posner, *Antitrust Law: An Economic Perspective* (Chicago: University of Chicago Press, 1976), 164. (*미국 대 아놀드, 슈윈 앤드사U.S. v. Arnold, Schwinn & Co.*, 388U.S. 365[1967]) 판결에 대한 포스너의 비난이 특히 놀라운 까닭은 자신의 연구를 비판했기 때문이다. 포스너는 법무차관실 소속 변호사로서 미국 편에 서서 변론했었고 그 소송에서 이겼다.

51. 이 세부 사항은 파월의 논문에서 나왔다. 1998년 파월이 세상을 뜬 뒤 학자들만 볼 수 있던 논문들이었으며 처음 등장한 지면은 2002년 한 기사였다. 그 소송을 언급하는 보고서 여백에 파월은 "포스너, 백스터, 보크"라고 휘갈겨 썼다. Andrew I. Gavil, "Sylvania and the Process of Change in the Supreme Court", *Antitrust* 17, no. 1 (2002) 참조.

52. 이 소송은 *콘티넨탈TV 대 GTE실바니아Continental T.V. v. GTE Sylvania*, 433U.S. 36 (1977)이다. 1974년 소송은 중요한 전례였다. 산업 재벌인 제너럴다이내믹스General Dynamics가 일리노이주 탄광 회사를 인수했었다. 정부가 이의 제기를 했지만 법원은 이 거래를 인정하면서 회사의 시장 점유율보다 광산에 석탄이 많이 남아 있지 않다는 사실이 더 중요하다고 판결했다. 이때 처음으로 법원이 시장 점유율이 충분한 증거가 되지

않는다고 주장했지만 아직 효율성을 대체 표준으로 삼지는 않았다.

53. Henry G. Manne, "How Law and Economics Was Marketed in A Hostile World: A Very Personal History", in *The Origins of Law and Economics: Essays by the Founding Fathers*, ed. Francesco Parisi and Charles K. Rowley (Cheltenham, Eng.: Edward Elgar, 2005), 315 참조.

54. Gregory C. Staple, "Free-Market Cram Course for Judges", *The Nation*, January 26, 1980.

55. Manne, "How Law and Economics Was Marketed in a Hostile World", 320.

56. 연방 대법원 판사 가운데 이 과정을 마친 첫 졸업생들은 클라렌스 토머스Clarence Thomas와 루스 베이더 긴즈버그Ruth Bader Ginsburg다. Elliott Ash, Daniel L. Chen, Suresh Naidu, "Ideas Have Consequences: The Impact of Law and Economics on American Justice", November 2, 2017, National Bureau of Economic Research 참조.

57. 호크 판사의 말을 인용하여 《워싱턴포스트》는 기사에서 법관 연수회를 기업에서 후원 받은 자금으로 진행했다고 밝혔다. 맨은 이 보도가 정확하지 않다면서 법관 연수회에는 다른 공동자금을 사용했다고 주장했다. 나중에 맨은 경제학 교수를 위한 법 강의를 포함해 이 과정을 조지아주의 에모리 대학으로, 이어서 버지니아주 조지메이슨 대학으로 옮겼다. 맨은 조지메이슨 대학 법학대학원 학장이 되었다. Fred Barbash, "Big Corporations Bankroll Seminars for U.S. Judges", *Washington Post*, January 20, 1980 참조.

58. Ethan Bronner, "A Conservative Whose Supreme Court Bid Set the Senate Afire", *New York Times*, December 19, 2012.

59. 보크는 1966년 디렉터가 발간하는 학술지에 논문 "Legislative Intent and the Policy of the Sherman Act"를 싣고 여기에서 처음 주장했다. 그리고 재정 지원을 해준 미국기업연구소 객원 연구원으로 있을 때 이

경제학자의 시대

책을 썼다. 헌사에서 보크는 디렉터에게 감사를 표했다. "이 책에서 다루
는 많은 내용이 아론 디렉터의 연구에 그 뿌리를 두고 있다. 디렉터는 오
래전부터 다른 많은 사람에게도 그렇지만 내게도 반독점 경제학과 산
업 조직화 분야에서 중요한 사상가로 보였다." 역사 기록을 검토한 뒤 보
크는 이렇게 결론을 지었다. "따라서 반독점 법령의 입법 역사는 법원이
소비자 복지를 다른 목적에 희생하도록 의회가 의도했다는 어떤 주장도
지지하지 않는다." Bork, *The Antitrust Paradox*, 66 참조.

60. 메이슨은 비슷한 입법을 이미 도입했었는데 상원에서의 논쟁이 끝나갈
무렵 입법 지지자의 관점을 요약하며 한 말이다. 21 Cong. Rec. 4100
(1890) 참조. 콜롬비아 대학 역사학자 리처드 존Richard John의 말을 빌리
면, "1890년 반독점법을 면밀히 검토한 역사학자가 있다면 소비자 복지
를 극대화하고자 하는 의회 의원의 결의에서 그 원래 의도를 찾을 수
있다는 로버트 보크의 확신에 공감할 사람은 거의 없다. 그것은 사실이
아니기 때문이다." Richard John, "What Does History Tell Us? The
Development of Antitrust in America" (Is There a Concentration
Problem in America?[학술회의], Stigler Center for the Study of the
Economy and the State, University of Chicago, March 27-29, 2017에서 제
공) 참조. 펜실베이니아 대학 법학 교수이자 뛰어난 반독점법 권위자인
허버트 호벤캠프Herbert Hovenkamp의 판결 "Not a single statement in
the legislative history comes close to stating the conclusions that
Bork drew" 참조.

61. Stephen G. Breyer, "Judical Precedent and the New Economics",
*Antitrust Forum 1983 - Antitrust Policy in Transition: The Con-
vergence of Law and Economics* (New York: Conference Board,
1983), 9.

62. 법원은 1977년 소송 *브런스윅사 대 푸에블로보울-오-매트*Brunswick Corp.
*v. Pueblo Bowl-O-Mat*에서 비슷한 입장을 명확히 표현했다. 이 소송에서 진
보주의 판사 서긋 마셜Thurgood Marshall은 합병에 대한 제한을 "'개인으

로서' 특히 소비자로서 '미국 국민을 위한' 해결책으로 이해한다고 썼다 (429U.S. 477, fn. 10). 보청기 소송 *라이터 대 소노톤사*Reiter v. Sonotone Corp., 442U.S. 330 (1979)는 이 같은 결론을 확인해 주었다.

63. 독점 개혁법Monopolization Reform Act은 기업이 독점력을 우수한 제품, 사업 감각, 역사적 사건의 결과로 옹호할 수 없도록 명시했다. 이 법을 심의하는 동안 하트가 세상을 떠났다. 하지만 이 일로 그런 결과를 초래하지 않았을 것이다.

64. 몇몇 변화는 공화당 전 행정부들에 비해 점점 공격적으로 변한 카터 행정부의 태도를 반영한 듯 보인다. Marc Allen Eisner, *Antitrust and the Triumph of Economics* (Chapel Hill: University of North Carolina Press, 1991), 179.

65. 일부 학자는 1984년에 두 번째로 수정한 반독점 지침을 보다 중요하게 여긴다. 두 번에 걸친 수정이 복합적으로 작용하여 변화를 낳았는데 경제적 효율성이 기업 집중을 정당화하는 근거로 받아들여질 수 있음이 확실해졌다.

66. William Robins, "A Meatpacker Cartel Up Ahead?", *New York Times*, May 29, 1988.

67. 평균 시급이 1982년 9.06달러에서 1992년 8.56달러로 떨어졌다. 인플레이션을 감안하면 하락폭이 35퍼센트였다. 임금을 깎는 데 일조한 한 가지 요인은 회사 측이 이민자 고용으로 입장을 바꾼 것이었다. James M. MacDonald et al., "Consolidation in U.S. Meatpacking", February 2000, Department of Agriculture, Agricultural Economic Report no. 785, 표 4-7 참조.

68. Eisner, *Antitrust and the Triumph of Economics*, 214.

69. "Share of Federal Judges Appointed by Republican and Democratic Presidents Since Reagan", *Washington Post*, September 4, 2018.

70. Tamar Lewin, "The Noisy War over Discounting", *New York

Times, September 25, 1983. 경제학자가 AT&T 소송에서 어떤 중대한 역할을 했는지에 대해 살펴보려면 Robert Litan, *Trillion-Dollar Economists: How Economists and Their Ideas Have transformed Business* (Hoboken, N.J.: John Wiley, 2014) 참조. 일부 학자는 AT&T가 해체되었기 때문에 일본 같은 선진국들에 비해 미국에서 인터넷 사용이 빠른 속도로 확산될 수 있었다고 주장한다.

백스터는 한때 반독점에 대해 매우 다른 관점을 지니고 있었다. 1960년대 대기업을 해체하는 데 있어 정부의 권한을 강화하는 표준 법안을 작성했는데 그는 1970년대 중반 공개적으로 참회의 자세를 보이더니 한 변호사 협의회에서 이렇게 선언했다. "분산화의 최초 초안 작성자로서 제가 철회하는 일이 더 적절해 보입니다. … 경제적 방략의 양상이 1968년 이후 다소 변화를 겪어 왔습니다." Eisner, *Antitrust and the Triumph of Economics*, 109 참조.

71. 재배치에 대해서는 "Interview with William F. Baxter", *Antitrust Law Journal* 52, no. 1 (1983) 참조. 재교육에 대해서는 Eisner, *Antitrust and the Triumph of Economics*, 190 참조. 개업에 대해서는 "Program of the 50th Anniversary Meeting of the Section of Antitrust Law", American Bar Association, 2003 참조.

72. Michael Isikoff, "Chicago School Catches a Taxi", *Washington Post*, June 17, 1984.

73. 워싱턴 DC에서 가난한 이들을 대리한 변호사 시급은 1993년 시간당 50달러로, 2002년에는 시간당 65달러로, 2009년에는 시간당 90달러로 올랐다. 2018년의 시급은 인플레이션을 감안하면 1970년 시급의 45퍼센트였다.

74. *미국 대 아메리칸항공United States v. American Airlines*, no. CA3 83-032, 1983년 2월 23일 소송을 제기했다.

75. Kurt Eichenwald, *The Informant* (New York: Crown, 2001), 48-51.

76. 로버트 리탄과의 2018년 3월 8일에 실시한 인터뷰.

77. William G. Christie and Paul H. Schultz, "Why Do NASDAQ Market Makers Avoid Odd-Eighth Quotes?", *Journal of Finance* 49, no. 5 (1994).

78. 법무부는 이전에도 카르텔 참가를 기꺼이 털어놓은 회사로부터 매년 한 건 정도 제보를 받고 있었다. 새로운 정책이 시행되면서 제보는 한 달에 한 건 이상의 비율로 들어왔다. Janet Novack, "Fix and Tell", *Forbes*, May 4, 1998 참조.

79. "우리 경제는 오늘날 과거 그 어느 시기보다 경쟁적이다." 법무부 반독점 부서의 책임자인 조엘 클라인Joel Klein이 1998년 1월 29일 뉴욕에서 "The Importance of Antitrust Enforcement in the New Economy"란 제목으로 연설하며 말했다.

80. Richard A. Posner, *Antitrust Law*, 2nd (Chicago: University of Chicago Press, 2001), vii.

81. Linda Greenhouse, "Cigarette Antitrust Suit Is Rejected", *New York Times*, June 22, 1993.

82. 브로크그룹사 대 브라운앤드윌리엄슨타바코사*Broke Group Ltd. v. Brown & Williamson Tobacco Corp.*, 509U.S. 209 (1993).

83. James V. Grimaldi and Juliet Eilperin, "After Verdict, a Capital Welcome", *Washington Post*, April 6, 2000. 부시 행정부는 2001년 마이크로소프트 문제를 해결했다. 마이크로소프트는 운영 체계 소프트웨어를 작성하는 데 꼭 필요한 정보를 경쟁사와 공유하고 감시 대상이 되겠다는 데 동의했다.

84. "Milton Friedman on Business Suicide", Cato Policy Report, March/April 1999, Cato Institute.

85. Is There a Concentration problem in America? (학술회의), Stigler Center for the Study of the Economy and the State, University of Chicago, March 27-29, 2017.

86. 경제 산출량에서 노동자에게 임금으로 지급하는 비중이 지난 50년

간 줄어왔다. 2017년에 발표한 논문 "Declining Labor and Capital Shares"에서 경제학자 심차 바르카이Simcha Barkai는 이런 하락이 기업 집중의 증가 때문일 수 있음을 밝혀냈다. http://home.uchicago.edu/~barkai/doc/BarkaiDecliningLaborCapital.pdf 참조.

87. James B. Stewart, "Steve Jobs Defied Convention, and Perhaps the Law", *New York Times*, May 2, 2014. 기업은 흔히 경쟁 금지 동의 noncompete agreement라는 계약 조항을 넣어 노동 운동을 제한한다.

88. Milton Friedman to George Stigler, November 15, 1950, Milton Friedman Papers, box 33, folder 36, Hoover Institution Archives, Stanford, Calif.

89. Lina M. Khan, "Amazon's Antitrust Paradox", *Yale Law Journal* 26, no. 3 (January 2017)

90. 팀 우Tim Wu 콜롬비아 대학 법학대학원 교수는 반독점법을 활성화하는 가장 좋은 방법은 법원이 더 폭넓은 결과를 고려하지 못하게 하는 것이라고 주장한다. 대신 법원은 더 기본적인 문제 즉 '특정 기업 행위 사례가 경쟁을 촉진하느냐 제한하느냐'라는 문제에 초점을 맞추어야 한다고 강조한다. 법 체계는 결과가 아니라 절차에 집중해야 한다는 것이다. 연방 대법원 판사 올리버 웬델 홈스 주니어Oliver Wendell Holmes Jr.는 1905년에 이렇게 썼다. "헌법은 특정 경제 이론을 구현하기 위한 것이 아니다. 개입주의 및 시민과 국가의 유기적 관계에 대한 이론이든 자유방임주의 이론이든 말이다." 칸의 인용은 2018년 3월 26일에 실시한 인터뷰에서 나왔다.

6장 규제로부터의 자유

1. Marion Fourcade, *Economists and Societies: Discipline and Profession in the United States, Britain, and France, 1890s to 1990s*

(Princeton, N.J.: Princeton University Press, 2009), 전자책 920.

2. 규제 반대자들은 항공업계 유명 인사를 워싱턴으로 데려 왔는데 바로 그 유명한 아멜리아 에어하트Amelia Earhart였다. Lucile Sheppard Keyes, *Federal Control of Entry into Air Transportation* (Cambridge: Harvard University Press, 1951), 86-87 참조.

3. 1950년에서 1977년 사이 대형 항공사를 시작하겠다고 지원한 곳이 80군데였으나 모두 기각되었다. 정부는 지역 항공사에는 새로 사업 면 허증을 발급했으며 이들은 더 작은 비행기로 더 짧은 노선을 운영할 수 있었다. 이런 항공사가 1978년까지 항공업계의 약 9퍼센트를 차지 했다. 그리고 퍼시픽사우스웨스트같이 대다수 주간州間 항공사인 비면 허 항공사가 또 항공업계의 24퍼센트를 차지했다. "Air Carrier Traffic Statistics", 1978, Civil Aeronautics Board 참조.

4. 민간항공국은 1940년에 경제 규제를 담당하는 민간항공위원회Civil Aeronautics Board와 안전 규정을 담당하는 민간항공관리국Civil Aeronautics Administration으로 나뉘었다. 후자는 1966년에 연방항공청Federal Aviation Administration이 되었다. "Annual Report of the Civil Aeronautics Authority", 1940, 2 참조.

5. 경제 규제의 출현은 때때로 대공황에 대한 대응으로 이야기하기도 한다. 특히 정부 규제 비판자들이 그렇게 말한다. 하지만 규제의 부상은 그보다 훨씬 앞서 19세기 말과 20세기 초 과도한 자본주의에 대한 대응으로 시작되었다. William J. Novak, "A Revisionist History of Regulatory Capture", in *Preventing Regulatory Capture: Special Interest Influence and How to Limit It*, ed. Daniel Carpenter and David A. Moss (New York: Cambridge University Press, 2013).

6. Philip M. Crane, "Regulatory Agencies", *Journal of Social and Political Affairs* 1 (January 1976): 21-42.

7. 1951년 이 소송은 기나긴 미국 법원 판결 역사에서 명성을 얻는 영예를 누렸지만 보다 중요한 소송은 *네비아 대 뉴욕*Nebbia v. New York(1934)이다.

경제학자의 시대

규제에 변동이나 차별이 심하지 않는 한에서 가격 통제를 비롯해 경제 규제의 적법성을 세웠기 때문이다. 그때까지 법원은 철도를 포함해 공공에게 중요성이 뚜렷한 산업인 경우 규제를 제한해 왔다.

8. Alfred Kahn, "Reflections of an Unwitting 'Political Entrepreneur'", *Review of Network Economics* 7, no. 4 (2008).

9. 규제 완화 이전 10년 동안 평균 비행에서 좌석 점유율은 52.8퍼센트였다. 2007년에서 2016년 사이는 평균이 82.6퍼센트였다. 항공 규제 완화의 아버지라고 불리는 알프레드 칸은 이 수치를 좋은 쪽으로든 나쁜 쪽으로든 규제 완화가 일으킨 변화를 단적으로 요약해 준다고 여겼다.

10. 1960년 미 항공운송협회는 미국 항공사들이 인구가 1억 8000만 명인 나라에서 5770만 명의 승객을 수송해 왔다고 보고했다. 활용할 수 있는 가장 최근 자료로 2017년 연방항공청 보고에 따르면 항공사들이 인구가 3억 2000만 명인 나라에서 7억 9900만 명의 승객을 수송했다.

11. George J. Stigler and Claire Friedland, "What Can Regulators Regulate? The Case of Electricity", *Journal of Law and Economics* 5, no. 2 (October 1962): 1-16.

12. George J. Stigler, "Public Regulation of the Securities Markets", *Journal of Business* 37, no. 2 (1964): 117-42.

13. 프리드랜드는 당시 시카고 대학 박사 과정을 이수한 연구 동료인 케빈 J. 머피Kevin J. Murphy에게서 오류에 대한 이야기를 듣고 스티글러에게 이 소식을 전했다. "스티글러에게서 돌아온 대답은, 이 오류를 크게 키워 봤자 별 소용이 없다, 벌써 20년이나 된 일이고 아무도 더 이상 신경 쓰지 않는다는 것이었다." Craig Freedman, *In Search of the Two-Handed Economist: Ideology, Methodology and Marketing in Economics* (London: Palgrave Macmillan, 2016), 108 참조. 이 오류는 최초 연구의 방법론적 선택을 비판한 1986년 논문에서 처음 보고되었다. Amitai Etzioni, "Does Regulation Reduce Electricity Rates? A Research Note", *Policy Sciences* 19 (1986): 349-57 참조.

14. 스티글러는 월그린 자금 지원을 통해 펠츠먼에게 1만 2000달러를 주었다. 이 인용의 출처는 스티글러가 1972년 펠츠먼에게 보낸 편지다. Edward Nik-Khah, "George Stigler, the Graduate School of Business and the Pillars of the Chicago School", in *Building Chicago Economics: New Perspectives on the History of America's Most Powerful Economics Program*, ed. Robert Van Horn et al. (Cambridge, Eng.: Cambridge University Press, 2011), 148 참조.

15. Freedman, *In Search of the Two-Handed Economist*, 386.

16. James Allen Smith, *Brookings at 75* (Washington,D.C.: Brooking Institution, 2010), 89.

17. Martha Derthick and Paul J. Quirk, *The Politics of Deregulation* (Washington,D.C.: Brookings Institution, 1985), 34, 56.

18. Sam Peltzman, "Entry in Commercial Banking", *Journal of Law and Economics* 8 (October 1965): 11-50. 논문은 펠츠먼의 논문을 요약한 형태다. 펠츠먼이 훗날 술회한 바에 따르면 스티글러는 펠츠먼에게 자신은 그 결과가 마음에 들지 않지만 어떤 실수도 찾아낼 수 없었다고 말했다고 한다. Freedman, *In Search of the Two-Handed Economist*, 380 참조. 택시 영업 면허증에 대한 고찰은 경제학자 알프레드 칸이 했다.

19. George J. Stigler, "The Theory of Economic Regulation", *Bell Journal of Economics and Management Science* 2, no. 1 (Spring 1971): 3-21. 스티글러의 규제에 대한 묘사는 중요한 통찰로 여겨지곤 하지만 스티글러 본인은 이미 '상투적인 표현'이라고 논문에서 인정했다.

20. 과정이 발전적이지 않았다는 점을 지적하는 일은 중요하다. 새로운 해결책은 종종 제1, 제2 미국 국립은행의 연이은 설립과 연준의 창립과 같이 보다 오랜 해결책을 소환했다.

21. "A Conversation with Michael E. Levine", International Aviation Law Institute, April 17, 2006, DePaul University College of Law,

Chicago.

22. 루실 셰퍼드 키스Lucile Sheppard Keyes는 기업을 지나친 경쟁으로부터 보호할 때 얻는 장점에 의문을 표한 최초의 경제학자였다. 키스는 어디에서나 독점을 본 하버드 대학 교수 에드워드 체임벌린의 제자였으며 시간이 지나면 경쟁은 경화한다는 체임벌린과 견해를 같이했다. 1951년 하버드 대학 박사 학위 논문에서 키스는 항공 산업계에 대한 규제가 그 과정을 가속화하고 있다고 주장했다. 정부가 경쟁을 제한하면서 가격을 올리고 서비스의 향상을 막고 있었다는 것이다. 논문에서 그리고 이후 1950년대에 발표한 소론들에서 키스는 항공사 수를 제한하는 일이 비행기 여행을 보호하는 데 꼭 필요하다는 생각을 비웃었다. "그보다는 비누나 문 손잡이나 자동차의 충분한 공급을 확보하는 일이 더 필요하다." Lucile Sheppard Keyes, "A Reconsideration of Federal Control of Entry into Air Transportation", *Journal of Air Law and Commerce* 22 (1955): 197 참조.

23. 캘리포니아주 인구는 1964년 뉴욕주를 앞질렀지만 《뉴욕타임스》는 뉴욕주가 여전히 주민 수는 더 많다는 이정표를 다소 알 듯 모를 듯한 표현으로 언급했다. "California Takes Population Lead", *New York Times*, September 1, 1964.

24. Michael Levine, "Is Regulation Necessary? California Air Transportation and National Regulatory Policy", *Yale Law Journal*, July 1965. 역설적이게도 레빈이 논문을 발표하기 직전 퍼시픽사우스웨스트 항공사가 주州 경쟁을 제한하도록 캘리포니아주를 설득했다.

25. Derthick and Quirk, *Politics of Deregulation*, 76.

26. Todd E. Fandell, "Aerial 'Happenings' Planned by United Air in Lounge War Sequel", *Wall Street Journal*, July 13, 1972.

27. George W. Douglas and James C. Miller, *The CAB's Domestic Passenger Fare Investigation* (Washington,D.C.: Brookings Institution, 1974), 220.

28. Merton J. Peck, "Deregulation of the Transportation Industry", in *Effective Social Science*, ed. Bernard Barber (New York: Russell Sage Foundation, 1987), 105-6.

29. Peter H. Schuck, *The Judiciary Committees* (New York: Grossman, 1975), 221.

30. Derthick and Quirk, *Politics of Deregulation*, 41. 브레이어의 하버드 법학대학원 동료 가운데 한 명은 마이클 레빈과 함께 일한 적이 있고 브레이어도 잘 알았는데 몇 가지 방도를 찾아 두 사람을 소개시켰다. 레빈이 다음번 보스턴을 지나갈 때 로건 공항의 아메리칸 항공 휴게실에서 브레이어와 만나 몇 시간 대화를 나누었다. "Conversation With Michael E. Levine" 참조.

31. Stephen Breyer, "Working on the Staff of Senator Ted Kennedy", (2011년 2월 1일에 행한 뉴욕 대학 연설). 브레이어는 나중에 지미 카터가 규제 완화에 보인 관심에 케네디가 자극을 받았다고 말했다. 당시 케네디는 1976년 민주당 대통령 예비 선거에서 카터를 경쟁자로 여기고 있었다. 브레이어는 이렇게 회상했다. "케네디가 한번은 제게 매우 흥미롭게 들리는 말을 했습니다. '흠, 당신도 알다시피 이 카터 주지사는 과도한 정부에 대해 이야기를 하고 있습니다. 그리고 매우 좋은 반응을 얻고 있지요.'" "Stephen Breyer Oral History", June 17, 2008, Edward M. Kennedy Institute for the United States Senate, Boston 참조.

32. Barbara Sturken Peterson and James Glab, *Raped Descent: Deregulation and the Shakeout in the Airlines* (New York: Simon and Schuster, 1994), 34.

33. 레이커는 전세 항공사를 성공적으로 운영했으며 정기 운항 서비스를 제공하는 사업 면허증을 원했다.

34. Stephen Breyer, *Regulation and Its Reform* (Cambridge: Harvard University Press, 1982), 330.

35. "Stephen Breyer Oral History".

경제학자의 시대

36. Gerald R. Ford, *A Time to Heal* (New York: Harper and Row, 1979), 271.

37. Stuart Eizenstat, *President Carter: The White House Years* (New York: St. Martin's, 2018), 385-86. 1948년 해리 트루먼부터 1964년 린든 존슨에 이르기까지 민주당 대통령 후보라면 모두 노동절 집회에 참석했다. 다음 두 후보는 이 전통에 경의를 표했다. 1968년 허버트 험프리는 뉴욕에서 노동절 가두 행진에 참여하는 쪽을 택했다. 1972년 조지 맥거번George McGovern은 오하이오주와 캘리포니아주 노동조합 노동절 집회에 모습을 비추었다. 카터는 조지아주 자택에서 기자 회견으로 1976년 노동절을 시작했는데 그곳은 프랭클린 델러노 루스벨트가 세상을 떠난 곳이었다. 그러고는 사우스캐롤라이나주 달링턴에서 열리는 개조 자동차 경주대회에 모습을 나타냈다.

38. Alfred E. Kahn, *The Economics of Regulation* (New York: Wiley and Sons, 1971), 2:191.

39. "우리는 항공업 규제 완화에 대해 회의를 했는데 그것이 첫 사례가 될 것이다. 나중에 다른 산업의 규제 완화로도 옮겨 가고 싶다. 하지만 쉽지 않을 것이다"라고 카터 대통령은 1977년 6월 20일 일기에 썼다. Jimmy Carter, *White House Diary* (New York: Farrar, Straus and Giroux, 2010), 65 참조.

40. 이 보고서는 회계감사원Government Accounting Office에서 작성하여 1977년 2월 23일 발표했다. 하지만 날짜는 2월 25일로 적혀 있다. 규제 완화가 항공 산업의 급격한 쇠퇴를 일으킨다고 한 산업 무역 단체가 연구를 발표했는데 이 보고서는 그에 대한 반박이었다. "Comments on the Study: Consequences of Deregulation of the Scheduled Air Transportation Industry", February 25, 1977, General Accounting Office 참조.

41. 해밀턴 조던 대통령 비서실장이 메리 슈먼에게 전화를 걸어 카터가 두 번째 사람을 골랐다고 알렸다. 그러자 슈먼이 대답했다. "나라도 그 사람

을 뽑았을 겁니다." Eizenstat, *President Carter*, 363 참조.

42. Jonathan Rubin, "The Premature Post-Chicagoan: Alfred E. Kahn", *Antitrust* 25, no. 3 (2011).

43. Robert Sobel, *The Worldly Economists* (New York: Free Press, 1980), 236.

44. Alfred Kahn, "Fundamental Deficiencies of the American Patent Law", *American Economic Review*, September 1940, 485.

45. Joel B. Dirlam and Alfred Kahn, *Fair Competition: The Law and Economics of Antitrust Policy* (Ithaca, N.Y.: Cornell University Press, 1954), 18.

46. Kahn, *Economics of Regulation*, 1:15.

47. Thomas K. McCraw, *Prophets of Regulation* (Cambridge: Belknap Press, 1984), 244.

48. Douglas D. Anderson, *Regulatory Politics and Electric Utilities* (Boston: Auburn House, 1981), 127.

49. 브레이어에 따르면 당국의 강제 조치 가운데 60퍼센트가 불법 할인에 벌금을 물리는 것이었다. Derthick and Quirk, *Politics of Deregulation*, 44 참조.

50. Robert Lindsey, "Airlines in Bitter Struggle on Atlantic Charter Rates", *New York Times*, January 31, 1971.

51. McCraw, *Prophets of Regulation*, 274.

52. 칸은 1978년 2월 2일 연설에서 말했다. "이 비전문가에게는 적법한 절차가 본래 비대칭적 방식으로 정의되는 듯합니다. 지체로 인해 이익을 보는 부류는 보호하고 지체로 인해 악영향을 받는 부류, 대개 대중 전체가 손해를 보는 일이 원래부터 그런 듯합니다. … 한마디로 발상부터 이 발상을 시장에 적용하는 일까지 정부의 철저한 통제를 요구하는 행위는, 이것을 적법하다고 보고 그런 절차를 요구하는 행위는 경쟁과는 전면 상반됩니다."

53. "A Conversation with Alfred E. Kahn", International Aviation Law Institute, October 27, 2006, DePaul University College of Law.

54. Ernest Holsendolph, "When Rules Work: When They Don't", *New York Times*, August 21, 1977.

55. Alfred Kahn, "Memo to Bureau and Office Head, Division and Section Chiefs", June 16, 1977. lettersofnote.com/2011/04/on-bureaucratese-and-gobbledygook.html에서 볼 수 있다.

56. Susan Trausch, "The Demise of 'Whereas'", *Boston Glove*, July 18, 1977.

57. David Hummels, "Transportation Costs and International Trade in the Second Era of Globalization", *Journal of Economic Perspectives* 21, no. 3 (2007): 131-54.

58. Penelope Overton, "Asians Help to Fill Sales Gap as Europe Eats Less Maine Lobster", *Portland [Maine] Press Herald*, February 16, 2018.

59. Richard E. Cohen, "The CAB's Kahn on Aggravations of Airline Deregulation", *National Journal*, January 14, 1978, 50. 1978년 11월 《뉴스위크》는 칸에 대한 기사를 실었다. 칸은 당시 항공위원회를 떠날 예정이었는데 《뉴스위크》는 칸이 1년 전 이 직책을 맡았을 때 한 말을 인용했다. "제가 이 자리를 떠날 때 어디에서도 일자리를 찾지 못한다면 저는 이 일에서 어느 정도 성공을 거둔 것이라고 여길 것입니다." 하지만 이 발언에 대한 더 앞선 기록은 어디에도 없다. 그리고 칸은 만년에 자신은 마음을 비우고 이 직책을 맡았다고 주장했다. "제가 기회주의적으로 그리고 경제 규제 완화라는 임무를 완수하겠다고 미리 단단히 벼른 마음으로 CAB에 왔다는 암시는 이 쟁점이 지닌 복잡성으로 보건대 온당하지 못하다"라고 2008년에 썼다. 칸의 "Reflections of an Unwitting Political Entrepreneur" 참조. 칸은 1971년에 규제에 관한 책을 출간했는데 사실 이 책에는 항공 산업에 대한 간단한 논의가 실려

있었다. 이 논의에서 칸은 PSA에 관한 레빈의 논문을 요약했지만 항공업이 자연 독점의 사례인지에 대해서는 확실하지 않다고 결론을 맺었다. 칸이 생각하기에 항공 산업은 오히려 자동차 산업과 닮았다. 자동차 제조업체가 여러 특징을 덧붙여 가격을 올리면서 경쟁하고 있었기 때문이다. (1971년 저가 일본 수입 자동차가 물밀 듯이 미국 시장 안으로 막 들어오기 시작했다.) Kahn, *Economics of Regulation*, 2:209-20 참조. 칸의 여러 동료 특히 엘리자베스 베일리Elizabeth Bailey는 칸이 설득당해서 규제 완화로 넘어갔다고 말하기도 했고 글로 쓰기도 했다.

60. Carole Shifrin, "Airbus Debuts Here", *Washington Post*, April 13, 1978.

61. McCraw, *Prophets of Regulation*, 278.

62. Ernest Holsendolph, "C.A.B. Bids Airlines Pick Own Routes", *New York Times*, May 31, 1978.

63. "Alfred Kahn, Oral History", December 10-11, 1981, Miller Center of Public Affairs, University of Virginia, Charlottesville.

64. W. T. Beebe to Burt Lance, March 8, 1977. jimmycarterlibrary.gov/digital_library/sso/148878/11/SSO_148878_011_03.pdf에서 볼 수 있다.

65. 이 타협이 가능했던 이유는 이 법안을 담당한 케네디의 수석 보좌관 데이비드 보이스David Boies와 카터의 주 대변인 메리 슈먼 사이에 막 사랑이 싹텄기 때문이다. 두 사람은 1982년 결혼했다.

66. "The Line Forms Here for Air Routes", *Bussiness Week*, November 6, 1978, 66.

67. Derthick and Quirk, *Politics of Deregulation*, 129.

68. 맥키넌은 10년 전에 레이번의 수행원으로 일했다. 레이번은 1961년 죽었다. 이 설명은 신문 보도와 PBS의 *The Commanding Heights*의 "Episode One: The Battle of Ideas"에 나온 마지막 회의 장면에 그 토대를 두고 있다. Stuart Auerbach, "46-Year-Old CAB Goes out

of Existence", *Washington Post*, January 1, 1985, Irvin Molotsky, "C.A.B. Dies After 46 Years", *New York Times*, January 1, 1985 참조.

69. Dorothy Robyn, *Braking the Special Interests* (Chicago: University of Chicago Press, 1987), 17.

70. Michael J. Towle, *Out of Touch: The Presidency and Public Opinion* (College Station: Texas A&M Press, 2004), 51에서 인용.

71. W. Bruce Allen, Steven Lonergan, David Plane, "Examination of the Unregulated Trucking Experience in New Jersey", July 1978, U.S. Department of Transportation 참조. 다른 연구에 따르면 법원이 닭을 '미가공 농산품'으로 분류하는 판결을 내린 뒤 1950년대 짧은 기간 동안 가금류 운송 비율이 33퍼센트 떨어졌다. '미가공 농산품'은 연방 규제 대상이 아니었던 것이다. 의회는 이전 상태로 되돌아갔고 가격도 다시 올라갔다.

72. "Oral History: Alfred E. Kahn, Ron Lewis, Dennis Rapp", December 10-11, 1981, Miller Center of Public Affairs, University of Virginia.

73. Derthick and Quirk, *Politics of Deregulation*, 71.

74. 개스킨스가 위원장에 임명되었다. 카터는 위원 2명도 새로 임명했다. 역시 경제학자인 마커스 알렉시스Marcus Alexis와 규제 문제에서 개스킨스를 든든하게 지원할 투자 은행가 토머스 트란텀Thomas Trantum이었다.

75. 팩우드는 1995년 상원 의원직에서 물러났다. 개인적인 관계에서 '법적 성인' 기준을 따르지 않았음이 드러난 뒤였다.

76. Derthick and Quirk, *Politics of Deregulation*, 29.

77. "2018 State of Logistics Report", Council of Supply Chain Management Professionals.

78. 평균 '총' 비행기 푯값은 2017년 달러 가치로 1979년 632.92달러에서 2006년 350.41달러로 떨어졌다. 미 항공운송협회 관련 단체가 합계를 낸 자료에 따르면 45퍼센트 가까이 떨어졌다. http://airlines.org/

dataset/annual-round-trip-fares-and-fees-domestic/ 참조. 규제 완화 지지자는 항공료 가격 인하를 순이익으로 인용하는 경향이 있다. 사실 요금은 실질적으로 규제 완화 이전부터 내려가고 있었다. 한 가지 이유를 들자면 더 크고 더 빠르고 연료 효율이 더 높은 비행기가 점차 개발되고 있었기 때문이다. 1970년대는 또 비교적 연료 가격이 높은 시기여서 그와 비교해 향후 10년은 보다 상황이 나아 보였다.

79. Stuart Jeffries, "The Saturday Interview: Ryanair Boss Michael O'Leary", *The Guardian*, November 18, 2011.

80. Kahn, "Oral History".

81. Paul Solman, "Why Airline Profits Are Flying High", *PBS News-Hour*, PBS, April 20, 2017.

82. Michael Levine, "Why Weren't the Airlines Reregulated?", *Yale Journal on Regulation* 23, no. 2 (2006).

83. 대처의 과묵한 태도 때문에 몇몇 역사학자는 민영화가 보수당의 본래 의제가 아니라는 결론을 내놓았다. 나이젤 로손과 제프리 하우Geoffrey Howe를 비롯하여 토리당 정부의 핵심 인물들은 그 목표가 이미 심중에 있었으며 정치적 호소에 대한 대처의 우려 때문에 선거 운동 기간 동안 강조하지 않았다고 주장했다. Nigel Lawson, *The View from No. 11* (London: Bantam, 1992) 참조.

84. "Interview with Lord Ralph Harris", *Commanding Heights*, July 17, 2000; pbs.org/wgbh/commandingheights/shared/minitext/int_ralphharris.html에서 볼 수 있다.

85. Ralph Harris, "Memorandum to; John Wood, Arthur Seldon", March 14, 1974, Archive of the Margaret Thatcher Foundation. margaretthatcher.org/document/114757에서 볼 수 있다.

86. James Landale, "Thatcher's Mad Monk or True Prophet?", BBC Radio 4, April 7, 2014.

87. Daniel Yergin and Joseph Stanislaw, *The Commanding Heights*

경제학자의 시대

(New York: Free Press, 1998), 130.

88. "Interview with Kenneth Baker", *Commanding Heights*, September 19, 2000. pbs.org/wgbh/commandingheights/shared/minitext/int_kennethbaker.html에서 볼 수 있다.

89. Madsen Pirie, *Privatization* (Aldershot, Eng.: Wildwood House, 1988), 4.

90. Richard Green and Jonathan Haskel, "Seeking a Premier-League Economy", in *Seeking a Premier Economy: The Economic Effects of British Economic Reforms, 1980-2000*, ed. David Card et al. (Chicago: University of Chicago Press, 2004), 48-49.

91. Sean D. Barrett, "Exporting Deregulation: Alfred Kahn and the Celtic Tiger", *Review of Network Economics* 7, no. 4 (2008).

92. 미국 규제 기관인 민간항공위원회는 또한 1971년 할인 비행기 표의 불법화도 제안했다. 의회는 이 안건을 밀지 않겠다며 거절했다.

93. 1971년 라이언은 겨울 몇 달 동안 에어링구스 비행기와 승무원을 다른 나라 항공사에 빌려주자는 생각이 떠올랐다. 겨울에는 아일랜드를 찾고 싶어 하는 사람이 드물었기 때문이다. 4년 뒤 라이언은 혼자 이 임대 사업을 시작했다. 미국의 규제 완화 덕분에 이 사업은 크게 활기를 띠었다. 새로운 항공사들에 비행기가 필요했기 때문이다. 라이언이 아메리카 웨스트라는 신흥 항공사와 비행기 7대를 제공해 주기로 계약을 맺을 때 그 비행기들과 함께 아들도 보냈다. 아들은 2년 뒤에 돌아와 아버지가 라이언에어를 창업할 때 도움을 주었다. Richard Aldous, *Tony Ryan: Ireland's Aviator* (Dublin: Gill and Macmillan, 2013).

94. Siobhán Creaton, *Ryanair: How a Small Irish Airline Conquered Europe* (London: Aurum Press, 2004)

95. "나는 대형 항공사가 소형 항공사를 전멸시킬 수 있으리라고는 솔직히 믿지 않습니다. 우리가 지금껏 해 온 모든 연구는 규모의 경제가 없다고 증명하는 것 같기 때문입니다." 알프레드 칸이 1977년 청문회에서 한 말

이었다.

96. 오바마 행정부는 법률적으로 힘겨운 환경에서 일하고 있었다. 연방 법원이 반독점 소송에 드러내는 적의를 감안하면 그랬다. 특히 법원은 합병이 새로운 시장에 진입할 수 있는 경쟁자 수를 줄일 것이라는 근거를 들며 규제 기관이 합병을 막지 못하도록 했다. Justin Elliott, "The American Way", *ProPublica*, October 11, 2016 참조.

97. Airline.org가 집계한 연방 자료에 따르면 2017년 달러 가치로 미국 내 비행의 평균 가격은 2005년에 350.41달러였고 2017년에는 362.61달러였다.

98. "Internet Access Services", February 2018, Federal Communications Commission.

99. Karl Ritter and Nathalie Rothschild, "Nobel Prize for Economics Goes to France's Tirole", Associated Press, October 13, 2014.

100. "OECD Broadband Basket", June 2017, OECD Broadband Portal.

101. 경제학자 앨빈 로스Alvin Roth는 어쩌면 지구상에서 탁월한 시장 설계자일 것이다. 무엇보다 콩팥과 학생을 위한 시장에서 그렇다. 로스는 시장은 바퀴와 같다고 말한다. 자유로운 이동에는 차축이 필요하기 때문이다. Alvin Roth, *Who Gets What and Why* (New York: Houghton Mifflin, 2012), 13.

7장 경제학이 계산한 생명의 가치

1. Jean-Baptiste Say, "Author's Note", *Catechism of Political Economy*, 3nd (1815). https://fr.wikisource.org/wiki/Cat%C3% A9chisme_d%E2%80%99%C3%A9conomie_politique/1881/ Avertissement에서 프랑스 원문을 볼 수 있다.

2. Ira C. Eaker, "Weapons Selection Importance", *Los Angeles Times*,

August 22, 1965.

3. 의회는 양쪽의 미사일 개발 계획, 즉 공군의 보마크Bomarc와 육군의 나이키 헤라클레스Nike-Hercules에 이후 10년 동안 계속 자금을 지원했다. 마찬가지로 1950년대 중거리 탄도 미사일 계획인 육군의 주피터Jupiter와 공군의 토르Thor에도 자금을 지원했다. Ralph Sanders, *The Politics of Defense Analysis* (New York: Dunellen, 1973), 40 참조.

4. Alain C. Enthoven and K. Wayne Smith, *How Much Is Enough? Shaping the Defense Program, 1961-1969* (New York: Harper and Row, 1971), 339.

5. Alain C. Enthoven, "Tribute to Charles J. Hitch", *OR/MS Today* 22, no. 6 (December 1995). 맥나마라의 보좌관인 로스웰 L. 길패트릭Roswell L. Gilpatric이 1970년 구술 역사에서 맥나마라가 자신에게 히치를 만나보라고 부탁했고 자신이 뉴욕에서 히치를 면담했다고 말했다. 하지만 이 설명은 맥나마라 재임 기간에 대한 국방부 공식 역사 기록에 기반한 것으로 노먼 모스Norman Moss가 1968년에 쓴 저서에서 발췌했다. 이에 따르면 히치는 경제학 학술회의에 참석하고 집으로 가는 길에 덴버에 들렀다. 전미경제학회 기록에는 히치가 연례 학술회의차 세인트루이스에 있었다. Norman Moss, *Men Who Play God* (New York: Harper and Row, 1968), 268 참조.

6. Fred Kaplan, *The Wizards of Armageddon* (Stanford, Calif.: Stanford University Press, 1983), 254.

7. Enthoven and Smith, *How Much Is Enough?* 41.

8. Charles J. Hitch, *Decision-Making for Defense* (Berkeley: University of California Press, 1965), 46.

9. David Jardini, *Thinking Through the Cold War* (Seattle: Amazon, 2013), 167.

10. 이 인용의 출처는 존슨의 1965년 8월 25일 기자 회견이다. 엔토번Enthoven의 말에 따르면 히치는 이 결정을 되돌아보며 유감을 표하고 "어

리석은 결정"이라고 표현했다. 히치는 국방부에서 거둔 성공이 군비에 대한 랜드연구소 연구가 바탕이 되었다고 여겼다. 따라서 나머지 정부 부처는 같은 도구를 사용할 여건이 되지 않는다고 생각했다.

11. 오하이오주 하원 의원 시어도어 버튼Theodore Burton이 발의한 이 법안은 미 육군공병대가 개선으로 어떤 이득을 얻을지 현재 존재하는 혹은 상당히 유망하다고 판단되는 상업의 크기와 성격을 고려하라고 지시했다. 또 상업적인 공공의 이해와 관련하여 건설과 유지 비용뿐 아니라 이 사업의 공적인 필요성에 대해 이 사업이 감당할 최종 비용에 관한 설명도 검토하라고 명령했다. U.S. Statutes at Large, 57th Congress, sess. 1 (1902), ch. 1079, p. 372 참조. 전문 변호사인 버튼은 경제 정책 입안자로서 시대를 매우 앞선 인물이었다. 그는 수로 개선을 원하는 지방 정부와의 비용 분담 합의를 지지했는데 새로운 검토 과정보다 수상쩍은 수로 사업을 검토할 가능성이 높다고 여겼다. 하지만 어느 쪽도 이 일에서 구속력이나 영향력이 크지 않았다. 하지만 상원 의원이 된 버튼은 1914년 21시간 필리버스터로 특히 빈축을 살 만한 730만 달러 수로 사업 종합 계획을 막는 데 성공했다.

당연하게도 미국인은 비용 편익 분석이란 생각을 미국이 최초로 해 냈다고 믿었다. 이 기술의 초기 역사는 "특히, 어쩌면 매우 유난스럽게 이를 미국적인 것으로 표현한다." Richard J. Hammond, "Convention and Limitation in Benefit-Cost Analysis", *Benefit-Cost Analysis and Water-Pollution Control* (Stanford, Calif.: Stanford University Press, 1960) 참조. 하지만 첫 사례는 1901년에 등장한 듯 보이는데 이때 코르넬리스 렐리Cornelis Lely라는 네덜란드 공학자가 네덜란드 역사상 가장 큰 방파제 건설을 제안하면서 비용과 분석 표를 발표했다. 렐리의 표에는 어업의 손실과 새 농지의 가치가 실려 있었다. Frits Bos and Peter Zwaneveld, "Cost-Benefit Analysis for Flood Risk Management and Water Governance in the Netherlands", 2017, Netherlands Bureau for Economic Policy Analysis 참조. 일부 역사가는 현대의

경제학자의 시대

비용 편익 분석의 보다 이른 사례를 19세기 중반 프랑스 공학자의 연구에서, 특히 쥘르 뒤피Jules Dupuit의 연구에서 찾는다. 뒤피는 통행 수익에서 교량의 경제적 가치를 과소평가하고 있고, 따라서 정부는 다리를 더 건설하고 이용객 통행료를 더 낮추어야 한다고 주장했다. 하지만 역사학자 시어도어 M. 포터Theodore M. Porter는 이 프랑스 분석은 민간 소비나 부채를 다룰 의도가 아니었기 때문에 다르다고 주장한다.

12. Theodore M. Porter, *Trust in Numbers: The Pursuit of Objectivety in Science and Public Life* (Princeton, N.J.: Princeton University Press, 1995), 162–65.

13. 앞의 책.

14. Nicholas Kaldor, "Welfare Propositions of Economics and Interpersonal Comparisons of Utility", *Economic Journal* 49, no. 195 (1939).

15. 케네스 애로Kenneth Arrow는 이미 새로운 형태의 후생경제학이 이론상으로 결함이 있다는 사실을 입증했다. 1950년 애로는 랜드연구소에서 냉전 게임 이론을 연구하면서 박사 학위 논문 "Social Choice and Individual Values"를 마쳤는데, 이 논문에서 순위 매기기 형식으로 표현된 개인 선호도가 집단 선호도를 정확하게 그리고 믿을 만하게 설명한다고 볼 수 없음을 밝혀냈다. 이 '불가능성 정리impossibility theorem'는 경제 이론에 획기적인 기여를 했지만 공공 정책에는 뚜렷한 영향을 미치지 못했다. 반드시 그래야 한다는 점도 분명치 않다. 애로가 말했듯이 "대다수 시스템이 항상 형편없이 돌아가지는 않습니다. 모든 게 때때로 잘 작동하지 않을 수 있다는 점을 저는 입증했을 뿐입니다."

16. Martin Reuss, "Coping with Uncertainty: Social Scientists, Engineers, and Federal Water Resources Planning", *Natural Resources Journal* 32, no. 1 (1992).

17. A. Allan Schmid, "My Work as an Institutional Economist", January 31, 2008. canr.msu.edu/afre/uploads/files/Schmid/My_

work_as_an_Institutional_Economist.pdf에서 볼 수 있다.

18. A. Allan Schmid, "Effective Public Policy and the Government Budget: A Uniform Treatment of Public Expenditures and Public Rules", *The Analysis and Evaluation of Public Expenditures*, Joint Economic Committee, 1969.

19. 짐 토치와 2018년 3월 26일에 실시한 인터뷰.

20. J. Ronald Fox, *Defense Acquisition Reform: 1960-2009* (Washington,D.C.: Center of Military History/U.S. Army, 2012), 44-45.

21. 예를 들어 미 육군공병대는 1963년 경제 분석가를 고용했는데 이 가운데 절반은 자격을 갖춘 경제학자였다. 1967년 8월 즈음 경제학자 119명을 고용했고 다시 30명을 고용하는 중이었다. 또 객원 교수를 초빙하고 대학에 연구 자금을 지원하기 시작했다. Gregory Graves, "Pursuing Excellence in Water Planning and Policy Analysis: A History of the Institute for Water Resources", 1995, Army Corps of Engineers 참조.

22. 일터에서, 가정에서, 도로에서 사망률은 1930년대부터 1960년대까지 10년마다 줄어들었다. 하지만 1960년대에 그 감소폭이 주춤하면서 조치를 취하라는 압박이 거세졌다. W. Kip Viscusi, "The Misspecified Agenda", in *American Economic Policy in the 1980s*, ed. Martin Feldstein (Chicago: University of Chicago Press, 1994), 497 참조.

23. *Regulation: Process and Politics* (Washington,D.C.: Congressional Quarterly, 1982).

24. 첫 상업 증기선은 로버트 풀턴Robert Fulton의 노스리버스팀보트North River Steamboat로 1807년에 첫 출항을 했는데 뉴욕과 올버니 사이의 150마일을 32시간 동안 오가며 승객을 실어 날랐다. 지금은 자동차로 거의 3시간 걸린다.

25. 자동차산업협회는 새로운 규정에 따른 비용은 달성해야 할 편익에 비례해야 한다고 규정하는 문구를 넣어 달라고 의회에 진정을 냈다. 이 입법

전쟁에서 패한 뒤 자동차 회사는 소송을 내며 어떤 분석이든 꼭 필요하다고 주장했지만 역시 패했다. 여섯 번째 순회항소법원은 이렇게 말했다. "우리는 그 법에 이를 명시하기를 거부할 수밖에 없습니다. 똑같은 제안을 의회가 그 법에 명시하기를 거부했기 때문입니다." 하지만 법원은 그 법의 문구가 이 기술의 사용을 허가했다고 판결했다. *크라이슬러사 대 NHTSAChrysler Corp. v. NHTSA*, 472 F.2d 659(1972) 참조.

26. 116 Cong. Rec. 37345.

27. 닉슨이 환경 보호에 남긴 중요한 유산은 시어도어 루스벨트의 의욕을 불러일으킨 자연에 대한 사랑에 그 뿌리를 두지 않았다는 점이다. 환경 문제에 대한 최측근 조언자들 사이에서 닉슨은 자연을 거의 즐기지 않았다는 데 대해 의견이 대개 일치한다. 대다수 국내 정책 쟁점들과 마찬가지로 닉슨의 계산은 정치적이었다. 헐뜯자는 의미가 아니다. 닉슨은 사람들이 규제를 더 원했기 때문에 규제를 지지했다. 대립하는 이해관계가 있었기 때문에 균형을 잡으려 노력했다. 닉슨은 기업 경영진에 자신을 그들 편이라고 설득시키려 애썼다. 헨리 포드 2세에게 이렇게 털어놓았다. "솔직히 말하면 우리는 조치를 미루기 위해 여러 방면에서 싸우고 있습니다." 하지만 결론은 어느 미국 대통령보다 환경을 보호하는 데 많은 일을 했다.

28. "Interview with Christopher B. Demuth", January 14, 2008, Richard Nixon Oral History Program, Richard Nixon Presidential Library, Yorba Linda, Calif.

29. 행정부의 원안은 환경금융청을 설립하여 정화 과정에 자금을 지원하는 것이었다. 오염자가 오염 비용을 부담해야 한다고 의회가 주장하자 행정부는 이번엔 오염세라는 입장으로 돌아섰다. 닉슨은 실제로 1970년 연설에서 그런 세금을 제안했지만 백악관은 그런 입법을 상정하려는 의원을 단 한 명도 찾지 못했다. 민주당 의원은 법적 규제 모델을 더 선호했는데 특히 그것이 정치적 평계를 제공했기 때문이다. 재계가 불평을 토하자 의회는 독립적인 관련 규제 기관에 화살을 돌렸다.

30. George P. Shultz, "Agency Regulations, Standards, and Guidelines Pertaining to Environmental Quality, Consumer Protection and Occupational and Public Health and Safety", October 5, 1971, Office of Management and Budget. 이 책에 나오는 다른 이야기들과 비교해 시카고학파 경제학자가 이 장에서 특히 미미한 역할을 하지만 그들은 분명 비용 편익 분석의 지지자들이었다. 켈빈Kelvin 경의 인용구를 조악하게 바꿔 표현한 문구가 시카고 대학 사회과학 건물에 새겨져 있다. "수량화할 수 없는 지식은 불완전하고 불충분하다."

31. Richard L. Revesz and Michael A. Livermore, *Retaking Rationality: How Cost-Benefit Analysis Can Better Protect the Environment and Our Health* (Oxford: Oxford University Press, 2008), 135.

32. H. Spencer Banzhaf, "The Cold War Origins of the Value of Statistical Life", *Journal of Economic Perspectives* 28, no. 4 (2014).

33. H. Spencer Banzhaf, "Consumer Surplus with Apology: A Historical Perspective on Nonmarket Valuation and Recreation Demand", *Annual Review of Resource Economics* 2 (2010): 183-207.

34. 이는 '소비자 잉여consumer surplus'라는 경제학 개념을 지극히 단순화한 것이다. 돈을 가장 많이 쓴 방문객은 기꺼이 돈을 더 쓸지도 모르는 반면에 나머지는 그만큼 쓰려 들지 않을지도 모른다. 하지만 이것은 나의 지나친 단순화가 아니다. 그것은 호텔링이 원래 편지에서 요약한 방법론이다. 이 답신에는 이렇게 쓰여 있었다. "거리를 막론하고 편익이 똑같다고 가정하면 국립공원 인근에 사는 사람들에게는 소비자의 잉여가 교통 비용의 차이로 이루어집니다." Harold Hotelling to Newton B. Drury, Director, National Park Service, June 18, 1947, U.S. National Park Service, *The Economics of Public Recreation: An Economic Study of the Monetary Evaluation of Recreation in the National Parks* (Washington,D.C.: National Park Service, 1949).

35. W. Michael Hanemann, "Preface", *Pricing the European Environ-*

경제학자의 시대

ment, Ståle Navrud (New York: Oxford University Press, 1992), 17.

36. 대니얼 벤자민Daniel Benjamin과 2018년 3월 22일에 실시한 인터뷰. 게이 츠는 1972년에 《워싱턴포스트》에 비슷한 내용을 실었다. "내가 그런 방 안을 내놓자 위원회의 다른 위원이 모두 깜짝 놀랐다. 하지만 차츰 이 방안으로 기울어졌다." William Greider, "The Economics of Death", *Washington Post*, April 9, 1972 참조.

37. 이 단락에 나온 인용과 세부 사항은 출처가 Viviana Rotman Zelizer, *Morals and Markets: The Development of Life Insurance in the United States* (New York: Columbia University Press, 2017), 69-71이다.

38. "Cumulative Regulatory Effects on the Cost of Automotive Trans-portation", February 28, 1972, White House Office of Science and Technology. 로렌스 골드문츠Lawrence A. Goldmuntz는 자동차 규제에 대 한 닉슨의 대책위원회 위원장이었다. 골드문츠는 솔직하게 생명 보험을 언급하며 방법론을 정당화했다. 기자에게 이렇게 물었다. "생명 보험 증 서가 있습니까? 그 증서가 당신이 스스로의 생명에 부여하는 가치를 나 타냅니까? 물론 아니지요. 반면에 그 증서는 당신의 자원, 다시 말해 당 신이 기꺼이 쓸 자원 가운데 일정 할당액을 나타냅니다." Greider, "The Economics of Death" 참조.

39. "Social Costs of Motor Vehicle Accidents: Preliminary Report, April 1972", National Highway Traffic Safety Administration.

40. 정부는 가로대에 비용은 3억 1000만 달러인 반면에 편익은 3600만 달 러에 불과하다고 결론을 내렸다. Joanne Linnerooth, "The Evaluation of Life-Saving: A Survey", 1975, International Atomic Energy Agency 참조. 닉슨 행정부는 1971년에 비용이 편익을 초과한다는 점 을 발견하고 생명 가치에 대한 특정 수치를 사용하지 않은 초기 규제 형 태를 이미 거부했었다. 이 결정을 공식적으로 책임진 사람은 로버트 카 터Robert Carter였는데 교통부가 이때 비용 편익 분석을 규제 평가의 기본 토대로 처음 활용했다고 나중에 증언했다. "Federal Regulation and

Regulatory Reform", House Committee on Interstate and Foreign Commerce, 1976, fn. 73.

41. Thomas Schelliing, "The Life You Save May Be Your Own", in *Problem in Public Expenditure Analysis*, ed. Samuel B. Chase Jr. (Washington,D.C.: Brookings Institution, 1966).

42. 초기 평가자들은 코넬 대학 경제학자인 로버트 스미스Robert Smith, 하버드 대학 대학원생인 W. 킵 비스쿠시, 로체스터 대학 대학원생인 리처드 탈러였다. 보험계리사인 탈러의 아버지가 탈러에게 직업 사망률에 대한 자료를 주었다. 탈러는 이 자료에 임금 자료를 결합하여 노동자가 더 큰 위험을 감수하는 데 얼마를 받는지 분석해 냈다. 1974년에 발표한 박사 학위 논문에서 탈러는 노동자가 자신의 생명에 약 20만 달러라는 가치를 매긴다고 결론 내렸다. 하지만 그는 본인이 내린 이 결과에 회의를 품었다. 설문조사를 하며 자신이 내린 위험 평가가 직업 선택이 시사하는 가치와 일치하는지 알아보기 시작했다. 이 결과에 따르면 차이가 컸다. 주변에서는 "제게 시간 낭비 그만하고 원래 논문으로 돌아가라고 말했습니다." 탈러는 회고록인《똑똑한 사람들의 멍청한 선택Misbehaving》에 이렇게 썼다. "하지만 저는 이미 푹 빠져 있었습니다." 그는 계속해서 경제학과 심리학을 가로지르는 연구를 해 나갔고 이 연구로 2017년 노벨경제학상을 받았다.

43. "William Ruckelshaus Oral History", April 12, 2007, Nixon Library. nixonlibrary.gov/sites/default/files/forresearchers/find/histories/ruckelshaus-2007-04-12.pdf에서 볼 수 있다.

44. 워런 프루넬라와 2018년 3월 29일에 실시한 인터뷰.

45. Jim Morris, "How Politics Gutted Workplace Safety", July 7, 2015, Center for Public Integrity.

46. "Eula Bingham Administration, 1977-1981", U.S. Department of Labor. dol.gov/general/aboutdol/history/osha13bingham에서 볼 수 있다.

경제학자의 시대

47. Charles L. Schultze, "The Role and Responsibilities of the Economist in Government", *American Economic Review* 72, no. 2 (1982).

48. Paul Sabin, "'Everything Has a Price': Jimmy Carter and the Struggle for Balance in Federal Regulatory Policy", *Journal of Policy History* 28, no. 1 (2016)

49. Margot Hornblower, "Muskie Criticizes White House Meddling with EPA Rules", *Washington Post*, February 27, 1979.

50. Edmund S. Muskie, "Remarks at the University of Michigan" (1979년 2월 14일 앤아버의 미시간 대학에서 행한 연설)

51. "Use of Cost-Benefit Analysis by Regulatory Agencies: Joint Hearings Before the Subcommittee on Oversight and Investigations and the Subcommittee on Consumer Protection and Finance", July 30, October 10 and 24, 1979.

52. Milton Friedman and Rose Friedman, *Free to Choose* (New York: Harcourt Brace Jovanovich, 1980), 225.

53. 의회조사국Congressional Research Service은 웨이든바움의 연구가 "의심스럽고 타당성 여부도 분명하지 않다"라고 판단했다. Julius W. Allen, "Estimating the Costs of Federal Regulation: Review of Problems and Accomplishments to Date", September 26, 1978, Congressional Research Service 참조.

54. 제임스 C. 밀러와 2018년 3월 21일에 실시한 인터뷰. 당시 이야기에는 Peter Behr, "OMB Now a Regulator in Historic Power Shift", *Washington Post*, May 4, 1981의 내용이 담겼다.

55. Colman McCarthy, "Consumers According to Miller", *Washington Post*, November 8, 1981. 밀러는 이렇게 말했다. "소비자는 대다수 사람과 대다수 규제 기관이 생각하는 만큼 잘 속아 넘어가지 않습니다. 그들은 똑똑한 선택을 합니다. 제가 우려하는 점은 우리가 규제를 너무 강하게 밀어붙이면 최고급류 제품만 생산할 뿐입니다. … 가격이 훨씬 낮은,

어쩌면 질이 좋지 않은 제품을 구입하고 싶은 사람들은 기회를 빼앗기는 셈이 됩니다. 저는 그런 일이 일어나지 않았으면 합니다."

56. 밀러가 애덤 스미스 넥타이 대신 목에 두른 건 뉴욕시의 인장을 그대로 살린 것이었다. 밀러는 이렇게 말했다. "뉴욕은 누구에게나 특별하니까요." Clyde H. Farnsworth, "Neckties with an Economics Lesson", *New York times*, July 7, 1982.

57. 밀러와의 인터뷰. 밀러는 1942년 6월 25일에 태어나서 실제로는 당시 서른여덟 살이었다.

58. Dan Davidson, "Nixon's 'Nerd' Turns Regulations Watchdog", *Federal Times*, November 11, 2002.

59. Stuart Auerbach, "Seattle Fisherman Bobs Up at FTC Hearing", *Washington Post*, December 14, 1982.

60. 조이 그리피스의 경우는 특히 관심을 끌었는데 1985년 6월 마이애미 병원에서 혼수상태인 아이를 아버지가 죽였기 때문이다. 소비자제품안전위원회가 경고를 보내고 일주일 뒤에 일어난 일이었다. 그리피스는 자신의 딸이 고통스러워하는 모습을 도저히 견딜 수 없었다고 경찰에 털어놓았다. 그리피스는 일급 살인으로 유죄 선고를 받았다.

61. Bill McAllister, "Formula for Product Safety Raises Questions About Human Factor", *Washington Post*, May 26, 1987.

62. Bill Billiter, "Family Settles for $5 Million in Recliner Suit", *Los Angeles times*, September, 7, 1991.

63. Cass Sunstein, *The Cost-Benefit Revolution* (Cambridge: MIT Press, 2018), 전자책 932. 1981년 당시 법무부에서 젊은 변호사로 일하던 선스타인은 비용 편익 분석을 요구하는 레이건의 명령이 적합한지 여부에 대해 공식 의견을 준비하는 임무를 맡았다. 선스타인은 승인했다.

64. William R. Greer, "Value of One Life? From $8.37 to $10 Million", *New York Times*, June 26, 1985.

65. Clyde H. Farnsworth, "Move to Cut Regulatory Costs Near", *New*

York Times, February 14, 1981.

66. "Role of OMB in Regulation", House Committee on Energy and Commerce, June 18, 1981 참조.

67. 섬유 산업은 이 규정을 막아 보려고 소송을 걸었다. 레이건 취임식 다음 날 연방 대법원 앞으로 이 소장이 접수되었을 때 정부 측 변호사들은 오랜 교훈에 따라 움직이며 규정에 찬성한다고 주장했다. 두 달 뒤 손 G. 아우흐터Thorne G. Auchter라는 플로리다주의 한 건설업자가 산업안전보건청OSHA의 새 수장으로 취임했다. 그리고 맨 처음 취한 조치가 저 소송에 대한 판결을 보류해 달라고 법원에 요청한 일이었다. 아우흐터는 이제 OSHA가 비용 편익 분석의 필요성에 동의한다고 선언했다. 그리고 참신하고 진일보한 규정을 내놓을 작정이라고 밝혔다. 그뿐 아니라 "Cotton Dust: Worker Health Alert" 수천 부를 폐기하라고 지시했다. 이는 (공식적으로는 면폐증으로 알려진) 갈색폐를 다룬 책자였다. 폐기 이유는 표지가 1978년 면폐증으로 죽은 노스캐롤라이나주 섬유 노동자였기 때문이다. 아우흐터는 이렇게 설명했다. "그 사진은 지나치게 과장된 표현이라서 면화 먼지 문제에 확실한 편견을 심어 줍니다." 연방 대법원은 동의하는 척도 하지 않았다. 그리고 1981년 6월 카터는 갈색폐 규정을 인정했다. 법원은 OSHA 설립법을 언급하면서 의회가 현장 유독 물질 규제에서 노동자의 건강을 최우선 사항으로 고려한다고 결정했음을 지적했다. 또 규제 기관에 비용과 편익을 맞출 의무가 없다고 언명했다. 아우흐터는 패배를 인정하지 않으면서 이어 낮은 비용으로 같은 편익을 낼 수 있는 수정안을 밀었다. 하지만 업계는 더 이상 구제를 원하지 않았다. 대부분의 회사들이 새로운 규정을 따르는 데 필요한 돈을 이미 썼기 때문이다. 이제는 경쟁자들이 똑같은 비용을 치르기를 바랐지만 아우흐터는 아직 끝낼 수 없었다. 노스캐롤라이나의 한 회사에 대체 보호 장치를 실험한다는 이유로 필터를 설치하지 않아도 된다는 인가를 내주었다. 이후 이 실험이 내세운 전제는 면폐증이 먼지 그 자체가 아니라 세균 때문에 일어나며 따라서 원면을 물로 씻으면 완화된다는 과학적 증거로 그

정당성을 입증 받았다. 하지만 정치적으로는 용납될 수 없었다. 그 회사
는 재빨리 실험을 멈추고 필터를 달았다.

68. W. Kip Viscusi, "Health and Safety Regulation", in *American Economic Policy in the 1980s*, ed. Feldstein, 460-61.

69. 연방 법원은 1981년 4월 *시에라클럽 대 코스틀*Sierra Club v. Costle 소송에서 요구 받지 않았더라도 검토 절차는 합법이라는 판결을 내렸다.

70. Robert Pear, "Fiscal Plans Bear the Telltale Signs of Cost-Benefit Analysis", *New York Times*, February 14, 1982. 닉슨 행정부를 떠난 뒤 데무스는 시카고 대학 법학대학원에 입학했다. 경제학에 초점을 맞춘 과정에 끌렸기 때문이다. 데무스는 민간 부문에서 몇 년 일한 뒤 하버드 대학의 한 연구 센터 책임자가 되었다. 그곳은 규제 연구에 집중하는 곳이었다. 그는 "가능한 한 경제적 사고방식을 준수하며 규제 활동의 효율성을 향상시키겠다"고, 회의적인 대중에게 전심을 다해 이 접근법의 가치를 증명해 보이겠다고 결심하고 워싱턴으로 돌아왔다. 데무스는 때때로 비용 편익 분석 때문에 레이건 행정부가 더 엄격한 규제를 보장했다고 주장한다. 주목할 만한 사례로 휘발유 내 납 허용치를 대폭 낮춘 행정부의 결정을 들었는데 이는 편익이 비용을 크게 능가하리라는 EPA 분석의 결과였다.

71. Sunstein, *Cost-Benefit Revolution*, 전자책 149.

72. Richard L. Berkman and W. Kip Viscusi, *Damming the West* (New York: Grossman, 1973), 242.

73. W. Kip Viscusi, *Pricing Lives: Guideposts for a Safer Society* (Princeton, N.J.: Princeton University Press, 2018), 1.

74. Pete Earley, "What's a Life Worth?", *Washington Post*, June, 1985.

75. 여러 대통령은 연방 정부 관료 제도의 독립성 때문에 끊임없이 좌절당했다. 이 역사는 케네디 대통령이 한 탄원인에게 말했다고 알려진, 출처는 불분명하지만 꽤 적절한 대답으로 요약된다. "저도 당신과 의견이 같습니다. 하지만 정부도 그럴지 저는 모르겠습니다." Elena Kagan은 유명

한 소론인 "Presidential Administration" (*Harvard Law Review*, 2000) 에서 클린턴이 비용 편익 분석을 받아들인 일을 다루었다. 훗날 연방 대법원 판사가 되는 케이건은 규제 검토가 클린턴이 통제권을 확고하게 잡기 위해 사용한 "가장 중요도는 떨어질지언정 가장 근본을 흔드는" 수법이라고 표현했다. 이는 아마 사실일 것이다. 클린턴이 쓴 다른 수법에는 규제 기관에 할 일을 지시하는 간단한 방책도 있었다.

76. Sally Katzen, "Perspectives on Modern Regulatory Governance: Oral History Project", 2012, Kennan Institute, Duke University, Durham, N.C.

77. Douglas Jehl, "Regulations Czar Prefers New Path", *New York Times*, March 25, 2001.

78. John H. Cushman Jr., "Congressional Republicans Take Aim at an Extensive List of Environmental Statutes", *New York times*, February 22, 1995.

79. Revesz and Livermore, *Retaking Rationality*, 35.

80. Katharine Q. Seelye and John Tierney, "E.P.A Drops Age-Based Cost Studies", *New York Times*, May 8, 2003. 정부는 계속 나이와의 관련성을 해결하려고 애썼지만 더 최근에는 노인의 생명 가치를 할인하는 게 아니라 어린이의 생명 가치를 강조하는 방향으로 노력을 기울이고 있다. 예를 들면 교통부는 자동차에 후방 카메라를 달라고 요구하는 규정이 보다 중요하다고 강조한다. 어린아이들의 생명을 구할 수 있기 때문이다. 마찬가지로 소비자제품안전위원회는 한 컨설턴트에게 어린이의 가치를 연구하도록 의뢰했다. 2018년 보고서가 내린 결론에 따르면 어린이는 그 가치가 어른의 2배였다. 하지만 소비자제품안전위원회는 2018년 중반 현재까지 그 결론을 비용 편익 분석에 쓰지 않았다. "Valuing Reductions in Fatal Risks to Children" (Industrial Economics report), 2018, Consumer Product Safety Commission.

81. W. Kip Viscusi, "The Devaluation of Life", *Regulation and Go-*

vernance, no. 3 (2009)

82. Sunstein, *Cost-Benefit Revolution*, 전자책 230. 법원은 또 의회가 규제 기관에 비용 문제를 무시하도록 명확하게 지시하지 않는 경우 규제에 대한 비용·편익 분석을 요구하는 방향으로 움직이는 듯 보인다. *미시건 대 EPA*Michigan v. EPA (2015) 소송에서 연방 대법원은 5 대 4 다수결로 EPA가 어떤 종류의 대기 오염 물질을 규제하는 제안을 할 때 비용을 고려하지 않고 비합리적으로 행동했다고 판결했다. 소수 의견도 비용을 고려할 필요가 있다는 데 동의한다면서 EPA가 그 짐을 지지 않으려 했다고 지적했다. 사실상 판사 9명이 모두 청정대기법에 대해 1970년대의 일반적인 견해와는 사뭇 다른 견해를 내놓았다.

83. Stanley Johnson, *The Politics of Environment* (London: Tom Stacey, 1973), 172. 더 강력한 환경 규제를 옹호하는 존슨은 영국 국민이 지나치게 신중하다고 생각했다. 그의 아들 보리스는 저명한 보수당 정치인이 되었다.

84. 정치적 압력 때문에 결국 부시 행정부는 더 엄격한 기준을 채택할 수밖에 없었다. Cindy Skrzycki, *The Regulators: Anonymous Power Brokers in American Politics* (Lanham, Md.: Rowman and Littlefield, 2003), 213 참조.

85. Brandon Mitchener, "Rules, Regulations of Global Economy Are Increasingly Being Set in Brussels", *Wall Street Journal*, April 23, 2002.

86. Samuel Loewenberg, "Old Europe's New Ideas", *Sierra Magazine*, January-February 2004.

87. 이런 흐름에 대해 내가 언급한 내용은 출처가 David Vogel, *The Politics of Precaution: Regulating Health, Safety and Environmental Risks in Europe and the United States* (Princeton, N.J.: Princeton University Press, 2012)이다.

88. 화이자의 전면 광고는 2000년 2월 17일로 시작되는 주중에 《유럽인의

소리European Voice》에 실렸다. Andrew Jordan, "The Precautionary Principle in the European Union", *Reinterpreting the Precautionary Principle*, Tim O'Riordan, James Cameron, Andrew Jordan 편집 (London: Cameron May, 2001), 154 참조.

8장 돈, 골칫덩어리

1. F. A. MacKenzie, *The American Invaders: Their Plans, Tactics and Progress* (London: Grant Richards, 1902) 142-43.

2. 무역이 군사적 충돌을 저지한다는 이 생각은 1930년대와 1940년대에 널리 퍼져 있었다. IBM의 최고 경영자 토머스 왓슨Thomas Watson은 1938년 문을 연 맨해튼 본사 건물 입구에 명판을 붙였는데 명판에는 이렇게 쓰여 있었다. "세계 무역으로 세계 평화를 이루자." 국무부의 생각에 대해서는 "Proposals for Expansion of World Trade and Employment", November 1945, U.S. State Department 참조.

3. 경제사학자는 세계 경제의 붕괴에서 무역 정책의 역할에 대해 계속 논쟁을 벌이고 있다. 최근 학계에서는 1930년대 초 대공황의 주요 원인이 통화 평가절하가 아니라 다른 경제 문제의 결과 혹은 촉매로 여기는 추세다. Douglas Irwin, *Peddling Protectionism: Smoot-Hawley and the Great Depression* (Princeton, N.J.: Princeton University Press, 2011) 참조.

4. 화이트는 복잡한 인물이다. 자신이 미국의 국익이라고 판단하면 헌신을 다할 뿐 아니라 유능했다. 한편 소련 첩자이기도 했다. 존 메이너드 케인스가 이 협정의 주 설계자로, 아니면 적어도 화이트와 더불어 공동 설계자로 여겨지곤 한다. 실제로 케인스는 공직에서 행한 마지막 활동에서 미국의 힘을 견제하기 위해 애썼지만 양보를 거의 얻어 내지 못했다. Benn Steil, *The Battle of Bretton Woods* (Princeton, N.J.: Princeton

University Press, 2013) 참조.

5. 이 규정으로 다른 나라들은 자국 통화를 달러 혹은 금으로 고정할 수 있었다. 그런데 어느 나라도 금을 선택하지 않았다.

6. 더글러스 맥아더Douglas MacArthur 장군이 1949년 4월 달러당 360엔으로 환율을 정했고, 이 환율이 거의 25년 동안 유지되었다. 서독의 경우 1949년 환율이 달러당 4.2도이치마르크였다. 이 환율은 1961년 약간 재평가되고 1969년 다시 재평가되었는데, 이때 달러를 3.66마르크로 고정했다.

7. "The Balance of Payments Mess", Joint Economic Committee, June 1971, 246.

8. Judith Stein, *Pivotal Decade* (New Haven: Yale University Press, 2010), 전자책 위치 246.

9. 금본위제에서는 환율을 그대로 유지하는 동안 각 나라가 조정에 들어간다는 이론이었다. 수출을 늘리기 위해 각 나라는 국내 임금과 가격을 내려야 했다. 이 고통스러운 선택을 브레턴우즈 체제에서도 여전히 쓸 수 있었지만 정치적으로 받아들일 수 없었다. 무엇보다 투표권이 확대되고 노동조합이 확장하는 추세로 인해 선진 세계 전반에 걸쳐 정치적 힘의 균형이 바뀌었다. 고정 환율 지지자는 엄격하게 적용해야 장기적으로 경제 성장을 이룰 수 있다고 주장했다. 이 관점에서 보면 국내 경제 조건을 조정하지 않고 환율을 조정하기로 한 나라는 이 처방을 받아들이지 않는 셈이다. 경제사학자 앨런 멜처Allan Meltzer는 묘비명 형식을 빌려 이렇게 썼다. "환율 안정성은 공공재였다. 어느 나라도 충분히 공급하려 들지 않았다." Allan H. Meltzer, *A History of the Federal Reserve*, vol. 2, book 2, 1970-1986 (Chicago: University of Chicago Press, 2009), 754 참조.

10. 일방적인 평가절하가 지닌 문제는 교역 상대국이 똑같이 나올 수 있다는 점이다. 그리고 그런 일이 1930년대 초에 정말 일어났다. 존 케네스 갤브레이스의 1964년 소론에 그 이야기가 실려 있었다. 한번은 갤브레

이스가 스위스 은행가에게 스위스는 미국에 언제 대응할 것이냐고 물었다. 그러자 그 은행가가 "같은 날 늦은 오후쯤일 겁니다"라고 답했다. "The Balance of Payments: A Political and Administrative View", *Review of Economics and Statistics* 46, no. 2 (May 1964): 115-22 참조. 미국은 다른 나라들이 금 대비 달러 가치를 내리기보다는 달러 대비 자국 통화의 가치를 올리기를 바랐다. 그 이유는 달러를 보유하고 있는 동맹국들에게 불이익이 돌아가는 것을 꺼렸기 때문이다. 특히 뜻밖의 이득이 주요 금 생산국인 소련과 남아프리카공화국에 돌아가는 것을 더욱 꺼렸기 때문이다.

11. 무역조정지원제도라고 알려진 이 제도는 마침내 1970년대 초 얼마 안 되는 보상금을 지급하기 시작했다. 하지만 여전히 미국노동총연맹산업별조합회의AFL-CLO 의장은 이를 '장례 보험'이라며 거부했다. 의회가 그해 말 무역 협정에 대한 대통령의 협상 권한을 넓혔을 때 보상 제도 역시 상당히 후하게 손보았다. 1980년 이 제도로 노동자 60만 명이 혜택을 보았다. 이듬해 레이건 행정부는 의회를 설득해 자격도 혜택도 대폭 축소했다.

12. 1960년에 외국 정부의 총 달러 보유고가 미국의 금 공급을 넘어섰다. 3년 뒤 미국 정부 보유고가 다시 앞섰다. Barry Eichengreen, *Exorbitant Privilege: The Rise and Fall of the dollar and the Future of the International Monetary System* (Oxford: Oxford University Press, 2011), 50 참조.

13. 존슨은 1917년 적성국교역법을 발동하여 외국 여행 제한이라는 더 강력한 제안을 채택하려 했다. 밀월 관계를 깨는 일은 정치적 관점에서 훌륭한 생각이 아닌 듯 보였지만 헨리 파울러Henry Fowler 재무장관은 존슨이 그 제안을 마지못해 제쳐 놓기 전에 왜 그 제안이 법에 어긋나는지 설명하는 보고서를 써야만 했다.

14. 샤를 드 골이 집권하고 있던 프랑스는 가능한 한 빠르게 달러를 금으로 계속 바꾸었다. 이는 특히 미국을 짜증나게 했다. Meltzer, *History of*

the Federal Reserve, vol. 2, book 2, 719 참조.

15. "A-Blasts Studied as Way to Expand U.S. Gold Output", *New York Times*, February 26, 1968, 53.

16. James Ledbetter, *One Nation Under Gold* (New York: Liveright/ Norton, 2017), 183.

17. Milton Friedman, Donald Gorden, W.A. Mackintosh, "Canada and the Problems of World Trad", University of Chicago round Table 526, April 18, 1948. https://miltonfriedman.hoover.org/friedman_ images/Collections/2016c21/UCR_04_18_1948.pdf에서 볼 수 있다. 프리드먼은 회고록에서 도널드 고든Donald Gordon 캐나다 중앙은행 부총재가 변동 환율을 지지하는 진지한 주장을 이제까지 한 번도 들어본 적이 없었다고 주장한다. 하지만 라디오 방송 녹취록은 이 주장을 뒷받침하지 않는다. 이 생각을 처음 언급한 사람이 바로 고든이었다. 하지만 고든 티센Gordon Thiessen 전 캐나다 중앙은행 총재는 2000년 연설에서 프리드먼이 내부 토론을 불러일으킨 장본인으로 인정받을 만하다고 말하며 방송이 끝나고 준비한 변동 환율에 대한 수많은 보고서를 인용했다. 2년 뒤인 1950년 캐나다는 브레턴우즈 협정을 위반하며 변동 환율로 전환했다.

18. Milton Friedman, "The Case for Flexible Exchange Rates", *Essays in Positive Economics* (Chicago: University of Chicago Press, 1953), 157-203. 이 논문은 1950년에 기원이 있었다. 이때 프리드먼은 마셜 플랜에 컨설턴트로 고용되어 있었고 배정 받은 임무가 서독에 조언하는 일이었다. 당시 독일인은 수출로 돈을 벌어 필요한 수입품에 돈을 내려고 애쓰고 있었다. 프리드먼은 마르크의 평가절하를 권했다. 또 무역 적자는 한 국가의 통화가 너무 비싸다는 점을 가리킨다고 말했다. 독일은 이의를 제기했다. 1953년 논문은 그 조언을 일반화한 것이다.

19. 한 정책 입안자가 프리드먼을 끌어들인 일은 미국기업연구소AEI로서는 신의 한 수였다. 미국기업연구소는 1960년대 미국에서 보수적 싱크탱크

경제학자의 시대

로서의 이름 없는 삶에서 벗어나려고 애쓰고 있었다. 이 기관은 1938년 세계 최대 석면 회사의 최고 경영자가 설립했는데, 그는 뉴딜 정책을 좋아하지 않았기 때문에 윌리엄 J. 바루디William J. Baroody의 지도 아래 보다 폭넓은 지지층을 찾으려 했다. 바루디는 대공황 동안 정부에서 급료를 받으며 뉴햄프셔 실업보상기관과 재향군인국에서 일했고, 1954년 미국 기업연구소에 들어가 자신의 전 고용주를 가장 날카롭게 비판하는 일로 두 번째 경력을 시작했다. 바루디가 구사하는 전략의 특징은 진보주의 성향의 전문가와 보수주의 성향의 전문가를 짝지어 보수주의를 옹호하는 지지층을 얻는 것이었다. 예를 들어 미국기업연구소는 계류 중인 법안에 대한 대중적인 분석에 존경 받는 진보주의 경제학자 견해와 보수주의 경제학자 견해를 함께 실어 배포했다. 바루디는 이렇게 하면 진보주의적인 견해를 퍼뜨리기도 하지만 의회 내 진보주의 의원에게 보수주의적인 내용을 읽히게 하는 데 이만큼 효과적인 방법도 없다고 기부자들을 설득했다.

20. Milton friedman and Robert Roosa, *The Balance of Payments: Free Versus Fixed Exchange Rates* (Washington,D.C.: American Enterprise Institute for Public Policy Research, 1967), 185.

21. Robert Leeson, *Ideology and the International Economy* (Basingstoke, Eng.: Palgrave Macmillan, 2003), 114. 프리드먼의 전기 작가 에드워드 넬슨은 프리드먼이 그 변화에 이바지했다는 공을 새뮤얼슨이 인정했다고 분명히 밝히고 있다. 1969년 새뮤얼슨은 이렇게 말했다. "나는 밀턴 프리드먼에게 개인적으로 경의를 표하고 싶습니다. 황야에서 외롭게 울부짖는 목소리였습니다." 프리드먼의 관점은 "이제 학계에서 새로운 정설이 되었습니다." Nelson, "Milton Friedman and Economic Debate in the United States, 1932-1972", 2018, book B, p. 476 참조. https://sites.google.com/site/edwardnelsonresearch에서 볼 수 있다.

22. Anthony Lewis, "Commons Backs Wilson on Pound", *New York Times*, November 23, 1967, 17.

23. Meltzer, *History of the Federal Reserve*, vol. 2, book 2, 733.

24. Paul Volcker and Toyoo Gyohten, *Changing Fortune: The World's Money and the Threat to American Leadership* (New York: Times Books, 1992), 144–45.

25. Milton Friedman, "A Proposal for Resolving the U.S. Balance of Payments Problem: Confidential Memorandum to President-Elect Richard Nixon", October 15, 1968, in *The Merits of Flexible Exchange Rates*, ed. Leo Melamed (Fairfax, Va.: George Mason University Press, 1988), 429–38에 재수록됨.

26. 국내 전선에서 닉슨은 자신의 경제 쟁점에 대한 관심은 그 결정이 경기 후퇴 아니면 인플레이션에 영향을 줄 경우로 한정되었다고 썼다. Richard M. Nixon, "Memorandum for Mr. Haldeman, Mr, Ehrlichman, Dr. Kissinger", March 2, 1970. https://2001-2009.state.gov/r/pa/ho/frus/nixon/e5/55018.htm에서 볼 수 있다.

27. 캐나다는 이전 1950년에서 1962년 사이 자국 통화에 변동 환율을 적용했다.

28. Leeson, *Ideology and the International Economy*, 132.

29. 윌리엄 새파이어는 자신의 회고록 가운데 "The President Falls in Love"라는 장에서 그 관계를 간략하게 언급했다. 그는 닉슨이 코널리에 대해 한 말을 인용했다. "각료마다 대통령이 될 잠재력을 적어도 한 가지씩 지니고 있어야 한다." Safire, *Before the Fall: An Inside View of the Pre-Watergate White House* (New York: Doubleday, 1975), 498 참조. 코널리는 공공연하게 경제학에 회의적인 입장을 드러냈다. 의회에서 자신은 리카도의 무역 옹호론을 이해하지 못하지만 그 이론은 명백히 틀렸다고 당당하게 말했다. "그것은 비교 우위 이론입니다. 첫째, 제가 이해하지 못하는 이유는 경제학자가 아니기 때문입니다. 하지만 경제학자이더라도 이해하고 싶어 하지 않았을 겁니다. 잘 맞아떨어지리라고 보지 않기 때문입니다." 마찬가지로 코널리는 처음에 '통화 마법'으로서 평가

경제학자의 시대

절하를 무시하며, 달러 가치에 대한 유일한 해결책은 국내 경제를 튼튼하게 하는 것이라고 주장했다. 그러면 나머지는 자연히 해결된다고 강조했다.

30. Richard Nixon, *RN: The Memoirs of Richard Nixon* (New York: Grosset and Dunlap, 1978), 518.

31. George P. Shultz and Kenneth W. Dam, *Economic Policy Beyond the Headlines* (Stanford, Calif.: Stanford Alumni Association, 1977), 115.

32. Richard Reeves, *President Nixon: Alone in the White House* (New York: Touchstone/Simon and Schuster, 2001), 356.

33. 8월 12일 목요일 대통령 집무실에서 만난 코널리와 닉슨은 캠프 데이비드에서 벌어질 논의가 아직 결정이 나지 않은 문제에 대한 것인 듯 접근해야 번스를 부드럽게 끌어들일 수 있다고 의견 일치를 보았다. 독립 기관의 수장으로 번스는 문제를 일으킬 소지가 있었기 때문이다. Douglas Brinkley ed., *The Nixon Tapes, 1971-1972* (New York: Houghton Mifflin Harcourt, 2014), 233-72 참조. 조지 슐츠도 비슷한 이야기를 했다. 슐츠는 내게 이렇게 말했다. "무언가를 논의하는 모임이 아니었습니다. 닉슨이 무대에 오를 수 있도록 하는 모임이었습니다."

34. Robert H. Ferrell ed., *Inside the Nixon Administration: The Secret Diary of Arthur Burns, 1969-1974* (Lawrence: University Press of Kansas, 2010), 49-53.

35. Wyatt C. Wells, *Economist in an Uncertain World* (New York: Columbia University Press, 1994), 206.

36. Safire, *Before the Fall*, 518. 볼커는 자신의 계획을 자세하게 밝히지 않았지만 아마도 자산 가격의 변동에 투자할 가능성을 말하고 있는 듯했다. 당시 통화 선물 시장이 없었기 때문에 볼커는 대통령의 연설이 다른 금융 시장에 미칠 파급 효과를 예측할 필요가 있었다.

37. Ferrell, *Inside the Nixon Administration*, 53.

38. Eichengreen, *Exorbitant Privilege*, 59.

39. 독일인은 하나도 빠뜨리지 않고 번역했다. 넬슨 록펠러 뉴욕 주지사는 닉슨에게 축하 전화를 하면서 연설이 끝나고 바로 이어진 광고가 폭스 바겐이었다고 말했다. 두 사람은 이 우연의 일치를 닉슨이 내린 결정이 얼마나 중요한지 강조하는 것으로 여겼다. H. R. Haldeman Diaries, National Archives, August 16, 1971 참조. nixonlibrary.gov/sites/default/files/virtuallibrary/documents/haldeman-diaries/37-hrhd-audiotape-ac12b-19710816-pa.pdf에서 볼 수 있다.

40. "The Dollar: A Power Play Unfolds", *Time*, August 30, 1971, 17.

41. 《뉴욕타임스》 보도에 따르면 대주교가 기도로 호소한 뒤 "즉각적인 파운드화 가치 하락이 중단되었다." 평론가들은 이 파운드화 가치 하락이 영국 내각 회의 결과를 기다리며 사태를 관망하는 무역업자 때문이라고 본다고 기사에서는 지적했지만 말이다. "Notes on People", *New York times*, July 2, 1975 참조.

42. Robert Solomon, *The International Monetary System, 1945-1981* (New York: Harper and Row, 1982), 2.

43. John S. Odell, *U.S. International Monetary Policy* (Princeton, N.J.: Princeton University Press, 1982), 262.

44. Ferrell, *Inside the Nixon Administration*, 66.

45. Henry Kissinger, *Years of Upheaval* (New York: Simon and Schuster, 2011), 80-81.

46. "George Shultz: Looking Back on Five Years in Government", *Washington Post*, April 14, 1974.

47. 슐츠는 열두 살 때 마을 신문을 발간한 일에 대해 즐겨 이야기한다. 신문 가격은 5센트였다. 한 이웃집 문을 두드리고 나서 신문을 열심히 홍보했는데, 그 남자가 안으로 들어가더니 《새터데이이브닝포스트Saturday Evening Post》를 한 부 들고 나왔다. 그리고 슐츠에게 이 정도는 되어야 5센트를 받을 수 있다고 말했다. 슐츠는 이 일로 시장의 논리를 크게 깨달았다고 말했다.

48. 슐츠가 MIT 젊은 교수였던 시절 새뮤얼슨이 그 유명한 경제학 교과서를 쓸 때 옆에서 도왔다. 교수들은 그 교과서 초안을 수업에 쓴 다음 학생들이 잘 이해하지 못했던 부분에 대해 새뮤얼슨에게 다시 보고했다. Paul Burnett 녹음, "Problems and Principles: George P. Shultz and the Uses of Economic Thinking", 2015, Oral History Center, Bancroft Library, University of California, Berkeley 참조.

49. 조지 슐츠와 2018년 4월 19일에 실시한 인터뷰.

50. A. H. Raskin, "Said Nixon to George Shultz: 'I Track Well with You", *New York Times*, August 23, 1970.

51. Rowland Evans and Robert Novak, *Nixon in the White House: The Frustration of Power* (New York: Random House, 1971), 369.

52. 코널리가 1971년 2월 재무장관으로 임용된 직후 프리드먼은 자신을 소개할 기회를 찾았다. 그는 1968년 닉슨에게 보낸 보고서 복사본을 한 부 보내며 코널리에게 이렇게 말했다. "이 글은 제가 2년 전에 쓴 것입니다." 1971년 9월 30일, 1971년 12월 3일 코널리에게 보낸 편지 두 통은 Milton Friedman Papers, box 24, Hoover Institution Archives, Stanford, Calif. 참조.

53. 이 대화는 교텐 도요오가 전했는데 교텐은 미즈타의 통역관으로 참석했다. 미즈타의 이야기는 오해의 소지가 있었다. 살해당한 재무장관은 준노스케 이노우에로 정치적 온건파에 대한 테러 활동의 일환으로 한 극단적인 국수주의자에게 1932년 죽임을 당했다. 하지만 당시 이노우에는 재무장관이 아니었고 살인은 금본위제와 직접적인 연관이 없었다. Volcker and Gyohten, *Changing Fortunes*, 97 참조.

54. 앞의 책, 90.

55. 영국은 1972년 6월 23일 파운드화에 변동 환율을 실시했다. 첫 공식 전환이었다.

56. Volcker and Gyohten, *Changing Fortunes*, 104.

57. "Transcript of a Recording of a Meeting Between the President

and H. R. Haldeman in the Oval Office on June 23, 1972, From 10:04 to 11:39", White House Tapes, Richard Nixon Presidential Library, Yorba Linda, Calif.

58. Solomon, *The International Monetary System*, 336.

59. Harold James, *International Monetary Cooperation Since Bretton Woods* (New York: Oxford University Press, 1996), 242.

60. 슐츠는 회의 직전에 닉슨을 만나 미국은 변동 환율이냐 아니면 현행처럼 통화 시장에 대규모 개입을 유지하느냐 선택에 직면해 있다고 말했고, 그 자리에서 닉슨의 승인을 받았다. 슐츠는, "이쪽이든 저쪽이든 끝까지 밀어붙여야 합니다"라고 말했다. Odell, U.S. *International Monetary Policy*, 321 참조. 슐츠는 파리로 날아가는 동안 그 안건을 두고 번스와 논쟁을 벌였다고 내게 말했다. 하지만 두 사람이 회의에 들어갔을 때 슐츠는 번스가 공동 전선을 펴는 모습을 보고 안심했다고 덧붙였다.

61. 전 세계에 걸쳐 무역이 폭발적으로 늘어난 현상에는 여러 원인이 있다. 선적 컨테이너의 발명은 분명 가장 예측하지 못한 기술 혁명이었으나 운송비를 줄이는 데 커다란 역할을 했다. 인터넷의 발명은 확실히 가장 예측을 잘한 기술 혁명이었는데 역시 통신비를 줄이는 일에 막대한 역할을 했다. 소련이 무너졌고 중국이 시장을 개방했다. 변동 환율과 관련해서 짚자면 변동 환율이 이 새로운 체제에 가장 중요하게 기여한 점은 미국이 거의 무제한으로 무역 적자를 보게 되었다는 것일지도 모른다. 1971년과 2008년 수치는 Penn World tables에서 나왔다. rug.nl/ggde/productivity/pwt/ 참조. 세계은행 추산에 따르면 같은 기간 27퍼센트에서 61퍼센트로 변동했다.

62. 이 단락은 출처가 Leo Melamed의 회고록 *Escape to the Futures* (New York: Wiley, 1996)이다.

63. 앞의 책, 177. 멜라메드는 총 7500달러를 프리드먼에게 지불했다고 말하곤 했다. 어느 쪽이든 시카고상품거래소로서는 수지맞은 거래였다.

64. 1980년 라스 피터 핸슨Lars Peter Hansen과 로버트 호드릭Robert Hodrick 두 경제학자는 마침내 투기는 사람들이 비이성적이기 때문에 수익을 낼 수 있음을 증명해 보이면서 이론을 현실에 적용했다. 핸슨이 2013년 노벨 경제학상을 받을 때 그 논문이 기여 목록에 들어 있었다. Lars Peter Hansen and Robert Hodrick, "Forward Exchange Rates as Optimal Predictors of Future Spot Rates: An Econometric Analysis", *Journal of Political Economy* 88, no. 5 (October 1980) 참조.

65. 1985년에 대해서는 Susan Strange, *Casino Capitalism* (Oxford: Basil Blackwell, 1986), 11 참조. 1995년과 2007년 수치에 대해서는 "Triennial Central Bank Survey", (각각) March 2005와 July 2016, Bank for International settlements 참조.

66. Marc Levinson, *An Extraordinary Time* (New York: Basic Books, 2016), 89.

67. 시티그룹, JP모건체이스, 바클리, 스코틀랜드왕립은행 들이 대규모 가격 담합 공모에 가담했다. 이 모의는 로버트 루사가 옳았음이 증명되었기 때문에 가능한 일이었다. 바로 외환 시장은 단일 가격을 중심으로 모이지 않는다는 것이다. 이 문제를 해결하기 위해 금융계는 일일 기준 금리daily benchmark rate를 만들어 냈다. 런던 시각으로 오후 4시 양쪽에서 30초 동안 이루어진 거래의 평균값이다. 외환 주문은 종종 이 기준 금리에 따라 이루어지도록 요구하며 또 투자자는 종종 이 금리를 이용해 자산 가치를 계산한다. 하지만 이 금리는 조작하기 쉽다. 주요 은행 외환 중개인들은 온라인 채팅방에서 '장 마감에 일제 공격'하자고 공모했다. 이는 업계 전문 용어로 종가를 움직이기 위해 기준 금리를 정하는 시간 동안 주문을 다량 쏟아내는 일을 가리킨다. 바클리의 외환 중개인 한 사람은 이렇게 썼다. "속임수를 쓰지 않으면 시도조차 할 수 없는 일이다."

68. 1996년 인터뷰에서 프리드먼은 변동성이 "자신이 예측했던 것보다 훨씬 컸다"라고 인정했지만 "어떤 심각한 부정적 영향"도 없었다고 주장했다. 프리드먼은 대형 은행들이 자신의 고객에게 피해를 입히면서까지

시장을 조작했다는 사실은 알지 못하고 세상을 떴다. Brian Snowden 과 Howard R. Vane, *Conversations with Leading Economists: Interpreting Modern Macroeconomics* (Cheltenham, Eng.: Edward Elgar, 1999), 124-44.

69. Michael Hirsh, *Capital Offense* (Hoboken, N.J.: John Wiley, 2010), 46.

70. 아이켄그린은 달러의 공식 전기 작가라고 불릴 만한데 이 네트워크 효과의 중요성을 가볍게 보았다. 아이켄그린의 관점에서 보면 달러는 우위를 계속 유지할 수밖에 없는데, 미국의 경제 규모가 여전히 가장 클 뿐 아니라 유로화나 중국 위안화처럼 분명 대안이 될 만한 통화는 중대한 결함이 있기 때문이다. 달러는 1914년에서 1925년 사이 약 10년 만에 우위에 올라섰다고 지적한다. 그리고 그만큼 빨리 대체될 수 있다고 주장한다. 아이켄그린이 연구한 달러의 역사에 대해서는 *Exorbitant Privilege* 참조. 하지만 달러는 매우 견고하다. 예를 들어 2002년에서 2009년 사이 캐나다가 미국 이외의 국가로부터 수입한 품목의 72퍼센트가 달러로 지불되었다. Linda S. Goldberg and Cedric Tille, "Micro, Macro, and Strategic Forces in International trade Invoicing", November 2009, Federal Reserve Bank of New York 참조. John M. Geddes, "Bundesbank Opposes Wider Role for Mark", *New York Times*, November 20, 1976 참조.

71. 이는 숯이 검정을 나무라는 경우라고 볼 수 없다. 독일은 세계 경제의 건전성에 어떤 책임감도 보여 주지 않았지만 그 임무를 자원하지도 않았기 때문이다. Eichengreen, *Exorbitant Privilege*, 63 참조.

72. 달러의 교환 가치는 '무역 가중trade-weighted'에 근거하여 가장 잘 산출할 수 있다. 이는 각 외국 통화 대비 달러의 교환 가치는 달러를 사용하는 나라와의 무역에서 미국이 차지하는 비중으로 크게 증대된다는 의미다. 여기에 실은 계산은 연준의 "Trade-Weighted Index of Major Currencies"에 나온 수치를 토대로 했다.

73. 일부 보수적인 경제학자는 꾸준히 변동 환율 전환을 반대해 왔고 새로

운 체제의 실패에 별반 놀라지 않았다. 시카고학파의 또 다른 노벨상 수상자인 제임스 부캐넌은 1977년 "변동 환율은 국내 통화 팽창에 대한 제약이라는 단 한 가지에만 기여한다. 자유 변동 환율로 전환한 이후 적자 지출과 인플레이션이 심화한 현상은 전적으로 우연이라고 볼 수만은 없다"라고 썼다. 그리고 변동 환율은 "국내 정치인이 현명하게 운용하지 못할 경우 경제가 훨씬 더 취약해질 수 있다"라고 덧붙였다. James M. Buchanan and Richard E. Wagner, *Democracy in Deficit: The Political Legacy of Lord Keynes* (1977; repr., Indianapolis: Liberty Fund, 2000), 75 참조.

74. Richard Friberg, *Exchange Rates and the Firm* (New York: St. Martin's, 1999), 41.

75. 미국 제조업체의 하향세는 다른 여러 요소에 기인했으며 달러 강세는 기껏해야 그 시기에 영향을 미쳤다는 것이 여러 경제학자의 관점이다. IMF 수석 경제학자인 모리스 옵스펠드Maurice Obstfeld는 2017년에 이렇게 말했다. "환율은 경제력의 표현이며 달랐으면 한다는 말은 통하지 않는다." 또 환율은 "정책 변수에 따라 과대평가된다"라고도 말했다. 한편 1980년대 미국 제조업 하향세에 대한 몇몇 연구에서는 1980년대 일자리 감소의 절반 이상이 무역 불균형 때문이라고 주장한다. 경제사학자 더글러스 어윈Douglas Irwin은 "제조업이 직면한 주된 문제는 뿌리 깊은 일부 구조적 문제가 아니라 국내외 시장에서 경쟁할 수 없도록 거대한 장애물을 세우는 환율이었다"라고 썼다. 환율이 미국 제조업 부문에 피해를 입혔다는 증거는 21세기 첫 10년 동안 더욱 확실해졌다.

76. John M. Berry and Jane Seaberry, "Regan, Feldstein in Opposition on Deficits' Impact", *Washington Post*, September 15, 1983. 크라이슬러의 자신만만한 최고 경영자 리 아이아코카는 1985년 평가절하 문제를 설명하기가 어려워 그에 대한 정치적 지지를 결집하기가 힘들다며 한탄했다. 돈은 어디서나 볼 수 있지만 한편으론 베일에 싸여 있다. 너무 흔하면서도 너무 복잡하기 때문에 주의를 끌 수가 없다. 아이아코카

는 "사람들은 달러 강세high dollar에는 화를 내지 않습니다. 온전히 이해하지 못하고 있기 때문입니다. 그래서 아무도 분노하지 않습니다"라고 말했다. Yoichi Funabashi, *Managing the Dollar: From the Plaza to the Louvre* (Washington,D.C.: Institute for International Economics, 1989), 73 참조. 아이아코카가 'high'라는 단어를 사용한 것은 의도적이었다. 정치인들이 달러 강세를 표현할 때 'strong'이라고 즐겨 쓰는 이유가 너무나 분명하기 때문이었다. 볼커는 나중에 신랄하게 말했다. "일부 관계자는 달러 강세를 마치 시장이 주는 일종의 '살기 좋은 집 인증Good Housekeeping Seal of Approval'을 받는 일처럼 언급하며 레이건 경제 정책의 건전성을 추켜세웠다."

77. 중앙은행의 집행 기관인 뉴욕 연방준비은행은 1981년 12월 보도자료를 내고 지난 6개월 동안 통화 시장에 개입하지 않았다고 발표했는데 그것은 브레턴우즈 체제가 해체된 이후 첫 번째 활동이었다. 연준은 통상적으로 외환 정책에 관한 한 재무부 의견을 쫓으며 행정부의 지시에 따른다. 하지만 볼커는 어찌 되었든 달러를 움직일 의향이 없었다. 대다수 미국 고위 관계자들보다 훨씬 제조업 일자리 감소를 우려했고, 재정 적자가 문제의 원인이며 건실한 재정이 해결책이라고 보았다. Robert Solomon, *Money on the Move* (Princeton, N.J.: Princeton University Press, 1999), 15.

78. Funabashi, *Managing the Dollar*, 70.

79. Stephen Axilrod, *Inside the Fed: Monetary Policy and Its Management* (Cambridge: MIT Press, 2011), 103-4.

80. "Beryl W. Sprinkel Alive and Thriving in Economic Advice", *New York Times*, August 9, 1985.

81. "Why Reagan Bought Intervention in the Currency Markets", *Business Week*, June 28, 1982, 102-3. 스프링클은 자신의 말을 믿었다. 그는 1984년 통화 담당 재무부 차관으로서 자신의 직책을 없애 달라고 레이건 행정부를 설득했다. 5년 뒤 조지 H. W. 부시 행정부가 재무

경제학자의 시대

부에 새 직책을 마련했는데 바로 국제 담당 차관이었다. 이는 사실상 통화 담당 차관을 잇는 자리로 변동 환율로 되돌아간 입장을 반영하여 그 운용을 염두에 둔 조치였다.

82. Solomon, *International Monetary System*, 365.

83. Paul Volcker and Christine Harper, *Keeping at It: The Quest for Sound Money and Good Government* (New York: PublicAffairs, 2018), 131.

84. "Latin IOU Struggle Is Triggering Jitters", *Miami Herald*, April 18, 1983.

85. "The LDC Debt Crisis", *History of the Eighties – Lessons for the Future*, vol. 1, *An Examination of the Banking Crises of the 1980s and Early 1990s* (Washington,D.C.: Federal Deposit Insurance Corporation, 1997).

86. Ha-Joon Chang, *Bad Samaritans: The Myth of Free Trade and the Secret History of Capitalism* (New York: Bloomsbury, 2008), 94.

87. 월터 먼데일Walter Mondale은 1984년 연설에서 대공황 시절의 건조 평원 지대인 더스트 보울Dust Bowl을 흉내 내어 위대한 산업 중심지 중서부와 이 나라 산업 기반을 녹슨 그릇인 러스트 보울rust bowl로 격하시켰다며 레이건을 비난했다. 기자들은 곧 이 지역을 '러스트 벨트Rust Belt'라고 부르기 시작했는데 남부의 '선 벨트Sun Belt'와 대조를 이루는 이 표현을 더 즐겨 사용했다.

88. Chieko Kuriki, "'Made in U.S.A.' Doesn't Sell", *Chicago Tribune*, April 22, 1985.

89. Douglas Irwin, *Clashing over Commerce: A History of U.S. Trade Policy* (Chicago: University of Chicago Press, 2017), 전자책 위치 9908.

90. 볼은 비록 그 싸움에서 졌지만 베트남 전쟁에 반대해 아마 가장 기억에 남을 인물일 것이다. 또 무역 부문에서 미국 정책에 가장 혁혁한 공을 세웠다. 볼은 무역은 이로우며 무역이 활발해질수록 더 이롭다는 고

전적 진보주의 관점을 주장했다. 그는 이렇게 말했다. "경쟁으로 인해 요구되는 조정으로부터 모든 미국 산업을 보호해야 한다는 개념은 우리의 경제 정신과 맞지 않습니다." Stein, *Pivotal Decade*, 전자책 296 참조.

91. 대중 무역의 부상을 다룬 일부 설명에서는 미국 정책의 역할을 경시하고 대신 중국의 산업화를 거스를 수 없는 힘으로 여긴다. 하지만 저스틴 R. 피어스Justin R. Pierce와 피커 K. 쇼트Peter K. Schott가 발표한 2016년 논문에서는 단 한 가지 결정이 중요했다는 설득력 강한 증거를 제시하고 있다. 21세기 전까지 미국은 정기적으로 중국이 특별 관세 대우에 적합한지 점검했다. 피어스와 쇼트는 2000년 그 지위를 영구히 부여한다는 결정을 내리고 중요한 불확실성을 제거하면서 자본과 무역 이동의 증가를 촉진했다고 주장했다. Justin R. Pierce and Peter K. Schott, "The Surprisingly Swift Decline of U.S. Manufacturing Employment", *American Economic Review* 106, no. 7 (2016) 참조.

92. 2000년대 초 연준이 이자율을 내려 경제 성장을 부추기자 달러는 대다수 외국 통화에 대해 가치가 하락했다. 하지만 균형에 이르는 이 과정은 달러-위안 환율에 아무런 영향을 미치지 않았고, 또 달러에 대해 사실상 자국 통화를 고정한 다른 아시아 국가와의 달러 환율에도 영향을 미치지 않았다.

93. 자동화와 세계화를 비롯해 다른 요소도 물론 제조업 고용 하락에 기여했다. 하지만 2012년 한 연구가 추산한 바에 따르면 20개국에서 시행한 통화 조정으로, 특히 중국이 대대적으로 시행한 통화 조정으로 미국에서는 100만 개에서 500만 개에 달하는 일자리가 사라졌다. C. Fred Bergsten and Joseph E. Gagnon, "Currency Manipulation, the U.S. Economy and the Global Economic Order", December 2012, Peterson Institute for International Economics 참조.

94. 허피는 아직 셀리나에서 두 시간 거리에 있는 데이턴에 자리 잡고 있다. 이곳엔 약 120명의 부서 책임자와 사무직 노동자가 시장 전략이나 생산 개발 같은 부문에서 일하고 있다. 월마트가 허피와 다른 미

국 제조업체와 맺는 관계에 대한 설명은 Anthony Bianco, *The Bully of Bentonville* (New York: Crown, 2009) 참조. Michael Spence and Sandile Hlatshwayo, "The Evolving Structure of the American Economy and the Employment Challenge", 2011, Council on Foreign Relations 참조.

95. Friedman and Roosa, *Balance of Payments*, 92, 118.

96. 데이비드 아우터David Autor, 고든 핸슨Gordon Hanson, 데이비드 돈David Dorn을 비롯하여 한 경제학자 집단이 잇달아 논문을 발표했다. 중국과의 무역이 미친 영향에 대해 학계의 이해를 재구성했다. ddorn.net/research.htm에서 볼 수 있다.

97. Lori G. Kletzer, "Job Loss from Imports: Measuring the Costs, 2001", Peterson Institute for International Economics.

98. Binyamin Appelbaum, "Perils of Globalization When Factories Close and Towns Struggle", *New York times*, May 18, 2015.

99. 이 책에 나오는 다른 일부 경제학자도 후회하는 지점이 비슷하다. 예를 들어 앨리스 리블린은 내게 이렇게 말했다. "우리는 기술 변화와 무역으로 인한 이익에 집중했습니다. 하지만 그 이익을 조정하는 일에는 그렇지 못했어요. 정말 무관심했습니다. 경제학자라면 기술 변화에 따른 모든 이익을 평균 내는 일에 분명 초점을 맞추어야 했습니다. 많은 이들이 그렇게 하지 않았고 우리라도 도움을 주어야 했는데 그렇게 하지 못했어요."

100. Appelbaum, "Perils of Globalization". 미국의 무역 지지자는 무역에 따른 이득을 모두가 누리도록 보장하지 못하면서 스스로 문제를 야기했다. 하지만 무역 반대자 또한 이성보다는 감정의 승리에서 힘을 얻는다. 실직의 고통은 단단히 뭉쳐지고 피해자가 뚜렷이 보이는 반면에 낮은 가격으로 인한 혜택은 퍼져 있기 때문이다. 더글러스 어윈은 1956년 존 레이John Ray라는 뉴욕주의 한 하원 의원이 관세를 낮추는 법안에 반대표를 던졌다고 썼다. 레이는 자신의 지역구에 대외 경쟁에 직면한 새장 공

장이 있는데 이 공장에 다니는 노동자 50명이 거의 한 사람도 빠짐없이 연락을 해 왔다고 설명했다. 레이의 지역구는 또 뉴욕의 강변과 상당히 맞닿아 있어 이곳에서 수천 명이 무역과 관련한 일을 하고 있었다. 하지만 레이는 낮은 관세를 찬성한다고 자신에게 전한 이는 아무도 없었다고 말했다.

101. 쉬망의 아버지는 로렌에서 프랑스인으로 태어났는데 이후 1871년 이 지역이 합병되면서 독일인이 되었다. 다시 이웃 나라인 룩셈부르크로 옮겨 갔다가 그곳에서 쉬망이 1886년 태어났다. 쉬망이 프랑스로 옮기면서 원이 완성되었다.
유럽석탄철강공동체에 처음부터 참가한 다른 나라는 벨기에, 룩셈부르크, 네덜란드였다.

102. 평가절하는 공짜가 아니다. 한 나라의 통화 구매력을 낮추고 따라서 노동자의 임금 가치도 낮춘다. 하지만 인플레이션처럼 명목 임금을 낮출 필요성은 피한다. 미드Meade와 프리드먼이 그 메커니즘에는 서로 의견이 일치했지만 목표에서는 차이를 보였다. 미드는 변동 환율로 유럽 국가들이 국내 경제 조건들에 더욱 통제력을 발휘할 수 있으리라고 여겼다. 물론 프리드먼도 정부가 경제 정책의 다른 측면에 개입하지 않아야 한다고 생각했다. James Meade, "The Case for Variable Exchange Rates", in *The Collected Papers of James Meade*, vol. 3, *International Economics*, ed. Susan Howson (London: Unwin Hyman, 1988) 참조.

103. Howard R. Vane and Chris Mulhearn, "Interview with Robert A. Mundell", *Journal of Economic Perspectives* 20, no. 4 (Fall 2006): 89-110.

104. Robert Mundell, "A Theory of Optimum Currency Areas", *American Economic Review* 51, no. 4 (September 1961).

105. Rudiger Dornbusch, "The Chicago School in the 1960s", *Policy Options* 22, no. 5 (2001) 참조. Thomas J. Courchene, ed., *Money,*

Markets and Mobility: Celebrating the Ideas of Robert A. Mundell
(Montreal: Institute for Research on Public Policy, 2002), 3 참조.

106. Vane and Mulhearn, "Interview with Robert W. Mundell", 89-110.

107. Robert A. Mundell, "A Plan for a European Currency", (국제 통화 체제의 미래를 주제로 1969년 12월 10-12일 뉴욕에서 열린 전미경영협회 학회에서 행한 연설). *The Economics of Common Currencies: Proceedings of the Madrid Conference on Optimum Currency Area*, ed. Harry G. Johnson and Alexander K. Swoboda (London: Allen and Unwin, 1973)에 재수록됨.

108. 볼커는 1992년에 출간한 책에서 이 이야기를 할 때 그 관계자를 밝히지 않았다. 2018년 출간한 회고록에서는 그 말을 한 당사자를 밝혔고 인용과는 약간 다른 내용을 담았다. 나는 앞에 나온 내용을 인용했다. Volcker and Gyohten, *Changing Fortunes*, 68.

109. Michael Dobbs, "Socialist Metamorphosis", *Washington Post*, March 16, 1986.

110. 파도아 스키오파의 여론에 대한 관심은 1980년대 초 반대 여론에 정면으로 맞서기보다는 오히려 부채질한다며 독일 정책 입안자에 대해 터뜨린 불평에서 잘 드러난다. Ivo Maes, "Tommaso Padoa-Schioppa and the Origins of the Euro", March 2012, National Bank of Belgium Paper 222, 15 참조.

111. 파도아 스키오파는 먼델처럼 국제 자본 이동에 대한 규제는 고정 환율과 독자적인 통화 정책을 유지할 수 있도록 해 준다는 중요한 경고를 포함하고 있다. 하지만 유럽 프로젝트의 참가로 이미 그 통제를 잃고 있었다. 이 과정은 이후 10년에 걸쳐 완결되었다. Tommaso Padoa-Schioppa, "Capital Mobility: Why Is the Treaty Not Implemented?", *The Road of Monetary Union in Europe* (Oxford: Clarendon Press, 1994) 참조.

112. 규제가 성장을 지연시킨다는 공급중시론자의 비판은 또한 유럽 내 논쟁

에서 위세를 떨쳤다. 다국간 통화 지지자들은 재정 정책 통제를 그 체제로 인한 이익이라고 여겼다. 규제 완화처럼 공급중시 개혁에 초점을 맞출 수밖에 없었기 때문이다. David Marsh, *The Euro: The Battle for the New Global Currency* (New Haven: Yale University Press, 2009), 전자책 위치 4241 참조.

113. 파도아 스키오파는 유럽연합집행위원회에서 최고위직 기술 관료로 일하며 유럽 통화 탄생을 위한 계획을 준비했다. 또 새로운 체제는 1999년 1월 1일에 시작해야 한다고 제안했다. Maes, "Padoa-Schioppa and the Origins of the Euro", 30 참조.

114. 루베르스가 즐겨 사용한 이 말은 "de BV Nederland"와 "meer markt, minder overheid"였다.

115. Neil Irwin, *The Alchemists: Three Central Bankers and a World on Fire* (New York: Penguin Press, 2013), 77.

116. Eduardo Porter, "A Tempting Rationale for Leaving the Euro", *New York Times*, May 15, 2012.

117. 일부 유럽 관계자들 특히 전 유럽중앙은행 총재 장 클로드 트리셰Jean-Claude Trichet는 먼델을 유럽 통화 탄생에 지적으로 중요한 영향을 미친 인사로 표현했다. 먼델 스스로도 자신의 공로를 인정한다고 내세워 왔다. 예를 보려면 Vane and Mulhearn, "Interview with Robert A. Mundell", 89-110 참조.

118. "The Euro's Arrival at a Glance", BBC, January 3, 2002.

119. 마스트리흐트 협정을 체결할 당시 프랑스 중앙은행 총재였던 자크 드 라로지에르Jacques de Larosière는 새로운 중앙은행이 현 상황을 타개하려는 진일보한 해결책이라고 지적했다. "오늘 나는 한 중앙은행의 총재로 어떤 투표권 행사 없이 독일 통화 정책에 전적으로 따르겠다고 국민과 더불어 결정했습니다. 적어도 유럽중앙은행의 한 축으로 나는 투표권을 행사할 것입니다"라고 기자들에게 말했다. Hobart Rowen, "Of European Unity", *Washington Post*, October 25, 1990 참조.

경제학자의 시대

120. 널리 인용되는 2000년 논문에서 앤드루 로즈Andrew Rose는 공동 통화로 인해 참가국 사이에서 무역이 3배로 늘어날 수 있다고 추산했다. 유로존에 대한 여러 연구에 따르면 대체로 이보다 작지만 여전히 중대한 영향을 미친다. 아프리카 논문은 특히 기발하다. 아프리카 여러 나라와 유럽의 관계는 유로 사용을 결정했다는 점을 제외하면 아무런 변화도 없었기 때문이다. Jeffrey Frankel, "The Estimated Effects of the Euro on Trade", 2008, National Bureau of Economic Research 참조.

121. 독일이 다른 유로 지역 국가로 수출하며 거둔 성공은 독일의 놀라운 규율에 그 토대를 둔다. 임금 인상과 소비 증가를 억누르며 사실상 경제 성장의 혜택을 미루었기 때문이다.

122. Arnold Harberger, "Sense and Economics: An Oral History with Arnold Harberger", Paul Burnett이 2015년과 2016년에 실시함, Oral History Center, Bancroft Library, University of California, Berkeley.

123. Neil Irwin, "Finland Shows Why Many Europeans Think Americans Are Wrong About the Euro", *New York Times*, July 20, 2015.

9장 메이드 인 칠레 vs 메이드 인 타이완

1. Charles J. Hitch, "The Uses of Economics", November 17, 1960, Rand Corporation.

2. 라틴 아메리카에 특히 농업, 지질학, 항공, 아동 복지 분야에 기술 지원을 제공하는 일은 프랭클린 루스벨트 대통령 때부터 시작했으며 트루먼과 아이젠하워 대통령이 확대했다. 트루먼은 1949년 대통령 취임 연설에서 이렇게 선언했다. "우리는 대담하고 참신한 사업에 나서야 합니다. 우리의 진보한 과학과 발달한 산업의 혜택을 저개발 지역의 개발과 성장에 밑거름이 되도록 해야 합니다. 전 세계에서 절반 이상의 사람들이

빈곤에 가까운 조건에서 살고 있습니다. 그들에게는 식량이 부족합니다. 그들은 질병에 시달리고 있습니다. 경제 생활은 정체되어 있고 미개합니다. 가난은 이들에게나 더 번영을 이룬 지역에나 장애이자 위협입니다. 역사상 처음으로 인류는 이들을 고통에서 구할 지식과 기술을 지니고 있습니다. 미국은 산업과 과학 부문에서 기술 발전을 이룬 나라 가운데 특히 뛰어납니다. 우리가 다른 나라 국민을 돕기 위해 활용할 수 있는 물적 자원에는 한계가 있습니다. 하지만 기술적 지식에서는 가늠할 수 없는 자원이 끊임없이 성장을 거듭하며 무궁무진합니다." 선교사에 걸맞은 사람으로서 알비온보다 더 나은 이름을 상상하기란 어렵다.

3. Juan Gabriel Valdés, *Pinochet's Economists: The Chicago School in Chile* (Cambridge, Eng.: Cambridge University Press, 1995), 110.

4. 앞의 책.

5. 앞의 책, 113.

6. Theodore W. Schultz, "Human Wealth and Economic Growth", *The Humanist*, no. 2 (1959): 71–81.

7. Valdés, *Pinochet's Economists*, 88.

8. Verónica Montecinos, "Economics: The Chilean Story", in *Economists in the Americas*, ed. Verónica Montecinos and John Markoff (Cheltenham, Eng.: Edward Elgar, 2009), 167–68.

9. Valdés, *Pinochet's Economists*, 116.

10. 칠레 초석으로 알려진 질산나트륨의 세계 최대 매장지가 칠레 북부다. 이 질산나트륨은 독일이 1차 세계대전 동안 합성 초석을 상업적으로 대량 생산하기 전까지 비료와 폭발물의 중요한 성분이었다. 1940년대에 칠레의 주요 수출 품목에서 구리가 질산염을 앞질렀다.

11. José De Gregorio, "Economic Growth in Chile: Evidence, Sources and Prospects", November 2004, Banco Central de Chile.

12. 보통 선거는 비교적 최근에 일어난 현상이다. 처음 미국을 비롯한 여러 공화국에서는 백인, 남성, 글을 읽고 쓸 줄 아는 지주 등 소수 특권

층에만 투표권을 주었다. 칠레에서는 1958년에서 1970년 사이 유권자가 칠레 인구의 약 15퍼센트에서 약 30퍼센트로 늘어났다. Valdés, *Pinochet's Economists*, 243 참조.

13. Friedrich List, *The National System of Political Economy*, trans. Sampson S. Lloyd (London: Longmans, Green, 1916), 295.

14. 유치산업 보호에 따른 이익에 대해 경제학자들 사이에서 상당히 의견이 분분하다. 전통적인 관점을 보면 보호무역주의 정책에도 불구하고 번영을 이루었다는 내용으로 무역 역사학자인 Douglas Irwin이 *Clashing over Commerce: A History of U.S. Trade Policy* (Chicago: University of Chicago Press, 2017)에서 이야기하고 있다. 한국의 장하준 Ha-Joon Chang을 비롯해 다른 경제학자들은 해밀턴의 전략이 미국의 성장에 중요한 요소였다고 바라본다. Ha-Joon Chang, *Bad Samaritans: The Myth of Free Trade and the Secret History of Capitalism* (New York: Bloomsbury, 2008)

15. Arnold Harberger, "Interview with Arnold Harberger", David Levy 진행, *The Region*, Federal Reserve Bank of Minneapolis, March 1, 1999. 경제학을 응용과학으로 바라보는 하버거의 관점은 프리드먼과 일치한다. 프리드먼은 당시 경제학에 대한 시카고 대학의 접근법에 어떤 차별점이 있는지 질문을 받자 이렇게 대답했다. "시카고 대학과 예컨대 하버드 대학 사이의 근본적인 차이점은 시카고 대학 경제학은 실질적인 문제를 논의하는 데 활용되는 진지한 학문으로 몇몇 지식과 몇몇 해답을 얻을 수 있습니다. 하버드 대학의 경우 그 경제학은 수학처럼 지적인 훈련입니다. 탐구하기에 더할 나위 없는 매력을 지녔지만 어떤 결론도 이끌어 낼 수 없습니다." J. Daniel Hammond, "An Interview with Milton Friedman on Methodology", in *Research in the History of Economic Thought and Methodology*, ed. W. J. Samuels and J. Biddle (Greenwich, Conn.: JAI Press, 1992) 참조.

16. Leonidas Montes, "Friedman's Two Visits to Chile in Context",

2015, University of Richmond Summer Institute for the Study of the History of Economics.

17. 롤프 뤼더스와 2018년 6월 26일에 실시한 인터뷰.

18. Valdés, *Pinochet's Economists*, 140.

19. 앞의 책, 169.

20. *Chicago Boys* (영화), Carola Fuentes와 Rafael Valdeavellano 감독, 2015.

21. 앞의 영화.

22. 예를 들어 미국은 아메리칸 은행에 압력을 행사하는 일을 비롯해 아옌데 행정부가 신용 시장에 접근하지 못하도록 차단했다. 하지만 칠레 정부는 서유럽에서 새 대출 기관을 찾을 수 있었다.

23. *Chicago Boys*.

24. 칠레 해군의 수장인 호세 토리비오 메리노José Toribio Merino 장군은 '벽돌'의 발간을 부추기며 시카고보이즈에 가장 공감한 군사 정부 내 초기 인사였다. 1992년 인터뷰에서 자신은 피노체트와 공군 장성인 구스타보 리Gustavo Leigh의 지지를 얻으려고 무척 애를 썼다고 밝혔다. "피노체트와 리의 원래 의도는 내 의견과 달리 국가 통제 경제를 유지하는 것이었습니다." 이 장면은 영화 *Chicago Boys*에 나온다.

25. Heraldo Muñoz, *The Dictator's Shadow* (New York: Basic Books, 2008), 67-68.

26. 뤼더스는 2018년 6월 26일 인터뷰에서 피노체트에게 이에 대한 설명을 들었다고 내게 말했다. "한번은 피노체트가 이렇게 말하는 소리를 들었습니다. '우리 역사를 보면 우리는 알레산드리 아래에서 혼합 경제를 시도했지만 실패했어요. 그다음 기독교민주의Christian Democrat를 시도하며 수많은 개혁을 실시했지만 결과는 똑같았습니다. 그다음 사회주의를 시도했습니다.'"

27. 이 편지는 프리드먼의 회고록에 재수록되어 있다. Milton friedman and Rose Friedman, *Two Lucky People* (Chicago: University of Chicago

경제학자의 시대

Press, 1998), 592.

28. "A Draconian Cure for Chile's Economic Ills?", *Business Week*, January 12, 1976.

29. Simon Collier and William F. Sater, *A History of Chile, 1801-2002* (Cambridge, Eng.: Cambridge University Press, 2012), 전자책 3176.

30. "Dr. Julius Klein, an Economist 74", *New York Times*, June 16, 1961.

31. 뤼더스가 프리드먼의 여행을 주선했는데 프리드먼이 피노체트에게 중요한 영향을 미쳤다고 생각하지 않는다고 말했다. 자신이 보기에는 피노체트가 이미 '벽돌'을 칠레의 국가 경제 정책으로 채택하기로 결정했기 때문이다. 이런 판단은 이 사건을 연구해 온 몇몇 칠레 역사학자와 의견이 일치한다.

32. 포드 행정부는 칠레의 군사 독재 정권이 남아메리카 다른 국가의 정권과 손을 잡고 정적 암살 계획을 추진했다는 사실을 알고 있었다. 국무부는 그런 정권들에 경고를 하려고 했지만 르텔리에가 암살당하기 5일 전인 9월 16일 국무장관 헨리 키신저는 경고를 보내지 않기로 결정했다. Peter Kornbluh, *The Pinochet File: A Declassified Dossier on Atrocity and Accountability* (New York: New Press, 2004) 참조.

33. *Chicago Boys*.

34. 칠레 역사가들은 대공황이 다른 어느 나라보다 혹독하게 덮쳤다고 결론을 내린 국제 연맹 보고서를 종종 인용한다. 가장 유용한 자료에 따르면 이는 과장된 내용이다. Thilo Albers and Martin Uebele, "The Global Impact of the Great Depression", 2015, London School of Economics, Economic History Working Paper 218 참조.

35. 파트리시아 아란시비아 클라벨과 2018년 6월 25일에 실시한 인터뷰. Patricia Arancibia Clavel and Francisco Balart Páez, *Sergio de Castro: El arquitecto del model económico chileno* (Santiago, Chile: Editorial Biblioteca Americana, 2007).

36. Muñoz, *Dictator's Shadow*, 72.

37. 수출은 1975년 18억 달러에서 1980년 6억 달러로 늘었다. 수입도 2배 이상 늘었다. Patricio Silva, "Technocrats and Politics in Chile: From the Chicago Boys to the CIEPLAN Monks," *Journal of Latin American Studies* 23, no. 2(1991).

38. Albert O. Hirschman, "The Political Economy of Latin American Development", 1986, Center for U.S.-Mexican Studies, 12.

39. Juan De Onis, "Chile's Open-Door Economic Policy Admits a Flood of Luxury Goods, While Millions Live Hand to Mouth", *New York Times*, September 10, 1977.

40. Victor Perera, "Law and Order in Chile", *New York Times*, April 13, 1975.

41. Peter Dworkin, "Chile's Brave New World", *Fortune*, November 2, 1981.

42. Friedrich Hayek, 편집자에게 보내는 편지, *The Times*(London), July 11, 1978.

43. Angus Maddison, *The World Economy: A Millennial Perspective* (Paris: Development Center of the OECD, 2001), 284-91.

44. 자본의 자유로운 이동은 대공황 이전 수십 년 동안 일반적이었다. 케인스가 1941년 9월 8일에 쓴 보고서에서 언급한 내용으로, 전후 금융 규제에 대한 자신의 견해를 간략하게 서술했다. *The Collected Writings of John Maynard Keynes* (Cambridge, Eng.: Cambridge University Press, 1980), 25:26 참조. 3년 뒤 케인스의 견해는 전후 통화 질서 안에 포함되었다. 케인스는 상원에서 이렇게 말했다. "과거에는 이단이었던 이론이 지금은 정통으로 인정받고 있습니다."

45. Milton Friedman to Barry Goldwater, December 12, 1960, Milton Friedman Papers, box 27, folder 24, Hoover Institution Archives, Stanford, Calif.

46. Edwin L. Dale Jr., "U.S. Terminates Curb on Lending Dollars

경제학자의 시대

Abroad", *New York Times*, January 30, 1974.

47. John Campbell, *Margaret Thatcher*, vol. 1, *The Grocer's Daughter* (London: Jonathan Cape, 2000), 366.

48. Rudiger Dornbusch et al., "Our LDC Debts", in *The United States in the World Economy*, ed. Martin Feldstein (Chicago: University of Chicago Press, 1988), 166.

49. Jackson Diehl, "Fall of the 'Piranhas'", *Washington Post*, April 17, 1983.

50. 독일 유대인인 안드레 군더 프랑크Andre Gunder Frank는 2차 세계대전 이후 미국으로 이민 가서 프리드먼의 지도로 시카고 대학에서 경제학 박사 학위를 받았다. 그런 다음 칠레 대학에서 좌파 성향의 경제학 교수가 되었다. 프랑크는 "An Open Letter About Chile to Arnold Harberger and Milton Friedman", August 6, 1974에서 이 충격 사건을 이야기했다. 아귀레 역시 이 사건을 떠올렸다.

51. 1983년에서 1985년 사이 칠레는 국제 기관에서 매년 GNP의 4퍼센트에 가까운 액수인 평균 7억 1400만 달러 재정 지원을 받았다. John Williamson, ed., *The Political Economy of Policy Reform* (Washington,D.C.: Institute for International Economics, 1994), 566 참조.

52. 주디스 테이츠먼Judith Teichman은 IMF와 세계은행이 특히 칠레의 경우 독단적이었다고 결론 내린다. "IMF 이사회의 일부 이사진은 칠레의 인권 상황 문제 때문에 돈을 빌려주기를 꺼렸다. 그런데 이런 태도는 은행과 IMF의 정통성을 확보하는 능력을 강화했다. 은행의 고위 관계자는 칠레와의 협정에서 경제 정책을 세우는 논거가 완전무결할 경우에만 칠레와의 관련이 가져올 비난을 감수할 용의가 있었다." Judith A. Teichman, *The Politics of Freeing Markets in Latin American* (Chapel Hill: University of North Carolina Press, 2001), 81 참조.

53. Rawi Abdelal, *Capital Rules: The Construction of Global Finance* (Cambridge: Harvard University Press, 2007).

54. 독일 전후 경제 회복을 설계한 루트비히 에르하르트Ludwig Erhard는 자본 통제를 강하게 반대했다. "에르하르트는 1930년대와 1940년대 동안 유럽 특히 독일에서 정부가 정치적 목적을 위해 통화를 조정할 수 있도록 자본 통제를 허용했을 때 어떤 일이 벌어질 수 있는지 보았습니다"라고 한스 티트마이어Hans Tietmeyer 전 분데스방크 총재가 라위 압델랄Rawi abdelal에게 말했다. 앞의 책, 49 참조.

55. Michel Camdessus, "Drawing Lessons from the Mexican Crisis", Washington,D.C., May 22, 1995. imf.org/en/News/Articles/2015/09/28/04/53/spmds9508에서 볼 수 있다.

56. 경제학자 에스와르 프라사드Eswar Prasad는 2017년 현 지식 상태를 요약하며 이렇게 썼다. "해외에서 대출을 많이 받은 선진국은 그만큼 해외 자금에 기대지 않은 선진국보다 성장 속도가 빠르지 않았다." Eswar Prasad, *Gaining Currency: The Rise of the Renminbi* (New York: Oxford University Press, 2017), 45 참조. 불평등에 대해 말하자면 자본의 자유로운 이동은 금융 산업 성장에의 기여뿐 아니라 과세 기반의 약화로 인해 문제를 악화시켰을 것이다. 자본 통제가 없어진 탓에 칠레를 비롯해 2010년 이 배타적인 기구에 가입한 OECD 국가들이 법인세를 최저 수준으로 낮추는 경쟁에 꼼짝없이 말려들었다는 점을 보여 주는 놀라운 증거가 있다. Michael P. Devereux et al., "Do Countries Compete over Corporate Tax Rates?", *Journal of Public Economics* 92, no. 5 (June 2008): 1210-35 참조.

57. 자유로운 자본 이동이 금융 안정에 미치는 영향을 처음 체계적으로 연구한 내용이 1998년에 출간되었다. 공동 저자 존 윌리엄슨John Williamson은 미국이 경제 문제를 겪고 있는 개발도상국에 자주 처방하는 일련의 자유 시장 정책을 묘사하며 1989년 '워싱턴 컨센서스Washington Consensus'라는 용어를 만들어 낸 경제학자로 유명하다. 윌리엄슨은 자유로운 자본 이동을 자신의 원래 목록에서 효과적으로 빼버렸다. 자신과 다른 뛰어난 개발 경제학자들이 이 견해를 받아들이지 않았기 때

문이다. 자그디시 바그와티Jagdish Bhagwati는 자유 무역을 가장 강력하고 강고하게 옹호하는 경제학자이지만 자본의 자유로운 이동을 오래전부터 반대해 왔다. John Williamson and Molly Mahar, *A Survey of Financial Liberalization*, Essays in International Finance (Princeton, N.J.: Princeton University Department of Economics, 1998) 참조.

58. Ronald Reagan, "Milton Friedman and Chile", December 22, 1976. Kiron K. Skinner et al., *Reagan's Path to Victory: The Shaping of Ronald Reagan's Vision; Selected Writings* (New York: Simon and Schuster, 2004), 98 참조.

59. 프리드먼의 정치적 견해와 의견을 달리하는 경제학자들도 대체로 프리드먼의 학문적 연구는 노벨상을 수상할 만하다고 인정했다. 다른 분야 수상자들은 프리드먼의 선정에 반대하는 편지 두 통을 1976년 10월 24일 《뉴욕타임스》에 실었다. 첫 번째 편지에는 조지 월드George Wald와 라이너스 폴링이 서명을 했고, 두 번째 편지에는 데이비드 볼티모어David Baltimore와 S. E. 루리아S. E. Luria가 서명했다. 프리드먼은 처음에는 자신에게 귀 기울이는 누구에게라도 경제 조언을 건네려는 의지를 보인 본보기라며 칠레 여행을 옹호했다. 그리고 정말 브라질이나 스페인의 우파 독재 정부와 중국이나 유고슬라비아의 좌파 독재 정부를 비슷한 목적으로 방문했다. 칠레를 방문하고 나서 얼마 지나지 않아 《뉴스위크》에 기고한 글에서 이렇게 썼다. "나는 칠레의 독재적인 정치 체제를 결코 지지하지 않지만 경제학자가 칠레 정부에 기술적인 경제 조언을 한 일이 그토록 부도덕하다고 보지 않는다. 의사가 칠레 정부에 기술적인 의료 조언을 하여 전염병을 막기 위해 돕는 일을 부도덕하다고 여기지 않는 이치와 같다." 훗날 프리드먼은 자유 시장 정책이 뿌리를 내리는 곳에는 민주주의가 뒤따르는 경향이 있다고 주장했다. 프리드먼과 지지자들은 칠레가 민주주의로 이행하는 과정이 이 철학의 정당성을 입증한다며 그 선전 기회를 놓치지 않았다. 자본주의가 민주주의를 낳는다는 이 이론은 1990년대와 2000년대 꽤 성행했는데 이때 중국과의 대결을 정당화

하는 논거로 자주 제시되었다.

60. John Foran, *Taking Power: On the Origins of Third World Revolutions* (Cambridge, Eng.: Cambridge University Press, 2005), 180.

61. Karl Schoenberger, "Berkeley-Trained Group Plays Key Role", *Los Angeles Times*, June 1, 1992.

62. '고급 경제학 훈련Advanced training in Economics'이라는 이 과정은 레이건 두 번째 임기 말에 개설되어 10년 가까이 지속되었다. Arnold Harberger, "Sense and Economics: An Oral History with Arnold Harberger", Paul Burnett이 2015년과 2016년에 녹음, Oral History Center, Bancroft Library, University of California, Berkeley 참조.

63. Margaret Thatcher to Friedrich Hayek, February 17, 1982, Margaret Thatcher Foundation. margaretthatcher.org에서 볼 수 있다.

64. Maddison, *The World Economy*.

65. 바르돈이 스페인어로 말한 원래 내용은 다음과 같다. "Si las ventajas comparativas determinan que Chile solo tiene ventajas comparativas en la producción de melones, bueno, entonces tendremos que producir melones, y nada más." Stefan De Vylder, "Chile 1973-84: Auge, Consolidación y Crisis Del Modelo Neoliberal", *Ibero-Americana* 15, nos. 1-2(1985): 5-49 참조.

66. 1987년 칠레 인구의 29퍼센트가 하루 소득이 3.20달러에도 미치지 못했다. 세계은행의 가장 최근 자료에 따르면 2015년 즈음에는 그 비율이 3퍼센트였다.

67. Alessandro Bonanno and Joseph Cavalcanti, "Globalization and the Time-Space Reorganization", 2-11, Emerald Group, 185.

68. 뉴트레코Nutreco라는 회사는 "신뢰를 상실했다는 이유를 들어" 공장에서 노동자 560명 가운데 55명을 해고했다. Sarah K. Cox, "Diminishing Returns: An Investigation into the Five Multinational Corporations That Control British Columbia's Salmon Farming Industry", 2004,

경제학자의 시대

Coastal Alliance for Aquaculture Reform, 51 참조.

69. 칠레는 OECD 자료에 따르면 비슷한 경제 자원을 가진 다른 나라들에 비해 연구개발에 상당히 덜 투자한다. 칠레 국민 역시 혁신의 중요한 수 단이라고 할 수 있는 특허권이 비교적 적다.

70. 파트리시오 멜러와 2018년 6월 26일에 실시한 인터뷰.

71. Alice Facchini and Sandra Laville, "Chilean Villagers Claim British Appetite for Avocados Is Draining Region Dry", *The Guardian*, May 17, 2018.

72. 이 단락은 2017년 OECD 자료를 토대로 했다. 하지만 불평등 측정법은 부정확한 면이 있다. 자료의 질이 시간에 따라 그리고 나라마다 다양하 며 방법론에도 가변성이 있기 때문이다.

73. 칠레 중앙은행의 추산에 따르면 GDP 비중으로 측정한 칠레 정부의 지 출이 "칠레와 1인당 소득이 비슷한 국가에서 국민들이 기대하는 수준보 다" 약 5퍼센트 더 낮다. 중앙은행은 이는 정부 크기가 경제 성장을 저해 한다는 증거라고 결론을 내렸다. 하지만 마찬가지로 그 반대 결론도 낼 수 있을 듯 보인다. De Gregorio, "Economic Growth in Chile" 참조.

74. 세계은행 자료에 따르면 쿠바의 1990년 1인당 GDP는 2707달러였다. 칠레의 1인당 GDP는 1990년 2501달러였다.

75. 알레한드로 폭슬리와 2018년 6월 21일에 실시한 인터뷰.

76. "Interview with Ricardo Lagos", *The Commanding Height*, PBS, January 19, 2002.

77. 앞의 방송.

78. Enrique Donoso, "Desigualdad en mortalidad infantil entre las comunas de la provincia de Santiago", *Revista Médica de Chile* 132 (2004): 461-66.

79. 중국 경제학자이자 정부 고문인 첸이즈가 1980년대 초 칠레를 방문했 을 때 칠레의 기술 관료적 정부에 깊은 인상을 받았다. 첸이즈는 찬성 한다는 듯 피노체트가 한 말을 기록으로 남겼다. "유럽이나 미국의 유

명한 대학에서 박사 학위를 받을 수 있는 사람이라면 장관이 될 수 있다." 이 인용은 출처가 불분명하며 원래 출처도 찾을 수가 없었다. 그래도 피노체트의 관료 취향을 확실히 엿볼 수 있다. Julian Gewirtz, *Unlikely Partners: Chinese Reformers, Western Economists, and the Making of Global China* (Cambridge: Harvard University Press, 2017), 199 참조.

80. José Piñera, "How the Power of Ideas Can Transform a Country", 2001, JosePinera.org.

81. Pascale Bonnefoy, "With Pensions Like This, Chileans Wonder How They'll Ever Retire", *New York Times*, September 11, 2016.

82. 가장 참혹한 학살은 장제스가 섬에 도착하기 전 국민당이 감행했다. 1947년 2월 28일부터 대만 정부는 대만 주민 수천 명을 사살하면서 시위에 대응했다. 정치 지도자를 표적으로 한 암살도 있었다. 한번은 대만 정부가 장제스의 서명이 들어간 전단지를 지역민이 도망쳐 들어간 산속에 살포했는데 관용을 약속하는 내용이었다. 돌아온 사람들 가운데 많은 이가 죽었다. 사망자 수가 최소 1만 명으로 추산한다.

83. 이 비교는 국내총생산을 인구로 나누어 구매력에 맞게 조정한 것이다. 구매력 계산은 부정확하지만 개념은 중요하다. 뉴욕시보다 버펄로에서 1달러 더 높은 것처럼 생계비는 나라마다 다양하다. 1950년부터 1990년까지 10년 단위로 한 자료는 출처가 IMF이다. 방법론에 차이는 있지만 결과는 꽤 비슷하다. IMF에서 내놓은 가장 최근 자료인 2017년 자료에 따르면 2:1 비율을 그대로 유지했다.

84. 자료를 이용할 수 있는 최초 연도인 1952년과 가장 최근 자료를 보여주는 2014년 사이를 비교한 것이다. *2016 Taiwan Statistical Data Book*, National Development Council, Republic of China 참조.

85. 앨런 P. L. 리우Alan P. L. Liu가 국민당이 집권한 뒤 첫 30년 동안 경제 정책을 담당한 주요 관료 44명의 배경을 살펴보았다. 그에 따르면 21명이 공학 학위자였고 15명이 경제학을 포함한 사회과학 학위자였다. 더구나

경제학자는 대개 공학자 아래서 일했다. "1949년부터 1985년까지 대만 의 경제 담당 장관 14명 가운데 10명이 공학 교육을 받았다. Alan P. L. Liu, *Phoenix and the Lame Lion: Modernization in Taiwan and Mainland China, 1950-1980* (Stanford, Calif.: Hoover Institution, 1987)

86. 이 언급은 1960년대 경제장관이던 리궈팅 덕분이다. 리궈팅은 물리학을 전공했다. Fred Robins, "Taiwan's Economic Success", in *Emerging Economic Systems in Asia*, ed. Kyoko Sheridan (St. Leonards, N.S.W.: Allen and Unwin, 1998), 52 참조.

87. 일본은 한반도에서 중국에 패배한 뒤 시모노세키 조약에 따라 1895년 대만을 점령했다. 일본은 사회 기반 시설에 상당한 투자를 했지만 그 발 전도 2차 세계대전 동안 상당히 무위로 돌아갔다. 농업 생산성은 20세 기에 들어서 첫 30년 동안 2배로 올랐다. 1945년 중국이 섬의 지배권 을 되찾아 왔을 즈음엔 생산성이 다시 1910년 수준으로 되돌아갔다. Tai-chun Kuo and Ramon H. Myers, *Taiwan's Economic Trans-formation: Leadership, Property Rights and Institutional Change, 1949-1965* (London: Routledge, 2012) 참조.

88. Kuo-Ting Li, *The Evolution of Policy Behind Taiwan's Develop-ment Success* (Singapore: World Scientific, 1995), 68.

89. Robert N. Gwynne, Thomas Klak, Denis J. B. Shaw, *Alternative Capitalism: Geographies of Emerging Regions* (Abingdon, Eng.: Routledge, 2014), 99.

90. 미국 경제학자 울프 라데진스키Wolf Ladejinsky는 공산주의에서 벗어나려 1921년 소련을 등지고 떠나와 이후 공산주의와 싸우는 데 여생을 바쳤 다. Joe Studwell, *How Asia Works* (London: Profile, 2013), 67 참조.

91. 이 주장에 대해 더 상세한 설명을 보려면 앞의 책 참조. 스터드웰Studwell 은 1960년에서 1992년 사이 경제 성장을 다룬 한 연구를 인용하는 데, 이 연구에서는 토지 소유가 집중적인 형태를 띠고 있음에도 괄목

할 만한 경제 성장을 계속 이루어 나가는 극히 일부 나라만 확인했다. 이후 흔들리고 있는 나라는 브라질과 이스라엘이다. 책에 인용한 연구는 Klaus Deininger and Lyn Squire, "New Ways of Looking at Old Issues: Inequality and Growth", *Journal of Development Economics* 57, no. 2 (1998)이다.

92. 미국 농부가 대만 농부보다 식량을 8배 더 생산한다는 것 또한 사실이다. 대만은 풍부한 노동력을 이용하는 반면에 미국은 드넓은 땅을 이용한다. Li, *Evolution of Policy Behind Taiwan's Development Success*, 223.

93. 자세한 사항의 출처는 주로 앨런 리우가 인중룽에 대해 쓴 간략한 전기다. Liu, *Phoenix and the Lame Lion* 참조.

94. 이 '상납미rice tax'로 받은 쌀을 대만 정부는 시장 가격으로 팔아 현금화했는데, 이는 1963년까지 대만 정부의 최대 수익원이었다. 이 초기 일화에서 또 다른 흥미로운 면은 1952년 미국이 대만에게 전기에 한계 가격을 채택하라고 강요했다는 점이다. 이 입장은 특히 알프레드 칸이 강력히 주장했다. 공익사업은 한여름 날처럼 수요가 높은 기간 동안 발전 비용이 오르면 전기 요금을 더 부과해야 하고 한밤중처럼 수요가 낮은 시간 동안 발전 비용이 낮아지면 전기 요금을 덜 부과해야 한다는 것이다. 이 견해는 경제학자 사이에서 인기가 높았지만 미국에서는 거의 적용되지 않았다. Kuo and Myers, *Taiwan's Economic Transformation*, 45-48 참조.

95. Li, *Evolution of Policy Behind Taiwan's Development Success*, 269.

96. 경제학자 S. C. 쯔앙s. C. Tsiang과 T. C. 리우T. C. Liu는 1940년대 베이징에서 만났으며 그때 두 사람 다 학생이었다. 이후 미국에 자리를 잡고 함께 IMF에서 일한 다음 코넬 대학에서도 같이 일했다. 두 사람은 평생 지기였으며 공동 연구자였다. 쯔앙이 보다 독창적인 사고의 소유자라면 리우는 글을 더 잘 썼고 말도 더 잘 했다. 두 사람의 관계와 연구에 대한 설명은 Jia-dong Shea, "The Liu-Tsiang Proposals for Economic

경제학자의 시대

Reform in Taiwan: A Retrospective", in *Taiwan's Development Experience: Lessons on Roles of Government and Market*, ed. Erik Thorbecke and Henry Wan Jr. (Boston: Kluwer, 1999) 참조. 사소한 사항이지만 한 가지 흥미로운 점은 리우는 미국에 철도 공학을 공부하러 왔다는 것이다.

97. 미국의 군사 원조는 더욱더 상당해서 장제스 정권의 생존을 보장해 주었다. 미국의 영향력을 깊이 실감하는 일 가운데 하나를 꼽아 보면 국민당은 미국 고문을 위해 종종 영어로 회의를 열기도 했다. Neil H. Jacoby, *U.S. Aid to Taiwan* (New York: Praeger, 1966), 38 참조.

98. Shirley W. Y. Kuo, "Government Policy in the Taiwanese Development Process: The Past 50 Years", in *Taiwan's Development Experience: Lessons on Roles of Government and Market*, ed. Thorbecke and Wan, 118. 대만 정부는 코넬 대학의 두 교수 쯔앙과 리우의 비판적인 조언을 한마디도 채택하지 않았다. 당시 통념에 따르면 개발도상국은 이자율을 인하하여 투자를 촉진하고 인플레이션을 억제해야 한다. 쯔앙은 오래전부터 정반대 접근 방식을 옹호해 왔다. 이자율이 높을수록 두 목표를 더욱 잘 이루어 낼 수 있다고 주장했다. 대만의 첫 경제장관은 화학 공학자였는데 그 제안을 채택하여 은행이 예금 계좌에 높은 이자율을 지급하도록 지시했다. 1946년부터 1948년까지 인플레이션이 매년 500퍼센트씩 뛰어올랐고 급기야 1949년 무려 연이율이 3000퍼센트까지 치솟았다. 1950년 3월 그 정책을 도입한 뒤 예금 계좌에 묶인 통화 공급량이 0.5퍼센트였다가 1952년 즈음 44퍼센트로 늘었다. 그리고 인플레이션 상승폭이 느려졌다. 프리드먼이 정부는 통화 공급에 초점을 맞춰 인플레이션을 조정해야 한다는 저 유명한 이론을 막 발전시키고 있던 때 대만의 공학자들이 통화 속도를 줄여 인플레이션을 조정하고 있었다. Kuo, "Government Policy in the Taiwanese Development Process", 48 참조. 인중룽은 고이자율 정책을 1960년 다시 실시했다. 대만은 1952년 총 국민소득 가운데 4.6퍼센트를 저축

했다. 1963년 즈음에는 그 수치가 11.6퍼센트가 되어서 미국이나 영국의 저축율보다 훨씬 높았다. 1973년에는 저축율이 29.6퍼센트가 되었다. 그 돈은 대만의 산업 개발로 다시 흘러들어 가서 그 덕분에 대만은 해외 대출 의존도를 최대한 낮출 수 있었다. 이 같은 독립성은 충동적인 투자자가 밀물처럼 밀려왔다 썰물처럼 빠져나가면서 다른 개발도상국을 뒤흔든 금융 위기에서 대만을 보호해 주었다. S. C. Tsiang, "Foreign Trade and Investment as Boosters for Take-Off: The Experience of Taiwan", in *Studies in United States-Asia Economic Relations*, ed. M. Dutta (Durham, N.C.: Acorn Press, 1984), 381 참조.

99. Kuo, "Government Policy in the Taiwanese Development Process", 98.

100. 미국은 계속해서 시장 개혁을 요구했다. 원조 조건 가운데 하나가 주식 시장 개설이었다. 대만증권거래소는 1962년 2월 9일 열었다. 4개년 계획에 대한 상세한 설명은 David W. Chang, "U.S. Aid and Economic Progress in Taiwan", *Asian Survey* 5, no. 3 (1965): 152-60 참조.

101. Li, *Evolution of Policy Behind Taiwan's Development Success*, 243.

102. 대만이 경제적으로 부상하는 초기 단계에서 국내 시장은 성장의 주요 동력이었다. 전체 성장에 대한 수출의 기여도는 1950년대 말 22퍼센트였다가 1960년대 전반에는 35퍼센트, 1960년대 후반에는 46퍼센트, 그리고 1970년대 전반에는 마침내 68퍼센트가 되었다. Shea, "The Liu-Tsiang Proposals for Economic Reform in Taiwan" 참조.

103. 추첸의 예에 대해 크리스 호턴Chris Horton에게 고마운 마음을 전한다.

104. 프리드먼이 지나가는 말로 그런 판단을 내놓았지만 대만을 보다 자세하게 연구하는 당대 학자들 사이에서는 이 판단이 일반적이었다. Milton Friedman, "Election Perspective", *Newsweek*, November 10, 1980 참조.

105. 예를 들어 리궈팅은 회고록에서 대만은 통화 공급의 증가를 확실하게 파악해 나가면서 1960년대 인플레이션을 통제했다고 썼다. 사실 통

화 공급은 1952년부터 1961년까지 23퍼센트 확장되었고, 1962년부터 1972년까지는 20.9퍼센트가 늘었다. 첫 번째 기간 동안 인플레이션은 매년 평균 12.3퍼센트였고, 두 번째 기간 동안에는 인플레이션이 매년 2.9퍼센트였다. Erik Lundberg, "Monetary Policies", in *Economic Growth and Structural Change in Taiwan: The Postwar Experience of the Republic of China*, ed. Walter Galenson (Ithaca, N.Y.: Cornell University Press, 1979), 271 참조. 대만이 고이자율을 받아들인 점은 분명한 차이다. 양보다는 속도를 조절한 장치였던 셈이다.

106. 최소한 30퍼센트의 관세가 부과되는 수입품 비중이 1955년 53.4퍼센트였다가 1973년에는 60퍼센트가 되었다. 이 수치는 1980년대 초반이 되어서야 크게 낮아졌다. 일부 학자는 대만이 1970년대에 다른 유형의 수입 규제를 완화했다고 주장하지만 관세율만으로도 자유 무역에 대한 요구를 충족하기에 충분하다.

107. *Evolution of Policy Behind Taiwan's Development Success*에서 리가 추산한 바에 따르면 국영 기업의 제조 부문 산출량 비중이 1953년에는 57퍼센트, 1966년에는 38퍼센트, 1976년에는 20퍼센트, 1986년에는 15퍼센트, 1991년에는 10퍼센트였다.

108. 인중룽의 보좌관 리궈팅은 다소 멋들어지게 이 내용을 표현했다. "정책 입안자로서 우리가 대만에서 한 일은 경제의 다양한 부문이 먼저 발걸음을 떼도록, 이어서 걷도록 도운 다음 자유롭게 놓아 준 것이다." Robins, "Taiwan's Economic Success", 52 참조.

109. Jean Yueh, "Sun Yun-suan: The Architect of Taiwan's Science and Technology Industry", *Taiwan Today*, July 31, 2009.

110. "The Industrial Heritage in Taiwan", 2009, Ministry of Economic Affairs, Republic of China, Taipei. 경제학자 대니 로드릭은 개발도상국들이 정책과는 거의 상관없이 1년에 약 3퍼센트의 속도로 기술적 한계를 향해 전진해 나가고 있다고 추산했다. 이는 대만이 당시 널리 인정받았던 것보다 최첨단 기술에 더 가깝게 다가갔음을 시사한다.

111. 그대로 따라할 수 있는 경제 개발 공식은 단 하나도 없다. 조건이 다양할뿐더러 세부 사항이 중요하기 때문이다. 브라질 정부도 대만과 같은 시기에 RCA에 과학자를 보냈지만 브라질은 반도체 산업을 일으키는 데 성공하지 못했다.

112. Nicholas D. Kristof, "Taiwan's Embarrassment of Riches", *New York Times*, December 21, 1986.

113. 소득불평등을 재는 한 가지 척도는 소득 상위 5분위와 소득 하위 5분위의 비율이다. 이 비율이 1952년 20.5에서 1980년대 초 4.4로 떨어졌다. 이후 다시 6까지 올랐지만 대다수 선진국보다 낮다. 미국의 경우 이 비율이 2016년에 8.5였고 칠레의 경우 10이었다.

114. Michael Hirsh, *Capital Offense* (Hoboken, N.J.: John Wiley, 2010), 117. 서머스는 세계은행이 경제 개발에 접근하는 방식을 비판하는 1991년 내부 보고서에 답변하고 있었다. 이 보고서는 일본의 주장에 따라 작성되었으며 동아시아에서 적극적 운영으로 성공한 내용을 기록하고 있다. 보다 최근에 나온 경고는 더 흥미롭다. 경제학자 대니 로드릭의 지적에 따르면 자동화는 기본적인 제조에 필요한 고용 수준마저 낮추고 있다. 따라서 대만처럼 20세기 중반에 산업화한 나라들은 종종 제조 부문 고용이 최고 노동력의 30퍼센트 이상에 달하기도 한다. 하지만 보다 최근에는 브라질이 최고 16퍼센트, 멕시코가 최고 20퍼센트를 보였다. 산업화의 첫 세대를 잇는 다음 세대에서는 이 수준에조차 미치지 못할지도 모른다. Rodrik은 2017년 저서인 *Straight Talk on Trade*에서 이렇게 썼다. "동아시아 호랑이 국가들의 경제는 경제 역사에서 우리에게 익숙한 형태를 띤 마지막 경제가 되리라는 점도 아주 엉뚱한 소리처럼 들리지 않는다."

115. 프리드먼은 1978년 한 인터뷰 진행자에게 이렇게 말했다. "대만은 정부 계획 때문에 번영을 이룬 것이 아니다. 정부 계획에도 불구하고 번영을 이룬 것이다."

116. 스티븐 수와 2018년 7월 24일에 실시한 인터뷰.

117. 미국이 연구개발에 쓰는 지출은 GDP에서 일정 비중을 꾸준히 차지하고 있지만 그 돈이 점점 민간 부문에서 나오고 있다. 연구개발 지출에서 공공 부문이 차지하는 비중은 1963년에는 65퍼센트였지만 2003년에는 29퍼센트로 줄었다. 인용을 살펴보려면 Mariana Mazzucato, *The Entrepreneurial State* (London: Demos, 2011), 13 참조.

10장 종이 물고기

1. Henry C. Simons, *A Positive Program for Laissez Faire: Some Proposals for a Liberal Economic Policy* (Chicago: University of Chicago Press, 1934), 16.

2. 이 사례는 출처가 1970년 6월 23일자 《뉴욕타임스》다. 서로 다른 12곳 이상의 은행에서 무료 사은품을 제공한다는 광고가 실려 있다.

3. 규제 기관은 은행 예금의 최고 이자율을 1960년대 초 2.5퍼센트에서 1960년대 말 7.5퍼센트로 올렸지만 이것으로도 부족했다. 1966년 이후 매년 3개월 만기 재무부 증권의 실질 수익률이 은행 예금 최고 이자율보다 높았다.

4. "Grassroots Hearings on Economic Problems", House Committee on Banking and Currency, December 1, 1969, 373-78.

5. 예를 들어 1970년 규제 기관은 펜센트럴레일로드Penn Central Railroad가 파산한 뒤에 이자율 상한에 비상시 예외 규정을 두었다. 다른 기업들이 단기 신용 시장에 접근하지 못할까 우려한 규제 기관은 저축액이 큰 경우 은행이 이자율을 더 높게 책정할 수 있도록 했다. 결국 기업이 자금을 이용할 수 있는 대체 중재 절차를 마련한 셈이었다. 이 조치는 위기가 지나간 뒤에도 규정으로 남았다.

6. 이런 계좌들이 지닌 고유한 특징은 주식에 정확히 1달러 가격을 매겨 안정적인 가치라는 환상을 심는다는 점이다. 단기 금융 시장 펀드

는 1978년 거의 빈손에서 시작하여 1982년 전체 예금의 15퍼센트인 2000억 달러로 성장했다.

7. 메릴린치는 1977년 '종합자산관리계좌cash management account, CMA'를 도입하여 단기 금융 시장 뮤추얼펀드의 투자자가 기본적으로는 수표와 다를 바 없이 쓰도록 했다. 도널드 리건 최고 경영자는 레이건 행정부에서 재무장관이 되어 규제 완화를 앞장서서 옹호했다. 소비자 금융의 부상을 살펴보려면 Joe Nocera, *A Piece of the Action: How the Middle Class Joined the Money Class* (New York: Simon and Schuster, 1995) 참조.

8. 시티그룹과 사우스다코타에 관한 상세한 설명의 주요 출처는 두 군데다. Robert A. Bennett, "Inside Citicorp", *New York Times*, May 29, 1983과 Stu Whitney, "What Really Happened to Land Citibank", *Argus(S.D.) Leader*, April 4, 2015.

9. 신용카드 산업을 시작할 때 은행은 카드를 잠재 고객에게 발송했는데 앱이 아니라 진짜 카드였다. 그리고 미끼를 문 누군가에게서 수금하려고 했다. 1969년 퍼스트내셔널뱅크오브오마하First National Bank of Omaha에서 카드를 받은 오하이오주 한 주민이 은행을 고소했다. 네브래스카주 회사가 아이오와 주법이 허용하는 이자율보다 높게 지급하면 위법이라고 주장했던 것이다. 이 소송이 1978년 연방 대법원까지 올라가자 미네소타주의 비슷한 소송과 합쳐졌다. 오마하 은행은 로버트 보크를 고용하여 소송을 맡겼는데 보크의 임무는 단순했다. 법은 명백했고 법원은 미국 내 설립 인가를 받은 은행은 자신이 기반을 둔 주에서 통용되는 이자율로 대출할 수 있다고 만장일치로 판결했다. 소비자 단체는 의회가 그 법을 제정했을 때 신용카드의 출현을 예상하지 못했다고 말했다. 그리고 오마하에 기반을 둔 은행이 은행 안으로 걸어 들어오는 사람에게 대출을 줄 수 있다고 말하는 것과 다른 주에 사는 사람에게 대출을 권하는 우편물을 보낼 수 있다고 말하는 것은 서로 다른 문제였다. 이는 고리금지법이 사실상 폐지되었음을 의미한다. 윌리엄 브래넌 판사는 법원에 쓴

편지에서 이는 의회가 해결해야 할 문제라고 말했지만 의회는 그렇게 하지 않았다. Marquette Nat, *Bank of Minneapolis v. First of Omaha Service Corp.*, 439U.S. 299 (1978) 참조.

10. 당시 주지사였던 빌 장클로우는 1979년에 주 최대 도시에서 주택 허가증을 단 7건만 발급 받았는데, 이는 은행이 법정 최고 이율에도 대출을 거부했기 때문이다. "The Secret History of the Credit Card", *Frontline*, PBS, November 23, 2004의 장클로우와의 인터뷰 참조.

11. Diane Ellis, "The Effect of Consumer Interest Rate Deregulation on Credit Card Volumes, Charge-Offs and the Personal Bankruptcy Rate", March 1998, Federal Deposit Insurance Corporation no. 98-05.

12. Gretta R. Krippner, *Capitalizing on Crisis: The Political Origins of the Rise of Finance* (Cambridge: Harvard University Press, 2012), 80.

13. Edward Cowan, "How Regan Sees the Budget", *New York Times*, October 18, 1981.

14. 대학은 메릴린치에서 자금 지원을 받아 데이터베이스를 구축했다. 이런 유형의 데이터베이스는 처음이었다. 유진 파머는 다시 말해 때를 잘 만났다. 파머의 원래 논문인 "The Behavior of Stock Market Prices"는 1965년 *Journal of Business*에 실렸다. 5년 뒤 비슷한 논문 몇 개를 종합한 한 논문에서 효율적 시장 이론을 내놓았다. Eugene F. Fama, "Efficient Capital Markets: A Review of Theory and Empirical Work", *Journal of Finance* 25, no. 2 (1970).

15. 이 논문은 제 아무리 똑똑한 사람이라도 이미 존재하는 정보를 토대로 앞으로의 주가 변동을 예측할 수 있는 사람은 아무도 없다고 주장한다. 이 변동은 다음에 일어나는 일로 결정되기 때문이다. 경제학자 브누아 맨델브로Benoit Mandelbrot는 시장을 허허벌판에 있는 술 취한 사람에 비유했다. 어느 방향으로든 비틀거릴 수 있지만 자신의 길을 되돌아 갈 수 있다. 자신이 마지막에 도착할 곳에 대한 유용한 단 한 가지 정보는 자

신이 출발하려 서 있던 곳이었다. 이 이론은 실제로 점차 강도를 높이는 세 가지 표현으로 정리된다. 가장 약한 표현은 과거 가격 변동을 미래 가격 변동을 예측하는 데 이용할 수 없다는 것이다. 조금 강한 표현에서는 이 원리를 공개된 모든 정보로 확대한다. 가장 강한 표현에서는 비공개 정보까지 포함한다. 특히 가장 강한 표현에서 이 이론은 중요한 수많은 의미를 함축하고 있다. 시장을 이기려고 애쓰느니 차라리 인덱스펀드를 사야 한다고 제안했다. 다소 직관에 어긋나지만 시장이 자연 질서 같은 것의 지배를 받는다고 시사하기도 했다. 임의적인 사건의 실제 분포는 놀라우리만치 질서정연하다. 종형 곡선과 닮아 보이고 사실 이는 위험을 수량화하고 통제할 수 있음을 가리켰다. 하지만 시장은 항상 효율적이지 않다. 이는 매우 다양하고 흥미로운 방법으로 되풀이해서 입증되고 있다. 예를 들어 정보를 얻으려면 시간과 기력이 필요하다. 이것만으로도 시장은 완벽하게 효율적일 수 없음을 나타낸다. 샌포드 그로스면Sanford Grossman과 조지프 스티글리츠가 1975년에 지적한 내용이다. 파머도 결국 자신의 이론에 오류가 있다고 인정하면서도 경험으로 보건대 여전히 가치가 있다고 주장했다. 하지만 파머는 몇몇 경제학자만큼 선을 크게 넘지는 않았다. 그럼에도 2009년 위기 이후 가격이 매우 잘못되었다는 점은 받아들이기 힘들었다. 진정한 믿음이라면 경험 앞에서도 흔들리지 않는 법이다. 그는 2010년 《뉴요커》의 존 캐시디John Cassidy에게 이렇게 말했다. "저는 거품이 무슨 뜻인지 알지도 못합니다."

16. 신용 파생상품은 또한 신용 등급이나 최종적인 채무 불이행 확률을 판단하는 다른 일부 수단의 변화처럼 중간 결과에도 내기할 수 있다. 신용 파생상품 시장에 대한 역사를 살펴보려면 Gillian Tett, *Fool's Gold* (New York: Free Press, 2009) 참조.

17. Gretchen Morgenson, "Credit Default Swap Market Under Scrutiny", *New York times*, August 10, 2008.

18. Rob Wells, "New York Fed President Warns About Swaps Market", Associated Press, January 30, 1992.

19. 당시 폴 볼커는 G30의 의장이었고 이 협의 기구가 파생상품에 대한 보고서를 발표했다. 볼커는 회고록에서 자신은 결론을 유연하게 맺자고 주장했다고 썼다. 하지만 최종 상품에는 강경 노선을 취했다. "이 연구에서는 이 활동에 대한 별도의 규제처럼 현 규제 체계에 어떤 근본적인 변화도 필요하지 않다고 결론을 내립니다." Global Derivatives Study Group, "Derivatives: Practices and Principles", July 1993, G-30, Washington,D.C. 참조. 이 일화는 금융 규제 완화 반대자라는 볼커의 평판을 가늠할 때 저울에 올려놓을 만하다.

20. Tett, *Fool's Gold*, 30.

21. Teri Sforza, "We're Out! Orange County Pays Final Bankruptcy Bill", *Orange County Resister*, June 30, 2017.

22. Frank Partnoy, *Infectious Greed: How Deceit and Risk Corrupted the Financial Markets* (London: Profile, 2010), 55.

23. Paul Volcker and Christine Harper, *Keeping at It: The Quest for Sound Money and Good Government* (New York: PublicAffairs, 2018), 238.

24. Alan Greenspan, "Testimony Before the Telecommunications and Finance Subcommittee of the House Energy and Commerce Committee: Impact of Derivatives on Financial Markets", May 25, 1994.

25. 1994년 의회에서 증언할 때 코리건은 금융 산업이 상당한 진보를 이루고 있을 뿐 아니라 2년 전 자신이 보낸 저 유명한 경고가 중요한 역할을 했다고 주장했다. "제가 한 말, '제 말이 경고로 들리기를 바랍니다. 정말 경고니까요'라고 한 제 말은 주의를 환기시켰습니다. 하지만 잘 해내고 있지 못합니다." Saul Hansell, "Panel Is Told Derivatives Are No Cause for Alarm", *New York Times*, May 11, 1994 참조. 국내 금융 담당 재무차관인 뉴먼은 금융서비스하원위원회House Committee on Financial Services 위원장이자 하원 의원인 헨리 곤잘레스Henry Gonzalez

에게 1994년 9월 16일 서신을 보냈다. 이 서신에서 뉴먼은 위원회는 파생상품에 대한 어떤 조치든 "무기한 연기해야" 한다며 그 이유는 "행정부가 현재 파생상품에 대한 입법 필요성을 알지 못하기 때문"이라고 말했다. 이듬해 9월 뉴먼은 수석 부회장으로 뱅커스트러스트Bankers Trust 에 들어갔다. Lynn Stevens Hume, "House Banking Panel Shelves Derivatives Bill at Urging of Treasury, Committee Members", *The Bond Buyer*, September 20, 1994 참조.

26. Brickell은 *The Charlie Rose Show*, PBS, February 27, 1995에서 이 말을 언급했다.

27. Richard L. Berke, "Tough Texan: Phil Gramm", *New York Times*, February 19, 1995.

28. Steven V. Roberts, "Phil Gramm's Crusade Against the Deficit", *New York Times*, March 30, 1986.

29. Karen Tumulty, "Gramm's Politics of Controversy", *Los Angeles Times*, November 13, 1985.

30. George Lardner, "Phil Gramm: Risk-Taking Striver Sometimes Stumbles", *Washington Post*, February 7, 1996.

31. Tumulty, "Gramm's Politics of Controversy".

32. Robert D. Hershey Jr., "Wendy Lee Gramm: That Other Gramm of Power and Sway", *New York Times*, February 26, 1986.

33. Judith Havemann, "Wendy Gramm: Czarina of Federal Rules, Information and Statistics", *Washington Post*, April 7, 1986.

34. Wendy Lee Gramm, "In Defense of Derivatives", *Wall Street Journal*, September 8, 1993.

35. Manuel Roig-Franzia, "Credit Crisis Cassandra", *Washington Post*, May 26, 2009.

36. 브룩슬리 본Brooksly Born과의 인터뷰, "The Warning", *Frontline*, PBS, October 20, 2009.

　　　　　　　　　　　　　　　경제학자의 시대

37. Roig-Franzia, "Credit Crisis Cassandra". 그린스편과 루빈 사이에는 유의미한 차이가 있다. 한 보좌관의 말에 따르면 "그린스펀은 우리는 그렇게 해서는 안 된다고 말하고 있었다. 루빈은 우리는 그렇게 할 수 없다고 말하고 있었다." 이 논쟁에 대한 회고를 살펴보려면 Noam Scheiber, *The Escape Artists: How Obama's Team Fumbled the Recovery* (New York: Simon and Schuster, 2012) 참조.

38. "Over-the-Counter Derivatives", Senate Committee on Agriculture, Nutrition and Forestry, July 30, 1998.

39. Justin Fox, *The Myth of the Rational Market* (New York: Harper Collins, 2009), 197. 서머스는 또한 '효율적 시장' 일당을 두 번째로 잘 타진했다는 공로를 인정받을 수도 있다. 1984년 한 발표에서 금융 이론은 케첩 시장이 나머지 다른 부문과 달리 독자적인 규정에 따라 운영된다고 믿는 것과 비슷하다고 설명했다. 그리고 이를 '케첩 경제학ketchup economics'이라고 불렀다. Lawrence H. Summers, "On Economics and Finance", *Journal of Finance* 40, no. 3 (July 1985) 참조.

40. "Hedge Fund Operations", House Committee on Banking and Financial Services, October 1, 1998.

41. 몇 년 뒤 클린턴 대통령은 시장을 믿은 일은 잘못이었다고 말했다. 2010년 4월 〈ABC뉴스ABC News〉에서 이렇게 말했다. "때때로 부자들은 어리석은 판단을 내린다." 다시 말해 서머스 재무장관이 아니라 서머스 교수 말에 귀를 기울였어야 했다.

42. Tett, *Fool's Gold*, 75.

43. "Hedge Fund Operations".

44. John Redwood, "Tilting at Castles", June, 11, 1984. nationalar chives.gov.uk/documents/prem-19-1199-part.pdf에서 볼 수 있다. 이 싱크탱크는 1974년 노동당 총리인 해럴드 윌슨이 조직했다. 첫 수장은 런던정경대학을 나온 경제학자였다. 대처의 경제 고문들은 보다 다방면에 걸친 인물들로 구성되었다. 영국에는 시카고 대학에 상당하는 고

등 교육 기관이 없다는 이유도 일부 있다. 레드우드는 철학 박사 학위자였다.

45. Uri Gneezy and Aldo Rustichini, "A Fine Is a Price", *Journal of Legal Studies* 29 (January 2000).

46. John Reed, "We Were Wrong About Universal Banking", *Financial Times*, November 11, 2015.

47. Jim Pickard and Barney Thompson, "Thatcher Policy Fight over 'Big Bang' Laid Bare", *Financial Times*, December 30, 2014. 레드우드의 시각에 관해서는 레드우드가 사람에 대해 신중한 것처럼 사람들은 돈에 대해 신중하다고 말하는 것으로 충분하다. 흥미롭게도 이미 드러났다시피 가격 경쟁은 가격 통제보다 규모가 더 큰 규제 기구를 필요로 했다. 시장이 더 복잡할수록 규제도 더 복잡해질 수밖에 없다는 점이 분명해졌다. 한 통계에 따르면 은행가에 대한 규제관의 비율이 1979년에는 1만 1000명당 1명이었다면 2010년에는 300명당 1명으로 늘어났다. 그 증거로 볼 때 규제 기관은 인력난이 매우 극심했다. Philip Booth, "Thatcher: The Myth of Deregulation", May 2015, Institute of Economic Affairs 참조.

48. 영국 기업은 속수무책으로 당했다. 그들은 상대적으로 규모도 작았고 세계 시장에 발 디딜 곳이 없었다. 한 성냥 제조업자가 뉴욕으로 가서 예비 기업 인수자를 만나 보라고 영국 회사의 동업자를 설득할 때 동업자 가운데 한 명은 아예 여권도 없다는 말을 들었다. 영국 이외의 다른 곳에 가리라고는 생각조차 못했기 때문이라고 이유를 밝혔다. Danny Fortson, "The Day Big Bang Blasted the Old Boys into Oblivion", *The Independent* (London), October 29, 2006.

49. 빅뱅 이후 첫해 런던증권거래소의 회원 300명 가운데 4분의 1이 외국인 소유로 들어갔다.

50. Julia Tanndal and Daniel Waldenstrom, "Does Financial Deregulation Boost Top Incomes? Evidence from the Big Bang', *Eco-*

nomica 85, no. 338 (2018).

51. Jesse Eisinger, "London Banks, Falling Down", *Portfolio*, August 1, 2008.

52. 미국에서 금융 수익 증가는 훨씬 더 눈부셨다. 1980년대 초에는 총 기업 수익 가운데 약 15퍼센트였는데 금융 위기 직전에는 40퍼센트 가까이 육박했다. 영국 통계를 살펴보려면 Michael P. Devereux et al., "Why Has the UK Corporation Tax Raised So Much Revenue?", February 2004, Institute for Fiscal Studies 참조.

53. 규제 완화로 영국 인구 상위 10퍼센트에게 돌아가는 소득이 약 20퍼센트 늘었다. 1990년대 일본의 금융 규제 완화도 비슷한 결과를 낳았다. 영국 기업이 외국 투자자에게 팔리면서 런던 은행 기관들은 바로 뜻밖의 이득을 챙겼고 이는 시식에 불과했다. 최종적으로 소득 불평등에 미친 효과는 최고 소득 세율을 30퍼센트 내린 것이나 거의 마찬가지였다. Tanndal and Waldenstrom, "Does Financial Deregulation Boost Top Income?", 232-65.

54. Binyamin Appelbaum, "As Subprime Lending Crisis Unfolded, Watchdog Fed Didn't Bother Barking", *Washington Post*, September 27, 2009.

55. 이 구절은 찰링 코프먼스Tjalling Koopmans의 1947년 논문 제목이다. 코프먼스는 네덜란드계 미국인 경제학자로 수학과 경제학을 결합한 분야에서 독보적인 인물이다. 코프먼스와 프리드먼은 거의 비슷한 시기에 시카고 대학 교수가 되었고 원수나 다름없는 경쟁자가 되었다. 코프먼스는 1975년에 노벨 경제학상을 받았는데 이듬해에는 프리드먼이 이 상을 수상했다.

56. John Cassidy, "The Fountainhead", *The New Yorker*, April 24, 2000.

57. 앨리스 리블린과 2018년 9월 27일에 실시한 인터뷰.

58. 앨런 그린스펀과 2008년 3월 14일에 실시한 인터뷰.

59. Soma Golden, "Why Greenspan Said 'Yes'", *New York Times*, July 28, 1974.

60. 이 인용과 연설에 대한 다른 상세한 설명은 출처가 Sebastian Mallaby, *The Man Who Knew: The Life and Times of Alan Greenspan* (New York: Penguin Press, 2016), 90.

61. Mallaby, *The Man Who Knew*, 4.

62. Alan Greenspan, *Capitalism: The Unknown Ideal*, Ayn Rand 편집 (New York: Signet, 1965), 55. 그린스펀은 이어서 이렇게 썼다. "반독점법이 우리 경제에 어떤 피해를 입혔든, 국가 자본 구조에 어떤 왜곡을 일으켰든 미국의 반독점법이 지닌 효율적인 목적과 숨은 의도와 실제 관행이 우리 사회의 생산적이고 유능한 구성원을 생산적이고 유능하다는 이유로 비난한 사실보다 더 파괴적이지는 않다."

63. Michael Hirsh, *Capital Offense* (Hoboken, N.J.: John Wiley, 2010), 77.

64. Golden, "Why Greenspan Said 'Yes'".

65. Kim Phillips-Fein은 *Fear City* (New York: Macmillan, 2017)에서 뉴욕의 재정 위기는 경제적 보수주의가 부상하는 과정에서 결정적 순간으로, 정부가 도를 넘었다는 관점이 확고해지는 데 이바지했다.

66. 볼커는 회고록에서 제임스 베이커 당시 재무장관은 "내가 은행이" 규제에서 "풀려나는 속도를 늦추려 한다고 생각했다"라고 썼다. 또 베이커는 볼커의 통화 정책 운영에 불만을 품고 있었다. 1984년 여름 레이건은 베이커가 선거 전에 이자율을 올리지 말라고 연준에 지시한 회의에 볼커를 불렀다. 볼커는 황당해하며 아무런 대꾸도 없이 자리를 떴다. 2년 뒤 베이커는 볼커에게 이자율을 낮추겠다고 약속하고 환율 재평가를 지지하라고 압박을 가했다. 볼커는 다시 한 번 협력을 거부했다. 베이커는 그린스펀이 보다 고분고분한 사람이기를 바랐을지 모른다. 이는 분명 조지 H. W. 부시 대통령이 그린스펀에게 두 번째 임기를 제안했을 때 본인의 희망사항이기도 했다. 결국 그린스펀은 이자율을 너무 늦게 낮춰 경제가 침체에서 벗어나지 못했다. 어쩌면 부시는 이 때문에 대통령직을 연

임하지 못했을지도 모른다. 부시는 이렇게 말했다. "제가 그를 재임명했는데 그는 저를 실망시켰습니다."

67. Mallaby, *The Man Who Knew*, 724.

68. Nathaniel C. Nash, "Treasury Now Favors Creation Of Huge Banks", *New York Times*, June 7, 1987.

69. Nathaniel C. Nash, "Greenspan's Lincoln Savinngs Regret", *New York Times*, November 20, 1989.

70. "Hearing on the Nomination of Alan Greenspan", Senate Banking Committee, July 21, 1987, 48.

71. Alan Greenspan, "Remarks Before the Economic Club of New York", June 20, 1995.

72. 그린스펀은 2007년 스위스 신문인 《타게스 안자이거Tages-Anzeiger》가 다가오는 미 대통령 선거를 어떻게 보는지 질문하자 이 세계관을 특히 놀라운 표현으로 드러냈다. 그린스펀은 이렇게 대답했다. "우리로서는 다행스럽습니다. 세계화 덕분에 미국의 정책 결정은 대개 세계 시장 원리로 대체되었습니다. 국가 안보를 제쳐 두면 다음 대통령이 누가 되든지 별 차이가 없습니다. 세계는 시장 원리가 지배하기 때문입니다." Alan Greenspan, *The Age of Turbulence: Adventures in a New World* (New York: Penguin Press, 2007), 490 참조.

73. Edward Gramlich, "Booms and Busts: The Case of Subprime Mortgages", Economic Policy Symposium, Federal Reserve Bank of Kansas City, August 31, 2007. 그램리치는 백혈병으로 고통받고 있었다. 너무 아파서 와이오밍주 잭슨 홀에서 열린 연준 연례 토론회에서 연설을 할 수 없어 그램리치가 전하는 말을 누군가 크게 읽었다. 그램리치는 일주일 뒤 세상을 떠났다. 그는 종종 연준의 카산드라라고 불리기도 했지만 1998년 연준 이사로서 불간섭주의 규제 정책에 찬성하는 표를 던졌다. 2000년 사적인 모임에서 만난 그린스펀에게 자신은 그 결정을 재고해야 한다고 생각한다고 말했다. 2007년 《월스트리트저널》이 그

모임에 대해 보도한 뒤 그램리치는 그린스펀에게 쪽지글을 보냈다. 일부 내용을 옮기면 다음과 같다. "이제까지 일어난 일은 아주 작은 사건에 불과했습니다. 나는 당신도 짐작하리라고 보는데 당시 내가 절실히 통감했더라면 한바탕 난리를 폈을 겁니다."

74. Binyamin Appelbaum, Lisa Hammersly Munn, Ted Mellnik, "Sold a Nightmare", *Charlotte Observer*, March 18, 2007.

75. 초기에 급증한 압류 집행은 비우량 채무자에게 집중되었지만 2015년 한 연구의 추산에 따르면 비우량 채무자의 2배에 달하는 우량 채무자가 종내 집을 잃었다. 비우량 채무자는 시장의 5분의 1 이상을 결코 차지하지 않았다. 사기가 모든 대출 유형에서 만연했던 것이다. Fernando Ferreira and Joseph Gyourko, "A New Look at the U.S. Foreclosure Crisis: Panel Data Evidence of Prime and Subprime Borrowers from 1997 to 2012", June 2015, National Bureau of Economic Research Working Paper 21261.

76. Sendhil Mullainathan and Eldar Shafir, *Scarcity: Why Having Too Little Means So Much* (New York: Times Books, 2013), 13.

77. Ben S. Bernanke, *The Courage to Act* (New York: Norton, 2015), 전자책 1547.

78. Mike Hudson, "IndyMac: What Went Wrong?", June 30, 2008, Center for Responsible Lending.

79. 그린스펀 인터뷰.

80. Alan Greenspan, "Testimony Before the Joint Economic Committee, June 9, 2005", Joint Economic Committee.

81. 일부 추산에 따르면 전 세계에서 저축이 유입한 탓에 미국에서 이자율이 무려 1퍼센트나 떨어졌다. 무역 불균형과 금융 위기의 상호 작용을 살펴보려면 Maurice Obstfeld and Kenneth Rogoff, "Global Imbalances and the Financial Crisis: Products of Common Causes", November 2009 참조. https://eml.berkeley.edu/~obstfeld/

santabarbara.pdf에서 볼 수 있다.

82. 대부분의 돈은 아시아에서 왔다. Adam Tooze는 자신의 저서 *Crashed*
    에서 유럽이 상당한 역할을 했다고 썼다. 일부 경제학자는 연준이 이자
    율을 더 급격하게 그리고 더 신속하게 올려 신용 거품을 억제할 수 있었
    다고 주장한다. 나는 이 주장을 완전히 무시하지는 않지만 연준이 이자
    율을 올렸어도 대출 비용을 줄이지 못했다. 내가 보기에 규제 실패는 정
    확한 이자율 수준의 문제라기보다 결과적인 측면이 있었다. 반대 의견을
    살펴보려면 Mallaby의 그리스펀 자서전 *The Man Who Knew* 참조.

83. "General Discussion: Has Financial Development Made the World
    Riskier?", Economic Policy Symposium, Federal Reserve Bank of
    Kansas City, August 27, 2005. kansascityfed.org/pubicat/sympos/
    2005/pdf/GD5_2005.pdf에서 볼 수 있다. 이 의견 충돌은 당시 어디에
    도 보도되지 않았다. 이에 대한 최초의 기사는 2009년《월스트리트저
    널》에 실렸는데 인용에 따르면 서머스는 라잔을 "아둔한 눈"이라고 칭했
    다. 후대에게는 다행스럽게도 그 회합은 녹음이 되었고 글로도 나왔다.

84. 이 항공사는 1973년 국영 항공사와 합병된 뒤 아이슬란드 항공Icelandair
    으로 새롭게 탄생했다.

85. 영국은 1940년 독일이 덴마크를 점령하자 아이슬란드를 차지했다. 이때
    아이슬란드의 방위를 미국에게 넘겼고 미국은 대규모 공군 기지를 세웠
    다. 이 공군 기지는 21세기 초까지 계속 사용되었다. 미국의 사회 기반
    시설 투자와 기지 일자리는 아이슬란드 경제의 네 번째 축이 되었다.

86. Michael Lewis, "Wall Street on the Tundra", *Vanity Fair*, April
    2009.

87. 자료 출처는 Statistics Iceland이다. 비교에 참고로 사용한 연도는
    1993년과 2013년이다. Kristján Skarphédinsson, "Fishing Rights
    in Iceland", Food and Agriculture Organization of the United
    Nations, Global Forum on User Rights, Siam Reap, Cambodia,
    March 2015 참조. Hannes Gissurarson, "Overfishing: The Icelandic

Solution", June 2000, Institute of Economic Affairs.

88. David Oddsson, "Iceland's Economic Performance", (워싱턴 미국기
업연구소에서 2004년 6월 14일에 행한 연설).

89. 아이슬란드 중앙은행은 인플레이션을 조정하는 데 초점을 맞추라고 지
시 받았다. 그런데 통화를 얼마나 유통시켜야 하는지 결정할 모델이 필
요해서 캐나다 중앙은행을 따라 했다. 모델은 기계나 마찬가지다. 어설
프게 장치를 조작해도 어떤 자료가 튀어나오며 미래를 예측한다. 캐나다
는 캐나다와 미국의 역사 자료를 이용해 기계 눈금을 미세하게 조정했
다. 아이슬란드는 여기에 영국과 유로 지역의 자료를 더했다. 하지만 아이
슬란드 경제는 선택한 네 기준과는 사뭇 다르다. 결과적으로 그 모델은
확실히 틀렸다. Philipp Bagus and David Howden, "Deep Freeze:
Iceland's Economic Collapse", 2011, Mises Institute.

90. Ármann Thorvaldsson, *Frozen Assets: How I Lived Iceland's Boom
and Bust* (Hoboken, N.J.: John Wiley, 2009). 카우프싱이 아이슬란드 초
기 통화 스와프 일부를 설계했는데 이는 유용했다. 예컨대 외국에서 생
선을 잡고 크로나로 바꾸고 싶은 아이슬란드 어업 회사와 아이슬란드에
서 석유를 팔고 크로나를 바꾸고 싶은 셸shell 사이의 거래에 필요했다.
하지만 '그린메일greenmail'의 도입은 그리 유익하지 못했다. 그린메일은
공기업 소수 지분을 산 다음 적대적인 이익 단체에 팔겠다고 협박하는
관행이었다.

91. "Iceland: Selected Issues", International Monetary Fund Country
Report, April 2012, International Monetary Fund.

92. Statistics Iceland. statice.is/statistics/business-sectors/transport/
vehicles/ 참조.

93. Gylfi Magnússon, "What's the Lesson of Iceland's Collapse?", *Yale
Insights*, May 22, 2009.

94. Níels Einarsson, "When Fishing Rights Go Up Against Human
Rights", in *Gambling Debt: Iceland's Rise and Fall in the Global*

Economy, ed. E. Paul Durrenberger and Gisli Palsson (Boulder: University Press of Colorado, 2015), 157.

95. 조각상의 소유자는 욘 아우스게이르 요하네손Jón Ásgeir Jóhannesson이다. 그는 하드록 카페에서 그 기타를 구입했다고 말했지만 그다지 만족스런 설명은 아니다. Kerry Capell, "The Icelander Who Wants Saks", *Bloomberg*, January 31, 2008 참조.

96. Snorri Sturluson, *The Prose Edda* (Berkeley: University of California Press, 2012), 55.

97. Már Wolfgang Mixa, "A Day in the Life of and Icelandic Banker", in *Gambling Debt*, ed. Durrenberger and Palsson, 34.

98. Sigriður Benediktsdóttir et al., "The Rise, Fall, and Resurrection of Iceland: A Postmortem Analysis of the 2008 Financial Crisis", Brookings Papers on Economic Activity, Fall 2017, Brooking Institution.

99. Thorvaldur Gylfason, "Iceland: How Could This Happen?", February 20, 2014, CESifo Working Paper Series 4605.

100. Durrenberger and Palsson, *Gambling Debt*, xxxvii. 아이슬란드 국내 예금만 보호했다. 은행이 파산하자 돈은 사라졌다. 영국과 네덜란드 정부는 손실액을 보상하려 나섰고 결국 지리한 공방 끝에 아이슬란드가 일부 배상했다.

101. Jack Ewing, "Landesbank Losses May Bring Change to German Banking", *New York Times*, January 11, 2010.

102. Tett, *Fool's Gold*, 212.

103. 현대 경제에서 문제 많은 금융의 역할을 개관하려면 Rana Foroohar, *Makers and takers: How Wall Street Destroyed Main Street* (New York: Crown Business, 2017) 참조. Stephen G. Cecchetti and Enisse Kharroubi, "Why Does Financial Sector Growth Crowd Out Real Economic Growth?", February 2015, BIS Working Paper 490 참조.

104. 경제학자는 해외여행을 수출 상품으로 여긴다. 한 나라가 상품과 서비스를 외국 구매자에게 팔기 때문이다. 심지어 그 서비스가 국내에서 소비된다 하더라도 그렇다. 마찬가지로 외국 학생을 교육시키는 일도 미국과 다른 선진국에게는 주요 수출 수익원이다. 최근 경제학 연구에 따르면 통화 평가절하는 수출 규모에 미치는 영향이 비교적 약하다. 국제무역 대부분이 달러로 가격을 정하기 때문이다. 그 결과 평가절하는 수출 규모보다는 수출업자의 수익성을 높인다. 눈에 띄는 예외가 관광 산업으로 대개 현지 통화로 가격을 더 정하기 때문이다. Camila Casas et al., "Dominant Currency Paradigm", December 2016, National Bureau of Economic Research Working Paper 22943 참조.

나오는 말

1. Walter W. Heller, *The Economy: Old Myths and New Realities* (New York: Norton, 1976), 197.

2. Ben S. Bernanke, "Remarks at a Conference to Honor Milton Friedman", November 8, 2002.

3. 2005년 인터뷰에서 프리드먼은 전기 작가에게 자신은 묘비명을 "인플레이션은 언제 어디서나 항상 통화 현상이다"로 새기고 싶다고 말했다. Lanny Ebenstein, *Milton Friedman* (New York: St. Martin's, 2007), 233 참조.

4. 서머스가 2001년에 언급했던 내용이 들어간 전문은 다음과 같다. "막대한 정부 지출 계획이 경제를 부양하는 방법이라는 이론이나 첨단 기술 부문에서 보다 나은 성과를 내려면 정부가 기술 산업을 인수해야 한다는 이론이나 이런 유형의 이론은 기본적으로 한물갔습니다. 이미 틀렸음이 입증되었기 때문입니다." *The Commanding Heights*, PBS, April 24, 2001 참조. 2009년에 언급한 내용을 살펴보려면 Stuart Eizenstat,

경제학자의 시대

President Carter: The White House Years (New York: St. Martin's, 2018), 285 참조.

5. 케인스주의를 포용했지만 전면적인 실시는 아니었다. 경기 부양책은 오바마 행정부의 일부 자문위원이 제안한 규모보다 작았다. 또한 행정부는 주택 소유자가 압류를 피하도록 하는 데 쓰일 수십억 달러를 지출하지 않기로 했다. 행정부의 정책 결정에 대한 설명을 살펴보려면 Noam Scheiber, *The Escape Artists: How Obama's Team Fumbled the Recovery* (New York: Simon and Schuster, 2012) 참조.

6. Alberto F. Alesina and Silvia Ardagna, "Large Changes in Fiscal Policy: Taxes Versus Spending", October 2009, National Bureau of Economic Research Working Paper 15438. 알레시나와 아르다냐는 밀라노의 보코니 대학교 상과 대학 대학원생이었다. 이 대학은 보수주의 경제학자이자 정치인인 루이지 에이나우디Luigi Einaudi가 설립했다. 에이나우디는 1948년부터 1955까지 이탈리아 대통령을 지냈다. 보코니 대학은 적자 감축은 경제 성장을 북돋는다는 경제 이론과 관련이 깊었다.

7. Carmen M. Reinhart and Kenneth S. Rogoff, "Growth in a Time of Debt", January 2010, National Bureau of Economic Research Working Paper 15639.

8. 이 실수를 찾아낸 이는 토머스 헌든Thomas Herndon이라는 매사추세츠 대학 애머스트 캠퍼스 대학원생으로 과제를 하고 있었다. 발표된 경제학 논문을 한 편 골라 그 결과를 다시 뽑아 보는 과제였다. 헌든과 두 교수는 2013년 봄에 논문을 발표하고 라인하트와 로고프 연구에서 잘못된 부분을 지적했다. 격렬한 논쟁이 뒤따랐는데 주로 그 잘못이 지닌 중대성을 다루었다. 최소한 90퍼센트 한계점에 특별한 중요성이 없음은 분명하다. Thomas Herndon, Michael Ash, Robert Pollin, "Does High Public Debt Consistently Stifle Economic Growth?", University of Massachusetts, Amherst, April 15, 2013. peri.umass.edu/fileadmin/pdf/working_papers/working_papers_301-350/WP322.pdf에서

볼 수 있다.

9. Peter Coy, "Keynes vs. Alesina", *Business Week*, June 30, 2010.

10. Peter Hetherington, "Outspoken Mayor Hits Out at Local Government Cuts", *The Guardian*, January 19, 2011. 조지 오스본George Osborne은 곧 캐머런의 재정장관이 되었다. 2010년 연설에서 위기는 민간 부문 때문에 일어났다는 점을 인정한다고 말했다. 그리고 긴축은 다음 위기를 막기 위해 꼭 필요하다고 덧붙였다. 이 견해를 뒷받침하기 위해 하버드 대학의 로고프를 인용했다. "따라서 민간 부문 부채가 이번 위기의 원인인 반면 공공 부문 부채가 다음 위기의 원인이 될 가능성이 높다. 로고프가 직접 언급했듯이 '우리가 경기 후퇴에서 벗어날 때 가장 심각한 취약점은 치솟는 정부 부채가 되리라는 점에는 의문의 여지가 없다. 정부가 그토록 광범위하게 확장되어 왔기 때문에 다음 위기의 방아쇠를 당길 가능성이 매우 높다.'"

11. Alan Greenspan, *The Map and the Territory* (New York: Penguin Press, 2013), 269.

12. 2018년 인터뷰에서 그린스펀은 그 이후 연준의 공식 목표인 2퍼센트 인플레이션을 유지하는 일이 경제적으로 이롭다는 결론에 이르렀다고 내게 말했다.

13. 이 단락에서 역사적인 부분은 출처가 Julian Gewirtz, *Unlikely Partners: Chinese Reformers, Western Economists, and the Making of Global China* (Cambridge: Harvard University Press, 2017)와 프리드먼의 중국 여행에 대한 기사들이다.

14. Gewirtz, *Unlikely Partners*, 138.

15. 앞의 책, 148.

16. 유죄 판결을 받은 수치는 출처가 부실자산구제프로그램 특별감독기구인 Sigtarp다. 이 기구는 금융 위기 동안 그리고 그 뒤 부실 경영을 조사하기 위해 설립된 작은 연방 기관이다. Sigtarp 수사와 무관한 일부 소송도 형사법상 유죄 판결을 받았다. Sigtarp, "Quarterly Report to

Congress", October 30, 2018 참조.

17. "SunTrust Mortgage Agrees to $320 Million Settlement", July 3, 2014, Department of Justice.

18. "Oversight of the U.S. Department of Justice", Senate Judiciary Committee, March 3, 2013.

19. Manuel Funke et al., "Going to Extremes: Politics After Financial Crises, 1870-2014", *European Economic Review* 88 (September 2016): 227-60.

20. Emil Verner and Gyozo Gyonyosi, "Financial Crisis, Creditor-Debtor Conflict and Political Extremism", November 2018. SSRN :https://ssrn.com/abstract=3289741에서 볼 수 있다. 헝가리의 극우우익연합Jobbik Party이 부상한 현상을 구체적으로 살핀 한 연구에 따르면 외국 통화로 대출을 받은 탓에 헝가리 통화가 폭락하자 대출 부담금이 치솟은 헝가리인들 사이에서 그 지지율이 급격하게 상승했다.

21. Michael Wolff, "Ringside with Steve Bannon at Trump Tower as the President-Elect's Strategist Plots 'An Entirely New Political Movement'", *Hollywood Reporter*, November 18, 2016.

22. 이 자료의 출처는 네덜란드 경제정책분석국Netherlands Bureau for Economic Policy Analysis으로, 세계 무역 이동에 대해 가장 신뢰할 만한 자료를 갖고 있다. 네덜란드는 오래전부터 무역을 매우 진지하게 여겨 왔다.

23. Nelson D. Schwartz, "Trump Sealed Carrier Deal with Mix of Threat and Incentive", *New York Times*, December 1, 2016.

24. Bob Woodward, *Fear: Trump in the White House* (New York: Simon and Schuster, 2018), 208.

25. 게일즈버그의 16세 이상 65세 이하 성인 남성 고용률은 미국통계국U.S. Census Bureau에 따르면 2016년 53퍼센트였다. 일을 하지도 일을 찾지도 않는 16세에서 19세 사이에 해당하는 사람을 제외하면 그 비율은 56퍼센트였다. 게일즈버그에 대해 더 살펴보려면 Chad Broughton, *Boom,*

Bust, Exodus: The Rust Belt, the Maquilas, and a Tale of Two Cities (New York: Oxford University Press, 2015) 참조.

26. 윌리엄 A. 스트라우스William A. Strauss 시카고 연방준비은행 경제학자가 계산한 바에 따르면 평균적으로 1950년에는 생산하는 데 1000명의 노동자가 필요했던 일이 2010년에는 고작 183명만 필요했다. 더구나 미국 제조업은 기술은 더 요구하되 노동력은 덜 요구하는 제품으로 점점 옮겨 갔다. 미국에 남아 있는 공장 노동자 가운데 대학 학위자 비중이 점점 늘어나고 있다. 그 결과 미국 제조업 산출량의 가치가 2000년대 첫 10년 동안 계속 올라간 동시에 고용은 점점 떨어졌다. 하지만 대침체를 겪으며 산출량도 떨어졌다. 2017년 현재 미국 제조업 산출량은 경기 후퇴 전에 다다랐던 정점보다 약간 아래에 머물러 있다.

27. Derrick Z. Jackson, "Income Gap Mentality", *Boston Glove*, April 19, 2006.

28. 폴 새뮤얼슨의 경제학 교과서 1989년 판에서는 노동조합도 최저임금법도 실업을 낳는다고 주장했다. 이는 논란이 심한 견해는 아니었다. 1987년《뉴욕타임스》는 사설에서 최저임금법 폐지를 요구했다. "최저임금이 시대에 뒤떨어진 생각이라는 점에 사실상 경제학자 사이에서는 의견 일치를 보았다"라고 인용했다. 최저임금법의 실제 효과를 처음 다룬 연구를 프린스턴 대학 경제학자 데이비드 카드David Card와 앨런 B. 크루거Alan B. Krueger가 1994년에 발표했다. 이 연구에 따르면 1992년 뉴저지주의 최저임금이 인상되었지만 측정할 만한 실업률 증가는 없었다. 이는 이단이었고 반응은 그에 걸맞게 뜨거웠다. 노벨상 수상자인 제임스 부캐넌은《월스트리트저널》에 증거가 이론에 모순되도록 허용하면 수치스러운 일이라고 썼다. 한술 더 떠 이념적 반대자를 "망측스런 짓도 서슴지 않는 창녀 무리"라고 칭했다. Jonathan Schlefer, *The Assumptions Economists Make* (Cambridge: Harvard University Press, 2012), 4 참조.

29. 사회 관행이 임금을 정한다는 이론은 초기 경제학자인 저 유명한 데이비드 리카도가 내세웠다. 그리고 내가 보기에는 여전히 설득력 있는 임

금 결정론이다. 노동 정책이 임금 정체의 주요 요인이라는 주장을 살펴
보려면 Frank S. Levy and Peter Temin, "Inequality and Institutions
in 20th Century America", 2007, MIT Department of Economics
Working Paper 07-17 참조.

30. 노동통계국의 예상은 2016년부터 2026년 사이의 기간을 대상으로 한
다. 5개 직업은 다음과 같다. 개인 간호 보조원, 상주 간호사, 가정 간병
인, 의료 보조원, 간호 보조원이다.

31. Moritz Kuhn, Moritz Schularick, Ulrike I. Steins, "Income and
Wealth Inequality in America, 1949-2016", June 2018, Opportunity
and Inclusive Growth Institute, Federal Reserve Bank of Minnea-
polis, Working Paper 9.

32. George Stigler, *Five Lectures on Economic Problems* (London:
Longmans, Green, 1949).

33. 경제학자는 오래전부터 불평등과 성장 사이에 상충 관계가 있다고 가
정해 왔다. 표준 이론은 성장이 불평등을 늘린다는 것이었다. OECD 연
구에 따르면 그 관계는 단순하지 않다. Federico Cingano, "Trends in
Income Inequality and Its Impact on Economic Growth", 2014,
OECD Social, Employment and Migration Working Paper 163 참
조. IMF도 똑같은 결론에 이르렀다. "Fostering Inclusive Growth
(IMF 직원이 2017년 7월 7-8일에 열린 G-20 Leaders' Summit에서 발표).
imf.org/external/np/g20/pdf/2017/062617.pdf에서 볼 수 있다.

34. National Socio-Economic Characterization Survey(CASEN), 2017;
http://observatorio.ministeriodesarrollosocial.gob.cl/casen-
multidimensional/casen/docs/Resultados_education_casen_2017.
pdf에서 볼 수 있다.

35. 미국 일반 가정의 실질 소득 증가는 1975년에서 2006년 사이 32.2퍼
센트였다. 이에 비해 프랑스는 같은 기간 27.1퍼센트였다. 하지만 상위
1퍼센트를 제외하면 소득 증가는 미국은 17.9퍼센트, 프랑스는 26.4퍼

센트였다. Anthony B. Atkinson, Thomas Piketty, Emmanuel Saez, "Top Incomes in the Long Run of History", *Journal of Economic Literature* 49, no. 1 (2011) 참조.

36. Karl Polanyi, *The Great Transformation: The Political and Economic Origins of Our Time* (1944; repr., Boston: Beacon Press, 2001).

37. E. Ianchovichina, L. Mottaghi, S. Devarajan, *Inequality, Crisis, and Conflict in the Arab World: Middle East and North Africa (MENA) Economic Monitor* (Washington,D.C.: World Bank Group, 2015).

38. Amartya Sen, *Development as Freedom* (New York: Knopf, 1999), 14.

39. Frank H. Knight, *Selected Essays by Frank H. Knight*, vol. 2, *Laissez Faire: Pro and Con*, ed. Ross B. Emmett (Chicago: University of Chicago Press, 1999), 14.

40. Samuel Brittan, "The Economic Contradictions of Democracy", *British Journal of Political Science* 5, no. 2 (1975): 129–59.

41. Richard H. Thaler, "Anomalies: The Ultimatum Game", *Journal of Economic Perspectives* 2, no. 4 (1988): 195–206.

42. Milton Friedman, *Capitalism and Freedom* (Chicago University of Chicago Press, 1962), 24.

경제학자의 시대

경제학자의 시대